U0490578

市域经济发展与文化品牌探索

白拴金 / 著

线装书局

图书在版编目（CIP）数据

市域经济发展与文化品牌探索 / 白拴金著 . -- 北京 : 线装书局 , 2025. 1. -- ISBN 978-7-5120-6318-1
Ⅰ . F127；G124
中国国家版本馆 CIP 数据核字第 2024HX7734 号

市域经济发展与文化品牌探索
SHIYU JINGJI FAZHAN YU WENHUA PINPAI TANSUO

作　　者：白拴金
责任编辑：崔　巍
出版发行：线装书局
地　址：北京市东城区建国门内大街 18 号恒基中心办公楼二座 12 层
电　话：010−65186553（发行部）010−65186552（总编室）
网　址：www.zgxzsj.com
经　　销：新华书店
印　　制：三河市中晟雅豪印务有限公司
开　　本：787mm × 1092mm　1/16
印　　张：33
字　　数：550 千字
版　　次：2025 年 1 月第 1 版第 1 次印刷

线装书局官方微信

定　　价：149.80 元

至真至善，追求卓越

——《市域经济发展与文化品牌探索》序

常常想一个问题：一个人色彩斑斓的一生到底应当呈现哪几种主色调？当我苦苦思索这个问题而终不得解答的时候，一部《市域经济发展与文化品牌探索》(以下简称《探索》)，恰好发到了我的邮箱。

这部《探索》，是我的兄长、我的好友——晋中市委讲师团二级调研员白拴金从业39年所撰论文的集成。全书共分六个篇章，收录白兄1985—2024年的文章、调研报告105篇，约40万字。

看到这部《探索》，我豁然开朗——一个有高远志向、家国情怀、生命温度的人，他的生命必然会呈现爱党爱国的“中国红”、深邃沉稳的“宝石蓝”、甘于奉献的“杏黄橙”、追求至善的“月华白”等等几种主色调。

与白兄相识相知，源于2013年后半年晋中市党的群众路线教育实践活动前期调研。彼时，我被市委组织部抽调到第六调研组参与调研工作，而白兄也在第四调研组一同参与前期调研。自2014年2月15日，晋中市党的群众路线教育实践活动领导小组办公室成立，我便与白兄同在资料组共事。悠悠岁月，白云苍狗，不觉11年时光倏然而逝，但在我与白兄相继离开活动办资料组后，我们的交情却并未随着时光的脚步而日益淡薄，反而是如同陈年佳酿，时间愈久，醇香愈浓。

白兄是1964年生人，祖籍山西省晋中市榆次区鸣谦村。自小，在良好家风家教影响下，少而好学，勤勉刻苦，并于1981年一举考入山西大学经济系，主修政治经济学专业。1985年，白兄山西大学毕业，并获经济学学士学位。同年，从大学校园直接选配到市委机关大院。自此，白兄39年如一日，一直在市委讲师团工作。白兄现任讲师团二级调研员、副教授，曾获晋中首批中青年学术技术带头人、晋中市第六届市委联系高级专家、山西省宣传文化系统第一批“四个一批”人才等荣誉。这么多年来，白兄在《山西日报》《前进》《晋中日报》《晋中论坛》等主流媒体独立发表文章近百篇；2014年，同我合作，又编著出版《晋中历史文化丛书·名品荟萃》。

11年的交往，让我对白兄的为人处世、学识才华、工作能力都有了比较深切的了解。

白兄出身于普通农家，品行笃厚纯良，待人谦卑热情，与朋友交往，至真至纯；白兄毕业于山西省最高学府，学养深厚、才华过人，更拥有过硬的文字功底；白兄常年供职于市委大院，工作勤勉认真，能力可谓有目共睹、有口皆碑。尤其白兄的骨子里，深受张载“横渠四句”的影响，胸中始终激荡着经世济民的情怀与抱负。

时值2024甲辰龙年，白兄已步入甲子之年。他从入职以来所撰写的60万字文稿中，精选105篇结集出版《探索》，既是对自己从业生涯的一个阶段性总结，更是他39年呕心沥血写作成果的一个集中呈现。

《探索》分为六个篇章。其中，第一篇章为：太榆同城，前瞻致远，共4篇；第二篇章为：市域经济，探索致实，共11篇。

这两个篇章，集中展现了白兄对太榆“双璧”之过去、当下和未来的关注与思考。特别是第二篇章，不仅全面呈现了白兄对汇通天下的晋商精神、彪炳史册的太行精神的深度挖掘与传承弘扬，也从另一个侧面反映出白兄真诚厚重的家国情怀与“功成不必在我，功成必定有我”的使命担当。此一色，当为爱党爱国的“中国红”。

《探索》第三篇章为：文化底蕴，挖掘致深。

这一篇章，共39篇。白兄“把准时代发展脉搏，主动对接市域发展需求，在经济社会发展和人民向往中破题立论，精研深探，笔耕不辍，力行实证研究，致力于把论文写在晋中大地与群众心坎上。”这不仅显示了他对“立德、立功、立言”遗训的无比尊崇，更反映了白兄甘愿将“冷板凳”坐成“热板凳”“老板凳”而“为天地立心，为生民立命，为往圣继绝学，为万世开太平”的远大人生理想与坚定抱负。此一色，当为深邃沉稳的“宝石蓝”与甘于奉献的“杏黄橙”交相辉映，在深沉与火热之间，映照出一个富有责任感的知识分子厚德笃行、追求卓越的高尚情操。

《探索》第四篇章：集邮鉴赏，品味致真；第五篇章：家风传承，追求至善，两章共14篇。

在这两个篇章中，白兄向内而求，一则表现个人“集邮”“藏书”两大雅趣，反映了他作为一个读书人闲暇之余的尚美雅好；二则通过回忆“常怀悲悯、多做善事”的优良家风家训及其对自己的深远影响，揭示了白兄之所以真诚做人、良善做事的淳朴人生底色。这一色，显见的就是追求至真至善的一抹“月华白”！

《探索》第六篇章：奋进新时代，求索致新，共40篇，主要撷取党的十八大以来发表的一些文稿。

生肖龙年12年的又一轮周期轮回，龙马精神、手不释卷、笔耕不辍，依然是他工作、生活的主旋律和关键词。其间，他及与人合作的各类调研报告和文章50余篇。这些篇章，彰显了新时代一名宣传理论工作者的责任与担当，也呈现了这一时期市委讲师团干部职工蓬勃向上、奋勇争先、以“有为”争“有位”的精神风貌。

50万字，可谓涉猎广泛、内容丰富、形式活泼。细品一字一词，均可见白兄的心性长相；透过一撇一捺，亦可见白兄的卓越追求。

愿与兄友谊日益笃厚，天长地久；愿《探索》传播悠远，香浓益清；更愿盛世之中国，可以成就每个普通人的五彩梦想！

祝贺《市域经济发展与文化品牌探索》结集出版，是为序。

刘够安于2024年8月

（作者系晋中师范高等专科学校党委委员、宣传部部长）

目　录

第一篇　太榆同城，前瞻致远

第二篇　市域经济，探索致实

第三篇 文化底蕴，挖掘致深

第 五 篇 家风传承，追求致善

第 六 篇 奋进新时代，求索致新

第 一 篇　太榆同城，前瞻致远

榆次是笔者生于斯、长于斯的故土；太原是笔者度过大学四年美好时光的城市。自古，两城毗邻而立，相依并进，相融共赢。关注、思考、谋划太榆双城的过去、当下和未来，是笔者的一种情怀、一种担当，更是一种使命。

迈入新时代，晋太双城坚持理论与实践融合共进，相向发力、由通至融，同步实质性推进“规划衔接一体化、产业布局一体化、基础设施一体化、生态治理一体化、公共服务一体化、要素配置一体化”的“六个一体化”，跑出加速度，形成新态势，共建国家区域中心城市。

■ 对榆次经济社会发展战略思考

近年来，处于山西中部发达型经济带中心的榆次市，按照建立社会主义市场经济新体制的要求，狠抓改革、发展、稳定三件大事，紧紧围绕建设开放型现代化工贸城市的目标，真抓实干，促进了全市经济持续、快速、健康发展和社会全面进步，两个文明建设迈上了新台阶。

为使榆次在“九五”期间乃至下个世纪初，有一个突飞猛进的发展，为山西经济腾飞做出更大的贡献。有必要对其经济社会发展战略进行一番探讨思考。

城市是一个开放的系统，它总是处于一定的环境之中，与外界环境有广泛的联系，从一定意义上讲，城市发展战略主要就是研究如何开发和充分利用环境所赋予的发展条件和机会并使自身的发展适应环境的要求。因此，我们不能只从城市的本身研究城市发展，而应用开阔的眼光，进行多层次、多视角的纵横交错的立体考察。从榆次来讲也一样，只有清楚地了解全国经济发展的总格局、总态势，以及全省经济发展的总体走向，才能正确认识和估量自己的位置和作用，制定正确的发展方向和对策措施。

我们认为，从上述原则出发，结合榆次的实际状况和周边环境。在2000年前后一段时期内，经济社会发展战略的指导思想可描述为：抓住机遇，扬长避短，依托太原，立足晋中，力争全市工农业总产值和乡镇企业总产值双双突破50亿元，把榆次建设成为经济繁荣、文化发达、环境优美、生活方便的现代化中等城市。

抓住机遇，是指抓住现在全国经济布局的战略转移和山西经济处于起飞前夜的极好机遇，乘势而上，推动榆次经济大发展。从宏观展望，国家将对资源丰富，但经济发展较慢的中西部地区，实行一定的战略倾斜，提供必要的财力、物力支持，特别加强以山西为中心的煤炭能源基地的开发建设。从微观分析，山西是全国最大的煤电能源基地，随着基础设施不断改善，投资环境日益看好，经济起飞指日可待，正如外国记者预言：“山西可能是中国的第二个山东。”就目前在建的两项最大的基础设施太旧高逗公路和万家引黄工程而言，榆次都将受益匪浅。太旧高速公路从榆次北部穿过，其西端龙头武宿立交桥枢纽，位于榆太路上，距榆次市中心仅14公里。

加上1998年黄河水引到太原后，必将大大缓解榆太公路两侧水资源严重短缺的局面，届时，地势平坦的榆次市西北部，必将成为投资潜力巨大的黄金地带，成为带动山西经济起飞强有力的"心脏"，榆次从现在起，就要整体安排，抓住这个难得的发展机遇，促进经济和社会的进一步发展。

扬长避短，是指扬榆次交通枢纽及农业基础雄厚现代化程度高之长，避城市辐射能力较弱之短，明确方向，找准位置，加快前进步伐。综观全省，榆次的交通枢纽地位占尽优势，处于铁路、公路、航空三个通道的中心，铁路有石太、太焦和南同蒲三条主干线相交，公路有108国道、榆盂、榆邢、榆长等主干道相会，处于国道"大"字形骨架的中心。航空距省内最大的太原机场仅14公里，战略位置十分重要。从农业看，榆次东依太行山脉，西处晋中平原，土地肥沃，气候温和，水浇地有50多万亩，农业发展条件十分优越，

农业生产的社会化、集约化、商品化和现代化程度较高，也是全国商品粮基地等四个国家级基地和无公害蔬菜等四个省级基地，蔬菜产量连续三年名列全省第一。瓜、果、肉、蛋、鱼等农副产品也名列前茅。同时也应看到，榆次由于地理位置的特殊性，处于太原和阳泉两大工业城市之间，距太原更近，其城市作用和对外辐射能力受到很大程度的制约和冲击。因此，榆次要发挥所长，抑制所短，加快建设步伐，创建城市特色，扩大规模，增强实力，提高综合服务功能，开创新局面。

依托太原，是指要全方位接受省城太原的强大城市辐射，打破分割和封闭，在协作服务中发展自己。太原是全省政治、经济、文化中心，工业基础雄厚，集中了众多大中型骨干企业和大多数省级高等院校及科研机构，对周围城市和地区的辐射力、吸引力和综合服务能力很大，榆次作为太原的卫星城市，长期以来，由于行政区划和经济体制的原因，太原"超级化"发展，影响了榆次的发展。从榆次来讲，要逐步打破分割和封闭，不消极地等待太原的经济扩散，而应通过增强内部消化能力和接受能力，充分用足用活现有政策，与太原形成关联密切，优势互补、各取所需、共同发展的大协作关系。例如，走农业上以优质产品和优质服务，为太原市提供蔬菜、瓜果和肉蛋奶。成为稳固的蔬菜、农副产品基地。第三产业可采取特殊政策和灵活措施，吸收太原的人才、信息、资金、技术和管理等优势资源。

立足晋中，就是要确立为晋中地直机关服务，为晋中各县市服务的思想，使榆次成为晋中经济和精神文明建设的火车头和主力军。榆次是晋中地委晋中行署所在地，是晋中的政治和文化中心。近年来，随着介休、灵石等兄弟县市经济的崛起，一直作为晋中老大的榆次市某些经济已落在了后面。因此，必须有紧迫感和压力感，

确立“榆次在晋中排名第二就是落后”的观念，下功夫干实事、干大事，为地县两级提供优质服务，为晋中经济再创辉煌建功立业。

为早日实现把榆次建成现代化中等城市的宏伟目标，应从远处着眼，近处着手，大处着眼，小处着手，做好以下工作：

1.工业经济继续深化改革求发展。首先要依靠太原工业优势，发挥经纬、液压、晋华、锦纶等大型国企的经济支柱和技术带动作用，主攻机械工业和纺织工业，扶持食品、化工、建材等工业，搞技改、创名牌、上规模、增效益。其次进一步完善中小型国有企业改革中转机建制的成功经验，搞好结构调整和技术改造，促使更多的中小企业走出困境，为振兴地方工业创出一条成功之路。

2.农业生产围绕基地建设奔小康。要以市场为导向，促使农业全面走上优质、高产、高效的发展轨道。瞄准太原、阳泉等省内外市场，特别要抓好各类基地建设，即在建的商品粮基地、旱作农业综合开发基地、淡水养鱼、高新技术示范基地四个国家级基地，以及瘦肉型猪、高产蛋鸡、多样化果品和无公害蔬菜四个省级农业开发基地。走以基地带农户之路，扩大规模效益，利用好资金、技术等优势。稳住“米袋子”，突出“菜园子”以丰富“菜篮子”。同时，加快乡镇企业发展速度，选择条件较好、发展较快的城郊乡镇，建设工业小区，建设一批规模大、起点高的骨干企业和重点工程。发展农村经济，提高农民收入，提前达小康，早日现代化。

3.科技教育城市齐头并进抓落实。要永远树立“科教兴市”的战略思想，任何时候都毫不动摇。农村要狠抓基础教育，加大对农民科技知识的灌输力度，造就一大批适应市场经济，有文化，用科学的新型农民，如在近郊开发资金技术密集型的园艺业，为市场提供适销对路的优质花卉、盆景等商品。优先发展微电子、生物工程技术等高新技术企业，扶持一批以高科技为先导的高附加值产品，加速经济发展。

4.第三产业发挥区域优势创繁荣。要大力发展交通、通信、金融、商贸等第三产业，发挥区域交通便利、生产力发达、文化程度较高等优势，近期发展以商业服务和区域内地方性的客货运输等传统第三产业为主，并依据市场等级合理划分与太原市的服务范围，发展占地面积较大的娱乐服务设施和大型蔬菜、农副产品等批发市场，形成与太原互补的态势，促进第一、第二和第三产业协调发展。

5.城市建设要通路桥搞美化换新颜。针对榆次城市被铁路分割和公路穿城而过的状况，要整体规划，通盘安排，修建一批立交桥、高架桥、人行天桥和地下通道，确保城市主干道畅通无阻。并加紧环城公路建设。还要采取得力措施，美化、绿化、净化和硬化城市环境，提高品位，注重特色，重点兴建几座特色公园，特别指出的是，榆次城区的发展应向西北延伸，有关部门要及早对市区外围的108国道和太榆公路两侧的黄金地段早规划、早协调，使有限的土地发挥最大的效益，为大规模开发做好前期准备。

发表于晋中地区社科联《大视野》1995年第2期，《前进》1995年第7期

■ 关于榆次城市发展的思考

在新世纪到来的时候，榆次作为山西中部很有发展潜力的中等城市，为寻求更大的发展，尚有许许多多的问题需要解决。这里我们站在世纪之交的高度，为实现新世纪榆次的可持续发展，对榆次的城市功能如何定位作一肤浅思考。

一、着眼未来，摆正位置

榆次作为省城太原的南大门，这两个城市如何取长补短，优势互补，有许多文章可做。从榆次来讲，特别是在城市建设发展方向上，要依托太原，使自己成为省城的生态式卫星城。

现代城市发展理论告诉我们，一个城市在一定时期、一定范围、一定条件下可以成为经济中心。任何事物都处在普遍联系之中，都受其周围具体的、历史的条件所制约，一切以时间、地点和条件为转移。因而在另一时期、另一范围、另一条件下，却要以其他城市作为经济中心，而该城市却成为它的卫星城市，同时从一个城市成为经济中心的前提看，并不是绝对地考察城市的经济实力和人口规模，而是说明城市在国民经济和社会发展中的地位，在城市与城市之间，城市与乡村之间的经济联系中，一个城市所产生的影响作用，是经济作用的相互比较。

所以说，城市经济中心的形成及转换，是不以人们的主观意志为转移的客观规律，它总是遵循城市经济的本质特性，沿着自己的道路前进。如果忽视它，势必会影响一个城市的发展前途。因此，正确选好城市在城市体系中的位置，对长远发展是很重要的。

榆次地处山西中腹，自古为汾河流域粮食棉花集散地。铁路、公路和航空都四通八达，为三晋重要枢纽。榆次还是晋中地委行署所在地，是全区政治、经济、文化中心。其行政中心功能对晋中各县具有较强的辐射力和吸引力。改革开放以来，随着全省经济建设的飞速发展，我们重新审视榆次所处的位置，不难发现，号称“省城门户”的榆次，距太原仅25公里，有太榆超一级公路相连，且随着双方城市建设速度加快，城区面积不断扩容，相距愈来愈近。从南面看，新型城市介休和列入世界文化遗产目录的平遥古城都在迅速崛起，中心城市的作用正日益显示出来。这些都是迈入新世纪的榆次发挥中心城市作用所面临的挑战。

因此，我们认为榆次要想在新世纪有更大的发展，必须站得高，看得远，着眼未来，摆正位置，为可持续发展从战略上明确自己的发展方向，依托太原，把榆次建成一个经济发达，环境优美，生活方便，适于居住的生态型卫星城市。

二、突出特色，持续发展

世纪之交国家提出实施可持续发展战略，就是要努力寻求一条人口、经济、社会、环境和资源相互协调，既能满足当代人的需求而又不对满足后代人需求能力构成现实威胁的可持续发展道路。城市的可持续发展是我国实施可持续发展战略的重要组成部分。当前，国家对城市发展实行“严格控制大城市规模，合理发展中、小城市”的方针。这对榆次来说，是一个机遇，在新世纪通过建设生态型卫星城、保证可持续发展，进而为建立社会主义市场经济新体制创造条件。

什么是生态型卫星城市？在大城市的附近，兴建几个环境优美，居住条件良好且方便配套的小城市，以疏散大城市的人口，防止大城市人口迅速增长给城市带来的严重恶果，这些环绕大城市的若干小城市，就叫作生态型卫星城市，如北京周围的昌平等。它与中心大城市的生产、生活等方面既有联系，又有一定的独立性。

那么，把榆次建设成生态型卫星城要突出什么特色呢？我们认为目前榆次市委、市政府提出建设生态型开放式现代化工贸城的发展战略，总体上思路是对的，是从榆次实际出发的。这也符合当今世界要“建设二十一世纪适于居住的城市”的新思路。世界银行在联合国第二次人类居住大会期间提出了一份“建设二十一世纪适于居住的城市”的报告，其基本出发点是：良好的生存环境是发展的基础。越来越多的经验和事实证明，只有适于居住和高水平管理的城市，才能吸引外来资金，才能有更多的发展机会，因此城市居住环境的优劣，城市管理水平的高低，对于城市的未来有着重大的影响。

具体地讲，突出特色就是要强调榆次要塑造自己独特的城市形象，无论是城市基础设施的硬件，还是社会治安及市民文明举止等软件，都是一流的。用一句话说就是使人们觉得，居住在榆次城是最好的。以良好的城市形象吸引更多的大城市疏散的人员、技术和资金。目前，太原作为山西能源重化工基地的中心大城市，有二百万的城市人口，其大城市固有的人口膨胀、交通阻塞，环境严重污染、用水紧缺等弊病更加突出，从太原东面、西面和北面看，地形复杂，城市发展受到了一定限制。这在相当长的时期内，将困扰太原的进一步发展。而榆次作为太原的门户，其自身许多优势具备了取长补短，共同发展的条件。一是极其便利的交通，待将来通了公交客运将更加完善。二是水、电、气、路等基础设施日趋配套，特别是城市用水纯净质佳，几乎未受污染，是全省城市用水水质最好的。其主要供水源源涡泉为暖水泉。三是工业结构以轻纺型为主，城市环境污染程度低。四是城郊地势平坦，农业产业化程度很高，物产富足，如蔬菜产量多年保持全省第一，无公害蔬菜也盛名远扬。

这些得天独厚的条件为榆次建设生态型卫星城市，实现可持续发展打下了扎实的基础。同时还必须在今后的城市建设中，追求经济效益、社会效益和环境效益的统一性。近年来，榆次把十余项尽管经济效益很高，但污染程度严重的外来投资项目拒之门外，是极有远见的举动。此外，还要继续加强城市绿化、美化、香化、硬化、亮化工作，尽管现在全市人均绿地面积是3.5平方米。但差别还很大，一是新旧城区接合部，在今后旧城改造中，留出更多的地方绿化。二是城郊与太原接合部，按照现代城市规划理论，围绕母城发展卫星城时，要坚持在城市周围保留广阔绿化带的原则。建议及早动手，在榆次太原交界地带，以政府行政手段，即使是卖价很高的黄金地皮，也要建设一条规模可观的绿化带，真正把榆次建成三晋煤海中的一片绿洲。还要抓住机遇，利用国家加大基础设施投资力度的有利时机，配套完善城市基础设施。大力发展住宅、信息通信、金融、商贸等第三产业，实施科教兴市。迎接二十一世纪更加辉煌更加灿烂的明天

发表于《前进》2000年第1期

大太原经济圈中晋中的地位和作用探析

党的十六届三中全会通过的《关于完善社会主义市场经济体制若干问题的决定》指出，要统筹区域发展，形成促进区域经济协调发展的机制。就山西来说，亟须对全省的区域发展进行统筹和协调。其中区域经济结构调整的目标，就是以太原率先发展为龙头，充分发挥太原中心城市的辐射带动作用，形成大太原经济圈。作为距离太原最近的城市，晋中在大太原经济圈中无疑具有举足轻重的地位和作用。

一、构成大太原经济圈的基本要素

所谓城市经济圈，最早是由法国地理学家哥特曼于1961年在他出版的《大城市群》一书中提出，是指由若干个大城市或超大城市为核心，与邻近的一批卫星城市，连同这些城市覆盖的范围，构成具有一定特色的城市群体，同时也是人口和产业的密集区。城市经济圈的功能，一是先进生产力的主要载体，二是具有强烈的辐射带动作用，三是可以使各种资源实现优化配置。其实质是谋求城市群和区域经济的协调和共同发展。城市经济圈不仅是一个国家、一个地区经济的核心区和增长极，同时也是世界经济的重心区。核心区是指它对国民经济的重要程度；增长极是指它对国民经济的增长带动作用。

就太原及周边城市的实际情况来讲，称其城市群还是很遥远的事情，但构建一个相对独立的城市经济圈却是现实可行的。特别是步入新世纪新的历史时期，在山西中部地带，构建一个以太原为中心，包括晋中、阳泉、忻州和吕梁部分县市等在内的经济区和城市圈，已经成为省委、省政府和全省广大群众的共识。这一区域区位优势明显，资源富集，交通发达，农业生产条件优越，城市、县城和集镇比较密集。有关资料显示，截至2002年底，本区域拥有人口1413万，占到全省总人口的42.8%，其中城市人口619.5万，占全省城市总人口的49.4%；常有耕地面积1424千公顷，占全省的42%；生产总值为912亿元，占全省的45.2%；财政总收入137.4亿元，占全省的46.9%。主要指标几乎占据全省的半壁江山。

从山西城市和区域发展大的格局来看，构建大太原城市经济圈的蓝图可描绘为：地域范围大致覆盖太原、晋中、阳泉的全部，加上忻州和吕梁邻近太原的部分县市。充分发挥太原省会城市的主导地位，以石太铁路、同蒲铁路、太旧和大运高速公路为发展主轴线，重点发展钢铁、煤炭、机械、纺织、化工等传统优势产业，生物制药、信息工程、新材料等高新技术产业以及旅游、商贸等第三产业，形成全省经济的核心区域和主要增长极，进而带动整个山西的经济发展。相信经过各级政府和方方面面的不懈努力，不久的将来，一个在山西开放程度最高、科技水平最高、经济效益最好、最具发展活力的太原城市圈和经济区，一定会崛起于山西心脏地带。

二、晋中在大太原经济圈中的重要地位

第一，区位条件极其优越。晋中地处山西腹部，紧邻太原，是省内各市县相互联系的重要通道，也是阳泉、晋东南及晋南诸市县通往省城的必经之道。晋中市城区距离太原仅26公里，近年两市城市不断扩张实际已具有相连之势。晋中城区包括平川城市群与太原同处于太原盆地，交通便利，受到来自特大城市太原经济、科技、信息、人才和市场等辐射的强烈影响。境内有太旧高速、大运高速和已开工兴建的太长高速，108、207、208、307四条国道和榆盂、榆邢、榆长等八条省道纵横交错，公路交通四通八达。铁路有石太线、南同蒲线、太焦线、阳涉地方铁路线和其他支线，铁路网密度2.8公里/平方公里，为全省平均密度的近2倍，是全国少有的县县通铁路的地区。更具优势的是晋中市区距空港太原民航机场只有15公里。总之，优越的区域地理位置，发达的交通和便捷的信息条件，三位一体，相辅相成，构成了晋中经济发展的突出优势，也是晋中参与构建大太原城市经济圈的基本条件。

第二，经济发展势头强劲。2000年晋中撤地设市以来，经济社会发展步入了快速发展车道，2003年经济发展创近10年来的最好水平，晋中生产总值突破200亿元，同比增长12%。财政总收入24.8亿元，绝对额净增5亿元，同比增长24.8%，比2000年翻了一番。在县域经济全省20强排位中，榆次区名列第三，介休市名列第十。同太原周边其他市相比，CDP绝对额位列第一，财政总收入绝对额位列第一。从城市化水平比较看，截至2002年底，晋中全市总人口305.26万，其中非农业人口109.36万，城市化率为35.8%，预计2020年晋中城市化水平将达到50%以上，由此可见，晋中是构建大太原经济圈的重要支撑力量。

第三，资源禀赋特色鲜明。晋中的国土资源种类多样，存量比较丰富，优势相对明显。矿产资源种类较多，现已发现33种，其中金属矿产11种，尤以煤炭、建材和化工原料为主的非金属矿产储量较大，煤炭、石膏资源储量在山西具有一定优势，煤炭预测储量1082亿吨，占全省储量的12.5%，已探明174亿吨。石膏资源储量达

5700万吨，占全省同类储量的12.46%。土地资源较为丰富，全市土地面积2448万亩，2003年底，常用耕地面积543万亩，其中水浇地面积200万亩，农业土地利用中土地生产力为196.08元/亩，均居太原以及周边其他市之首。特别是晋中汾河沿岸的冲积平原地区，地势低平，气候温暖，光热充沛，土质肥沃，灌溉条件良好，具备光、热、水、土的优良组合，构成了山西省农业资源优势区。

第四，农业产业化水平持续提升。自古以来，晋中农业生产力水平在全省就一直处于领先地位。改革开放后，又率先实施了农业产业化，坚持“产业化发展农业，城镇化建设农村，市场化富裕农民”的战略思路，形成了优质杂粮、干鲜果品、适时蔬菜、绿色畜禽四大特色产业，走出了一条具有特色的成功之路。2003年全市农林牧渔总产值达48亿元，远远高于太原以及周边其他市。蔬菜总产量达到36.8亿公斤，肉蛋奶总产量达到24.7万吨，都位居全省第一，其中蔬菜外销量占94%，肉蛋奶外销量占84%。有4大类20余种农副产品出口到20多个国家和地区，创汇额居全省之首。

第五，旅游产业方兴未艾。晋中是晋商故里，晋商文化底蕴深厚，旅游资源非常丰富。如今迅速崛起的旅游产业已成为晋中的新兴支柱产业，“旅游名市”初见端倪，现已初步形成了：高扬一个龙头——平遥古城；叫响两大品牌——晋商文化、大寨；整合“四名资源”名城（平遥古城、祁县古城、榆次老城），名院（乔家大院、王家大院、渠家大院、曹家大院、常家庄院、孔祥熙宅园）、名山（介休绵山、灵石石膏山、榆次乌金山），名人（祁黄羊、介子推、王维、白居易、罗贯中、祁隽藻等）；推动两线建设——一条是以平遥古城和晋商大院为主的晋商民俗文化旅游线，另一条是以大寨和左权麻田为主的太行风光、革命纪念地旅游线的大旅游格局。2003年尽管受到非典疫情影响，全年仍接待游客352万人次，门票收入7100万元，实现旅游综合收入8.5亿元。各项指标在全省均名列前茅。相信在未来大太原经济圈中，能够形成一个以太原晋阳文化为中心，以晋商文化和五台山佛教文化为两翼的大旅游区，进而大幅提升大太原经济圈的文化品位和知名度。

三、晋中在构建大太原城市经济圈中的战略思考

在当前国家对经济社会发展指导方针作出重大调整，宏观经济环境和周边区域经济发展出现积极变化的大背景下，晋中经济发展战略和城市发展定位也应该与时俱进，把区域统筹协调发展的因素考虑进去，向形成太原大经济圈的方向努力。为此，从战略和宏观层面上，应把握好以下几个原则：

1.用科学的发展观统领区域发展。省委曾多次对晋中的发展提出厚望。认为晋

中有条件发展得更快更好，应当建成为全省最具活力的经济区。要想实现这个目标，晋中市决策者必须转变传统指导经济社会发展的工作思路和方法，按照中央“五个统筹”和“五个坚持”的要求，紧紧抓住重要战略机遇期，牢固树立和认真落实科学发展观。从统筹区域发展的角度，立足于大太原经济圈，主动地自觉地树立跳出晋中审视晋中、跳出晋中谋划晋中的发展意识，注重区域内城市与城市之间、地区与地区之间的协调和合作，着力提高区域的整体竞争力。

2.远处着眼要胸怀京津放眼世界。首先就是要主动融入京津唐环渤海经济圈一体化进程。目前该区域已成为中国乃至世界上城市群、工业群、港口群最为密集的地区之一，其经济总量约占全国的五分之一，是中国经济的第三个区域增长极。必须前瞻2008年北京奥运会巨大的带动作用，这个“超级引擎”必将拉动环渤海经济圈加速发展，未来十几年内前景不可限量。大太原经济圈，正好处于京津唐环渤海经济圈之腹地，能够受到京津唐环渤海经济圈的辐射。应当主动出击，借船出海，借网辐射，借市融资，借脑生财，主动融入其一体化进程。铁道部即将在石太线新建全省首条高速客运铁路专线，届时从太原乘火车到北京只需2个多小时，将进一步拉近大太原经济圈到京津唐环渤海经济圈的空间距离。其次要放眼世界。就是要顺应经济全球化要求努力扩大开放。晋中地处我国经济欠发达的中部地带，在大太原经济圈尚未成形的格局下，面对经济全球化和中国加入WTO即将进入实质化阶段的新形势，加快发展面临着众多挑战。因此必须进一步扩大对外开放，全面提高经济外向度。一方面要加大招商引资力度，积极鼓励外资投向国企改组改造、旅游开发、农产品加工和城镇基础设施等领域，不断拓宽利用外资的领域；另一方面，实施“走出去”战略，参与国际市场竞争促进外向型经济的发展。

3.近处着手要务实地推进晋中太原一体化进程。太原作为山西政治、经济、文化、科技中心，经济总量占全省的五分之一，财政总收入占全省的四分之一，也是全国22个特大城市之一，对周边地区具有较强的辐射带动能力。而晋中作为省城太原的卫星城市，在承接其辐射方面，具有得天独厚的区位优势、交通优势、能源优势和生态环境相对较好的条件，特别是城市发展用地潜力较大。目前，晋中城市控制区范围达180余平方公里，城市基准地价为太原的三分之一。两市进行区域合作，可以通过优势互补和资源整合，大大增强太原特大城市的集聚效应、规模效应、辐射效应和带动效应，促进太原率先发展，促进晋中快速发展，是一种双赢的选择和历史的必然。基于这样的认识，在省委关于“以太原为中心，建设一个最具活力的经济带和城市群”的精神指导下，晋中太原经济一体化战略已于2002年6月正式启动，并且取得了一些实际成果。但从整体看，由于方方面面的因素制约，现实出现了某种徘徊局面，全方位多层次的合作还有待时日。当前更为重要的是应进一步提高对这项工作的认识，以“发展是党执政兴国的第一要务”为指导，统筹区域发展的高度，以人为本，以造福于两市人民幸福于一方区域为根本出发点，围绕构建大太原这个目标，早日使晋中太原经济一体化进程踏上快车道。可以先着眼于有限一体化，从易操作、见效快的交通、文化教育等合作项目入手，逐步推进。从晋中来讲，一是要树立依托太原、服务太原，在合作中发展的理念，坚决破除“宁当鸡头，不做凤尾”的陈腐观念，以太原为中心，进行资源整合，确定城市定位和分工。二是要共同制定具有科学性、前瞻性和指导性的中长期发展规划。诸如城建、交通、电力、旅游、环保、教育等要做具体安排。三是要以诚心诚意和负责任的态度，为大太原经济一体化办几件实实在在的实事和好事。从宏观层面看，晋中太原经济一体化进程的快慢，将是大太原经济圈能否早日形成的关键所在。

此文系山西省哲学社会科学“十五”规划2003年度课题《“大太原”经济圈中晋中的地位和作用探析》成果，发表于《前进》2004年第6期

■ 大太原经济圈晋中城市群如何发展

跨入“十一五”新的发展时期，从晋中所处的区域经济发展态势看，呼之欲出的构建大太原经济圈已成为全省上下的共识并进入操作程序。晋中也适时提出了建设山西中部最具活力的经济带和城市群的战略目标。因此，如何依托构建大太原经济圈这个大的背景和平台，贯彻落实科学发展观，实现晋中城市群更快更好地发展，是一篇值得认真思考的文章。

一、从战略思路上做到“三个有效”对接

俯视大太原经济圈地理版图，晋中城市群中的晋中城区、太谷、祁县、平遥，介休、寿阳等城市，沿南同蒲铁路和大运高速公路等交通主干道呈轴向布局和扩散，经济基础比较雄厚，农业资源得天独厚，旅游产业方兴未艾，加之毗邻中心城市太原，交通最为便捷，所以，比较太原周边其他城市而言，晋中城市群在大太原经济圈中具有举足轻重的地位和作用。我们晋中城市群的发展必须纳入整个大太原经济圈来通盘谋划，坚持把握机遇、积极参与、优势互补、互惠互利、相融发展的指导思想，不仅自身市域内的城市之间要如此，而且同太原以及经济圈内的其他城市也要如此，实现大太原经济圈城市圈的“双赢”和“多赢”，真正成为山西的核心区和增长极。从长远考虑，需做到“三个有效对接”。

1.思路观念的有效对接。经济圈和城市群的发展，在中国来说，还应该是新生事物，即使“长三角”和“珠三角”这样比较成熟的城市群，区域经济一体化和各方面的合作互动仍然存在是是非非，除了体制和机制的阻碍，根本原因还是思路和观念的差异。在晋中城市群的发展过程中，在大太原经济圈的形成过程中，各个城市有各个城市的利益，各级政府有各级政府的意图，企业家和普通百姓也有不同的看法。从理论上讲，城市群圈域是一个经济圈和城市群，不是一个行政区，区域内各行政区和各级政府之间仍具有行政上的独立性，但在发展上更依赖协调共管的市场经济的平等性，在实现共同目标上是融为一体的。

2.区域规划的有效对接。城市群已成为区域经济发展的主要动力。对城市群进行合理的整体规划，防止单个城市各自为政，造成空间的畸形发展和区域经济的不

平衡性，是确保城市群系统健康有序地运行的重要保证。晋中城市群也应该对城市群的总体发展做出战略性部署和规划。这个规划应该重点强调城市群与大太原经济圈整体的协调和对接、城市个体与城市群整体的协调和对接、眼前利益与长远利益的协调、城市化与社会经济发展的协调、资源合理开发利用与保护生态环境之间的协调，最终构建一个自然空间与社会发展相适应的城市群体系统。

3.体制机制的有效对接。城市群是市场经济发展到一定阶段的产物。而现在每个城市的制度和体制或多或少仍然残留着计划经济的影子，城市与城市在制度上的碰撞是必然的，尽管各具特色，但由于行政区划的限制，由于地缘的差别，各个城市的政策很难相统一。城市群发展进程中的集聚辐射，被限制于一定的行政区域的空间，其人才流动、土地资源的合理配置，交通基础设施的统筹安排、可持续发展的环境协调等都难以实现。在山西这样的欠发达地区显得尤为突出，比如城市之间成立联席会议制度来协商问题，由于城市地位和实力落差较大，很难形成一致意见，难免出现某种徘徊局面，也就发挥不了多大作用。因此，搞好城市群制度创新体制转变当前尤为迫切。

二、从操作层面上做好五件事情

无论是大太原经济圈的构建，还是晋中城市群的建设，都是刚刚起步，有大量烦琐头疼的事情要做，好在大太原经济圈都是山西的地盘，晋中城市群都是晋中的城市，我们面临的机遇一定大于挑战。眼下应着力做好下面五件事情：

1.摆正城市位置。晋中城市群的各个城市规模大小不等。级别也不尽相同，有的设立了建置市，有的还属于县城，空间布局距太原也远近不等，这些因素都会对每个城市的定位和未来设想，产生各种各样的影响。所以，在大太原经济圈的背景下，每个城市都应当树立依托太原、服务太原，在合作中发展的理念，并进行资源整合，合理确定城市定位和分工，从而提高晋中城市群的整体竞争力。

2.培育城市品牌。一个城市如果没有独特的城市文化，城市形象和城市品牌，注定是没有前途的。晋中城市群一个共有的突出优势就是有深厚的晋商文化底蕴，不少城市可归属为历史文化型和旅游型城市。因此我们要加强对各个城市文化特色的深度挖掘，努力打造各具特色的城市形象和城市品牌，形成富有晋中特色的城市格局。

3.完善城市交通。跨区域交通是城市群发展的纽带，也是区域经济一体化最为关键的条件之一。虽然目前晋中城市群区域的高速公路、铁路及航空等交通综合网络和能力是大太原经济圈乃至山西最好的。晋中至太原901路城际公交线路的开通，

“同城效应”开始显现。但是，与区域内城市化进程的提速，日益频繁的物流和人流涌动相比，交通设施仍很难适应。按照“1小时城市圈”的要求，今后应下大力气解决太原和晋中城市群城际间交通运输问题。

4.共建城市生态。从晋中城市群来看，要制定跨市县、跨区域的与太原相衔接的城市群生态环境保护综合规划，城市之间保持必要的绿色空间，控制人口和经济规模无限扩大，重大工业项目布局牵涉环保问题要相互沟通，水资源污染等区域问题要共同承担责任，共同治理。

5.逐步整合开发区。应当逐步加强对各类开发区和工业园区进行整合，提高整个经济圈内的规划和开发水平，走联合重组之路，形成规模效益。

发表于《山西经济日报》2006年9月24日

第二篇　市域经济，探索致实

晋中是三晋沃土上的崛起新城、发展高地。新时代新征程，作为一名从业近40年的宣传理论工作者，秉承“立德、立功、立言”之古训，怀揣“为天地立心，为生民立命，为往圣继绝学，为万世开太平”之理想，甘愿将“冷板凳”坐成“热板凳”“老板凳”，把准时代发展脉搏，主动对接市域发展需求，在经济社会发展和人民向往中破题立论，精研深探，笔耕不辍，力行实证研究，致力于把论文写在晋中大地与群众心坎上。

加快发展第三产业的战略意义

中共中央关于制订“七五”计划的建议中明确提出:“加快发展为生产和生活服务的第三产业，逐步改变第三产业与第一、第二产业比例不相协调的状况。”这些重大决策对我国国民经济结构合理化，发展商品经济及经济体制改革顺利进行都具有深远的战略意义。

第一,发展第三产业，是保证国民经济持续、稳定、协调发展的客观需要。

国民经济是一个由众多部门和行业构成的相互联系的系统，没有哪一个部门可以脱离别的部门而单独生存。第三产业就是为第一、第二产业提供各种服务的经济部门。首先，通过发达的商业和畅通的交通运输业，为第一、第二产业提供产前、产后服务，保证社会简单再生产和扩大再生产的顺利实现。商业是沟通生产和消费者的桥梁和纽带，具有联系面广，市场信息灵的特点。一方面可以向生产者反映市场需求变化，使生产者生产更多的适销对路产品；另一方面积极组织货源，保证社会消费需求得以实现，满足人民生活的需要。而达到这一切，必须有畅通无阻的铁路、公路、水运和空运等交通运输业相配合。其次，通过科技和教育事业的大力发展，为第一、第二产业提供先进的科学技术和各类人才。科学技术是生产力，没有先进的科学技术装备第一、第二产业，变外延式的扩大再生产为内涵式的扩大再生产，提高经济效益，实现工农业总产值翻两番，都是不可能的。而更重要的是高质量的人才，这主要靠教育事业的发展，来不断培养大批的优秀人才。因此，必须把科技教育的发展放在战略高度上。最后，通过金融保险、法律审计、邮电通信、信息咨询等新兴第三产业的发展，对整个国民经济进行预测和控制。经济体制改革后向企业扩大自主权，农村实行联产承包责任制。必然产生许多新的要求，如需要金融信贷的扶植，需要正确可靠的经济信息,需要法律保护自身权益,等等。同时，国家也必须通过金融税收等各种经济手段对经济实行强有力的监督和控制，保证经济机制的正常运转。

第二,加快发展第三产业，可以不断提高人民生活水平，促进由温饱型向小康型的转变。

党的十一届三中全会以来，人民生活水平发生了很大的变化，消费需求结构有了新的变化。人们已不满足于填饱肚子，而要讲究营养；穿衣也要时髦漂亮；日用消费品趋向中高档。同时随着物质生活的基本满足，对精神文化生活的需求越来越高。解决问题的办法就是加快发展第三产业，特别是传统的第三产业即商业、饮食业和服务业，它们本身就是为人民服务的。群众生活中存在的诸多问题都是由于第三产业发展缓慢，现有服务设施陈旧落后且管理不善所造成的。不仅如此，人们能否得到精神生活方面的满足，能否有充足的时间进行娱乐、旅游等活动，取决于第三产业能否把人们从繁重的日常家务劳动中解放出来。

第三，发展第三产业是经济体制改革的必然要求，也是促进改革顺利进行的必要条件。主要有下面几点：

经济体制改革的中心环节是搞活企业。要想搞活企业，必须扩大各类服务部门，如商业、金融、咨询等部门，为企业提供各种必需的优质服务。

经济体制改革要求国家要运用各种经济手段对宏观经济进行控制，而这主要通过完善的金融系统来完成。

经济体制改革要求经济效益有一个大的提高。提高经济效益必须扩大商品市场，扩大企业的专业化和竞争能力，按市场需求来组织生产，从而达到降低生产成本、提高产品质量、提高经济效益的目的。为此，商业及各种服务业将是必不可少的。

经济体制改革后，经济将由内向型转为开放型。开放型经济的特征就是具有现代化的交通网络，信息网络，通信网络等第三产业网络系统。因此，加快第三产业的发展，是经济体制改革的客观要求，同时也能促进经济体制改革的顺利完成。

第四，发展第三产业，是一条扩大社会就业，实现就业结构合理化的重要途径。

我国在相当长的时间内，面临着扩大就业的巨大压力，每年有好几百万的待业青年等待安排，第一、第二产业还有上亿的剩余劳动力寻求新的就业门路。解决这个问题的一个好办法，就是充入第三产业发展大军，这是因为第三产业具有门类行业广、劳动密集型、容量大等特点，对劳动力有很强的容纳力，况且，其本身的发展也需要大量的劳动力作保证，因此，加快第三产业的发展，是扩大就业，实现就业结构合理化的必由之路。

第五，发展第三产业是发挥城市中心作用的重要条件。

商品经济的不断发展，要求突破旧的经济体制的条条分割和块块封锁，使城市能够真正发挥其特有的各种功能，起到中心城市的作用，从而在城市周围的区域组成多层次的经济网络，促进经济的发展。城市是商品经济发展的产物，它的功能是多方面的。它不仅是工业生产的基地，而且也应当是贸易中心、金融中心、交通枢纽、信息中心，有些城市还是科学、教育的中心。把我们的城市，首先是大城市，改变成为开放型的、多功能的、社会化的、现代化的经济中心。其中的“四个中心”和“一个枢纽”都属于第三产业。可见，要改变我国城市的产业结构，发挥城市的多功能作用，其关键就是要大力发展第三产业。不仅发展为生活服务的行业，也发展为生产服务的行业，让城市不仅提供优质的工业产品，更重要的是能提供知识、技术、信息和人才。从而带动所辐射的地区经济乃至全国经济不断发展。

总之，加快第三产业发展，是我国经济发展的必然要求，具有重要的战略意义。

发表于《晋中论坛》1986年第1期，此文系作者山西大学经济系毕业论文的精简版

承包企业的劳动管理

劳动管理是企业的一项专门管理。主要包括劳动力管理、工资福利管理和劳动保护管理等内容。它在整个企业内部管理中占有重要的地位。随着企业承包经营责任制的实行，如何深化企业内部劳动管理的完善配套，就成为目前十分迫切和重要的问题。本文拟通过对晋中地区一些承包企业的调研与分析，就企业内部的劳动管理问题做进一步的探讨。

承包企业有了活力和压力，也为深化企业内部劳动管理改革创造了条件。那么如何具体改革呢？我以为企业内部劳动管理要做到“五化”。

一、经济指标合同化

在经济体制改革以前，我们的企业特别是国营企业的职工端的是铁饭碗，吃的是大锅饭，搞的是平均主义。因此，经济指标能否完成，与职工的物质利益没有什么关系，所以谁也不去关心经济指标的完成与否。经济指标成为疲软的东西，对职工没有任何约束力。经济体制改革以来，许多企业都在创新试验，努力闯出一条新路来，如晋中化工厂就打破了过去固定工的“铁饭碗”，全厂近千名工人，无论是固定工，还是合同工、临时工，都和车间把产量、质量能耗、安全等经济指标用合同的形式固定承包下来，完成奖，完不成罚。大多数工人是赞成的、愉快地签了字。也有的工人体弱多病，平时就出勤不出力混日子，怕完不成任务，拒不签字。若在其他车间也不签合同也不留用，最后只好由厂里暂聘，暂聘期间，年老体多病的第一个月发给80%的工资，从第二个月起发给60%的工资，直至安排工作或退休。平时吊儿郎当的工人，如不签合同，每月只给20元的生活费。经济指标合同化，使经济指标成了强硬且具有约束力的东西，使工人有了危机感和进取心，再加上工资奖金等因素，充分调动了工人的积极性，生产任务月月保质保量完成。

二、定额定员合理化

劳动定额作为企业管理的一项重要的基础工作，是企业编制计划，合理组织生产，开展劳动竞赛，正确贯彻按劳分配原则的重要依据。企业承包后，合理的定额定员，显得更加重要。特别是多数企业都实行计件工资和定额工资，对定额定员提出了更高的要求。合理的定额定员，既有利于提高劳动生产率，又有利于保护工人的正常生活和机器设备的正常运转。如晋中化工厂机修车间，原定员为82人，现重新测定定额后，定员只要60个人就足够了。同时对全厂的定员总额也进行了调整，总共精减了40多人。精简下来的人，开办了纸箱厂、养鸡场、农场及第三产业。又如介休纺织厂根据设备老化，任务加大的实际情况，比原定员标准提高4%，定员总额增加了40多人，保证了生产顺利进行。

三、劳动组织组合化

企业承包后，在劳动组织上要改变过去那种上级安排、只进不出、凝聚力不强的老框框，实行择优上岗，充满活力的劳动组合制。即民主推选企业管理能力强、技术熟练、有一定组织能力的班组长，然后采取“兵选将、将点兵”的自由组合原则，允许班组长自由统选合理班组，也允许工人根据本人特长和兴趣自报工作岗位，未被组合的工人，也要妥善安置。从而有利于精简多余人员，强化班组素质，形成一个高效率、团结齐心、充满生机和活力的生产班组。

四、工资形式多样化

企业承包后，一个突出的特点就是对以往的等级工资制度进行了多种多样的弹性改革。我认为，不论采取什么形式的工资制度，都必须是为了进一步贯彻“按劳分配”的原则，调动职工积极性、增强企业活力。为此，企业承包后，实行工资总额同经济效益挂钩，实行计件工资与定额工资。这样可使工资总额的增减与企业的整体经济效益相联系，也避免了工资基金失控的弊端，还可引导企业之间由相互攀比工资奖金高低，向比经济效益好坏转变。根据实际情况可采取工资总额与上缴利税，产品产量，销售收入，净产值等挂钩的多种形式。从企业内部来说，针对不同工种、不同岗位，也可实行不同的工资制。如适应于第一线的联产计件工资制。在定人员、定消耗、定成本、定产量、定质量、定安全指标的基础上，按产量计发工资。如晋中化工厂二车间把工人的工资，奖金、加班费、劳保费全部捆起来与产品产量挂钩，在考核质量、安全等指标合格的前提下，每产一万支雷管厂里给车间205元工资。厂里分配给车间的工资总额，一包到底，“增员不增资、减员不减资”。职工有了压力和动力，提高了劳动生产率。适应于生产第二线维修，辅助人员的工资形式是岗位工种工资制。例如，祁县玻璃器皿厂的动力车间和机修车间就是依据每个职工的业务技术能力，工作量大小及完成效果，按奖罚制度，支付工资。由车间给每个职工进行分配，如因失职而影响生产，厂部有权按责任大小比例扣罚车间应得的工资总额，车间按比例扣罚失职职工的工资。适应于生产第三线的机关科室和后勤部门的工资形式有利润承包或百分计酬工资制。例如，平遥柴油机厂对供应科、经营科、医院、招待所等经营科室和后勤部门，不仅下达任务指标，同时也下达利润指标，以合同的形式固定下来，共落实科室盈利每月8200元，这些科室部门实行工资挂钩，达标分成，按月结算，全年打通的原则。例如，供应科任务，一是保证厂内生产材料供应；二是上缴厂部利润每月3200元。两项任务，分别考核，各占全科基本工资总额的50%，月底按完成任务的百分比计发基本工资。超额完成利润指标。实行二八分成（厂八科二）。对无经济指标的劳资科、教育科等科室，实行对完成任务考核百分计酬的办法。真正做到“千斤担子众人挑，人人肩上有指标”。搞活了机关科室，促进了整个企业发展。

五、劳动培训经常化

人是社会生产力诸因素中，最活跃最积极的因素，职工在生产中发挥的作用如何，取决于职工的思想素质和业务技能。在企业，要提高人的思想素质、技术业务水平和工作能力，主要是靠教育和培训工作，特别是劳动培训。企业承包后，技术日益更新，对工人的文化和业务素质有了更高的要求，因此必须加强劳动培训，并使之以生产为中心经常化；同时企业也要舍得智力投资。如晋中化工厂就搞得不错，首先厂领导重视，密切配合，舍得花钱，

再次建立了职工培训制度和制定了规划。采取脱产、半脱产、业余时间等进行文化、业务、安全、质量管理等培训学习，到目前为止，从电大、函大、职大等各类学校毕业和正在学习的职工有40多人，厂里也定期举办各种培训班，如今年参加全面质量管理学习的职工有180余人，取得了生产培训双丰收，二者互相促进。

发表于《经济问题》1988年第8期

修建北门口人行天桥的建议

随着经济和社会的发展，我市北门口地区已成为全市最大的交通和商业中心，东西面是城市主干道东西顺城街，南面是北大街传统老商业区，近期又建有停车场，北面是粮店街新兴商业区，有百货大楼、晋中饭店、摩登大厦、元龙大厦等众多商业网点，是全市人流量最密集的地段。每天机动车、自行车和行人交织在一起，尽管有交警值勤指挥，交通事故仍经常发生。若位于东北角的全市最大的商业设施购物中心落成开业后，其矛盾会更加突出。

为此，建议市政府及城建部门通盘考虑，及早规划，在此修建互通式人行天桥。其一可以缓解交通不畅之状况，机动车、自行车、行人各行其道。其二可为美化市容增添新的景观，建设资金可借鉴其他城市“谁投资、谁受益”的原则，采取命名桥名、悬挂广告及附近受益单位资助等多渠道筹资办法。为广大市民办一件好事和实事。

发表于《榆次市报》1995年3月17日第三版

如何实现稳定脱贫的思路及对策

在今后几年的脱贫攻坚战中，要基本解决我国6800万贫困人口的温饱问题，保证稳定脱贫，巩固脱贫成果，逐步向小康迈进，其攻坚难度，愈来愈大。通过我们在太行山区扶贫工作的实践和调查，本文就如何实现稳定脱贫做一些探讨研究。

一、实现稳定脱贫在扶贫战略上要实现三个转变

1.从思想上实现贫困人口由依赖性到主动性的根本转变。目前我国的贫困乡村和人口，主要分布在边远山区，其特点是地域偏远，交通不便，流通不畅，文化教育落后，生态环境恶化，经济发展缓慢，客观因素制约了温饱问题难以解决。过去的十几年中，各级政府已投入了大量的人力、物力、财力，而且逐年增加，使全国农村的贫困问题有所缓解，但稳定脱贫的问题还没有从根本上得到解决。这固然有客观因素制约，但一个不容忽视的老问题，就是主观上的“等、靠、要”依赖思想仍根深蒂固，终日观望，不思进取，坐享其成。因此，我们有必要继续强调，扶贫先扶志，发挥贫困地区干部群众的主观能动作用，启发内在动力，发扬苦干实干，艰苦奋斗的精神是脱贫致富的决定因素。这样加上外部的支持才能真正发挥作用，否则，实现稳定脱贫就是一句空话。

2.从方式上实现由救济式扶贫到开发式扶贫的转变。过去一段时间，我们扶贫的着眼点主要是对贫困地区和人口给予一定数量的资金和物质，确实能使一些地方解决燃眉之急，但这种扶贫方式换来的温饱生活往往很脆弱。一旦支持的东西吃光用尽，就会返回到过去的穷日子。或者一遇自然灾害也会出现返贫局面。不解决根本问题，扶贫成果难以巩固，稳定脱贫难以保证。因此实现由救济式扶贫向开发式扶贫的转变势在必行。正如江泽民同志所讲:“把贫困地区干部群众的自身努力同国家的扶持结合起来，开发当地资源，发展商品生产，改善生产条件，增强自我积累，自我发展的能力，这是摆脱贫困的根本出路。”实践证明，以产业化开发的思路组织贫困乡村农民大力发展林牧主导产业，有利于充分发挥贫困山区资源优势，有利于贫困人口的稳定脱贫，是贫困山区最具活力最有潜力的经济增长点，也是稳定解决温饱问题实现脱贫致富的根本出路。

3.从机制上实现由部门式扶贫到全社会扶贫的转变。扶贫攻坚不仅是一个农村问题，而且也是关系维护改革、发展、稳定大局的政治问题，实现稳定脱贫，不仅是党和政府的重要任务，也是全社会的共同责任。扶贫济困是中华民族的优良传统，党政机关要扶贫，社会团体、科研院所、大专院校、武警部队、企业公司等社会各界也要伸出援助之手，参与扶贫攻坚。

二、实现稳定脱贫在扶贫工作中要处理好三个关系

1.处理好眼前利益与长远利益的关系。广大贫困山区为摆脱贫困落后面貌有着强烈愿望，需要解决的问题很多，这里有必要强调在扶贫具体操作过程中，必须克服那种只顾眼前利益而最终损害长远利益，尽量避免发生杀鸡取卵，得不偿失的悲剧。解决群众的温饱问题，使贫困地区的群众有饭吃，有衣穿，这是我们扶贫工作的基本目标。要使贫困地区稳定脱贫，第一位的任务就是要努力改善贫困地区农业生产条件，兴修水利、平整土地、推广科技等都是十分有效的扶贫措施。这几年有些蓄草量不大的山区大规模发展养山羊，这种羊有个特性就是上山吃草时连根都要刨掉，导致草坡和草量逐年下滑，直至变成荒山秃岭，生态环境进一步恶化，自食恶果，脱贫难度更加艰巨，所以要正确处理经济效益和生态效益的关系，如果人们只重视眼前的经济效益而忽视长远的生态效益，使两者处于矛盾状态，结果不仅生态效益较差，经济效益也难以提高且最终会降低，若是人们为了追求个别的、眼前的经济效益以致不惜牺牲生态平衡，日积月累到超过承受限度，导致生态环境严重破坏，那就必然会受到大自然的严厉惩罚，稳定脱贫从长远看也难以保证。

2.处理好扶持个人致富和壮大集体实力的关系。随着国家和社会对扶贫攻坚的重视，加上广大农户辛勤劳动，粮食和经济收入都有了一定幅度的增加。而与此形成鲜明对比和反差的是绝大多数贫困山区的集体经济大多过于薄弱，许多农村集体连办公室都没有，书记或村主任家就是大队部，上级检查、下乡、蹲点、人来客往等日常开支都得东挪西借，村干部补贴连年拖欠，每年订阅报刊经费，要靠伐卖树木来解决，等等，造成集体服务能力日益弱化，没有号召力和凝聚力，也导致了对脱贫致富信心不足，严重制约着稳定脱贫的实现。因此，扶贫工作要在抓好解决特困户温饱问题的同时，也要注意逐步增加村级集体经济实力，在政策上、资金上给予一定倾斜。集体对所属的各种资源采用承包租赁组织开发，以逐步增加集体收入，实现集体有人办事和有钱办事的目标。

3.正确处理好经济开发和智力开发的关系。在贫困地区，由于其经济基础薄弱，扶贫攻坚任务艰巨，有限的资金用在经济的开发上，无可非议。但要稳定脱贫，最终

还是要靠科技、靠教育。这就需要在经济开发的同时，搞好智力开发，把提高贫困地区人口素质作为长期任务来抓。在治“愚”上下功夫。扶贫工作要少在形式上花钱，宁可少招待几个客，少吃几桌饭，也要想方设法在智力开发上办一些实事好事，比如帮助安装闭路电视、通广播、办文化室等。贫困地区一是要围绕产业开发项目办好职业学校，二是要围绕扶贫开发项目抓好对农民的实用技术培训。一个村除办好学校，保证适龄儿童受教育外，还可开办扫盲班、速成班，提高劳动者的文化素质。通过以上办法达到解放思想、开阔视野、更新观念，使物质富裕和精神富足同步起来，为稳定脱贫创造更加良好的氛围。

三、实现稳定脱贫在扶贫措施上要做到五个结合

1.班子建设上要做到当地选举、从外调派、出外培养相结合。贫困地区要想实现稳定脱贫，建设一个强有力的领导班子至关重要。针对当前贫困地区支部班子不少软弱涣散，战斗力不强的现状，应针对具体情况采取相应对策。一是从当地选举，依靠广大党员和群众选举自己信任的能人担当领路人；二是有些农村经过多少年实践确实人才缺乏，无合适人选胜任，则可从县或乡镇选调素质高，有培养前途的青年干部去任职；三是从贫困村选拔一些有文化、有头脑的青年到各级党校或小康富裕村培训深造，挂职锻炼，待成熟后返村任职。总之，要选好一个书记，建好一个班子，真正做到有智谋事，有人管事，有钱办事，有章理事。

2.主导产业的培育要做到资金、技术和服务相结合。贫困山区稳定地解决温饱问题的根本出路，在于发挥资源优势培育主导产业，形成一户一品、一村一品、一乡一业、一县一业。这方面需做到资金、技术和服务三结合，哪个环节也不能拖后腿。第一要保证足够的启动资金；第二要使主导产业提高科技含量，使用国内外最新的技术；第三要为主导产业提供有效服务，政府部门要多渠道、全方位为农民提供产前、产中、产后的全程服务，不能半途而废。有些地方发动农民搞各种新品种的种植养殖，产前产中服务还可以，一旦形成规模推向市场时，如遇行情变化，销路不畅时却撒手不管。如这几年的海狸鼠、蚂蚁等养殖失败就是惨痛的教训。严重损害了农民的利益，更严重的是挫伤了农民脱贫致富的积极性，影响了党群关系和干群关系。

3.扶贫工作队配备要做到一般党政机关、科研院所和经济部门相结合。组织抽调党政机关干部下乡扶贫是党中央的一项长期制度，经过十几年的努力，扶贫工作队为贫困山区办了大量的实事好事，对脱贫致富功不可没。但这几年在新的形势下，这种单纯由党政机关组成的扶贫工作队，在具体工作中尚有许多困难，一些党政机

关没有经济实力，机关干部在农业科研技术方面都是外行。工作起来心有余而力不足。为尽快打赢脱贫攻坚战，建议以后组建扶贫工作队时，在每个村不可能都配备的情况下，在每县或每个乡镇配备由党政机关、科研院所和经济部门共同组成的工作队，以发挥各自优势，形成扶贫攻坚的强大合力，实现稳定脱贫。

4.对特困地区脱贫要采取整体移民、富村兼并和劳务输出相结合。在一些山庄窝铺、水电路不通，生存环境极度恶劣，一方水土养不活一方人。这些地方应采取灵活措施：一是对一些村小人少，位置偏僻，可异地搬迁，整体移民到条件好的地方生活，这样对稳定脱贫有保障。二是对有一定资源无力开发的特困村可采取就近由富裕村兼并，富村为小村提供必要的资金、技术和人才，共同开发荒山荒地，也可采取“一村两制，平稳过渡”，保留小村建制、村民财产、干部职务，逐步消化，最终达到共同富裕。三是对一些点多面广，人口较多，搬迁条件不具备的特困村可组织劳务输出，特别是让有一定文化素质的青壮年劳力，走出大山务工，这样既可以增加收入，还可以开阔视野、沟通信息，掌握一定的技术，为将来本地脱贫创造条件，当然要注意引导、适度发展。

5.在扶贫层次上要做到扶持特困户、不忘一般户和鼓励温饱户相结合。在贫困山区，由于农户素质、经营能力、劳动力等存在差异，形成了贫困村分为温饱户、一般户和特困户三个层次。为实现稳定脱贫，我们要最大限度地使每个农户都走上富裕之路，不能嫌贫爱富，人为地去垒大户。为此我们要坚持扶持特困户、不忘一般户和鼓励温饱户，特别是让温饱户带动特困户脱贫的方针，实现共同富裕。

发表于《晋中论坛》1995年第5期

■ 加快发展城镇化是全面建设小康社会的现实选择

跨入新世纪，我国将进入全面建设小康社会，加快推进社会主义现代化的新的发展阶段。在这个新的历史时期，全面推进城镇化进程，是走向现代化的必经之路。而加快发展小城镇建设步伐则是现阶段提高城镇化水平的重中之重，是全面建设小康社会的一种现实选择。本文结合近年来晋中发展城镇化建设的实践，就此做一些思考和探讨。

一、城镇化是全面建设小康社会进而实现现代化的必由之路

马克思曾指出："现代的历史是乡村城市化。" 城市化，亦称城镇化或都市化，是指人口、用地和经济、文化模式由农村型转向城市型的过程和趋势。城市人口数量占总人口的比重，是衡量城市化的基本指标。其实质是由于生产力发展和变革所引起人口及其它经济要素，从农村向城市转变的过程，是不以人们主观愿望为转移的客观规律。城市化不仅是物质文明进步的体现，也是精神文明前进的动力。我国的城镇化进程，基本上与经济发展同步，从新中国成立初到1978年底，全国总人口中居住在城镇的为1.7亿人，城镇化率仅为17.9%，晋中的城镇化水平为17.7%。党的十一届三中全会以来，加速了城镇化的进程，据2000年人口普查统计，在现有的668个城市和5万余个小城镇中，居住着45594万人，城镇化水平为36.09%，其中广东省已达55%，山西省为26.9%，晋中市为32%，高于全省平均水平5个百分点。

在研讨城市化的问题中，我们之所以强调城镇化而不提城市化，尽管二者属同一概念范畴，是基于中国是个农村人口占绝大多数的人口大国这一基本国情而出发考虑的。目的是防止农村大量剩余劳动力盲目流向大中城市，提倡引导向具有城市功能的小城镇合理有序转移的正确轨道上来。正如《中共中央关于制定国民经济和社会发展第十个五年计划的建议》中所强调："要走出一条符合我国国情，大中小城市和小城镇协调发展的城镇化道路。"

小康社会是我国实现现代化第三步战略目标之前的一个社会发展阶段。城镇化是现代化的发展趋势，反过来城镇化也推动着现代化。比照现代化国家的标准，一个初步现代化的国家，其城镇化人口比例应不低于50%—60%，当前全面建设小康

社会的过程，从某种意义上讲，就是全面提高城镇化的一个发展过程。有关专家学者在统计世界各国城镇化和人均GDP水平的关系时得出结论，当一国城镇化水平分别为30%以下、30%—50%、50%—70%、70%以上时，其人均GDP分别为1000美元以下、1000美元—3000美元、3000美元—7000美元、7000美元以上。这充分说明经济发展与城镇化存在正向互促互进的关系，城镇化水平随经济发展而上升，其中在人均GDP2000美元以下时，是城镇化进程最为迅猛的阶段。这至少从理论上启示我们，在我国总体实现人均800美元的第二步战略目标后，开始全面建设小康社会，在为人均GDP2000美元奋斗的征程中，我国城镇化水平应该也必须有一个大幅度的跨越式增长。广东城镇化水平之所以跃居全国前列，根本原因是得益于经济高速发展的拉动。可以说，城镇化水平不断提高的过程，就是全面实现小康，进而达到宽裕型小康的过程，就是现代化逐步实现的过程。

二、加快城镇化过程是全面建设小康社会的必然要求

二十世纪末，我国总体上达到了小康生活水平。由于我国幅员辽阔存在着极大的“地域差”，使工业化、城镇化乃至小康的进程，都出现了明显的“时间差”，中西部贫困地区占全国25%的人还未达到小康生活。从晋中来看，全市整体小康实现程度达到94.63%，比全国平均水平高出6.18个百分点，但仍有东山5个县未达小康，尚有贫困人口28.5万人，榆社、左权、和顺三个贫困县，至今没有一个乡镇达小康，三县1044个村达小康的仅占7.6%。特别是由于全市城镇化水平仅为32%，农业人口占总人口的68%，农民经济收入增长缓慢，达小康任务极其艰巨。因此，晋中同全国全省一样，全面建设小康社会，重点和难点都是在农村，如果广大农民过不上小康生活，全省全市人民也进不了小康社会，也就很难实现现代化目标。改革开放20多年不断探索得出的结论是，制约小康实现的“三农”问题，作为经济结构问题，出路在非农化；作为社会问题，出路在城镇化。即使对已经达到小康并向宽裕型小康迈进的地方，仅仅局限于农村小天地，从长远讲，也不会再有更大的作为，必须向二、三产业进军，向城市和小城镇进军，这已是不可阻挡的历史趋势。为此，在这个问题上，晋中紧紧抓住撤地设市的机遇、以被列为全省加快小城镇建设和城镇化发展示范区为动力，提出了未来10年全市城镇化水平要达到50%以上的宏伟目标，力求从根本上解决农民的富裕问题，推动全市经济和社会各项事业的发展，在全面建设小康社会中跨上一个新台阶。

三、城镇化面临困境给我们提出了新的课题

20多年来改革的不断深入，不仅解放和发展了生产力，也为城镇化的发展开辟了道路。但在市场经济新的体制下，我国城镇化进程中遇到了许多难题。一是人口总量庞大，转移任务艰巨，目前全国人口总量逼近13亿大关，全国实际城镇化水平约为37%，若要达到世界平均水平的50%左右，意味着要将2亿人口从农村转移到城市，相当于新添400座50万人的城市，这是难以想象的。而要让全国5万个小城镇吸纳这些人口平均每个镇只需安置4000人，这是切实可行的。从晋中的实际讲，城镇化水平要达到50%，至少要解决80万农业人口的出路问题。若要全部集中于榆次、介休及其他县城，按目前这些城市的接收能力是难以承受的。或者重建3个与榆次同等规模的城市，也是不现实的。而要分散于全市58个镇，除榆次、介休等城市吸纳40万后，每个乡镇平均只需吸纳6000人，这经过努力是完全可以实现的。二是人口流动过猛，城市不堪重负。劳动力的自由流动是市场经济的重要特征，现阶段全国流动人口增长迅猛，总量已达6000余万，即全国每22人中就有1人处于流动状态，而大中城市是流动人口最集中的地方，这对城市本已老化落后的基础设施无异于雪上加霜，不用说广州、北京等大都市，仅我省太原的流动人口也有几十万人。所造成的交通拥挤、环境污染、社会治安等问题已成了难治之症，如果近2亿农村剩余劳动力再加入这支流动大军，后果可想而知。总之，这些问题的存在决定了我们不能照搬发达国家和多数发展中国家人口全部流向大城市的城镇化模式。城镇化的实质，就是实现农业人口向非农业人口的转移，这种转移是否顺利，对我国全面建设小康社会实现现代化都具有极其重要的政治和经济意义。我们必须闯出一条有中国特色的城镇化发展道路，才能保证中国城镇化健康持续推进。

四、发展城镇化建设是推进我国城镇化的现实选择

在否定了农村人口向大城市转移这条路以后，能不能采取剩余劳动力“离土不离乡”的办法呢？事实是最好的回答。目前我国90%的乡镇企业都分布于自然村。晋中市现有各类乡镇企业40196个，其90%分布在自然村，9%分布在乡镇，1%分布在县城。形成了“村村点火、处处冒烟”的小而全布局。既浪费土地，污染环境，又很难形成规模效应，很难形成产业和人口聚集效应，很难带动第三产业的相应增长，增加了全社会的综合成本。同时由于布局分散，城市的工业文明、技术进步和创新精神不能直接而快速辐射农村，最终结果是延缓了乡村城镇化的进程。

那么最好的办法是什么呢？经过20多年探索和思考之后，我们找到了一条符合我国国情的城镇化道路，这就是将剩余劳动力向小城镇集中，来实现城镇化水平的稳步提高。小城镇是一定区域内的政治、经济、文化、教育、科技、信息和交通集

散地，是城市和乡村的纽带和桥梁，是乡头城尾。其优势是分布广、数量多，新建扩建均有潜力，容纳和吸收人口能力强，对吸收劳动力的技术结构和职业结构同目前农村中的部分劳动力的文化水平、技术状态比较接近，也容易协调。这些优势使得小城镇成为我国现阶段突破城乡二元结构，向城乡一体化结构过渡的主要途径和手段。我国长江三角洲、珠江三角洲和山东半岛以乡镇工业为基础的一大批小城镇的崛起和迅速扩散，标志着传统经济的“二元结构”已被突破。晋中经济较发达的平川六县市也有一批有特色有潜力有影响的小城镇正在成长，特别是分布在108国道沿线的榆次东阳、太谷胡村、祁县东观、平遥洪善、介休义安和义棠、灵石静升以及太行山区的昔阳大寨、左权麻田等中心集镇，在全省乃至全国都很有影响。如太谷胡村镇，驻镇人口为8650人，其中非农业人口1244人，现拥有大小玛钢企业150余家，吸纳周边农村青壮年劳动力2万余人，玛钢年生产能力达18万吨，产量占全国的三分之一，是亚洲最大的玛钢生产基地，一个镇的工业总产值及销售额占全太谷的三分之一，成为全县财政的聚宝盆和支柱产业。全镇的基础设施也日渐完善，吸引了不少富起来的农民到此经商办厂，安家落户，1998年被列为省级建设试点村镇。近年来，晋中在小城镇建设方面抓得早，基础好，起点高，取得明显成效，走在了全省前列。总之，加快小城镇建设是继家庭联产承包责任制和乡镇工业之后，农村经济和社会发展的第三次革命浪潮，也是我国实现城镇化的唯一健康发展道路。

五、加快发展城镇化建设是启动市场，扩大内需，推动经济增长的有效途径

目前，农村市场不旺，其中最重要的原因是非农产业发展不够，农民收入不高，消费能力下降。加快小城镇建设，一方面有利于乡镇工业的二次创业和农村第三产业发展，另一方面也有利于农业规模经营的实现，增加农民收入。据测算，晋中国内生产总值的28.5%，财政收入的40%和农民收入的60%都来自乡镇企业。因此，乡镇工业向小城镇集中过程中会实现一次新的飞跃。小城镇建设在发展中也会对扩大投资和需求具有强大的拉力作用，它不但能带动建筑业、装饰业、建材业的大发展，还能带动家电、家具、纺织和电信等相关产业的发展。据测算，小城镇每增加1万人，就要建设1平方公里的城镇，投资近2亿元。城镇化水平每增加一个百分点，仅基础设施和新建住宅两项就能拉动国民经济增长1.5个百分点。而且这些建设资金，绝大部分是进镇农民自己筹集的。“九五”期间，晋中加快了108国道经济走廊的建设步伐，按照路桥水电、通信供气综合配套的要求，高标准推进，一批特色明显、环境优美、具有现代气息的小城镇初具规模。5年累计投资19.5亿元，其中民间投入占到90%。小城镇建设成了一个新的经济增长点，加快了居民向宽裕型小康迈进的步伐。

六、加快发展城镇化建设是提高居民素质、物质和精神双达小康的重要举措

一切现代化归根结底是人的现代化，是人的素质、观念和文化意识的现代化。

发表于《晋中论坛》2001年第5期

加速晋中崛起的战略选择

——对晋中建设成为山西中部最具活力的经济带和城市群的思考

在当今国内省内宏观经济态势发生变化的新形势下，晋中市委、市政府审时度势，明确提出了未来五年以建设和谐晋中为目标，全力打造山西中部最具活力的经济带和城市群，实现晋中在全省率先发展的战略思路。这是我市落实科学发展观的重要举措，是对晋中区域经济发展规律的科学定位和准确把握，也是一种着眼长远的战略选择。

一、把晋中建设成为山西中部最具活力的经济带和城市群是对晋中经济社会发展战略的适时调整

改革开放以来，晋中经济社会快速发展，积累了许多成功经验。其中有一条宝贵的经验就是在不同条件下，勇于和善于对本地区经济社会发展战略进行适时调整，以适应形势的变化和新的情况。新的一届市委、市政府着眼于晋中新的实践和新的发展，因时顺势提出了在“十一五”规划期间乃至更长时期内，要把晋中建设成为山西中部最具活力的经济带和城市群的战略思路，是非常正确的，也是非常必要的，对晋中的经济社会发展具有很重要的现实意义。

1.呼应党中央治国执政新理念新思路的需要。党的十六届三中全会提出了坚持以人为本，树立全面、协调、可持续的科学发展观，提出了“统筹城乡发展、统筹区域发展、统筹经济社会发展、统筹人与自然和谐发展、统筹国内发展和对外开放”的要求。党的十六届四中全会提出了构建社会主义和谐社会的任务。十届人大三次会议《政府工作报告》中首次提出了促进中部崛起的战略举措。党中央治国执政的新理念和新思路，对国家的经济社会发展总体战略会产生新的影响，而且也要求各个地区、各个行业的经济社会发展战略相应跟进。尤其对处于中部地区的山西如何崛起，对处于山西中部的晋中如何崛起，提出了新的课题。如何紧紧抓住新的机遇，从总体发展战略上做一些适当调整和变化，则是一个更为紧迫的战略课题。

2.顺应经济发展潮流的需要。经济带和城市群是两个同生同长、结伴而行的产物，是人类社会经济发展到一定阶段的必然产物。各种经济要素的集聚形成了城市，若干个地域相邻的城市形成了城市群，城市群的发展又催生和支撑着经济带的产生和发展。城市发展的历史表明，城市群的发展，与世界经济重心的转移密切相关。18世纪后期世界经济增长重心在英国，就形成了伦敦城市群；19世纪世界经济增长重心在欧洲大陆，就形成了巴黎、波恩等城市群；20世纪世界经济增长重心在美国，就形成了纽约、旧金山等城市群；21世纪世界经济增长重心正向亚太地区转移，中国成为世界经济发展中新的增长极，就形成了长江三角洲、珠江三角洲和环渤海城市群和经济带。而在中部崛起战略推动下，中部各省有望形成武汉城市群、郑州中原城市群和长沙株洲湘潭城市群等经济带。可见，经济带和城市群的发展是人类当代经济发展中的潮流和趋势。只有顺应这种潮流和趋势，我们的经济社会发展才能取得新的成就。

3.适应晋中经济社会发展战略重新定位的需要。经济社会发展战略尽管是一种全局性和方向性的经济社会发展纲要，仍需要考虑时间上的衔接，随着时间的推移，需要阶段性地调整一些“过时的”东西，定位到合理的位置。在经济、社会的不同发展阶段，发展战略是可以而且应该相应地变化的，如果在国内外形势有了很大的变化后仍旧坚持原先的发展战略，就会造成发展的错位。可以讲，今后区域经济发展的比拼将是战略定位的较量，竞争将是战略定位的竞争，制胜将是战略定位的胜利。晋中经济发展战略作为一种地区性战略，和全国各地方一样，也是从20世纪80年代初，随着国家总战略和全省经济社会发展战略的确立，紧密结合晋中实际，在对经济社会发展规律，特别是社会主义市场经济条件下经济社会发展规律的逐步认知和探索中，而不断深化和完善的。“七五”期间，提出了将介休以北的铁路沿线，搞成一个轻纺工业区的发展思路。“八五”期间，提出了全面实施科教经济一体化的发展思路。“九五”期间，提出了围绕体制创新和强区建设两大目标，实施“科教兴区、开放兴区、民营经济兴区”的三大战略。“十五”期间，在撤地设市和党的十六大召开后，又将“新型工业强市”充实到“三大战略”中，形成了新的“四大战略”，提出了实施农业产业化提升、传统产业改造、高新技术产业开发、新型城市群和文化旅游区建设四项工程。如今又在即将实施的“十一五”规划期间，确立了新阶段晋中发展的战略目标定位是：“把晋中建设成为山西中部最具活力的经济带和城市群。”这是对以往晋中经济社会发展战略思路的继承和延续，也是在新的历史条件下对晋中经济发展规律的准确把握，更是“站在全局看问题，跳出晋中看晋中”发展理念的一次升华。

二、为什么说把晋中建设成为山西中部最具活力的经济带和城市群是一种科学的定位

在当前国家宏观层面发生新的变化的条件下，历史地、全面地认识晋中，科学地定位，是晋中率先发展的一个前提。全力把晋中建设成为山西中部最具活力的经济带和城市群，充分考虑到了晋中的比较优势、基础条件和现实发展水平，非常切合晋中的实际，也反映了全市300万人民负重赶超、加快发展的热切愿望。切实是加速晋中崛起的战略选择和科学定位。

1.是区域经济统筹发展的必然选择。把晋中放到整个山西经济发展的大局中观察，提出全力打造山西中部最具活力的经济带和城市群，实现晋中在全省率先发展的战略构想，就是构建新世纪新阶段山西发展新格局的必然选择。山西要实现“中部崛起”，要建设新型能源和工业基地，也必须以一定规模的经济带和城市群支撑和带动。无论是从晋中在山西的地理和区位角度看，还是从晋中城市及经济发展的历史、现实和未来发展潜力分析，以及从充分发挥晋中城市群的带动和辐射效应出发，晋中市所辖的特别是沿南同蒲铁路和大运高速公路的各个城市，理应是构建山西城市群的首选之地。

2.是发挥市域特色优势的必然要求。晋中地处山西腹部，在汾河沿岸的冲积平原，地势低平，对发展农业和兴建城市非常有利。而且紧邻省城和全国特大城市太原，公路、铁路和空港交通四通八达，区位优势非常突出。全市城市化水平较高，截至2004年底，晋中全市总人口306.57万人，其中城镇人口112.75万人，城市化率为36.8%。农业产业化水平持续提升。自古以来，晋中农业生产力水平在全省就一直处于领先地位。改革开放后，又率先实施了农业产业化，坚持“产业化发展农业，城镇化建设农村，市场化富裕农民”的战略思路，形成了优质杂粮、干鲜果品、适时蔬菜、绿色畜禽四大特色产业，走出了一条具有特色的成功之路。晋中是晋商故里，晋商文化底蕴深厚，旅游资源非常丰富，如今迅速壮大的旅游产业已成为晋中的新兴支柱产业。一个新晋中正在全面建设小康社会的征程中奋进和崛起。晋中的这些优势，是我们建设山西中部经济带和城市群的基本条件和主要依托。

3.是加快晋中城市化进程的必然趋向。展望未来，我市城市化进程将呈现三个特征：一是城市人口数量增长速度将逐年加快，2000年，全市城市化水平为32%，到了2004年，全市城市化水平已经达到36.8%，平均每年提高1个多百分点，处于全省领先水平；二是城市群沿着交通线集中化加强，东部各县城沿207国道和阳涉

铁路等交通线逐步发展，当然由于经济发展条件的制约，城市化水平较低，形成城市群还有很长的路要走。西部平川两个建制市和四个县城，沿南同蒲铁路与大运高速公路呈带状分布和聚集，城市化水平高，是形成城市群和经济带的理想之地；三是全市农村人口向城市和集镇的迁移，在工业化、农业产业化以及政策等各种因素的强力推动下，将使城市人口的增长由过去的自然增长为主转向机械增长为主，这无疑对城市建制增加以及城市群的形成和壮大，都会起到不可估量的促进作用。

三、实施“四个优先发展”，保证晋中经济发展战略顺利实现

打造山西中部最具活力的经济带和城市群，目标宏伟，鼓舞人心。从晋中的实际和可能看，应当重点发展平川集聚于南同蒲沿线，包括晋中城区、介休两个区域性中心城市，灵石、平遥、祁县、太谷四个县城以及一批国家重点集镇。因为无论从地理上，还是从经济上看，这个区域都具备了地域性、群聚性、中心性和联系性等构成城市群的基本特征。是晋中现在和将来的经济增长极，也是山西最具潜力和活力的经济增长极。为了充分发挥晋中这几个城市的比较优势，早日基本形成全省最具活力的经济带和城市群，建议实施“四个优先发展”的战略对策。

1.“优先发展南同蒲城镇群”。搞好城市和重点集镇的发展规划，改善、配套和提高城市基础设施，增加新的具有代表性的城市景观。重点建设榆次工业园、山西医药园、介休安泰工业园和灵石工业园为主的四大工业园区，做大做强具有晋中模式和特色的各类“块状经济”，使二者尽快成为壮大城市群的产业依托。近期还要努力促成平遥设置建制市。努力实现基本形成生态环境良好和现代气息浓厚的特色城镇群的奋斗目标。

2.“优先发展现代高效农业”。晋中有着得天独厚的农业生产条件，现代高效农业是中国农业的发展方向，也是晋中推进城市化的必由之路，更是统筹区域发展的客观需要，晋中要依托京津唐环渤海经济带发展，要为北京、天津、石家庄和太原等大城市供应优质的“绿色蔬菜”等农产品，同样离不开优先发展现代高效农业。应当建设一批高科技支撑的规模化的农副产品加工园区、农业园区和农业庄园，实现新特品种和高效技术的完美结合，形成以工促农、以城带乡、产业化水平较高的现代农业强市。在能源大省的腹地能够创建和保留这样一块宝地，是晋中农业最为骄傲的创举，也将为打造山西中部最具活力最具魅力的经济带展现一道亮丽的风景。

3.“优先发展轻纺和新型产业”。把优先发展轻纺业以及新型产业，放到一种战略的高度来重新认识，是基于晋中的可持续发展，是基于建设山西中部最具活力的经济带和城市群的目标而做出的必然选择，是改变晋中轻重工业比例严重失衡的必

然选择。晋中轻纺业有传统优势，发展有特色的劳动密集型行业，借助太谷“定坤丹”“龟龄集”“太谷饼”、祁县的玻璃器皿业、平遥牛肉、平遥长山药、榆次老陈醋等晋中传统食品的品牌效应，做大做强以中药、酿酒及食品加工为主的轻工业。挖掘纺织行业的潜力，转变和创新机制。再创明天晋中轻工业的辉煌大有希望。优先发展新型产业是工业经济时代向知识经济时代过渡的必然要求。经过这几年的努力，晋中的玻璃器皿、医药、碳素、精细化工等形成了一定规模，发展势头很旺盛，是我们以后重点培育壮大的一批新兴产业。

4.“优先发展晋商文化旅游产业”。晋商文化是晋中独有的资源，我们应该抓住21世纪初二十年中国旅游产业高速发展的战略机遇，乘势而上，继续围绕晋商民俗文化旅游深做文章，深刻挖掘文化内涵，推进晋中旅游国际化，提高旅游品牌档次，加大促销力度，真正使晋商文化旅游品牌显示出独特的魅力，焕发出持久的活力，真正使晋中成为“旅游大市”和“旅游强市”。成为山西中部经济带和城市群的主要支撑产业。

发表于《前进》2005年第6期

■ 祁县建设社会主义新农村调研报告

按照市委统一安排，5月8日至12日，我们组成调研组深入祁县昭馀镇丰泽村等4个试点村，贾令镇贾令村等4个治理村，就如何推进社会主义新农村建设，进行了专题调研，现将调研情况报告如下：

一、试点村的基本情况

1.祁县的整体态势。祁县作为我市的农业大县，新农村建设是实现祁县农村小康社会的历史机遇。按照中央“五句话，二十字”的要求，该县制定了《关于建设社会主义新农村的实施方案》，提出了以有高收入的主导产业等“十个有”为建设目标，力争把农村传统产业改造成为具有持久竞争力和持续致富农民的高效产业；把传统村落建设成为拥有现代文明生活的新型社区；把传统农民培养成为适应市场经济发展要求的有文化、懂技术、会经营的新型农民，进而实现在全市全省的领先发展。各乡镇也以上述目标为总抓手，定规划，抓落实，积极有序地推进新农村建设。

2.试点村情况及特点。四个试点村的基本村情是：昭馀镇丰泽村毗邻县城，现有5885人，其中外来人口2000余人，耕地4900亩，企业30户，2005年人均纯收入4581元，主导产业为玻璃器皿和机械铸造，有初具规模的中学、小学和幼儿园各一所，建有夕阳红老年文化活动中心，全省闻名的权勇文化大院坐落在此，是典型的城郊型工农业大村。下申村距县城5公里，现有2840人，另有外来打工者达6000余人，耕地3000亩，企业20多户，以玻璃器皿和服务业为支柱产业，有规模较大的中学、小学和幼儿园各一所，2005年人均纯收入5000余元，也是一个富裕的城郊型工农业大村。会善村则是典型的城中村，现有3346人，耕地1900亩，企业22户，主导产业为玻璃器皿、包装业和建筑运输业，建有高标准住宅小区一处，目前正在投巨资兴建大型农贸市场和昌源新村住宅小区。城赵镇里村现有3000人，耕地8000多亩，种植业以辣椒为主，每年种植辣椒3000余亩，养殖业发达，肉牛存栏1万余头，2005年人均纯收入3800余元，是一个典型的农业型村庄。

3.治理村情况及特点。

（1）四个治理村的基本村情是：贾令镇贾令村现有3983人，耕地1万余亩，以种植小麦、玉米和蔬菜为主，2005年人均纯收入3714元，是单纯以种植业为主的农业大村。东阳羽村现有1092人，耕地2480亩，以种植业和养殖业为主，鸡存栏数11560只，2005年人均纯收入3792元，也是一个农业型村庄。峪口乡峪口村位于丘陵山区，现有1270人，耕地1200多亩，主导产业为林果业，栽种苹果1000亩，苹果存储量200万斤，鸡存栏2万只，2005年人均纯收入3500余元，是典型的山区型农村。牛居村现有506人，耕地775亩，其中果园面积380亩，年产果品80万斤，果品年储藏120万斤，有养殖园区一个，猪存栏2000头，鸡存栏5000只，2005年人均纯收入3893元，也是一个山区型农村。

（2）“四化”和“四改”的进展情况。街巷硬化工作做得比较好，有计划，有动作，4个村庄已经基本完成预定任务，余下的配套工程今年有望全部完成；环境净化也采取了可行的运作办法，如牛居村采取个人出资和村里补助相结合，组织专人清运，效果不错；村庄绿化也有新的举措，如峪口村由集体出资购买回柿子树苗，沿街栽种，采取谁家门口的树苗，谁管理，谁受益，调动了村民绿化家园的积极性和主动性；路灯亮化问题不少，主要是缺乏规划，资金紧张，路灯主街有，小巷没有。为节省电费，都是过年过节亮一亮，平时关闸当摆设。关于“改水、改厨、改圈、改厕”的情况，各村有的制订了初步计划，有的还在酝酿之中，进展比较缓慢。

推进新农村建设，治理村群众反映最强烈的仍然是发展经济。在贾令村、东阳羽村干部和群众谈得最多的是利用好土地资源引进企业发展经济。关于“四改”“四化”，这些村都在想办法办实事。贾令村村干部应群众的要求筹资维修村办幼儿园、打井解决饮水问题，投资近20万元。峪口乡峪口村由集体出资购买回柿子树苗，沿街栽种，村民各自管理自家门口的树苗，采取谁管理谁受益的办法，调动了村民绿化家园的积极性和主动性。牛居村在村内主要道路硬化后，将搞好环境卫生列入议事日程，正在组织村民就专人清运还是动员群众清理进行讨论，以做选择。

二、存在的主要问题

通过调研，我们了解到农村广大基层干部和普通老百姓对中央建设社会主义新农村的重大部署非常关注和拥护，为今后我市推进新农村建设做了充分的精神准备。这与各级基层党委政府的大力宣传和各级媒体的努力是分不开的。但也应看到，目前对新农村建设的大方向比较明确，但抓手在哪里，如何破题，仍处于摸索探讨阶段。推进我市新农村建设，需要进一步深化和统一人们的思想认识。同时，在具体实践和操作层面上，仍然存在着这样那样的倾向和问题，需要引起我们高度重视。

1.面上的共性问题。无论是经济发展条件优越的城郊型农村，还是经济发展相对滞后的纯农业型农村，在建设社会主义新农村的实践中，都面临一些共性的问题。

（1）干群思想深处有疑虑。不少农村党员干部和群众谈到，每天看报看电视，知道新农村建设确实是一件造福农民的大好事，就是怕雷声大，雨点小，刮一阵风走走形式，担心好事办不好，实事办不实。如上级政府承诺的修路补贴资金迟迟不到位，挫伤了农民改善村容村貌的积极性。中央出台的购买辣椒优种补贴政策，到了县一级价格却变相调整，农民最终得不到任何实惠。这些事情在一定程度上影响了广大农民建设新农村的信心。

（2）村干部解决实际问题的能力面临考验。肯定地讲，广大村干部是十分敬业的，既具有为群众办实事的热情，也具有很强的奉献精神。但是，在新的形势和任务面前，如何创造性地开展工作、受到许多局限。比如新当选的干部治村理政的经验缺乏，政策水平不高。更主要的是现在农村干部手中可利用的资源较少，难以解决群众提出的一些涉及政策或村干部能力以外的问题，在一定程度上降低了干部的工作热情和群众对村干部的信任。特别是缺乏经济实力的农业型和山区型农村，由于没有经济实力，又没有好办法，许多好事和群众想办的事情往往干不成干不好，基层组织的作用难以充分发挥和体现。有的村村民代表会开不起来或开得质量不高，其中的一个原因就是，群众提出的问题得不到解决，久而久之，群众的积极性也就降低了。因此，推进社会主义新农村建设，增强农村干部解决实际问题的能力十分重要。

（3）外部环境不容乐观。软环境方面，在调查中，农村干部群众反映职能部门的管理和服务远未满足农民的要求，尤其对一些光收钱不服务或有利益才服务的做法有看法。比如，纳入县城发展规划的城郊村提出，村民搞建设统筹费能不能优惠，办理各种手续能不能效率高些。还有就是服务不到位的问题。有的群众说原来科技人员下农村比较多，现在少了，甚至说有利益才能请得来。在硬环境方面，一些村经济社会发展较快，但交通条件、电力条件跟不上需要。下申村反映因南同蒲铁路阻隔，交通不畅影响发展，电力设施老化，停电影响企业生产。

（4）财政转移支付额度太少。总的看财政转移支付不能满足村务开支。财政转移支付过程中预扣各种款项，实际到村的就不多了。没有集体收入的村，村干部应享受的正常工资都不能得到保障，农村公共事务管理支出和兴办公共事业就更不可能了。村干部个人垫钱和借钱办公事成了常事。如上面提到的贾令村，打井、修幼儿园都是由干部垫支和借支实施的。

（5）组织编制新农村建设规划主体不明确。一是“中央一号文件”要求各级政府安排资金支持编制村庄规划和开展村庄治理试点，但是都存在不到位的问题，有些村庄想自筹资金搞规划，又存在编制部门要价太高的难题；二是新规划有的是乡镇统一安排，有的是单个村庄自己活动单独行事，有的是还停留在口号上，程序比较乱。

2.试点村面临的问题。试点村如何在过去好的发展基础上，在新农村建设的实践中，实现科学发展，再创辉煌，领先一步。目前，应当解决的主要问题是：

（1）发展远景受到制约。现在这些村的发展愿望强烈，但遇到的政策限制凸显出来。如土地问题，农村谋划诸如引进企业、建设住宅小区、村庄改造等方面受到土地征用、流转等掣肘。如下申村经济走廊建设问题，已立项审批，现在就是土地手续没办妥。东阳羽村村委号召发展大棚，但因土地调整难协调，好的发展愿望只能落空。还有就是资金问题，这是老问题，也是农民群众反复提出的大问题。

（2）发展路径和后劲问题。从长远考虑，如何寻求可持续发展的新引擎，壮大支柱产业，引进新的项目，拓宽发展路径，增强发展后劲是需要加以考虑的一个大课题。

（3）民主选举规范问题。某村是县市省的先进村，在换届选举中出现了一些不规范问题，多年为村办事的干部没有被选上，有的甚至因受到举报而被调查，虽然这些干部仍留在村领导班子，但思想上受到了很大的冲击，心里受到很大的委屈，工作积极性不如从前。因此，如何规范选举，保护真正为群众干事的村干部的积极性，在新农村建设中不可忽视。

3.治理村面临的问题

（1）村庄经济实力较弱。由于产业结构以种植业、养殖业为主，形不成支柱产业，更没有上规模和集群式的企业带动，导致治理村普遍底子薄，基础差。如贾令村是祁县特产“贾令熏肉”的出产地，有加工户18户，年加工熏肉500余吨，但由于属于小作坊加工，季节性生产，科技含量低，产品档次低，有名不创收，经济效益不高，形不成品牌和竞争优势，这些村群众最迫切的需要是招商引资发展生产，对其他问题关切度相对低，在贾令村座谈会上干部提得最多的是帮助招商引资发展企业。

（2）村庄基础设施非常薄弱。由于村自身力量薄弱，农民生活基础设施欠账较多，问题突出。过去“行路难、饮水难、用电难”的问题还没有根本解决，现在又出现了“上学难、看病难、住房难”的困扰，压得农民喘不过气来，农民戏称为新的

"三座大山"。

三、几点建议

我市农村情况千差万别，有城郊型、工矿型、农业型和山区型等不同类型，搞好晋中的新农村建设，必须分门别类，务实有序，大处着眼，小处着手，一切从农民利益出发，一切从晋中的实际出发，树立群众信心，调动农民和全社会参与新农村建设的积极性。

1.从宏观层面看，应着眼做好三方面的工作：

（1）广泛宣传，营造氛围。当前，广大农村干部和群众虽然对开展新农村建设，有一定的了解，都是些大概念和肤浅表象的认识，有的认为新农村建设无非建新房修新路而已，或者是认为应付正常运转的钱还没有，拿什么进行建设，等等，对中央关于新农村建设的政策和内涵缺乏准确系统的把握。因此，要从上至下，动员和利用广播、电视、报纸、网络、文艺演出队和科技宣传队等宣传资源，保证市、县、乡有关新农村建设的工作重点和政策措施，真正深入人心。同时，要大力宣传新农村建设中涌现出的先进典型，以点带面，积累经验，使农民自己主动起来干事，真正成为新农村建设的主体，特别是强化全社会支持服务新农村建设的意识。

（2）科学规划，分类指导。新农村建设涵盖面宽，涉及面广，有许多方方面面的重大利益关系需要协调，我们必须统筹兼顾，整体谋划。编制新一轮新农村规划时，在城郊型农村规划中，要强调与县城城市规划和区域内交通、环保等重大基础设施布局规划相互衔接；在农业型和山区型农村规划中，要避免"一刀切"式的千村一面，要注重突出乡村和地域特色，力戒长官意志下的大拆大建和强制拆迁，避免通过行政手段来树立新村样板。要因地制宜，分门别类，使新农村建设稳步推进。

（3）加强协调，整合资源。新农村建设是一项浩大的系统工程。中央指明了方向，有了好的政策以后，关键的还是要看各级党委和政府的重视和支持能否到位，从政府的层面看，必须设立强有力的权威机构，全面整合财政、城建、国土资源、农业开发、扶贫、林业、水利、交通、教育、卫生、民政、广电等十多个部门的资源，形成合力，明确责任，共同推动。特别是涉及农业和农村的投资无论是国家、省级，还是市、县两级，都要沟通衔接，发挥有限资金的最大效益。此外，还要制定有效政策，鼓励吸引企业的各类资源和社会民间资本投入新农村建设。

2.从操作层面看，应从以下几点着手：

（1）从小事做起是切入点。在现在农村经济发展水平还比较落后，国家财力紧张的形势下，开展新农村建设，设立示范村、试点村和治理村是一个有效的手段和步骤。在这三类农村中要干的事情很多，在千头万绪中如何下手？我们认为，本着没钱就先办不花钱的事的原则，可以从农民最关心的小事情着手，从重点解决村容整洁的问题上切入，如粉刷街道，清理垃圾，搞好大街小巷的净化、绿化和亮化。使农民亲身体会和享受到新农村建设的实惠和好处，增强干部群众建设新农村的信心。

（2）加大投入是支撑点。从根本上讲，实现建设新农村的宏伟目标，是一个渐进的过程，更是一个人力、物力和财力不断投入的过程，在当前农村基础设施建设投资需求非常旺盛的情况下，市、县两级政府的财力投资应由城市向农村倾斜，加大对农村公共物品的投入，特别是加大对农村交通、电力、教育和卫生等公共事业的支持力度，使农民逐步享受到与城市市民待遇相同的公共物品。对新农村建设中确定的示范村、试点村和治理村更应设立专项资金和配套措施给予重点扶持。

（3）提升素质是立足点。亿万农民是新农村建设的主体。培养造就一大批有文化、懂技术、会经营的新型农民，把数亿农村人力资源转化成为人力资本，这是新农村建设的关键环节，也是异常繁重的基础工程。祁县下申村没有任何玻璃矿石资源，却兴建了近20家玻璃器皿厂，玻璃器皿制造业成为该村的支柱产业，靠的是什么？最关键的就是该村有一大批土生土长的、拥有一手绝活的玻璃器皿高级技师，成群的人才支撑着成群的企业。所以，提高农民的文化素质，提高农民的职业技能，是新农村建设中非常紧迫的头等大事。

以课题组成员发表于《晋中论坛》2006年第4期

晋中推进特色城镇化的实践与思考

城镇化是世界任何国家农村社会经济发展的一般规律，是人类社会从农业社会向工业社会发展过程中，随着产业结构变化，就业、人口分布和人类聚居地结构相应变化的过程。其具体表现为人口在一定时期向城镇聚集，在聚集过程中城市文明向周围扩散，区域产业结构向高级阶段不断演化。综观世界各国，城镇化已成为21世纪人类社会发展的主旋律。

波澜壮阔的城镇化浪潮，将古老又年轻的晋中推向了开放的舞台和竞争的前沿。回顾总结晋中改革开放三十年的发展历程，成就巨大而辉煌，经验弥足珍贵。其中特别值得总结的一条经验，就是晋中在实现城镇化重大而现实的挑战面前，积极应对，创新思路，进行了有益的探索和实践。历届市委、市政府都能够以立足实际、培育特色、注重内涵、科学发展的指导原则，着力推进具有市域特色的城镇化进程，使晋中的城镇化水平显著提高，2007年城镇化率在全省非省辖市中居首位。城镇化的战略性支撑作用日益显现，在特色城镇化和新型工业化的双轮驱动下，全市经济社会呈现了又好又快发展的良好态势。

一、晋中推进特色城镇化的发展历程和主要成效

晋中历史悠久、人文荟萃、资源丰富，是一座文化底蕴深厚、发展潜力巨大的区域性中心城市。现辖一区一市九县和晋中经济技术开发区，有建制镇59个，总人口310.93万人。晋中地处山西腹地，交通发达，城镇密集分布。又是晋商故里，具有悠久的商贸传统。推进城镇化发展有着得天独厚的先发条件和优势。

1.发展历程。从城市化形态观察，晋中几乎囊括了城市化形态的所有表现形式。城市经济学认为，城市化形态在发展中，一般有三个层次：一是农村的城镇化，这是城市化的初级阶段；二是城市经济圈，这是城市化的中级阶段；三是城市群，这是城市化的高级阶段。而晋中在这三个层次上都遇到了难得的发展机遇和前所未有的挑战。第一个层次是各地共同面对的共性挑战；第二个层次是在新世纪，晋中作为大太原经济圈的核心组团，面临着如何融入大太原经济圈并有所作为的大考；第三个层次是晋中市域内特别是平川城市群，面临着如何增强活力和竞争力的重大

课题。

从发展速度研判，晋中的城镇化进程可以分为两个阶段：

第一阶段：缓慢增长时期（1978—1992年）。1978年以前，晋中的城镇化进程处于基本停滞状态，一直在13%徘徊。党的十一届三中全会以后，伴随改革开放的历史进程，特别是经济体制改革重点由农村转向城市时期，城市的社会生产力明显提高。晋中城镇化步伐缓慢向前，到1992年，全市城镇人口由1978年的36.65万人增加到55.69万人，城镇化水平为19.3%，比1978年的14.5%，增长4.8个百分点。

第二阶段：快速增长时期（1992—2007年）。1992年以后，在国家“合理发展中等城市和小城市”方针指引下，1992年设立县级介休市，1999年晋中撤地设市，设立地级晋中市，设立榆次区。这两项行政区划和城市建设的重大举措，极大地推动了晋中城镇化进程的快速增长。城镇化水平从1992年的19.3%迅速上升到2007年的41.6%，提高了22.3%，年均增长率为1.49%，全市城镇人口达129.33万人，市域一大批新兴工业、交通枢纽、商贸、旅游等特色城镇快速崛起，城镇化呈现出高速增长和质量不断提升的良好态势（如图1所示）。

图1 晋中市城镇化率曲线走势

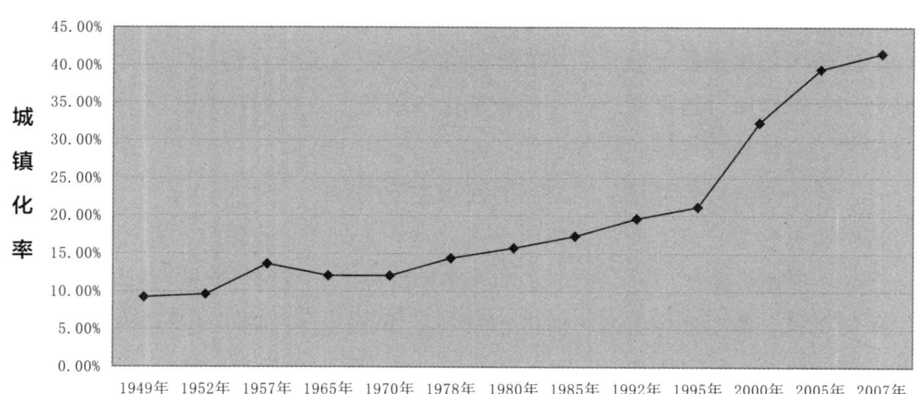

2007年，晋中城镇化水平较全国平均水平（44.9%）低3.3个百分点，较全省平均水平（44.03%）低2.43个百分点。据省市有关统计公报数据，2007年，晋中城镇化水平虽不及太原、阳泉、大同、朔州和晋城5个省辖市，但领先于省辖市长治和其他4个非省辖市（如图2所示）。

图2 2007年山西省各市城镇化率

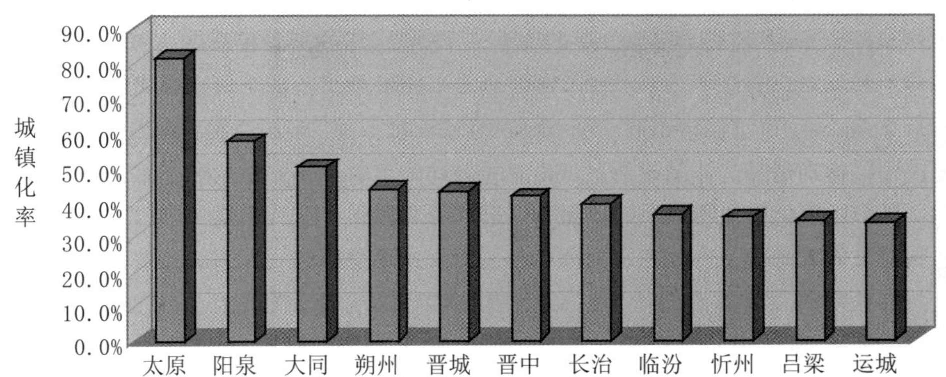

按照美国城市地理学家纳瑟姆S曲线分析，城市化发展超过30%以后，将出现第一个拐点后迅速上升，到65%—70%以后趋于平缓。其过程实际是一条“先缓慢、后加快、再平缓”的运动曲线，这也是国际国内城镇化发展的一般趋势和普遍规律。可见，晋中城镇化进程正处于快速上升通道，增长的高速度大约将持续到20世纪上半叶，也进一步增强了我们推进特色城镇化的信心。

2.发展成果。改革开放30年来，晋中在探索特色城镇化的伟大实践中，围绕全面建设小康社会的奋斗目标，深入贯彻落实科学发展观，把推进特色城镇化摆在全局战略的高度，励精图治、锐意进取、抢抓机遇、乘势而上，扎实推进城镇化进程，闯出了一条中西部欠发达地区发展城镇化的成功之路。其发展成果主要体现于三个层面。

（1）从宏观层面综观，城镇化推动了现代化的进程。特色城镇化与新型工业化互动发展，共同推动着晋中的现代化进程。1987年提前3年实现第一步GDP翻一番的目标，1995年又提前5年实现第二步GDP翻两番的目标，2002年实现了GDP翻三番。特别是近年来，全市经济社会实现了又好又快的发展，各项工作都取得显著成效。2007年，全市完成GDP总额达470.3亿元，比1978年的8.36亿元增长56.3倍，人均GDP为11440元，比1978年的337元增长34倍；财政总收入达到78.16亿元，比1978年的1.56亿元增长50.1倍，平均递增14%；城镇居民人均可支配收入10862.1元，是1989年1016.8元的10.7倍；农民人均纯收入4206.7元，比1978年的98元增长43倍。通过这些惊人的跳跃数字，可以清晰地看到晋中三十年改革开放的巨大成就。当然，也不能否认三十年来城镇化水平不断提高因素和力量，对现代化进程的影响与支撑。

（2）从策略层面追寻，城镇化发展思路得到了不断创新和深化。2005年5月，晋中在承接原有建设强市发展战略的基础上，着眼于新的机遇和形势，中共晋中市委一届七次全会通过了《关于把晋中建设成为山西中部最具活力的经济带和城市群的意见》，明确提出了城镇集群化的发展思路和发展框架，即以特色城镇化为主导，以晋中市城区、平遥、介休为中心，以平川的太谷、祁县、灵石和东山的寿阳、昔阳、和顺、左权、榆社8个县城与10大名镇（静升、张壁、义安、洪善、东观、胡村、修文、东阳、大寨、麻田）为重点，打造城市组团，基本形成生态环境良好，基础功能完备，历史文化与现代气息相辉映的平川东山共同发展，整体协调，各具特色的充满生机和活力的城镇经济带。平川地区重点以108国道、大运高速公路、南同蒲铁路沿线为主轴，以现代农业、洁净工业、晋商旅游业为依托，形成工业向园区集中，人口向城镇集中，住宅向小区集中的格局。东山地区围绕207国道，依托矿产资源，红色旅游资源和太行山自然资源，以县城为中心，以产业较发达、人口较集中的集镇为重点，推进煤炭产业升级和延伸发展，推进特色城镇化建设，创建太行山林城和大寨式绿色山村，建设休闲度假特色旅游景区。加快农村工业化、城镇化进程；主动融入大太原经济圈，积极推进晋中太原同城化发展。《“十一五”规划纲要》提出了建设特色城镇群和新农村建设互动发展，努力形成城乡发展一体化新格局。在“十一五”期末，城镇化率争取达到50%左右。在2008年《政府工作报告》提出要大力发展特色城镇群，城镇化率提高2个百分点。这些发展城镇化的新战略、新思路和新举措，促使晋中在新的历史起点上，加快城镇化进程，打造了新的发展平台，凸显了新的工作抓手，描绘了新的奋斗蓝图。

（3）从微观层面审视，特色城镇化质量在不断提升和改善。三十年来，晋中城镇化的发展不仅表现为城镇人口的大幅度增加，城市框架的大面积拉大，城镇集聚力的增强，还反映在城镇化的质量有了实质性的改善，城市综合承载力明显提升，城市基础设施和社会服务设施水平明显提高，社区人居环境、城市生态系统和环境质量明显好转，城市管理水平全面提质，城市文化品位更具特色（如图3所示）。

指标 年度	人均居住面积（M^2）	人均道路面积（M^2）	人均公共绿地面积（M^2）	每万人拥有公共车辆（标台）	城市人口用水普及率（%）	城市燃气普及率（%）	城市集中供热率（%）	城市污水处理率（%）
1978	4	2	0.9	0.2	70	0	9	0
1988	7.8	3.5	2	0.5	80	0	5	0
1995	10.7	8.9	4	0.9	80	40.5	30	0
2007	26.8	13.4	9.4	8.7	96.4	69.6	51.5	32.4

图3 晋中市城镇化质量指标

二、晋中推进特色城镇化的主要做法和基本经验

在改革开放30年的伟大实践中，晋中上下始终坚持解放思想，与时俱进，求实创新，高度自觉，深刻把握时代发展规律，创新特色城镇化发展战略和思路，在推进特色城镇化上取得了长足的进步，突出的成效，目前已进入城市化加速推进的关键时期，呈现出城镇人口数量增长速度逐年加快、各种经济要素集聚程度不断提高、区域经济规模和经济实力快速壮大的良好态势。站在这样的历史平台上，回顾晋中的特色城镇化发展历程，有以下几条基本经验值得总结。

1.立足市情，因地制宜，着眼长远，在优化发展战略上不断推进特色城镇化进程。全力推进晋中城镇化发展，对于晋中坚持科学发展、创新发展、和谐发展和赶超发展，实现晋中在山西中部的崛起，全面建设小康社会都具有十分重要的意义。在推进特色城镇化进程的战略选择上，晋中始终坚持解放思想，勇于创新，始终以发展的眼光和着眼未来的前瞻意识，思考问题，解决问题，顺应时代发展潮流，适时调整发展思路，发展城镇化的思维观念实现了盲从向自觉的根本转变。从“九五”时期的突出“建设小城镇”到“十五”期间的“新型城市群”，特别是在“十一五”规划实施前夕，着眼于当前我国区域经济的核心力竞争进入了城市群战略时代，城市群已成为区域经济发展的强劲动力，已成为加速提升城市化水平的主要载体和力量，这样一个城市化发展的大背景，重新确立了“十一五”时期乃至今后更长时期的总体奋斗目标，就是把晋中建设成为山西中部最具活力的经济带和城市群，推进城镇集群化，建设山西最具活力的城镇经济带，着力提升晋中城市化水平，提升区域城市群在全省全国的竞争力和影响力。这些推进特色城镇化的新目标和新思路，更加明确而清晰，更符合晋中新阶段的实际，对过去的发展思路有继承，更有创新，充分体现了晋中最高决策层创新的勇气、发展的决心和科学的态度。

2.开放胸怀，主动融入，携手共赢，在加强区域合作上不断推进特色城镇化进程。构建城市经济圈，是加强区域经济合作、一体化发展的必然趋势，也是加快区域城镇化进程的现实选择和重要路径。建设大太原经济圈，是山西省委、省政府落实科学发展观，站在实现转型跨越崛起、建设新山西的战略高度，作出的一项重大决策部署。晋中作为大太原经济圈核心区的重要组成部分，自觉把这一决策视为加快发展的重大战略机遇，积极发挥在区位、交通、资源、环境、人文方面的独特优势，以晋中太原同城化为切入点和突破口，主动融入大太原经济圈的构建，着力在城市基础设施共建共用上，在资源和产业上，在城市形象共塑共展上与太原对接。以双方共同构建“大文化”，集聚“大产业”，培育“大市场”，建设“大交通”，共兴“城市群”为抓手，努力通过优势互补、错位发展，互惠共赢，加快晋中向建设文化休闲城市的目标迈进，加快区域经济一体化进程。晋中太原同城化建设的不断推进，大太原经济圈的逐渐成形和成熟，必将成为晋中特色城镇化的又一助推器。

3.挖掘内涵，突出特色，彰显个性，在加强城市建设上不断推进特色城镇化进程。近年来，晋中坚持市区、县城、集镇、工业园区并举建设、多园发展，市域内优势明显、布局合理、各具特色、辐射强劲的特色城镇群已基本形成。晋中，雄踞山西腹地，好山好水好风光，东依太行峻岭，西属汾河谷地，山地、丘陵、平原兼有，是苍天造化的天然地势。在悠悠历史长河中，智慧勤劳的晋中人民创造了灿烂的文化，在孕育了晋商精神的平川沿线，呈现了名扬海内外的晋商文化风采；在铸造了大寨精神和太行精神的东山各地，展现了壮美的太行山水森林风貌。不同的地理环境和人文传统，注定了城市和集镇建设方向上的差异。目前，晋中11个县（区、市）的城市和集镇建设大体已基本形成四种发展模式。一是以晋中城区为代表的晋商文化与现代化城市交相辉映的发展模式（市城区、太谷），其具有便利的交通设施和现代化的基础；二是以介休市为代表的工业化与现代化相结合的发展模式（介休市、寿阳、灵石），其拥有丰富的煤炭资源，煤化工业发达；三是以平遥县为代表的旅游城市与当地文化结合的发展模式（平遥、祁县、昔阳），其拥有丰富的旅游资源；四是以左权县为代表的山水森林城市模式（左权、和顺、榆社），其山地黄土层深厚，适合植被生存，环境资源好，创建山水园林城市有得天独厚的条件。为提升城市品位，彰显个性魅力，塑造开放形象，从2008年起，晋中市用三年时间，在全市范围内广泛开展以创建国家园林城、国家卫生城市、中国优秀旅游城市和国家文明城市的

“四城联创”为主要内容的城市环境综合整治活动。这四张绚丽的城市名片，一定会为晋中特色城镇化谱写更加美妙的乐章。

4.统筹城乡，关注“三农”，互动发展，在构建城乡一体化新格局中不断推进特色城镇化进程。统筹城乡经济社会发展，是实现和提升城镇化水平与质量的一种新模式、新道路，标志着我国开始由城乡二元经济结构向城乡一体化的现代经济结构转变。近年来，晋中一直在探索通过推进城镇化，来解决“三农”问题的途径和办法。早在“十五”初期，就提出了以产业化发展农业；以城镇化建设农村、以市场化富裕农民的崭新思路。在党中央发出建设社会主义新农村的号召后，又适时明确了打破城乡分割的经济社会管理体制，统筹城乡产业发展、建设规划、居民就业、体制改革和社会事业发展，实现城乡一体化发展的新理念，坚持科学规划，通盘考虑，并行不悖地推进特色城镇化建设和新农村建设。在实践上，新农村建设走在了全省前列，据2008年统计数据，晋中农民人均纯收入为4206.7元，比全省平均数整整高出541元；蔬菜和肉蛋奶总产稳居全省前列；发展农民专业合作社1619个，占全省三分之一以上；农产品“三品”认证74个，居全省第一；发展沼气用户6.7万户，居全省首位。可见，晋中农业现代化的提速，促进了农民收入持续增长，农民素质不断提高，农民城镇化能力逐年提升，小城镇日益繁荣并迅速崛起，也为加快推进晋中特色城镇化进程，提供了充足的后劲和动力。

三、新时期加快推进晋中特色城镇化的思考

党的十七大报告提出：“走中国特色城镇化道路，按照统筹城乡、布局合理、节约土地、功能完善、以大带小的原则，促进大中小城市和小城镇协调发展。”为我们在新的历史起点上，积极推进农村城镇化战略，进一步指明了前进方向。晋中要想实现“十一五”期间城镇化率达到50%的预期目标，应当以工业新型化、城镇集群化、规划科学化和晋中太原同城化的“四化”来助推城镇化为战略性支撑，注重城镇化水平和质量效益同步提高，切实抓好以下几个方面的工作：

1.以工业新型化助推特色城镇化发展。工业化、城镇化以及二者的协调发展是推进区域经济发展的必然途径，只有产业发展到一定程度，才会吸引人口在城市的集聚。省委明确要求，必须坚持推进新型工业化与推进特色城镇化相结合，双轮驱动，形成互相促进、协调发展的格局，共同带动全省的整体发展。晋中要着眼于转变经济发展方式和工业化和城镇化的协调发展，突出工业支柱产业和服务产业的发展，形成工业和服务业双主导发展格局。工业以打造新型能源基地、煤化工基地和新型制造业基地为目标，增强工业带动能力，实现“工业强市”。服务业要改造提升传统服务业，加快发展新兴服务业，一是以叫响晋商和大寨两大文化品牌，做大旅游产业，推进旅游国际化，把晋中建设成为特色鲜明的晋商文化旅游区。二是积极发展现代物流业，在榆次区和介市，分别规划建设全省最大的综合物流园区和煤焦化专业物流中心。三是加快发展房地产业。四是推动现代金融业发展。五是推进科技、教育、信息、文化、体育、卫生等事业发展。努力使晋中形成服务型经济、服务型社会和服务型城市，实现“服务兴市”。从而加大城镇人口容量，增加就业岗位，为农民市民化和城镇化创造有利条件，使之成为晋中特色城镇化进程中的亮点。

2.以城镇集群化助推特色城镇化发展。适应区域经济和城镇化发展的趋势，建设平川、东山一体化发展的充满生机和活力的城镇经济带，实现城镇集群化发展。一是以发达的“园区经济”和“块状经济”支撑城镇集群化。加快平川6县（区、市）内晋中经济技术开发区、榆次工业园、榆次修文工业基地、介休安泰工业园、灵石中煤九鑫工业园、平遥工业新区、祁县经济开发区等园区的发展，加快煤焦、纺机、玻璃器皿、医药、碳素、农产品加工等产业集群发展，成为城镇集群化发展的产业依托。加强静升、张壁、义安、洪善、东观、胡村、修文、东阳、大寨、麻田等重点集镇建设和工业小区建设，促进乡镇企业的集聚和升级，加快农村劳动力向非农产业转移，实行以工补农，以城带乡，加快农村工业化、城镇化进程。二是在条件成熟的条件下，力争在“十一五”期末，使平遥、太谷、祁县、灵石等县城实现撤县设市，形成真正意义上的城镇集群化和城市群。

3.以规划科学化助推特色城镇化发展。规划是城市发展的蓝图和总纲，科学合理地规划是政府的无形资产和财富。在加快城镇化发展的背景下，强调规划的科学化有两个层面的含义。一个层面，是强调具体的城市微观规划，必须坚持科学性、前瞻性、特色性和强制性，对城市建设规划、区域详规、街景立面、专业规划、色彩规划等设计，一经审核通过，必须严格执行，当前，特别要防止规划迎合开发商和政府部门的胃口而随意变动的现象。同时，要提高规划人员的思想素质和业务水平，着眼于城镇化不断提升的高度和趋势，变革传统城市规划的思维定式，从单纯的物资规划转向建立对城市开发建设进行全过程、全方位管理的规划控制系统，协调区域和城市各利益主体的关系，实现利益共享，促进晋中城市经济社会的和谐发展和可持续发展。另一个层面，是强调城市的宏观规划。城市的宏观规划是强化政府宏观管理职能，对各种资源要素进行引导与发展控制的政策工具，从战略高度出发，要加快制定晋中城镇化包括城市群、集镇群发展等重大问题的总体规划，协调解决城镇化进程中的重大问题，对城镇化的进程、城镇人口的增长、产业布局、城镇规模等，实行必要的宏观调控，保证晋中特色城镇化的健康有序发展。

4.以晋中太原同城化助推特色城镇化发展。构建大太原经济圈，是今后省委、省政府实施特色城镇化战略的工作重点。加快晋中太原同城化发展已成为两市上下的共识，理论与政策的探讨研究也取得了不少积极成果。但目前的进展情况还不尽如人意。所以，要积极推动晋中太原同城化取得实质性推进，需要从几个方面入手。一是由省委、省政府牵头成立组织协调机构，特别是尽快由省委、省政府制定科学可行的大太原经济圈和晋中太原同城化制度政策框架体系，统筹谋划，打破行政区划限制，消除影响同城发展的体制性和政策性障碍，实现区域协调发展的制度创新和体制转变。二是采取措施，积极落实双方业已达成的交通道路对接、旅游一体开发等合作项目，尽快打开局面，造福于两市人民。为加快两市特色城镇化进程，乃至全省的特色城镇化战略目标的早日实现，作出应有的贡献。

该文系参加山西省纪念党的十一届三中全会三十周年学术研讨会论文，发表于《前进》2008年第12期

■ 着力打造晋中城市群的龙头地位

乌金山巍巍似巨笔，绘出北部新城新画卷；潇河水悠悠如鸣琴，奏响生态公园美乐章。这是新世纪中国北方一个城市的发展交响曲。

山川秀美的三晋大地，展示着一道亮丽迷人的城市风景线，耸立着一座生机勃勃的现代化城市，她古老又年轻、她古朴更现代，她就是美丽可爱的晋中。说她古老、古朴，是因为她人文积淀博大精深，晋商文化是她独树一帜的城市文化品牌；说她年轻、现代，是因为她撤地设市才整整十年，已处处充满了时尚而现代的气息。

风景之名胜，胜在奇特；城市之品位，位在独特。开创清明文化的绵山，素有“清凉胜境”的乌金山，承载史前文明的榆社化石，是她令人心驰神往的自然风景；世界文化遗产的平遥古城，浓缩晋商精神的豪宅大院，延续城市文脉的榆次老城，是她璀璨夺目的人文风景。

晋中市城区地处三晋腹地，毗邻省城太原，铁路、高速公路、航空港纵横交错，四通八达，是省内最密集的交通枢纽，区位条件极其优越。是晋中市的政治、经济、文化中心，市城区建成区面积37.6平方公里，现有城市人口40万人。

2000年的撤地设市，为晋中市城区城市建设提供了宝贵的发展机遇。特别是2006年实施“十一五”规划以来，乘建设成为山西中部最具活力的经济带和城市群之东风，着眼于构建太原经济圈和推进晋中太原同城化进程，着力突出商贸、文化、休闲城市建设，致力于打造市城区城市群的龙头地位，加快更具活力的宜居宜商城市建设。从2006年至2009年，4年共实施道路、桥梁、管网、污水处理、垃圾处理、保障性住房、绿化、城市规划、环卫等市政重点工程11大类121项，共完成投资29.73亿元，其中2009年完成投资9.53亿元，创历史之最。

一座历史文化和现代气息交相辉映的区域性中等城市正在山西中部崛起。

一、这是一道大手笔绘就的风景线

一道极致的风景线，凝聚了设计师的高超智慧和非凡创意。近5年以来，晋中市城区城市建设，坚决贯彻市委把晋中建设成为山西中部最具活力的经济带和城市群的战略意图，全面落实“十一五”规划关于市城区城市建设的总体要求，紧紧牵住城市规划这个牛鼻子，带动了城建事业高歌猛进。

一个城市，决策者的思路决定城市建设的出路；规划者的品位决定城市建设的品质。市委四大班子一直对城建工作给予了高度关注与倾力支持。市委、市政府决策层十分关注市城区的城市建设，亲自谋划、指导和参与城市规划、城建项目、城市管理等工作。市委、市政府明确提出了市城区的发展思路，就是以“不求最大、但求最佳”的发展理念，力争在“十一五”期间市城区要承接太原的辐射，力争建成山西的文教科研基地、旅游服务基地和省城的居住卧城；打造晋中“宜居”“宜商”魅力新城。坚持南部旧城保护和北部新城开发相得益彰，东部新兴区域开发和西部园区建设两翼齐飞的发展方向。实施“南拓、北进、东延、西扩”战略，全方位拉大城市框架，不断提升市城区的集聚力、辐射力和综合承载力，全面实现建设更具活力的宜居宜商城市的战略目标。

为此，市规划部门完成了《晋中市城市总体规划》《潇河区段总体规划》等重点规划项目。市政府出台了《关于加快晋中市城区“城中村”改造的实施意见》。特别是2009年7月，被誉为晋中太原同城化“桥头堡”的《晋中北部新城规划》正式出台实施，一期规划用地面积7.67平方公里，规划人口约10万人，这必将成为联动晋中太原同城化，引领两地崛起的战略增长极。这些科学的城市建设宏伟蓝图，不仅使晋中市城区这道美丽的风景线有了制度保障，更昭示着她的未来一定会前程似锦。

二、这是一道大景观构筑的风景线

每一道亮丽的风景线，总是由数不尽的景观构成。当你驻足风景如画的体育公园，浏览那匠心独运、造型别致的绿色园林景观；当你徜徉在宽敞整洁、畅通有序的顺城街上，当你休憩在花草芬芳、绿树掩映的绿苑广场，尽享城市的繁华与安宁；你会感悟到晋中的万千变化，会对晋中的明天充满信心。这几年，每一个晋中人都能够亲身感到，自己所居住的城市日新月异，道更宽了，路更好走了，楼更高了，灯更亮了，花草树木更多了，广场更有韵味了，城市越来越优美了。正如市委领导所说：“城在林中，人在树中，蓝天碧水，红砖青瓦。”

大景观之一：城市道路犹如景观大道，景观大道好似一条条经纬线织就了美丽风景线。龙湖大街、蕴华东街、安宁东街、顺城西街、迎宾西街、汇通路、中都路等一条条城市主干道的打通和拓宽，打通的是动脉，拓宽的是空间，延伸的是希望。

一桥飞架西东，两城不分南北。位于城区北部的龙湖大街立交桥一期建设工程已雏形显现，这座现代化的地标性建筑将进一步促进太原晋中同城化的步伐，促进北部新城的建设。

大景观之二：以建成全省最大的体育主题公园为代表，市城区的绿地建设有了超常规的跨越。2009年，市城区新启动了晋商公园、潇河公园建设。绿化覆盖率达到39.33%，绿地率达到34.48%，人均公共绿地达到10平方米。市城区正逐步形成以“一环”“二廊”“四带”“多园”“多点”为主的绿地系统规划新格局。

大景观之三：以人为本的民生工程是这道风景线上的耀眼之处。如今，在我市的城建系统，“铺平群众门前路、点亮百姓窗外灯”，是他们为民办实事的座右铭。至今城区已有60多条小街巷得到系统改造，一盏盏照明路灯也紧随改造工程延伸到居民的门前，小巷的黑夜一片光明。特别是2009年亮化的20条小街巷全部使用的是节能型照明光源，成为改造工程的一大亮点。

大景观之四：安居才能乐业。持续改善市民的居住条件是市委、市政府的不懈追求。市城区在大力发展商品房、经济适用住房的同时，保障性住房建设工程作为市政府承诺为民办的十件实事之一，也取得了可喜成绩，截至2009年底，廉租住房建设新开工2.92万平方米，完成任务的100%；经济适用住房建设新开工40.12万平方米，完成任务的317.9%；棚户区改造45.67万平方米，完成任务的119.6%。

三、这是一道看不见却得民心的风景线

有的风景，风光秀美，外表华丽，使人赏心悦目；有的风景，藏而不露，富于内涵，更值得细细品味。

市城区由于历史欠账很多，城市雨污管网、供热管网、燃气管网等地下管网年久失修，严重制约着城市承载能力的提高。重新更换维修、新建这些基础设施投资大，还看不见，市委、市政府坚持正确的政绩观，本着为后人乘凉的博大胸怀，为未来奠基的长远眼光，在“十一五”期间，地下管网建设每年都有新工程，扎扎实实办实事。

从改革开放初期全市排水管道总长度66.5公里到2009年城区排水管网长度达444公里；从2005年的雨污分流工程到2009年热电联供一期工程正式送热；从特种垃圾厂、医疗废物处理厂的建成到第二污水处理厂的竣工；从南北两条煤气供气管道到天然气供气管道的正常运转。2010年又加大城市供热管网建设力度，市城区新铺设供热管网60余公里。这一条条看不见的战线，都诠释了一个颠簸不破的真理，纵然深埋地下藏真容，只要为民办事解难题，必定赢得夸奖声。

四、这是一道文明和谐的风景线

一道不管多么出名、多么纵深的风景线，首先应该具备一种文明、和谐、有序的环境氛围。“十一五”以来，市城区重点对广告招牌、无障碍设计、城市景观、城市雕塑、文化标志和城市小品等方面进行综合整治，投入1200万元巨资对顺城街进行了统一包装。为完善城市功能、改善城市景观、提升城市品味起到了示范作用。

城市建设是“三分建设，七分管理”。市城区还进一步加大城市管理力度，结合市委、市政府组织的城市环境综合整治，成立了垃圾清扫、清运公司，配齐装备，完善设施，加强环卫工作，拆除违章建筑，设置便民市场，清除违法违章广告，加强城市监察，使城区的市容环境得到极大改善，这里不仅是美丽的花园，舒适的家园，更是文明的乐园。

值得大书一笔的是，“十一五”期间，市城区开展了声势浩大的城市环境综合整治行动。从2007年，拉开序幕。到2010年，此项工程不断走向深入。2008年市城区还广泛开展了创建国家园林城市、国家卫生城市、中国优秀旅游城市、国家文明城市的“四城联创”活动，取得了明显成效。2008年12月，市城区通过省级卫生城市验收。2009年，又分别通过了省委、省政府创建省级文明和谐城市和省级园林城市的验收。2010年7月，我市又通过了省级园林城市创建检查组对我市省级园林城市创建工作的复查，认为晋中市已达到山西省园林城市的标准要求，建议省住房和城乡建设厅予以命名，授予晋中“山西省园林城市”称号。

纵览晋中市城区的“十一五”城市建设，那辉煌的成就，那灿烂的形象，那壮美的风景，都凝聚了各级党委、政府决策者的智慧与厚爱；也凝聚了数万城建工作者的汗水与付出；更凝聚了全体市民的关注与支持。

到此已是千里目，方知更上一层楼。

奋进的锣鼓已经擂响，赶超的号角再次吹响。展望未来，我们豪情满怀，站在新的历史起点上，大太原经济圈的具体实施，晋中特色城市群战略的持续推进，为明天晋中市城区的城建事业提供了千载难逢的大好机遇。

到“十二五”期末，以北部新城初具规模为标志，市城区人口将要达到50万，建成区面积超过50平方公里，基本实现创建成为国家生态园林城市、国家卫生城市、中国优秀旅游城市和国家文明城市的奋斗目标。

我们有理由相信，在市委、市政府的坚强领导下，有40万市民的大力支持，晋中市城区的城市建设，犹如那璀璨的烟花，激情的社火，一定能够打造出一道道更加亮丽的风景。一个更具活力的宜居宜商新晋中，必将在三晋大地迅速崛起。必将在建设“转型发展先行区、晋商文化复兴地、现代宜居生态市”的历史进程中，在建设“新型化工业强市、现代化农业大市、文化旅游名市和城镇化新市”的崭新征途上，充分发挥龙头带头作用，实现“十二五”期间晋中新的腾飞。

发表于《晋中论坛》2010年第2期

■ 晋中建设“四化”率先发展区优势何在

“十二五”序盘之始，山西这艘以工业新型化、农业现代化、市域城镇化、城乡生态化为目标依托的转型航母，正驶向成功的彼岸。晋中市委、市政府主动承接省委厚望和人民呼声，适时出台了《加快建设全省“四化”率先发展区的决定》，吹响了率先发展的进军号，历史必将见证，晋中发展史上一座新的里程碑，正在二十一世纪一十年代锻铸耸立。

建设“四化”率先发展区是晋中“十二五”乃至更长时期的主攻方向。环视三晋大地，从雁门关外至中条山麓，从黄河岸边到太行山巅，各地竞相崛起，“四化”热潮此起彼伏。扫描当下“四化”领域现状，从建设“四化”这个特定内涵考量，基础厚，优势大，潜力深，活力旺的市域，当数晋中，能与之比肩者，寥寥无几。

一是区位优势得天独厚。晋中位于三晋之腹，毗邻省会和中国特大城市太原，属太原都市圈的核心地带。联通西东，贯穿南北，区位优越条件全省独一无二。区域地理位置的优劣直接影响区域开发的时序和区域经济发展的进程，江苏苏南地区依托大上海已在全国率先全面建成小康社会，直奔现代化。而同省的苏北地区仅仅处于工业化中期的初始阶段，就是典型例证。

二是交通优势四通八达。晋中版图轮廓呈“钥匙”状，素有“晋疆锁钥、南北通衢”之称。得益于优越区位而形成的交通优势，一直为省内乃至华北地区重要的交通枢纽。市区距太原航空港仅10公里，甚至比太原乘机还方便。石太、同蒲、太焦、太中银等铁路在此交会，为全省唯一的县县通铁路的市。太旧、大运、太长、汾平等高速公路贯穿境内，与京、津、冀、豫、蒙、陕国道主干线及环渤海经济带连成一片，高速公路通达率居全省第一。交通运输条件作为生产力的重要因素，直接影响区域经济的发展。河南郑州伴随1906年京汉铁路和1913年陇海铁路的开通，由一个小县城逐渐变成了商贾云集的中原商都。而与京汉铁路擦肩而过的七朝古都开封，却由此逐渐被边缘化，失去了省会城市的地位。

三是“四化”领域比较均衡。晋中经过改革开放，特别是撤地设市十余年来的苦心积累，奋力赶超，正处于蓄势待发的前夜。从整个山西发展格局观察，虽然晋中经济社会发展水平和实力位居第五、第六，属中上游水平。但就实现“四化”的比较优势，明显高出一筹。2010年，全市第一、第二和第三产业增加值占全市GDP的比重分别为8.5%、54.9%和36.6%，明显好于全省6.2%、56.8%和37.0%的水平；农村居民人均纯收入5808.7元，大大高于全省4736.3元的水平；城镇化率为43.48%，接近于全省45.99%的水平；森林覆盖率20.4%，高出全省14.1%不少。从GDP和财政收入居前的吕梁看，呈现工业腿长、农业腿过短、城镇化水平低的不平衡现状。再从农业比较发达的运城看，虽产业结构优化度较好，但其财政收入居后，城镇化进程缓慢，经济实力不足。分析不难发现，晋中在“四化”领域上没有什么短板，齐头并进，发展态势相对均衡。这是我们实现“四化”率先发展的良好基础和明显优势。

四是“四种精神”力量无限。晋中自古人文荟萃，文化发达。无论是明清晋商前辈首开中国第一家票号，创造“海内最富”之传奇，还是新中国成立后大寨人自力更生、艰苦奋斗，树立了中国农村的一面伟大旗帜；不论是城市群建设，还是现代农业发展，都在昭示一种理念，彰显一种力量，晋中历史的血脉里，始终凝结着不甘落后，进位争先的文化基因。由此，我们培育铸就了特有的晋商精神、太行精神、大寨精神和时代精神的精神财富，成为推动晋中社会前进的不竭动力。精神的力量是干事创业的支柱。今天，我们在率先发展的伟大实践中，“四种精神”更加熠熠发光，弥足珍贵，只要我们大力弘扬这“四种精神”，营造争先争上、率先发展的浓厚氛围，激励全市314万人民攻坚克难的信心，让一切创造力在干事创业中充分涌流，让“四种精神”的力量在率先发展中迸发出强大的推动力，晋中率先发展的蓝图一定能够变为现实。

五是“四个机遇”机会难得。晋中在谋划推进率先发展的进程中，一方面，面临着经济总量不大，大企业不多等诸多压力和挑战；另一方面，也面临着不少国家、省级层面对区域发展政策调整的良好机遇。大的方面有国家“中部崛起”战略和国务院批准设立山西为国家资源型经济转型综合配套改革试验区。区域性的有全省太原都市圈战略晋中太原同城化建设和晋中被列入全省三个现代农业示范区之一。这些政策的逐步实施，将带来财政、投资、产业、人口、土地、环境等政策的逐步调整，蕴含着许多特有的政策、信息、资源等机遇。作为山西资源型经济的重点区域，作为太原都市圈的核心部分，晋中迎来了历史上最好的发展机遇期，关键是看我们能不能抓住这些机遇，利用好各项优惠政策。新中国成立以来，国家在处理各区域之间关系，影响经济要素空间配置的政策实施上，多次变化，新中国成立初期的平衡布局，提高了内地经济实力。改革开放后的区域倾斜不平衡原则，加速了东部沿海地带的崛起。“十二五”期间实施区域发展总体战略和总体功能区战略，重新调整经济格局。都证明区域政策对区域经济发展进程和区域产业结构调整有着巨大影响。所以，要求我们灵活思维，反应迅速，推出一些承接这些机遇的思路和举措，来加快建设“四化”率先发展区的历史进程。

由此，晋中应该率先一步，也必将梦想成真。

发表于《晋中日报》2011年5月28日第3版“率先发展”专论

晋中市直机关“星级创建网格化管理”活动纪实

与时俱进，引入现代管理理念，打造党建“星级创建网格化管理”新机制，初显生机；群星璀璨，激发基层组织活力，服务晋中“四化大业”铸辉煌，终成示范。

这是一片充满神奇、热血染红的土地，晋商精神、太行精神、大寨精神是她荣耀华夏的历史记忆；这是一片激情澎湃、热火朝天的土地，晋中太原同城化、建设“四化”率先发展区、转型跨越是她科学发展的时代篇章。

这就是雄踞三晋腹地的晋中特有的文化符号与精神财富。得益于这些文化基因和精神营养的传承与滋润，今天的晋中，政治清明、经济增长、文化繁荣、社会和谐、生态宜居，特别是在党的建设上，锐意进取，扎实推进“固本强基”工程，执政能力有效提升，涌现出一批在全省乃至全国具有影响力的经验和办法，可谓群星灿烂，其中，晋中市直机关工委在创先争优活动中，以领风气之先的创新之举，创建的“星级创建网格化管理”活动机制这颗星，耀眼夺目，就是突出的典型代表。

星之孕育

2000年5月，乘晋中撤地设市的东风，原中共晋中地直工委更名为中共晋中市直工委，跨入了新的历史时期。晋中市直工委作为市委领导的市直机关党的工作的派出机构，目前，有人员20人，内设办公室、组织部、宣传部、市直纪委、市直机关工会、市直团委、市直党校等机构。市直机关共有基层党组织959个，工委直属党组织115个，机关党员人数17625名。

近年来，晋中市直工委在中央和山西省直机关工委的精心指导下，在市委的正确领导下，忠诚践行科学发展观，围绕建设全省“四化”率先发展区战略，服务经济建设，基层党组织建设呈现出蓬勃发展的进取势头，在缴纳特殊党费支援抗震救灾、购买“救市奶”“两节”花灯展等活动中，市直机关基层党组织和党员干部都发挥了重要作用，赢得了市委、市政府的充分肯定和社会各界的高度赞誉。

智者善谋，勇者先行。在鲜花与掌声面前，市直工委一班人保持了清醒的头脑。2009年，在学习实践科学发展观活动中，他们认识到，已有的成绩与新形势的要求相比，与率先发展的态势相比，与市委的高标准要求相比，与广大党员干部的期望相比，还有一定的距离。通过深入广泛的调研分析，面对市直机关百余个部门单位千差万别、各具特点，党组织和党员队伍建设各有规律的现实情况，认识到还存在着“三个不适应”：

一是指导方法不适应。一些基层党组织发挥作用参差不齐，有的基层党组织软弱涣散，对党员教育管理相对滞后。而作为市直工委缺乏一套针对性强、行之有效的方法应对，缺乏推动力；二是活动方式不适应。一些基层党组织活动方式单一，缺乏工作激情，缺乏发挥作用的有效平台，缺乏支撑力；三是评价机制不适应。用传统模式去考核机关党建工作，孰优孰劣标准模糊，考核内容虚化，年底评出的“先进基层党组织”等称号，没有定性定量的对比性，缺乏公信力。

经过缜密思考，大家认为，解决问题的关键还是一个机制问题。必须切实定出等级、评出优劣，分出层次。进一步增强激励性，扩大示范性，加大鞭策性。而现代管理学的星级目标管理方式正好具备这样的特点和功能，在企业和酒店经济活动中已被广泛运用。基于此，晋中市直工委决定把这一现代管理学理念引入党组织管理工作的创新性举措便应运而生，三晋上空一颗创新之星也孕育而成。

星之构成

2009年10月26日，是晋中党建史上值得记住的日子，因为在这天召开的晋中市直机关星级党组织创建活动动员大会上，凝聚了晋中市直工委人心血与智慧的《“星级创建网格化管理”活动实施意见》闪亮登场，正式出台。她犹如一颗耀眼的新星，一飞冲天，揭开了晋中党建史上新的一页。

这颗星，因为得到了市委历届主要领导的直接关注和全力支持，所以分量重。时任分管机关党建工作的市委常委、秘书长李书平、现任市委常委、秘书长王建忠都对这项工作高度重视，从人员、经费诸方面给予大力支持，并亲自审阅文稿，多次提出指导性意见。市委书记张璞亲自过问活动实施情况，多次在全市庆祝建党90周年大会讲话、晋中市三次党代会报告等重要场合和文献中，对“星级管理”活动给予高度评价。

这颗星，因为倾注了市直工委上下的聪明智慧和心血汗水，所以亮点多。他们不辞辛苦，北上冰城哈尔滨，南下江西上饶市，广泛调研，召开研讨会十余次，精心策划，历经半年之久，终得满意的方案。

这颗星，因为彰显了党建科学化发展的经典创新和可行模式，所以价值高。把现代管理学的星级目标管理方式，应用到基层党组织建设之中，体现了科学性、合理性、可行性的高度统一，具有鲜明的科学化特征。

“星级创建”活动的主要内容包括：一是星级设置。从二星级起评，由低到高设置，最高为五星级。以市直工委直属党组织总数为基数，控制名额比例：五星级占10%；四星级占20%；三星级占40%；二星级占20%。二是评审程序。实行动态管理，每两年一届命名表彰一次，第二年复查确认。考核采用百分制，80分以上起评入围。三是命名表彰。由市直工委对四星级（含四星级）以上的直属党组织进行授牌并通报表彰；对三星级、二星级直属党组织给予命名授牌。四是管理奖惩。星级组织创建秉承公开、择优原则，严格标准，优胜劣汰。获得五星级称号的党组织，优先推荐受上级党组织表彰奖励。对于领导不力、重视不够，致使创建工作停滞滑坡的单位，降低星级格次，限期整改或予以通报批评。

星之运转

浩瀚星空，颗颗行星都有自身轨道。2010年4月以来，根据中央部署开展创先争优活动的新要求，晋中市直工委又出台了《关于引深星级党组织创建活动的实施意见》，制定了具有创先争优指标和行业部门特点的考核新标准。“星级管理”运转三年来，始终围绕全市转型跨越、率先发展的中心轨道有序运行，扎实推进，涌现出一大批实绩突出的星级基层党组织。2010年“七一”表彰大会上，市直机关党组织中，首次评出五星级党组织13个，四星级党组织30个，三星级党组织44个；其中市公路分局党委、市检察院党委等基层党组织被评为五星级党组织。2011年12月，召开了晋中市直机关星级党组织创建活动现场推进会，交流经验，推动了创建活动不断深入。

“星级创建”活动建立了量化、科学、公平、合理的基层党组织考核评价体系，找准了机关基层党建工作的抓手，推动了争先创优活动，在市直机关形成了“低星看高星，高星帮低星，共同星连星”的崭新局面和比学赶帮超的良好氛围。考核中既借助定量方式来定性哪个星级，把基层党组织细分为5级，给基层党组织亮明身份，起到第一次激励作用。又在定性基础上量化管理，在各个星级级别内量化排队，起到第二次激励作用。按照服务中心工作、思想建设、组织建设、作风建设、制度建设、反腐倡廉建设的内在逻辑关系制定考核标准，涵盖面广，可操作性强，简便易行，深受基层党务干部喜爱和欢迎。

综观活动运转情况，主要呈现以下特色：

一是结合实际，合理定“星”。市直机关“星级管理”将服务中心工作、思想建设、组织建设、制度建设、作风建设和反腐倡廉建设“五大建设”作为考核的主要内容，并根据形势的发展和需要，适时调整“创星”内容和标准，充分发挥了星级创建活动推进基层组织建设的作用。二是完善措施，努力争“星”。以加强基层组织建设、服务率先发展、完善体制机制、促进各项工作为目标要求，市直机关党组织严格按照星级党组织的创建标准，制订创建计划，落实创建责任和创建措施，努力提高党建工作的层次和水平。三是按照标准，严格评“星”。“星级管理”创建工作由市直工委统一管理，机关党委、总支负责下属党（总）支部的“星级党组织”创建工作。市直机关各党组织负责人对本部门本单位“星级党组织”创建管理活动负总责，同时加强对基层党组织星级常态化管理，并形成了长效机制。四是发挥作用，动态管“星”。整个活动实行动态管理，不搞终身制，每两年评选命名表彰一次，隔年进行一次复查确认。星级党组织每遇届满、单位更名、分设、撤并、隶属关系变化的，须重新进行星级申报。对领导不力、重视不够、致使创建工作停滞滑坡的单位，降低星级格次，限期整改或予以通报批评。五是评先奖优，激励用“星”。把星级评定考核结果作为党建工作的重要依据。获得五星级称号的党组织，优先推荐受上级党组织表彰奖励。市直工委对直属星级党组织进行定期不定期抽查，确保了市直机关星级党组织创建的整体水平。

能不能推进实际工作，是检验争先创优活动，包括星级党组织创建活动能不能取得满意效果的主要标准。晋中市直机关开展星级党组织创建活动伊始，就把促进各项工作作为一条重要检验标准，突出实践特色，避免“坐而论道”，用实实在在的成效取信于基层群众和党员干部，切实增强了创建活动的公信力和满意度。

晋中公路分局党委在创建活动中提出五星级党支部全覆盖的党建工作目标，要求每个项目建设中必须有一个五星级党支部带队攻关，党支部书记“一岗双责”，确保工程建设质量和施工安全，真正成为工程建设的战斗堡垒。

检察院机关党委把星级党组织创建活动转化为深入推进三项重点工作和落实检察工作科学发展五年规划的各项举措，被最高人民检察院授予“全国检察机关基层检察院建设组织奖”。

市国税局机关党委在“五个好”“五带头”的基础上，提出了组织收入零欠税、税收执法零差错、文明服务零投诉、加强内控零案件、安全管理零事故的“五个零”要求，并要求党员干部带头做到，极大地提高了税收执法水平，今年税收完成额比去年增长30%。

市邮政局机关党委强化企业发展的政治核心功能，开展了“我是党员我带头”立功竞赛活动，用党员的模范行动影响和带动广大职工，形成了推动邮政业务发展的强大动力。

市教育局党委在推进义务教育均衡发展中，充分发挥党员的模范带头作用，动员党员教师率先带头交流，为推进均衡教育、公平教育做出贡献，被誉为全国教育战线的一面旗帜。

市供销社机关党委围绕新农村现代流通服务网络工程建设开展星级党组织创建，设立党员示范服务窗口7个、党员服务先锋岗66个，实现了全市农村便民连锁商店全覆盖。

星之光芒

星耀晋中党旗红。晋中市直机关“星级创建网格化管理”活动，作为党建科学化的一次成功实践和有益探索，作为争先创优活动的一个有效载体，赢得了上级领导的肯定，党员群众的赞许，各地同行的认同。

2010年9月，在郑州召开的全国机关党建研讨会上，市直工委书记党富华应邀做了典型发言，引起强烈关注。2011年，中组部全国争先创优办公室编发的内部简报中，专门提到了晋中星级党组织创建的创新做法。有关典型经验材料先后在《紫光阁》《中直党建》《党课》《党的生活》《山西日报》《先锋队》等中央、省级报刊发表，入编《全国机关党建工作研讨会论文汇编》等多本书籍。活动开展以来，有全国各地20余家党建工作部门，来晋中考察取经。市直工委因成绩突出，2010年，在晋中市直机关年度目标责任制考核中获优秀等次牌匾和奖励。2011年，晋中市直工委被省直工委评为星级党组织建设先进集体，被市委、市政府评为普法依法治理先进单位、人口和计划生育综合治理先进单位，荣获党报党刊征订工作一等奖。山西省直工委书记刘传旺给予高度评价：“晋中市直工委开展的星级党组织创建活动内容丰富具体，形式新颖活泼，做法实在管用，不仅有理论层面的探索研究，也有实践经验的总结提炼，还有工作创新的对策建议，给人耳目一新的感觉。”

今夜星光灿烂。“星级创建网格化管理”是目标，更是责任。在建设山西“四化”率先发展区的征途上，晋中市直工委将百尺竿头，再创佳绩，以丰硕的党建成果，迎接党的十八大胜利召开。

发表于《晋中论坛》2012年第3期

第三篇　文化底蕴，挖掘致深

晋中物华天宝，人杰地灵，素有“一座晋中城，半部中国史”之美誉。无数先辈先贤以“纵横欧亚九千里，称雄商界五百年”之豪气，孕育了汇通天下的晋商精神；千万英雄英烈用热血和生命谱写了为民族独立和解放英勇牺牲的壮美赞歌，铸就了彪炳史册的太行精神。深度挖掘晋商精神、太行精神的独特内涵，坚持以文塑旅，以旅彰文，大力推动晋中璀璨的历史文化、厚重的晋商文化、鲜活的红色文化在保护中传承、在传承中发展，是每一位社科工作者的时代担当和历史使命。

加快你的生活节奏吧

“一慢二看三通过”，这是铁路岔口上告诫人们注意安全的一条规则。这里，用来形容现在一部分“慢人”也恰如其分。所谓“慢人”就是头脑中缺乏“快”的神经指挥系统，走路踱方步，办事慢悠悠，是他们的主要特征。看见大街上有点儿小打小闹，马上会跑上去看热闹，买几斤菜为了少花几分钱，宁愿从街头游到街尾，然后再与卖主作一番讨价还价才姗姗而去，其间半天的光阴已消逝于茫茫太空。此人此事举目皆是。他们生活节奏之慢，连动物“慢走”冠军蜗牛也自叹弗如。殊不知，当今世界在新技术革命浪潮的冲击下，正经历着一场伟大的变革，其明显的一点就是彻底摧毁了旧的传统时间观念，加快了社会生活的节奏，“时间就是金钱”“效率就是生命”已成了人们通用的座右铭。计算时间的单位已不是“年”“月”“日”，而是“分”“秒”，甚至享受“超越生命”殊誉的世界著名企业家哈默博士，为了不白白丢失珍贵的一分一秒，可以在非洲早餐，伦敦午餐，夜抵加拿大……八十多岁高龄的老人，其生活节奏还如此之快，令世人赞叹钦佩。相比之下，社会上一些人缺乏时间紧迫感，整日拖拖拉拉、啰啰唆唆，过着花园散步式的生活，就差得太远了。再慢慢拖下去，最终要被时代淘汰。当然，快节奏的生活，是以充分利用有限的时间创造出最大最佳的效率为前提的，连命都不要的快节奏，我们坚决反对。

快节奏的生活，是有些紧张繁忙，但那累累硕果，频频捷报，却使我们快乐、幸福。

发表于《晋中报》1985年8月

一把钥匙开一把锁

有人说，现在做思想政治工作是：老办法不能用，新办法不会用，软办法不顶用，硬办法不敢用。似乎已到了山穷水尽的地步。

任何事物都具有特殊性，就是一棵树的两片树叶也有不同之处。思想政治工作的对象是人，是社会生活中各式各样的人。在人的群体中有青年、中年、老年；有工人、农民、学生、干部等等不同的层次。他们各自的思想状况由于受社会环境、文化水平及自身条件等多种因素的影响，也是大不一样的。对“外界刺激”的接受程度也不尽相同。而我们一些搞思想政治工作的同志总是喜欢用老一套办法教育别人，结果适得其反，造成了一些人的逆反心理，即产生了一种思想政治教育是“说教”，你越是翻来覆去讲的道理我越不听，越是大张旗鼓表彰的人越是不得好感的心理，究其原因，与工作方法不对头、缺乏针对性的对策不无关系。

因此，要做好新时期的思想政治工作，必须针对不同的对象采用具有针对性不同方法，做到放“矢”有“的”，量“体”裁“衣”，记住“一把钥匙开一把锁”的道理。不然，不仅“锁”开不了，“钥匙”最终也会扭断。

在思想政治工作中，没有“万能钥匙”可用。

发表于《晋中论坛》1986年第4期

■ 论企业家精神

党的十四届三中全会通过的《关于建立社会主义市场经济体制若干问题的决定》明确提出:“要加强职工队伍的建设，造就企业家队伍。”这是我们党历史上第一次明确了企业家在发展社会主义市场经济中所起的重要作用。随着近几年企业家群体日渐壮大，以勇于创新为实质的企业家精神也日益成熟。

市场经济造就企业家，也孕育了企业家精神

我国过去在高度集中的计划经济体制下，国有企业不是真正意义上的企业。正如日本经济学家小宫隆太郎所言：中国没有企业，只有工厂。企业作为政府机关的附属物，犹如政府机关的一级组织，原料由计划部门统一调拨，产成品由商业部门统一分配，这样的体制导致企业的经营者无法按照自己的意愿经营，无法形成经营者进行创新活动的动力和压力，厂长经理只不过是奉命执行而已，充其量是一个计划的优秀执行者。因此，这样的体制不可能产生，也不需要企业家。这就从根本上决定了高度集中的计划经济是一个没有企业家的经济，没有活力和效率的经济，更谈不上有什么企业家精神。

市场经济是一个充满生机和活力的经济，是一种靠市场来配置资源的经济，各种生产要素可以自由流动，价格由供求关系决定，这就为企业家创新思维和活动提供了充分利用的资源。信息和决策权的分散化，为企业成为自主经营的经济实体提供了前提，每个企业都可以采用合法手段参与市场竞争，这不仅为企业家施展才华，上演一幕幕威武雄壮的话剧搭起了舞台，而且形成了企业家实施创新活动的动力和压力。在激烈的市场角逐中，唯有创新才能生存，才能发展。因循守旧、不思进取必将被淘汰出局，正是这种优胜劣汰的竞争，才造就了一大批具有战略眼光、开拓进取、不断创新精神的企业家。

企业家精神就是“敢于冒险，勇于创新，专心敬业，乐于奉献”，核心是勇于创新

综观改革开放十几年来，我国企业家从无到有，从弱到强，成为推动经济发展的中坚力量。从14万元借款起家的娃哈哈集团公司总经理宗庆后到被誉为中国最成

功最雄心勃勃的企业家精英浙江万向集团公司董事长总经理鲁冠球，再看我区也不乏成功的企业家，从榆次市冶金集团总经理陈俊明到介休市的山西安泰集团有限公司总经理李安民，尽管他们环境各异，行业有别，但有一点是相同的，就是都干出了一番惊天动地的事业，从他们成功的奋斗实践中和实现人生价值的过程中，我们提炼出富有时代特色的企业家精神，即敢于冒险、敢于创新、专心敬业、乐于奉献。

敢于冒险，就是甘冒风险抓机遇。在市场经济的激烈竞争中，信息千变万化，需求日新月异，市场要素包含了许多不确定因素，存在的只是未知数和难解之谜，正是这些难以预测的因素中，机遇和风险并存，一个高素质的企业家就是在冒险与平庸之间，勇敢地选择了前者。正如一位哲人所说："冒险即使失败了也比平庸伟大一万倍。"市场与战场一样，怕死是打不了胜仗的。中外众多在商战中驰骋拼搏，脱颖而出的成功事实证明，几乎所有的企业家在创业之初，面对的首先是风险和困难，只有那些凭借自身超人的胆量和气魄，"敢于第一个吃螃蟹"的企业家，敢于承担责任，不怕失败，不怕倾家荡产，甚至将生命都置之度外，才最终抓住机遇，登上成功的顶峰。那些瞻前顾后，前怕狼后怕虎的经营者，永远成不了真正的企业家。

勇于创新，超前决策常创新。这里的创新不是一般意义上的创造新东西。而是一个经济概念，是指经济生活中出现的新事物，包括五个方面：一是引进新的产品或某种产品的新质量；二是采用一种新的生产方式；三是开辟一个新市场；四是发掘原料或半成品的新供给来源；五是建立一种新的企业组织形式。在任何一个社会中，生产可利用的资源是有限的，因而经济发展不能单纯依靠增加投入的方式来实现。因此，社会需要大批勇于创新的企业家，把社会资源从效益较低的用途上转移到效益较高的用途上去，改变原有的资源配置方式，促进生产要素的合理流动，并带来相应的经济效益。企业的创新和发展其核心在于企业家，它有赖于企业家的远见卓识，洞察常人难以发现的机会，它还有赖于企业家采用超越常规的战略和正确的决策能力，把潜在的机会变成现实。因此，只有那些时刻保持创新意识的企业家，凭借敢于冒险精神去填补不确定因素的空白，才能发展壮大，才能立于不败之地。也只有如此，企业家在这个创新活动中，才完善了自己，实现了自己的人生价值。我们完全有理由认为勇于创新是企业家精神的核心和实质内容。

专心敬业，始终如一干事业。何谓敬业，南宋哲学家、教育家朱熹解释道："敬业者，专心致志以其事业也。"任何社会不论何种行业都应有崇高的敬业精神。企业家也是如此，一个企业家追求事业成功很难，而保持事业常胜不败，流芳后世更难。因此，一个优秀的企业家必须始终如一保持对事业不悔的追求，有走向全国走向世界的远大抱负，以敬业态度对待本职工作和人际关系，创造更加辉煌的业绩。做一棵“企业家中的长青之树”。现实中有些出名的企业家，不注重自身道德修养，只顾吃喝玩乐，最终夭折于襁褓之中。究其深层次原因，与缺乏企业家精神有很大关系。一个企业，没有人才可以引进，没有钱财可以借贷，没有产品可以开发，没有技术可以买到，但如果没有正确的观念，没有一个胸怀全局的指导思想，没有一个持之以恒的敬业精神，只能是昙花一现，成就不了什么大事业。

乐于奉献，为国为民作贡献。就是要求企业家多为国家和社会做些有益的事情，一个企业家的成功，除了个人积极努力，也离不开国家和社会各方面的大力支持，近年来一大批企业家登上历史舞台唱“主角”，正是靠党正确的路线、方针、政策平整了企业家活动的场地，才有了今天的成绩。所以企业家力所能及为社会修桥补路，兴教济贫应是理所当然。一个成功的企业家，应该是事业的成功者，也应该是具有高尚情操的人。因为企业家活跃在经济舞台上，你的人格如何，不仅关系到企业的兴旺，事业的发达，而且对社会各个层面都会产生强大的影响，备受公众瞩目。所以企业家要具备这样的人格和追求，无论是在逆境中还是顺境中，无论是创业之初还是成功之后，都要甘于吃苦、艰苦奋斗、乐于奉献，不忘职工，不忘国家、集体和群众，不忘党的共同富裕目标，既要守法经营，又要一心为公，恪尽职守，珍惜自己的荣誉，这样你才可以在市场竞争中立于不败之地。

企业家精神发扬光大需解决的几个问题

时势造英雄，哪里有激烈的市场竞争和经济奇迹，哪里就会出现雄才大略的企业家，哪里就会表现出敢于冒险、敢于创新、专心敬业、乐于奉献的企业家精神。如何在经济社会发展中发扬光大企业家精神，尚需解决好以下三个问题：一是克服我们善于破坏而不善于建设的旧习惯。特别是政府管理部门不要今天去企业检查，明天到企业审计，天天找麻烦，硬把有些不错的企业搞垮，也毁掉了一批有作为的企业家。二是克服文人相轻的旧观念。有些企业创业之初，企业领导班子成员可以同甘苦，共患难，一旦有所成就，就窝里斗，最终落了个鸡飞蛋打的结局。三是要克服轻视法治的旧意识。一个企业家，无论是创业之初的冒险，还是创业之途的创新，都必须在法律允许的范围内活动，为所欲为、投机取巧的办法终究成不了大气候。只有那些以诚信取胜，公平竞争的企业家才会立于不败之地。

发表于《大视野》1995年第5期

■ 在实践中解放思想

实践是马克思主义认识论的第一和基本的观点，是正确思想产生的源泉。进一步解放思想，之所以特别强调坚持实践的观点，是因为我们在建设有中国特色社会主义过程中面临许多的课题，特别是建立社会主义市场经济新体制，是一项崭新的、艰巨复杂的社会系统工程，需要进行长期不断的探索和艰苦细致的工作。过去许多做法、经验已经不适用了，我们在思想认识、管理制度、领导方法等方面必须相应地来一个大的转变，把解放思想贯穿于实践之中。就拿我省平定与昔阳两县来说，其地理位置、资源条件、自然环境差不多，但改革开放十几年来，平定已远远走到了前面，以1994年统计的数字看，平定的乡镇企业总产值已经达到26.5亿元，昔阳才6.1亿元，整整差了20亿元。昔阳县形成这种局面的原因是多方面的，但根源还是全县从上到下解放思想的力度不够，发展经济的措施不够得力。我们认为，解放思想要坚持实践的观点，必须做到“四要”：要为敢闯、敢试、敢冒提供坚强有力的理论支持，鼓励干部群众解放思想，大胆实践，大胆探索。要敢想敢做别人不敢想不敢做的事情，不怕冒风险，以大气魄、大胆略，开创改革开放的新局面。对当前改革开放中出现的一些新问题，要敢于正视，敢于支持。要多一些关注，少一些指责；多一些指导，少一些评判；多一些服务，少一些干预。要正确对待失误，不怕犯错误。正确的认识是在不断实践中产生的，要看到经验是财富，教训也是财富，对出现的各种问题，要搞清情况，找准差距，冷静处理，保证改革开放顺利进行。

唯物辩证法告诉我们，新事物不断取代旧事物，是宇宙间普遍的永远不可抗拒的规律。所以，我们的认识必须随过程的推移而向前发展。坚持发展的观点，就是要主动适应不断变化的形势，冲破旧思想、旧观念的束缚，强化发展意识。邓小平同志指出：“中国解决所有问题的关键要看自己的发展，”“发展才是硬道理”，只有发展问题解决了，其他问题才会迎刃而解。

建立社会主义市场经济新体制，是对建设有中国特色社会主义理论的重大发展。我们搞了几十年的计划经济，对市场经济还很陌生，遇到许多新问题一下子拿不出更好的办法是可以理解的，但是我们必须努力学习，提高认识，跟上时代发展的步伐，决不能停留在原来的认识水平上，用老眼光、老习惯、老办法理解新事物。这几年我省介休市经济飞速发展，从指导思想上看就是他们坚定不移地坚持了经济建设中心地位。他们的四个认识很有深度：经济的生命在效益，效益的源泉在队伍，队伍的成长在环境，环境的根本在观念。这里的观念就是真正意义上的解放思想。在发展中他们实行了四个不限：不限发展领域，不限经济成分，不限发展规模，不限发展速度；始终做到“一不跟”和“两不争”，指导思想上按市场规律办事不跟“风向”转；企业性质上，姓“社”姓“资”不争论，体制模式不争论。正因为有如此程度的思想大解放，介休才有了今天的大变样。

要解放思想还必须克服思想上的片面性和绝对化，坚持辩证的思维方式。为什么有些同志时至今日还是担心姓“资”姓“社”问题，除了“左”的思想影响以外，思想方法的形而上学是一个重要原因。他们只看到社会主义和资本主义对立的一面，没有注意联系的一面，没有看到市场经济机制、资本主义国家一切反映现代社会大生产和商品经济一般规律的先进经营方式和管理方法，资金、技术、资源都要互通有无，在一个市场经济体制中竞争发展。因此，只有坚持辩证的观点，才能从姓“资”姓“社”的束缚中解放出来，才能大胆地学习和借鉴两方面一切有用的东西，来发展社会主义。

总之，我们要有运用马克思主义立场、观点、方法研究新情况、解决新问题的科学态度和创造精神，勇敢投入改革开放的大潮之中，在实践中改造世界观，使思想解放进入新的境界。

与史英敏、李力文合写发表于《支部建设》1996年第7期

山西商人的经商伦理道德初探

明清时代，山西商人在中国商界五个多世纪的辉煌历史中，紧紧围绕商业活动这个中心，形成了他们相对稳定的经商伦理道德观。晋商的伦理道德观，是以崇尚商誉，恪守信用，诚信不欺，义利和衷，勤劳节俭等为核心内容。这些道德内容，渗透到商人活动的方方面面，成为山西商人立业处世所遵循的道德准则和行为规范。由于山西商人能够数代接踵、恪守不渝地奉行这些道德准则和行为规范，自然他们也赢得了人望益高，信誉昭著，近悦远来，生意兴隆，“自安而家肥富”的卓越成效。当然，山西商人是明清封建王朝时代的产物，其经商道德有封建地主阶级剥削广大劳动人民的盈利行为的一面，这是不容忽视的。但是，我们用历史唯物主义的观点和方法去研究，还应看到山西商人的人格品德和经商道德实践，又有其优秀的传统伦理道德的一面，曾对当时社会商品经济的发展，发挥过积极的作用，成为商贾道德的良好风范。因此，我们研究探讨山西商人的经商伦理道德观的成因与经商道德实践，不仅是对前人经商道德成功经验的理论总结，更重要的是为了继承过去晋商在经商道德活动中的优秀传统，对我们今天实业界的道德建设给予有益的启示或借鉴。这是我们研究探讨晋商经商道德的要旨所在。

一、山西商人的经商道德实践理性总结

伦理道德就是一门实践的学问。没有实践为基础的伦理道德，很难说有什么道德价值。山西商人的道德实践活动是多方面的，他们在人格修养、经商行为、号规制度、周边协调等方面，均有良好的建树和风范。

1.严谨自律的人格道德修养

道德的形成或建设，主要来自两方面的作用：一个是社会主体的精神自律作用，一个是社会多方面的他律作用。社会主体的精神自律作用是道德形成或建设的核心基础。山西商人受儒家“修身、正心”传统伦理思想的影响，再加上地缘亲情关公文化的训鉴，所以，他们特别注重个人品德的修养。尤其是在“子弟之俊秀者多入贸易一余”和洁身自好成为一种风尚的情况下，山西商人又“重廉耻而惜体面”，事业崇尚信誉。他们的一言一行无不严谨自律，以伦理道德准则规范行事。如盂阳《续修张

氏族谱》中记述：盂县商人张炽昌“贸易关东，与人然诺，坚如金石，一时侪辈推为巨擘”。山西各票商中东家与掌柜、经理关系之构成，实为人格品德自律的典范。当财东选定掌柜、经理之后，即以完全诚信不疑的用人之道，全权委托全号事务，平时概不过问号事，让其大胆放手经营，静候年终决算报告。掌柜、经理则以忠义来报答知遇之恩，尽心尽力号事，绝不欺诈。如遇到苟非人力所能制止而丧失资金，财东则不但不责掌柜、经理失职，而且加慰勉，立即补足资金，令其重整旗鼓。盖以商业赔赚，犹如兵家胜败，倘出于误而非故致遭损失，亦须励其前进，始可挽回颓势。当然，掌柜或经理丧失资金，完全是其出自失职所致，则另当别论。祁县商人乔致庸是讲三自戒：“戒懒、戒骄、戒贪。”

2.严守规范的经商道德行为

在商品经济活动中，企业的信誉是第一位的，商品质量是企业的生命，良好的服务水平是企业文明的窗口。山西商人为“求富益货”而竭尽全力地去从事商业活动，他们很崇尚商业信誉，很注重商业的良好形象，很重视商品的货真价实，不缺斤短两，很讲求诚信不欺，取财有道。如发现货质低劣，宁肯赔钱，也绝不抛售。据资料记载：清末，祁县乔家复盛油坊，曾从包头运大批胡麻油往山西销售。经手伙计为图谋暴利，竟在油中掺假。掌柜察觉后，立饬另行换装，以纯净的好油运出。这样，虽说商号暂时受了损失，但从此信誉益著，顾客近悦远来，生意越发兴隆。晋商一些商号的学徒总结商业服务时说：“顺客上门，礼貌相待；不分童叟，不看衣着；察言观色，唯恐得罪。”可见，晋商要求服务水平之严格。我们从晋商总结出的商谚名句中也可看到一些山西商人的经商道德行为。如：“宁叫赔折腰，不让客吃亏”“售货无诀窍，信誉第一条”“秤平、斗满、尺满足”。山西商人的经商道德行为，不仅为国人所称道，而且也为外国商人所赞许。1888年，上海英国汇丰银行一位经理甫将离开中国时，对山西票号、钱庄经营人评论说：“我不知道我能相信世界上任何地方的人像我相信中国商人或钱庄经营人那样快，……这25年来，汇丰银行与上海的中国人作了大宗交易，数目达几亿两之巨，但我们从没有遇到一个骗人的中国人。”晋商如此讲信用，谁人不愿与之共事。

3.严明健全的规范道德制度

从道德建设角度来讲，规范道德行为的规章制度，是一种对道德主体的外化作用。它以明确的制度要求约束道德主体行为，使道德主体的行为符合社会利益或团体利益的要求，从而使道德主体发挥更大效能。晋商各商号或票号都以严明的号规店章，把伙友的行为框之以规。他们认为：“凡事之首要，箴规为先，始不箴规，后头难齐”。晋商通过号规店章来警戒陋习劣迹，防止腐败行为滋生蔓延，以期达到“事业历久无弊”。他们把宿娼纳妾、酗酒赌博、吸食鸦片、接眷外出、擅自开店、投机取巧、蓄私放货、奢侈浪费、苟且偷安，等等，都视为不道德行为，皆框规严禁。倘有违者，当以规论处，直至开除出号。大德通号规规定：“凡事待人以德，必须诚心相交，凡事自能仰仗”“我号谦慎相传，以高傲自满、奢华靡丽为深戒。”要求“各处人位，皆取和衷为贵，在上位者固宜宽容爱护，慎勿偏袒；在下位者亦当体量自重，无得放肆。倘有不公不法之徒，不可朦胧含糊，外请者就便开销；由祁请用者，即早着令下班回祁出号”。还明文规定对工作上的成绩衡量，要以不妨害别路利益为界；“果尔本处多利，他方未受害者为功；倘有只顾自己结利，不虑别路受害者，则另当别论”。山西商人会馆大多有明文规定，要求入会商人重视商业信誉，买卖公平，戥秤准确，取信于民，违者处罚。河南社旗县山陕会馆《公议杂货行规碑记》中载：“卖货不得包用，必要落实三分；买货不得论堆，必要逐宗过秤；落下货本月内不得跌价；不得在门口拦路会客，任客投至；不得假冒名姓留客；不得在人家店内勾引客买货；等等，违者，按项均罚银50两。”

4.严肃谨慎的信用道德协调

信用作为道德实践，是山西商人处理周边关系的核心内容。信用是商人的人格标记，也是商业信誉的基础。山西商人在与周边关系的交往中，很讲以诚相待，不欺不诈，恪守信用。他们凡事不做过分，不说过头的话，不做法外生意。晋商把“和则人易视，平则公道著，忍耐则不轻与人忤，而交易易成”，视为与外界交往的道德信条。如山西的旅蒙商人，由于他们与蒙人的经商交往中，既要学懂蒙语，又要悉其风俗习惯，还十分注意蒙人生活中的细微末事，多以善行，平时能为蒙民捎购物品，惯讲信用，应到做到。因而晋商在蒙民中友谊深著，信誉极高。蒙民所购晋商之商品，只认赏标和字号，不问价格和质量，认购之商品数十年不变。山西商人在与同行交往中，讲振恤，讲义气，讲相与，讲帮靠，以协调商企业之间的大小矛盾，消除人际之间的不和。但他们慎待相与，择主认真谨慎，不受恭维，乃不致上圈套。一旦看准对象，建立起相与关系时，又舍得下本钱，放大注，给予多方支持和业务方便，厚待相与。如大盛魁商号在手工业品订货方面，凡选中的手工业户，视为相与交往，世代相传，概不随便更换加工户。当与他商号有相与关系的手工业户，遇到资金短缺、周转困难时，便借垫给银两，予以扶持。这样，大盛魁厚待相与的名声在外，一般无人敢来骗他，大盛魁也就取得了对手工业户产品的优先购买权。再如乔氏复字号处理相与关系为例：复字号与广义绒毛店有相与关系，广义绒毛店曾欠复字号5万银元，因广义绒毛店无力还这笔欠款，仅以价值数千元的房产抵债了事。至于复字号下属商号，一旦停业时则要把欠外的全部还清，外欠的则能收多少算多少，亦不甚追。复字号的这种做法，使他们在同业中威望很高，影响甚大，故许多商号均以能与复字号建立相与的业务交往关系为荣。

善行也是山西商人道德实践的一项内容。乐善好施，公益义行是人们道德品格的具体表现，也是山西商人经商道德实践活动中具有优良传统的美德。山西商人中有不少的大贾巨商，他们严以治家，富而不骄，为人仗义，乐善好施，热心公益事业，颇有建树，受到世人之赞誉与传颂。如捐资修桥铺路，兴修水利，兴学育人，赈灾济急等义行善行，史料记载屡屡可见。以捐资兴学育人为例：榆次常氏巨富之后，不仅重视家庭教育，而且在对社会的捐资办学助学方面多为世人称颂。道光十七年（1837年）因捐助榆次书院，知县赠匾“崇文尚义”，光绪三十三年（1907年）因以家藏书捐赠榆次学堂，山西巡抚赠匾“士诵清风”；常氏家族在咸丰、同治、光绪年间，先后办起私塾17所，开创了当时山西一个家族办学最多的纪录。

二、研究晋商经商道德实践的意义

山西商人在长达500多年的经商道德实践中，有许多成功的道德建树和良好的道德风范。我们在批判地继承历史传统的原则指导下，历史地考察山西商人在经商道德实践活动中的闪光点，现实地把握晋商在道德建设中的精华之处。这样，会对我们今天处在社会主义商品经济条件下的商业乃至实业界的道德建设，具有历史性的启示和现实的借鉴意义。

1.山西商人严以律己的人格道德修养精神，对于我们现代企业家队伍的人格道德素养提高，具有不可忽视的启示作用。

山西商人在经商办企业中十分重视自身的人格道德修养。他们讲求以诚待人，以信取人，重然诺，守信用；“戒懒、戒骄、戎贪”“居恒薄于自奉，无事不戒奢华”；爱祖国，乐公益，笃勤俭；等等。山西商人的这些人格品德的形成，都是建立在商人自觉的道德修养基础之上的主动性行为。今天，我们的现代企业家们，借鉴昔日山西商人的严以律己的人格道德修养精神，用社会主义精神文明建设要求的道德准则，加强个人的道德修养，提高个人的道德素养，促进个人的道德自觉，按照社会主义精神文明建设要求的道德准则规范自己的行为，按照建立社会主义现代企业制度要求的企业家的道德觉悟、道德情感、道德良心去为人处世办企业。这就要求我们的现代企业家们要严己正心，模范地执行党和国家的各项方针政策，自觉地遵守国家和地方政府颁布的各项法律、法规和章程条例；忠诚党，忠诚祖国，忠诚人民事业，杜绝一切消极腐败行为；做一名懂科学，会管理，能团结职工群众的洁身自好的现代企业带头人；为现代企业的精神文明建设，树立良好的人格道德风范，做出榜样。以一个现代企业家应有的人格道德威望，去影响、感染企业职工群体，增强企业内部的凝聚力、向心力。从而最大限度地调动企业职工的社会主义劳动热情，促进生产力发展，为企业的生存与发展提供强有力的动力支持。

2.山西商人崇尚商业信誉的经商道德实践，对于我们现代实业界的营销管理作风建设，具有十分重要的借鉴作用。

山西商人立商敬业，崇尚商业信誉。他们在商业营销管理活动中，始终把塑造良好的商业信誉形象放在首位。他们以做人讲信用，待人讲厚道，商品讲质量，价格讲信实，服务讲不欺，同行讲帮靠，非分非义不以一毫苟取于人的经商道德行为，赢得商业信誉昭著。在必要的时候，他们甚至“以宁叫赔折腰，也不让顾客吃亏”的信用道德精神，来赢得商业信誉。今天，我们的现代实业界借鉴晋商崇尚商业信誉的精神，运用现代科学技术手段，严密精细地协调企业管理，根据市场供求关系及时调整产品结构，继承和发扬晋商优良传统营销美德，以优质的产品，一流的服务，合理的价格，守信的交易，信用的协调，企业就会赢得益高的信誉，收到经济效益和社会效益双重成效。对于那些不注重企业信誉，交易不讲信用，服务不讲文明礼貌，产品不求质量，甚至搞假冒制假，搞言过其实的虚假商品广告宣传的企业经营者来说，晋商的诚信不欺的营销品德作风，实在是历史对今日的有力鞭策。

3.山西商人严训有益的职工品德教育实践，对于我们现代实业界的职工道德素质教育和提高，具有如影随形的可资作用。

山西商人从他们从事商业活动的实践中，真正认识到了“事业成败得失，皆系乎人”的真理，因而，当年晋商各商号或票号都特别重视对职工的道德品质教育。他们一是制定严格的号规店章。明文规范约束职工们的道德行为，以警戒陋习劣迹，防止腐败行为滋生蔓延，养成懂礼貌、知规矩、识整体的人格道德品行。二是延名师，讲名著，以培养职工立身处世基础。三是选派资长者带徒学艺，言传身教。除专业知识外，要把学徒培养成具备经商需要的高品德合格人才。四是对职工实行严格的实地考察训育，尤为注重职工的为人品德节操。五是对职工进行商业家族的历史传统教育。多数商号或票号以始祖创业时所用之物置于神堂，数代接踵施以祭祀教育，以志永不忘怀始祖之创业艰辛，激励职工的工作积极性。晋商的这些对职工品德教育的经验，有许多可供我们现代企业借鉴之处。我们现代企业界，根据行业特点，结合职工的具体情况，以邓小平建设有中国特色的社会主义理论为指导，因地制宜，开展形式多样的职工品德教育活动。以进一步促进深化职工的社会主义人生观、价值观、道德观，树立新的现代化的职业道德风范，讲社会公德，讲文明礼貌，遵纪守法，勤劳奋进，开拓进取，多做奉献，等等，为社会主义现代化建设发挥智慧才干。

与张辉合写发表于《前进》1997年第1期

■ 知识分子的春天

1978年12月，党的十一届三中全会如一声春雷，神州大地，万物复苏。在“文革”寒冬寒心数载的知识分子也有了出头之日。素有“天下兴亡，匹夫有责”历史使命的每一个知识分子都切身感到，回首二十年，我们唱着春天的故事，改革开放有了用武之地。展望新世纪，面对市场经济和知识经济的双重挑战，将肩负起义不容辞的历史责任。

一、冬去春来，拨乱反正

史无前例的“十年动乱”不仅把国家推向了崩溃的边缘，而且对待知识分子问题上“左”的错误倾向，也达到了登峰造极的地步，知识分子被贬称为“臭老九”，广大知识分子的积极性和创造性遭到了严重创伤。“寒随一夜去，春逐五更来。”党的十一届三中全会涌动着改革开放的春潮，把为知识分子落实政策首先提上了议事日程。邓小平同志特别强调:“我们一定要在党内造成一种空气，尊重知识，尊重人才，要反对不尊重知识分子的错误思想。”同时，邓小平同志还以此为指导思想提出了具体思路和具体举措。主要有：一是从政治上尊重他们，把从事脑力劳动的人当作“社会主义社会的劳动者”；二是从思想感情上尊重他们，把人才当作“国宝”、“财宝”和“宝贵资本；三是从精神上鼓励他们，对做出贡献的专家学者及各类人才，应及时给予表扬和奖励；四是从物质利益上关心他们，要“改善他们的物质待遇”“对发明创造者要给奖金”；五是从工作条件上便利他们，使他们能够专心致志地研究一些东西”“从生活上解决他们的后顾之忧”。邓小平同志还特别提到，要器重那些“出身不好，历史上犯过错误或家庭、社会关系有问题”的人才。总之，邓小平同志“尊重知识，尊重人才”这一论断对于当时在知识和人才问题上的一系列大是大非问题的拨乱反正发挥了重大的指导意义。就今天看来，也有着重要的现实意义。这次对知识分子的解放和重用，为改革开放做好了人才准备。这也是每一个中国知识分子的幸事，更是国家的幸事，民族的幸事。

知识分子作为具有一定科学文化知识，并从事创造社会物质和精神财富的脑力劳动者。一生为国为民求索奉献，其最大的愿望就是为祖国富强民族振兴贡献自己的力量，最大的要求就是自己的劳动得到社会的承认和尊重。为此，随着党和政府对知识分子政策的不断落实，被压抑多年的广大知识分子开始扬眉吐气，精神振奋，蕴藏已久的主动性和创造性被充分调动出来，满腔热情争先恐后地投身于改革开放和现代化建设事业之中，并作出了巨大贡献。

二、春华秋实，硕果累累

改革开放的实践证明，我们全党上下和全社会已形成这样的共识，能不能充分发挥广大知识分子的才能在很大程度上决定着我们民族的盛衰和国家的兴亡。由此，全社会形成了尊重知识尊重人才的良好风尚和氛围，一个更加有利于知识分子施展聪明才智的良好环境已基本形成，其社会地位日益提高，经济收入不断增加、工作条件不断改善。上海、深圳等大中城市对社会成员收入状况调查结果显示，学历愈高工资收入愈高且稳定增长，一个受教育程度越高，经济收入也越高的社会分配机制正逐步形成。特别是在二十世纪八十年代中期，国家对知识分子评定职称、住房、医疗等待遇的改革步伐日益加快，远的不说，从晋中地区来讲，1979年全区共有科技人员和各类专业技术人才55785人，而其中具有中级以上技术职称的人员仅仅有664人，占0.012%。到了1997年底，全区仅高级职称中就有正高127人、副高1691人，中级职称23054人，初级职称59371人。通过职称评定，知识分子经济待遇逐步提高，而且还进一步提高了广大知识分子在社会公众中和经济建设中的地位。

我们都是中青年知识分子，十几年的成长经历就是很好的例证。党的十一届三中全会至今二十年，是我们享受改革开放成果的二十年，也是工作和生活条件不断改善提高的二十年，有的评上了副教授，有的评上了讲师，都住进了宽敞明亮的新楼房。更是大显身手为国出力的二十年，我们在不同的岗位都做出了比较突出的成绩，党和政府给了不少荣誉。这一切，都是党和政府关怀照顾知识分子的一个缩影，我们作为普普通通家庭的子弟，为这么年轻就赶上这么好的时代而自豪，只有用加倍的努力，优异的成绩，才能回报党的信任和关心，这也是我们撰写本篇纪念文章，说说心里话的原因所在。

“滴水之恩，当涌泉相报。”二十年来，广大知识分子励精图治艰苦创业，无论是在科技和教育界，还是在卫生和文艺界，都取得了令人瞩目的辉煌成就。以知识分子集中程度高的科研部门为例，以国家统计局每年经济和社会发展统计中必设指标重大科研成果来看，1980年为2687项，到了1997年已达到30566项，增长了10.4倍。从国际上通行的最能反映基础研究水平的论文发表数看，1997年我国科技人员在国际上发表论文共27569篇，比上一年增长4.4%，位居排名第11。一大批具有世界领先水平的重大科研成果，如转基因杂交水稻、银河三型百亿次计算机等等的研制成功，使“第一生产力”如虎添翼，推动经济快速增长。近几年，我国高科技产品出口额每年都超过70亿美元。雄辩的事实证明，知识分子作为先进生产力的开拓者是当之无愧的，是科教兴国战略中依靠的中坚力量。同样，迎接下世纪知识经济挑战，实现“两个转变”，实现“科教兴国”的历史责任，不可推卸地落在了中国每一个知识分子肩上。

三、历史责任，责无旁贷

我们知道，二十一世纪将是知识经济占主导地位的世纪，在这样的新世纪中，人们创造知识和应用知识的能力和效率将成为影响一个国家综合国力和国际竞争力的关键因素。对于处于工业化进程的发展中国家来讲，机遇与挑战并存。一个拥有持续创新能力和大量高素质人力资源的国家，将具备发展知识经济的巨大潜力。一个缺少科学储备和创新能力的国家，将失去知识经济带来的机遇。这里有必要指出，知识分子是全社会最具有创新力的群体，也是储藏高素质人力资源最多的群体。因而在当今“争人才中争天下”的竞争时代，知识分子的自身素质和创新能力关系着中华民族的前途和命运。较其他群体和阶层而言，中国知识分子任务更加艰巨，可谓任重而道远，在新的征程中，我以为跨世纪的中国知识分子起码应做到以下三点。

一是转变观念，适应市场经济。在实现两个根本转变中，必须抛弃“重文轻商”的传统观念，以“敢为天下先”的胆略走进经济建设主战场，走进市场经济大市场。面对知识经济大潮扑面而来，国家特别需要一支优秀的充满开拓精神高知识层次的科技企业家队伍。我们需要广大诸如北大方正总裁王选“用才发财”的现代大企业家，这方面广大知识分子特别是中青年知识分子大有作为。

二是提高素质，适应市场经济。新任科学技术部部长朱丽兰在一次报告中指出：“高素质高技能的人作为知识生产、扩散和应用的载体，每个人在学中干、干中学，终身学习，总体提高人员素质是知识经济的关键。”因此，面对挑战，知识分子也必须学习学习再学习，学理论，学知识，不断提高自身素质，只有如此，才不会被时代淘汰。

三是争创一流，实现民族复兴。二十一世纪是中国知识分子迎接知识经济和市场经济双重挑战的舞台，也是知识分子大显身手报效国家的舞台，更是广大中青年知识分子施展才华充分实现人生价值的舞台。历史教训一再警示人们，落后就要挨打，不争一流就会落后。希望全体知识分子只争朝夕，用我们的聪明才智，在不同的领域，不同的岗位，创造出世界一流的新理论、新技术和新成果，胸怀强烈的历史责任感，做好知识经济和市场经济这两篇大文章，为实现二十一世纪中华民族伟大复兴而奋斗不止。

发表于《晋中论坛》1999年第1期

要以真情感人

只有我们把群众放在心上，群众才会把我们放在心上；只有我们把群众当亲人，群众才会把我们当亲人。做好新形势下党的群众工作，包括思想政治工作，我们必须春风化雨、润物无声、耐心细致、潜移默化，掌握群众情绪，切实做到以情感人。

古人言："人非草木，孰能无情。""感人心者，莫先乎情。""情不深，则无惊心动魄。"列宁也曾讲过："没有人的情感，就从来没有，也不可能有人对真理的追求。"真情感人是心理学所揭示的，被实践所证明的一种开展思想政治工作的有效方法。但部分同志对以情感人的理解和具体操作还存在一些偏差和曲解。主要表现可归纳为：

一是不讲真情乱用义气。一些部门领导对部下称兄道弟，并以"为朋友，不怕两肋插刀"来鼓舞斗志，凝聚人心，用哥们义气来缓解矛盾，把人们的思想引向投桃报李、意气用事上来，甚至有亲有疏，拉帮结派，加剧了党群关系的恶化。

二是不讲原则乱迎合。有的同志对错误思想和错误倾向，拘泥于"以情感人"的羁绊，不敢开展批评与斗争，把尊重变为迁就，理解变为附和，关心变为迎合，甚至不惜拿原则换取"人情"，结果是错误偏向难以纠正，错误思想难以克服，歪风邪气横行。

那么如何才能在实际工作中真正做到"以情感人"呢？从整体工作上，我认为必须做好以下三个方面的工作。

一是以同志之情、朋友之情、亲人之情来对待被教育者，20世纪90年代，山东小鸭集团党委书记李淑敏，连续几年舍弃与家人团聚而到工厂与工人一起过年；北京西单商场的老总坚持每天中午到单位食堂同员工共进午餐，以掌握思想动态增进上下感情。这些都是动真情的典范。当然动真情还要坚持原则，坚持按党和国家的方针政策办事。

二是围绕凝聚点，达到情理交融。一位哲人讲过："理智如灯光，示人以应行之途径；而情感则为动力，致人于欲到之地方。"思想政治工作的情感性和原则性互为包含，互相作用，不可分割，所谓达理必须通情，通情才能达理。围绕凝聚点，就是围绕爱国主义、集体主义、社会主义教育，动员全国各族人民为建设有中国特色社会主义事业，为把我国建设成为富强民主文明的社会主义现代化国家而共同奋斗这个凝聚点，用“以情感人”达到“晓之以理”，那种只“通情”而“不达理”，不围绕凝聚点，是无法做好思想政治工作的。

三是围绕动情点。所谓动情点，就是能够打动人们心灵的“关键点”和“共鸣点”。如对待下岗问题，我们要讲清楚从大局出发为什么要下岗，下岗后国家有什么保障措施，更重要的是要想方设法给下岗职工提供再就业服务。在动情点上，达到以情感人的效果。思想政治工作者没有找到动情点，只是盲目动情，那么就无法感动别人，结果会事倍功半或事与愿违。作为一名从事基层思想政治工作的政工人员，自身应当做到以下几点。

一是率先垂范，做引路人。古语云：“其身正，不令而行；其身不正，虽令不从。”思想政治工作者要在遵纪守法、廉洁勤政等各方面作出表率，“正人先正己”。凡是要求别人做到的，自己首先做到；凡是要求别人不做的，自己首先不做。要努力做到言传身教，律己育人，公平公正，让人心服口服，以人格的力量感染群众，赢得人心，获得信任和拥护。只有这样，才能使思想政治工作更具有说服力、感召力和凝聚力，才能增强实效性。

二是坦诚相待，做知心人。思想政治工作者要学会寓理于情，以诚待人，以诚感人。要变居高临下式的单向灌输为平等交流，采取谦虚、诚恳、耐心的态度，以谈心交心的方式，让群众话有处说，苦有处诉。要学会换位思考，倾听不同意见，以心换心，设身处地为群众着想，做群众的知心朋友，用真诚去打动他们。实践证明，只有信任群众，才能得到群众的尊重和信任，使教育者与被教育者之间产生思想上的相通，感情上的共鸣，这样就容易做好思想政治工作。如果不尊重、不信任群众，动辄训人，甚至挖苦讽刺，就很难去开展思想政治工作。

三是深入群众，做细心人。密切联系群众，是我们党的优良传统和作风。思想政治工作要得到群众的信赖与支持，就必须把工作的落脚点放到群众中去。要深入基层，了解群众的工作环境、工作中存在的实际问题，了解、熟悉群众的性格、爱好、家庭状况以及他们生活中的实际困难，于“细微之处见真情”。要深入群众中去，与群众打成一片，与他们同呼吸，共命运，及时掌握他们的思想动态，时刻把群众的喜怒哀乐看在眼里、放在心上，研究他们在思考什么、关注什么、忧虑什么、期盼什么，将群众的意愿和呼声作为我们加强和改进思想政治工作的第一信号。

四是排忧解难，做贴心人。关心群众疾苦，帮助群众排忧解难，是我党开展思想政治工作的一项好传统。抓好思想教育工作，就要牢记“群众利益无小事”的道理，把思想、道德、观念等无形的东西，融入为群众办实事的有形载体之中。从解决具体问题入手，诚心诚意为群众排忧解难，实实在在为群众做好事，让群众看得见，摸得着，得到实惠。对群众反映的实际困难，不管能否解决，都不能回避，要满腔热情，正确引导，要说实话，交实底。特别是事关群众切身利益的热点、难点问题，就更应该通过深入调研，尽最大能力创造条件加以解决，让群众能感到组织对他们的关心和爱护。

发表于《光明日报》2000年8月1日。荣获2000年《光明日报》“小鸭杯”思想政治工作大家谈征文三等奖

遨游《辞海》

我平生有两大爱好：一是集邮，二是读书。2002年新房装修时，还特地打制了五组又高又大的新书柜，近千册藏书总算有了归宿。而这众多图书中，我情有独钟的一本就是《辞海》。记得毕业分配走上工作岗位后，摆上书架的第一本书就是单位统一购买发下的1979年版《辞海》缩印本。这对于平时对百科知识特感兴趣的我来讲，捧着沉甸甸的《辞海》，分明是捧着一个聚宝盆，那如获至宝的心情至今难以忘却。

《辞海》1936年首次出版，在中国知识界，大概无人不知。《辞海》是知识的海洋，她"上穷碧落下黄泉"，囊括了天文地理、古今人事，是目前我国唯一一部兼具字典、语词词典和百科辞典功能的大型综合性辞书，更是被公认为代表中国科学文化发展水平的标志性出版物，是人们用以开启知识宝库的一把金钥匙。毛主席在战火纷飞的行军途中,《辞海》也不离身。"学海无涯,《辞海》作舟""对不对，查辞海"，是人们对《辞海》的最好评价。

"一卷在手，终身受益。"工作十八年来，我在国家、省、市报刊发表文章六十余篇，都从《辞海》中受益不少。2002年初，准备到省城参加高级职称评审论文答辩，发表于山西省委机关刊物《前进》杂志的《对榆次经济社会发展战略的思考》一文被选为答辩论文。听说现场答辩常提问一些有关名词和背景等题目，于是我就特别留心"战略"一词的具体含义，尽管也略懂一些，但准确的表述却不知道，一开始查找了一些经济学方面的资料都没有结果，还是翻开《辞海》找到了标准答案。果然，论文答辩最后一个问题，就是解释"战略"一词的含义。尽管现场气氛很紧张，但对有备而来的我，还是顺利过关。

我喜欢《辞海》，有空闲就搬出来翻翻，看一些感兴趣的东西。平时看到报刊上有关《辞海》的资料，我都要剪贴保存，如《新版〈辞海〉惨遭盗版》《小议1999年版〈辞海〉的三处不足》和《新版〈辞海〉好在哪里？》等等。我现在已收藏了1979年、1989年、1999年三个版本的《辞海》，其中1999年版《辞海》三卷本，每套近五百元，虽然买回家花掉了当时近一个月的工资收入，但看到自己喜爱的书摆上了书架，有一种莫大的快乐和满足。而我眼下最大的梦想就是能够收藏一套1965年出版的《辞海》未定稿。

一丝不苟、字斟句酌、作风严谨，就是难能可贵的辞海精神。编著一部辞书需要这样一种精神、每一个真正做学问的人，何尝不是如此。

该文系2002年12月《新民晚报》“读书乐”专栏举办的“我与辞海”征文活动入选征文，并入选由上海辞书出版社出版《我与辞海》一书。荣获2000年晋中市“新华杯”读书相伴人生征文一等奖

知识分子的知己

人类文明历史的长河表明，知识分子求知求索的一生注定要与文化结缘，与媒体为伴，与报纸为友。忆往追昔，我个人的成长经历，就与《晋中日报》密不可分，如果说还有一点成绩的话，更离不开《晋中日报》历任领导和编辑的培育和帮助。

《晋中日报》复刊后的次年，我毕业分配到市委讲师团工作。记得当时报社办公的小二楼与我办公所在的地委西楼仅一墙之隔，相距不到几十米。当时我在机关住单身，对报社印象最深的就是楼上编辑办公室通宵亮着的灯光，而且日每如此。这不灭的灯火折射出《晋中日报》老一辈创业者的艰辛和汗水，更折射出《晋中日报》人永无止境的追求和探索。

由于工作性质的关系，经常要舞文弄墨一番。1986年9月，曾有感而发，写了一篇题为《加快你的生活节奏吧》的小稿，抱着试一试的心理给报社送去，没想到一个星期之后，文章就见了报，无名小卒第一次发表文章，可想心情是多么的激动。从此我与《晋中日报》结下了不解之缘，也一发不可收拾。最近清点保存在报纸剪贴簿上有关《晋中日报》发表的各类文章共计有20余篇。并多次获得报社举办的各类征文活动的奖励。1993年7月，获“改革开放与雷锋精神”征文活动优秀奖；1996年1月，获“全区青年学习邓小平理论”征文活动二等奖；2000年12月，获“三佳杯建立社会主义市场经济体制”征文活动三等奖；2002年4月，《在〈辞海〉中遨游》一文获首届“新华杯读书相伴人生”征文活动一等奖。特别值得一提的是，今年6月，《晋中日报晚报版》用近一个整版的篇幅，以《扣准城市发展的脉搏》为题，对我刚刚完成结项的一项省哲学社会科学规划课题进行了专题报道。给了我极大的鞭策和鼓励。罗列这些题目和数字可能是枯燥的，但其中彰显出《晋中日报》对知识分子的厚爱和支持却是鲜活的。

已步入而立之年的我，虽然没有干出惊天动地的事业，但今天能够成为副教授，晋中市首批中青年学术带头人，今年还有一篇论文被市委宣传部推荐参加全省第六届精神文明建设“五个一工程”优秀文章的评选。自我感觉光阴还没有虚度，多少还有些收获。常言道：树高千尺，也是自幼苗长起。这些成绩的取得，有组织和领导的关心。也得益于《晋中日报》这样一片广阔的沃土，得益于《晋中日报》为社会科学工作者提供了一块成长成才的园地。由于自身的局限，所写文章常有这样那样的问题，而经编辑一改一删，顿显生辉。虽寥寥数笔，其中蕴含了他们多少睿智，多少心血，为此我对他们一直心存感激，心存敬仰。要是打个比方的话，看报已成为我每天必不可少的第四餐，而《晋中日报》则是理所当然的第一道菜肴。每天总是从一大摞报纸中首先寻找出《晋中日报》来阅读，对晋中日新月异的发展变化给予更多的关注。所以我成了《晋中日报》的忠实作者和热心读者，《晋中日报》则成了我一生的良师益友。

一位学者讲过，报纸与人类的生存、成长和进步同行，与文化的衍生、流变和发展同步。报纸代表着先进文化的前进方向，还是不可或缺的传承手段。走过二十年风雨历程的《晋中日报》，从稚嫩走向成熟，从成熟走向辉煌。无论从其地位看，还是从其影响讲，都是晋中这块区域最强势的新闻媒介之一。南宋明殿大学士洪迈说：“二十为丈夫，骨强志健”。梁启超先生比喻人到二十为“乳虎”和“朝阳”。并说二十岁有着一往无前的勇气和拔山扛鼎的魄力，任何艰难困苦都不在话下。愿《晋中日报》在未来发展中，自强不息，厚德载物，泼墨再书精彩华章。

人这一辈子是要知恩图报的。努力写出更多更好的文章，就是每个知识分子每个社科理论工作者对《晋中日报》最好的回报，就是对国家和社会最好的回报。

发表于《晋中日报》2004年11月3日第3版

读长征之书　寻民族之魂

我爱读书，爱藏书，尤爱收藏有关长征的书。从美国记者斯诺的《西行漫记》到索尔兹伯里的《长征——前所未闻的故事》，从《新写长征图文档案》到《长征日记》，有数十本，其中还藏有一本人民出版社1955年版《中国工农红军第一方面军长征记》，是从太原南宫旧书摊上所淘。每见报刊上有关长征的文章图片也要剪贴保存。平时有空就细细阅读，那传奇式的战斗故事和史诗般的人类壮举，是一座阅不尽用不完的精神宝藏。

2002年的金秋，我还读到了一本超乎了印刷出版物意义的长征大“书”，在当年红军穿越茫茫草地的地方，顺道参观了坐落于四川松潘县川主寺镇元宝山的红军长征纪念碑碑园，园名由邓小平同志亲笔题写。纪念碑身为三角形立柱体，象征红军三大主力紧密团结，坚不可摧。在24米高的碑顶巍然屹立着15米高的红军战士像，双手高举成“V”字形，一手持花，一手持枪，象征着长征的胜利。此碑堪称中华第一碑，被誉为我国“中国工农红军长征纪念总碑”。站在高耸入云的纪念碑下，我怀着一颗感恩的心来凭吊、缅怀和追寻红军先辈们的英雄业绩，是一次精神的洗礼和灵魂的净化，更是一次精神世界的追问、审视和重塑。

近日，拜读了由中国人民军事博物馆编辑的《长征，英雄的史诗》一书，其中披露了一段真实的细节，当年飞夺泸定桥的22位英雄的姓名，除了已知的廖大珠等5人外，其余的17名英雄的姓名由于当时没有详细的报道，当事人也未能全部记录，成了一幅残缺的英雄榜，成为憾事，但他们的丰功伟绩将在中国革命史中永恒。感动之余，更多的是沉思，看看时下某些年轻人不思进取、游戏人生的所作所为，听听当今数十万的“粉丝”为几个超女痴迷而疯狂的喊叫，却不知刘胡兰、黄继光为何人。面对那些远去的无名英雄，是何等的浅薄。一个民族不能没有英雄，一个民族不能忘记英雄。一个时代没有英雄并不可怕，可怕的是丧失了产生英雄的土壤。用长征精神教育青年，为青年“补钙”，确实是当务之急。

中华民族文明史五千多年生生不息，是因为有顽强执着、自强不息的奋斗精神支撑，而万里长征，正是这种奋斗精神的最高体现。长征精神就是为革命理想忘我奋斗的坚定信念，就是压倒一切敌人和困难的英雄气概。岁月易老，精神永存。当前，我们正在进行的全面小康社会建设与构建和谐社会的伟大实践，一样需要弘扬长征精神，克服一个个艰难险阻，去争取更大的胜利。

阅读长征的故事，寻求民族之魂，告诉我们：人类的精神一旦唤起，其威力是无穷无尽的。

该文系晋中市“公路杯”“长征在我心中”主题征文入选征文，发表于《晋中日报》2006年9月9日

■ 文峰园里的一朵奇葩

——记榆社诗词学会

“浊漳淘尽唐风韵，飞出太行金玉音。散曲诗词扬正气，华章锦句谱真情。”这首意境悠远、豪情万丈、恪守词律的诗歌佳作，出自山城榆社文峰塔下，诗人孙国祥的《榆社诗词学会成立感怀》一诗。也是近年来榆社诗词文学创作繁荣兴盛，几千首浩瀚作品中晶莹剔透的一朵美丽浪花。

如果说姹紫嫣红的“文化榆社”，是“文化晋中”大观园的一座百花园，那么蓬勃兴旺的榆社诗词学会，就是这座百花园中最为引人注目的一朵鲜花，也是盛开于榆社文峰园里的一朵奇葩。依她所取得的丰硕成果和在省内外诗词界的影响，如果盘点“文化榆社”，乃至“文化晋中”的标志性成果，她应当毫无争议地占有一席之地。

浊漳岸畔春潮涌，笔架增辉紫气生。根植于榆社这片文化底蕴深厚的沃土，滋润着源远流长、悠久灿烂的文明雨露，乘建设“文化榆社”的强劲东风，2005年4月9日，榆社诗词学会应运而生，从此数百名诗词爱好者有了自己的家。学会旗下集聚了包括干部、工人、农民、学生、个体工商户、出租车司机等不同阶层的诗词爱好者，目前，会员有310人，其中有中华诗词学会会员1人，山西省诗词学会会员17人。下设榆中校园诗社、云竹田园（农民）诗社、榆电企业诗社和漳河散曲社4个基层诗社，诗词小组20余个。定期出版会刊《漳源诗词》，现已出版8期。该诗词学会是全省唯一的一家县级诗词学会。

自成立以来，榆社诗词学会在县委政府的关心支持下，在县委宣传部、县文联的指导帮助下，坚持以“弘扬优秀文化、繁荣诗词创作、唱响时代旋律、发展先进文化、促进经济发展”为己任，通过不懈地努力，走出了一条具有榆社地方特色的成功之路。实施了“七个一”工程，即设立一套组织机构；巩固发展壮大一支创作队伍；坚持创办好一份刊物；编辑出版一套7本的《榆社诗词丛书》；坚持一条路子走到底；推出一批有影响的好作品；打造一座诗词文峰。其主要经验是：学会服务会员，会员联系群众，刊物诱导创作，创作推出人才，人才创作精品，精品展示形象。也涌现出了一批响当当的领军人物和创作骨干，取得了一批有目共睹的精品佳作，在山西甚至全国诗词界都占有一定的地位。“榆社诗词文化现象”，已经引起了社会各界的广泛关注和强烈反响。

其主要代表人物有：孙国祥，退休干部，中华诗词学会会员，学会发起人之一，现任学会会长，著有《千秋后已》等诗集4部，仅去年在市级以上报刊就发表诗词129首，荣获国家、省、市各种奖励10余项。韩志清，退休干部，山西省诗词学会会员，学会发起人之一，学会常务副会长，2005年以来，共发表诗词及文章227首（篇），著有《浊漳情丝》等诗文集4部，其诗集《浊漳之歌》被我省著名诗词评论家刘小云赞为“看到了一部诗化了的县志”。王晋鸿，33岁，县文联干部学会发起人之一，酷爱文学，尤其擅写新诗歌，人称榆社“才子”，系山西省作家协会会员，省诗词学会会员，学会副会长兼秘书长，会刊《漳源诗词》主编，著有《小荷集》等诗集多部。王彦儒，县作协主席，其诗集《情系家园》荣获2005年度晋中市文艺精品奖。

同时，学会还多次组织会员开展采风、对外交流活动，2006年4月，在云竹湖召开了首届莲花诗会。9月，孙国祥和韩志清参加了中华诗词学会在晋城召开的第20届全国诗词研讨会。11月，在“菲菲杯”全国诗歌大赛上，学会荣获组织奖。在成绩面前，榆社诗词学会和广大会员并没有陶醉，这些物质生活并不富有的一群诗词文学人，坚守内心家园，追求心灵自由，建设和谐文化，正励精图治、潜心耕耘，以创建山西第一个“全国诗词县”为奋斗目标，在建设“文化榆社”和“文化晋中”的漫漫征程中，春夏秋冬千古韵，衣带渐宽终不悔。

该文系晋中市“奇瑞领先、文化晋中”大型新闻采风活动成果，发表于《晋中日报》晚报版2007年4月25日

■ 寿阳：民办文化之花为何这样红

——寿阳荣昌晋剧团发展壮大的启示

方山之巅，奏响文化名县号角；寿水之畔，掀起民办文化热潮。走近寿阳，要问这几年哪种文化产品叫得最响，当数民办文化的异军突起，民间艺人、民间剧团、民间艺术似雨后春笋，2005年县文化部门曾评选出张昌根等文化艺人为“寿阳十佳民间艺术家”，新一轮的评选正在策划之中。盘点寿阳的民办文化发展成果，有这么一支文化队伍不得不提，那就是享誉三晋闻名遐迩的山西荣昌晋剧团。

山西荣昌晋剧团始创于2003年，由原寿阳晋剧团职员、知名文化艺人张昌根发起组建，现有各类演职人员58人，乐器、灯光、音响等演出设备价值120万元。剧团足迹遍布寿阳的山山水水，而且勇于开拓市场，将触角伸展到了山西、河北、内蒙古、陕西等省内外的广阔舞台，每年演出60多台大戏，观众10万余人次，年收入60万元，上交税金数万元，年年被政府评为“文化下乡先进单位”，社会各界赠送锦旗100多面，受到了广大农民朋友的热烈欢迎，取得了社会效益和经济效益的双丰收。如今荣昌晋剧团的发展势头，正如其团名一样，日益繁荣而昌盛，已成为晋中乃至山西民办文化队伍的一支重要演出力量。

在文化市场竞争日益激烈的形势下，孕育于太行寿阳小城的山西荣昌晋剧团，为什么能够由小到大，从省内到省外，从无名到知名，创造出自己的品牌，赢得社会和观众的认可，追寻其发展历程，总结其成功经验，对当前全市发展壮大民办文化事业，构建社会文化社会办的新格局，推动“文化晋中”建设进程，无疑具有较强的启示效应和现实意义。

探究荣昌晋剧团的成功之道，可以概括为具备了“五个一”：

1.有一方宽松环境培育。寿阳县委、政府在经济上台阶的同时，适时提出了“文化名县”发展战略，确立了以做大做强文化事业和文化产业为重点，进一步解放和发展文化生产力，增强文化发展的活力和竞争力，形成与快速发展的经济社会、与日益增长的群众精神文化需求相适应的现代文化发展格局和公共文化服务体系，为三个文明建设提供强大的软实力支持的指导思想。特别是对民办文化在政策引导、资金扶持、税收优惠、人才引进等给予了倾斜支持，不折不扣落实国家鼓励民营文化产业的相关政策，营造了宽松的发展环境和氛围。因此，荣昌晋剧团能够在这样适宜的小气候里，扎根乡土，纵横三晋，如鱼得水，茁壮成长，成为三晋戏苑的一颗璀璨明珠。

2.有一种先进理念引领。一个好的剧团如同一个好的企业一样，必须有一种顺应时代潮流的经营文化理念升华为剧团的灵魂，成为剧团向前发展的精神支柱。荣昌晋剧团的精神就是“演戏先做人”，要想当一名好演员，首先要做一个好人。开展“演戏先做人”“以善以和为贵”的团队信条教育是剧团每个新演员入团加盟的必修课，也是剧团每次演出的第一堂课，演出不论走到哪里都要为住地房东扫地担水做好事。多年免费送戏下乡共计80余场，赢得了很好的口碑。所以，在荣昌晋剧团，无论是领导与职员之间，还是师傅与徒弟之间，还是职员与职员之间，都形成了一种和睦相处、和谐共事的良好氛围。正如张昌根团长办公室墙上的一面锦旗所言：德艺双馨服务家乡文明；梨园精萃鼓舞大众奋进。也是对荣昌晋剧团人文精神的真实写照。

3.有一个领军人物挂帅。荣昌晋剧团的领军人物，就是团长张昌根，作为一个民办剧团的出资人和发起人，四十出头的张昌根从剧团创建到今天的红火，倾注了大量的心血和汗水。张昌根自幼喜好文艺，吹拉弹唱样样精通，1980年考入寿阳县晋剧团，从艺近二十年，曾获晋中地区首届民间吹打乐大赛金奖，山西省杏花杯戏曲演唱比赛铜奖，山西省民间艺术奖，山西电视台“走进大戏台”十七期擂主。现任县政协委员，县工商联常务理事，市民间文艺家协会常务理事。他不仅技艺精湛，而且头脑灵活，勇立潮头，开拓创新，抱着为民间文化艺人争口气的不服输信念，先后曾承包县晋剧团、创办全县第一家乐器店、昌根艺术团、全县第一家民办艺术表演团体——山西中路梆子剧团，后为充分发挥自己在晋剧界的影响力，形成名人效应，更名为山西荣昌晋剧团。他秉持“既当团长，又当家长”的领导理念，以身作则，科学管理，感情留心，公道用人，使全团凝聚力和亲和力不断加深，呈现出一派蒸蒸日上的发展势头。

4.有一群人才骨干支撑。作为一支民办文化演出团体，演职人员素质高低是剧团成败的关键。荣昌晋剧团现有国家二级演员贾瑞琴、李丽萍、张婉芳、路娜等台柱子20多人，每年都要从各地艺校毕业生中招聘优秀演员，聘请省、市晋剧团退休老同志参与剧团管理。每年在冬天演出淡季，都要把剧团集中到租赁的原太安驿中学，聘请武忠、阎慧贞等省城著名艺术家和导演，排练经典剧目和创作新剧目，如新改编的晋剧《清风亭》，借古喻今，对不孝父母之恶习进行了鞭挞，每次演出，台下观众都看得泪流满面，很受教育。同时主动服务县委政府中心工作，为配合新农村建设，编排了小品《菜棚姻缘》、音乐快板《新农村新气象》等农民喜闻乐见的节目。还义务培训当地热爱艺术的少年儿童，培养自己的后备人才。

5.有一套管理制度规范。无规矩不成方圆。剧团人员来自五湖四海，年龄、文化素养、业务水平等差异很大，在感情留人、待遇留人的同时，还适应演出市场和剧团运作的需要，制定了演员聘用制、部门责任制、绩效考核制度、日常纪律规定等一整套科学高效的用人机制，调动演职人员的积极性，规范演职人员的日常行为。如规定吵架罚款100元，打架罚款200元。严格的管理从根本上保证了剧团各项演出活动的有序进行。

该文系晋中市“奇瑞领先、文化晋中”大型新闻采风活动成果，发表于《晋中日报》晚报版2007年5月9日

寿阳寿星文化漫谈

寿阳，三晋文化宝库中的一颗耀眼明珠。自公元前514年晋倾公置马首邑，西晋太康置县，寿阳已有2521年的漫长历史。秀美的山山水水，深厚的人文底蕴，编织了许许多多美丽的神话传奇。公元2007年，在构建和谐文化、和谐社会的时代背景下，在那清波荡漾的寿水之阳，神化出一个老寿星的故乡，中国民间文艺家协会命名寿阳为“中国寿星文化之乡”。一时间，“藏在深山人未识”的寿阳寿星传说及文化遗存，终于荡去历史的浮尘，呈现于世人面前，引起了人们的普遍关注和好奇。

追溯历史，《左氏春秋·重己》有言：“无贤不肖，莫不欲长生久视。”人欲“长生不老”的梦想，几乎与人类进化史一样久远。自古至今，中国人从未中断过对长寿的追求，老寿星成仙、嫦娥偷灵药、秦始皇求仙、汉武帝炼丹……民间流传着一个个动人的经典传说和故事。其中传承最广，影响最大，应用最多的当数“老寿星”的形象与传说。民间就有“身似西方无量佛，寿如南岳老人星”的寿联。

何谓“老寿星”？《辞海》中释：寿星即天文学上的“老人星”，亦称“南极老人”“南极仙翁”。它是银河系中亮度较大的一颗恒星，大约再过12000年，老人星将恰好位于地球的南极附近，那时地球自转轴的南极将指向老人星，故称之为“南极星”。《史记·封禅书》中言：“寿星，盖南极老人星也，见则天下理安，故祠之以祈福寿也。”旧俗以此星为司长寿之神，谁要能看他一眼，就能长命百岁，有“主长寿，子孙昌”之说。民间人们把他绘画成老人模样，白胡须，持拐杖，头部长而隆起，常伴以鹿鹤、仙桃、灵芝、葫芦等长寿吉祥物。寿星也是对被祝寿人的称呼，亦用以尊称高寿的人。可见，古老而神秘的“老寿星”文化，是中华长寿文化的精髓与图腾。

寿阳，因居寿水之阳而得名，一个“寿”字，一个“阳”字，单就这个县名，就与长寿结下了不解的渊源。据《寿阳县志》中记载：“象征长寿、吉祥的南极老翁老寿星就出生在寿阳的‘黄岭豁’。”而且在现用的地名中，确实存在寿星桥、长寿山、桃子山、鹿泉山、寿星桥、寿星洞等与老寿星有关的文化遗存。

黄岭豁位于寿阳平舒乡黄岭村，当地百姓中，有这样一个故事相传，“老寿星”

接玉皇大帝圣旨，下凡来到平舒黄岭村，要把黄岭豁这个风口子填平，使这里的人们不再遭受冷风寒气的侵袭，过上幸福生活。他在娘肚子里怀胎九九八十一年，黄岭豁也上升了九九八十一米。只可惜他娘受不了怀胎几十年的孤独寂寞，让他提前落地，不想他抬头一看，黄岭豁还是低于两面的山头，瞬间老寿星头发白了，背也驼了，胡须也白了。他无颜再见黄岭豁的父老乡亲，躲进深山老林潜心修炼，立志一定要把黄岭豁填平，造福寿阳百姓。相传，老寿星在黄岭村对面的圣佛山的“寿星洞”中修炼了上千年，最后得道成仙，被封为南极仙翁。

据近年来有关文化研究人员的调查考证，在寿阳平头的鹿泉山、长岭的长寿山等地，相继发现了“寿星洞”“寿星泉”“寿星坛”“寿星飞仙石”“寿星桥”等不少文化遗存。这些相关老寿星的美丽传说和实物见证，都汇集成一个传奇而令人信服的史实：老寿星出生于寿阳，又在寿阳飞天成仙，寿阳是老寿星永远的故乡。

寿阳作为“寿星故里”，神奇的寿星传说和神秘的寿星遗存，构成了寿阳独特的寿星文化大观。从所处的自然环境和生活习惯观察，寿阳也确实是一块长寿福地。寿阳县境四周环山，势如环抱，冬寒且漫长，夏短而凉爽，春秋短暂，年平均7.3摄氏度，素有“冷寿阳，春晚无花秋早霜”之谚传世。唐朝大诗人韩愈在《夕次寿阳驿》有：“风光欲动别长安，及至边城特地寒。不见园花兼巷柳，马头惟有月团圆。”的诗句，足见寿阳是个较寒冷的地方。科学研究和人类实践活动证明，处于寒冷地带的人，由于新陈代谢比较均衡，相比较而言，人的寿命要长一些。历史上寿阳很少有大的瘟疫爆发，与此不无关系。寿阳自古盛产小米、豆类等小杂粮，所产大豆颗粒饱满。可与东北大豆媲美。寿阳豆腐干、油柿子、茶食等土特产名扬天下。这些无公害的五谷杂粮和豆制品本身都是老少咸宜的健康和长寿食品。所以在寿阳乡村八九十岁的长寿老人非常多，也就不足为奇了。

挖掘寿阳寿星文化这份宝贵的文化遗产，在构建和谐社会的进程中，能够促进尊老敬老的风尚发扬光大，营造和谐融洽的家庭气氛，进而在全社会形成关爱老人，天天都是九九重阳节的良好风尚。同时也启示人们，只要能够做到“人勤、心善、脚动、家和、国富”，实现人生百岁不是梦。

寿阳寿星文化，古老而精深，历久而弥新。它是打造寿阳经济强县和文化名县的又一个强势品牌。“寿星故里”成为中国第一个长寿旅游文化胜地，指日可待。

该文系晋中市“奇瑞领先、文化晋中”大型新闻采风活动成果，发表于《晋中日报》晚报版2007年5月9日

是谁撬动了今日榆社的文化崛起

巍巍文峰塔下，问谁使春绿榆州？滔滔浊漳河畔，文苑芳菲迷人眼。阳春三月，走进榆社，一股如火如荼的文化热浪扑面而来："榆中精神"的铸造引发对重塑"榆社精神"的思考；年初屡获大奖的霸王鞭舞蹈被列入山西省第一批非物质文化遗产保护名录；世界唯一收藏前500万—100万年古生物化石的榆社博物馆扩建竣工；被誉为榆社"文化图腾"的文峰塔修缮完工和新建文峰公园全面开放；村村通移动信号、通数字电视、通宽带网的农村"新三通"工程正在建设中；诗词小说等文学创作硕果累累；石勒文化研究会已成立并开展活动；碧水映蓝天的云竹湖旅游度假区步入开发阶段；赵王石勒墓、岩良福祥寺和禅山崇圣等重点文物的修复已着手展开；民间文化人尝试重排将近失传戏种土滩秧歌；重新组建县霸王鞭艺术团等文化体制改革已进入操作程序等。对此确实令人兴奋，一路下来，一个最深的感触就是，在构建"文化晋中"的大潮中，榆社是近两年来晋中文化投入和文化发展变化最大最快的县之一，今日"文化榆社"正在悄然崛起。

面对"文化榆社"这种前所未有的繁荣景象，静下心来，我就理性地思索，透过表象看背后，在一个尚属经济欠发达的山区小城，到底是一种什么力量，撬动了今日榆社的文化崛起。弄明白这个问题应该比赞美她更有意义。我想如果把文峰塔下的"文化榆社"这块闪烁的品牌，比喻成一座文化高峰，那么，能够撬动其崛起的支点，一定是古老榆社深厚的文化积淀。杠杆当然是13万崇文善学、知书达礼的榆社儿女。指挥操作杠杆的则是对文化建设情有独钟和深刻认知的县委、县政府。可以讲，下述"四种力量"形成的强大合力，就是今日榆社文化崛起的根本所在。

1.力量之一来自对文化力认知上的高度自觉。"文化力"是同经济力、政治力的概念相并用、相对应而提出来的，内涵体现于智力因素、精神理念、文化网络、传统文化等要素之中，"文化力"是一个国家、一个地区综合实力的重要组成部分。通过座谈会、专访、聊天等不同形式的了解，特别是从县委、县政府主要领导的言语讲话中，不难发现，这几年"文化榆社"之所以成绩斐然，迅速崛起，关键得益于本届县委政府对"文化力"认知上的高屋建瓴，实践上的真情投入。坚持以"大文化”“大视角”“大队伍”抓文化建设，他们认识到欠发达地区之所以落后，关键是作为发展主体人的落后，包括思想观念、文化修养、制度体制等都落后于发达地区。所以，建设“文化榆社”乃至“文化晋中”、“文化山西”的根本目的，不仅仅是拍几部电视剧，开发几个旅游景点，实质性的东西是培养人的核心价值理念、激活人的时代精神以及宣传弘扬时代主旋律。而且在欠发达地区的转型、跨越、崛起过程中，“文化榆社”还肩负着更重要的历史使命，就是要探索和营造符合历史发展客观规律与潮流的趋势和氛围，保证不因主要领导的更替而改变，不因主要领导注意力的转移而改变。因此，“文化榆社”复兴的最大收获，就是榆社广大干部群众的精神状态和创业热情被大大激活，推动了富民强县与和谐榆社建设的向前发展。

2.力量之二来自对文脉把握上的深度挖掘。榆社历史悠久。早在炎帝神农时期，榆社就是榆州国的祭祀之社，“榆社”因之得名并绵延4000余年，其中置县1400余年。自然和人文底蕴特别丰厚，历史名人有箕子、廉颇、石勒等。文物资源既有闻名中外的古生物化石和新生代省级地质公园，也有北魏、隋唐时期精美的石刻造像、壁画和庙宇，有清代“教化万民，兴盛文风”的文峰宝塔，还有山清水秀的晋中市最大水库云竹湖，更有传承已久的霸王鞭、土滩秧歌等民间艺术。用县委书记曹煜的话概括，榆社文化的特征就是“史前地球的生命信息库；古时贤达仁者的邦邑之地；早期帝王和佛教文化的博览室；现代城市人回归自然的休闲园”。基于如此厚重博大的文脉传承，榆社提出了重点打造以“化石文化、山水文化、帝王佛教文化和箕子文化”为代表的文化品牌，并作为建设“文化榆社”的奋斗目标。以崭新的文化姿态，力争在“文化晋中”构建中占有一席之地。

3.力量之三来自对文化人情感上的人文关怀。“文化榆社”的建设离不开广大文化人的热情参与和无私奉献。如何充分调动他们投身文化事业的积极性，就显得非常重要。榆社县委书记曹煜和政府县长卫明喜两位领导本身都是具有儒雅风度的文化型领导干部，曹书记喜好读书善思考，卫县长写得一手好词，用他们的话说，就是有深深的文化情结，与文化人有一种特殊而深厚的感情。对老百姓秉持亲民、为民的为政理念，对文化人同样给予亲文、为文的人文关怀，既从财力上倾斜投入，更注重情感上的投入，确实做到了对文化人高看一眼，厚爱一分，书记县长曾四次召开文学创作座谈会，与文化人交朋友。而且对文化人才特别珍惜，给予重用，如将才华横溢的文学爱好者王晋鸿，从县种子公司调入县文联；将文学创作成绩突出的原小学教师张玉，也调入县文联工作。这种唯才是用的用人导向，对全县空前繁荣的文学创作热潮，起到了推波助澜的促进作用，对“文化榆社”崛起也营造了一片春天般的宜人小气候。目前，榆社作协有会员56名，诗词学会有会员310人，文学刊物《文峰》《漳源诗词》等定期出版发行。

4.力量之四来自对文化事业投入上的强力支持。2006年榆社GDP达14.98亿元，财政总收入完成3.2亿元。经济的快速发展为“文化榆社”的建设提供了有力的财力支撑。尽管需要花钱的地方很多，但政府对文化事业硬件建设从财力上仍给予了很大的倾斜，去年一年对各类文化事业、文化产业投入近3500万元。如投资近50余万元为电视台购置了新设备；投资200万元对榆社博物馆进行了扩建改造；总投资800万元修缮了文峰塔和新建了文峰公园；从中国移动公司引资3000万元实施农村“新三通”工程；投入100万元组织开展了“大培训、大参学、大讨论”活动；对书籍、报刊印刷发行也给了大力支持。如此大手笔、大力度投入，为“文化榆社”崛起增加了很重的砝码和力量。

发表于《晋中日报》2007年5月15日，《山西经济日报》2007年5月16日

左权收藏文化日趋红火的渊源与展望

盛世收藏，乱世存金。在享有“中国民间艺术之乡”美誉的左权县，不仅有名扬天下的左权民歌和小花戏，而今民办收藏文化也是红红火火，有声有色，在晋中可谓独树一帜，并享誉省内外。

文坛吐芬芳　藏阁生异彩

作为革命老区，左权县委、县政府始终把文化置于优先发展的战略位置，今年，响亮地提出了在未来几年把左权建成“全国文化先进县”的奋斗目标，文化事业出现了空前繁荣的大好景象，文化人才如雨后春笋，文化产品精彩纷呈。特别值得一提的是，在文化大发展的滚滚浪潮中，除了集邮、集币等大众收藏比较活跃外，民办收藏文化大户异军突起，群星闪耀，不仅称雄三晋大地，而且在全国也小有名气，引起了人们的关注。

其中首推拥有“报刊收藏吉尼斯之最”头衔的苗世明，他是走进吉尼斯的中国集报第一人，也是左权收藏文化的领军人物。他在左权县城建有占地200平方米的家庭藏报馆，被确定为“山西省德育基地”和“家庭文化教育示范基地”，堪称华北第一馆。同时在平遥古城明清街设立了中国珍奇报纸陈列馆，面积2000平方米，投资300余万元，设置有清朝、民国、“文革”、重大时事、国际、港澳和民族等十个展览厅，该馆被确定为“全国优秀家庭藏报馆示范馆”，属世界文化遗产——平遥古城旅游“一票通”系列景点，对中外游客开放，自开馆以来已接待中外参观者100余万人次，堪称中国私家藏报第一馆。

2006年8月，由知名收藏家魏建忠创办的全国第一个农村民间收藏文化展览馆，在左权县西关村正式开馆，馆藏从春秋至现代各类钱币3000余种，10000余枚。同时还珍藏有600多幅不同时代的婚书、婚约，被中国收藏家协会会长阎振堂称为“华夏婚书第一馆”。在芹泉镇中寨村，有一位老党支部书记侯乃田也酷爱收藏，古今中外书籍、报纸、连环画、票证、契约等均有涉猎，他本人7岁入学到初中毕业的184本教科书和所有作业本都完整无缺。特别是当干部37年如一日，天天记事，大小会议、工程记录、经济往来、红白喜事等都详记无缺，比如经统计，其经手的款项往来达3016次，金额186.1126万元。从国内现有已知资料可查，侯乃田堪称全程笔录现代中国农村变迁的第一人，这些珍贵的第一手记录手稿当数国家级博物馆的藏品。此外，左权还有韩旭峰的酒瓶收藏，赵天年的太行奇石收藏，杨宪江的剪纸收藏，张竹青的根雕收藏等等也初具规模，小有名气。

土沃艳群芳　盛世好收藏

收藏是文化的守望者。一个地方收藏文化的兴旺，彰显该地方特有的文化品位。位于太行山巅的左权小城，日益繁荣的民办收藏文化，之所以成为托起左权收藏文化这座大厦的主力军，形成了一定的小气候，并引起世人关注，并非偶然，是多种因素共同作用的必然结果。

1.人文底蕴。明万历年间《辽州志》中有言："辽居太行山巅，万山深谷中，迂回曲折，袤延百里，商贾不通，舟船不至。然虽穷乡僻壤，而比户旋歌，文风颇盛。"乡间素有崇文尚书和喜好收藏之传统。可见，左权自古就有深厚的文化传统和人文底蕴。

2.地理环境。有一首《左权之歌中》唱道："苍茫太行断晋冀，主峰屹立我这里，漳河千里入海去，源头清清我这里。"左权历来为山西与河北交通要道，关隘连绵，为兵家必争之地。频繁的人员物质往来和烽火战事，使许多文物散落于民间。

3.历史因素。左权是闻名全国的革命老区，抗日战争时期，左权是太行革命根据地的腹地之一，抗战时期，八路军前敌总指挥部在左权麻田驻扎5年之久，有150余个党、政、军首脑机关驻扎在左权境内，当时每个村镇几乎都驻有领导机关和群众团体。如此英雄和光荣的土地上，蕴藏着大量的红色革命文物。在左权的不少民间收藏大户家里，枪弹、头盔、军需物品等战争文物随处可见，就是例证。

4.政府引导。左权民办收藏文化能取得今天这样的成绩，与县委、县政府多年的引导和扶持密不可分。对民办收藏的宣传及展览，在政策和财力上都给予了力所能及的支持，比如为充分发挥藏报大王苗世明的作用，将其调入县旅游局工作。目前，正在积极运作和筹资，计划在滨河新城建设一座集办公、图书、阅览、展览、博物等多功能的文化综合大厦。

5.名人效应。苗世明家庭藏报馆的做大做强，在左权民办收藏文化活动中，起到了非常重要的示范带动效应，捡拾一张张废报纸可以成就人生大事业。身边活生生的典型事例，使左权许多有收藏爱好和雅兴的文化人，看到了希望和前途。民办收藏文化日趋火热也就不足为奇了。

欲穷千里目　更上一层楼

左权民办收藏文化虽然取得了可喜可贺的成绩，但是在建设和谐文化的历史背景下，创建“全国文化先进县”的发展进程中，如何将其打造成继民歌和小花戏之后，左权文化的又一个特色品牌，无论是从政府层面讲，还是从民办收藏大户层面看，今后还有很长的路要走。

1.政府的推动作用有待进一步加强。个人收藏活动是一项艰苦的事业，既消耗精力，又花费钱财，个中辛酸常人是难以体验和理解的。所以他们的发展壮大，需要全社会特别是政府方面的大力支持和帮助，各级党委、政府要从发展先进文化与和谐文化的战略高度，重视民办收藏文化的发展，对民办收藏户要经常掌握情况、倾听呼声、积极引导、鼓励加油、全力支持，给予最大的关注和扶持。当前，政府应在硬件建设上加大投入，对收藏户展览地址进行统筹规划，重点解决。

2.社会的收藏氛围有待进一步营造。随着社会经济的不断发展，人们生活水平的提高，个人生活需要一种情趣追求和精神升华，而收藏就是一个很好的载体和平台。左权民办收藏文化在现有基础上，需要引导和提高社会各个阶层和群体的收藏意识和收藏水平，在群众普及上有一个更大的发展。

3.文化户的收藏水平有待进一步提升。在新的形势下，民办收藏大户需要与时俱进，谋划远大的目标。正如民办文化大户朱权忠所提醒：“各文化户主必须时刻保持清醒的头脑，丝毫不能懈怠，更不能满足于现有的一些成果而沾沾自喜，要多在做大做强上下功夫。”独木不成林。左权民办收藏文化事业发展中，只有一个苗世明是远远不够的。相信不久的将来，数十个甚至更多的苗世明式的民办收藏家，一定会在左权这块悠久肥沃的土地上开花结果。

该文系晋中市“奇瑞领先、文化晋中”大型新闻采风活动成果，发表于《晋中日报》晚报版2007 年5 月25 日

■ 侯乃田：笔录现代中国农村变迁第一人

在山西省晋中市左权县有一位非常了不得的人物，他既是农村基层党员的优秀代表，还是被人称为收藏界的无名大家，他就是侯乃田，称其无名，是因为他为人低调不事张扬，但如果他的所作所为，逐渐被世人所知晓，他一定是轰动全国的知名人物。因为他消耗大半生的精力，37年如一日，详尽记录了一个普通山村发生的桩桩事件，为后人留下了一部史诗般的珍贵作品和民间档案，相信这部沉甸甸的宝贝，登入国家博物馆的殿堂是迟早的事情。

好事多为难事　名人都是苦人

侯乃田是左权县芹泉镇中寨村人。1943年春，抗战时期的家乡进入了极为艰难的阶段。1943年4月9日，侯乃田在他母亲逃难的路途中，出生于离家十多里的深山老林之中。艰苦的岁月，贫苦的家庭，在他幼小的心灵里打下了深深的烙印。

侯乃田自幼聪慧好学，1961年初中毕业回村务农。因他积极肯干，任劳任怨，1972年3月光荣加入了中国共产党，先后担任中寨村民兵连长，党支部副书记、书记，芹泉镇计划生育助理员、政府项目管理员。1996年的“8·4”特大洪灾，家乡的房屋被冲毁，田地被冲光，三十年的创业毁于一旦，危急关头，他受命于危难之时，上任于非常之日，组织上调他从镇政府回村再次挂职村党支部书记，他欣然接受。这种无私无畏的崇高境界，彰显了一个老共产党员的优秀品德。

回村后他扑下身子，迎难而上，真抓实干，一干就是九年。九年中，他率领全村干部群众，复垫滩地240亩，打水坝1200米，新建学校20间，接通了自来水，硬化街道200米，农网改造、厕所改良91户，发展经济林50亩，新栽用材林8000多株，开建石材厂4处，农民收入翻了一番，全村村民过上了温饱生活。其间，由于侯乃田同志热爱集体，勇于创新，为民办事，从1996年至1997年，时任省委书记胡富国三次接见了侯乃田同志，并亲临农建工地视察，肯定了侯乃田同志的创业精神。多年来，他多次出席省、市、县的表彰大会，受到上级表扬和奖励。被人们誉为农村基层党组织的忠诚战士，新世纪农民的精英。

有心人胸藏远志无意间成就大家

“本人四三坡上生，现在倍感党最亲；自幼记事下苦心，事事都在笔录中；点点滴滴非小事，请翻日记看内容。”这段通俗易懂的小诗摘自侯乃田自创的诗歌作品，也是他人生经历的真实写照。他从小生活在一个崇文尚学、勤俭持家的和睦家庭，被耕读传家的淡泊家风所熏陶，受父亲的言传身教，小小年纪的侯乃田自懂事起，就养成了什么东西也舍不得扔掉的习惯，尤其是对学习书籍和用品十分珍惜，他从七岁上小学直至初中毕业，所用过的184本课本和所有作业本至今完整无缺。在20世纪50年代那样的环境下，如此超凡的意识和举动，着实令人赞叹。

这还不算，还有更让世人惊叹的是，在他热衷积攒书籍、图片的有形物品的同时，从青年时代起，还养成了用笔记录生活的良好习惯，特别是从1969年担任村干部的那一天开始，三十七年如一日，寒来暑往，天天记事，从未间断。从农业学大寨到农村改革实行联产承包制，从省、地、县、镇到村的大小会议；各项工程从预算到效益；各类经济往来一笔一笔地如实记录；各种物质调配的详细清单；乡里乡亲的婚丧嫁娶，等等。在这洋洋56.98万字，足足40多本的笔记中，记载物质往来519次，经济上资金往来3016次，金额共计186.1126万元，不一而足。现在他虽然因年龄原因退居二线，仍然笔耕不辍，每天所见所闻都要记录在案。我省一位知名学者对他的评价是：用心收藏，用笔记录，用纸传播，这是一种财富，这是一种精神。

还原历史的本来面目，民间记忆往往真实可信，因而很有历史价值，时下许多名人甚至普通人的笔记、日记都被国家机构和历史研究者所看重。站在侯乃田简陋的农家小屋，看着这一行行工整条理的历史记录，笔者不由得想起前几年，媒体曾报道过一则轰动一时的新闻，中国国家博物馆展览了一位上海家庭主妇从20世纪五六十年代到改革开放，每天的家庭支出记录，其中详细列出了某年某月某日买米买面买菜花了多少钱。这种最朴实的记录，引来了数以万计观众的参观。如果说这位家庭主妇无意中记录了城市居民生活的历史，那么侯乃田书写出如此世所罕见，包罗万象，信息含量极大的鸿篇巨著，简直就是无意中构建了一座现代中国农村沧桑变迁的微缩景观。

天天笔录农家事，句句渗透赤子心。《老子》有言：“天下难事，必作于易；天下大事，必作于细。”侯乃田，身居太行山深处的小山村，以一个普普通通的农村干部身份，没有富豪门第万贯家财的背景，能够完成常人难以做到的事情，成就一番事业，实在难能可贵。令人敬佩，更令人感动。分析其背后的原因，一是他人品高尚，热爱集体，平易近人，一心为民。二是热爱生活，喜好读书，兴趣广泛，吹拉弹唱样样也身手不凡。三是有超人的毅力和恒心，正应了那句名言，能够做好每一件简单的事就是不简单，能够做好每一件平凡的事就是不平凡。四是坚持艰苦奋斗，节俭过日，谦恭处世，他家曾多次被评选为“五好家庭”和“十星级文明户”。

陋室尽百宝奇人独一个

侯乃田酷爱收藏，除了上文介绍的课本外，他还重点收集古今中外书籍、国家领导生平简历、报道重大会议的报刊图片、连环画、钱币、票证，等等，林林总总，非常可观。目前，他收藏着200多位党、国家和军队领导人的生平简历，新中国成立以来记载历次党和国家的重大会议的报纸，20世纪50年代的公债凭证，60年代的农村工分票，他本人50年代加入中国少年先锋队的登记表格，1952年3月1日加入中苏友好协会（山西省）榆次专区会员证等，有重要纪念意义的见证物，都完好保存。

他对所藏的每一件藏品的细节、位置和来龙去脉都了然于胸。更可贵的是，面对收藏界物欲横流的诱惑，他保持着一种平和的心态，曾经有文物商人上门，以1万元的高价收购他珍藏的四大名著成套连环画，被他婉言谢绝。对他来讲，这些东西不是因为其有多高的经济价值，而是带来了无穷的乐趣和满足，这种快乐的心情只有自己能亲身体会。“集得一堆为自娱”是他永远的追求。这大概也是人们称其为“奇人”的原因之一吧。

真诚祝愿侯老近40年对中国农村发展变迁的历史记录，早日登上国家博物馆的最高殿堂，以造福于社会。

该文系晋中市“奇瑞领先、文化晋中”大型新闻采风活动成果，发表于《晋中日报》晚报版2007年5月25日

■ 知青精神的守望者

——记我省第一座知青藏品馆的主人智海成

和顺松烟镇许村，山清水秀，素有太行山巅小江南之美誉。这里溶洞奇观独秀，农家乐园宜人，曾是电影《老井》的主要拍摄基地。如今，在许村村口高大的牌楼下，又有了一个吸引人们眼球的好去处，那就是山西省第一座知青藏品馆，近日即将落成迎客，其创办人就是我省收藏界知名人士——智海成。

智海成，1952年出生，土生土长的和顺许村人，一个农民的儿子，县政协委员，现任和顺县悦丰土特产品有限公司总经理。20世纪70年代初，许村乡曾是天津35名知识青年上山下乡，首次插队落户和顺的乡镇之一，这里的一山一水，留有知青的奋斗足迹，一草一木，承载着知青的豆蔻年华。青年时代的智海成，心地善良，为人热情。曾与驻地知青称兄道弟，打成一片，同在一块田地劳作，同在一口锅里吃饭，同在一盏灯下谈笑，同在一个炕上睡觉。那段难忘的岁月，赋予了他和知青割舍不断的深情厚谊，也留下了一份魂牵梦绕的知青情结。

风风雨雨的知识青年上山下乡运动距今近40个年头，虽已尘封多年，但历史留给人们的是挥之不去的记忆，知青上山下乡所蕴藏的意义留给后人许多的思索，在当时艰难困苦的条件下，广大知青终日“劳其筋骨”的同时仍能“苦其心志”，用青春和汗水谱写了一曲曲可歌可泣的壮丽篇章。铸造了为了国家、为了社会，坚忍不拔、吃苦耐劳、甘于奉献、牺牲自我的知青精神。在建立市场经济的今天，弘扬光大这种精神仍具有深远的现实意义。基于这样的认识，智海成想通过收集知青用品这种形式，留住那段不可忘却的历史，传承知青精神，教化启迪后人。以期达到“今世赖之以知古，后世赖之以知今”的收藏目的。

智海成从小就喜爱收藏毛泽东像章等物品，烟酒不沾，微薄的收入都投入了心爱的收藏嗜好。自从和驻地知青交上朋友后，非常注重收藏他们的各种用品，特别是知青返城以后，以他对收藏特有的感觉，敏锐地意识到，随着时间慢慢地流逝，作为那个特殊时代特殊的产物，一代知青特有的东西会越来越少，也会越来越具有独特的价值。从1976年开始，他就有心、用心、留心收集知青藏品，他跋山涉水，到附近知青插队落户过的村庄老百姓家中寻找过；他上北京，下中原，到各地的收藏品市场和老知青家中淘过宝。20世纪八九十年代，他是县供销社驻天津办事处的采购员，办公场所楼下就是天津收藏品市场，他有时间就下去到市场溜达，寻找购买知青藏品，他在天津17年，就在收藏品市场逛了17年，从中挖掘到了许多心仪短缺的藏品。他还与省内外收藏界的同行，广泛联系，互通有无，我省著名收藏家王爱莆就为他提供了不少珍贵的藏品。经过30多年的艰辛努力，他所收藏的知青藏品达到了数千件。今年，经过认真系统地整理、编排和布展，一座可观的知青藏品馆初具规模。

走进海成知青藏品馆，近1000平方米的展厅宽敞明亮，漫步于那些似曾相识的展品前，仿佛又回到了当年知青火热生活的非凡年代。展品用历史图片、文献、日记、申请书、画册、实物等1600余件藏品和文字，再现了知青历史。从中央文件到省、地、县有关公告；从知青上山下乡申请书到返城批准文书；从知青茶杯、脸盆等生活用品到知青企业生产的香烟等产品；从知青工分卡到知青吃穿用的票证；从无名知青的日记本到知青精英的小说、回忆录；等等。林林总总，让人流连忘返。那一本本日记、一张张荣誉证记载着知青的酸甜苦辣；那一根扁担、一把铁锹、一副水桶传承着广大知青磨难面前顽强拼搏的精神财富。

海成知青藏品馆是我省第一家民办知青博物馆，它的落成，意义深远。它可以给新世纪的青年一代以激励，给人们以启迪，给研究者以借鉴。也给和顺文化事业和旅游产业增添了新的亮点，给许村农家乐园增添了新的文化内涵，与碧水蓝天、千峰拔地，山花烂漫的田园风光交相辉映，成了巍巍太行一道亮丽的旅游文化风景线。

智海成作为一名成功的企业家，不去追逐物质享受，有此高雅追求，为社会做了一件有益的好事，是他高尚人品的最好诠释。

该文系晋中市“奇瑞领先、文化晋中”大型新闻采风活动成果，发表于《晋中日报》2007 年6 月6 日

■ 开发区：文化建设上的“三个想不到”

开发区是中国改革开放的新生事物。位于太原与晋中市城区交界地带的晋中经济开发区，刚刚度过十岁生日。目前建有山西医药工业园、山西民营科技园等六个产业园区，拥有投资1000万元以上的企业达110家。2006年科工贸收入52亿元，财政总收入1.7亿元，增幅连年居全市前列，在许多人心目中，这是一方创造经济奇迹的热土，是不争的事实，也是大家的共识。但如果谈起开发区的文化，大多心存疑问，这么年轻的地方，研究文化是不是为时过早，就连笔者也有类似认识。但踏上这片神奇土地的所见所闻，会让我们明白，上述看法是片面而不符合实际的。考察晋中开发区十年发展历程，特别是近年文化建设的实践，我真真切切感受了“三个想不到”：

“第一个想不到”，是领导层对文化认知达到了如此的高度自觉。当今时代，经济激烈竞争的背后，实际是文化软实力的角力。晋中开发区作为全市改革开放的窗口，招商引资的平台，自主创新的示范，风气领先的品牌，市域经济的形象，发展是硬道理，经济是重中之重，这是无可置疑的。同时，在今天百舸争流不进则退的发展压力之下，如何抓文化建设，不同的地方，不同的领导，对文化的思想认知到资源投入，都有不同的见解与实践。原本以为在经济开发区这样一个特殊的区域，领导层对文化可能讲一些大话套话就罢了。想不到，通过座谈会、专访以及私下沟通等了解，才知此言差矣。开发区领导层无论是党工委，还是管委会，对开发区的文化发展都有一种清醒的认识和清晰的思路，那就是开发区是领全市风气之先的先锋，不管是经济发展还是文化建设，都需晋商文化这个母体的孕育和传承，并在此基础上，与发达地区和世界接轨中，应当形成开发区自己独特的文化内涵、特征和体系，为开发区的科学发展和持续发展，提供强大的精神支撑、思想保证和智力支持，为推进文化晋中做出应有的贡献。

尤其是开发区党工委书记申立康，对开发区文化建设的思考站得高、看得远、挖得深、抓得准，他认为目前年轻的开发区在文化建设尚存在“四多四不够”的状况，即自发性多，有意识领导组织得不够；阶段性多，有保障机制的连续性不够；封闭性多，多元文化交融的开放性不够；孤立性多，全面整体推进文化建设的系统性不够。为此搞好开发区的文化建设必须做到："突出一个核心，把握四个特性，处理好三种关系。""突出一个核心"，就是重点突出企业文化建设；"把握四个特性"，就是把握开发区特有的传承性、创新性、科学性和时代性；"处理好三种关系"，就是处理好文化兴区和区兴文化的关系，处理好传统文化和现代文化的关系，处理好文化活动和培育精神的关系。他多次强调只有经济上的暴发户，没有文化上的暴发户。年轻的开发区，打造开发区文化品牌，是挑战，更是机遇，一张白纸可以画出更美的图画。开发区既需要继承弘扬前辈留下来的晋商精神，更应该坚持与时代同行，着力文化创新，不仅做到经济上"领先一步，率先发展"，而且要打造开发区特有的文化品牌，为后人创造出新的文化遗产和精神财富，书写晋中经济开发区更加灿烂辉煌的新篇章。

"第二个想不到"，是城市建筑有如此浓郁的文化气息。来到开发区，原本以为只是高楼林立，厂房遍地。想不到许多城市建筑、广场、雕塑处处彰显着独特的文化内涵和人文气息。比如，当你走进开发区的城市地标——晋商文化广场，站在绘有一代伟人邓小平画像及题有他的名言"开发区大有希望"的巨幅宣传画下，可以感怀开发区人，高举邓小平理论和"三个代表"重要思想伟大旗帜，全面落实科学发展观，励精图治、艰苦创业、奋发图强、"十年磨一剑"的伟大实践。抚摸那一队队奋力前行的晋商群驼，好似"纵横天下五百年，跨越欧亚九万里"的晋商再现，让人感悟不断进取、诚信敬业、勤奋节俭、团结合作的晋商精神，给人以振奋，秉承传统、热爱家乡、建设家园的豪情壮志油然而生。而位于广场西端的开发区管委会办公大楼，造型恰似"大鹏展翅，飞翔蓝天"，寓意开发区的明天更加美好，又形似开发区人张开双臂，大开城门，热忱欢迎远方的客商和朋友。所以，要想体验感受开发区的文化底蕴和巨大变化，晋商文化广场是一个最佳去处。还有佳地花园的"飞向明天"雕塑，医药工业园体现中国古代制药工艺和扁鹊、华佗、李时珍等名医的主题雕塑，都提升了城市品位和文化内涵，积淀着晋中地方文化，彰显着开发区个性，成为与开发区表里相符的城市之魂。

"第三个想不到"，是企业文化能够如此迅速地异军突起。开发区作为一个特别的区域，本土原有的农村社火等民间传统文化活动搞得有声有色，已为人们熟知。这几年，伴随入驻民营企业的增多，特别是一批知名支柱企业的做大做强，有自身特质的企业文化已经孕育成形，渐成气候，反过来又成为企业持续发展壮大的精神动力和思想保障。如安特制药能够在全国同行业效益普遍下滑的大环境下，逆势而上，立于不败之地，成为山西医药行业“排头兵”，成为省内同行业最大的外资股份制企业，靠的就是“奉献安康，创造特效”的安特精神，坚持“无私、团结、务实、效率”的工作理念和“学习型”的企业文化。再比如山西鸿基实业有限公司，是一家以纺织机械为主的高新技术企业，拥有对外贸易经营权和出口产品质量许可证，产品畅销全国28个省、市、自治区，全国纺织行业50强有四分之一属公司用户，并远销越南、泰国、印度、南非等十几个国家和地区。其如此辉煌的背后是公司核心竞争力的强大，核心竞争力的实质是架构企业文化与快速迎合市场的能力，他们率先在企业创办了《鸿基文化》内刊、“鸿基之声”广播、黑板报等宣传阵地，营造了浓厚的企业文化氛围，历经十多年磨砺，打造出了“为社会做出贡献、为员工搭建舞台、为用户谋求价值、为公司创造效益”的鸿基精神，鸿基品牌不仅是质量的品牌，创新的品牌，而且是民族的品牌，文化的品牌。

青春焕发激情四射的晋中经济开发区，是一方创造经济奇迹的热土，也是一方孕育文化繁荣的沃土。

该文系晋中市“奇瑞领先、文化晋中”大型新闻采风活动成果，发表于《晋中日报》晚报版2007年6月18日

用行动注解忠诚

——聚焦太谷供电支公司企业文化建设

鼓楼朝露，映呈往昔晋商鼎盛“小北京”；

白塔托云，昭示今日文化繁荣“金太谷”。

翠绿芬芳的初夏六月，我们晋中市“提升企业文化建设，增强晋中核心竞争力”大型采风活动平川组一行，来到以文化教育之发达而闻名三晋的太谷县城，走进了位于县城繁华地段的太谷供电支公司，穿行绿树成荫、小草青青的过道，首先映入眼帘的就是书于办公大楼大门顶端的“构建和谐，忠诚企业”八个红色大字，楼道两侧悬挂了许多内容不同的企业形象宣传图板，让人对他们的经营理念有了初步印象。通过几日的采风实践，我们深深感悟到，作为晋中供电行业的排头兵，太谷供电支公司的企业文化建设，经过五十年的发展积淀，业已塑造了自身独特的企业文化之魂，这就是熠熠生辉的“忠诚”二字。那一串串闪光的数字，一件件生动的事例，一个个骄人的殊荣，一座座向前的里程碑，无不诠释着已经深深浸透于每个员工血脉的人文基因——忠诚。正所谓：赢在忠诚。

向心，在忠诚中凝聚。

如何解释“忠诚”一词，中国古代《说文解字》中曰：“忠，敬也，从也。”其实，忠诚就是全心全意、尽心竭力、言而有信，脚踏实地。人生一世，忠诚于自己的人格，忠诚于自己的祖国，忠诚于自己的家庭，忠诚于自己的事业，是一个人品德最起码的底线。悠悠五千年的中华民族史册上，从来就不乏忠诚之人和忠诚之事，正是忠诚的力量挺起了民族的脊梁。在新的历史起点上，我们更应懂得忠诚的价值。

可见，忠诚是高尚的品格。忠诚是为人的基点；忠诚是事业的支点；忠诚是成功的起点。具体到一个企业而言，构筑以“忠诚”为核心理念的企业精神和企业文化，应当使“忠诚”由概念的东西转化为每个员工的心理与意识的自觉，达到“教化”的目的，让每个员工都有归属感和荣誉感，忠诚自己的企业，热爱自己的岗位，为企业担当责任，为发展尽心尽力。

一个企业，就是一个团队。一个优秀的团队，首要的条件就是团结，只有具备强大向心力和凝聚力的企业，才能在波涛滚滚的商海中破浪远航，立于不败之地。身处晋商故里的太谷供电支公司，得益于晋商文化“诚信”和“敬业”之熏陶与传承，坚持以人为本，致力于打造以“忠诚”为核心价值观的企业文化，企业的向心力得到了不断提升，突出地表现于这么几个层面：

领导班子的忠诚和团结增强了向心力。近年来，公司以创建“政治素质好、经营业绩好、团结协作好、作风形象好”的“四好”领导班子为统领，以创建省级文明和谐单位为契机，身体力行，率先垂范，带头发挥先锋模范作用，特别是公司经理武立平和党支部书记闫建明，心往一处想，劲往一处使，为各级领导成员和党员群众树立了良好形象。领导班子还坚持中心组理论学习制度和民主生活会制度，带头执行“6853”廉政建设制度，坚持每星期五下午4时至6时班组长学习制度。尤其是经常开展忠诚企业的教育和灌输，团队通过这些活动，提高了理论素养，增强了团结，凝聚了力量，团队的向心力进一步增强，首先是在领导班子中形成了和谐民主、忠诚向上的氛围，极大地推动了企业文化的成型和发展。

全体职工的忠诚和敬业增强了向心力。电力行业是垄断程度比较高的部门，加之又是大型国有企业，一些国有企业“官僚文化”和“衙门文化”的通病，多多少少也会在电力部门中存在。为此，公司十分注重对职工队伍的思想道德建设，以塑造“忠诚”为核心的企业文化为目标，常年坚持开展“忠诚企业”主题教育活动。公司闫书记给我们讲了一个事例，有个别职工因种种原因产生消极态度，对单位和自己的岗位不负责任。闫书记与这个职工谈心沟通时讲道，你不织一丝布，不种一棵苗，能生活到今天，依靠的是国家，依靠的是企业，单位就是你的衣食父母，不管有什么问题，一个员工首要的是必须忠诚你的企业，忠诚你的岗位。听了这么诚恳的开导，这名职工终于解开了思想上的疙瘩，成了一个表现积极、忠诚肯干的员工。此外，公司还坚持不懈开展公民道德建设纲要和社会主义荣辱观的学习教育，以开展树立思想道德模范和业务技能标兵为抓手，取得了显著成效。到2007年，该公司已连续四年获得太谷县公共服务业行评第一名。

品牌，在忠诚中塑造

品牌，是企业的财富，是企业的信誉，是企业的形象，也是企业文化的外在形态。多年来，太谷供电支公司坚持扎实开展“忠诚企业”主题教育活动，培养和造就了一支信念坚定、业务熟练、作风过硬、开拓创新、忠诚企业的高素质员工队伍，树立了“诚信、负责、开放、进取”的品牌形象，营造了“企业关爱员工、员工忠诚企业、人企和谐共赢”的良好氛围，在社会各界和行业系统有着很好的口碑。

因为忠诚，太谷电力人特别能战斗；因为忠诚，太谷电力人特别能吃苦；因为忠诚，太谷电力人特别能奉献。他们用实际行动兑现了忠诚的诺言，彰显了忠诚的品牌。请看：

——太长高速大会战。2004年6月15日，太长高速通车在即，因任务紧急，上级下达了要求在五天内将太长高速太谷过境范围内的电力设施全部迁移。16日，公司60多名职工发扬不怕吃苦、敢于打拼的优良传统和团结协作、忠诚奉献的团队精神，在范村供电所所长张宏伟的带领下，以超常规的付出和坚韧不拔的毅力，早上6点开始工作，中午不休息，晚上加班工作到十一二点，吃饭都是在桥墩下面和汽车上简单应付，克服了重重困难，经过连续5天的奋战，终于圆满完成了常规条件下需要近20天才能完成的变台、线路大动迁任务，为公司增了光，赢得了上级领导和公路建设施工方的一致好评。

——东西街缆化工程。2007年，太谷县委、县政府实施了修复太谷古城的城建工程，规划要求将县城东西街现有的电网全部实行地下缆化。这项电网改造工程，不仅时间紧，而且涉及方方面面，没有任何资料可查，没有任何经验可循，难度极大。从8月3日开工，公司干部员工就顶烈日，冒酷暑，当居民在家安然睡觉时，他们却披星戴月奋战在工地。公司经理武立平和党支部书记闫建明带领主要领导干部，深入一线指导工作，经常忘记了吃饭，忘记了睡觉。经过全公司上下齐心协力，8月25日，东西街缆化工程终于以安全、优质、高效的成果，实现全线告捷。同年10月，还为县城集中供热工程完成了电力设施配套项目的安装工作。忠诚的企业文化理念，以卓越的成绩实现了又一次升华。

——忠诚新农村建设。太谷是农业大县，公司坚持“人民电业为人民，太谷电业为太谷”的服务理念，高质量、高效率为“三农”服务，2002年，公司农改组完成了超大规模的农网改造工程，累计完成232个村庄60908户、县城67个低压台区14383户、10kV农村线路46条次451千米，累计资金达6142万元的实测、设计、绘图、预决算等工作。公司设计室完成了新农村示范村郝村等前后两批40个村庄的“亮化工程”的勘测设计任务，已安装路灯2235盏，控制箱37台。2008年5月，第三批24个村庄的亮化工程正在前期筹划中，不久，这24个村庄的街头又将增添一道亮丽的路灯风景线。

和谐，在忠诚中构建

忠诚的员工构成和谐的企业，和谐的企业凝聚忠诚的员工。太谷供电支公司以忠诚为魂的企业文化，为构建和谐企业浇筑了坚实的基石，员工的满意度和自豪感持续提高。由于成绩突出，今年，被山西省精神文明建设委员会命名为2006

年—2007年度省级文明和谐单位。主要呈现出“三个和谐”的喜人景象：

第一个是员工与员工的和谐。如组织团员青年开展做忠诚企业的实践者活动，夏天主动为工作在烈日下的一线职工“送清凉，暖人心”，节假日慰问困难农电工；在公司内部开展“尊重班长、关爱员工、珍惜班组荣誉”的“和谐班组”创建活动；在变电站建立了“心连心”卡；在供电所建立了“家庭平安”幸福卡，等等。人与人之间和睦融洽的人际关系，促进了“和谐企业”的建设。

第二个是企业与员工的和谐。公司加强民主化管理，通过召开职工大会、发放调查问卷、实行公示制度等多种方式，努力畅通职工群众参与企业经营、民主管理企业的渠道，广集职工智慧，共谋企业发展大计。开展丰富多彩的文体活动，新建了集会议、活动、娱乐于一体的多功能会议室。为职工业余生活提供了一个强身健体、展示才艺的平台。

第三个是企业与社会的和谐。在以“忠诚”为核心的企业文化支撑下，关爱他人、关爱社会已成为企业精神的主流，公司成立了“共产党员便民服务队”，定期和不定期上门为孤寡老人、弱势群体开展收取电费、修理线路等特色服务。在今年南方遭受特大冰雪灾害的危难时刻，公司全体干部职工为灾区捐款38100元，并组织6名一线职工随时待命参加抢险。今年5月四川发生大地震后，为灾区捐款21100元。67名党员一次性缴纳“特殊党费”计30829元。

成就，在忠诚中矗立

一分耕耘，一分收获。在太谷供电支公司企业文化的百花园中，“忠诚”的种子经过精心培育，早已枝繁叶茂，“忠诚”的硕果更是挂满枝头，并且深深扎根于有着深厚晋商底蕴的太谷大地。

近年来，公司所获殊荣不断，曾获得山西省委、省政府颁发的“模范单位”；山西省电力公司颁发的“先进县供电企业”“先进党支部”“安全生产先进集体”；晋中市劳动竞赛委员会颁发的2007年全面建设小康社会的伟大实践集体一等功；2008年获得晋中供电分公司颁发的“双文明和谐单位标兵”；2007年、2008年连获太谷县政府颁发的“支持新农村建设先进单位”殊荣；2008年还获得太谷县劳动竞赛委员会颁发的“五一劳动奖状”和太谷县委颁发的2007年度文明和谐创建先进单位。

相信太谷电力人，在未来的征程中，一定会以对国家、社会、公众和企业的赤胆忠诚，用勤劳的双手再谱无愧于这个伟大时代的灿烂华章。

该文系晋中市企业文化建设大型采访活动成果，发表于《晋中日报》晚报版2008年6月30日

■ 小小玻璃杯　容纳大世界

——透视祁县宏艺文化

宏大似海得济济人才创伟业；

艺高如山造小小杯子成大器。

这幅自拟藏头楹联虽不达“平仄相谐”，但却是笔者近日参观位于祁县的山西宏艺玻璃器皿有限责任公司后的深切感受，对该公司倾心倾力打造企业文化，以包容之胸怀，构建和谐之家，成就业内龙头的真实写照。

谈到玻璃器皿这种家家户户离不了的日用品，以站在全球生产大格局的眼光看，世界玻璃器皿制造的中心在中国；中国玻璃器皿制造的中心在山西；山西玻璃器皿制造的中心在晋中；晋中玻璃器皿制造的中心在祁县。而祁县的玻璃器皿制造不能不谈山西宏艺玻璃器皿有限责任公司，不能不谈该公司老总李杰诚董事长的人文情怀，不能不谈该公司独特而个性的企业文化。

创建于1994年的山西宏艺玻璃器皿有限责任公司，现有员工3200余人，固定资产2.58亿元，主导产品有人工吹制酒具、风灯、烛台、花瓶、工艺品等十大系列8000余个花色品种的玻璃器皿，产品全部出口亚欧美30多个国家和地区，环保节能型全自动机制玻璃器皿畅销国内29个省、市、自治区各大中城市。下设稀土和天然气两个子公司。公司是全国最大的玻璃器皿彩绘企业，是我市支柱产业玻璃器皿产业集群的“旗舰”式企业。2007年，公司年产值达1.8亿元，实现利税2080万元，成为全省同行业利税大户。

“宏艺”的玻璃器皿工艺是那样的精湛，人工吹制之神奇，令人叫绝，令人叹服；“宏艺”的玻璃器皿是那样的五彩斑斓、晶莹透亮，给人以美的享受；“宏艺”的老板员工是那样的勤奋敬业、胸怀远大，让人敬佩称道；“宏艺”的品牌是那样的誉满全球、价值连城。天道酬勤，如今的“宏艺”已是晋中平川经济带上的一颗耀眼明珠。

透视“宏艺”这颗明珠孕育壮大的成因，不难发现，是宏艺的企业文化，为这颗明珠的孕育营造了适宜的气候环境；是宏艺企业文化，为这颗明珠的壮大提供了成长的精神营养。那么，宏艺企业文化的核心是什么？或者本质的精神家园如何解读？用林则徐的经典名言回答就是："海纳百川，有容乃大。"

"包容"是宏艺企业文化最内核的精神元素。宏艺人的"包容"，有着广阔的胸襟，包容着多元的思想、理论，精华荟萃；宏艺人的"包容"，有着改革的气魄，不断取人之长，补己之短，以适应时代与市场不断发展变化的要求；宏艺人的"包容"，有着和谐的人文情怀，博采众长，兼收并蓄，实现着自己的长远发展。

取与舍的统一

因为包容，宏艺人做到了赚钱与奉献的统一。法国文学大师维克多·雨果说过："世界上最宽阔的是海洋，比海洋还宽阔的是天空，比天空更宽阔的是人的胸怀。"包容就是这样的一种胸怀。

一个企业的成功与否，领导是关键。同样，领导作为企业文化内核的播种人、引领者，更是关键。宏艺的企业文化，能够形成包容天下的文化自觉，是与宏艺的创始人李杰诚的人文素养密不可分的，李杰诚在祁县地盘上是个大名鼎鼎的成功人士，之所以无人不知，无人不晓，不仅仅是因为他企业办得大，更重要的是在事业做大以后，他勇于担当社会责任，以兴学助教、帮贫扶困、公益事业为己任，造福百姓，惠荫一方。比如在企业刚刚创办不久的1997年，有一位家住农村的员工，父亲因病去世，但是家里穷得连后事都办不起，李杰诚知道后，带头捐款2000元，在短短的两个小时内，公司共捐款6000元，派人冒着大雪送上家门，为该员工解决了燃眉之急。事后，周围十里八乡的乡亲都说，李老板和宏艺公司太仁义了。从2001年开始，祁县籍的学子凡是考入清华、北大的公司都捐助全部费用，截至目前，祁县籍学子已有16人考入清华、北大，每人每年奖励10000元。

这样的事例在李杰诚身上和宏艺公司举不胜举。近几年，宏艺共计为社会各界捐款830余万元，李杰诚也成了祁县开明大度、善行义举、恩惠百姓的儒商。为此，他本人当选为山西省十届人大代表，晋中市工商联合会副会长，晋中市光彩事业促进会副会长，祁县政协常委，祁县中学名誉校长。先后获"山西省劳动模范""山西省优秀企业家""山西省结构调整先进个人""山西省纳税先进个人"等荣誉称号。"小富依智，大富靠德"的信条，在他身上得到了真正体现。

土与洋的联姻

因为包容，宏艺人做到了本土与国际的联姻。

第一，主要体现于产品风格上的土洋结合。民族的就是世界的，宏艺与世界同步。宏艺作为全国最大的玻璃器皿彩绘企业，件件产品折射着中西文化的珠联璧合，不仅有蕴含北美风格、澳洲风情、欧洲工艺等西洋风土人情的玻璃器皿，还有浓郁民族特色的传统产品。

第二，主要体现于人才上的土洋结合。公司不仅有自己培养的管理人员和专业技术人才，也有从国内聘请的管理人员和专业技术人才，还有海外留学归来的海归博士，还有外聘的洋专家。如从英国留学归国的河南籍郭俊杰博士，爱人现还留在英国，自己之所以放弃国外的优厚待遇，只身来到基层县里的民营企业发展，一是热爱祖国，报效国家的情怀。二是他非常看重，要选择一个有思想有品质有度量的老板，选择一个发展型的中小企业，发挥才干，成就企业，也成就自己。正是宏艺人的包容与和谐，宏艺的企业文化，让他最终选择了宏艺。

第三，主要体现于产品销售渠道上的土洋结合。公司既是出口主导型企业，那么公司人工吹制玻璃器皿就全部出口，稀土还出口到日本、韩国等东亚国家。并且拥有自营出口权，分别在国内太原、上海、广州等地和英国、德国设有自营出口贸易公司，年出口额达1500万美元。同时，也适应不断变化的市场形势，积极开拓国内市场，新开发的环保节能型全自动机制玻璃器皿，价廉物美，畅销国内29个省、市、自治区各大中城市。

外与内的相融

因为包容，宏艺人做到了内部与外界的相融。玻璃器皿行业是劳动密集型行业，人员众多，情况复杂，管理好企业不是一件容易的事情。尤其是像宏艺这样有3200多名员工的较大企业，营造和谐安定的内外环境显得更加至关重要。一是他们做好了企业与县委、县政府和县直各部门的关系，积极支持配合政府举办的有关活动；二是他们做好了企业与附近村庄的关系，为驻地农村修建学校、硬化路面，优先安排青年来公司就业，为孤寡老人免费提供粮油、蔬菜等日常生活用品，赢得了父老乡亲的信任和爱戴；三是对外省外地来的员工，在工作和生活上高看一眼，倍加照顾。有一年，公司新来了一批河南员工，因饮食习惯差异，吃不惯祁县面条饭，公司先后主动为他们调整伙食结构，先是买馒头，后是增加工资选自己人，让他们亲自蒸河南口味的馒头。企业无微不至的关怀，让外来的员工像回到了自己家一样的温暖，对待工作也更加热忱，更加投入。由于企业稳定平安的内外环境，宏艺已成为当地为数不多的治安零案件单位。

上与下的共鸣

因为包容，宏艺人做到了高层与员工的共鸣。近年来，面对企业外部市场竞争越来越激烈的严峻挑战，宏艺人上下一致，精诚团结，共谋发展。为什么宏艺能在短短的几年内做大做强，其奥秘正如公司董事长李杰诚所言：宏艺这个公司不属于我个人的，是大家的，是大家的就必须依靠大家来管理，如果不依靠大家，宏艺公司是没有出路的，即使一时兴旺，随着时间的推移，企业终将会萎缩。因此，宏艺要想发展，要想做大做强，就必须坚持依靠班子、依靠员工的方针。公司在全省民营企业中率先成立党组织，成立了宏艺公司党总支，由公司聘用的中共党员、原晋中第二人民医院党委主任刘振常同志担任党总支书记，他退休后被返聘到宏艺，专职从事企业思想政治工作和企业文化建设。当党中央提出在民营企业中建立党组织时，他及时和企业董事长李杰诚沟通，李老板马上拍板说，宏艺不能没有核心。于是，全省第一家民营企业党组织——宏艺公司党总支于2002年5月正式成立，几年来，全总支数十名党员坚持在上班期间，胸前都佩戴"共产党员"字样的红色徽章上岗，体现了一名党员就是一面旗帜，增强了党员的光荣感和责任感，同时，便于群众监督。之后，宏艺公司团委、妇联会、武装部和民兵营、关工委、社会治安综合治理办公室相继成立，加上原有的工会，产生了12个非生产型职能部门。企业高层通过这些组织和平台，全方位、多层次与员工联系沟通，开展丰富多彩的活动，增强了向心凝聚力，提升了核心竞争力。

软与硬的兼容

因为包容，宏艺人做到了情感与制度的兼容。公司通过了ISO9001：2004质量管理体系认证、ISO14001环境管理体系认证，从排产到财务等整个生产过程全部实行信息化管理，宏艺既有严格的一整套管理制度。同时，又把每个员工视为兄弟姐妹，当作亲人，进行人性化管理，一是公司给全体员工送生日蛋糕、生日贺卡、祝贺鲜花，是一份惊喜，更是公司对员工的切肤之爱。二是凡是跨入宏艺公司的员工，不论本地的还是外地员工的一日三餐，公司全部免费，不仅如此，还不断提高饭菜质量，调剂饭菜口味，增加饭菜花色品种，让员工吃饱吃好。三是建立了多功能的员工活动中心，每逢过年过节召开外地员工座谈会，让他们谈感受、提意见、说想法，同时，为他们送上节日礼物。四是开展各类教育活动，提升员工的综合素质。每月1日，宏艺都要举行庄严的升旗仪式，在国旗和公司标志旗下对员工进行爱国、爱企教育。经常开展党课、企业管理、生产经营、产品质量、法律法规、卫生环境、国际国内形势、民兵教育、防灾逃生教育等主题性教育活动，受到了广大员工的广泛欢迎。

只有海纳百川的包容，才能构筑和谐，凝心聚力；只有海纳百川的包容，才能与时俱进，开拓创新；只有海纳百川的包容，才能勇立潮头，引领潮流。充满活力和激情的宏艺人，正在为打造中国一流世界领先的玻璃器皿制造业航母而不断超越。

该文系晋中市企业文化建设大型采访活动成果，发表于《晋中日报》晚报版2008年6月30日

用新元素扮靓“牛郎织女”文化名片

2006年12月，和顺被正式命名为“中国牛郎织女文化之乡”。山西省第一批非物质文化遗产名录公布，“和顺的牛郎织女传说”也赫列其中。这是和顺在建设“文化晋中”中取得的两项重要成果。也是和顺在国内多个地方，争夺牛郎织女爱情传说发源地文化博弈中，抢占先机，拿到的两张王牌。下一手如何出牌，如何打出一套漂亮的组合牌，对赢得更多发展机遇，推动和顺旅游乃至经济社会跨越式发展，无疑具有深远的现实意义。

和顺县委书记侯文禄强调：“打造‘牛郎织女’文化名片，就是要塑造‘牛郎织女’为和顺县域经济发展之魂，用文化的魅力，搭建招商引资的平台，用文化的魅力擦亮和开启山区对外开放的窗口。”县委县政府确立了挖掘传统、打造品牌、带动旅游的发展思路，倾力建设“山西别具特色的生态休闲避暑旅游名县”，制定了以开发民俗旅游、生态休闲避暑旅游和农家乐旅游为主的旅游产业发展规划。而且在实际操作层面上，今年拟举办省级规格的首届“中国牛郎织女文化之乡”暨“中国和顺第三届消夏避暑旅游节”等多项重大活动，为打造“牛郎织女”文化名片宣传造势。在此，笔者也想提几点不成熟的建议，为把“牛郎织女”这张晋中崭新的“文化名片”，装扮的愈加亮丽，尽一点微薄之力。

明年牛郎织女农历七月初七鹊桥相会的“七夕节”，正是8月7日，恰逢北京奥运会开幕前一天，应当利用这个千载难逢的机遇，以政府出面运作，将牛郎织女传统的中国文化元素，渗透到北京奥运会开幕式表演中，或者举办夫妻相聚等系列活动，借奥运之风打造“中国情人节”，进而扩大和顺是牛郎织女传说发源地在全国全世界的知名度。

邮票是国家的名片。目前，国家邮政局“四大民间传说”系列邮票，已经发行了“梁祝”和“白蛇传”两套，还剩“牛郎织女”和“孟姜女”未发行。建议和顺县有关部门，利用当前有利时机，通过省市邮政部门积极争取，尽快将“牛郎织女”列入国家邮票年度发行计划，使“牛郎织女”早日登上方寸之地。和顺也可以通过举办邮票首发式、发行纪念邮品等提升自己的影响和认知度。达到经济效益和社会效益的双赢。其实，我国台湾地区早在1981年8月6日“七夕节”就已经发行了一套4枚的中国童话邮票——牛郎织女。非洲加纳也发行过以剪纸形式表现，一套10枚的中国传统文化牛郎织女邮票。

广泛邀请中国文化界名人大家，以来和顺观光采风、拍摄影视剧等多种形式，用名人效应，宣传和顺，炒作“牛郎织女”传说。还可以在全国范围内，开展以牛郎织女传说源于和顺为主题的雕塑设计、牛郎织女形象设计、爱情蜜语、对联征集等系列活动，让和顺的“牛郎织女”文化名片传遍中华大地。

晋中市“奇瑞领先、文化晋中”大型新闻采风活动成果，发表于《晋中日报》晚报版2007年7月5日

■ 自律+细节=文明

刚刚闭幕的党的十七大突出强调，在推进社会和谐的历史进程中，“和谐社会要靠全社会建设”，要“努力形成社会和谐人人有责，和谐社会人人共建的生动局面”。目前，在全市开展“创文明城市，做文明市民”的创建活动中，就应当以党的十七大精神为指导，人人参与，人人自律，从细节做起，共建和谐晋中，文明晋中。

一个有序祥和、文明和谐的社会，离不开强有力的他律规范，更离不开个体发自内心的自觉自律。一个讲文明素质高的市民，首先应该是一个严于自律的市民。

所谓自律，相对他律而言，就是用内省的方式去审视、判定自己的某一行为是否违背自己的原则或准则。马克思说过：“道德的基础是人类精神的自律，而宗教的基础是人类精神的他律。”康德也认为：“真正品德的产生，是来自人们意志的自愿，不受外界的约束，可以通过自主规范来约束自己，故道德的最高境界是‘自律’。”因此，自律是指不因外在因素和外在力量的影响，而根据自己的“良心”“信念”，为实现一定的价值和利益而自觉调控自己行为的修养，是一种内在因素和内在力量。自律的根本功能是内在制裁，它要求人们自我约束、自我选择、自我规划、自我评价。

素质高处是自律。我们常讲要提高国民素质，那么，国民的高素质到底有什么标准，严于自律便是为人素质的最高境界。自律不仅是一种道德，也是一种伦理，无论国家之间意识形态有何差异，这一点是人类社会的共同准则。北欧芬兰是全球竞争力最高的国家之一，这个国家的每个城市，基本上看不到警察在街头维持秩序，即便在夜深人静的空旷街头，也不会有哪个芬兰人闯红灯。同样，在日本的公路上，遇上堵车，即使有几万辆汽车排上百多公里，堵上十几个小时甚至更长的时间，始终没有一辆车会开到另一侧的空荡荡车道上，超车前行。也不见一名交通警察维持秩序，看见的只是车流慢慢的挪动。类似情况在发达国家并不鲜见。

再回头看看我们有些市民的文明素养，骑车过十字路口，面对路中央有交警，眼前有协管员的指挥，依然我行我素违章闯红灯，甚至无理取闹，对照是多么鲜明。还有在日常生活中，一些市民随地吐痰，乱扔口香糖，穿越公共绿地草坪走“捷径”，管不好所养的宠物，任其在小区随意拉屎撒尿，在公共服务场所插队加塞，不一而足。究其根因，自律意识的缺失是重要因素。所以，每个市民首先要接受“他律”；其次更要严格自律。这既是对自己个体的真正关爱，更是出于关爱社会的良心，所谓与己方便，与人方便。我们深信，在构建和谐社会的主旋律下，晋中的每一个市民的自律意识和自律精神必定会普遍增强，人人自律、处处自律的文明气息一定会蔚然成风。

如果说自律是一个人内在理性、信念、良心的内心意识，那么，细节则是一个人自律与否文明与否的外在表现。时下流行“细节决定成败”“细节决定命运”。同样，我们说“细节体现文明”“细节决定文明”。老子曾说：“天下大事，必做于细；天下难事，必做于易。”古人更有“勿以恶小而为之，勿以善小而不为”的警世箴言。一位外国哲人曾讲“小事成就大事，细节成就完美”。做一个文明市民，最难的是细节，最重要的也是细节。因为细节总是容易为人所忽视，所以往往最能反映一个人的真实状态，因而也最能表现一个人的修养与素质。细节体现文明，细节诠释文明，细节承载文明，文明需要细节。

在一些发达地区，许多微不足道的人文细节彰显出他们的现代文明，有“东方之珠”美誉的香港，居民在遛狗时，都会准备一张报纸、一把小铲子和装满消毒液的小瓶子，随时准备清理宠物的粪便。而在我们的城市中，令人汗颜的“不拘小节”的不文明行为与陋习仍然不少，如乱倒垃圾、乱扔杂物、乱泼污水、随地小便等并不鲜见。在新建的迎宾绿苑喷泉表演区，经常看到不少小孩包括成年人在水雾中嬉戏打闹，与美丽的喷泉景观很不和谐。与文明城市和文明市民的要求格格不入。可见，小节并不小，文明的生活原本就是由细节构筑。在国家有关部门制定的《全国文明城市测评体系》中，关于乱扔杂物、随地吐痰等细节都有明确的评比标准，即便是随地吐一口痰，创建全国文明城市就可能失掉宝贵而关键的一分。

晋中，属于你，也属于我，每个市民简简单单的言行，普普通通的举止，常常在细微之处展示我们城市的风貌和形象。只要每个市民常怀自律之心，从细节做起，说文明话、办文明事、做文明人，晋中的明天一定会更加美好，更加文明，更加和谐。

发表于《晋中日报》晚报版2007 年10 月26 日

栽好文化梧桐　引四方金凤共赢

——漫步介休路鑫文化苑之感悟

倾注十三载心血，培育文化梧桐，引四方金凤栖集，终成合作共赢之路。积聚十八亿资产，见证路鑫崛起，入三晋强企方阵，再谱协作财富新篇。

对我市介休路鑫公司早有耳闻，因为其纳税高，贡献大，经常见之于报端和荧屏，知名度很高。当亲身来到位于介休市义安镇路鑫循环经济工业园区的山西路鑫煤炭气化公司时，确实是名不虚传，给人的第一印象就是大气魄，厂区管道凌空，天蓝色的厂房一眼望不到边，专门用于员工文化活动和教育培训的场所被命名为“路鑫文化苑”，规模之大，令人称叹，现厂区面积达1880亩。在与路鑫高层领导和普通员工进行深入的沟通了解后，给人更加震撼的是，路鑫不仅有大块头，更有大智慧，这个大智慧就是公司在不断发展壮大的历程中，企业文化的建设已经由先知跨入自觉的更高境界，其最为核心的理念就是“协作财富，合作共赢”，正是这闪烁着传统精髓与时代精神的八字两句话，在路鑫的文化苑中，植下了参天挺拔、枝繁叶茂的文化梧桐，引来四方金凤，筑巢发展，造就了今日路鑫崛起之路。

近年来，路鑫公司连续与加拿大、中国香港地区、天津及省内的大公司、大集团，同区域内的煤矿企业、联手创业，公司总资产达18亿元，销售收入近20个亿，在山西省民营企业百强中，位居第34。生动的实践已经证明，路鑫公司是晋中乃至山西众多民营企业中，依靠携手合作而制胜的典范，也是依靠独具个性企业文化而支撑企业成长的典范。

文化梧桐之一：沃土

《诗经》有云：“凤凰鸣矣，于彼高冈。梧桐生矣，于彼朝阳。”这首诗说的是梧桐生长得茂盛，引得凤凰啼鸣。庄子也讲：“凤凰非梧桐不栖”。故自古就有“家有梧桐树，何愁凤不至”之说。

每一个成功的企业，各有各的性格，各有各的活法。路鑫人靠的是栽下梧桐，引来凤凰，借力生财，合作共赢，而这棵梧桐，不是一般的梧桐，是一棵渗透着先进理念的文化之树。这棵文化梧桐之所以能在路鑫生根开花结果，首先得益于路鑫脚下的这片沃土。

从现实的视角观察，介休历史悠久，民风淳朴，人文底蕴深厚，古称三贤故里，是晋商文化发祥地之一，历来有诚信为本、义利相兼、包容谦虚，善交好客的优良传统，在历史的传承中，当代介休人形成了开放、开明、开拓、争先争上、敢为人先、不甘落后的鲜明性格。在这样厚重的文化氛围中浸染的路鑫人，自然而然形成了包容大度，善于协作，善于合作，共荣共赢的企业之“道”。

从宽广的视野探究，路鑫以“协作财富，合作共赢”为核心价值的企业文化，是路鑫人善于从中华民族五千多年的历史传承和精神宝库中吸取精髓，为我所用。从《论语》的“三人行，必有我师焉”，到传统国学中的“求大同，存小异”和“先利他，后利己”的理念，等等。被他们充分吸取和利用到了文化自觉的高度。用介休市市长秦太明的话讲就是：“这样的理念和做法体现的不仅是一种开放让利的勇气，展示的更是一种兼容并蓄的胸怀，从更深意义上说，是一种‘路鑫现象’，值得全市企业老板去研读、学习，值得在全市企业当中大力推广。”

文化梧桐之二：园丁

谈到路鑫“协作财富，合作共赢”的文化，不由得想到了“路鑫”这个企业名称，本身就包含着融入了合作共赢的文化内涵。“鑫”字怎么解释？鑫其实就是三金合一字，意为金多财富兴旺。路鑫就是要在创业之路上，加强合作，多方引进资金，实现发展的共赢。路鑫的创立者是这么想的，也是这么做的。

路鑫公司始建于1995年，2003年由国有控股改制为纯民营股份制企业，为了适应国家的宏观调控政策，加快发展步伐，同年3月，公司在天津召开了一次具有深远意义的为期三天的第十二次董事会，会议主题为“加强学习、提高认识、统一思想、革新理念、发展新路鑫”。会议做出四项决议：(1)路鑫公司必须下大力气对外扩大开放，加强合作；(2)把“合作就是财富”的理念确立为公司发展的指导思想；(3)建立“合作必须共赢”，坚持“他利”“利己”的操作模式；(4)坚守“诚信”“谨慎”的合作原则。正是这次会议，路鑫的企业文化的建设方向初步确立，文化梧桐之树的种子开始萌芽。

群雁高飞头雁领。路鑫的文化梧桐成长得如此茂盛，路鑫文化能够走向不断的自觉，与公司的创始人和领军人物是密不可分的。这里有两位老总不能不谈，一位是公司原董事长、现法人代表朱其诚先生，朱总生于介休，长于介休，少年在家乡读书，青年赴他乡念大学，壮年到铁道部工作，暮年返回故里，怀抱造福桑梓的愿望，创建了路鑫公司，63岁的朱总从董事长岗位退下来以后，还到清华大学国学班学习深造，提升文化素养。去年，他在“路鑫文化苑”举行的“外引内联”路鑫联谊会议上有个关于路鑫文化非常精彩的演讲，他旁征博引，谈古论今，从人生态度讲到经营战略，以亲身的实践对企业文化，尤其是路鑫的企业文化进行了精辟的诠释，他体悟企业文化就是企业潜在的习惯与形象。在论述路鑫坚定不移走“协作财富，合作共赢”之路时，他说：“协作是人类和谐的需求，不是愿意不愿意协作的问题，而是必须合作；竞争是发展的需要，协作是生存的必须，不协作更可怕。比如，政府与企业之间，一个需要政府的领导，一个需要企业的支撑；一个家庭夫妇协作就成为社会的一个最小单元，生儿育女，幸福美满；企业邻里协作，优势互补，互敬互谅；即使在武侠小说里，还存在‘胜不言胜、败不言败’的美谈。”由此可见，路鑫高层领导对企业文化认识之深刻。

现任董事长、原总经理朱福连，研究生学历，年富力强，善于学习，勇于创新，是路鑫发展壮大的重要推动者，他把“协作财富，合作共赢”当作企业永恒的主题，亲自策划，亲自运作，与国内外不同形式的多家企业实现了成功合作，达成了许多大手笔的合作协议，不少项目已达产见效。

路鑫正是有了这些具备深厚文化素养的企业家，有了这些思想超群的辛勤园丁，路鑫的文化梧桐之树才得到了浇灌培育，结下了丰硕成果。也成了晋中新一代晋商群体的代表之一。

文化梧桐之三：筑巢

有了梧桐树，金凤成群来。把投资者引进来，如何筑巢，如何合作，在市场经济的条件下，是个非常复杂棘手的问题。路鑫以“协作财富，合作共赢”的文化理念引领企业发展，说起来好听，看起来简单，但在实践中，并不是一帆风顺，用老董事长朱其诚先生的话讲就是，双方合作的过程是改造自己的过程，是不断提升理念的过程，有时甚至是很痛苦的磨砺。下面仅举几个实例：

2006年4月，路鑫在与山西省焦炭集团的合作过程中，公司投资1000万元建设起来的清焦通廊设施，在合作评估中被列为无效资产，为此，差点儿成了达不成合作的障碍。诸如此类问题，公司都要召开董事会扩大会议，统一思想，坚持“合作必须共赢”的原则，一定要勇于、善于放弃眼前利益，舍得打碎看似还有用的坛坛罐罐。曾经有一次，双方合作商谈陷入了僵局，老董事长连夜召集相关人员开会，饱含热泪地讲：“舍得，说起来容易，做起来难，舍，谁都不愿意，但只有舍才有得。只要有利于介休经济的发展，只要有利于革新一个新路鑫，无论什么样的难以割舍的条件都要答应，我们不但要这样说，而且还要这样用心地去做，合作后还必须做好后勤保障工作，让合作方进来的愉快，干得放心，合作才能成功。”如此诚心的合作，赢得了对方的信任，仅用一年时间，双方合资兴建的年产60万吨的SCD43-02捣固式大型机焦炉就顺利建成投产。

2007年6月，路鑫与香港宏马集团合作，一个在香港，一个在介休，为什么在短短的一个月内就合作成功了呢？根本的一点就是一切以长远合作的大局为重。起初港方让路鑫控股，公司同意了；后来，又提出港方控股，路鑫不但同意了，而且主动提出董事长与总经理均由港方担任，前期项目一切费用均由路鑫承担。港方认为路鑫人很大度、宽厚，再三推让。这时，老董事长既风趣又严肃地说：“即使董事长、总经理都由你们担任，因为你们是在我们这里投资，所以，有了成绩是你们的，有了问题还是我们的。”打消了疑虑的港方加快了合作的进程，短短一个月的时间，年产30万吨的粗苯加氢项目就签订了投资协议。目前，年产10万吨的一期工程，预计于2008年8月8日投产达效。这一合作，在路鑫园区实现了中外合资，产业链的延伸，成为路鑫发展史上的又一次重大飞跃。

文化梧桐之四：收获

路鑫的发展可谓一年一个新台阶，2006年，被山西省政府确定为“山西省大企业、大集团‘十一五’发展规划”三大企业方阵，成为省政府“十一五”期间重点支持的77家企业之一。仅在2008年，又签订了两个大合作项目，一是投资2亿元，与本市沟口、沟底两家煤矿合作，打造年产60万吨主焦煤煤矿，延伸上游产业链，确保公司的可持续核心竞争力。二是与山西铝厂合作，投资6亿元，建设300万吨重介洗煤、清洁焦余热发电、氮化硅结合碳化硅、2万吨低碳高铝刚玉等四个项目，总投资约6亿元。这些项目可以促进资源综合利用，市场前景看好。同时对山西碳素厂脱困发展，解决该厂1700名职工的再就业问题，具有重要意义，也体现了路鑫公司的社会责任感。

路鑫“协作财富，合作共赢”的企业文化理念，不仅体现在一个又一个大项目的签约、落地、开花和见效。重要的是在双方的合作过程中，形成了一套行之有效的原则，归纳起来就是，在双方意见不一致时，采取“求大同、存小异”的原则；在局部利益有矛盾时，坚持先“他利”、后“利己”的原则；在投资方还存在顾虑时，采取“设身处地、换位思考”的原则。还有一个明确的行为准则，即坚持走自己特色之路的同时，一定要最大限度地以别人对我们的感受为标准。这些从实践中提炼出来的精华之道，已成为路鑫发展历程中不断制胜的利器和法则。

顺乎潮流者，英雄矣；引领潮流者，大英雄矣！祝愿路鑫人把“协作财富，合作共赢”的文化梧桐培育得更加高大，赢得更多更强的“金凤凰”落户路鑫，落户介休，落户晋中，为晋中的赶超发展做出新的贡献。

该文系晋中市企业文化建设大型采访活动成果，发表于《晋中日报》晚报版2008年7月7日

■ 三佳文化：闪耀人本思想光芒的精神家园

三晋首创，高起点打造清洁焦化循环经济，始为业界环保楷模，彰显人本思想。

佳作再展，大手笔挥就魅力绵山绿色产业，终成区域旅游龙头，堪称转型典范。

这副自写藏头长联，以大视野描述了介休山西三佳集团公司25年的主导产业、发展历程和辉煌成就。诞生于中国改革开放初期的三佳集团，在波澜壮阔的市场化浪潮中摸爬滚打，历经风雨，艰辛创业，只用弹指一挥间的25年，就从借资700元的白手起家，打造了一个总资产60亿元，员工6100人，拥有焦化、旅游两大主导产业的旗舰式大型民营企业，成为山西省委、省政府重点扶持发展的“三大方阵企业”之一。今天，在庆祝改革开放三十周年的历史背景下，我们回顾总结三佳集团的成功经验，深度挖掘其深层次的发展源泉和发展动力，是一件很有意义的事情。当然，归根结底还得从三佳的企业文化中寻找答案。

一个企业一旦塑造了自己个性鲜明高品质的优秀企业文化，就一定能无往而不胜。早在2004年，中国社会科学院专家课题组就把三佳集团的发展之路命名为“三佳模式”，即一个理念：人本思想；两个创新：技术创新和结构创新；一个目标：生产与环境协调发展，实现以企业可持续发展服务于社会的可持续发展。并把其核心思想概括为：“以人为本，环保至上，节约资源，回报社会”四句话十六个字，当时曾引起了社会各界特别是企业界的广泛关注。

今天，“三佳模式”给了我们很深的启示，从企业文化的层面解析“三佳模式”，其本质的东西就是人本思想。而且，这种人本思想无论是在高度上还是在广度上都得到了充分的彰显。三佳作为一个具有强烈使命感和责任感的企业公民，就如同“三佳”这个好听易记的企业名字一样，在人类文化宏观结构的三个层面都有上佳表现，即在人与人、人与社会、人与自然如何和谐发展的问题上，交上了一份满意的答卷。

1.三佳企业文化中人本思想形成的主要缘由和基本脉络。

百度CEO李彦宏说过，“每一个企业的做事风格，很大程度上和他的创始人的性格是一致的”。这话说得一点儿也不假。三佳集团作为一家民营企业，更是如此，可以说从创建之初，创始人的性格、修养、境界已经为企业文化核心思想的培育，打下了深深的烙印。

这个掌舵者和当家人就是被誉为当代新晋商精英人物之一的阎吉英，他是介休农民的儿子，1964年入党的老党员，现任山西三佳煤化有限责任公司董事长兼总经理。曾获“全球100佳晋商”“山西省特级劳动模范”“山西省优秀民营企业家”等荣誉称号，他心存爱心，与人为善，孝敬老人，他传承了故乡介子推千古流芳的“忠孝”精神，传承了诚实守信、心怀天下、勤奋敬业的晋商精神，他创造了一个又一个创业神话，以清洁环保炼焦技术及产品被国际权威誉为“开创了炼焦业的新纪元”；投巨资打造了闻名天下的文化旅游胜地绵山，人称“绵山现象”，创造了由传统煤焦行业向绿色产业转型的成功典范。

他一个文化程度不高的农民企业家，能干出如此惊天动地的大事业，究竟靠的是什么？用中国著名环保作家哲夫先生的评价就是：大爱无敌！阎吉英对中华文化数千年的民族精神有着深刻的理解和至高的精神追求，在谈到自己的道德观时，他说：“道德就是一种大善、大仁、大德、大真、大我、大伟、大美、大爱的精神，小爱是爱自己爱家人爱对自己有利的事情，发展到极端时往往就会损人利己，就是无道失德，大爱是爱国爱民爱天地万物利国利民利自己，要苦己利人，不利于国家和大家的事，宁肯损己也不干！”

他对人本思想的理解，也有一段非常到位的解释：“科学为物质文明，道德为精神文明，科学以开拓知识，道德以苦己利人。并行则利国造福，执一则祸世，二者不可偏废。世上万物不属己，唯有道德属于我。这不仅是我自己的座右铭，也是我们三佳公司和绵山管理人员加上家属将近上万人，都恪守的道德自律！科学的发展观是以人为本，全面、协调、可持续发展。人为国之本，德为道之本，人不讲道德就会祸害自己的国家，国家的环境被污染，大气被污染，江河湖海被污染，人都没法活，还怎么发展经济？怎么以人为本？古人说，国可以不富，但不可以无道，人可以受穷，但不可以失德。国家的政策法令规定的很明确，没有一款让人为富不仁的，没有一条规定是，只要能发展经济，就可以不择手段，甚至干缺德事都可以！”

品德的力量是无穷的，她比世间任何东西更能赢得人们的普遍信任和尊敬。正是阎吉英老板根深蒂固的人本思想，在很大程度上决定了三佳企业文化的精神构架，决定了三佳企业文化的基本内涵——人本思想。

2.对员工的人文关怀，是三佳人本思想在处理人与人关系上的集中体现。

古人云："民为贵，君为轻，社稷次之"；"仁者爱人，有礼者敬人，爱人者，人恒爱之；敬人者，人恒敬之。"这些人本思想，历经数千年，孕育着一个民族，成为这个民族的内在灵魂。三佳从创业之初，就把传统的人本思想精华贯穿企业管理的全过程，20多年来，三佳清洁环保炼焦技术的持续创新，企业的环保水平和产品质量执同行业之牛耳，与其说是技术的领先，还不如说是人才战略的领先。在三佳集团有这样几句话："事业留人、感情留人、待遇留人"，三佳一直致力于提供行业内最好的待遇，首先用最好的待遇吸引最好的人才，在生产经营上聘请了北京矿院、太钢、大同煤科院和汾西矿务局等一大批专家教授，进行技术革新和改造，特别是还高薪聘请市内一批知名文化人担任企业文化顾问，进行企业文化的研究和挖掘。目前，三佳集团具有大专以上学历的员工达1200人，其中中级职称258人，高级职称46人。同时，三佳一直致力于解决员工的切身困难和后顾之忧，用真挚的感情留人。三佳的人才战略创造了企业辉煌的发展前景，反过来，这些诱人的前景又吸引着一批又一批人才来到三佳并最终留了下来。

对员工的人文关怀，在三佳还上了一个新的层次，即颇具创新色彩的"激励补偿机制"。当外部机遇较好，员工觉得现有的工作已不能再具有挑战性时，他们就会自觉地要求轮换到同一水平、技术相近的另一个更具有挑战性的岗位上去。这样，由工作轮换带来的丰富工作内容，就可以减少员工的枯燥感，使工作积极性得到增强。工作丰富化基于对工作内容和责任层次的改变，旨在向员工提供更具有挑战性的工作。这使得三佳员工在完成工作的过程中，有机会获得一种成就感、认同感、责任感和自信心。在这种情形下，三佳整体工作效率与核心竞争力得以大大提高。员工不断要求上进的动力又来自企业里处处洋溢着的浓厚的学习氛围。公司高层经常批阅中层管理者的管理笔记，中层和员工之间经常开展相互推荐好书、开展读书沙龙和演讲会等文化活动。三佳文化致力于构筑一个人本、和谐、进取、开放的精神架构，这个精神架构是三佳公司可持续发展的基石。

3.对社会的责任承担，是三佳人本思想在处理人与社会关系上的庄严承诺。

社会是企业的土壤，离开了土壤，企业是无法保持健康的，没有感情的企业就像没有感情的人一样，是冷血的。企业应当以人为本，关怀社会，如果是做人那么这个人是可以信赖的，同样以这个道理做企业、做企业文化，这个企业也是值得信赖的。能够拥有雄厚经济实力的企业自然是成功的企业，但只有具有强烈社会责任心和用实际行动保护环境、回报社会的企业才是真正值得尊敬的。

三佳就是我们身边为数不多的能够做到这一点的企业。当代中国企业最大的问题是污染，焦化企业尤为严重。面对这种沉重的压力，三佳人心怀天下，以高度的环保意识和责任感，坚持以强烈的企业公民使命感，本着对企业负责，更是对社会负责，对公众负责的精神，致力打造节约型循环经济式企业。从20世纪90年代起，就组成了产学研一体化的科研攻关机构，投入巨资7000万元，研发新型清洁环保炼焦技术，经过不断更新换代，终于研究成功了SJ—96清洁型热回收热电联产生产技术，达到了国际先进水平，2005年前后通过了省科技厅和国家环保局组织的技术考察和科研成果鉴定，并获得4项国家专利。在全省各种焦炉中，环境效益、经济效益和经济技术环境综合效益都名列第一。

在三佳公司生产现场，你可以亲眼见证什么是清洁环保炼焦技术，你可以通过“看、嗅、摸”来判断，“眼看”，的确没有烟气；“鼻嗅”，的确没有刺激性气味；“手摸”，的确没有灰尘。有些来参观的记者说，这那是焦化公司，都快成食品公司了。这话虽有点儿夸张，但一个民营焦化公司生产环境能达到这个境地，不能不让人赞叹佩服。这就是三佳文化的魅力，这是对人本思想的最好诠释。正是三佳在清洁环保炼焦技术上的突出成就，公司荣获了全国环保先进企业、全国千家节能企业、全国出口创汇先进企业、山西省环境保护先进企业等多项荣誉，2006年，公司董事长阎吉英还被评为山西省首届环保形象大使。先进的环保技术和理念成了三佳的亮丽品牌和形象。

4.对自然的回馈感恩，是三佳人本思想在处理人与自然关系上的崇高境界。

“天人合一”乃中华文化之精华。尊重自然，亲近自然，养护自然，是人与自然和谐共生的内在要求。三佳在企业日益壮大的时候，今后发展的战略方向如何选择，如何寻求新的经济增长点，成了一个重大而现实的问题。1996年，在阎吉英董事长的率领下，三佳确立了企业发展的重大决策——开发绵山，实施由“黑色产业”向“绿色产业”的战略转移，于是，由19位三佳人组成先遣队，背着一口锅、一袋面、一袋土豆，最先挺进了绵山，从此，一批又一批的三佳人爬在险峻的山道上，开始了二次创业的历程。

当时，绵山百废待兴，投入巨资建设绵山存在巨大的经营风险。三佳人为什么要放弃了炙手可热的钢铁、煤化工、房地产等高利润行业，而进军绵山？而且是个无底洞的投入。这首先是由三佳领军人物阎吉英自身的品德和为人所决定的，阎董事长是一个心存大爱之人，他说：“当时有人说我钱多了，往山沟里扔。我当时的想法是，就算我赔几个亿，还可以给后人留下一座绿山。”三佳人是在绵山脚下长大的，对这座千年名山怀有深厚的情感，在公司有一定的积累后，希望通过自己的心血和汗水使这座名山旧貌换新颜，造福百姓，回馈社会，回馈自然，是功在当代，利在千秋的善事。

在开发绵山的过程中，三佳人除了对历史人文资源严加保护，对自然生态的保护也倾注了大量的心血。目前，已累计投资近1.5亿多元在绵山种草植树，美化绿化，种植白皮松等灌、乔木百万余株，修建8个水窖用于灌溉。如今，用8亿元打造的绵山风景名胜区，进入了全省十大景区行列，2007年，接待人数109.45万人次，比上年增长21.9%；门票收入2672.29万元，较上年增长7.6%。2008年“五一”前后，接待游客人数18万人次，旅游综合收入创历史新高。

开发绵山，是三佳文化以“大道”修身、回馈自然的一次文化创新，更是凸显人本思想的又一次升华。三佳的成功不仅给我们提供了一个循环经济的典型，而且向我们展示了人本思想，展示了文化的力量在企业发展过程中所产生的巨大能量和作用。

该文系晋中市企业文化建设大型采访活动成果，发表于《晋中日报》晚报版2008年7月21日

因为自强不息　所以长盛不衰

——追寻山西平遥减速器厂企业文化建设之魂

信誉鼎铸铸就晋商故里校办工厂自强不息生存之魂给人启迪；

凯歌高奏奏响神州大地机械行业持续发展传奇乐章催人奋进。

“信凯”是一个晋中的工业产品商标，而且是山西省著名商标，目前正在申报中国驰名商标。孕育这个知名品牌的企业就位于有着数百年深厚晋商文化底蕴的平遥古城之内，在高耸的古城墙脚下，在杨柳成荫的怀抱中，安于一隅，它没有气派的厂门，厂名也很是普通，但它的名气却非同一般，经历也非同寻常，精神更加可嘉，它就是名扬省内外的山西平遥减速器厂。

说它普通。从深层看，因为它只是集体所有制的一个校办企业。从表象看，职工人数不到700人。厂名也没有什么大集团、大公司的冠名，更没有什么时尚流行词汇的包装，只是一个普通得不能再普通的地名加产品的合成而已。

说它名气非同一般。是因为它是平遥乃至晋中的骨干企业，“信凯”牌减速器、电动滚筒、电机等产品被评为山西名牌产品，并畅销全国。现已形成20大系列、3000余种规格型号的生产规模，年产量达10000余台，2007年实现销售产值1.5亿元，实现利税1070万元。

说它经历不同寻常。是因为它是一个1958年由平遥中学创建的校办工厂，天生就没有什么优势可言。在当前经济发展环境下，作为寥寥无几的集体所有制企业，历经50年风风雨雨，一路走到今天，的确很不容易，很不寻常，人称“信凯现象”。对此令人感动，更让人沉思。

说它精神可嘉。是因为就这样一个背景简单，产品又处于完全竞争状态的校办企业，之所以在半个世纪之久的奋斗中，经历了计划经济和市场经济的双重磨砺而生生不息，生存之道是什么？核心的东西在哪里？其实，内中奥妙就是在企业的发展中，自始至终渗透着一种“自强不息”的精神追求与高贵品质，形成了以“自强不息”为核心价值的信凯文化和信凯精神。也是对“自强不息，厚德载物”中华民族伟大精神的传承和光大。

自强，源于信凯人生活之品格

品格的字面含义指品行风格，更多的是强调人的修养素质。罗曼·罗兰说:“伟大的品格不可或缺，没有伟大的品格，就没有伟大的人。”一个自强不甘落伍的人，包括一个团队，要想成就大事业，置于首位的是他的品格和操守。

一个优秀的企业文化背后，必定站着一个品格高尚的企业家。企业家的个性和品格在很大程度上影响和决定着企业的文化基调。在平遥减速器厂50年的艰苦创业中，历任领导都为企业的发展做出了应有的贡献，包括历届平遥中学领导班子都对企业的不断发展给予了大力支持，以开明大度的胸怀，为企业营造了宽松的发展环境。

特别值得一提的是，现任厂长梁新文同志，他于1996年在企业危难之际勇挑重担，为推动企业顺应时代潮流，适应市场经济体制，实现科学发展，倾注了大量的心血。他今年还不到50岁，但他已经在平遥减速器厂摸爬滚打了32个春秋，他从生产一线工人做起，凭着吃苦耐劳、谦虚好学、执着追求的精神和行动，赢得了广大员工的信任和拥护，积累了为企业主舵的杰出本领。三十多年过去了，他岗位变动、职务升迁，唯独“求真务实、用心做事、做事先做人、认准就要干成”的本色没有变。

梁新文厂长温文尔雅，平易近人，关爱别人，与人为善，不摆架子，不抖威风，在企业、平遥和业界有着良好的口碑和声望。他事事以企业为重，处处为企业着想，公而忘私，公而忘家。2001年，他正在重庆出差，突然传来他70多岁老父亲不慎摔伤、造成下肢严重断裂性骨折的消息，他是父母亲唯一的儿子，老人爱他出了名，而他孝敬老人更是出了名。虽然远在千里之外的儿子心急火燎、念情难耐，但他没有扔下工作立即返家，仍然沉着冷静，直至出差任务全部按计划完成才返家。这种强烈的事业心和敬业精神，被员工看在眼里，感动在心里。

他身患20多年的腰椎病，可是赶起路来就忘记了自己的身体，常常是日夜兼程，为企业奔忙，连续行军两千里的事不在话下，饿了，啃个饼子就口咸菜充充饥。住旅店，他在方便工作的前提下拣最便宜的，住地下室是常有的事，作为企业产值上亿的大老板和知名企业家，在一定场合完全可以抖抖企业家的排场，摆摆“阔老板”的谱子，但他从来没有这样做过。因为这是他做人的本质所决定的。他对自己抠得很紧，但对员工却关爱有加，每个职工家里的红白喜事，都要亲自上门照料过问，并安排职工帮忙办事。有一年，有一名刚刚来厂参加工作不到半月的职工不幸患脑出血，因家庭困难无钱住院治疗，他听到后，亲自率领厂领导班子成员到这名员工家中慰问，并主动送去捐款，感动的病人家属热泪盈眶。

正是梁新文厂长能够诚信做人、以理服人、平等待人、乐于助人，自然是广泛得人。也正是他身先士卒、自律自强，用个人所充分展现的人格魅力成就了信凯企业文化的雏形和核心。

自强，源于信凯人生存之坚韧

“咬定青山不放松，立根原在破岩中。千磨万击还坚韧，任尔东西南北风。”郑板桥的这首名诗赞美了岩竹的坚韧不屈的顽强品质。回顾平遥减速器厂整整五十年的奋斗历程，不难发现，执着的信凯人就似坚韧的竹子，深深扎根于平遥这片晋商的肥田沃土，不断汲取前辈不畏艰险、万里行贾、勤俭经商、敢冒风险的创业精神，为自己的企业文化注入了坚韧不拔的基因图谱。

翻开平遥减速器厂的50年史册，可以追寻信凯人是何等的坚韧。1958年，平遥减速器厂在“教育与生产劳动相结合”的热潮中诞生，之初只有几名工人，在简陋的小院子里，进行一些原始简单的加工铸造。之后历经各种政治运动和经济方式的考验而没有倒下，挺了过来。无论是1962年精简压缩及1964年政治挂帅的“四清运动”，还是1966年以阶级斗争为纲的“文革”；无论是企业整顿，还是市场波动，它都能够顽强地生存。在计划经济时期，没有指标，就采取各种灵活的经营策略，买回原材料和设备，进行生产经营。在20世纪70年代，全厂上下同心，大家同甘共苦，没有厂长与工人的差别，车间开炉时全体干部职工都到现场，厂长、书记亲自上手。企业新建办公楼，硬是依靠自己的双手盖了起来。办公桌椅也是参照别人的设计做了出来，节约了大笔资金。艰苦奋斗地创业，使经济有了初步发展，资产有了一定积累。

到了计划经济向市场经济过渡阶段，在“一包就灵”的年代，企业没有什么承包；在“一放就灵”的时候，企业没有什么动作；在“一卖就灵”的季节，企业照样一如既往。而且发展的脚步一刻也没有停留。在市场经济的大风大浪里，信凯人如鱼得水，劈波斩浪，一往无前。在企业经济效益日益提高的同时，更为重要的是，企业的文化，企业的精神，在奋斗中孕育，在前进中积淀，在发展中光大。在艰苦创业的生存中，一种特有的韧性在默默地传承，折射着自强不息的精神光芒。

自强，源于信凯人生命之活力

在激烈的市场竞争中，只有充满生机、充满活力的企业，才能活得更好，活得更强。近年来，信凯人把人才培养和品牌塑造作为增强企业活力的两大工程，为实现新的历史起点之上的自强梦想，打下了坚实的基础。

首先，平遥减速器厂坚定不移地推行人才建设，是增强企业活力首要任务的理念。企业不仅在新员工入厂教育、上岗前教育、转岗教育、新制度、新程序、新产品、新工艺专题教育、技术革新实践教育、现场教育、案例教育和特种作业教育等方面形成规范制度，持之以恒地有序开展。而且能够根据需要积极创新培育人才的渠道，已投资电化教学设施和教材，自办了九期职工培训班，陆续培养出了一大批适用的专业技术工人；选拔优秀青工上大学深造，已先后有17名取得优秀学绩回厂；选拔优秀考生，企业预计投资60万元直接为本厂培养高知识人才，已将24名大学生送入中北大学、太原科技大学就读；积极奖励职工自学成才，已有40余名职工取得更高层次的学历，还有30余人正在努力学习；大胆尝试专业技术职务内部评聘制度，已有10余名技术和业绩突出但某些条件又受到限制的优秀职工，获得企业内部评聘，享受同级待遇。目前，该厂拥有中专以上学历和各类专业技术职称的职工分别占到全员的40%以上。一个“金字塔”式的职工技术结构，以其越来越优化的高素质人才队伍，支撑起了企业发展的大厦。

市场是海，品牌是帆。其次，企业下大力气推行以诚信为核心塑造企业形象的理念，精心打造提升企业活力的良好环境。梁新文厂长上任后把确立企业品牌作为一件大事来抓，1998年很快把多年议而不决的品牌名称确立为“信凯”。“信”就是信心、诚信、信誉；“凯”就是发展、成功、奏凯；通过不断的“信”实现不断的“凯”。通过全厂职工广泛诠释和众多媒体大力宣传，“信凯形象”和“信凯文化”已经产生了比较广泛的影响。但是，梁新文厂长深刻认识到树立优秀的产品品牌事关企业形象，要靠优秀的产品质量、满意的服务、高度的信誉和优秀的社会公信力。为此，他提出了“凝聚员工智慧、追求顾客满足”的质量方针，并认真组织实施。

合作是增强活力的重要途径。企业积极倡导市场经济是竞争经济更是合作经济的经营思想，梁新文厂长在发表的文章《在经济发展中不断追求“三维”忠诚及其更高价值》中，积极呼吁提高员工、供应商、用户对企业的忠诚度，实现其合力的更高价值。多年来，不论是用户还是协作厂都与企业保持良好合作，从来没有发生投诉和不良争议。较早地连续获得省市县“重合同守信用单位”“诚信单位”等表彰奖励，还是省工行的授信单位。在追求企业持续发展的进程中信奉“双赢”和“多赢”，比如近年来原材料价格不断大幅度上涨，该厂不仅为协作厂家相应涨价，而且已经数次主动从并不高的利润中挤出资金对他们的支持给予了奖励性补助。

自强，源于信凯人生态之和谐

一个和谐的团队，是一个战无不胜的团队。多年来，平遥减速器厂把尊重关爱员工和承担社会责任，作为构建企业和谐生态的两大抓手，形成了内外通顺、表里一致、上下协调、同心和谐的发展条件与环境。

他们坚持推行做事先做人的理念，调动党政工团妇组织的合力，在各种培训教育和日常工作中积极开展适应新时期特点的思想政治工作，教育广大职工确立自强不息、诚实有为、健康向上、树立理想、爱岗敬业、关心企业、团结协作的优良品德。推行人性化管理理念，从关爱职工出发，在细微处用心。比如，从十年前就开始，在每天上下班时，厂领导总是提前到，最后回，整齐恭敬地站在厂门口迎接和欢送员工上班下班，这种不管寒暑风雨的行动，给员工严明纪律，作出了榜样，展现了情意和温暖。

每年每个职工生日都会收到一份津贴，每逢“三八”“五一”“五四”“六一”“八一”“九九”等节日都举办各类文体活动，还特别设立了“职工优秀子女奖”和《优秀职工带薪休假制度》。每逢过年过节或者职工及其父母、子女婚丧嫁娶、生病受伤，只要有急事难事，梁厂长都会亲自带领或者委托厂党工妇领导把企业的关怀送到职工家中，当然也就送到了职工心里。使企业逐步形成了以感情、事业、利益留住人、凝聚人、用好人和以企业文化培育人的理念。

企业还主动承担社会责任，尽力资助社会公益事业和帮危济困。今年，职工和企业为南方冰雪灾区捐款5万元。为四川地震灾区捐款10万元，党员缴纳特殊党费13100元。企业2005年组建了应急小分队，已经由厂长书记等厂领导亲自带队七次出发、五次赴左权、榆次、平遥等森林火灾现场参加灭火战斗。小分队机智勇敢、无所畏惧的英勇表现和优秀品德，受到了上级领导的高度评价和当地群众的热情赞扬。

平遥减速器厂50年的生存之道，告诉人们一个真理，企业的命运永远掌握在自己手里，建设优秀企业文化是企业持续前进的法宝。自信、自强的信凯人，在新的历史征程中，正在为实现企业“创造中国一流产品、创立世界驰名品牌”的宏伟目标而不懈奋斗。

该文系晋中市企业文化建设大型采访活动成果，发表于《晋中日报》晚报版2008年9月5日

用无愧历史的精神建设通达路网

——晋中公路分局公路文化建设纪实

这是一个光荣的集体。晋中公路分局承担着4条国道、12条省道，共1332公里干线公路的“养、建、管、收、营、文明建设”六大任务，现有职工1432人，下设11个公路管理段、7个直属单位、19个收费站、4个超限检测点及6个临时卸货场，拥有固定资产2.36亿元。已连续6年被省公路局树为全省公路系统的“标兵”。

这是一个思进的集体。2007年，新一届领导班子成立后，面对着晋中公路分局辉煌的成就，他们展开了为期一个月的大讨论，明确了新班子的政绩观——无愧历史。在“我们是来书写历史的！晋中公路分局是几代人的家业，在我们手里不能让它没落，只能让它更好！”大讨论中，局长王四小的话掷地有声、豪情万丈。

那么，在新的发展时期，如何才能把晋中公路分局带到一个新的高度？大家不约而同地把目光落在了企业文化上。他们深刻地认识到，晋中公路分局要实现跨越式发展，就必须再次掀起更高层次的精神文明创建热潮。

于是，一场大张旗鼓的企业文化建设在晋中公路分局内部轰轰烈烈地展开了。根据企业自身特点，该分局提出了“公路文化”的建设理念。在公路文化建设中，他们力争——

把每条公路都建成文化走廊

纵横如织、四通八达、安全便捷的公路网，充分展示着经济社会发展进步的成果。

“公路文化是公路行业在长期的养护、建设、管理实践中逐步形成并不断发展的，为广大员工所普遍认同并付诸实践的，具有鲜明行业特点和时代特征的价值理念，是公路行业精神文化、制度文化和物质文化的总和。作为公益文化的路网形态，环境氛围、窗口面貌、制度建设、行业精神，对内是一种无形资产，对外是一个品牌、一种社会财富，随着公路的延伸，不断循环往复地渗透到社会的各个领域，对人们的观念及生活生产方式产生着潜移默化的影响。”这就是晋中公路人所认同的公路文化。

几代公路人以“服务人民、奉献社会”为宗旨，团结一致、奋力拼搏，取得了一个又一个辉煌成就。但随着经济社会的发展，人们对公路的需要和要求越来越高。公路作为一种特殊的商品，其使用价值不仅体现在安全、畅通、便捷上，更体现在出行的舒适性、愉悦性和观赏性上。“文化公路”成为实现行业自身新发展的需要。

建设公路文化，重点之一是建设文化公路。文化公路是建立在“畅、洁，绿、美、安”文明样板路的基础上，包含体现先进的建养管理理念、地域历史文化特征、生态文明和人文理念的现代公路。最终文化公路要建设成展示集体智慧和聪明才干，代表公路事业整体发展水平的“门面公路”。今年，晋中公路分局主要抓了介霍一级路改建工程和108国道东观至义棠两条具有内在联系而又各具特色的文化公路建设。

其中，国道108线介休义棠至霍州一级公路改建工程，全长64公里，是连接介休、灵石、霍州三地的南北大通道。该项工程被交通部列为国省干线公路勘察设计典型示范工程，被省公路局确定为创建文化公路的建设项目。为了全面提升工程建设品位，该工程按照“精、细、美”的标准和要求来规范每个细节、每一道工序。该路段在建设中，与服务区、景点及周围景观相结合，与人文关怀服务理念相结合，体现人与自然和谐，凸显了晋商文化底蕴。

晋中公路分局在文化公路建设中，力求形成一路一品、一县一色的绿化、美化格局，打造全省一流的生态型、景观型、品位型公路，逐步摸索出一条建设、养护、管理科学发展的新思路。截至今年10月，3年共完成干线公路通道绿化2375公里，栽补植各类行道树734万余株，按照一路一景一特色的思路，完成景点建设41次，公路出行的愉悦性、舒适性、观赏性得到了极大提高。

点滴小事上，彰显了晋中公路分局“为把每一条公路都建成文化走廊”的决心和信心。除了注重工程的文化含量，他们亦特别在意廉政文化建设，以确保——

让每一颗石子都是干净的

“廉至上、道至善”，这是晋中公路分局秉承的廉政文化建设的核心价值理念。“廉通你我，路畅人和”这是历史和时代赋予晋中公路人的崇高使命。由于行业的特殊性，公路系统的廉政建设更被社会关注，也更具复杂艰巨性和现实紧迫性。对于廉政建设，该分局主要领导“大会讲，小会讲，会会都讲”；针对领导干部的廉政谈话更是坚持“任前谈、任中谈、任后谈”，要求干部“常怀如履薄冰之念，常有战战兢兢之感”。

工程廉政建设一直是晋中公路分局反腐倡廉工作的重点任务。今年是该分局公路建设任务有史以来最大的一年，介霍路、307线、潇河桥、208线等工程纷纷开工建设。为了让工程中“每一颗石子都是干净的”，在工程建设初期，廉政建设便同步跟进。开工的所有建设项目全部派驻专兼职纪检员。尤其是介霍路，该工程概算投资达10.33亿元。围绕“树廉政样板，建阳光工程”的廉政目标，该工程项目部成立了临时党委，并把工程质量作为廉政建设的主要内容来抓，严格执行“三合同”制，即该分局与各施工单位在签订施工合同时，同步签订《工程廉政合同》《安全生产合同》。而对工程招投标、大宗原材料采购、设备租赁、资金拨付等敏感环节，更是突出层层把关和环环制约。

今年的养护大中修工程、改建工程、危桥加固工程等，也对沥青、水泥采购等全部实行公开招投标，公路交通标线划设（热融漆）过去是每平方米45元，通过公开招投标降到了31.5元，仅此一项就节约资金70余万元，沥青通过公开招标采购，节约资金500余万元，真正使各个工程的“每一颗石子都保持干净”。

除了用廉政建设约束人，晋中公路分局不忘强调——

用文化激活班组细胞

“文化最主要的任务，就是增强职工对组织的归属感。”继2007年，晋中公路分局推出“十项制度”，进一步规范站一级的管理后，2008年该局将管理触角下移、权力下放，赋予班组长一定的权力。“这样做可以激活班组细胞，可以很好地促进班组与班组之间的竞争，有竞争才有活力。同时，提高班组的活跃力，可以提高员工对一级组织的归属感。”

今年，晋中公路分局在穆家堡收费站开展了加强班组建设的有益探索，取得了良好的管理成效。简单地说就是激活细胞，促进单元，推动整体，解决了收费站末梢管理不到位的问题，夯实了收费管理基础，目前这种用文化激活班组细胞的经验正在各个收费站推广。该分局还通过建设优美舒适之家、文化健康之家、学习创新之家、温暖和谐之家，重点在集体食宿的养护中心、收费站、超限检测点，广泛开展基层班组建设，用班组的“和谐”推动单位整体的和谐。

而所有的“和谐”，都是为了发挥公路的服务功能——

服务奉献社会微笑传递真情

“服务地方经济建设、服务新农村建设、服务人民群众更加安全、便捷得出行”，这就是公路的主要功能。随着社会文明程度的提高，群众对出行的要求不只停留在“通”上，而由“通”到“畅”进而提升到品位上。根据这一需要，晋中公路分局在养护工作中确立了“人文、生态、环保、精品”的晋中公路品牌战略，把道路品牌的培育和提升作为精神文明创建的重要内容。该分局在董榆线筹建了集加油、修理、停车、超市、住宿、餐饮和娱乐于一体的下白岩综合服务区，开创干线公路服务区先河，提高了公路服务品位，成为全省干线公路的亮点。又充分利用公路沿线的各种地形和施工弃渣，建设了以董榆线寒湖岭为代表的绿化、美化景点28处，改善了道路行车环境。为了提高队伍服务水平，晋中公路分局在职工中开展了“在岗一分钟，尽职六十秒”大讨论，并主动为过往司乘人员提供各种便民服务，营造了和谐的氛围。

“用文化再把队伍带到一个新的境界。”采访中晋中公路分局党委书记胡钢成表示，晋中公路分局大搞文化建设这绝不是哗众取宠，文化是落实科学发展观的重要举措，是寻求下一步更高、更远发展的重要载体。他相信，“风清气正，路畅人和”的良好氛围，必将促进晋中公路事业继续又好又快发展！

该文系晋中市企业文化建设大型采访活动成果，与张志丽合写发表于《晋中日报》晚报版2008年11月14日

■ 刘斌：浴火中绽放的一朵铿锵玫瑰

——记晋中市消防支队直属中队指导员刘斌

飒爽英姿展青春风采铸就军功一流；

赴汤蹈火保一方平安有我消防女兵。

她，24岁踏入军营，奋战在消防火线，有胆有识，正如她的名字一样，文武双全，生来就是当兵的料儿。

她，一身翠绿戎装是她最靓丽的装扮，每日素面朝天是她的美丽极致，军中绿花，更显女中豪气。

她，年轻的臂膀不再柔弱，重任在肩，率队前行，巾帼不让须眉，让我们看到木兰从军不是遥远的历史，桂英挂帅也不再是昨日慨叹。

她，头顶国徽，面对火魔肆虐，群众遇险，危难关头，总是身先士卒，冲锋在前，屡建奇功。

她，就是晋中市公安消防支队基层唯一的女警官：刘斌。

青春献红门

呼啸的警报声中，一辆辆红色消防战车急速驰骋，一束束生命的水流激喷而出。哪里最危险，哪里就有身穿橘红色战斗衣消防战士苦战的身影；哪里最紧急，哪里就有他们拼搏的呼声。故人们以红色战车及红色战服为标志，形象地把消防事业喻为“红门事业”。

今年27岁的刘斌，中共党员，中尉警衔。2006年大学毕业后，怀抱一颗献身消防事业的雄心壮志，剪短飘逸的秀发，穿上橄榄绿，骄傲地成了晋中消防一女兵。经过几年的锤炼，她于2008年底被分配到晋中市公安消防支队直属二中队担任指导员，实现了从地方一名大学生到合格军人的转变，从普通一兵到肩挑重任警官的转变。

入伍4年来，在各级领导的关心和教导下，她从最初了解消防到深入基层，逐步建立了对消防事业的深沉热爱。最初了解消防时，她总是被消防队员在水与火的磨砺中，最大限度保护人民生命和财产的壮举，感动得落下眼泪，那时她就下定决心："把我的青春和热血都献给消防，我以我志荐消防！为了保卫人民的生命财产，我愿奉献一生。"她说，"基层消防部队虽然很苦很累，但却是最能锻炼人，沉入基层能够更好发挥自己的才干，飞扬青春的风采，兑现入伍的誓言。"她曾有一段精彩的演讲词："危急时刻，我们毫不犹豫，誓以铮铮铁骨和血肉之躯捍卫人民的生命安危。只要是人民需要，再苦再难，我们也从不后退半步；只要是祖国的召唤，死神面前也绝不眨一眨眼睛，红门之子用博大诉说着使命与忠诚。"从此，她脚踏实地一步步追求着自己的信念和理想，她是这样说的，也是这样做的。

官兵心连心

刘斌自分配到晋中消防支队直属二中队担任指导员后，深知"领头雁"的重要性，只有自身素质过硬，才能带领好整个队伍。她认真系统学习了《特种火灾扑救和抢险救援》《战训业务资料汇编》等方面的书籍，不断充实自己，为今后开创新局面奠定了坚实的基础。在她的带领下，中队官兵团结一致、积极向上、勇于进取，极大地提高了部队的凝聚力、向心力和战斗力。

在任中队指导员期间，她始终认为"只有不会带兵的干部，没有带不好的兵"。带好兵，只靠美好的愿望和满腔热情是不够的，工作中她一直用这条标准来严格要求自己。今年开春，正赶上新兵下队，部分老兵调整，工作任务繁重，几天里的连续出警，她看着几个连走路都打晃的老兵很心疼，毅然说："把我安排到岗哨里值夜岗。"老班长们坚决不同意："不行！你看你都熬成什么样了。你放心，国家养着咱们，关键时候就得挺得住！"两句质朴的话深深感动了她。经过数日的辛苦奋战，她和战士们由原来的上下级，团结成了同甘苦共患难的亲密战友，凝聚成了强大的战斗力，老班长高兴地说："在最艰苦的时候，大家还都坚持不懈，实在不易。"她能把中队战士拧成一股绳忘我地工作，是她成功带兵生涯的一个亮点。

热血铸忠诚

愿将热血洒沃土，留得丹心照乾坤。消防部队是养兵千日用兵千日。刘斌以那份永不服输的情结诠释了巾帼不让须眉的豪迈。在与火魔的对抗中，有着和男儿一样的义无反顾、英勇无畏，她向人们证明了柔弱的身体也能扛起人民的寄托，完成祖国的使命。虽然是一名中队指导员，但她更把自己看作一名党和人民的消防战士，在每次"急、难、险、重"的灭火和抢险救灾中，她始终冲在最前面，带动中队战士拧成一股劲儿共渡难关。她始终如一，兢兢业业，亲临火场指挥，每次都制定出可行的作战方案，成功地将火灾控制在初起阶段并将之扑灭，保住了人民群众的生命财产安全，出色地完成了灭火救援任务。请看几场经典战例：

“2·18修文镇北要村灭火战斗。”2009年2月18日晚9点左右，她胃病犯了，不顾疼痛仍坚守岗位。凌晨1时，一声电铃的急鸣声，划破了深夜的寂静，她顾不上胃痛，迅速穿好战斗服，了解警情，位于晋中市榆次区修文镇北要村东晋中宏丰保温材料有限公司泡沫板生产车间在试生产时发生火灾，到场后，现场火光冲天，烘干车间已成一片火海，直逼上空的高压电线。由于火势正向锅炉房和原料库蔓延，两间锅炉房极有可能发生爆炸，严重威胁着周围人员的生命安全，情况十分危险。她沉着冷静先向支队战勤值班干部汇报火场情况，请求增援。又迅速与供电局联系，掐断电源。随后询问有无被困人员，在确定无被困人员的情况下，组织战斗班积极实施外攻与内攻相结合的战术，灼热的高温，弥漫的浓烟，随时都有倒塌的危险，她正确判断安全停车位置，在工厂高墙轰然坍塌时确保了所有人员、车辆的安全。该着火车间为钢架屋顶，着火后承重差、易坍塌，但她和战士们始终坚持战斗在火场第一线，凭着一名消防指挥员的责任感与战训知识的合理运用，采取正确的战术措施与火魔搏斗数个小时，成功扑救了这起火灾，为工厂避免了重大经济损失。“2·24经纬公司灭火战斗”。2009年2月24日20时左右，一声电铃响起，她得知晋中市经纬股份有限公司榆次公司电镀生产车间发生火灾，多个油池着火，感到情况危急，接到报警后迅速向战勤值班汇报，请求大吨位水罐泡沫连用车增援。到场后，油池着火引燃房顶，火势蔓延异常迅速，情况十分危急。作为指挥员她沉着冷静，本着救人第一的原则组成搜救组迅速展开搜救，在同单位负责人了解情况后，果断决定再次向指挥中心汇报火情，并掐断所有电源；指挥战斗员对火势展开内外夹攻，对顶棚和内部油池同时控制火势并阻止蔓延等待增援。随后不顾房顶带火坠落物不断坠落的危险和战士们投入灭火战斗，冲在一线指挥灭火战斗。战斗中，她沉着冷静、科学决策，作战意图明确，战术措施运用合理。确定无被困人员的情况下，根据火场形势确定了“重点突破、冷却防爆、堵截蔓延、扑灭明火、防止复燃”的灭火战术措施，进行扑救。与增援中队一起奋战4个多小时，终于将火灾彻底扑灭，此时她和战士们都一样满身满脸都是泥巴，完全忘记了自己是个女孩子。“7·8晋中开发区鸣李溃坝抢险战斗。”今年7月8日，晋中主城区发生强降雨，洪涝成灾。上午刘斌率领中队战士冒着瓢泼大雨，首先安全处置了区人民医院附近因道路塌陷而导致的煤气管道泄漏事故。湿漉漉的战斗衣还没有脱下，中午12点半左右，又接到指令，紧急增援在晋中市经济技术开发区鸣李村发生的泄洪渠溃坝抢险战斗，她和战友们不怕疲劳，连续作战，顶着不停的大雨，不顾脚下的泥泞，勇往直前，有的官兵脚部被污泥中的玻璃刺伤仍然不下一线，有的同志污水呛入口中险些被急流冲走继续坚持战斗。在污水中连续奋战5个小时，发起三次冲锋，投放6000余个沙袋，打入50余根钢管排桩，一次性将溃坝口全面合龙，成功将险情排除，有效地保护了当地老百姓的生命财产安全，为人民再立新功。

刘斌在基层消防岗位工作虽然时间不长，但战功显著。据统计，已参加了大小灭火、抢险战斗30余次。2009年3月8日，她被市妇联授予晋中市“三八红旗手”称号，并做代表发言。今年“八一”前夕，又被市委宣传部、市文明办确定为“第二届感动晋中十大道德模范人物”20名候选人之一，为军旗争了辉，为消防卫士争了光。此时此刻，她的心情是平静的，用她自己的话说：“我是一名消防军人，我爱我的祖国和人民，我做了我应该做的。”

孝心显亲情

消防战士是24小时全天候值班，作为指导员，她更要率先垂范，坚守岗位。作为父母的掌上明珠，每当晚霞映红天边，每当星空照亮夜晚，她都要朝着家乡的方向极目远眺，借着月光寄托乡愁，当晶莹的泪珠从脸颊滑落，用手轻轻拭去的正是女儿的柔情。她在中队工作期间，很少能回到家中为父母尽孝，但是，她明白父母渐渐年迈，儿女的孝心应该和父母的时间赛跑。她坚持每天都给父母打电话，多听听父母的心声；回到家里，多做家务，为父母分忧。

2007年8月15日清晨，家中传来噩耗，她的表哥脑出血，情况危急。她顿时眼泪夺眶而出，去医院看望表哥时将自己刚发的补助尽数给了哭得不省人事的舅舅。几天后，表哥的命保住了，但被确诊为植物人。此后的日子里，她只要有时间就和哥哥说话，希望哥哥早日醒来；同时不忘给哥哥活动腿脚，盼望哥哥有一天能重新站起来。哥哥三岁的儿子寄托在她的家里，她深知妈妈的坚强，妈妈2005年做过大手术，要休养三年，但为了不让自己担心，妈妈一直默默地支持自己的工作，现在妈妈还要帮助照顾表哥和三岁的侄子，妈妈太累了，于是她只要一回家，就帮助疲惫的妈妈照顾小侄子。

真情爱人民

去年秋天，她刚出门，只见一个外地人尾随一名骑自行车的妇女，手已经伸进妇女的衣袋里，情急之下，她想着我是军人，便大步追上前去，想告诉她注意小偷，没想到猖狂的小偷看到阻止他的是一个瘦小的小姑娘，随即伸手拦住刘斌，用不流利的汉语说："不要告！"她丝毫没理会，甩开小偷，大步追上那名妇女，阻止了小偷的行动，彰显出当代军人的浩然正气。

中队驻地在城郊，周围很多人生活水平还有待提高，她经常利用空余时间带领战士们，帮助附近农户老杜家打扫卫生、清理大院，为中队树立了良好的形象。老杜激动地说："挨着部队就是好，消防队员真不赖。"朴实的话语里尽显军民鱼水深情。

时至今日，她在中队已经半年多了。虽然是一名女同志，但是她能够正视自己的岗位，正确对待自己的工作，与中队官兵齐心协力，忘我工作，将自己的全部精力倾注在中队规范化建设、执勤备战、灭火救援上，将自己的美好青春和热血奉献给了她热爱的消防事业，受到了领导与同志们的一致好评。

青春的时光不再碌碌无为，历经峥嵘岁月留下一段弥足珍贵的回忆。真诚祝愿刘斌女警官，这朵盛开在晋中大地的铿锵玫瑰，愈加壮美。

该文入选晋中市"迎国庆、讲文明、树新风"专栏，发表于《晋中日报》晚报版2009 年8 月7 日

■ 贾炳正：晋中知识分子的一面旗帜

——记晋中青年晋剧团退休鼓师贾炳正

呕心沥血三十年倾半生积蓄著中华戏曲音乐第一书；

德高艺精六十载育一方英才坐三晋梨园鼓师头把椅。

他，一位耄耋老艺人，至今仍住在晋中市城区榆次老城边的一隅老旧平房里，78岁高龄的他依然红光满面，步履矫健，思维敏捷。他为人宽厚，与邻和睦，不事张扬，退而不休，还为好几所艺校兼职授课，培育新人。

他，艺海生涯60余载，艺术造诣高深，是山西省最早的两名国家一级演奏员之一，曾任晋中青年晋剧团团长、书记，晋中市艺校副校长。是晋剧戏曲音乐界之泰斗与权威，门下的弟子与学生遍布省内外戏曲界。

他，超凡脱俗，难能可贵，抱着在有生之年给后人做一点事情的初衷，历经30年艰辛奋斗，自掏腰包18万元巨资，以放弃3次集资新楼房的代价，终于正式出版了一部享誉全国的鸿篇巨著——《晋剧传统锣鼓通谱》，完成了“一部前无古人的系统工程”。

他，德艺双馨，追求人生至高境界。虽放弃了宽敞新房的享受，却得到了实现个人价值的自豪感，传承中华戏曲文化的成就感，升华了一种可贵的精神。

他，就是晋中青年晋剧团退休鼓师贾炳正老先生。

15岁学艺崭露头角

贾炳正，中共党员，1932年出生，山西太原人。他自幼朴实善良，心灵手巧，聪慧好学。1946年，15岁初中毕业后就步入晋剧戏班从师学艺，学习晋剧鼓板打击乐，师从当时晋剧打击乐大师王德胜、赵廷杰，专工晋剧司鼓，从此踏上了对晋剧打击乐的不懈追求之路。

名师出高徒，在师傅的悉心教诲下，加上他勤奋钻研，肯下苦功，不几年就出师正式登台，1947年首次公演晋剧《走山》获得成功，精湛的技艺赢得了演员和观众的首肯。著名晋剧表演艺术家花艳君，是他情同手足的师姐，曾对贾炳正有一番这样的评价："他最难的就是艺德高尚，从不与人钩心斗角，遇事总是礼让他人。他出生在太原，学艺出师时，师傅仍登台表演，为了避免与师傅争舞台，他毅然告别了年迈的父母、感情深厚的兄弟姐妹，只身一人来到晋中发展，一直到今天，单是此举就让业内同行佩服不已。"

新中国的成立，让山西晋剧开创了又一个鼎盛时期，艺人获得了解放，成为国家的主人。贾炳正作为山西名鼓师的地位也逐渐确立，曾经与丁果仙、郭兰英、程玉英等晋剧表演艺术家同台献艺。1950年，为郭兰英与程玉英梨园双英联袂出演《满床笏》，为丁果仙、程玉英在太原解放后第一座新剧场和平剧场合演《走雪山》司鼓。20世纪50年代，他成了程玉英专职司鼓。他演奏的《打金枝》《下河东》《秦香莲》等剧目，成了观众百看不厌的经典剧目。今年已90岁高龄的程玉英对他也有极高的褒奖：他的司鼓技艺无可挑剔，不仅能完美配合演员的演出风格，就连剧中人物的性格他都把握得恰到好处，人物的喜怒哀乐都能在他的鼓声中得到生动的表现。司鼓是台上的半个导演，鼓板打得出色与否，直接关系到整台演出的质量。他的鼓点能在台上很好地指挥和调动演员的情绪和表演分寸，这是一般鼓师难以做到的。他还是个非常细心体贴的人，这个在他鼓点的轻重上表现得相当明显，在自己嗓子条件正常的时候，他的鼓点轻而到位，对演员的唱腔起到烘云托月的作用；如果自己嗓子遇到麻烦，他会以较重的鼓点帮演员遮掩过去，使整场演出不致受到太大的影响。如果不是对艺术有着较高的体验和追求，是做不到这一点的。概而言之，贾炳正为人非常正派，在艺术上一丝不苟，对老一辈艺术家非常尊重，德艺双馨用在他身上实至名归。为此，程玉英曾为贾炳正题词：与程派唱腔珠联璧合，展三晋名鼓艺术风采。

30年心血磨成一剑

"蚪兵一百万，心血三十年，锣鼓声声里，红黑皆戏缘。"这段绘声绘色的题词，由曾任山西省文化厅厅长，中国艺术研究院常务副院长、党委书记，文化部振兴京剧指导委员会副主任，中国戏曲学会副会长，中国戏剧家协会理事等的曲润海，为贾炳正2005年出版的《晋剧传统锣鼓通谱》一书而题。提起这本书，那可不是一般普通的书，它的地位，它的创作历程，是值得我们大书特书的。下面一组不寻常的数字，就是最好的见证。

7天7夜煎熬。早在20世纪60年代初，他就有意识着手整理晋剧传统打击乐通谱。1979年，中国文艺界迎来万紫千红的春天。他从老一辈鼓师那里继承了一批濒临失传的晋剧传统曲牌，加上平时注意收集这方面的东西，有了深厚的积累。他说："我是在晋剧辉煌时期学艺的，对晋剧音乐方面的知识进行了尽量全面的学习和记录，今天老艺人已寥寥无几，许多谱例也很少有人知道，我不把它记录成书，那将永远消失，岂不可惜！""文革"期间，他冒着极大的政治风险，把他数十年珍藏的晋剧打击乐谱资料偷偷拿回太原老家，隐藏在土炕洞中，有幸逃过了红卫兵抄家一劫，也为日后出书留下了最为宝贵的第一手资料。他至今仍保存着编写《晋剧传统锣鼓通谱》时的一些珍贵资料，有些纸页已经明显泛黄，与隐藏在土炕中不无关系。1979年，中国文艺界开始迎来万紫千红的春天。他的晋剧打击乐事业也迎来了良好的发展机遇。当年各行各业向国庆30周年大庆献礼，成了最好的契机。当时的晋中地区文化局组织编印了《晋中打击乐》献礼书，就是由他独立编写的，为此，他蹲在条件简陋的晋中印刷厂，在排版车间苦战7天7夜不回家，终于赶在国庆节前把书印了出来。当年11月，省文化局向省内各艺校推广这本教材。1992年成立的三晋文化研究会，他出任理事。当年12月，三晋文化研究会的联络员会议决定，挖掘整理一批晋中文化研究课题，其中就有"晋中打击乐研究"。之后，由他主持的这项工作，被列入晋中历史文化研究30项成果之首。《晋中打击乐》一书的印发，提升了他编写晋剧传统锣鼓通谱的信心。

18万积蓄。人到无求品自高。著书立说离不开辛勤的付出，也需要充足的资金保障。贾老是一个本分之人，为出书不想给别人添麻烦。为筹集出书费用，当年他决然放弃了两个工作单位3次集资住房的难得机会，把老两口大半生积蓄全部拿了出来，又向子女借了4万元，共自筹费用近18万元，由中国戏剧出版社出版了《晋剧传统锣鼓通谱》一书，了却了贾老一生孜孜以求的心愿。

100万字鸿篇。《晋剧传统锣鼓通谱》全书共分上、中、下三篇，包括1400段条目释文和谱例、综述，共计百万余字。贾老摸索创造了一套记谱方法和鼓板指挥手势以及范子标号，便于读者学习记忆，更有利于演奏者学习操作。作品对戏曲表演、晋剧唱腔结构和弦击乐的配合都具有一定的指导作用。其中，特别珍贵的是还收录了目前已失传的晋剧《钟馗嫁妹》等100多种曲谱。被誉为晋中戏曲非物质文化遗产的"活化石"。

30年足迹。天道酬勤。从《晋中打击乐》印发之后的几十年中，贾老一直在整理并摸索传统鼓谱记录和教育工作。鼓谱的整理编辑，不同于一般的音乐简谱，更有别于普通的文字材料，它的复杂程度已远远超出了常人的想象，更何况是由一位年逾古稀的退休老人整理。到2005年，历经千辛万苦的《晋剧传统锣鼓通谱》一书终于出版。前前后后30年，风风雨雨数不尽的不眠之夜，个中辛苦只有贾老才有最深切的体会。

巨大影响力。该书不仅为戏曲研究提供了一套工具书，还填补了我国戏曲打击乐的空白，在全国所有剧种中，这是首部打击乐谱著作。《晋剧传统锣鼓通谱》于2005年被列入当年中国戏剧出版社的重点出版图书，称该书即使放眼全国，至今也还没有见到其他剧种有如此规模的锣鼓通谱系统性的编著，出版后更是引起了国内戏剧界的轰动。曲润海的总体评价是“非遗保护出色的身体力行；传统艺术继承的巨大成果；晋剧创新发展的坚实基础；戏曲音乐教学的规范教材”。中国戏曲音乐学会副会长、山西戏曲音乐学会会长、戏曲音乐家、戏曲史论家寒声为该书作序时称其为“一部前无古人的系统工程”。当时的中国文联主席周巍峙亲自题写了书名。该书出版前后，曾有不少人登门要求购买该书版权。该书出版后，太原实验晋剧团“梅花奖”得主、晋剧丁派继承人谢涛赴上海领取“白玉兰奖”时，曾带去了30套《晋剧传统锣鼓通谱》，在评委和戏剧界同人中引起了强烈反响，大家对该书给予了高度评价。国家图书馆、北大图书馆、中国戏曲学院、山西省图书馆等专门收藏了该书。《山西日报》、山西人民广播电台、黄河之声、晋中电视台、《晋中日报》等众多媒体进行了宣传报道。

60 载艺涯硕果累累

贾老从事晋剧鼓板打击乐60多年，历任太原复兴舞台、太原市晋声剧团（山西人民晋剧团、省晋剧院前身）、晋中晋剧团司鼓，晋中艺术学校副校长，晋中青年晋剧团团长、书记。多次评为省、地优秀党员，是中共山西省第五次代表大会代表，省戏曲音乐学会常务理事，省三晋文化研究会理事，晋中剧协理事。1992年加入中国戏剧家协会。晋剧《火焰驹》伴奏获省第二届戏曲观摩会演演奏员奖，《曲牌联奏》获山西省第四届戏曲教学剧目演出编排一等奖，整理、编写的《晋剧打击乐》获1979年山西省文化局优秀教材奖，晋中文联、文化局优秀创作奖。1984年，被晋中地委授予立功奖励。2008年，《晋剧传统锣鼓通谱》荣获晋中市2007年度文艺精品特别奖和晋中市社科研究课题荣誉奖资助。同时，他还为我省培养了一大批戏曲音乐人才，学生遍布省内外文艺团体，入门弟子就有27名。现在，78岁高龄的贾老还不辞辛苦，在晋中艺校等教学舞台上为培育后备人才默默耕耘。

一种精神催人奋进

位卑未敢忘忧国。贾老作为我省我市文化艺术界德高望重的老艺术家，为繁荣传承晋剧文化做出了突出贡献。综观他半个多世纪的艺术生涯，他的为人处世，他的事业追求，他30年漫漫求索出版巨著的经历，他作为一个业界权威的老艺术家为艺校授课，一节课仅仅象征性的10元讲课费之举，给我们很多启示。有两个层面的双重意义，一个层面是保护传承了文化财富；另一个层面是展示了一种可贵精神，那就是一种无私奉献的精神，一种勇于攀登的精神，他把自身价值的实现与对国家、社会的崇高责任统一了起来，体现的是一个中国知识分子社会责任的担当与良知，这就是我们这个社会的脊梁与希望。

他的实践真正诠释了一个中国知识分子的崇高追求，真正彰显了“先天下之忧而忧，后天下之乐而乐”的优秀品质，令人感动，催人奋进。在今天不少人追名逐利日盛的现实中，在喧嚣浮躁的风气下，贾老的这种可贵精神值得全社会大力学习与倡导。

该文入选晋中市“迎国庆、讲文明、树新风”专栏，发表于《晋中日报》晚报版2009 年8 月17 日

薛飞：赴汤蹈火中建功立业的七尺男儿

——记晋中消防二中队中队长薛飞

投身绿军营磨砺五载，无怨无悔酬壮志；

亲驾红战车出征千次，为国为民立新功。

这是对奋战在晋中消防一线一位优秀指挥员的真实写照。他就是晋中消防二中队中队长薛飞，他投身晋中消防事业5年来，坚守“洒一腔热血，保一方平安”的信念，无论是在太行山巅，还是转战汾河平川；无论是普通一兵，还是担任指挥员，始终兢兢业业、奋不顾身、一往无前、屡立战功。经受了无数次血与火的洗礼和生与死的考验，是我们晋中“红门卫士”的杰出代表。今年被推选为“第二届感动晋中十大道德模范人物”20名候选人之一，确实当之无愧。

胸怀报国志

薛飞，中共党员，生于1980年12月，2004年毕业于北方民族大学信息工程专业，2004年6月入伍。2005年4月在晋中和顺消防大队任助理工程师；2006年在晋中消防支队二中队担任指导员；2007年在太谷消防中队担任中队长；2008年2月任晋中消防二中队中队长。

他在大学校园，担任班长，是品学兼优、积极参与社会活动的高才生。毕业前夕，其实他已面临着水笔与水枪的双重选择。在已被母校选聘留校任辅导员的情况下，当面临投笔从戎，成为一名光荣的消防战士的选择时，他毅然选择了橄榄绿。众所周知，消防部队是一支与火灾和各种自然灾害及各类急难险重突发事件做斗争的队伍，是和平时期养兵千日用兵千日、随时出警、随时战斗、随时经受生与死考验的高危警种。他放弃大学老师优越的工作环境，投身军营报效国家。由此，可见他在人生之路关键之处的雄心壮志。

分配到部队后，他认真听从组织安排，积极要求下基层锻炼，充分发挥大学生知识理论优势。入伍几年来，在各级领导的支持鼓励下，在战友们的关心帮助下，顺利完成了从一名普通大学生到一个中队干部的转变，他始终脚踏实地一步步追求着自己的信念，勤奋学习，更将信念与学习作为前进的方向。他凭着自己执着的工作信念，将自己所学的知识毫无保留地播撒在中队这片沃土上。

自古忠孝不能两全，消防卫士永远是无私的奉献，付出而不计回报。平日，他尽管时时牵挂家中父母妻子，却始终不忘对社会对人民的忠诚与责任。他爱人在山西农大教书，营区与家里相距并不算远，但两个人总是分多聚少,蜜月都还没有过上几天，一个急电就把他召唤到了救援现场。父母也在太谷，照顾不周他也非常内疚。以"用青春编织理想；用激情成就事业；用汗滴浸润沙场；用泪水深藏思念"这段小诗描述他的军旅生涯，再恰当不过了。

脑装新理论

科学理论是引领我们事业前行的灯塔。在部队改革发展的新形势下，怎样使自己的思想和工作适应现实的发展，是对他的一大考验。为此，他从提高自身素质入手，努力加强政治理论学习，提高自己的思想政治水平。有针对性地对党的十七大精神、科学发展观开展专题学习，深刻领会中央精神，始终在思想上、政治上、行动上同党中央保持一致，并紧密联系中队的实际认真贯彻落实。近年来，他严格按照制订的理论学习计划，坚持每天挤出1—2个小时的业余时间进行学习，撰写心得体会。通过学习，自身理论水平、管理和组织协调能力都得到了提高，专业技能也有了较快的进步，整体素质明显提升。

工作中为了提高业务素质水平，他大量学习战训书籍，理论联系实际，将所学知识运用于实际训练，对理解不了的动作要领，他虚心向老班长和业务骨干请教。他始终坚信"打铁须先自身硬，没有过硬的素质，是带不好兵的"。每天，坚持出操，第一个到达训练场，最后一个离开。火场上，他始终把自己看作一名党和人民的消防战士，在每次"急、难、险、重"的灭火战斗和抢险救援中，他始终冲在第一线。每次灭火和抢险救援战斗过后，他都要及时地组织中队参战官兵认真研讨，总结经验，查找不足，分析原因，在实战中不断提升指挥能力。

手抓硬队伍

建设一支"政治坚定、业务精湛、纪律严明、装备精良、保障有力、反应敏捷"的党委放心、政府满意、人民信赖的文明威武消防之师，是新时期消防工作发展的根本要求。他担任中队领导以来，以大力培育"忠诚于党，热爱人民，报效国家，献身使命，崇尚荣誉"的当代革命军人核心价值观为重点，以"三抓"为抓手，即抓教育，提高官兵思想素质；抓管理，确保部队安全稳定；抓保障，提高官兵生活条件。队伍正规化建设取得了明显成效，主要体现于"四个注重"：

注重班子团结。他能够牢固树立团结意识，与中队其他干部在工作上，互相支持、互相信任；生活上互相关心、互相理解；学习上互相帮助、共同提高。真正像爱护自己的眼睛那样去爱护团结，通过与指导员交流在团结上达成共识，那就是努力做到“三个珍惜”：一是珍惜党的事业，把党的利益看得高于一切，重于一切，勤勤恳恳，兢兢业业，为党工作。二是要珍惜集体的荣誉，任何时候都要维护党组织、集体的荣誉。三是要珍惜战友情谊。深厚的战友之情既是团结的结晶，又是班子团结的纽带。

注重率先垂范。自他大学毕业参加消防工作以来，他严于律己认真履行自己的职责，立足本职岗位，将条令条例贯穿于自己的行为规范。

注重制度落实。在中队管理方面，他本着从严治队的原则，认真贯彻落实支队各项条令条例和规章制度的执行力度，严格执行一日生活制度、请销假制度，业务训练及设备管理等方面制度。通过努力，中队官兵进一步明确了自己的岗位职责。

注重官兵沟通。他始终把思想工作作为搞好各项工作的前提。在平时的工作中，哪个战士思想有波动，哪个战士心态有变化都逃不过他的眼睛。他都要主动找他们谈心，详细了解每名战士的情况，耐心细致地开导，认真剖析事情的根源，努力帮助战士扭转心态，理顺思想。使之能够以饱满的热情投入工作之中。

身临最前线

公安消防部队是一支同火灾做斗争的专业化队伍，同时也承担着繁重的抢险救援任务，承载着一个城市的安全，肩负着社会公众的重托。薛飞入伍以来，参加灭火和抢险救援战斗1000余次，在每次战斗中，他总是冲锋在前，在血与火、生与死的考验中，科学施救，屡立战功，向党和人民交上了一份份合格的答卷。

2007年11月，在太谷中队担任中队长期间，指挥了对太谷县候城乡黄土峪砖厂山体滑坡重特大事故的抢险救援工作，此次事故5人被埋，其中4人死亡，1人生还，在六个多小时紧张惊险的救援行动中，他果断指挥、敢打敢拼、机智果敢、快速出击。会同有关部门，成功地完成了此次救援任务。

2008年3月17日，中队突然接到报警称山西商务学院门口饭店发生液化气爆炸事故，接警后立即出动两辆水罐消防车及指战员14人，火速到达事故现场，他果断下令立即疏散围观群众，同时带领一班长、通信员组成侦察小组佩戴空气呼吸器、有毒气体探测仪、防爆手电进入房间内部侦察，得知有一大罐液化气正在泄漏，周围杂物在燃烧，地下室到一楼的装饰板及天花板已被震落，一楼厨房有5个液化气瓶，其中有3个泄漏。他果断下令，分成3个战斗小组，各自分工，利用单杠梯打开门窗通风，然后进入内部关闭电闸，在水枪的掩护下进入一楼厨房关闭了正在泄漏的液化气罐并且把瓶子疏散出来，并在地下室利用水枪冷却液化气瓶，关气疏散，明火被彻底扑灭，消除了发生更大爆炸的隐患。

2008年4月，在位于榆次区北田镇西嫣沟村一户居民土窑因爆炸坍塌事件中，其中4人被埋，此次救援工作持续时间一个半小时，在他指挥下消防战士们快速果断，毫不退缩，顺利地将四名被埋压人员搜救了出来。

2008年12月9日，山西雪花啤酒厂一厌氧罐发生泄漏并有人员被困，在他有效积极的指挥下，中队官兵通过3个小时的救援、侦检、排查、堵漏等措施，排除了险情，救出被困的4名人员，消除了隐患，确保了工厂职工的生命安全，用实际行动树立了消防卫士的良好形象。

2009年4月21日，位于榆次市工业园区建业街3号的泰达钢构有限公司一生产车间丙烷罐发生火灾，火势汹涌，威胁着附近的数十个氧气罐和丙烷罐，爆炸一触即发。受命赶到现场进行灭火扑救的薛飞临危不惧，镇定指挥，身先士卒率领战士们共搬出丙烷罐16个，氧气罐12个，全体官兵的通力合作将爆炸隐患解除，避免了更大事故的发生。

心系老百姓

作为党员干部，薛飞时刻把群众的利益放在心上，想群众之所想，急群众之所急，积极主动地为群众做好事，办实事，排忧解难。他说："群众的事儿再小也是大事，"他是这样说的，也是这样做的。长期的战斗实践使他深刻体会到，发生火灾后，群众都非常着急，希望快速出警、快速行动、快速灭火、保住财物。针对群众这种心情，他常常教育中队里的战士们，我们要练就过硬的本领，养成雷厉风行的工作作风，只有这样，我们才能把群众损失降到最低，让群众满意。在执行任务时，他总是出动迅速为灭火赢得时间，尽力减少群众财产损失。

春华秋实。薛飞用青春与热血保卫着城市的和谐与百姓的安康，也诠释了一名消防警官的神圣使命。他率领的团队先后荣获晋中消防部队2008年度队列会操第三名、2008年度执勤岗位练兵先进单位、"三基工程建设暨2008年度工作先进中队"等荣誉称号。一名战士荣立二等功一次，先后有七名官兵荣立三等功。

消防事业是一项"挽大厦于将倾，救生命于水火"的崇高事业。新征程，薛飞和他的战友们将一如既往，继承弘扬"忠诚可靠，赴汤蹈火，服务人民"的消防精神，继续奋战，为党和人民再立新功。

该文入选晋中市"迎国庆、讲文明、树新风"专栏，发表于《晋中日报》晚报版2009年8月24日

厚土青苗追寻晋中文化品牌之根脉

——“八大文化品牌”调研报告之一

晋中是一片充满灵性、洋溢生机的沃土，五千年浩瀚历史创造的灿烂文明，滋养着生活在这片土地上的人们。20世纪90年代以来，随着平遥古城和以乔家大院为代表的一批晋商文化大院的开发、开放，蛰伏于晋中人心中的文化意识被迅速唤醒。以2006年晋中市委提出建设“文化晋中”为标志，人们开始用文化的视野重新审视这片熟悉而又陌生的土地：从东山到平川，从太行之巅到汾河两岸，文化建设的热潮此起彼伏。经过全市上下的精心打造，一大批文化建设成果和品牌横空出世，令人瞩目。

如今，群星闪烁，异彩纷呈，被誉为“八大文化品牌”的重大成果应运而生，包括“中国社火之乡”晋中市、“中国清明（寒食）文化之乡”介休市、“中国牛郎织女文化之乡”和顺县、“全国传统春节保护示范地”祁县、“中国寿星文化之乡”寿阳、“中国晋商文化之乡”榆次区、“中国民间文化之乡”左权县和“中国化石文化之乡”榆社县。这些国字号文化品牌，以其鲜活的生命力、深远的影响力和巨大的感召力，成为文化晋中乃至文化山西的又一亮点。立足晋中传统文化的深厚土壤，审视这片文化高地葳蕤茁壮的嫩绿枝芽，追寻八大文化品牌之历史根脉，对于我们更加深刻认识八大文化品牌，做大做强八大文化品牌，无疑是一件非常有意义的事情。

黄河文明文化厚土

晋中地处三晋腹地，自古人文荟萃、经济发达，其文化底蕴非常深厚是人们的共识。追寻八大文化品牌之来龙去脉，应该跳出晋中这个小圈子，从三晋文化之中，从黄河文明之中，从中华民族生生不息的文化发展进程中寻找答案。

晋中传统文化是三晋文化的重要组成部分，它是指有史以来，在晋中这块土地上发展衍生、长期浸润形成的人文理念、价值取向、生产技术、生活习俗、艺术追求与表现形式等精神活动及其精神产品。清代一学者曾云:“天下形势，必有取于山西。”千百年来，山西，这方地处黄河中游的沃土，物华天宝，人杰地灵，承载着华夏文明的传统，在黄河文明的滋润熏陶下，在纵横捭阖的历史舞台上，上演出了一幕幕精彩纷呈的悲欢大剧。长久的文明积淀，在这块土地上形成了异常浓厚、丰富和色彩鲜明的三晋文化。山西境内的史前遗址、古战场、古墓、古塔、古庙、石窟、佛寺以及民宅大院等不可移动文物有35000余处，其中晋中就有4800余处；山西的国家级文物保护单位有119处，而晋中就占了44处，堪称“超级博物馆”；三晋的神话传说、根祖文化多，晋中的牛郎织女传说与老寿星传说等具有很强的思想性和艺术性；明清时代，以晋中商人为代表形成的晋商文化，以“诚实守信”处事之道与“汇通天下”之宏大气魄征服了海内外。时至近代，独具特色的太行精神在全国有广泛而深远的影响。三晋文化是黄河文明在山西的历史凝结。晋中文化又是三晋文化的突出代表。中国的历史有多么悠久，三晋文明的渊源就有多么深远，晋中传统文化的渊源就有多么深远；太行吕梁的黄土有多么厚实，三晋文化的蕴藉就有多么深邃，晋中传统文化的蕴藉就有多么深邃。

生机勃勃的黄河文明经受了历史惊涛骇浪的考验，跨越了无数激流险滩，敞开胸怀一往无前，造就了连绵不断的华夏文明。晋中传统文化传承着黄河文明的基因。从榆次后沟古村落到昔阳大寨海绵田，从晋中社火到左权小花戏，无不彰显出农耕文化的独特魅力。从目前全国保存最完整的一座明清县城，世界文化遗产平遥古城，到寒食清明节的发源地介休绵山，处处闪烁着黄河文明的光芒。

在晋中这片神奇的土地上，古老的黄河文明在这里积淀，文化的崛起，品牌的出世，其实是一种历史的必然。传承着中华民族先进文化根脉的晋中传统文化，犹如一粒粒文化良种，根植于晋中这片文化沃土，只要给她浇水施肥，营造气候，文化之树一定会繁花似锦，硕果累累。今天，在全市上下全力推进文化晋中建设的良好氛围下，八大文化品牌的诞生，正是我们深入挖掘晋中传统文化资源，并不断发扬光大的自然结晶。

源远流长繁花竞艳

基于全国各地城市文化品牌塑造百舸争流、千帆竞发的发展大势，全市上下积极行动，“文化晋中”建设活动在晋中大地方兴未艾，高潮迭起，“文化晋中”的形象傲然崛起，优秀的传统文化绽放出时代的光芒。独具魅力、称绝华夏的晋中八大文化品牌厘清了源远流长的文化根脉，展示了晋中饱满丰厚的独特形象，为全市的赶超发展提供了强有力的文化支撑。晋中是一片文化的厚土，根植于其中的传统文化繁花竞艳，就让我们走进八大文化品牌的文化记忆，感受其跨越时空的持久魅力吧。

1.八大文化品牌孕育于晋中民俗节日文化的“百花园”。

传统节日是中华民族传统文化的重要组成部分，也是其他优秀民族文化的重要载体和集中展示方式。在传统节日里，人们用各种各样的郑重仪式和庆祝方式来提升美好情操和培育丰富情感，用色彩纷呈的艺术形式展示浓郁的文化气息和鲜明的地域特征。人们或是追宗思远，或是亲人团聚，或是虔诚礼拜，或是融洽欢腾，不仅有享受，更主要的是精神上的收获。作为标志性文化，传统节日习俗彰显着我们这个族群独具特色的生存方式，也是我们整个民族诗意栖居的时空。

一段历史故事，一种地域风俗，一点人伦温情，这就是传统节日的魅力。作为中华文明发祥地之一的晋中大地，蕴藉着传统节日丰厚的文化渊源。

“中国清明（寒食）文化之乡”之历史渊源。中华民族因有介子而有寒食节。介子推与晋文公流亡列国19年，割股奉君，文公复国介子推不求名利与母隐归绵上被焚，千百年来流传甚广尽人皆知，以禁火寒食表达人们对介子推的尊敬与怀念，在漫长历史发展中同样传遍我国大江南北深入人心，然而在介子推故事发生地绵上（今介休、灵石地区），历代流传的是“寒石”的说法。据传，晋文公焚林以求介子推，大火烧了三天三夜，介子推母子被烧死在一块巨石板上。天公为之震怒，三春之际突降瓢泼大雨。被大火烧红烧裂的巨石板仍是热浪逼人，急于收殓乡贤的纯朴村民，怀着朴素的心理认为，只有将所有的火熄灭，巨石才能尽快变为寒石，才不会使介子推母子再受煎熬。于是乎家家灭火，户户禁烟，三天三夜之后将母子葬在巨石板后，上书大字：“千年寒石”，寄寓了永不得再伤害乡贤的强烈愿望，并在附近建庙立祠，世代祭祀不衰，三日禁火寒食也成为每年谁也不得不遵守的、无文的规定。禁火祭奠“寒石”，火禁后也只得“寒食”，因相互谐音，久而久之，祭奠寒石之节就被后人说成是“寒食之节”了。

出于百姓的敬仰，出于历代王朝的统治需要，寒食祭奠介子推的习俗，由最初绵上村民的自然行为，很快演变为很大范围的自觉行为，到东汉时期进入全盛阶段。而清明节则起源于春秋战国时代，是劳动人民根据气温、降水、物候等方面的变化而用于安排农事活动的节气之一，由于寒食节与清明节前后仅差一两天，“大致到了唐代，寒食节与清明节合而为一”。

清明、寒食文化在长期的历史发展进程中，除寒食外，相继增加了祭祖、踏青、插柳、打球，以及饮食、咏诗等丰富多彩的民俗活动，构成了多样性并存的寒食、清明文化。在这个节日里人们祭奠祖先、缅怀先人、追贤思孝；在万物复苏的时空中，亲近自然、感悟生命，进而演化成中华儿女敬祖保本、慎终追远的传统，演化成中华儿女认祖归宗、维系人们思想情感的纽带。清明文化,其思想价值厚重博大,所内含的忠孝文化、农耕文化、责任文化、生死文化、爱国文化、游乐文化等,可以说突出地体现了传统文化的精髓。

“全国传统春节保护示范地”之历史渊源。祁县作为中华民族最早的发祥地，早在6000年前新石器时代就有人类居住。淳厚质朴、忧深思远的人性，世代绵延、古道长存的民风，使祁县成为保留最原始传统、脉络最完整、地方特色十分鲜明的传统春节保护示范地。从汉代流传至今的传统春节、元宵节民俗节日，使祁县成为晋中乃至山西人活动的集散地。无论是在古代以祈求风调雨顺、国泰民安、康乐和谐为源，近代以晋商兴旺为本，还是现代形成的以歌颂党的富民政策、人民生活祥和等，均以吃、穿、玩的形式突出体现中华民族追求“吉祥、平安、喜庆、团圆”的春节理念。

“中国社火之乡”之历史渊源。在春节、元宵节期间，最初古老的对土地与火的崇拜习俗，逐渐演变成规模盛大、内容繁复的民间社火。晋中社火从秦汉百戏发端，在2500多年的历史发展中，兼容并包，在内容上吸收各地社火的营养，绚丽多姿；在表现形式上不断扩展，精彩纷呈。到了明清时期，晋商崛起，推动社火走向繁盛。晋中作为晋中社火的原生地与主要传承地，其社会文化历史之悠久、积淀之丰厚、生命力和影响力之强大，使其成为中国社火的杰出代表。新中国成立以来，特别是改革开放以来，社火作为晋中民间文化的良好载体，得到了传承发展。或集中于城县，或散办于乡村，其精华与风格都得以完美延续。出于打造城市文化形象和提升竞争软实力的需要，从2000年开始，晋中以政府为主导，每年都举办社火节。在社火节举办的日子里，到处都是社火的海洋，都是社火展演的狂欢场面，家家户户每个角落都在诠释社火文化，置身其中的每一个人都尽情地享受这份冬日里的温暖和热情。2007年，晋中被中国民间文艺家协会授予全国唯一的“中国社火之乡”称号。绵延千古的社火，从此成为晋中承续传统、凝聚人心的品牌。

“中国牛郎织女文化之乡”之历史渊源。在中国的传统节日里，最为浪漫、最引人遐思的是“七夕节”。而如今，古老的“鹊桥相会”在神奇的太行山创造出新的神话。在素有太行屋脊之称的和顺县，其南天池周边的自然环境，同牛郎织女爱情故事的背景十分相似；其地名和景点，形成了一条完整而系统的情节链，具有完整而系统的原生态面貌；其经济方式和遗存的古风古俗，最接近古代农业社会的原型，同牛郎织女故事所表现的“男耕女织”的理想观念十分和谐融洽。2006年12月，“中国牛郎织女文化之乡”花落和顺，为中国“情人节”找到了具有说服力的起源地，使“七夕节”这个象征美好爱情的节日，使这一传颂千年的佳话，中华民族“金风玉露一相逢，便胜却人间无数”“在天愿作比翼鸟，在地愿为连理枝”的爱情理念有了最完美的诠释。

传统节日，具象在人们现实的生活中，又将一种种浓郁的民族情愫流淌于每一个炎黄子孙的血液中，幻化成牢不可摧的民族感召力和亲情凝聚力，支撑中华民族生生不息，繁荣强大。

2.八个文化品牌孕育于晋中特有传统文化的“思想库”。

传统思想文化是中华民族在长期社会实践中逐渐发展形成的独特的精神信念和价值意识，它不仅仅是意味着“过去存在过的一切”遗存物，其更深层的含义在于，传统文化是一种传承的思想观念之流，是一种价值取向，是开启于过去而融透于现在又将延续至未来的一种意识趋势和存在。

“中国晋商文化之乡”之历史渊源。中华文明是世界上唯一不曾中断、绵延五千多年的古老文明，作为主要发展地区，晋中在思想文化方面，可以说是世代相传，生生不息，延续并凝结了传统文化的精髓，如清明节所提倡的忠孝文化，春节所承载的和合文化等，而最为浓墨重彩的，是丰厚博大的晋商文化。

榆次自明清起，就成为中国最著名的商帮之一，聂店王家开设的典当、钱庄、账局、杂货店遍布大江南北，享誉全国。清代常家一直是茶叶之路上规模最大、实力最强、历时最长的商家，商号从我国茶叶产区一直开设到俄国。过去，榆次作为晋商的代表在时间、实力、文化上一直处于领先地位，在新中国成立后的六十年里，也一直是晋中的政治、经济、文化中心。2007年，中国民间文艺家协会在中国晋商发展地进行了全方位、多角度广泛深入的调查，认定榆次是晋商文化的主要传承地之一，也是晋商文化保护较好、研究较活跃、存在活态表现的地区，将“中国晋商文化之乡”美誉授予榆次。

晋商虽衰，文化长存。在时代的动荡变迁中，晋商不安于现状，眼界独到，胆识并举，总是善于把机会转变为商业利益。更在此过程中，鲜明、突出地体现了传统思想的魅力。儒家以仁作为最高价值取向，反映在价值观念上就是“重义轻利”“以义为上”，儒家的诚信仁义在晋商文化中最被推崇。在晋商的商业活动中，诚信突出表现在两个方面：第一，诚实为本，责任第一，不弄虚作假；第二，重信用，守合约。他们认为只有彼此的诚实守信才能使生意正常进行，因此，即使对无利可图的生意，他们也会善始善终。中华民族心理的优点是朴实、厚道、待人以诚，从而导致社会和谐稳定，秩序井然。艰苦的自然环境，造就了山西人勤俭吃苦、坚韧不拔的品质，也形成了山西人淳朴的民风、善良的品性。这是晋商在道德层面留给世人的范例。在智慧层面，五百年晋商的管理运营模式，可以说，创造了历史上的传奇。比如山西票号在当时所采用的管理办法，一百年以后才在华尔街出现；又如掌柜负责制，这种所有权与经营权分离的制度，有助于实现最大的利益；再如人身的贫苦制，小徒弟为了取得更多的利益实现更好的发展，拼命地工作，忠实于东家，实际上是形成了一种新的契约制度，利于劳资关系的协调，现在日本的企业，普遍采用这种雇员制度。

窥斑见豹，单就以上几点就可看出，晋商文化内涵深厚、广大，对于建立社会主义市场经济，倡导社会主义核心价值体系，建设和谐社会，打造诚信社会，有着无可替代之功效。

“中国寿星文化之乡”之历史渊源。据《寿阳县志》中载：象征吉祥、长寿的南极仙翁老寿星就出生在寿阳的黄岭村，修炼飞仙在鹿泉山中的寿仙谷，寿仙谷中的寿星洞和飞仙石格外引人关注，全县有多处寿星活动的遗址。在古老寿阳的土地上，神话传说和古老文化相依，寿文化渗透到经济、社会、生活中的各个领域，如“寿”字牌联、五蝠捧寿、麻姑拜寿等瓷器，独特的挂长锁、寿星石子棋，寄托了人们渴望生命长寿不衰、健康平安的祈求和渴望。“中国寿星文化之乡”正在形成以寿星神话传说和遗迹为核心，以民间寿星工艺品制作、祭祀仪式为载体，以弘扬忠孝慈善为主旨的寿星文化大观。

3.八个文化品牌孕育于晋中民间艺术的“大舞台”。

民间艺术虽属下里巴人，却是社会大众心中文化生活的大舞台，是民族文化的重要组成部分，是构成整个民族文化的基石。“忽视民间艺术，就不可能真正了解民族文化及其基本精神。”民间艺术以普通大众的世俗生活为前提，以丰富多样的形态和种类呈现大众的价值观念、信仰追求、审美倾向、情感理想，等等，将普通大众的日常生活放在一个重要的位置，使百姓以自己的方式融入历史之中。

“中国民间艺术之乡”之历史渊源。在左权这个“中国民间艺术之乡”，劳动人民在“日出而作，日落而息”的辛勤劳作中，为自然所动，便放声而歌，率性即舞，原汁原味的民歌与小花戏，传递着几千年因袭下来的生存方式、生活内容和风土人情，是艺术，更是历史。左权民歌、小花戏从诞生至今，从单纯的乡间俚语到内涵丰富的歌词舞技；从街头巷尾“闹社火”到走上时代大舞台；从街头唱到中南海；从太行山巅舞到祖国的大江南北。它揭露黑暗，讴歌光明，唤起民众，打击敌人，同时也给予广大人民群众以珍贵的艺术享受。它灿烂辉煌的每一个历史足迹与时代的脉搏紧密相连，成为我国地方文艺的重要组成部分，是祖国民间艺术的两朵绚丽多姿的奇葩。“花戏扭进中南海，占民捧回歌王杯，盲人应邀进北京，琴书一唱共喝彩。”就是这种情形的真实写照。从20世纪90年代起，左权民歌和小花戏带着浓郁的乡土气息，开始走出左权，逐步迈向了全国乃至国际大舞台。

4.八个文化品牌孕育于大自然赐予晋中的“博物馆”。

“中国化石文化之乡”之历史渊源。如果说色彩斑斓的民俗节日、民间艺术、传统思想是晋中人灵物华的展现，那么“中国化石之乡”榆社则是大自然对晋中的惠赐。榆社化石主要指出土于榆社境内距今约一百万年地质历史时期的哺乳动物化石。这些化石除具有极高的药用价值、较强的观赏性和极大的收藏价值外，更具有极高的科研价值。在国际生物考古研究中，榆社化石在学术上具有“唯一性”、“不可替代性”和“承上启下性”，被誉为史前地球的生命信息库。在我国目前唯一的县级化石博物馆——榆社县古脊椎动物化石博物馆，无言的斑斓化石让人感受到百万年前榆社草木繁盛、万类霜天竞自由的景象。榆社化石好似一把开启地球秘密的钥匙，也像一面窥望地球昨日的镜子。近年来随着世界范围对化石研究愈来愈强烈的关注，使独具魅力的榆社化石成为最具开发价值和潜力的文化资源。这种化石文化，是一种堪与晋商文化相媲美的更为悠久的地域文化。榆社县委负责同志对榆社化石文化有一段精彩的论述：“就榆社化石而造就的榆社化石文化而言，单纯把榆社化石的卓越之处定位在药用和学术的范畴显然是有失周详的。榆社化石形态各异，巨细不一，粗观其表，多黝黑粗粝，似山野田夫；细析其质，或紫或黑，或白或赤，色泽深沉，温婉圆润，有如处子之态、琼玉之美。也许，对化石之观赏价值的研究和开发，也将愈来愈引起更多人的关注。”

追寻是为了更好地拥有，追寻也是出于更多的期待。我们追寻晋中八大文化品牌的历史渊源，是为了更深刻、更广远地感知蕴藉其中的文化内涵，是为了更清醒、更长久地享用、发挥其应有价值，也是为了使其永续发展，使根植于晋中历史文化厚土的文化青苗，成长为参天大树，孕育出晋中更加光明美好的未来。

以课题组成员发表于《晋中日报》2009年10月16日头版头条

■ 根深叶茂透视晋中文化品牌之内涵

——“八大文化品牌”调研报告之二

在建设文化晋中的伟大实践中，晋中深度挖掘厚重的历史文化资源，以打造强势文化品牌为抓手，继打造出享誉世界的六张文化名片后，又以大手笔向世人推出颇具独特魅力的八大文化品牌。八大文化品牌是一个具有市域特征、相对完整的品牌系统，探讨其内涵价值及其作用，对我们努力用好八大文化品牌，进一步推进文化晋中建设，乃至实现赶超发展战略，无疑具有非常重要的现实意义。

一、八大文化品牌的基本特征

八大文化品牌最初由市委常委、宣传部部长刘志宏概括提出。这八大文化品牌尽管主题各异、地方有别，但都具备以下几个基本特征：

1.认知性。八大文化品牌都是根植于晋中这片底蕴深厚的文化热土，都得到了社会的一致认可。晋中社火、榆社化石、左权民间等多数品牌在全国甚至海内外，一直就拥有较高的知名度、认同感和影响力。有些品牌如和顺牛郎织女传说、寿阳寿星文化等，虽然是近几年刚刚凸现的新概念，但由于具有确凿的史实依据，经过政府、民间持续不断地挖掘整理和宣传造势，已渐成气候，也逐步成为知名的文化品牌。

2.国家性。我们仔细观察这八大文化品牌，每个都挂着“中国”“全国”字样的权威头衔，先后都获得国家级的认证，被颁发了牌匾和证书。这些国字号的文化品牌，来之不易，凝结了各级党委、政府和广大宣传思想文化工作者的智慧和心血。她是晋中310万人民的骄傲与自豪，是全市上下参与支持文化晋中建设的必然结果，更是晋中走向全国、走向世界的金字招牌。

3.先进性。八大文化品牌涵盖了不同的文化类别，之所以能够得到国家级的文化认证，得益于我们在取其精华、去其糟粕方针指导下，努力促使这些文化保持民族性，体现时代性，朝着健康的方向发展。同时，八大文化品牌自身就蕴含了社会主义先进文化众多的理念与形态，特别是折射了晋中文化的晋商精神、太行精神和新的时代精神，完全符合社会主义核心价值体系的要求。其中如是社会主义市场经济体制赖以正常运行的重要基石晋商文化，诠释的是晋商精神中的诚信理念，晋中社火体现“民乐，乐民”的主旨，是促进社会和谐的有效途径；左权民间文化在抗战时期，经历了太行精神的浸润与熏陶，是老区人民爱党、爱国、甘于牺牲奉献的革命传统与县域传统文化的有机结合；介休清明（寒食）文化完整诠释了传统的忠孝文化，是中华民族几千年一脉相承核心文化理念，在新时代的生动再现。

4.鲜活性。这八大文化品牌既有悠久的历史传统，又有雄厚的群众基础，由群众创造，由群众传承，靠群众来发展与升华，因此具有强大的延续性与鲜活的生命力。在群众中蕴藏的巨大的文化热情与不竭创造力，是晋中各个文化品牌不断涌现、日臻完美的现实源泉。如每年的中国（晋中）社火节，时间长达一个月，参与群众近百万人次。祁县作为“全国传统春节保护示范地”，城乡老百姓生活中至今还保留着最原始、最完整的春节、元宵节民俗，在这里能够原汁原味充分领略中国最重要的两个传统节日——春节和元宵节的魅力与风采。

5.广泛性。八大文化品牌丰富多彩，具有较广的覆盖面，体现于两个层面：一是文化题材上的广泛性，有晋中独树一帜的晋商文化，有被誉为“东方一绝”的晋中社火文化，有展示距今500万年至100万年世界仅存的古生物化石的榆社化石文化，有寓意忠贞爱情的牛郎织女文化，有追求健康长寿、崇尚尊老敬老的寿阳寿星文化，等等。二是地理分布上的广泛性，可谓遍地开花，八大文化品牌几乎涵盖了晋中的所有区域，从巍巍太行峻岭，至漫漫汾河谷地，都有文化品牌的四射光芒。

二、八大文化品牌的内在价值

如果说晋中的六张文化名片是已经展示在世人面前的耀眼明珠，那么八大文化品牌就是有待于我们不断挖掘的深山宝藏。八大文化品牌博大精深，块块光彩熠熠，是晋中自己的文化符号，是确认晋中独特身份的胎记。她不仅有引人注目、令人向往的外在表象，更有独特的精神内涵和价值理念。站在建设社会主义核心价值体系的高度，以弘扬晋中传统文化之视角，综合分析八大文化品牌的内在价值，主要体现在四个方面。

1.从政治价值考量，彰显出一种价值取向。当文化与政治结合，政治就会更加开明。文化是政治文明的“导航灯”，文化对政治制度、政治体制的导向和引领作用十分明显，政治越来越多地通过文化形式来表现，建设社会主义政治文明需要发展先进文化。探析八大文化品牌的政治价值，主要体现于对我们建设社会主义核心价值体系具有积极的引导作用，能够昭示一种积极向上的价值取向。因为建设社会主义核心价值体系，既是我党在思想文化建设上的一个重大理论创新，是社会主义意识形态的本质体现，也是一项重大的政治任务。八大文化品牌中的每一种文化，都是社会主义核心价值体系的有机组成部分，都是社会主义核心价值体系在晋中的具体化，其先进性决定了自身的价值取向，一定是符合时代潮流的先进思想。社火文化体现了全民同乐、和谐祥和的价值追求；清明（寒食）文化体现了为国尽忠、为子尽孝的精神价值；牛郎织女文化体现了真情相爱、忠贞不渝的人生价值；传统春节保护示范地体现了亲情友情、和谐和睦的价值理念；寿星文化体现了追求长寿、崇尚尊老的生活价值、晋商文化体现了诚实守信、艰苦创业的价值取向，这都为社会主义核心价值体系的构建提供了可贵的参照和丰富的营养，更为晋中推进社会主义核心价值体系建设提供了新的更大的平台与更广阔的空间。

2.从经济价值考量，搭建了一个产业平台。文化是资本，是资源，是生产力，是一个地方生生不息、繁荣发展的不竭动力。文化品牌是文化产业最好最有效的通行证和广告语。在今天文化产业异军突起的新形势下，我们的八大文化品牌的经济价值不可估量，市委常委、宣传部部长刘志宏特别强调要用好八大文化品牌，重要的一点，就是利用好其经济价值，推动晋中经济社会赶超跨越发展。从近年各县市的实践看，文化经贸互动发展的趋势越来越强，依托这些文化品牌，我市连续举办了不少有影响力的节庆活动。比如，在冬季是北方旅游的淡季和全国旅游业因金融危机整体出现波动疲软的双重压力下，2009中国（晋中）社火节却逆势上扬，仍为我市带来了旺盛的人气，社火节和春节黄金周期间，我市接待国内游客突破40万人次，同比增长20%，其中本省游客和市内居民出游占到60%以上，实现旅游综合经济收入2.8亿元，同比增长52%。此外，榆次已连续多年举办了晋商文化节，介休市已连续两年成功举办了“中国清明（寒食）文化节”，和顺连续三年举办了中国牛郎织女文化节。这些与八大文化品牌直接挂钩的节庆活动，也都取得了明显的成效。2008年，晋中文化产业增加值在社会总产值的比重中占到了4.6%，全省为2.9%，全省排名仅次于太原位居第二。中国传媒经济年会评定晋中的文化形象在全国260个地级市中名列第四，其中八大文化品牌的贡献功不可没。

3.从社会价值考量，提供了一种精神力量。古人云：“观乎天文以察时变；观乎人文以化天下。”一定社会的文化环境，对生活在其中的人们产生着同化作用，要化解人与自然、人与人、人与社会的各种矛盾，需要充分发挥文化的凝聚、润滑、整合作用，来增强社会各个阶层的归属感、认同感，形成强大的民族凝聚力、向心力，为经济社会发展提供强大的精神动力。八大文化品牌本身无论是民俗、传说，还是人物、文物，之所以能够历经数千年生生不息，传承至今，就是因为这些文化代表了人们高尚的精神追求，符合社会发展的时代潮流，在任何社会都是一种积极向上的精神力量。在我们推动社会主义文化大发展大繁荣的新时代，春风化雨，潜移默化，八大文化品牌的社会价值必将得到更大程度发扬，一定会成为教育后人认识故土、认知血脉、认清道理最生动的教材。尤其是在社会主义市场经济条件下，其先进文化的社会价值必将更加凸显，其特有的感召力、引导力，在加强社会公德、职业道德、家庭美德和个人品德建设中，必将发挥重要的作用。比如，在时下社会不少人坑蒙拐骗、诚信缺失的现实中，可用晋商文化的诚实守信、艰苦创业精神，教育人们勤劳致富，引领社会导向正确前行。针对现实中第三者插足、“包二奶”等破坏婚姻家庭的腐朽现象，可在全社会宣扬牛郎织女文化的真情相爱、忠贞不渝的健康婚姻观，扶正祛邪，引导社会风尚。对社会上少数子女丧失伦理，不履行赡养老人义务的现象，可用寿星文化、忠孝文化中尊老敬老的风尚，感化倡导人们关爱赡养老人，营造和谐融洽的家庭氛围。

4.从文化价值考量，传承了一方文化遗产。八大文化品牌从挖掘整理、到宣传推介，直至为社会认可，发挥作用，成为光耀天下的知名品牌，从文化本身的意义上看，就是一件功德无量的善事。八大文化品牌塑造的过程，就是对晋中宝贵文化遗产最好的保护，最好的传承，最好的开发。八大文化品牌都得到了国家级的认证，成为国字号品牌，提升了影响力，也更有利于这些文化的保护传承。更为可贵的是，八大文化品牌主要是属于非物质文化遗产，意义深远。其中少数是有形看得见的文化资源，如晋商大院、榆社化石等，相对来说，保护传承比较容易。而绝大多数如民间社火、清明(寒食)风俗、和顺牛郎织女传说、祁县春节民俗、寿阳寿星文化、左权民间文化等，都是以口头传统、民俗活动、礼仪节庆、民间传统表演艺术、手工艺技能等方式存在，保护传承难度就更大一些。成为文化品牌后，这些极为宝贵的文化遗产，必将得到政府和社会各界的高度重视，一定能够在保护中传承，在传承中发展，在发展中壮大。事实上，近年来八大文化品牌也作为文化遗产陆续入选国家、省、市非物质文化遗产保护名录，包括左权“开花调”作为左权民间文化的代表首批入选国家级非物质文化遗产保护名录，和顺的“牛郎织女传说”、介休的“寒食节”以及众多社火活动项目列入全省和晋中市第一批省级非物质文化遗产保护名录，都为传承这些丰富的文化遗产提供了可靠的机制体制保障。

三、八大文化品牌的现实意义

文化品牌是一个区域、一个城市的标识与象征。晋中的文化品牌承载了悠久的过去，铸就了辉煌的现在，孕育着光辉的未来。八大文化品牌的成功打造，是实施文化晋中战略的重大成果。这不仅对全市宣传文化战线是一个巨大的鼓舞，而且对晋中实施赶超战略、推进经济社会又好又快发展，具有十分重要的现实意义。

1.为晋中源远流长的文化厘清了历史根脉。晋中的八大文化品牌是晋中民间传统文化的集大成者。浩如烟海的民间文化是我们的祖先数千年来创造的宝贵的精神财富，是我们民族精神情感、道德传统、个性特征以及凝聚力与亲和力的载体，也是我们发展先进文化的精神资源和民族根基。我们强调要“把根留住”，而八大文化品牌的形成过程，就是留住晋中传统文化与历史根脉的过程。

2.为晋中对外形象的塑造推开了展示窗口。古今中外的历史证明，一个区域，一个城市唯有独到的文化个性、文化风格和文化品位，才能塑造与众不同的形象，创造与时俱进的未来。八大文化品牌的推出，可以在更大的范围，以更强的力度，宣传晋中，进一步提升晋中在海内外的知名度与美誉度。也正是我们积极占领文化发展的制高点，突出区域文化品牌的打造，才取得了不菲的成绩。在今年5月召开的第五届中国传媒经济年会“传媒与中国城市发展”论坛上，在全国251个地级城市中，晋中以文化形象媒体监测第四名的骄人成绩，荣获“最佳创意城市大奖”，同时，晋中还跻身城市综合形象全国十强、和谐城市形象全国二十强，就是最好的证明。

3.为晋中宣传事业的推进提供了新的抓手。八大文化品牌的推出，影响很大，成效显著，但这仅仅是晋中文化品牌建设工程的开始，后面的路还很长，需要做的工作还很多。当前，围绕这八大文化品牌，如何拓展思路，延伸文化产业链，力争在电影、电视剧、文学、戏曲、社科理论研究等创作上，取得一批相关成果和精品，把八大文化品牌的事业做大做强，是摆在全市宣传文化工作者面前的一篇大文章。

4.为晋中赶超发展的实践注入了旺盛活力。服务大局是宣传文化工作的基本职责。把晋中建设成为山西中部最具活力的经济带和城市群，推进科学发展、赶超发展，不仅需要强大的经济实力支撑，也需要不断增强文化软实力来支撑。所以，我们要站在全局发展的高度，珍视八大文化品牌，用好八大文化品牌，让八大文化品牌在全市经济社会发展中发挥更大的作用。

以课题组成员发表于《晋中日报》2009年10月17日头版，《前进》2009年第12期

■ 春华秋实构筑晋中文化品牌之未来

——“八大文化品牌”调研报告之三

“文化晋中”发展战略的全面实施，使晋中八大文化品牌成为继六大文化名片后，又一个战役性成果。站在新的历史起点上，“文化晋中”建设依然任重而道远，对初具雏形的八大文化品牌而言，更是万里长征第一步。如何促进其向更高的层次迈进，走向全国，扬名世界，真正成为国家级的文化品牌，是需要我们下功夫解决的一个重大课题。

小荷初露尖尖角

天道酬勤。近年来，晋中的经济社会事业跨越发展，特别是“文化晋中”建设起点高，力度强，成效大，走在了全省前列，突出表现在实现了“四个提高”：即一是各级党委、政府和全社会的文化意识大为提高；二是文化事业与文化产业对经济社会的贡献率大为提高，2008年，晋中文化产业增加值占GDP的4.6%，全省为2.9%，全省排位仅次于太原；三是晋中在海内外的知名度大为提高，特别是文化影响力和文化形象在国内206个地级市中排名第四；四是晋中人民的精神文化生活有了大提高。在此基础上，产生了一大批影响深远的文化实践成果，八大文化品牌就是典型代表之一。

博大精深的晋中传统文化孕育了八大文化品牌，高瞻远瞩的文化晋中战略成就了八大文化品牌，她遍布晋中的山山水水，从巍巍太行怀抱的寿水之阳之老寿星传说，至浊漳河畔史前地球的生命信息库里块块化石；从漫漫汾河谷地乌金山麓的常家庄园，到春秋晋国介之推偕母隐居被焚的绵山之巅，让310万晋中人民都能尽享丰盈的文化成果。她一年四季均衡分布在不同的时间节点，从春节、元宵节的社火到清明寒食节的祭奠；从七夕节的牛郎织女文化到重阳节的寿星文化，让晋中大地文化盛事此起彼伏，高潮不断。也为晋中文化的“六张名片”锦上添花，共同推进了晋中文化的大发展大繁荣，为提升晋中软实力，塑造晋中新形象，推动晋中赶超跨越发展做出了贡献。

在八大文化品牌的打造过程中，各级党委、政府付出了艰辛的努力，广大宣传文化工作者倾注了大量心血。特别是在品牌基本成型后，在挖掘品牌内涵、发挥品牌优势、增强品牌效应、提升品牌影响力上推出了不少新的举措。以各种大规模节庆活动为平台，为八大品牌宣传造势。市委、市政府在连续举办了七届“晋商社火节”的基础上，2008年开始，又顺势举办了两届中国（晋中）社火节，其中2009年就投入100万元，举办十台大戏、焰火晚会、社火表演等系列活动，为期一个月，有百万民众受益。在介休，在成功举办首届中国清明（寒食）文化节的基础上，由中央宣传部、中央文明办、文化部、中国文联和山西省委省政府联合主办了第二届中国清明（寒食）文化节，为期15天，其间举办了传统节日与假日旅游高层论坛，绵山举行了公祭介子推大典，晋剧《介子推》、清明民俗活动比赛、寒食精品展也轮番上演。和顺在每年的农历七月七举办大型活动，今年以“爱在七夕，和美和顺”为主题的第三届牛郎织女文化节活动，陆续开展了山西牛郎织女故乡行和顺诗歌笔会、牛郎织女文化节藏品暨摄影展、新编晋剧《鹊桥会》展演、评选白金钻石婚伉俪见证忠贞爱情等活动。开幕式表演以著名歌唱家宋祖英领衔、海政文工团强大阵容出演，颇具规模。2008年以来，寿阳围绕挖掘本土历史文化遗存，打造中国寿星文化产业战略目标，相继举办了中国寿星文化产业专家论证会，鹿泉山寿星文化休闲度假旅游区正式开工奠基，出版了《寿阳寿星寿文化》一书；与中央电视台动画部合作筹拍《寿星传奇》动画片；建设开通了中国寿文化研究基地网站。到2009年榆次已连续举办了七届榆次晋商文化旅游节。左权作为中国民间文化之乡，举办了一系列有影响的文化活动，诸如中国南北民歌擂台赛、盲宣队进京演出、电影《桃花红、杏花白》《有了心思慢慢来》和电视剧《男儿本色》等，今年7月，左权“开花调”艺术团受国家文化部委派，代表中国赴土耳其参加了第十届国际布尤切克切美谢和第四届国际库楚切克美谢这两个在国际上知名度较高的文化艺术节。今年，榆社县化石博物馆顺利跨入国家二级博物馆行列，为传承光大化石文化奠定了坚实基础。

百尺竿头再跨越

资源在于挖掘，品牌在于打造。创造一个品牌不易，保持一个品牌更难。就我们的八大文化品牌而言，尚处于起步阶段，要想形成国内国际高度认同的品牌以及效应，还有很长的路要走。为此，必须力戒自满知足心态，视八大文化品牌为一个完整的品牌系统，继续举全市之力，把她打扮得更加完美，更加亮丽，更具影响。

1.大造声势，努力扩大八大文化品牌的影响力。虽然这几年我们在宣传晋中八大文化品牌上取得了引人瞩目的成绩，在一定范围形成了影响力，但与国内国际知名品牌相比，差距仍非常之大。即使与先行的一步本土“六张文化名片”相比，对内对外影响力都还稍逊一筹。站在打造知名品牌的战略高度，用高标准要求，还存在着造势力度不够、手段单一、半径较小、形式不活等差距与不足。今后，要把宣传晋中八大文化品牌作为一项系统工程来抓，着力在“整合资源、挖掘内涵、丰富内容、加强策划”上下功夫，在新闻报道层面上，市级媒体要加大报道力度。有关部门要加强与中央、省级和海外强势和主流新闻媒体的沟通联系，扩大覆盖面。特别是当今宣传手段多元化的新形势下，应当不断丰富形象宣传的形式与手段，包括电影、电视、戏剧、小说、诗歌、网络、歌舞、报纸、广播、杂志、画册、宣传册、采风、笔会、研讨会、推介会、体育赛事、各种形式的广告，等等。当然，在众多宣传手段中，也要有主打的方向，从现在的经验来看，影视作品为文化品牌、旅游品牌扩大影响是最立竿见影、最事半功倍的。远的不说，电影《大红灯笼高高挂》、电视连续剧《乔家大院》之于如日中天的乔家大院的巨大作用和意义，众人皆知，就是经典的例证。眼下，介休和和顺分别投入巨资策划编排演出《介子推》和《鹊桥会》，对扩展清明（寒食）文化和牛郎织女文化品牌的影响力，必将起到重要的推动作用。

2.大笔描绘，扎实提升八大文化品牌的精品率。现在，人们一提起大连、青岛的城市品牌、文化品牌，立马就会想到久负盛名的大连服装节、青岛啤酒节，为什么？这就是品牌的效应，精品的效应。联想到我们的八大文化品牌，在现在的条件下，个个都要打造成为像平遥国际摄影大展这样的大品牌，也不太现实。关键是我们要集中力量，把目前条件相对成熟的品牌进一步提升品位提高档次，涌现出三五个精品是有把握的。如“中国社火之乡”和“中国清明（寒食）文化之乡”，这两个品牌就非常有潜力可挖。“中国社火之乡”最大的平台是每年一度的中国（晋中）社火节，除了常规的游行表演外，在专业演出方面，应追求一个“精”字，除了春晚、十台大戏（实际近20台）节目进一步追求高质量外，若财力允许，可邀请全国顶尖的艺术团体和明星艺人来晋中演出，甚至国外的艺术团体。艺术种类尽可能多样化。可能的话，请中央电视台、山西电视台来做社火专题专目，条件成熟，甚至向全省、全国直播街头文艺展演。若能打磨出高质量的晋中社火题材的剧本，拍成影视剧，影响就更大了。两三年后，可以考虑将中国（晋中）社火节的晋中二字去掉。全国许多地方都搞社火，但晋中的社火最地道最正宗，冠以“中国”名号也是实至名归。再比如“中国清明（寒食）文化之乡”这个品牌，连续两年在清明前后举办了高规格的“中国清明（寒食）文化节”，由于刚刚开始，影响有限，主要制约因素还是长期以来，我们对介子推这位历史名人的宣传力度不够。中华民族五千多年的文明史上英才灿若繁星，然而以人定节却只有屈原的端午节和介子推的清明寒食节。二人皆因忠国、爱国、报国受到万世敬仰，但若论既忠又孝，介子推却是中华民族历史上的第一人。遗憾的是，介子推的知名度、影响力，比起屈原、孔子、关公还有很大的差距。究其原因，屈原是中国古代最伟大的诗人，留下众多诗作，佳句“路漫漫其修远兮，吾将上下而求索”千古流芳，至今多被人们引用；孔子、关公则被历代朝廷多次封赠，贵为文圣人、武圣人，在官方、民间影响都很大。更重要的是后人文学创作对他们的神化、美化。屈原有郭沫若的剧本《屈原》，关公更有罗贯中的古典四大名著之一《三国演义》。而这些介子推都不具备。因此，当务之急，是深度挖掘介子推和绵山的人文价值，推出一批精品力作，在全国范围内开展形象营销，让介子推的忠孝形象家喻户晓，晋中“中国清明（寒食）文化之乡”的品牌自然也一定会享誉神州。

3.大张旗鼓，始终坚持八大文化品牌的群众性。群众的广泛参与和高度认可，是文化品牌价值的最高体现，也是其生命力之所在。八大文化品牌无论是平常的文化娱乐，还是集中性的节庆活动，都必须在发动民众参与上下功夫。要利用晋中的旅游优势，调动包括本地、外地甚至海外人士，不同区域不同层次人们的积极参与，使根植晋中本土的民间文化更多姿多彩。要注重对八大品牌文化活动的兴趣引导，巩固好现有文化活动的群众基础，大力培养基层群众包括年轻一代参与社火等文化活动的兴趣和激情，使这些文化活动进一步常态化和可持续。同时，需要发挥两个方面的积极性，一方面是对基层广大群众要做好普及工作，组织专家学者和专业文艺工作者深入农村、社区和学校，对基层业余文化队伍进行培训与指导，充分利用好现有的文化站、文化大院等文化阵地，充分发挥民间艺人、文化能人、文化经纪人和老年群体在传承民间文化方面的积极带头作用，为晋中文化品牌的持续发展奠定良好的人才基础。另一方面是政府要加大投入，切实培养一支高素质的专业文化队伍，可在现有的专业文艺团体中，采取走出去、请进来的方式，培养一批高水平的专业人才，编排一批与八大文化品牌相关，有品位有特色的精品节目，积极参与国家、省一级的大型文化和体育活动，随时能拉得出，用得上，通过知名演员和名牌节目，提升晋中八大文化品牌的影响力和竞争力。

4.大开思路，积极推进八大文化品牌的市场化。近年来，晋中在文化活动市场化运作上，进行了积极地探索，取得了一定的成功经验与成果收获。如平遥国际摄影大展较好地实现了由“政府主导、市场参与”向“重心下移、市场运作”的成功变轨。但从整体情况看，特别是八大文化品牌的市场化运作，差距还很大。如晋中八大文化品牌大多以规模不等的节庆活动为活动平台，这些耗资不菲的规模性活动，大都由各级政府出面主办，并下达指令性硬指标，从活动的筹划、运作，直到最后买单“收摊”，政府基本上一包到底。这种由政府主导的运作模式，虽然在初始阶段是非常必要的，凸显了政府在文化建设方面的强力引导作用，但从长远来看还是应走市场化路子，否则难以做大做强。为此，要积极创新思路，借鉴其他城市节庆活动的成功经验，如开幕式可由省、市电视台承办，集中性的文体演出可由专业文化公司操办，政府主要应做好管理、协调、服务、保险、交通安全保障等工作，把精力放到营造良好环境上面来。同时，要努力把八大文化品牌的文化优势，转化为产业优势，如寿阳、和顺应善于把传说向实物、实态、实景转化，进而形成文化产业、旅游产业。祁县作为中国传统春节保护示范基地，要做出自己的特色，争取把历史文化名城众多的资源挖掘出来，吸引游客。“中国晋商文化之乡”这个称号不仅仅是榆次的，也是太谷、祁县、平遥的，进而是整个晋中的。这是晋中名头最响亮的品牌，仅仅靠榆次一家打造是远远不够的，要形成合力，整体包装。榆社化石无疑具有极高的文化、科研、学术价值，以此为依托，开展科研交流、文化研讨活动，能够为推进榆社文化崛起起到支撑作用。

5.大做文章，深入挖掘八大文化品牌的新内涵。要充分发挥社会科学工作者的智力优势，利用包括市县两级的宣传部、文化系统、党校、社科联、政研室、讲师团等部门的研究力量，发挥这些部门“思想库”“智囊团”的独特优势，为最大限度挖掘、整理、宣传八大文化品牌建言献策，推出一批有理论深度、实践操作性强的研究成果，对八大文化品牌的意义、作用和推广，进行科学论证，提出决策建议。为进一步用好八大文化品牌提供理论支撑。

中国现代文化的伟大先驱者鲁迅先生在其《文化偏执论》中寄托了对中国文化未来的期望：“内之不后于世界之思潮，外之仍弗失固有之血脉，取今复古，别立新宗。”而这将使中国“屹然独立于天下”。今天，文化晋中建设的历史使命，召唤每一个晋中儿女投身于文化建设的大潮之中，文化晋中复兴之日，就是明日晋中崛起之时。

以课题组成员发表于《晋中日报》2009年10月19日头版

百花园中姊妹花

——略谈晋中文化六张名片与八大品牌之异同，“八大文化品牌”调研报告之四

城市名片是城市之魂。回眸近几年晋中的发展轨迹，市域经济迅猛跃进的同时，晋中城市形象、城市精神日渐成熟，城市知名度和影响力与日俱增。追根溯源，是因为晋中文化发展史上最辉煌的一页正在翻开，一波又一波的文化建设浪潮方兴未艾，其波澜壮阔之势，席卷三晋大地，并誉满神州，名扬海外。这其中，举全市之力，精心打造的晋中文化六张名片与八大品牌，乃是晋中文化大潮中最具价值、最为闪亮的一对文化奇葩。研析二者孕育、生成背景及品牌价值、影响力的异同，对进一步发挥文化晋中建设这两张王牌的作用，无疑具有积极的意义。

文化之花，无处不飞

具有相同的发展背景与生长环境

百舸争流，千帆竞发。如果说20世纪的晋中是走出物质贫困的晋中，那么21世纪的晋中无疑是走入文化复兴的晋中。在极富文化底蕴与文化资源的晋中，致力于文化复兴的晋中，必定要产生一大批体现时代特征、富含晋中特色的文化成果。晋中文化的六张名片与八大品牌，就是这累累硕果中分量最重成色最足的金字招牌，也是山西文化强省建设中的佼佼者和代表作。

晋中文化的六张名片分别是：第一张名片，独特而丰富的文化遗存，世界文化遗产平遥古城；第二张名片，镌刻晋商精神的物质载体和凝固历史，明清晋商巨贾留下的晋商大院；第三张名片，20世纪六七十年代全国农业战线旗帜、艰苦奋斗精神典范中国大寨；第四张名片，书写光辉岁月的革命见证，凝聚着民族使命和太行精神的革命见证的左权麻田八路军总部纪念馆；第五张名片，享誉全球、承载对外文化交流的盛事大典，国内最具影响、国际最大规模的平遥国际摄影大展；第六张名片，魅力独具，闻名遐迩，引领民族家园记忆的文化载体，获得首届全国节庆中华

奖十大综合奖之一的传统节庆活动——中国(晋中)社火节。

八大文化品牌包括:"中国社火之乡"晋中市、"中国清明(寒食)文化之乡"介休市、"中国牛郎织女文化之乡"和顺县、"全国传统春节保护示范地"祁县、"中国寿星文化之乡"寿阳、"中国晋商文化之乡"榆次区、"中国民间文化之乡"左权县和"中国化石文化之乡"榆社县。

正如植物的生长需要一定的温度与湿度，人才的成长需要一定的机遇一样，一个文化品牌的塑造也需要良好机遇和适宜的环境。同样的地方、同样的资源，晋中过去为什么文化上形不成拳头产品，而今一出手就形成六张名片、八大文化品牌出手，几乎覆盖了全市所有的文化品类和人口区域，在省内和全国引起轰动，确实值得思考。所以，谈论晋中文化的六张名片与八大品牌，能够在今天出世的缘由，我们不能不提它所处的背景与环境。

2006年9月召开的晋中市二次党代会，大张旗鼓地吹响了"文化晋中"的号角，文化发展被正式提到了市域战略的高度。正是"文化晋中"战略的全面实施，宣传文化事业一条条指导意见的出台，一项项重大活动的推出，一件件实事好事的落实，为晋中文化的六张名片与八大品牌的孕育、壮大和成型，营造了适宜的环境与条件。站在时代的高度，以宏观的视野，深度分析晋中文化的六张名片与八大品牌产生的主要原因，主要体现在"三个得益于"：

第一，得益于党中央发展先进文化新的理论创新成果的引领。晋中落实党的十七大关于兴起社会主义文化建设新高潮，推动社会主义文化大发展大繁荣精神的具体举措。晋中建设社会主义核心价值体系、建设和谐文化、弘扬传统文化和推进文化创新的工作实践，是六张名片与八大品牌能够形成的大背景大环境。

第二，得益于晋中转型发展的战略部署。"文化晋中"战略的提出与实施，顺应了提升文化软实力的时代潮流，顺应了晋中科学发展的现实需要，是对经济发展规律和国内国际大势的准确把握，是提升晋中综合竞争力的必然选择。晋中曾经是革命老区，曾经是全省工业重镇、产业聚集区，政治、经济都有比较突出的优势，但市域文化有名无实，有文无化，与这块钟灵毓秀宝地上底蕴深厚的传统文化资源相比，文化的优势亟待挖掘开发利用。地处三晋腹地的晋中，从古代文明到现代文明，都呈现出耀眼的光彩。全市现存各类文物4800余处，其中，全国重点文物保护单位44处，省级文物保护单位31处，世界文化遗产1处，国家历史文化名城2座。晋中是创造了"海内最富"的晋商故里，从榆次到灵石，每个县都有诸多彰显晋商辉煌的文化遗存和物质载体。晋中是老革命根据地，是抗战时期八路军总部、一二九师师部和中共中央华北局所在地，英雄的太行山上留下了老一辈无产阶级革命家英明指挥的传奇故事和军民团结浴血奋战的光辉足迹。市委常委、宣传部部长刘志宏曾讲过，晋中至少有十个文化在城市文化品牌塑造中值得挖掘和开发，即晋中的晋商文化、社火文化、太行文化、农耕文化、古建筑文化、历史名人文化、餐饮文化、传统节庆文化、晋剧艺术文化、宗教文化等。面对如此厚重的历史文化积淀和宝贵资源，如何让晋中从文化资源大市变成文化产业大市，如何让革命老区的晋中工业重镇的晋中实现向“活力晋中、魅力晋中、文化晋中、和谐晋中”的华丽转身，“文化晋中”战略的实施成了基础与关键，而打造六张名片与八大品牌，则成为文化晋中建设的核心环节，成为全市转型发展的重中之重。如此重大的机遇和使命，使六张名片与八大品牌的打造从一开始就定位在全市发展战略的高度，作为举全市之力推进的重点工程，而突破了“文化部门抓文化”的思维窠臼。

第三，得益于市委、市政府的高度重视和全市310万人民的共同参与。建设文化晋中作为晋中经济社会发展的一项重大战略，得到了市委、市政府的高度重视和强力支持。市委副书记、市长张璞说：“历史的经验告诉我们，越是在经济萧条时期、困难时期，恰恰是文化产业迅速崛起和发展的时期。当前，文化建设为我们应对危机，实现经济发展方式的转变，以及经济结构的战略性调整，奠定了良好的基础，积蓄了内力。”全市上下一致，达成了文化强市的高度共识，各级党委、政府对文化建设常抓不懈，涌现出不少“文化书记”“文化县长”，财政对文化事业的投入逐年增加，如榆次区建成的文化艺术中心，投资1亿元，灵石投入1.4亿元资金建设多功能文化艺术中心，等等，特别是以打造六大文化名片和八大文化品牌为抓手，高起点、高水准、高层次地包装和策划，形成了品牌的规模优势与整合效应，如介休投入500万元举办清明文化节、和顺、介休投入巨资编排《鹊桥会》《介子推》新编晋剧，等等。全市数万宣传文化工作者也为此付出了聪明才智与艰辛汗水。这是六张名片与八大品牌能够形成的人为因素。

品牌之花争奇斗艳

二者作为品牌在内在价值与影响力上的异同

晋中文化六张名片与八大品牌作为“文化晋中”建设的两大成果，站在文化发展的高度，从系统的角度考虑，一套名片与一套品牌，按理说不应该有什么高低大小之分，但由于各种主客观因素的不同影响，在二者的塑造过程中，形成了许多共同的特征，也导致了差异的存在。所以我们从二者知名度与影响力的不同，可以这样形象地理解，在文化晋中姹紫嫣红的百花园中，六张名片已是鲜艳夺目，而八大品牌正在含苞待放，两者相得益彰，一对姊妹花把文化晋中装扮得精彩纷呈。

1.二者的共同特征

第一，晋中文化六张名片与八大品牌都融入了先进文化的内涵。从六张名片之一的晋商大院，八大品牌之一的“中国晋商文化之乡”，蕴含着以诚实守信为核心的晋商精神，到“中国清明(寒食)文化之乡”品牌体现的忠孝文化；从凝聚“不怕牺牲、不畏艰险、敢于胜利、无私奉献”太行精神的左权麻田八路军总部纪念馆名片；到以艰苦奋斗精神典范天下的中国大寨名片；从“中国牛郎织女文化之乡”折射的忠贞爱情之意，到“寿星文化之乡”彰显的尊老敬老风尚。都凝结了中华民族的传统文化，反映了社会主义核心价值体系的具体要求，不论是名片，还是品牌，都弘扬了民族精神，体现了时代特征，融入了先进文化，突出了晋中特色。

第二，晋中文化六张名片与八大品牌都植根于晋中丰厚的文化土壤。晋中数千年数以千计的文明进化遗存，源远流长的文化遗产，构成了晋中极其宝贵的文化资源。从距今500万年至100万年的榆社化石，到遥远的牛郎织女与老寿星传说，从春秋时期的介子推，到源于秦汉百戏的晋中社火；从太行抗日烽火的左权麻田八路军总部，到20世纪六七十年代全国农业战线一面旗帜的大寨；从悠久的全国传统春节保护示范地，到蜚声海内外的平遥国际摄影大展。哪一个不是传承着晋中本土文化的基因与根脉，走到今天。

第三，晋中文化六张名片与八大品牌都具备了广泛的群众性和较高的知名度。近年来，晋中作为一个内陆中等城市，知名度与影响力不断提升，特别是文化发展势头强劲，得到了国内媒体与文化界的高度关注。今年我市荣获的几项奖励就是有力地证明。5月30日，在北京隆重举行的第五届中国传媒经济年会“传媒与中国城市发展”高峰论坛上，我市以文化形象媒体监测第四名的骄人佳绩，荣获中国城市形象学院单项奖“最佳创意城市大奖”。同时，在参评的251个地级市中，跻身综合形象10强和城市和谐形象20强。要知道，这些奖项是在我们既未接到过参评通知，也没上报任何申报材料对评奖条件和过程一无所知的情况下悄然获奖的。其实，就是在事先完全不知情的情况下，整个2008年度的365天，国内全部的32个省会城市、251个地级市、363个县级市，一同被纳入了“中国城市形象媒体监测分析系统”的流程中。各种媒体报道中，只要一出现“晋中”这两个字眼，就会被记录追踪到这套监测系统中进行调查分析，然后经过国际通行惯例的科学测算，在年终给出被测城市的具体排名。这种排名由于是以学院科研为平台，具有严谨实证的科学性、学术性、权威性与非政府可操作性，其结果的公信力和客观性，更为国际城市研究机构所推崇。由此可见，文化建设对于城市软实力锻造与城市形象塑造的重要意义，晋中文化形象跻身全国200多个地级城市的前十名，关键是有六张文化名片以及八大品牌在支撑和推动，也可以看出六张文化名片以及八大品牌的重要作用。

2.二者的差异之处

其一，名称有别。一个是城市名片，一个是城市品牌。我们知道，社会中的小小名片是各界人士在社会活动中通报姓名、介绍身份的卡片，互赠名片是一种交际手段。同样，城市名片浓缩了城市文化与精神的精华，是城市文化的符号与宣传标识，具有张扬城市独特魅力，扩大城市知名度和影响力，促进城市发展进步的作用。相比较而言，城市名片比城市品牌，更能拿出手，有分量。从晋中的这六张名片与初具雏形的八大品牌看，名片显得更加成熟一些，知名度和影响力更高更大一些。

其二，时间有别。这里所说的时间，主要是指二者形成的时间。六张名片中的每一张，包括20世纪六七十年代就知名天下的大寨，早在1991年因拍摄《大红灯笼高高挂》而声名鹊起的乔家大院，在1997年被列为世界文化遗产的平遥古城，等等，其出名的时间明显要比刚刚形成的八大品牌早。八大品牌中不少都是近两三年来各地挖掘打造的新品牌，如“中国牛郎织女文化之乡”和顺县2006年被命名，“全国传统春节保护示范地”祁县2007年被确定、“中国寿星文化之乡”寿阳和“中国清明(寒食)文化之乡”介休市都是2008年被授予。可见，从形成时间上看，六张名片在先，八大品牌在后，磨砺时间的差别在一定程度上决定了品牌的知名度与影响力。

其三，投入有别。文化品牌的塑造，有充足的资金投入做保障是关键。六张名片之所以能够在不长的时间内形成规模，形成声势，离不开政府的投入、市场的运作、社会的支持。从平遥国际摄影大展的成功不难看出，经过仅仅8年时间，就成为国内最具影响力的十大节庆之一，成为全省最大的知名文化品牌和国际性文化活动，成为走向世界的中国文化品牌，一条宝贵的经验就是形成了成功的运作模式，从开始的“政府主导、市场参与”到现在的“重心下移、市场运作”，尽管每年随着活动规模的扩大，所需经费逐年增加，仍然能够做到经费投入的保障，而且是省、市、县与公司共同参与的大投入。相对而言，八大品牌的运作，尽管各地每年也举办相关的节庆等活动，但从政府财政的投入、市场资金的筹集上，还达不到打造六张名片的投入水平。

其四，特性有别。晋中文化六张名片与八大品牌都是文化的产品，但其内容、内涵还是有一定区分和差异。如六张名片作为“物化的文化”，都能以物化形式存在，包括平遥的古城墙、晋商的豪宅大院、大寨的梯田与民居、左权麻田八路军总部遗址、平遥国际摄影大展的照片，以及大量的相关影视文学作品、新闻报道、社科成果，等等，成为打造城市名片的前提和基础。而八大品牌所包括的各种文化，历史悠久厚重，人文魅力独特鲜明，但"物化"得很不够，如牛郎织女文化、老寿星文化、清明寒食文化等，最缺乏的还是可看可见的物质的东西。所以，如何把精神的无形的品牌化成物质的有形的东西，是八大品牌应该做好的一篇大文章。

倾心浇灌，花开不败

当前，如何继续擦亮"六张名片"与用好"八大品牌"，是摆在我们面前的一个重大课题。

1.继续擦亮"六张名片"。市委常委、宣传部部长刘志宏多次强调：要持之以恒地打造好六大文化名片，用好八大品牌，这是晋中特色文化的标志和载体，是晋中优秀历史文化的标本和见证，也是晋中向世人展示其文化魅力的窗口。要把它们擦得更亮，需要我们深入系统地挖掘其文化内涵，进一步高水准、高层次地包装和策划，以整体促销的规模优势，形成更强的整合效应，加速增强晋中的软实力，以助推硬实力的快速提升。要努力扩展这些名片的外延，让城市名片最大限度地承载与反映晋中的历史、发展、地位、实力，以及今后的发展方向及空间，让更多的人了解晋中、热爱晋中、向往晋中、投资晋中，让世界认识晋中。

2.继续用好"八大品牌"。要坚持与时俱进，进一步挖掘八大品牌的文化内涵，特别是挖掘整理唯一性、独特性的文化特性，推出一批新成果、新产品，提升节庆活动档次，要充分利用各种新闻媒体、城市乡村窗口，加大宣传力度，充分体现文化品牌的价值与作用。

3.相互促进，共创辉煌。晋中文化六张名片与八大品牌，成长于晋中这片文化沃土，二者不是孤立的存在，而是紧密联系，相互依存，相辅相成，共同发展。因此，我们要调动各方面的力量和优势，宣传六张名片，营造八大品牌，承前启后，追寻新的名片和品牌，形成文化晋中建设与时俱进、生生不息的生动局面，迎接晋中文化伟大复兴的美好明天。

以课题组成员发表于《晋中日报》2009年10月21日头版

活跃在晋中理论武装战线上的一支“轻骑兵”

——市委讲师团改革开放三十年发展历程回顾

讲台三尺无围墙科学理论播进千家万户；

师表一心有真情忠诚事业誉享四面八方。

一个政党要走在时代的前列，一刻也离不开理论指导；一个民族要站在科学的最高峰，一刻也离不开理论思维。以科学的理论武装人，是党的宣传思想领域包括党委讲师团所肩负的神圣职责和崇高使命。

晋中市委讲师团最早始建于20世纪50年代。党的十一届三中全会以后，伴随着改革开放的不断深入，全党面临着全面提高广大干部理论素养和政治水平的迫切需要，必须进一步加强在职干部理论教育工作。按照中央和省委的统一要求，市委讲师团于1983年10月恢复建制，成了全市理论武装工作和干部教育事业的一支重要力量，是全市宣传思想战线进行马克思主义理论和形势政策教育的常设机构和专职队伍。

市委讲师团成立二十五年来，与时代同行，同晋中共进，在我们党不断解放思想和理论创新的历史进程中，在晋中三十年翻天覆地的巨变中，始终忠诚于党的干部理论教育事业，默默耕耘、不计名利、精益求精，敬业奉献，各项工作都取得了显著成绩。坚持以传播科学理论，搞好干部理论教育为己任，认真学习宣传贯彻邓小平理论和“三个代表”重要思想，深入贯彻落实科学发展观，在大力宣讲党的理论创新成果和中央、省、市的重大方针政策、积极为市委中心组学习服务、对干部群众进行经常性的科学理论和形势政策教育中发挥了积极作用，做了大量卓有成效的工作。特别是紧密联系晋中实际，为晋中改革开放和经济社会发展大局鼓与呼；为全市干部群众关注的热点难点问题解与释，为推进晋中科学发展和赶超发展作出了应有的贡献。

一、理论宣讲上是一支轻骑兵

开展理论宣讲是讲师团的主要职责和中心工作。自成立以来，我们以高度的政治责任感，坚持贴近实际、贴近生活、贴近群众的“三贴近”原则，紧紧围绕“三个服务好”的总体思路，充分发挥理论宣讲武装头脑、指导实践、推动工作和汇聚合力的强大作用。在理论宣讲的实践中，相对而言，讲师团具有队伍精干，灵活机动，形式多样，联系中心工作紧密，覆盖面宽和学习周期短、效果好的特点，被喻为一所没有围墙的干部大学。我们充分发挥这些自身的独特优势，针对广大干部群众关心的热点难点问题，解疑释惑，析事明理，深入浅出地宣讲中央、省、市各个阶段的精神和政策，不断拓宽宣讲覆盖面，社会影响不断扩大，成了全市干部理论教育和基层理论辅导的一支轻骑兵

回眸过去，以理论宣讲的主要内容为界限，可以划分成三个阶段。

1.从1984年至1991年，开展对在职干部进行正规系统的马克思主义基本理论教育活动。其间，主要学习了《马克思主义哲学》《政治经济学》《科学社会主义》《社会主义改革概论》《马克思主义党的建设理论》《中国革命史》《中共党史》《邓小平文选》《社会主义若干问题学习纲要》等课程。共培训县级以上领导干部3000多人次，一般干部9万余人次，进行全市规模的考试考核9次，仅1990年全区统一组织《马克思主义哲学学习纲要》和《社会主义若干问题学习纲要》两本书考试，实考人数就达31000人。通过各种考试后领取了干部正规化理论教育结业证书的干部有1.8万人。同时，还举办全区理论骨干培训班6期。由于成绩突出，1988年1月，地委讲师团在全区的在职干部正规化理论教育工作总结表彰大会上，荣获一等奖。1989年，晋中地区被省委评为全省5年正规化理论教育先进地区，地委讲师团被省委主要领导称为全省干部理论教育战线上唯一的“一面红旗”。

2.从1992年至2001年，主要开展了建设有中国特色社会主义理论和党的基本路线教育的学习宣讲。重点培训宣讲了《邓小平南行谈话》《社会主义市场经济知识》《邓小平文选三卷》《关于建立社会主义市场经济体制若干问题的决定》《加强党的建设的决定》《邓小平同志建设有中国特色社会主义理论学习纲要》《邓小平论社会主义精神文明建设》《讲学习、讲政治、讲正气》《“三个代表”重要思想》和《行政管理学》等课程和文件精神。随着具有补课性质的干部正规化理论教育工作的结束，干部理论教育的态势进入了阶段性的专题式理论学习培训。这一时期的主要特点是主动走出去，深入机关、社区、企业、乡村、校园和军营，把宣传理论讲台摆

到广大基层干部群众的生产生活第一线。共计举办40多个专题，近500场的宣讲活动，听众达5万余人。1993年编写《社会主义市场经济知识百题问答》，在全省范围内发行2万册。1996年组织编写印发《干部学习辅导材料》2万册，1997年编印《学习问答四百题》1.5万册，1998年编写《领导干部学习辅导材料》1500册，这些通俗易懂、简明扼要的理论小册子，成为广大干部理论学习和考试考核的重要参考资料。与市委宣传部、市委党校联合举办了全区理论骨干培训班3期，在组织并参与首届全区中青年理论教员讲课比赛中，1人被评为地级优秀理论教员。积极参与了晋中邓小平理论学院的教学和服务工作。1996年单位被地委干部教育工作领导组评为“八五”时期干教工作先进集体。1998年被省委宣传部授予全省理论教育工作先进集体荣誉称号。

3.从2002年党的十六大至2008年，主要进行了党的理论创新成果和十七大精神的学习宣讲。这一时期，面对国际国内形势的深刻变化，进一步加强理论宣讲工作，突出了马克思主义中国化最新成果的宣讲，我们积极组织宣讲力量，周密制订宣讲计划，认真编写宣讲提纲，深入进行集体备课，广泛开展各种形式的宣讲活动。及时准确地宣讲中央精神，推动党的理论创新成果走进千家万户，让科学理论入耳入脑入心。主要宣讲了《学习贯彻党的十六大、十七大精神》《如何落实科学发展观》《构建和谐社会》《树立社会主义荣辱观》《江泽民论有中国特色的社会主义(专题摘编)》《“三个代表”重要思想学习纲要》《如何保持共产党员的先进性》《建设社会主义新农村》《以德治国与以法治国》《“十五”计划建议的新提法和新特点》《“十一五”规划建议》《世贸组织知识》《建立学习型组织》等专题内容。近6年来共计宣讲党的理论创新成果等专题30多个，场次600场，直接受众4万余人次。还分别参加了市委组织的保持共产党员先进性教育活动、学习贯彻党的十六大精神和十七大精神宣讲团，到各县(区市)和市直部门巡回宣讲。2004年4月，参与了由市委、市政府主办的全市领导干部科学发展观学习讲座的会务工作。2008年，组织编写了反映全市各地各部门探索科学发展的实践与理论的《科学发展在晋中》一书。

二、党委中心组学习服务上是一个好帮手

为市委中心组学习提供优良服务，是讲师团的工作职责，是我们必须坚持做好的一项重点工作。多年来，我们主动参与，积极配合协同市委办公厅和市委宣传部，加大为市委中心组学习服务力度，认真开展专题调研，提出学习安排意见，提供相关学习资料，组织好集中学习的讨论交流与研讨，推广交流学习成果，认真做好每次中心组学习的记录、录音、材料整理等具体工作。为市委中心组共计提供各类学

习资料数千册，录像带和光盘近百种，录制录音带200盘，整理讲话发言材料5万余字，在省委组织的党委中心组学习检查中，多次受到好评。

同时，我们每年还配合市委宣传部，加强对各县（区市）和市直部门各级党委中心组学习的督查和指导，推动下面建立可行有效的学习计划制度、集中研讨制度、中心发言制度、学习考勤制度和学习建档制度等学习制度。认真撰写督查报告，及时推广先进典型，督促整改后进单位，不断提高中心组学习的成效和水平。

三、理论研究上是一个智囊团

讲师团二十多年的工作实践证明，理论学习宣讲与理论研究是相互联系、相辅相成的，理论学习宣讲是搞好研究的基础。深入的研究又是使学习宣讲向广度和深度发展的重要条件，没有深入的理论思考和扎实的调查研究，宣讲起来就底气不足，理就说不清，惑就解不透。因此，坚持理论学习宣讲与理论研究的有机统一，相互促进，是我们一以贯之的做法。多年来，我们以科学理论为指导，紧密结合省情、市情，深入基层开展调研，勤于思考，勇于探索，在理论研究上取得了丰硕成果。从1985年1月至今，连续20多年与晋中社科联合办市委机关刊物《晋中论坛》150期。不定期编发以理论信息摘要为内容的《晋中理论动态》简报。在《光明日报》《生产力研究》《前进》《经济研究》《山西日报》《晋中日报》《晋中论坛》等市级以上报刊发表论文310篇，出版《动乱的实质与教训》《中国革命史》等专著6部，主持完成《大太原经济圈晋中的地位与作用探析》《加速晋中崛起的战略选择——对把晋中建设成为山西中部最具活力的经济带和城市群的思考》《实现稳定脱贫的思路和对策》《加快城镇化建设是全面建设小康社会的现实选择》等省、市多项研究课题。

研究成果获得的主要奖项有：《动乱的实质与教训》一书被《山西日报》评为山西人民出版社1989年度出版的好书之一；2006年度全国党建刊物优秀文章二等奖；《光明日报》“小鸭杯”思想政治工作大家谈征文三等奖；全省党员“学理论、学党章”征文二等奖、三等奖；历年全省“百部（篇）工程”优秀成果奖二等奖3篇、三等奖2篇和优秀奖3篇；晋中市第一次社会科学研究成果评奖一等奖、二等奖；晋中市第二次社会科学研究成果评奖一等奖、三等奖和优秀奖；等等。

四、队伍建设上是一支生力军

打铁必须自身硬。讲师团作为全市宣传思想战线进行马克思主义理论和形势政策教育的一支专职队伍，人员的理论素质、政治水平、文化层次和学习能力，都直接关系理论宣讲和理论研究的效果与水平。因此，我们把建设培养一支高素质的人才队伍，作为工作中的重中之重，新进人员要求首先是大学本科以上学历，文史哲专业。在加强自身学习的基础上，每年都要派出理论骨干和年轻教员，到北京等外地培训深造，不断提升整体素质，努力适应干部教育工作日益变化的新形势和新要求。目前，全团形成了政治素养高、文化水平高、年龄结构合理和梯次分布的人才队伍，现有11名在岗人员，平均年龄40岁，有2人具备研究生学历，8人为大学本科学历。现有副教授高级职称4人，讲师1人，助教2人。有全市首批中青年学术、技术带头人1人，有全市宣传文化系统首批中青年专业人才优秀理论教员2人。这样一支朝气蓬勃、富有团队精神的队伍，成为支撑我们事业持续发展的中坚和依托。

当前，全党新一轮大规模培训干部的热潮正在掀起。在新的历史起点上，市委讲师团上下充满信心，愿以兢兢业业、奋发有为的精神状态，为党的理论武装工作，为开创晋中干部理论教育事业新局面作出新的贡献。

发表于《晋中论坛》2009年第3期

构建有特色的文化产业发展体系，推动晋中“文化旅游名市”建设

文化产业是以文化元素为产品原材料，从事文化产品生产和服务、开发建设、经营管理的产业。主要特征一是具有文化内涵，能为消费者提供精神文化产品和服务；二是具有产业功能，可以通过生产经营和市场运作而盈利和发展。可分为公益性文化事业和经营性文化产业两块。文化产业是21世纪最具竞争力的“朝阳产业、低碳经济”之一。

未来十年甚至相当长一段时期，经济转型必将成为中国的发展大势和历史必然。当前，晋中也正处于转型发展的历史节点，实施“十二五”规划的前夜，作为山西文化大市的晋中，围绕打造晋商文化复兴地和建设“文化旅游名市”的战略目标，采取可行有力的举措，真正落实《晋中市文化产业发展规划纲要（2010—2015）》，推动具有晋中特色文化产业的迅速崛起，是逐步结束煤炭依赖，实现经济结构转型、赶超跨越、扩大就业、“文化晋中”建设向纵深发展现实而紧迫的需要。本文就是想通过对晋中文化产业发展的调研，从建立文化产业科学决策的层面，进行一些探讨。

一、发展现状、经验及不足

2000年10月，晋中撤地建市之际，文化产业的发展也迎来了历史性的发展机遇，同年10月11日，党的十五届五中全会通过的《中共中央关于制定国民经济和社会发展第十个五年计划的建议》中，在中央文件中首次提出了“文化产业”的概念，发展文化产业被提到了国家战略的层面。晋中的文化产业也从萌芽逐步走向开花结果，特别是2006年晋中市二次党代会确立“文化晋中”发展战略以来，以“六张文化名片”和“八大文化品牌”的形成为主要标志，晋中的文化产业得到了长足发展，对晋中文化软实力和城市形象的提升，起到了不可估量的助推作用。这个时期，是晋中历史上文化产业发展最好最快的时期，也形成了在全省文化产业发展上的领先位置。

（一）从发展现状层面看，主要体现于以下几个方面

1.产业规模持续扩大。2009年，在全球金融危机严峻冲击的不利局面下，晋中文化产业增加值占GDP比重4.8%，达到30.6亿元。从横向看，高于全国（2.5%）、全省（3.5%）平均水平。从纵向看，比2004年全国第一次经济普查时全市文化产业占GDP比重的3.18%，提高1.62个百分点，比2008年的4.6%高出0.2个百分点。呈现出持续增长的态势，基本构成了晋中经济的支柱产业。当然，与文化产业发达的北京、上海、广东、云南、湖南、深圳等省市地区相比，还有不小的差距。

2.产业集群门类较全。2008年全国第二次经济普查数据显示，2008年，晋中市有从事文化产业活动的企事业法人单位296家，从业人员3892人，分别比2003年全国第一次经济普查时的企事业法人单位253家多出43家，比从业人员3556人多出336人。文化产业门类包括新闻出版、广播影视、文化艺术、网络、旅游、休闲娱乐、广告会展、文化用品等行业。

3.产业机构较为健全。截至2009年底，晋中市共有艺术表演团体15个，文化馆12个，公共图书馆11个，独立核算的博物馆8个，文物局5个，文化管理所10个，共有档案馆12个。全市公共图书馆藏书80.36万册，全年艺术团体演出730场，举办文化、艺术展览290个，广播综合人口覆盖率91.95%，电视台11座，电视综合人口覆盖率97.9%，有线电视用户达36.9万户。

4.产业多元投资成效显著。近年来，晋中市财政部门加大政策和资金支持，积极为文化改革与发展提供保障，逐步将传统的财政直接投入向多元化的混合投入方式转变。多元化投资文化旅游业走在了全省前列，早在20世纪90年代中期，我市山西三佳集团董事长阎吉英，投入7.3亿元巨资，开发绵山风景区，实现了“黑色产业”向“绿色产业”的战略转移，开创了山西民营企业家投资文化旅游产业之先河，一时，“绵山现象”名震全国。在此影响和带动下，晋中陆续有晋中市北山煤矿股份公司董事长王福生，投入2.2亿元资金，开发榆次乌金山。山西通宇实业有限公司计划3年至5年内投资55亿元，将石膏山建成集旅游、探险、会议、度假和风力发电为一体的综合风景区。加上政府财政、外来资金的多层次的投资，旅游产业化规模迅速崛起，形成了以“一城、二寺、三山、四院”十大景点为格局的晋商民俗文化产业链。

5.产业体制改革扎实推进。晋中是全省确定的国家文化体制改革4个试点城市之一。到2009年底，全市初步完成了市直层面的文化体制改革任务，一是文化、广电、新闻出版“三局合一”，成立文化广播新闻出版局。二是成立晋中晋剧院，晋中

文工团事业改企，文化的活力逐步释放，一切创造文化财富的源泉开始在晋中大地充分奔流。

（二）从发展经验层面看，主要体现于几个方面

十年来，伴随晋中决策层和企业界，在文化认识上的“文化觉醒”，晋中市委、市政府对文化产业的发展由战略设想进入了战略重视和战略实施阶段，从2000年提出建设文化旅游区，到2010年初公布实施晋中第一个关于文化产业发展的规划纲要，即《晋中市文化产业发展规划纲要（2010—2015年）》，基本是经历了自发性探索、改革推动和较快发展三个阶段，也创造和积累了一些好的做法和经验。表现在参与文化产业建设的各方力量、各种要素和资源，相互配合，凝聚了一种向上向前的合力和态势，初步形成了一个较好的发展格局。

1.政府主导形成推力。“十一五”以来，“文化晋中”建设上升为晋中市委、市政府的战略决策。全市先后调整充实了市文化产业发展和文化体制改革工作领导小组，市主要领导担任组长。把文化产业发展工作纳入对11个县（区、市）的目标管理，建立了督查考评机制，健全了各级党委统一领导、宣传部门负责指导、党政各部门和社会各方面齐抓共管、各负其责的工作大格局，形成了“党委领导、政府管理、行业自律、企事业单位依法运作、全社会共同参与”的文化管理体制，明确了发展文化产业的指导思想、发展目标、发展战略、重点工程和保障机制。涌现了一批文化素养高、抓文化、抓文化产业的“文化书记”和“文化县长”。形成了促进文化产业不断发展的强劲推动力。

2.文化品牌形成拉力。晋中是一个古老而年轻的城市，历史底蕴深厚，文化资源丰富，建市十年来，为了提升城市的知名度、塑造城市的新形象，以打造强势文化品牌为抓手，精心打造了享誉世界的世界文化遗产——平遥古城、平遥国际摄影大展、中国晋中社火节等六张文化名片，培育了独特魅力的中国社火之乡、中国晋商文化之乡、中国寿星文化之乡、中国清明寒食文化之乡等八大文化品牌。依托这些独特而知名的文化品牌，晋中文化产业从旅游层面看，初步形成了以平遥古城为龙头的平川晋商文化旅游区，以大寨为核心的太行山风光旅游带。今年已连续成功举办十届的平遥国际摄影大展就是文化创意产业的范例。其他方面看，如入选首批国家级非物质文化遗产名录的平遥推光漆器髹饰技艺，其承载物推光漆器作为传统文化产品，年产值500万元已远销三十多个国家和地区。晋商乔家大院与电视连续剧《乔家大院》实现了旅游品牌与影视文化品牌的互动双赢。观察中国文化产业发展的十年历程，不难发现晋中城市文化品牌带动市域文化产业步入快车道的实践表

明，晋中是依靠文化资源成功拉动文化产业发展的典型之一。

3.资本多元形成动力。晋中在发展文化产业上，加大招商引资力度，鼓励民营资本进入文化领域，有效弥补了公益性投入的不足。据统计，多元化的民间投资占到晋中旅游总收入的90%，社会力量开发的景点达到54处。除国内首家民营资本独立运作国有旅游文化资源的典型案例绵山风景区外，榆次老城、常家庄园的开发同样成功地引进了外来资金和民间资本，实现了社会效益和经济效益的双赢。和顺县采取“地下支持地上，煤炭支持非煤”的思路，引导大企业大集团在做大做强煤炭产业的同时，开发文化旅游产业，目前正在实施的项目有：山西潞安集团投资1亿元开发牛郎织女爱情文化园区、北京和合公司投资2亿元打造阳曲山生态避暑山庄、福建中汇大地集团投资2亿元建设合山旅游风景区、浙江桐庐龙潭旅游公司投资1.2亿元打造太行山断裂带姑崖天险风景区，等等。

4.体制改革形成活力。晋中市着力构建文化事业和产业发展的良性机制，现已基本完成了市直和各县区的文化体制改革工作。产生了一批具有创新性和示范性的改革模式和经验。如榆次区文化艺术中心建立以来，在管理上采用了自主管理和承包经营相结合的办法，以经营性活动支持公益性活动，以公益性项目拓展经营性市场，实现了科学化管理、产业化运作、经济和社会效益共赢的良性循环。榆社县将乡镇文化辅导员、晋剧团、艺术团人员进行整合重组，补助启动资金20万元，采取市场运作、自主经营、自负盈亏的方式，成立具有本土特色的“霸王鞭艺术团”，平遥县在电影公司改革基础上，剥离原文化、广播下属单位，组建了以国有资本为主体、授权经营国有资产的文化广播电视集团，激活了平遥文化资产，形成了引领产业发展的龙头。昔阳县采取民办公助的模式，政府每年出资20万元，支持成立了昔阳向阳文化服务有限责任公司，编排了屡获国家、省大奖的大型歌舞史诗《岁月如歌》。改革后的晋中日报社今年重点推出了《经济周刊》、《文化周刊》和《科教周刊》，实现了数字化编辑、彩色印刷，发行量由近2万份达到了5.3万份，实行广告部和印刷厂资产剥离，独立核算，自负盈亏，晋中广播电视台按照宣传业务与经营业务、节目制作与播出、可经营性资产与事业性资产三分离的原则，按照现代企业制度的要求，通过资产重组、资源整合，组建了综合性文化企业晋中新宇广电传媒（集团）公司，注册资金5000万元，下辖晋中广播电视网络有限公司、晋中电视广告传播发展中心（公司）、晋中广视文化传媒有限公司、晋中广播电视声屏报业公司、晋中新宇影视剧制作公司5个独资或控股子公司。这是继太原文广集团后我省成立的第二家现代规范化标准的广电企业。主营业务为广播影视内容生产、广告经营、网络传输、影视剧制作、广电报出版发行和动漫制作等。

（三）产业发展中存在的主要不足

在新的历史时期，发展文化产业是一项全新的工程，在看到成绩的同时，也应该反思总结发展中出现的问题。晋中和全国其他地方一样，由于尚处于文化产业发展的起步阶段，缺乏必要可行的经验借鉴，存在一些亟待改进的不足和倾向。

1.谋划不周全。近年来，尽管市县两级基本上都制定出台了不少发展文化产业的思路、举措和实施意见，包括一系列《中长期文化产业发展规划》等战略规划，并且成为大部分县市区的党政“一把手”工程。但从基层调研的情况看，许多干部群众反映这些规划或纲要，一是由于调查研究不够，相关认识、内容都比较粗浅，缺乏超前性；二是基本原则、方向和指导思想虚的论述多，对文化产业的结构、布局、实现路径等可行性、可操作性的内容相对缺乏。究其根源主要是有些领导干部缺乏文化素养，忽视文化建设，很少过问文化工作，片面认为文化有投入，无产出。一些抓意识形态的同志不懂经济，一些抓经济工作的同志不懂意识形态，不善于用市场手段有效配置文化资源、培养新型文化元素。

2.发展不平衡。一是产业分布不平衡。从晋中文化产业的发展现状和产业布局看，存在着西部平川明显强于快于东部山区的失衡状况。这固然与两个产业带的区位条件、资源禀赋和经济基础的差异有一定关联，平川区域国土面积占全区的39%，却集中分布着全区69%的人口、62.19%的耕地、90%的企业、83%的工业固定资产和84%的工业总量。东山五县区地势高寒、生态环境和自然条件较差，人口稀少，经济基础薄弱，资源开发利用尚处于初级阶段但不可否认的是，也与各级决策层制定的发展思路、发展方向和发展重点，导致产业发展不平衡的政策导向分不开。二是产业内部结构不平衡，旅游业一业独大，其他包括动漫游戏业、艺术品交易业、会展业、文化经纪业、信息网络业以及艺术教育与培训等新兴文化产业，发展缓慢。形成这种局面，一方面与晋中开发得天独厚的文化旅游资源比较早有关，另一方面与晋中地处内陆欠发达地区，经济不强，市场化程度低相关。三是理念不科学。在推进文化产业发展进程中，基本形成了高度重视文化产业的共识，但由于文化产业是一个新生事物，在发展的理念和认识上，特别是在晋中这样一个欠发达地区，还存在不少模糊认识和思维误区，比如晋中旅游业由于起步早，影响大，在一些地方人们思想理念上，包括一些领导的认识上，高度或者说过度重视旅游业，认为发展旅游产业就是发展文化产业的全部内容，忽视了放弃了许多创意性文化产业门类的发展。旅游产业属于文化产业，但文化产业不仅仅是旅游产业。还有人将晋中丰厚的历史文化资源等同于文化产业资源，对企业家、优秀人才特别是创意型特殊人才这些人力资源重视不够。晋中的晋商大院全国闻名，但在知名的四五个大院中，产品同质化竞争比较严重，布展模式雷同，甚至解说词也大同小异，彰显个性的差异化竞争的理念还没有真正树立起来。

3.投入不到位。文化产业是一个投入大、见效慢、市场从培育到成熟需具备许多特定条件的特殊产业。从政府层面讲，对公益性文化事业应当直接支持和投入，对经营性文化产业应给予间接性扶持和投入。从晋中的实际看，政府财政的投入与公益性文化事业的发展需要还有很大差距，与全国文化产业较发达的城市相比还有很大差距。比如，政府财力在安排文化产业发展专项资金或基金上，有的县市有，有的没有，多的有1000万元，少的几乎为零。

4.机制不健全。尽管晋中基本完成了文化体制改革的任务，建立了比较完善的支持文化产业发展的机制体制。但从整体上考量，从具体操作层面上观察，还有不少问题亟待完善和解决。如县一级广电传媒领域的制播分离是不是真正需要，实践操作是不是真正能够分开，文化产业领域仍然存在多头管理和管理效率低下的问题，等等。

二、宏观层面的对策

新的历史时期，晋中文化产业承担着文化复兴和产业振兴的双重历史使命，因而各级党委政府的责任就成了发展文化产业最重要的环节。文化产业的战略规划、体制改革、政策导向、产业集聚等一系列重大事项上，政府的主导和推动至关重要。所以，要坚持敢为天下先，抢抓机遇，先行先试，以时不我待的责任感和使命感，以着实管用的新思维、新方式和新举措来破解当前文化产业发展的新问题，共同创造晋中文化产业发展的新辉煌。从宏观层面考虑，站在政府决策的角度，结合晋中实际，就推进晋中文化产业向纵深发展，需抓好以下“五个一”工程。

1.营造一种声势。声势就是冲锋号。在全社会营造一种发展文化产业的强大声势。作为文化产业发展的决策者和组织者，要以高远的眼光与胸襟，进一步解放思想，像发展支柱产业一样发展文化产业，像谋划煤焦项目一样谋划文化产业项目，像招商引资煤焦项目一样实现文化产业大项目的突破。建立党委统一领导、政府组织实施、宣传部门协调指导、行政部门具体落实、全社会积极参与的文化产业领导体制和工作机制。建议在适当时机，在充分准备的基础上，建议市委召开一次最高规格、最大规模的全市文化产业发展动员大会，成立文化产业发展工作领导小组，像当年发展晋商旅游区一样，掀起新一轮晋中文化产业投资热潮。利用中国晋中社火节和平遥国际摄影大展的平台，举办文化产业专题论坛、招商等活动，进一步推进晋中文化产业实现超常规发展。

2.统筹一域布局。规划是“龙头”。对晋中全市的文化产业规划布局要统一协调，科学安排。要根据国内外、省内外的新形势和新任务，充实完善《晋中市文化产业发展规划纲要（2010—2015）》，特别是要将规划的实质性要求和具体项目，落实到晋中“十二五”经济社会发展规划中，统筹经济产业与文化产业，优化全市文化产业布局，以旅游业带动其他文化产业发展，在壮大提升平川文化产业规模质量的同时，注重利用东山经济带经济较快上升的有利时机，加快推动东山文化产业的崛起。

3.集聚一群产业。产业集聚是现代经济的必然要求。文化产业园区有助于文化产业规模化、集约化效应的形成，能够促进具有关联性企业、产业的聚集，加强文化企业间的合作，起到降低交易成本的作用。聚集各类文化产业项目，集中建立一批具有晋中特色的文化产业集聚园区，构建晋中文化产业链，是发展晋中文化产业的当务之急。当前，围绕晋中文化产业发展规划，在开发建设一批具有示范效应和带动作用的龙头产业项目基础上，着眼点和着力点应突出抓好晋中市城区山西出版传媒产业园、榆次老城文化创意产业园、平遥文化产业创意园、祁县玻璃工艺品产业园区、平遥推光漆工艺保护基地、和顺文化产品工艺园区和榆社云竹湖文化创意园等文化产业园区项目建设。

4.创优一方环境。优良环境也是生产力。政策是创造优良文化产业发展环境的有力保障。一要按照中央和省出台的一系列扶持政策，制定切合晋中实际的文化产业发展政策，吃透市情，制定更为具体、更有操作性的保障措施。适时出台《晋中市支持文化体制改革和文化产业发展的若干政策》，在土地、财税、投融资、资产处置、工商管理等方面给予相应的政策支持。要以市、县政府名义分别设立与财力相适应的文化产业发展专项资金，采取贴息、奖励、资助等形式，扶持有发展前景和竞争力的产业项目，对重点文化企业采取贴息和专项补助等方式，扶持其做大做强。左权县财政每年拿出1000万元，设立文化产业发展专项基金，支持文化企业，创造文化精品，发挥了非常有效的作用。二要进一步调整和完善文化体制的所有制结构，尽快制订鼓励非文化企业、非公有制经济和股份制企业创办文化产业的政策，明确文化市场的开放领域、准入制度及监管办法，编制《晋中市文化产业投资指导目录》《文化产业项目库》等文件，努力开拓全社会共同参与创办文化产业的新路子。三要建立全市文化产业目标管理和监督考核制度，把文化产业纳入年度绩效考核体系，实行规范化、制度化的督导考核。建立文化产业统计指标体系和调查核算制度，对文化产业发展状况进行分析评估，为宏观决策、调控和完善文化产业政策提供科学依据。

5.培养一批人才。文化产业作为新兴产业，是一种高度创新的非物质经济业态，其决定因素必然是人才资源，因而人才资源是文化产业发展的第一资源。一要创新文化产业人才管理和使用机制，建立符合文化产业特点的单位自主用人、人员自主择业、政府依法监督、配套措施完善的人事管理体制。二要不断优化文化人才成长的体制机制，创造由市场发现和培育文化企业家的大环境，建立灵活多样的市场化收入分配方式，强化对关键岗位、优秀人才的薪酬激励，允许管理、技术等生产要素参与分配，让贡献有回报，价值能实现。三要加快文化产业人才培养步伐，依托太原和驻晋中大专院校，着力培育创意人才、设计人才、策划人才、管理人才和技术人才，特别要注重培养能够将创意作品产业化、市场化的经营人才和营销人才，如艺术经纪人、传媒中介人、制作人和文化公司经理等。政府可采取与高校联合办学、集中短期培训和专题研讨会、论坛等方式，培养一批文化产业的专业人才。条件成熟时，建议成立晋中文化产业研究中心和文化产业协会，加强对文化产业的研究和行业管理。

三、微观层面的对策

国内外文化产业的先进经验及晋中的实践都反复证明，文化产业是支撑软实力的核心力量，也是推动晋中建设“文化旅游名市”的核心力量。晋中文化旅游如何名扬天下，必将依赖于文化产业的崛起，依赖于一大批知名文化企业的出世和成长。文化产业是人才密集型、技术密集型、文化密集型和资本密集型结合的产业集群。作为文化产业的主体文化企业必须比制造业有更强的经营能力，凝聚更富于魅力的企业文化，这一切都依赖于文化企业中人的素质和能力，依赖于文化企业产品的价值和影响力。因此，培养打造一批知名的文化企业、文化企业家、文化人才和文化产品品牌，是发展晋中文化产业的要义所在。

1.培育龙头文化企业。项目是文化产业发展的载体和关键，只有大企业，才能形成大产业，文化产业的发展，迫切需要大企业的带动。要坚持“政府引导、市场运作、企业经营、全民参与”的发展思路，培育市场主体，增强微观活力，通过龙头企业的示范、窗口和辐射作用，引导晋中文化企业持续健康快速发展。要鼓励和引导有条件的文化企业面向资本市场融资，加快建设市级文化投融资平台，培育一批文化领域战略投资者，实现低成本扩张。要坚持重大项目带动战略，加快引办一批重大文化项目，新增一批实力强、规模大的文化企业；要支持中小文化企业通过做专、做精、做特、做新，积累实力，扩大规模，做大做强。依托晋中深厚的文化资源，突出晋中特色旅游业的带动优势，抓住我省建设太原都市圈的战略机遇，像晋中广电与太原文广集团开展新闻资讯同城化，开展区域合作一样，开展文化产业的区域间融合，开发建设一批具有示范效应和带动作用的龙头产业项目，努力将资源优势转化为产业优势。目前，应突出抓好以广电、报业、演艺、旅游、创意部门为重点，加快组建一批实力强、品牌响、带动大的企业集团，尽快将晋中广电集团、报业集团、演艺集团的组建工作，提上重要议事日程。力争通过3年至5年的打拼，形成10个年销售收入过亿元的骨干文化企业。

2.培育企业领军人物。发展文化产业，文化企业家和经营者是关键之中的关键。近年来，国内一些地区文化产业异军突起，主要得益于一批有智慧、有远见的企业家看到了文化产业的美好前景，积极加入投资文化行列，许多大的文化项目、文化基地能够从无到有、大获成功，靠的就是文化经营者的策划和运作，如推出优秀电视剧《士兵突击》、电影《非诚勿扰》等文化大作的华谊兄弟传媒集团，是中国最大的民营娱乐公司，关键就是有一个领军人物王中军。当前，晋中大多数的文化企业还属于“小、弱、散”的状况：多数文化企业规模偏小，四处分散，经济效益不高，竞争力不强，根本原因还是缺乏像阎吉英这样的优秀企业家。我们要把汇聚领军的企业家人才作为文化人才队伍建设的龙头，尽最大努力把本地和外地的企业家吸引到晋中的文化项目、文化事业、文化产业中来，下功夫培育一批具备艺术家创意思维，文化素养深厚，乐意善于与文化人、艺术家打交道；具备企业家创新特质，勇于开拓进取，克难攻坚，具备政治家的胸怀远见，维护社会核心价值，既懂文化产业规律，又有商业运作能力的企业家。加快把晋中打造成为全国知名的文化旅游名市。

3.培育技术骨干人才。我国文化产业刚刚起步，包括晋中在内，人才是制约文化企业做大做强的重要因素。在晋中这样的中西部经济欠发达地区，文化创意高端人才尤其匮乏，从管理人才、经纪人才、技术人才、包装策划人才到表演人才，无一不缺。2009年，全市专业文化技术人才有3028人，仅占全市文化从业人员总数的15%。要实施文化人才培养工程。通过委托、定向培养等多种渠道，输送一批优秀苗子进行学习深造，提高一线从业人员的专业技术水平和综合素质。要从高等院校、国内外知名文化企业、社会上文化方面的专家学者中聘请“客座教授”，对文化企业经营者和管理者开展培训，重点培养文化产业项目策划、资本运营、企业管理、市场营销等急需人才。要积极引进和聚集人才。比照科技人才的引进政策，吸引高级人才来晋中就业创业；鼓励人才柔性流动；对有重大贡献的人才实行重奖，努力营造尊重知识、尊重人才的良好氛围。

4.培育文化产品品牌。近年来，晋中在城市文化品牌打造了闻名遐迩的“六张名片”和“八大品牌”，但这些品牌中，真正属于文化产业产品的品牌还为数不多。河南云台山风景名胜区由焦作云台山旅游发展有限公司管理经营，公司实施山水品牌战略，注册了包括旅游工艺品、旅游服务商标在内的“云台山”商标43类512项，拥有世界地质公园国家级风景名胜区等10多项称号。比较而言，我们晋中的平遥古城、绵山风景区在产品包装、商标注册上就略逊一筹。所以，必须继续下大力气挖掘资源优势，打造晋中文化产品品牌，提升晋中文化产品的竞争力和影响力，推动晋中文化产业实现新的腾飞。

■ 挖掘红色资源　打造红色晋中

值此庆祝建党九十周年之际，重读晋中文化的“六张名片”，让我们备感荣耀。在晋商文化强劲发展的今天，在打造“文化强市”的大背景下，晋中到底该如何摆位，扶持、开发和挖掘红色文化，又该怎样切实将文化建设的注意力和着力点向红色文化倾斜，值得我们深思。今天，我们提出把晋中建设成全省“四化”率先发展区，这是一场新的“晋中战役”，如何才能打赢这场战役，挖掘红色资源，打造红色晋中，确保晋中文化旅游名市的地位实至名归，真正使“红色”成为晋中的主色调和基本色，无疑具有重要的现实意义和深远的历史意义。

一、红色晋中的时代背景

红色，鲜艳夺目，是我国文化中的基本崇尚色，视觉冲击力强，象征着吉祥、喜庆、顺利、成功、积极、热情、进步等。红色文化的内涵包括文明进步、健康向上、正义正气等人类先进理念。中国共产党在发展壮大中，进一步发展成就了中国独特的红色文化，因为她代表和践行了人类社会发展规律，成就举世无比。红色文化是社会主义核心价值体系的源头。红色文化包括中国新民主主义革命时期和社会主义建设初期的遗址、遗物、纪念物等物质文化和在这一革命过程中孕育出来的革命历史、革命精神、革命文学艺术，包括人民领袖、将军、烈士及老区广大人民群众的革命事迹等非物质文化两种形态。红色文化继承和发展了中华民族自强不息、厚德载物的民族精神、“国家兴亡，匹夫有责”的爱国情怀、中华民族“富贵不能淫，贫贱不能移，威武不能屈”的高尚气节和富有理想、甘于奉献、勇于牺牲的民族品格，是爱国主义精神在社会变革实践中的集中体现。

时下中华大地红色文化百花齐放，红色旅游方兴未艾，红色经典繁花似锦，红色文化的建设如火如荼。

从精神需求效应看，红色文化的兴起是发自人们内心的渴望和心灵的呼唤。改革开放30年来，人们的物质生活得到极大地改善，在拥有丰裕物质生活的同时，一些人的心灵深处却出现了“荒漠”。很长一段时期以来，许多人看腻了“风花雪月、无病呻吟”的言情剧，厌烦了“虚无缥缈”的武侠剧和“兄弟反目、父子相残”充满血腥味的宫廷戏，转而开始羡慕那些有理想、有信仰和富有献身精神的人，渴望从那些物质贫乏但精神富足的革命者身上发现生命的意义和快乐的真谛。红色小说的再版，红色电影的播放，红色旅游的推出，红色歌谣的传唱，唤醒了储藏在人们心底美好的记忆。获得精神的满足和超越是发自人们内心的呼唤，“红色文化热”的兴起满足了大众对红色文化的情感期盼和灵魂托付。

从社会实践效应看，红色文化激励了一代又一代中华儿女为理想和信仰拼搏奋斗。中国革命波澜壮阔的历史进程，革命者感天动地的丰功伟绩，革命旧址、遗物展现的震撼心魄的场景，永远都是感动和教育后来人的最佳题材。一系列的红色作品塑造和展现了在一个特殊的国度和社会时期里，民族和个人如何为生存和理想苦苦寻找解放道路的斗争精神，揭示了一个时代、一个民族对幸福的向往和为理想而献身的气概，其鲜明的爱国主义、集体主义、舍生忘死的英雄主义在人们的脑海里烙下了深深的印记。使不同时期、不同年龄的人在品味这些作品的时候会有不同的收获和感悟，也是激励后来者追求理想和信仰的动力与源泉。

红色文化是在中国地面上生长出来的，深深根植于广大人民群众的心中，具有强大的生命力。尽管与过去相比，所处的环境有异、条件不同，但其精神、原则和内容，在任何情况下都适用。随着红色文化的日益兴盛，红色文化的历史印证、文明传承、政治教育、经济开发等价值功能日益显现。就眼下我们所面临的情况来看，弘扬红色文化，对于凝聚人心、克服困难、率先发展具有巨大的积极意义。

二、红色晋中的资源优势

谈起晋中的优质文化资源，人们总是对五百年晋商文化津津乐道。其实，晋中在战火硝烟中，在社会主义建设中铸就的红色文化同样熠熠生辉。我市红色旅游资源十分丰富。全市11个县中，县县都拥有丰富的革命历史遗存。红色旅游资源的品位较高，精品多、特色鲜明。山西省第一批全国红色旅游经典名录中，就有我市的左权麻田八路军总部纪念馆。红色旅游资源类型多样，保存基本完好，开发数量少，基本处于原始开发状态或初步开发阶段。始创于抗日战争初期的晋中革命老区，凭借太行山脊的地利优势，成为华北敌后抗日的重要战略支点，战役战斗不断，留下了珍贵而丰富的革命文物和革命纪念地。

晋中红色文化资源富集而丰厚，还突出体现在以下几个方面：

1.红色革命遗址数量多。战地黄花分外香。晋中在抗日战争时期，是中共中央北方局、八路军总部（前方总部）、八路军第一二九师师部、晋冀鲁豫边区政府等高级党政军机关活动时间较长的地区，留下了一批重要的革命遗址。据有关最新普查数据，全市现存革命遗址为536处，其他爱国主义遗址69处，共计605处。在全省11个市中数量最多，占全省已知遗址3490处的17.3%，仅与一二九师活动有关的即达200余处。其中，左权麻田八路军前方总部旧址和昔阳大寨人民公社旧址被列入全国重点文物保护单位。

2.红色文化名人英名扬。青山有幸埋忠骨，烈士英名传万代。从巍巍太行山巅到滔滔汾河谷地，遍地都是英雄的故事。无数晋中儿女为中华民族的解放事业浴血战斗，献出了宝贵生命，涌现出了许多杰出的英烈模范，诸如左权县就是因为八路军副参谋长左权将军壮烈殉国而改名；榆次有李大钊入党介绍人中共早期活动家韩麟符；祁县有建立晋中第一个中共基层组织，在红二军团战斗中牺牲的晋中党组织创始人的张惟琛；榆社有入选“100位为新中国成立作出突出贡献的英雄模范人物”候选人名单的八路军三十团政委抗日英烈马定夫；平遥有为掩护群众而光荣牺牲的抗日女英雄梁奔前；寿阳有“刘胡兰式的女英雄”尹灵芝；昔阳有在“百团大战”中英勇牺牲的八路军独立团团长马惠；介休有山西早期中共党员、中共介休党组织创始人梁露；太谷有为掩护战友牺牲的榆太路西县委书记抗日英烈胡光；灵石有在“一二·九”学生运动为抗日救亡而牺牲的革命烈士郭清；和顺有掩护同志脱险壮烈牺牲的和西抗日民主县政府游击四区区长抗日英烈巩秉荣；等等。这些先烈的英名与忠魂，为晋中红色文化铸就了一座座光耀千秋的历史丰碑。

3.红色精神遗产内涵深。无论是在战火纷飞的战争年代，还是在热火朝天的和平时期，勤劳勇敢、聪明智慧的晋中人民，不但书写了无数可歌可泣的壮丽诗篇，还孕育形成了卓然而立的太行精神和大寨精神等红色之魂。李长春同志曾将太行精神高度概括为:“不怕牺牲、不畏艰险、敢于胜利、无私奉献。”太行精神是伟大民族精神的具体体现，是我们党、军队和民族的宝贵精神财富，更是晋中人民的宝贵精神财富。

回首辉煌的历史，我们更加清醒地认识到，在由文化大市向文化强市迈进的起飞阶段，我市文化旅游名市的建设任重而道远，仅就红色文化建设的成效而言，与拥有的红色资源条件和地位并不相匹配，表现为打造红色晋中认识有待提高、文化政府主导作用不突出、红色文化相关产业投入不足、红色文化品牌知名度和影响力不够高、红色旅游在全市文化旅游产业份额中所占比重微乎其微、在社会科学研究上对红色文化挖掘不深等等问题，这都需要全市在建设文化强市的过程中，采取有针对性措施有效化解。

三、充分认识打造红色晋中的重要意义

历史纵使消逝，精神必将永存。红色文化倡导的崇高思想境界和革命道德情操，传播其理念、彰显其精神有利于红色革命精神深入人心。2011年4月7日，晋中市委常委会全体成员在左权县烈士陵园，向左权将军及在革命事业中奋勇献身的先烈们敬献花圈；召开了以“继承革命传统，牢记光荣使命；坚决履职尽责，实现率先发展”为主题的民主生活会。表达了缅怀革命先烈、追随革命先烈遗志的红色情怀，吹响了坚决打胜“十二五”经济社会率先发展新战役的动员号令，也为大力弘扬太行精神做出了表率。在“七一”建党90周年来临之际，在市委书记张璞的直接过问和安排下，晋中无名烈士纪念公园正式奠基建设，为在革命战争年代牺牲的1万多名晋中无名英烈树碑建园，充分表达出后人对革命先烈的崇高景仰。在建设文化旅游名市的进程中，晋中红色文化建设不可或缺。市委常委、宣传部部长程锡景在2011年全市宣传部长会议上强调：“实施思想理论建设工程，打造红色晋中是第一要务。”全市开展红色文化建设有了指南针和新航向。

第一，打造红色晋中是晋中实施文化强市的一大重要战略。晋中市委、市政府在2010年初公布的《晋中市文化产业发展规划纲要（2010—2015年）》中明确提出要建立两条文化产业带。其中之一，就是依托左权麻田及周边抗日战争遗址遗迹等红色资源建立的东山文化产业带。通过这条产业带来带动晋中的红色旅游发展、红色产业的壮大，进而推动晋中文化强市重要战略目标的实现。

第二，打造红色晋中文化产业是晋中重要的四大文化产业板块之一。晋中的四大产业板块有：休闲娱乐文化产业、晋商文化产业、民间文化产业、红色文化产业。通过红色文化产业板块的发展，晋中要力争成为继延安、西柏坡之后的又一红色旅游点，成为华北地区红色旅游区的重要节点。力争通过这一产业板块的发展壮大，带动晋中经济发展模式的转变，促进晋中经济结构的调整。

第三，打造红色晋中具有传承晋中文明的作用。了解过去，才能启迪和指导未来。红色文化具有鲜明的传承性。她所承载的爱国主义和艰苦奋斗精神，是激励人们开拓进取，实现中华民族伟大复兴的强大动力。具体到晋中，了解晋中的红色文化特别是左权麻田及周边抗日战争遗址遗迹等红色文化是了解晋中近代史，了解晋中人民在中国共产党的带领下进行不屈不挠的斗争和创业的历史，对晋中社会主义核心价值体系的建设及强市富民战略的推进具有重要的意义。

第四，打造红色晋中具有加强晋中政治思想教育的作用。加强对未成年人的德育教育是我党的一项长期的重要任务。而旅游是青少年普遍喜欢参与的时尚型、文

化型的高层次生活消费活动，具有很强的学习、教育功能。通过开展"晋中红色旅游"活动，可将晋中的革命历史知识、革命传统和革命精神以旅游的方式传输给广大青少年，潜移默化，行之有效。

第五，打造红色晋中具有促进晋中经济开发的作用。晋中红色文化是文化产业的重要组成部分，具有良好的知名度和品牌效应。革命老区保留下来的遗址和可歌可泣的革命故事，既是宝贵的精神财富，也是发展晋中红色文化产业的重要资源。革命老区多处于山区，风景优美、生态宜人。把红色文化、生态文化和古迹文化结合起来，寓思想教育于文化娱乐和观光游览中，既有利于传播先进文化，又有利于把红色资源转变为经济资源，从而推动革命老区的经济发展，帮助老区人民脱贫致富。

四、打造红色晋中的主要思路与具体路径

"十二五"时期，晋中建设文化强市，将文化旅游业打造为全省的"龙头"，离不开红色晋中的引领和支撑。打造红色晋中不仅是一项理论课题，更是需要寻求胜机良策的"战役性"现实课题。

（一）总体思路。尽管作为老革命根据地、抗战时期八路军总部所在地，我们曾为新中国的历史写下过壮丽的篇章。但是对于红色晋中的整体认知，对于红色晋中的形象塑造，仍然是现在及今后一段时期文化晋中首先应该面对的一个重大课题。我们需要对她进行高度的文化自觉，需要对她进行深刻的文化注解，需要对她进行形象有力的说明，从而使红色晋中的身份被世人认定，红色晋中全国得以彰名。

（二）指导思想。以中国特色社会主义核心价值体系为指导，遵循新时期社会主义精神文明建设的特点和要求，强化文化产业意识，发挥旅游产业优势，从打造活力晋中、魅力晋中、文化晋中、和谐晋中的战略全局出发，以全国爱国主义教育示范基地为主要载体，进一步加强对革命历史文化遗产的有效保护和合理利用，将红色文化教育与旅游开发有机结合，贴近实际、贴近生活、贴近群众，通过政府组织引导、社会积极参与和市场有效运作，加强重点项目建设，改进和完善薄弱环节，全面提升红色旅游开发和管理水平，促进红色旅游持续快速健康发展，使之成为加强和改进爱国主义教育的有效手段和促进我市经济社会协调发展的重要途径。

（三）基本原则。一是坚持把社会效益放在首位。坚持发展红色旅游与弘扬革命传统、培育民族精神相结合，同加强和改进青少年思想道德建设相结合，同有效保护和利用革命文物相结合，同资源保护和生态建设相结合，同推动老区经济社会协调发展相结合，寓教育于旅游之中，实现社会效益和经济效益相统一。二是坚持因

地制宜。充分利用现有设施和条件，实事求是地确定重点建设项目，严格按照基本建设程序，把握好建设规模和标准，避免过度开发对革命历史文化遗产及其环境造成损坏，做到朴素实用、功能完善。三是坚持统筹协调。注意做好红色旅游区规划与相关区域的城乡规划以及交通建设、环境保护、风景名胜和文物保护等专项规划的衔接。整合相关旅游资源，把发展红色旅游与发展生态旅游、民族文化旅游、工农业旅游等密切结合，形成综合型、复合型的旅游产品，增强红色旅游的吸引力和感染力。四是坚持多方参与。充分发挥中央和地方两个积极性，行政手段和经济手段相结合。红色文化公共性质建设项目的投入力争中央和地方财政共同承担，经营性质建设项目的投入通过市场运作方法加以解决，增强可持续发展能力。

（四）主要路径

1.提高认识，强化红色晋中的自觉意识。当前，这个问题仍然是第一位的事情。正如上文所述，打造红色晋中的重大意义，可以摆出许多条，但从当前的实际看，首先解决好认识问题是最为关键的问题。这并不是说这个问题没有引起各方面的重视，而是说要在更大的范围内和更深的程度上把这个问题提到实践的位置上，不断提高实践的自觉性。如一些同志认为，重点打好晋商文化这张“垄断性”的王牌就可以了，红色文化比晋中搞得好的地方多的是，晋中再下功夫也没有大的前途，特别是对投入红色文化产业的经济效益、投资回报、整体运作难度等诸问题存有顾虑和畏难情绪，包括政府层面和企业实体都有这些认识。

2.强化形象，建设红色旅游精品体系。培育形成以抗日战争孕育的太行精神和社会主义建设时期锤炼的大寨精神为核心的“重点红色旅游区”，使其成为主题鲜明、交通便利、服务配套、吸引力强，在国内外有较大影响的旅游目的地。围绕左权麻田八路军前方总部旧址、左权将军殉难处纪念亭、左权烈士陵园、尹灵芝烈士陵园等红色旅游经典景点，配套完善东山文化产业带“红色旅游精品线路”，尽可能将全市605处革命和其他文物纳入全市红色旅游的大格局中。力争成为延安、西柏坡、太行山全国红色文化旅游大格局中的重要节点。

3.深度挖掘，扩大红色文化丰富内涵。红色文化蕴含着丰富的革命精神和厚重的历史文化内涵，提炼和凝聚了中国共产党人的革命精神并在中国革命、建设和改革开放的实践中得以传承。每一处革命遗迹、每一件珍贵文物都是鲜活的教材，都折射着革命先辈崇高理想、坚定信念、爱国情操的光芒。随着时代的发展，红色文化的具体内涵也在不断地深化和升华，我们要不断地挖掘丰富，形成支撑重点红色旅游区的骨干文化框架，结合丰富的自然生态旅游、历史文化旅游、民族风情旅游等，形成文化氛围浓烈，吸引力强的复合型旅游线路。

4.密切协作，健全红色旅游推广体系。加强对发展红色旅游工作的领导和组织协调。建议成立全市红色旅游工作协调小组，各有关部门加强沟通、密切合作、明确分工、各司其职。宣传部门为发展红色旅游创造良好的社会舆论氛围；发展改革部门组织基础设施建设，做好项目审核和投资计划安排；旅游部门做好红色旅游发展中旅游工作的组织协调及规划指导；财政部门给予相关经费的落实；民政部门组织落实本系统与红色旅游相关的烈士陵园、纪念馆建设改造的有关项目计划，加强烈士陵园和纪念馆的管理。把红色旅游发展工作切实落到实处。

5.培育主体，完善红色产业运作体系。红色旅游是晋中建设红色文化产业的主要载体。发展红色旅游的总体目标是，积极贯彻实施《全国红色旅游发展规划纲要》，紧紧抓住国家发展红色旅游的“天时”，依托太长高速公路、榆九公路横贯老区的“地利”以及老区百姓齐心调整产业结构的“人和”，大力推进太行山红色旅游区的发展。强化革命遗址遗迹和史实保护，把其建设成为爱国主义教育的重要阵地和具有较大影响的旅游目的地；建设和保护一批红色旅游重要景点，造就一批红色旅游经典景区，整合优化若干红色旅游精品线路，形成景点景区和线路联动发展的红色旅游整体架构；完善有利于保护开发和发展红色旅游的政策法规和体制机制，促进参加红色旅游人数的稳定增长，形成红色旅游与大旅游互为促进、相得益彰的健康快速发展态势。

6.搭建平台，彰显红色文化综合效能。结合建党、建军、国庆等重大纪念活动以及其他重要节假日，组织好红色旅游的系列宣传推广工作。2011年是中国共产党成立90周年，是辛亥革命100周年。我们应精心准备，适时推出一批反映这些主题、具有较大社会影响的红色旅游产品。精心组织编排适合旅游者需求的红色旅游线路，策划丰富多彩的红色旅游活动，营造健康浓郁的红色旅游氛围，彰显红色文化的政治、经济、文化综合效能。

以课题组成员发表于《晋中日报》2011年6月20日头版，《学术论丛》2011年第4期

■ “茶路”回眸

“究天人之际，通古今之变”，历史能使人温故而知新。当我们很多人为山西地处内陆，发展不及沿海而喟叹时，是否曾想起当年“纵横天下五百年、跨越欧亚九万里”的晋商？就在这同样一片土地上，我们的先人披荆斩棘，开辟万里茶路，铸就了浩浩九万里征程中最为辉煌的里程碑，创造了“海内最富”的传奇，留下了彪炳千秋的一段历史。回望“万里茶路”兴衰，感受晋商先人的艰辛，领悟晋商精神的真谛，对弘扬伟大的中华民族精神，建设社会主义核心价值体系，艰苦创业，开拓市场，无疑具有承前启后的现实意义。

一、晋商的发端

翻开中国明清两代的浩繁卷帙商贸史，有一支区域性的商贸团队被大书特书，那就是驰骋商界五百年的晋商。《辞海》释晋商：“晋商，俗称‘山西帮’，亦称‘西商’‘山贾’。山西省籍的商帮，包括河东商、平阳商、泽潞商、北路商、晋中商等商帮，尤以晋中盆地榆次、太谷、祁县、平遥、介休、灵石6县商人最为兴盛和殷实。宋始形成。明已与徽商并称。”《五杂组》是明代谢肇淛撰写的一部著名的笔记著作，该书卷四谓：“富室之称雄者，江南则推新安（安徽），江北则推山右（山西）”；“山右或盐，或丝，或转贩，或窖粟，其富甚于新安”。

晋商的产生有地理、自然和人文等因素。山西自古拥有丰富的盐铁资源，运城独一无二的盐池盛产“潞盐”，历来处于政治、军事要冲位置，大同、宁武为“九边”重镇，又处于“九边”各镇之中腰。清人顾祖禹在《读史方舆纪要》中曾说：“天下形势，必有取于山西。”加之地少人多，经商不得不成了山西人的谋生手段。

明朝初期，为安国镇邦，在九边驻扎了近70万军队，抵抗元蒙的进攻。万历《明会典》记载：“万历初年‘九边’现额军共680608名。”如此庞大驻军的衣食住行，形成了巨大的消费市场。为解决边塞军饷和粮草供给，吸引利用社会力量支援前线，洪武四年（1371年），朱元璋决定实施“开中法”，即商人输粮供边塞军士食用，王朝付商人盐引，商人凭盐引到指定盐场和指定地区贩盐，根据里程远近，一至五石粮食可向政府换取一小引（二百斤）盐引。由于盐是专卖品，利润颇丰。晋商抓住“开中法”这个历史机遇，凭借地缘优势，捷足先登，扬经商贩卖之长，奔波于边关内地，运输军需物资，换得盐业经营权，淘得了第一桶金，资本不断积累，晋商由此开始发家。

二、“茶路”的开拓

至明代中期，晋商的发展迎来了两个历史性的机遇，实现了两个关键性的转折。

第一个历史性机遇是中国茶叶开始进入英国、俄罗斯等欧洲国家，并形成了巨大的消费市场。在蒙古、西伯利亚等高寒地区以食肉为主的人群中，能够具有克食助消化、提神醒脑等功效的茶叶，无论是上层贵族，还是普通民众，都非常受欢迎。

第二个历史性机遇是贩卖粮食、铁器起家的晋商在完成一定资本和经验累积后，开始将茶叶纳入了自己的重点经营范畴，作为后起之秀的茶叶贸易很快就展现了巨大的潜力。明隆庆五年（1571），明穆宗宣布实行“茶马互市”，将北方重镇张家口、大同等处开放，汉、蒙民族开始公开的市场交易。明末清初，边关战火渐熄，民族和睦，中国多民族国家的格局基本形成，边贸趋旺。特别是1728年6月25日，《中俄恰克图条约》的正式签订，规定双方商人可以在边境边贸市场进行自由交易，成为晋商开展对外贸易的法律依据。在盛产茶叶的中国，具有高度商业敏锐性的晋商，及时抓住了这两个历史机遇，实现了最大宗商品以茶叶替代盐业、贸易方式由内贸为主向外贸为主的两个重大转折。

明末清初，茶叶贸易日渐繁华。到清嘉庆、道光年间，对外贸易基本由晋商垄断，据清道光刑部主事何秋涛所著《朔方备乘》中记载：“所有恰克图贸易商民皆晋省人。由张家口贩运烟、茶、缎、布、杂货，前往易换各色皮张、毡片等物。”远在德国的马克思也非常关注恰克图红火的贸易盛况，1857年4月7日（清咸丰七年），在其著作《俄国人与中国人》当中有这样一段叙述：“这种贸易，采取一种年会的方式进行，由十二家商馆进行经营，其中六家是俄国人的，另六家是中国人的。他们在恰克图进行会商，决定双方商品的交换比例——贸易完全是物物交换，中国的主要商品是茶叶，俄国则是棉毛织品。”清嘉庆五年（1800年），中方在恰克图销往俄国的茶叶有280万磅，贸易额达到1596万卢布，约合白银600多万两。嘉庆二十五年（1820年），中方在恰克图销往俄国的茶叶上升到500万磅。特别是榆次常家、祁县渠家、乔家等一批商家，在恰克图经营对俄茶叶输出前后长达150余年。之所以能兴盛这么长时间，关键是晋商及时调整单纯以采购茶叶为主的被动营销方式，主动深入南方武夷山、湖北羊楼洞等茶叶主产地，购置茶山，种植茶叶，直接加工成砖茶，打包上路，运往恰克图等目的地。率先实行了自行组织种植、加工、运输和销售的一体化经营策略，这样既能保证质量、又能如期交货，还能控制销售价格，实现利润最大化。

因此，在缺乏现代交通运输的条件下，晋商自行开辟陆地货物运输通道已势在必行。当时，依据地理自然条件和历史形成的道路，东南沿海通往北方的陆路茶叶贸易分有东路、西路和中路。西路止于新疆，东路止于东北三省，而中路，就是承载着最大交易量的万里茶路。主要路径分为：

第一程为水路。福建武夷山下梅村为晋商开辟万里茶路的起点。满载茶砖的茶船从“茶叶港”汉口溯汉水西驶、北上，经茶圣陆羽的故乡，再出襄樊，溯唐白河、唐河北到河南赊店。至此，全长1500余公里的漫漫水路终于走完。

第二程为陆路。茶帮从赊店改用骡马驮运和大车运输，在豫西大地上迤逦北行，经洛阳直抵黄河南岸的孟津渡口。少部分茶帮经西安、兰州，去往西北边疆。大部分茶帮渡过黄河后，从济源县穿越太行山峡谷，北上泽州、长治。走出上党山区，经子洪口进入晋中谷地，进入晋商的家乡。在祁、太老号稍事休整，全部改换畜力大车，经徐沟、太原、阳曲、忻州、原平，直抵“三岔口”代县黄花梁，少部分向西沿“走西口”的通道，经雁门关、岱岳（山阴县）、右玉，穿过古长城的杀虎口去了归化（呼和浩特）；大部分往东经应县、大同到达塞上重镇张家口。然后换成驼运，再从张家口沿着“张库大道”到达库伦（现称乌兰巴托，蒙古国首都）和恰克图（俄罗斯布里亚特自治共和国南部城市）交易。俄商再贩运至伊尔库茨克、乌拉尔、秋明，直至遥远的彼得堡和莫斯科。从河南伏牛山麓至俄国恰克图茫茫戈壁滩，路程达到3600余公里。

这就是由晋商开辟的福建武夷山至俄罗斯恰克图的“万里茶路”，全长达5150公里，从雍正五年（1727年）《中俄恰克图界约》签订至20世纪20年代晋商外贸商号陆续关闭，繁荣兴盛近200年，堪称东亚大陆上的第二条“丝绸之路”。正是这条“万里茶路”发家大道的通畅，给晋商带来了无数的财富，成了晋中商人坐上“海内最富”头把交椅的有力支撑。

著名经济学家郎咸平在研究晋商的成功之道时讲道：“几百年前山西商人就已明白，控制了产业链，也就控制了最大的利润源泉。晋商从南方贩茶叶，从制造到包装，到加工，到运输，到批发，到最后的零售，整条产业链完全掌控。我相信这是全世界第一条产业链的高效整合。”支撑这条产业链与茶叶定价话语权的物流通道就是这条“万里茶路”。由此，晋商踏上中兴之路。

三、票号的出世

随着万里茶路的开通，以清政府在中俄边界恰克图设立市集为标志，双边贸易成交额日益上升，中国参加贸易出口的大多数为山西商人，主要以茶叶易换俄方的各种皮毛。而产自中国南方诸省的茶叶，流转到恰克图需要一年左右的时间，中途各个环节的资金结算非常繁杂，加之社会不稳，民不聊生，商贾镖银屡遭抢劫，运送现银的方式很不安全。山西商界希望改现银运送为拨付的呼声日高。于是，为适应国内商品生产和内外贸的需要，票号便应运而生。

所谓票号，是以吸收存款、放款和埠际汇兑为主要业务的私营性质的金融专营组织。公元1823年，晋商迎来了一个历史性的时刻，平遥城中一个被誉为“金融鼻祖”的商人雷履泰，顺应历史潮流，开始尝试用金融票据往来的方法，来取代实行了几千年的商业贸易现银结算方式。为此，他开办了一个叫“日昇昌”的特殊商号。“日昇昌”的与众不同，是因为它经营的商品不是一般货物，而是金融汇票，在当时的人们看来，它就如同一张很值钱的纸。而只有雷履泰自己清楚，他其实是在经营一个被称为“信誉”的理念。现平遥城内雷履泰故居有副楹联盛赞他的创业壮举：“孔门高弟越国大夫碧卢玉工有在天之灵，共赞古陶雷君后来居上；李唐飞钱赵宋交子朱明宝钞具脉行其道，怎比票庄一纸汇通天下？”匾额为：“拔乎其萃。”

当时，日昇昌票号的三大业务是异地汇兑、存款和放款。由此发端，日昇昌相继在全国各大中城镇和商埠码头开设分号35家。晋中平川商人也纷纷效仿，祁县开办了合盛元票号，太谷开办了志成信票号，榆次开办了协和信，介休开办了乾盛亨，等等。当时全国有票号52家，山西就占了43家，占全国票号总数的83%，北至恰克图，南达海南岛，西到新疆，东跨海入韩国、日本，都有山西票号的分号，总资本1000万两白银，流动资金达8000多万两。仅日昇昌票号从创办至20世纪20年代歇业，100余年共创利1500万两白银，相当于现在的人民币100亿元。清末著名改革家、学者梁启超赞誉山西票号为“执中国金融界牛耳”。这比欧洲的金融汇兑业务早了六十多年。

《晋中市志》卷二十五《晋商沧桑》中载：“清道光初年平遥人雷履泰创立票号，首开国内金融汇兑后，晋中商人由商业转为商业、金融两业并举，在光绪年间达到极盛。”晋商票号的出世，是中国经济史上的里程碑事件，它不仅开创了近代中国金融业的新纪元，还直接推动了近代中国商贸和工业的向前发展，为中国近现代银行业的诞生积累了经验。

四、晋商的豪门

明清时期商界群雄逐鹿，先后形成了不同地域商人结成的商帮，包括山西商帮、陕西商帮、山东商帮、福建商帮、徽州商帮、洞庭商帮、潮汕商帮、江右商帮、龙游商帮、宁波商帮，史称“明清十大商帮”。其中晋商是明清时国内最大、唯一能与南方徽商抗衡的商帮，足迹遍及世界各地，纵横商界500年。清代山西不但“百十万家资者，不一而足”，资产达到千万两的也不乏其人。

究其根源，关键得益于晋商做到了在商业、金融业两栖经营，两头得利，特别是依据对俄茶叶贸易和开办票号业务的垄断性地位，赢得了巨额利润，鼎盛时期不少家族资产逾千万两，太谷北洸村曹氏家族在十九世曹培义时，家产达到了3000万两，称其富可敌国也不为过。据清人徐轲《清稗类钞》中载晋中14家“资产之七八百万两至三十万两者”有介休侯氏、冀氏，祁县乔氏、渠氏，太谷曹氏，榆次常氏、王氏等14户。综合考虑众多晋商家族的资产规模、历史地位、社会影响力和历史遗存等因素，晋商“十大家族”主要包括创立中国第一家票号日昇昌的平遥西达蒲村李氏家族；在众多晋商中经营历史最长、规模最大，史称“外贸世家”的榆次车辋村常氏家族；建立复盛公商号，拥有“先有复盛公，后有包头城”美誉，为后人留下乔家大院珍贵遗产的祁县乔家堡村乔氏家族；创建山西第一家民族资本工业双福火柴公司和近代山西最大的民族资本企业山西保晋矿务总公司的祁县城内渠氏家族；创办与日昇昌比肩而立的蔚泰厚、蔚丰厚、蔚盛长、新泰厚、天成亨“蔚”字五连号票号的介休北贾村侯氏家族；晋商最早开办赴日购铜海上贸易，号称晋商“船帮”与“皇商”的介休张原村范氏家族；仅在湖北樊城、襄阳等地商铺就有70多家和产生晋商群体唯一女强人“马太夫人”的介休北辛武村冀氏家族；由磨豆腐耕读起家，因贩卖牲畜商宦富族，留有“民居博物馆”之称的王家大院的灵石静升村王氏家族；初在辽宁朝阳闯关东卖豆腐创业，民间“先有曹家号，后有朝阳县”谚语广为流传，鼎盛时期有640多家商号遍布全国各地的太谷北洸村曹氏家族；清中叶有商号、当铺、钱庄、票号200余家、资金高达1000万两白银的榆次聂店王氏家族。（详见附表）

晋商十大家族概览

家族情况	起家年代	主要商号名称	主要票号名称	商业经营范围	代表人物	衰落年代	历史遗存
平遥西达蒲村李氏家族	清雍正	西裕成颜料庄等	日昇昌、谦吉升等	颜料、绸缎、杂货等	雷履泰、李大全等	民国初年	李家堡
榆次车辋村常氏家族	清康熙	大德玉、大升玉等	大德川、大德玉等	茶叶、布匹、绸缎等	常威、常万达等	1956年公私合营	常家庄园
祁县乔家堡村乔氏家族	清乾隆	广盛公、复盛公等	大德恒、大德通等	粮油、百货、茶叶等	乔贵发、乔致庸等	20世纪50年代	乔家大院
祁县城内渠氏家族	明洪武	长源厚、长裕川、双福火柴公司等	三晋源、长盛川等	茶叶、药品当铺等	渠映璜、渠本翘等	1956年公私合营	渠家大院
介休北贾村侯氏家族	南宋隆兴	协泰蔚、隆胜永等	蔚泰厚、蔚丰厚等“蔚”字五连号	绸缎、茶叶、布匹等	侯兴域、侯荫昌、李宏龄等	20世纪20年代	侯家旧宅
介休张原村范氏家族	明隆庆			洋铜、盐、粮食等	范永斗、范毓宾等	清乾隆	范氏坟茔
介休北辛武村冀氏家族	明正德	天聚全、恒顺发等	乾盛亨、其德昌等	布匹、百货、当铺等	冀国定、冀以和等	清末	
灵石静升村王氏家族	元皇庆	宝和楼、广顺号等		贩马、皮货、食品等	王兴旺、王谦等	清道光	王家大院
太谷北洸村曹氏家族	明末清初	锦泰亨、锦霞明等	锦生润	绸缎、茶叶、药品等	曹三喜、曹培德等	20世纪30年代	三多堂
榆次聂店村王氏家族	明万历	谦德亨、德兴成等	协同庆、协和信等	当铺、百货、烟丝等	王栋、王文州等	20世纪30年代	古戏台

五、“茶路”的遗产

“史之所用，其利甚博。”曾经车轮滚滚的“茶路”、声名远扬的晋商虽离我们远去，但先人给我们留下了博大丰厚、历久弥新的精神财富。我们研究晋商，探寻晋商的发展脉络，重在挖掘传承先人给我们留下的精神遗产，激励来者，重振晋商雄风，实现中华民族伟大复兴。常家庄园有一副对联：“燕居田园，静听蛙声一片，动情于山水之间也，淡泊方是人生根本；财取天下，拓开长路万里，报国尽匹夫之责耳，富贵不过身外浮云。”给人许多启迪。梳理晋商在创业阶段和兴盛时期的精神理念，表现在这么几个方面。一是不畏艰辛、敢冒风险、勇于进取的精神。二是善抓机遇、崇尚商道、敢于挑战当时官本思想的精神。三是诚实守信、以义取利、做人为上的精神。四是善于依靠群体智慧、团队意识、把事业做大做强的精神。

当然，清末民初，曾在明清商界纵横驰骋达5个多世纪的晋商，最终无奈谢幕，包括千辛万苦开辟的万里茶路，也渐渐销声匿迹，令人感慨，令人深思。反思其原因，有助于我们从政治、历史的高度把握兴衰之规律，更好地传承晋商的精神和事业。

客观因素：一是政治失靠。巢覆无完卵。国运衰，百业败。晋商是一个主要依附皇权而起家的商业集团，当落后保守、腐败无能的清政府奄奄一息、摇摇欲坠之时，也就是失去政治依靠的晋商走下巅峰、逐渐衰败之日。朝廷对晋商的盘剥了无穷尽，道光二十三年（1843年），因鸦片战争赔款，清政府向晋商摊派捐输金额达白银200余万两。太平天国起义期间，清王朝为了筹集巨额军费，推行捐借政策。咸丰二年（1852年）二月至次年正月，晋商捐银1599300余两，占全国新捐银37.65%，为全国各省捐输之首。清人徐继畲（山西人）曾云：“吾省前后捐输已达五六次，数逾千万”，至使出现“富民膏血已罄竭”的严重局面。二是社会失稳。特别是太平天国起义、辛亥革命、日本侵华等引发的一系列社会动荡，整个社会失去了安全稳定的经商环境，使从事商业经济活动，每天与钱打交道的晋商深受其害，损失惨重，元气大伤。1911年辛亥革命爆发，各地战火纷纷，许多商号破产，晋商票号或被抢，或由于放贷巨款无法收回，各地发生挤兑风潮，资金周转不灵而面临破产倒闭危险。据统计，1911年还有24家山西票号，过了5年（1916年），已有10家倒闭，1家改制成商业银行，只存13家苦苦支撑。三是经济失势。进入20世纪，随着现代化的铁路、汽车等交通运输工具和具有先进理念的近代银行进入中国，晋商原来的竞争优势逐步丧失，经营理念逐步落伍，加上具有经商特权的俄国等外国商人的重重挤压，逼迫晋商在商业上退出市场，如京汉铁路、京张铁路、西伯利亚大铁路、海参崴港的开通，直接导致了喧嚣200年之久的万里茶路萧条中断。几乎所有票号也在内外交困下无奈关门倒闭。主观因素：一是观念失进。至清末民初，晚期晋商因循守旧，晋商创业初期的开拓进取精神早已烟消云散，面对复杂的社会转型期，故步自封，不能与时俱进，思想未能转型，经营未能转型，产业未能转型，重心未能转型，彻底丧失了许多宝贵的发展机遇，如票号组建、入股现代银行，发展重心向上海、江浙一带转移，投资实业等等。二是家风失教。晚期晋商滋生了"奢为贵"思想，大兴土木，进而挥霍无度为晋商衰落埋下了伏笔，不少晋商子弟家教不严，吃喝嫖赌，奢侈浪费，挥霍无度，纵有金山银山也要吃空。加之不注重培养人才，无人接班，辉煌事业日落西山也就不足为怪。历史的变迁和教训一再告诫我们，国家不能动荡，人民不可懈怠。

人类历史总是一个生生不息、薪火相传的过程，更是一个传承前人、超越前人的过程。回眸"万里茶路"的兴衰历程，我们深感千秋伟业任重而道远，晋商精神弥足而珍贵，在建设有中国特色社会主义核心价值体系的历史征程上，她必将闪烁出更加耀眼的光芒。

该文系作者参与编撰的2012年12月出版发行《重走晋商万里茶路纪实》一书节选

■ 不怕吃亏吃苦　敢于流血流汗

——这就是个性化的“晋中精神”

树依根深而挺拔；人靠精神而立世。总结“晋中精神”是一件很有现实意义的好事，也是一件比较难办的好事。晋中历史悠久，文化深厚，人才辈出，大事不断。探究凝聚在晋中人血脉中的文化基因，尤其是特质性的人文精神，需要全市社会各界深入地思考。

综观晋中五千年历史进程，细品这颗三晋明珠，中华宝地，从春秋介子推，大功不言禄；到抗日战争和解放战争尹灵芝，宁死不投降；从滔滔汾河谷地的晋商票号，到巍巍太行山巅的石拐会议纪念地。遍地都是晋中优秀儿女的奋斗足迹，而支撑推动他们不断前行的力量，就是以晋商精神、太行精神和改革开放的时代精神为特质的晋中之魂，正是这些精彩纷呈的文化元素，构筑了晋中人精气神的精神高地。

今天，提炼晋中精神之精华，如果用大路化、比较规范的词语表述，我个人理解，可以用诚实守信、无私奉献、勇于担当、务实中和等正统词语概括。但这些表述相对缺乏地域特色，好似放之四海而皆准。基于此，我对“晋中精神”的内涵，进行了不同角度的解读，即“不怕吃亏吃苦，敢于流血流汗”，力求达到既具有个性化色彩，也通俗易懂、上口好记的提炼目的。

“不怕吃亏”，是从晋中人做人的角度而言。人生一世，敢不敢吃亏是考量一个人精神境界的重要标尺。远古春秋时期，介子推与晋文公流亡列国19年，割股奉君，文公复国，介子推不求名利与母隐归绵山被焚，千百年来流传甚广，人尽皆知，尽显晋中人“不怕吃亏”之风范。清代介休实力最强的皇商范氏家族，是晋商豪门在北方边疆最早的发迹者，雍正九、十年间（1731—1732），范毓馪兄弟在远途运送皇粮中，由于清军中计，全军溃退，导致范氏兄弟运送的13万石军粮落入敌手。雍正皇帝得知实情后，准其“据实报销”。但范毓馪不仅辞谢了皇上的恩偿，还拿出144万两白银弥补损失的军粮窟窿，全力支持朝廷。民国十一年（1922年），祁县乔家做了一件震动包头城的惊人之举，包头著名的“双”字号，因资不抵债，无力偿还乔家复盛全钱庄56000块现洋的债务，东家赴乔家堡给乔家人磕了一头，就免了一半的债务。正是这样输了买卖赢了人“不怕吃亏”的境界，奠定了晋商“诚信”大厦的基石，成就了其五百年的辉煌伟业。至现代，英雄的大寨人艰苦奋斗创业，自力更生扬名。1963年夏天，大寨遭受百年不遇的特大洪灾后，提出了著名的“三不要、三不少”。“三不要”是不向国家要粮、要款、要物资；“三不少”是当年卖给国家的粮食不少、分给社员的口粮不少、集体收入不少。由此，大寨人“不怕吃亏”的共产主义风格，成为大寨扬名天下的出发点。不一而足，“不怕吃亏”成了晋中人的一种胸怀，一种风格，当然，辩证法告诉我们一个道理：物质吃亏，精神得益；小处吃亏，大处得益；暂时吃亏，长远得益。所以，“晋中精神”提炼“不怕吃亏”，肯定吃不了亏。

“不怕吃苦”，是从晋中人做事的角度而言。晋中这方浸润着古老黄河文明和农耕文化的沃土，吃苦耐劳历来是这片土地上主人的基本素养。海内最富的晋商前辈，其成就大业者多是白手起家，创业都是肩挑背贩，拉骆驼，穿越千里沙漠；背行囊，脚踏茫茫戈壁。多少人风餐露宿，客死他乡；多少人子承父业，薪火相传。清代绵延200年、长达万里的茶叶之路上，闽赣交界的分水关，至今保存着大清光绪六年春月立的“孤魂总祭”碑；张家口还遗存着埋葬客死东口山西人的“孤魂庙”。这些碑上庙里，晋商死难者连个姓甚名谁都没有，可见当时晋商大军中，因水土不服致病无医者、因中暑受冻未能及时救治者、因被蛇咬中毒而丧命者、因劳累不堪而伏地不起者，究竟会有多少？这岂止仅用“吃苦”就能诠释前辈的苦难。大寨人治理“七沟八梁一面坡”，挑战贫困，“穷山沟里出好文章”，靠什么本事出好文章，关键两个字“吃苦”。当年，大寨人靠的是敢教山河换新颜的“50条好汉”和“铁姑娘”，出尽全身力、吃尽人生苦的豪迈气概。时至今天，创造了“不畏艰险，吃苦耐劳，团结互助，勇于创新”朱村精神的领头雁赵丽琴，坐摩托，乘公交，自带干粮进城找项目，步行往返十几趟跑贷款，硬是在贫瘠的旱塬山区，建成了千亩温室园区，实现了新农村的跨越发展，依靠的还是“不怕吃苦”的坚韧品格。归根结底，晋中人“不怕吃苦”的精神，集中体现于做事不怕吃苦，生活不怕吃苦。

“敢于流血”，是从晋中人为国家为民族无私奉献的角度而言。伟大的抗日战争中，晋中大部分地区分属于中国共产党领导的晋绥、晋察冀、晋冀鲁豫革命根据地，是中共中央北方局、八路军总部领导华北抗战的“指挥中枢”。据有关史料记载，1940年，在著名的百团大战中，晋中各县民兵和民工随军参战，抬担架、运弹药、送干粮的达30万人。仅左权一地，就有一万人参军一万人牺牲一万人支前的壮举。至1945年8月日本投降，晋中参军人数达11.1万人，参战支前人数占到山区各县劳力的80%。十四年抗战，晋中为国捐躯的革命烈士8823人。正是太行老区人民的浴血奋战和巨大牺牲，在血与火的洗礼中，铸就了伟大的太行精神。李长春同志将太行精神归纳为“不怕牺牲，不畏艰险，敢于胜利，无私奉献”。不难看出，“敢于流血”是晋中人民的一种境界与气势。在新的历史时期，“继承革命传统，牢记光荣使命；坚决履职尽责，实现率先发展”的号令，不仅是对各级领导干部的要求，也是对全市327万人民的希望。

“敢于流汗”，是从晋中人敢于担当追求务实的角度而言。回眸历史，晋中人在创业发展的进程中，总是顽强拼搏，挥汗如雨，追逐着自己的梦想。从太行山层层梯田里农民朋友擦汗的镜头，到安泰集团座座钢炉旁工人兄弟挥汗的剪影；从“一五”计划发展现代工业的成功布局，到“十二五”建设全省“四化”率先发展区的宏伟蓝图。都是晋中人身体生理上外在的流汗，辛勤劳作，务实干事带来的丰硕成果，此外，还有一种流汗方式，我们更应该引以为豪，那就是思想上内在的流汗，一种开拓思路，勇于担当，追求卓越的思想意识。改革开放初期的1983年，当时的介休县委、县政府把生产力标准作为衡量和考虑一切问题的根本原则，大胆提出“三不怕”，即“不怕肥水流入外人田、不怕企业姓了‘资’、不怕出现两极分化”。与其说这是解放思想的突破之举，不如说这是敢于担当的责任之举。当年介休的民营企业“三大户”，直至今天的民营经济航母舰队，就是得益于这种决策者敢于担当和政策十分宽松的政治环境。也是当时在山西产生较大影响的“介休现象”的本质原因所在。当下，晋中之所以敢于自觉承接省委交给的建设全省“四化”率先发展区这样一个艰巨课题和历史重担，举旗先行，同样是晋中人历来敢于担当敢于流汗精神的生动展示。

生生不息的晋中，是一方不断产生先进文化精神成果的宝地，还承担着先进文化精神成果薪火相传的历史使命。热切期盼“晋中精神”早日瓜熟蒂落、水到渠成。

发表于《晋中日报》晚报版2012年3月14日头版

第四篇　集邮鉴赏，品味致真

常言道：百年无废纸，千年纸成金。集邮与藏书，乃笔者两大纸质品业余爱好。自大学一年级被同学粘贴在红旗笔记本上的精美邮票所痴迷，开始收集第一枚邮票起，迄今已四十余载。闲暇之余，享集邮之乐，赏方寸之美，悟集邮之境，撰集邮之文，结集邮之友，主集新闻传媒及体操运动两个专题，乃人生一大快事与幸事。与藏书还能尚且藏以致用相比，集邮总是集多研少，只享受过程的乐趣，没有多少成果可言。

■ 建议发行粮食作物邮票

近几年，我国粮食生产基本处于徘徊局面，但是人口、粮食消费却持续增长，耕地面积减少，加上粮食浪费严重，导致粮食供求矛盾日益突出。民以食为天，粮食是极其重要的战略物资。江泽民总书记今年特别强调："如果粮食出了问题，谁也救不了我们，我们必须从政治上、战略上认识粮食、珍惜粮食。"建议邮电部在适当时候，如10月16日世界粮食日这一天，发行一套粮食作物特种邮票，包括水稻、小麦、玉米、高粱、谷子等我国农业生产中的主要粮食作物。也可以科学培育良种为素材，如杂交水稻、杂交玉米等。

发表于《邮政指南报》1995年7月7日

邮苑盛开传媒花

各类媒体利用“国家的名片”宣传自身，扩大影响，塑造形象。到目前为止，党和国家的主要舆论工具基本上都步入方寸世界崭露头角，特别是在邮资封片和企业金卡上频频亮相。

1.报纸。报纸是方寸天地中数量最多的传媒，作为中共中央机关报的《人民日报》首先是第一次登上新中国邮票的传媒。1964年9月26日发行的特66知识青年在农村（4–3）上有三名知青正在阅读学习《人民日报》；其次是在邮品上亮相次数最多的传媒，计有八次。是在邮票、邮资封、邮资片和企业金卡都露过面的唯一传媒。此外，《科技日报》在1993年首次跃上企业金卡之后，陆续跻身企业金卡的中央级报纸有《经济参考报》《参考消息》《人民政协报》《新华每日电讯》《国际商报》《文汇报》《文艺报》《健康报》《中国集邮报》《中国青年报》《中国证券报》《中国电视报》《中国保险报》《计算机世界报》等。省级报纸制作企业金卡的有《福建侨报》《保定市报》《浙江日报》《浙江邮电报》《安徽日报》《河南日报》《河南经济日报》《江西青年报》《武汉晚报》《大众日报》《济南日报》《齐鲁晚报》《山东交通报》《语文报》《中学生学习报》《厂长经理日报》等。

2.期刊。《求是》杂志是中共中央主办的理论刊物，曾数次出现于企业金卡之中。值得一提的是，担当传媒队伍宣传集邮的主力军之一的集邮类期刊，也不失时机，步入方寸展现形象，进一步提高知名度。中华全国集邮联合会会刊《集邮》杂志，在创刊四十周年之际，在JP50中国集邮笑迎明天和专门发行的企业金卡中都有其设计新颖、漂亮大方的杂志封面。同时《中国集邮》《中国少年集邮》《集邮博览》等邮刊也制作发行了各自的企业金卡。除此之外，企业金卡中还有《世界军事》《八小时以外》《文摘周刊》《中国共青团》等期刊。在T75和J1邮票上，还可以找到当年《红旗》杂志的身影。

3.图书。邮品上的图书主题主要是通过出版社、书店和图书馆来表现的。人民出版社是国家政治书籍出版社，有JF29人民出版社建社40周年。创立于1897年的商务印书馆，是我国近代出版事业中历史最久的出版社，有JF7《商务印书馆》九十年。百年老店荣宝斋主要用木版水印从事古今书画的印制和胶印出版书画工具书等，有JF43荣宝斋建店一百周年。在企业金卡中有高等教育出版社、北京大学出版社和山西教育出版社等。新华书店是全国图书发行主渠道，邮品有JF8新华书店成立五十周年。另外，有关书店的企业金卡有三联书店、北京外文书店、山东邹平书店、山东滨州教育书店和郑州万方书店等。我国的国家图书馆是北京图书馆，有关邮品为JP11北京图书馆建馆九十周年。此外，还有西南交通大学图书馆、西安交大钱学森图书馆、中国人民大学书报资料中心可从企业金卡中找到它们的影子。JF46第62届国际图联大会则从另一个角度表现了我国图书馆事业日益壮大的繁荣景象。

4.通讯社。新华通讯社是中华人民共和国的国家通讯社，邮品有JF32新华通讯社建社六十周年。另外，新华社主办的一些很有影响的报刊，如《新华每日电讯》《参考消息》《经济参考报》《中国证券报》《世界军事》都制作发行了精美的企业金卡。

5.广播。中央人民广播电台是中国国家广播电台，有关邮品是JF30中央人民广播电台建台五十周年。中国国际广播电台是国家对外广播电台，有JF11中国国际广播电台开播40周年。1996年发行的企业金卡有一枚为96京（BK）-0060河南经济广播电台。

6.电视。中央电视台是中国国家电视台，有关邮品是T128社会主义建设成就（第一组）（4-4）中央电视台，JP69中国中央电视台建台40周年，从1996年起，为配合每年春节晚会拜年封配套发行的印有中央电视台大楼的企业金卡，至今已发行4枚。其他邮品还有96京（BK）0116-潍坊有线电视台、98鲁（BK）- 0226济南电视台体育五环专栏100期纪念等。与此相关还有邮品中的电视发射塔，即YP10（10-8）天津电视塔、YP6（10-1）武汉龟山电视塔、1996-26M东方明珠电视塔。

7.音响。中国唱片总公司是国家音像出版社，有JF22中国唱片出版四十周年和1994年发行的中国唱片总公司企业金卡。

8.电影。主要邮品有T118今日农村（4-4）看电影和T154中国电影。

发表于《山西日报》1999年6月

集邮文化应在培育践行核心价值观中有所作为

摘要：本文在全社会大力培育践行社会主义核心价值观的大背景下，联系集邮文化的发展实践，围绕核心价值观是集邮文化的价值坐标、集邮文化对培育践行核心价值观很“给力”、集邮文化发挥作用面临的主要挑战及对策与路径等问题，进行了一些思考探索，提出了一些可操作性强的思路与举措。

关键词：集邮文化，核心价值观，作为。

方寸纳天下，集邮博古今。中央一直强调，一切文化产品、文化服务和文化活动，都要弘扬社会主义核心价值观，传递积极人生追求、高尚思想境界和健康生活情趣。集邮文化作为一项以收集、鉴赏、研究邮票邮品为主要内容的群众性文化活动，集思想性、历史性、益智性、娱乐性、储财性、广泛性等诸多特性于一身。在新的时代节点上，集邮文化理所应当成为培育践行社会主义核心价值观的重要载体和有效手段，并充分发挥应有作用。

一、意义

党的十八大首次提出，要倡导富强、民主、文明、和谐，倡导自由、平等、公正、法治，倡导爱国、敬业、诚信、友善。这“三个倡导”24个字12个主题词，高度凝练概括了国家层面的价值目标、社会层面的价值取向和公民层面的价值准则，是社会主义核心价值观的基本内容。习近平总书记强调：“要利用各种时机和场合，形成有利于培育和弘扬社会主义核心价值观的生活情景和社会氛围，使核心价值观的影响像空气一样无所不在、无时不有。”当前，我国的集邮文化伴随经济实力的不断增强，特别是凭借文化大繁荣大发展的强劲东风，呈现生生不息、蒸蒸日上的良好态势，不仅成为培育践行核心价值观不可或缺的文化平台，而且一定能够大有可为。

核心价值观为我们科学诠释了要建设什么样的国家、建设什么样的社会、培育什么样的公民的重大命题。核心价值观就是集邮文化的灵魂与支柱，它为新时期的集邮文化建设提出了鲜明的方向、明确的任务和具体的要求。无论什么时候，集邮文化都不能偏离核心价值观的价值理念和价值坐标，从邮票、邮品的规划选题到创意设计，从集邮展览、讲座、研讨的核心主题到总体方向，等等。都必须充分体现核心价值观这个“最大公约数”的价值取向。

站在新的历史方位考量，培育践行核心价值观与弘扬集邮文化是纲与目的关系，纲举才能目张。也是相辅相成、相得益彰的共赢之举。一方面，通过有机融入，核心价值观必将彰显于集邮文化、集邮活动、邮品设计、个人收藏的全过程。尤其是为广大集邮文化的参与者，确立了正确的价值追求和基本遵循。另一方面，由于集邮文化充分展示了核心价值观的内涵，必将促进自身魅力和活力的进一步增强。说到底，集邮文化也是核心价值观的现实表现形式之一，自身建设的成果如何，反映了核心价值观培育和践行的成效。

二、特性

老舍先生有句名言：“集邮长知识，嗜好颇高尚。”集邮文化是一种充满正能量、蕴含真善美的高雅文化活动。思考其内涵和特征，挖掘其潜能和优势，在助力培育践行核心价值观的进程中，有着不可比拟的精神力量和实践平台，很是“给力”。

1.具有政治定力。净化政治生态，人们常常提到增强政治定力。其实，从文化载体的角度研判，邮票、邮品的政治定力是相当强的，因为无论选题，还是设计，包括印制，都有明确的政治性和计划性，特别是事关重大政治题材，包括政治人物、政治活动、重要纪念日、重要会议等，从形式至内容，甚至发行多少枚，都必须经中央有关部门审查把关，包括邮政主管部门的领导和专家层层把关，这就为集邮文化载体落实体现核心价值观精髓，提供了可靠的政治保障。

2.具有创新力。创新力就是人类创造新的文化的能力。就集邮文化而言，创新力是自身不断前行的内生动力。我们知道，没有邮票就没有集邮活动，集邮文化也就无从谈起。古今中外，一枚枚五彩缤纷的邮票，一件件各具特色的邮品，基本特征首先表现为一次次创新的杰作。邮票作为一种特殊物品，既承担国家邮资凭证的有价证券功能，又兼具文化产品的特性。每一次邮票的设计，每一件邮品的创意，都是应对新挑战，上路再出发。黄永玉的金猴，开启了生肖邮票新纪元，创造了历史，但生肖邮票设计的后来者不能重复黄永玉的过去。所以，用“新而又新、精益求精”的创新理念，来推进和提升集邮文化的发展境界，乃客观规律使然。当然，尽管中国邮票设计及其集邮实践的主题呈现多元化，但创新力的出发点与制高点必须是核心价值观。也正是这种与生俱来的创新力，为核心价值观持续性融入、集邮文化持续性繁荣，创造了肥沃土壤和适宜气候。

3.具有感染力。一枚质量上乘、让集邮爱好者爱不释手的邮票，首先应具备富有时代气息和艺术感染力的非凡特征。笔者作为一个有着近35年邮龄的集邮老兵，最初之所以能喜欢上邮票，追溯渊源，就是被20世纪80年代初设计精湛、印制精美的邮票的漂亮画面所深深吸引，丝毫没有一点儿功利化动机。邮票构成有“画面、国名、面值”三要素之说，这三要素是否和谐协调，是判定设计成功与否的关键，也是判定是否符合审美原理的基本条件。单就邮票画面的“色彩、线条、形状”三大基本要素而言，无论是赤橙黄绿青蓝紫的色调，还是简洁流畅的线条，抑或长方形、方形、圆形、菱形、多边形等形式各异的形状，无不彰显了邮票特有的优美、秀美、幽美、壮美、悲美等审美形态。也正是这方寸之地，成为宣传培育核心价值观的特殊方式和重要阵地。

4.具有传播力。传播力是文化的重要功能，传播力是文化价值理念得以延伸和扩展的主要途径。邮票作为国家名片，通过地球村的信件传递，较其他传播媒介而言，邮票可以说是一种接受度高、共享度广、人情味儿浓、到达力强、成本最低的文化产品。推而广之，集邮文化堪称一种超越时空、国界和民族的国际文化潮流。不可否认，尽管因当下信息化的铺天盖地，在很大程度上制约了邮票邮品乃至集邮文化的大面积传播，但只要坚持核心价值，挖掘民族特色，秉持向上向善，无论对内对外，中国集邮文化的绚丽之花，一定会传播的更广更远。

三、挑战

近年来，集邮文化肩负历史使命，弘扬主旋律，寓教于邮，开展了丰富多彩的以培育践行核心价值观为主题的集邮活动，比如，河北省石家庄市方北小学“少年邮局”开展“弘扬社会主义核心价值观”主题的宣传邮戳、明信片征集和专题邮展；江苏省高邮市将“社会主义核心价值观”的12个主题词，相应地编组成12部邮集，让人们在邮文化的陶冶中，认知感悟社会主义核心价值观的真谛；四川省集邮公司在全国首家发行《文昌祖庭年画社会主义核心价值观个性化邮票》；等等。但面对党和政府的新要求，面对社会环境的新常态，面对众多集邮爱好者的新期盼，集邮文化仍然面临不少严峻挑战，诸多“短板”亟待补缺。

1.社会共识有待进一步深化。毋庸置疑，当前集邮文化的发展现状中，还有不少问题一直被邮人诟病，如邮票发行当日邮政窗口无票可售，而邮市邮商那里却是成堆成摞；上午邮票刚刚发行，下午就有人要么漫天要价，要么随意打折。不一而足。为什么这些乱象与顽症，几十年久治不愈，甚至愈演愈烈，根本原因就是整个集邮界对集邮文化的“为了谁、依靠谁、我是谁”的本质问题，从认识上就一直模糊不清，或者说共识还远未成形，包括决策层亦然。这些行为本身就与核心价值观的取向背道而驰，值得上上下下深刻反思。

2.文化活动有待进一步强化。当前，各地各个层面的集邮活动数量不少，但存在“四重四轻”的不平衡倾向，即重视城市，忽视乡村；重视成人，忽视青少年；重视精英，忽视群众；重视集邮的经济价值，忽视集邮的人文内涵。

3.有机融入有待进一步细化。从服从于服务于培育践行核心价值观的出发点判断，集邮文化界还缺乏系统性的长远谋划，缺乏可操作性的实施细则，对如何挖掘利用各类集邮资源传播灌输核心价值观，缺乏实质性的动作，起码没有像新闻媒体那样声势浩大的主题宣传。

4.队伍素养有待进一步优化。全国集邮爱好者群体现有近两千万人，各地集邮协会和各类集邮组织数量达5.4万多个，集邮协会会员近300万人。说实话，这些数据有没有水分，另当别论。更为要紧的是这些人的基本素质和集邮素养，参差不齐，为数不少的集邮者，年底取回邮票年册看都不看，往柜底一放，万事大吉，就是例证之一。故无论核心价值观，还是集邮文化，归根结底一个共同目标，都是要做好培育人的大事。所以，探索如何以核心价值观引领，吹响“为做人而集邮”的号角，努力提升这样一支非常松散的集邮队伍素质，确实是个比较棘手的课题。

四、路径

山高人为峰。面对集邮文化发展道路上的重重险阻，中国集邮文化已走到了一个重要关口。唯有迈步从头越，才能一览众山小。有学者认为，当代文化可分为四个层次，分别是物质形态的表层、生活方式的浅层、制度规范的中层和心理观念的深层。为此，我们不妨将此借用到集邮文化之中，也可划分出类似的四个层次，探讨在培育践行核心价值观的实践中，如何实现路径清晰，层层递进，达到有序推进集邮文化健康有序发展的目的。

1.表层：主要利用各类邮票、邮资封片、邮戳等邮政用品，致力于核心价值观无所不在。建议像发行“中国梦”系列邮票一样，分年度发行社会主义核心价值观三个层面12稿主题词的系列特种邮票，在全社会开展“邮说：我们的价值观”邮票图稿征集活动。同时考虑发行12个主题词的系列普通邮票和邮资封片，利用有关纪念日、重要活动刻制12个主题词的纪念戳，不断扩展核心价值观传播的覆盖面，提高针对性和实效性。

2.浅层：主要是利用各种邮票衍生品和集邮活动，致力于核心价值观无微不至。广泛开展核心价值观主题的邮展、研讨会、知识竞赛等行之有效的活动，让核心价值观融入集邮爱好者的日常收集、研究和鉴赏中，达到“集邮爱好者日用而不知”，最终形成核心价值观在集邮文化活动中的理论自觉。

3.中层：健全充实并严格执行相关制度规范，致力于核心价值观无所不融。当前，现实集邮活动中，为什么时不时发生违规销售邮票邮品、集邮市场假冒伪劣坑蒙骗屡禁不绝等各种违规违法行为。究其根源，既有教育力度不够的原因，也有人们素养参差不齐的原因，更多的则是缺乏刚性制度的约束。因此，在全面建成小康社会、全面深化改革、全面依法治国、全面从严治党的战略布局下，有必要在集邮界和集邮文化圈内，彻底实施邮票发行体制机制改革，从严治邮，从严治乱，把核心价值观的要求体现到各个政策法规之中，形成有利于培育践行核心价值观的政策支持和法律保障环境，强化集邮界各方参与者践行核心价值观的行动自觉。

4.深层：不断提高集邮爱好者思想深处的价值观念和道德境界，致力于核心价值观无人不晓。集邮爱好者首先是一个公民，要把重点放在“爱国、敬业、诚信、友善”价值观的树立上。集邮文化是高大上的先进文化，集邮者首先应当是一个思想上道德上的明白人，广大集邮爱好者更应该成为一个信仰爱国、宣传爱国的公民；成为一个爱岗敬业、快乐集邮的公民；成为一个诚实守信、邮德高尚的公民；成为一个和睦亲近、心地善良的公民。总之，要让社会主义核心价值观深深根植于每个集邮爱好者心底，成为集邮文化的灵魂，凝聚“集邮梦”，共筑中国梦。

该文系入选2015年4月北方十省（市、区）集邮论坛研讨会论文

签名封见证“重走晋商茶路”

2011年6月3日，我随晋中市“重走晋商茶路”大型商业文明传播活动考察团一行来到了河南省南阳市社旗县城。社旗明清时期称赊旗店镇，地处汉江支流唐河之畔，南通长江，北接中原，为南方水路交通和北方陆路交通对接之地。赊旗店作为晋商万里茶路的重要中转站，其地位相当重要。当年，装载晋商茶叶的船舶，到达赊旗店后换牛马畜力车继续北上，以赊旗店为节点，南船北马的万里茶路在此分界。现有“天下第一会馆”之称的赊旗店山陕会馆等历史遗存。1965年11月，周恩来总理为赊旗店镇建县，亲自命名为“社旗”，寓社会主义旗帜之意。

考察团一行受到了当地政府的热情接待，参观考察了山陕会馆、广盛镖局、厘金局、蔚盛长票号、福建会馆、大升玉茶庄等遗址。举办了晋中赊店晋商与赊店商业文化论坛。为了记录这次难忘之行，我抽空到社旗邮政局购买了南阳市邮政局发行的“南阳风光邮资信封”，盖上当日邮戳。请市委常委、统战部部长、市政协副主席郭光明，市政协副主席、市工商联主席杨丁旺等领导、企业家数十人一一签名，一枚具有特殊纪念意义的“重走晋商茶路”签名封制作成功。

该文系作者参与编撰的2012年12月出版发行《重走晋商万里茶路纪实》一书节选

■ 观邮话晋中

小小邮票，微尤足道，有“国家名片”之美称。自从1840年5月6日英国在世界上首次发行“黑便士”邮票以来，邮票就以其精美的画面，丰富的寓意深深吸引着人们的眼球，集邮也形成了与运动、旅游齐名，风靡世界时尚不衰的三大爱好之一。

邮票具备高雅文化与储藏增值的双重功效，集“真”“善”“美”于一身。在市场经济的今天，每一个地方都想让本土事物登上方寸之地，作为宣传扬名的最好广告，更能感到一种无上荣光的骄傲。重要的是，集邮文化作为社会主义精神文明建设的重要组成部分，早在20世纪80年代，就已成为全社会的共识。

作为文化大市、旅游强市的山西晋中的身影也不时在邮票亮相露面。2010年，国家邮政部门相继发行了晋中本土题材的《清明节》《文彦博灌水浮球》和《民间传说——牛郎织女》3套特种邮票，在一个年度内同时为一个地方发行3套邮票，这在中国邮票发行史上是罕见的现象。正如时任晋中市市长的晋中市委书记张璞在《民间传说——牛郎织女》首发式上所讲:“3套邮票原发地都在晋中，充分说明了晋中作为晋商故里和文化大市，有着悠久的历史和深厚的底蕴。”引人瞩目的是，这3套邮票的成功发行，明确写入了市委二届六次全会《中共晋中市委常委会工作报告》之中，这同样是一个罕见的现象。可见，其价值和意义非同一般。

晋中，是华夏文明的发祥地之一，历来以人杰地灵、物阜天成而著称。勇敢勤劳的晋中人民在历史长河中，演绎了一幕幕史诗般的文化大戏。尤以独具魅力的晋商文化和影响深远的大寨精神闻名于世，享有晋商故里、财富家园之荣耀。得益于这些背景和优势，晋中许多本土历史名人和景观，得以在新中国成立以来国家发行的邮票、邮资封片中亮相展示，大致可分为大寨、晋商和名人三大板块。

先观大寨板块。1970年1月，邮电部发行一套PF3“文革”无编号《木刻图普通邮资信封》，其中5—8图的邮资图均突出展现了大寨英雄人的人物形象。其名称均为“大寨人”。这是大寨题材首次在邮票展露，也是晋中本土题材首次在国家名片亮相。1974年9月，为纪念毛泽东发出“农业学大寨”号召十周年，邮电部发行T5《大寨红旗》特种邮票1套5枚。同年10月1日，在J3《中华人民共和国成立二十五周年》纪念邮票第2图“农业学大寨”中，表现了一位农村女青年收获粮食的丰收场面。1975年10月，发行J7《全国农业学大寨会议》纪念邮票1套3枚。1977年1月8日，邮电部发行J13《中国人民伟大的无产阶级革命家、杰出的共产主义战士周恩来逝世一周年》纪念邮票，其中（4-4）“敬爱的周总理和大寨人在一起”的图案，采用了1965年5月周总理访问晋中昔阳大寨大队的一幅合影照片，图中左一为大寨铁姑娘队队长郭凤莲，右一为铁姑娘队队员贾存锁。当年的铁姑娘队队长郭凤莲，如今已成为新时期新大寨跨越发展的领头雁，她是见证新中国农业发展历程的代表性人物之一，2009年1月，荣获第七届中国十大女杰荣誉称号，现任第十一届全国人大常委会委员、大寨村党支部书记。1977年3月15日，发行普18《工农业生产建设》1套9枚，其中面值8分的一枚表现的是收割机收割小麦的场面，画面有农业学大寨标语。1977年4月，为掀起普及大寨县新高潮，邮电部发行T22《普及大寨县》特种邮票1套4枚。1978年6月，为加速发展经济，保障供给，邮电部发行J28《全国财贸学大庆学大寨会议》特种邮票1套2枚。1978年6月，为加快边疆牧区农业发展，邮电部发行T27《牧业学大寨建设新牧区》特种邮票1套3枚。

再观晋商板块。晋商是明清时期中国商帮的重要力量，在数百年中国社会经济发展过程中作出过重要的贡献。数百年的辉煌历史为我们留下了许多宝贵文化遗产，包括晋商会馆、豪宅大院、经营店铺等。其中，平遥古城、祁县古城和乔家大院、渠家大院、常家庄园、曹家大院、王家大院为典型代表，这些建筑遗址不仅是历史见证，而且具有特殊的历史、文化、艺术内涵。近年来，晋中倾力挖掘晋商文化资源，打造的“六张文化名片”和“八大文化品牌”享誉海内外，文化与旅游有机融合，形成了以世界文化遗产平遥古城为龙头的旅游产业体系。这些都是今后一段时期，争取发行晋中本土题材邮票最具可能性可行性的资源。目前，已发行的邮资票品有，2000年8月18日，国家邮政局发行TP15《平遥古城》1套10枚；2002年5月18日，发行TP23（B）《中国民居——王家大院》1套10枚（本册式）；2003年10月4日（农历九月初九重阳节），发行普通邮资片《乔家大院——百寿图》1套1枚。与晋商相关的还有平遥、祁县一带的民居成为山西民居的代表性建筑登上了1990年9月发行的普26《民居》邮票（3-3）图，邮票面值80分。相信在可预见的近两三年内，平遥古城等晋商文化题材一定会在邮票上闪亮登场。

三观人物板块。自古晋中地灵人杰，群星璀璨。2008新版《晋中市志》卷四十三《人物篇》导言中有这样一段经典概述：“中国历史绵延五千年，晋中人才辈出。春秋介子推，大功不言禄，后世称贤；昭馀祁黄羊立公不结党，万人景仰；东汉郭林宗，志节风采，倾倒洛阳；南朝孙康，映雪耕读，为士学典范；唐初王珪、温彦博，佐“贞观盛世”，称一代良相；诗坛王维、白居易，齐李、杜诗章，“光焰万丈长”；北宋文彦博，“三朝闻望隆”，德逾司马光；金代状元杨云翼，与朱熹齐名，“理学两宗匠”；元末罗贯中，文坛奇才，著《三国》巨著，诵传万古年。”延绵至近现代，各界名人也是层出不穷。其中上了邮品或相关邮品的有：2003年5月20日，发行普通邮资片《绵山——大罗宫》1套1枚。2010年4月5日（清明节），发行2010-8《清明节》特种邮票1套3枚，首发式在清明故里介休绵山举行，都与介子推隐居地绵山渊源密切。王维、白居易的诗词代表作现于2009-20《唐诗三百首》特种邮票小版票，特别是白居易的《琵琶行》（6-3）列为6枚邮票之一，进行了重点展示。另因《琵琶行》而得名的《琵琶亭》出现于2004年11月6日发行的2004-27《中国名亭（一）》特种邮票上。2010年6月1日儿童节之际，《文彦博灌水浮球》特种邮票1套2枚面世，表现了文彦博幼年时灌水浮球的过人智慧。罗贯中创作的巨作《三国演义》被列入《中国古典文学名著——三国演义》特种邮票，连续发行了5组共计23枚。2005年8月1日发行2005-26《人民军队早期将领（二）》纪念邮票1套5枚，其中（5-2）图为左权将军。另外，和顺作为“中国牛郎织女文化之乡”，全国知名的“牛郎织女传说”起源地，其牛郎织女传说列入了国家第二批非物质文化遗产名录。历史传说故事人物牛郎织女登上了2010年8月16日七夕节发行的2010-20《民间传说——牛郎织女》特种邮票，并于当日举行了隆重的首发仪式。2003年6月29日，中国邮政发行了2003-11《苏州园林网师园》1套4枚。而这远在苏州的著名园林网师园的最后一位主人，就是晋中灵石县两渡镇人何亚农，他是一位辛亥革命志士，是山西留日学生中最早加入同盟会的成员之一，曾为蒋介石的老师。毕生酷爱收藏，所藏文物书画甚富，1940年耗巨资购得此园，1950年何氏后人将网师园捐献给了国家。

说完“观邮话晋中”，顺便简谈一下“观晋中话邮”的话题。晋中交通方便，经济发达，文化繁荣，毗邻省城太原，集邮的条件与基础比较优越，在晋中历届邮协的推动下，集邮事业一直充满活力、兴旺发达，无论是集邮人数，还是集邮水平，多年都位居全省前列。20世纪八九十年代，晋中集邮活动已如火如荼，1981年8月，介休邮电局在全省县局中首先恢复开办集邮业务。值得一提的是榆次液压厂，集邮搞得红红火火，经常举办省、地规模较大的集邮展览，1986年9月，有51人参展的晋中全区首届集邮展览就在该厂举办。该厂职工赵海生的专题邮集曾获1990年第十一届亚运会国际体育邮展银奖。集邮业绩比较突出的个人主要有：市邮协副会长、原晋中军分区领导王战友的专题邮集《八一军旗红》曾荣获全国集邮展览铜奖，《从实寄封看晋商发展》专题邮集，于1998年在全国集邮展览上公开展出，引起广泛关注。晋中供电分公司职工赵贵德集邮集出大名堂，编组了《电》《共和国的电力工业》《历史选择了毛泽东》等多部邮集，其中《电》邮集先后荣获山西省第七届邮展金奖、全国邮展银奖、全国专题邮展镀金奖等省级国家级大奖，同时，潜心钻研，自费编辑出版了《电》《英烈忠魂——红色地名共产党员烈士地名邮戳考证》等书籍，是全国电力员工中首位成功创作电力题材专题邮集的个人。来自经纬纺织机械股份有限公司的集邮专家谢孜学，是国内颇具影响力的知名集邮学者，现任中华全国集邮联合会学术委员会副主任、山西省集邮协会副会长，国家级邮展评审员。他的邮政史类邮集《华北人民邮政1947—1949》，在1999年北京世界邮展上获得大镀金奖；2000年，参加在印度加尔各答举办的第14届亚洲国际邮展喜获金奖，这是晋中乃至全省迄今为止参加国际邮展获得的最高奖项。限于篇幅，还有许多高水平邮集和作者，不能一一列举。2011年6月22日，由省邮政公司、市委宣传部、省集邮协会和晋中学院联合主办的庆祝中国共产党成立90周年暨山西省第八届集邮展览在晋中学院隆重举行，将新时期晋中集邮活动推向了新的高潮。

盼望更多的晋中题材跃入国家名片再展风姿，祝愿晋中集邮事业的明天更加美好。

发表于《山西文献集邮》2019年第1期

第五篇　家风传承，追求致善

家父、家母与人为善，一生通达，从不与人脸红，是公认的两个好人，尽管没有留下多少物质财富，却传承给子女“穷则独善其身，达则兼济天下”的基因与血脉。人善，可能一时受欺受害;但苍天有眼，天佑善良，好人终有好报。常怀悲悯、多做善事的家风家训，总会让人一生受益、永世受益。

提高家长素质营造良好家风

——浅谈未成年人健康成长的家庭因素

有一句流行语:“呼唤什么缺什么。”近年来随着国际国内环境的深刻变化，给我国未成年人思想道德建设带来了一系列不容忽视的问题。从家庭教育的情况看，突出的问题就是重智育而轻德育。天津一位学者通过对2000余名未成年犯和1000余名普通未成年人调查资料的分析比较得出了一个重要结论，即忽视思想道德教育是家庭教育的最大失误。

过去我们常讲，对孩子的教育来讲,“体”不好是“废品”;“智力”不好是“次品”;“德”不好是“危险品”。家庭是孩子的第一所学校，家长是孩子的第一任老师，在教育未成年人健康成长中起着举足轻重的作用。世界上只有一种“恶”不会让我们觉得与己无关，那就是发生在未成年人身上的“恶”。据一份调查材料显示，太原市近几年离婚案件占到民事案件总数的70%以上，而省少管所少年犯中属离异家庭的子女占到10%，市工读学校在校生属残缺家庭(绝大多数是离异家庭)的子女占30%。这些离异家庭的未成年人不仅在生活、教育方面受到影响，而且在感情、心灵、精神上受到创伤，容易沾染不良习气走上邪路。

那么健全家庭的情况又怎么样呢，从轰动一时的马加爵案件可以折射出时下普通人家庭教育的缺失。虽然马加爵已经成年，但毕竟是一名学生。从马加爵的成长悲剧给我们最大的警示是，家长以为花了钱送孩子去最好的学校就万事大吉的思想，是万万要不得的。其实现在许多家庭是虚有其表，只给了孩子一个吃饭睡觉的所在，也就是古人所说的养而不教。母爱父爱、亲人温暖、传统道德、现代规矩、人生教养，几乎样样都是缺失的。比如一些刚刚上中小学的孩子，虽然在学校学习成绩名列前茅，但动不动就发脾气，随意打骂同学和老师，等等，这样环境下的孩子，迟早出事。真所谓“子不教，父之过”。

因此，不断提高家长素质营造良好家风，为每个孩子创造平等、文明、和谐、稳定的家庭氛围是当务之急。

提高家长素质，就是家长作为孩子一生的老师，首先必须成为道德上的强者。中华民族自古就有重视子女教育，注重培养孩子良好品质的优良传统。“孟母三迁，断机教子”，成就了孟子伟大的一生，孟母也成为教子育人的千古典范。江泽民同志曾讲过，良好的家庭教育，对人进步的影响是终生难忘的，而母亲对子女的影响尤为最大，往往可以影响他们的一生。确实，德育需要引导示范，言传身教。家长的言行举止、生活习惯等，都潜移默化地影响着子女的世界观、人生观和价值观的形成。整天沉溺于麻将桌的家长，其孩子经常出入网吧也就不怎么奇怪了。新的时代，给每一个为人父、为人母的家长都提出了更加严格的要求，为人父母首先要培养自己的文化修养、道德修养，增强法治观念，用积极向上的人生态度影响孩子，用合理的方法教育孩子，以身作则，率先垂范，才能成功地影响孩子。十九世纪法国写实主义作家福楼拜说过，一个国家、民族的命运掌握在父母的手中。可以毫不夸张地说，家长素质很大程度决定着未成年人思想道德教育的成败。

营造良好家风，就是要创造文明、和谐、健康、向上的家庭氛围，使其作为一种精神力量，既能在思想道德上约束家长、孩子和其他成员，又能促使家庭成员在这种环境中健康成长。村有村风，校有校风，家有家风。所谓家风是指一种由父母（或父辈）所提倡并能身体力行和言传身教、用以约束和规范家庭成员的一种风尚和作风。家风是一个家庭所长期培育和形成的一种文化和道德氛围，有一种强大的感染力量，是家庭伦理和家庭美德的集中体现。“家风”一经形成，就能够不断地继承发展，并有着日积月累、潜移默化、前后相继、陶冶家庭成员性情的作用。正如社会风气是社会道德水平的一个重要体现一样，家风是一个家庭成员的道德水平的体现。当前，良好家风应该主要形成尊老爱幼、孝敬父母、遵纪守法、勤俭持家、诚实守信和勤奋好学等良好风尚。对于未成年人来讲，生活在一个有良好家风的家庭中，能够陶冶自己的性情，塑造自己良好的道德品质。正如一个作家所描绘的，一个孩子在充满鼓励的环境下成长，他学会了自信；一个孩子在充满被肯定的环境下成长，他学会了立定志向；一个孩子在充满公正诚实的环境下成长，他学会了正义真理。所以一个人在幼小时的教育，对他的影响最深，效果也最好。

一个孩子是一个家庭的希望，千万个孩子是一个民族的希望。我们晋中市有84万未成年人，也就是说“第一任教师”家长有近170万之多。愿各位家长都能够自觉地肩负起家庭教育的历史责任，把自己的孩子培养成为德才兼备的有用之才。这是每个家庭的幸事，也是国家和民族的幸事。

晋中市“公路杯未成年人思想道德建设大家谈”征文

■ 祝福父亲

终于有一天，女儿最担心的事情发生了，妹妹电话告诉我，父亲生病了。

父亲今年七十有六，身高一米六，体重不到九十斤，就是这瘦弱的身躯支撑着养育八口之家的重担。我家生活在素有农业种植传统的晋中平川，在我的记忆中，父亲是中国几千年形成的“日出而作，日落而息，凿井而饮，耕田而食”生活习惯的典型代表，他深爱着养育了自己的土地，认为农民种地乃天经地义。以至于弟弟开车搞运输而不得不放弃土地时，被父亲看来是一种背叛，很是惋惜。尽管父亲已力不从心，还仍想强打精神把地种下去。在儿女们的再三劝导下，今年开春时才勉强同意，把自己辛辛苦苦种了几十年的土地转包他人。

父亲二十几岁时，曾在解放太原的硝烟战火中出生入死，后来退伍回乡务农。从此，每日辛劳饱经风霜，为解决全家人的柴米油盐酱醋茶而四处奔波。特别是20世纪70年代后期恢复高考制度后，哥哥和我相继考上大学，虽说给父亲带来了欣喜，但更多的是增添了忧愁，家里没有挣工资的，只能靠养兔、喂猪、卖鸡蛋来给我们筹集学费，我们上学的几年中，父亲没有添过一件新衣服，硬是省吃俭用，培养了两个大学生。日子过得艰辛可想而知。直到现在我常常对自己的儿子提起这些难忘而辛酸的往事时，就讲没有姥爷含辛茹苦的付出，哪有我们今天的幸福生活。生活的艰难造就了父亲的勤劳与节俭。就是现在我们给他的一些零花钱，装在身上总也舍不得花。父亲唯一的爱好就是吸烟，每到冬天，慢性支气管炎常有发作，常常出现咳嗽、气喘。我曾多次劝父亲戒烟，但一想到他年事已高，且吸烟又是他晚年的唯一爱好，也就不忍心再说什么。但此次生病后，为了自己的健康，父亲则很坚决地戒了烟。我也曾听说有的嗜烟者，戒了又吸，反反复复，难以见效。所以，我非常佩服父亲此时的理智和顽强的毅力。

父亲还有一点毛病，就是时至今日，重男轻女的旧观念还很顽固，跟不上时代潮流。几年前，嫂子生了个女孩，我们全家人都很高兴，因为家里就缺女孩。唯有父亲认为是哥哥断了后，我们再三开导，社会不同了，男女都一样，可顽固的父亲在饭桌上酒稍喝过一些后，就提起此事说个没完，好像这是他的一块心病，几次惹得嫂子不高兴。不过说归说，父亲对孙女还是很疼爱的，孙女小时候每次回到家，他都亲自跑好远的路去给打奶。

随着我们一天天长大，各自成家立业，父亲也逐渐衰老了，特别是去年，母亲也说父亲精神很衰，不愿多出户外活动。于是，我把父亲接到城里在大医院做了全面检查后，尽管确信父亲的重要脏器没有什么大的毛病，但我的内心仍是忐忑不安，总感觉会有什么事情要发生。女儿深知：父亲为儿女终日操劳，瘦弱的身躯已弱不禁风。此次生病就是因为在二姐家看戏劳累，晚上受凉引起的高烧不退、说胡话，全家人都非常焦急，我又接来给父亲打针、输液，病情很快得到了控制，这也是对父亲平时很少用药的一种回报吧！

我坐在床边，望着满头白发、满脸皱纹、面容憔悴的父亲，眼里不由自主地盈满泪水，女儿只是默默地祝福父亲：早日康复，安享晚年的幸福！

郭梅莲发表于《乡土文学》2004年第6期

感恩母亲

有一天二姐对我说:“你哥工作忙,你要抽空多回家看看,妈妈很想你们。”

是的,母亲生养了我们姊妹六个,只要我和哥哥在离家不远的城市工作,也许是我们平时的疏忽,回家比较少的缘故,这更增添了母亲的牵挂。从此,我尽量多抽时间回家陪陪母亲,听听母亲的唠叨。每次回家得到的都是厚厚的母爱,临走时母亲总要和我约定下次回家的时间,此时我总是鼻酸哽咽,难以抑制与妈妈难舍难分的心情。

母亲经历了半个多世纪的世事沧桑,始终对生活抱有坚定的信念。在20世纪70年代后期,面对乡下艰难的生活,父亲希望哥哥和我初中毕业后参加生产劳动,以减轻家庭生活的负担,但吃尽不识字苦头的妈妈则宁肯自己吃苦受累,也坚持让我们读高中、考大学……记得我首次参加高考落榜后,自知家中的困难,不想再去补习,母亲却流着泪劝我,也像是在求我,硬是让大姐和姐夫用自行车把我送到离家二十多公里的县城中学,此时的我也只有刻苦用功做最后拼搏,以回报母亲及家人。苍天有眼,我也算是一个幸运者,来年终于考上了大学,终于圆了母亲的梦。妈妈是全家人的精神支柱,言传身教使她的子女们无论是在广阔的田野,还是在机关工厂,在各种生活磨难和工作考验中,都是一个个强者,各有所成。我想这关键就是源于我们的身体里流淌着母亲的血液,传承着母亲自强不息的基因。

母亲非常善良,性格温和。在我的记忆中,母亲从未和别人红过脸,对子女更是疼爱有加,从来舍不得打骂我们。父亲性格急躁,在遇到麻烦时,常常对妈妈发脾气,母亲总是一声不吭,她也深知父亲的艰难。记得我高考落榜待在家中,情绪低落,无奈的母亲为哄我高兴,把待客剩下自己也舍不得吃的一碗白面条硬塞给我吃时,我竟然赌气倒掉了,也倒掉了母亲深深的关爱。多少年来对自己的这种幼稚而任性的做法深感愧疚,希望妈妈能原谅不懂事女儿的过失。

母亲年近七十,身体还算硬朗,耳聪目明,反应敏捷。几年前曾患双侧膝关节疼痛,由于母亲坚持每晚睡前自己按摩双腿,腿疼的毛病竟然好了。她坚持每天按摩双腿,如今母亲腿脚利索,这也是对母亲持之以恒的回报。母亲是个勤快人,家中里里外外操持都是“一把手”，农忙时还要下地劳动。母亲的人缘口碑极好，远亲近邻有事她都要热心帮忙。母亲常说，力气是奴隶，用完就又来了。她总是用一颗仁慈宽厚的心待人，即便是淘气顽皮的孩童，也从不谩骂。她没有高深的文化，却有一颗洞悉世事的心灵。是她教导我们做一个诚实善良的人，引导我们在人生道路上踏踏实实，一步一个脚印地向前走。

从艰难中走过来的母亲，对现在的生活非常满足，在饮食上一点也不挑剔。因为父母亲身体都比较瘦，我们经常劝他们多吃些肉、鸡蛋、新鲜蔬菜等富含营养的食物，母亲总是风趣地说：千金难买老来瘦。还说如今顿顿白面、大米很是不错，现在的生活像是进了天堂。是的，在经历了连肚子都填不饱的昔日困苦生活的母亲，很是珍惜今天来之不易的幸福生活，平时在吃穿上非常节约，就是我们买回去孝敬他们的食品，母亲却非让儿孙们吃不可，自己则总也舍不得吃。母亲的生活信条是：宁买个不值，也不买吃食。非常感谢妈妈，是您勤俭持家，富裕时不奢侈浪费，拮据时也不使我们缺吃少穿，是您使我们懂得了“勤”和“俭”是立身持家之本，是您使我们从小耳濡目染，懂得了做人的道理，这就是清清白白做人，认认真真做事。

每次回家我给母亲钱，她总是再三推辞，我则硬塞在了妈妈的兜里。母亲啊！赡养父母是每一个儿女应尽的义务。女儿知道母亲想把世界上所有的幸福和快乐都留给子女，而唯独不愿让儿女对您有一点点担心和牵挂。今天我终于明白，母爱的伟大之处在于不知不觉地付出，且付出不估斤算两、不对受益者讨价还价。也真正明白了做儿女的责任和义务！

女儿为有这样伟大而善良的母亲而感到幸福和骄傲！

郭梅莲发表于《乡土文学》2004年第6期

■ 扣准城市发展的脉搏

——走近白金

一个偶然的机会，读到一篇有关城市群落经济发展的论文，文中用跳出晋中看晋中的观点，分析了晋中在以太原为中心的城市经济发展中所处的地位及其所能发挥的作用。文章战略性地描绘了一幅尚未成形的城市群经济圈的远景，给人一种豁然开朗的感觉。这篇论文是山西省2003年哲学社会科学“十五”规划的研究课题之一，刚刚在省委机关刊物《前进》杂志2004年第6期发表。翻看文中大量的数据、资料，想象作者其人，脑海中浮出一个“学究”模样的人，深沉、寡真、难以接近。

此后不久，有机会结识了论文的作者，中等的个头儿，瘦削的身材，一副厚厚的眼镜，一身浓浓的书卷气，举止谦谦、言语切切，找不到想象中的“学究”影子，他正是该课题的负责人，全市首批中青年学术、技术带头人，经济学学士，副教授，现任市委讲师团办公室主任白拴金，笔名白金。在他对自己的介绍中，笔者终于将眼前这个身影单薄的学者和他那层次众多、结构庞大的城市群，统一在一个立体的框架中。

俯拾皆金，用知识堆砌心中的城市

白金1964年出身于榆次普通的工人家庭，从小他就对城市的规划特别感兴趣。敏锐的形象思维，使很多城市建筑深深刻在他的心上，一条街、一座建筑的特点都会给他留下深刻的印象。1981年，白金顺利地考取了山西大学经济系，从此他更加关注城市经济及其走向。1985年，他毕业后被分配到市委讲师团，单位浓重的学习氛围和领导、同事的鼓励支持，更让他对学术研究钟情有加。从小养成的勤于思考、善于积累的好习惯，使他在自己的研究工作中受益匪浅。

尽管白金现在的2000多册藏书占满了家中5组高大的书柜，但他仍念念不忘自己上中学时剪贴的几本资料。中学时随父亲住在榆次修文砖厂（现晋中建材总厂），白金每月的零花钱全部变成了各种书籍，对知识的饥渴使他养成了爱剪贴的习惯。

上下学路上，他能从垃圾堆中发现自己喜欢的书报，然后珍藏起来。当时，修文砖厂的汽车常常将成堆的废报纸拉回，存放在一起准备生产时点火使用。这个废报堆成了白金的天然书库，每天上下翻拣，一块块小“豆腐块”被他剪贴为几本厚厚的资料，他爱如珍宝，悉心收藏，可这些剪贴资料中使用的糨糊，却引来了偷嘴的老鼠，自制的书库竟这样毁于鼠口，白金至今都惋惜不已。所以装修新房时，他特意打制了5组高高大大的书柜，先让自己的书籍和资料得以安居。保持至今的爱剪贴的习惯，仍让白金欲罢不能。

令白金难忘的少年往事中，除那个废报堆外，还有一条路，从修文的家到北田高中的15里路。当时，不少同学都骑自行车上下学，而白金每天都用双腿丈量这15里的距离。在这段路上，他一边往返，一边思考，许多学问沉淀下来转化为另一种营养，伴随他勤学善思的脚步踏入了大学校园。

如今，在白金温馨、幸福的小家庭中，同样弥漫着浓厚的学术氛围。妻子是晋中市红荣军休养院的副主任医师，儿子是榆次五中某班的班长。一家人很少围坐在电视机前，常常共同流连于汪洋学海中。夫妻俩总爱埋头于各自的写作，儿子也深受父母熏陶，并常给父母更新学习理念。一家人书山结伴，学海同舟，其乐融融，用知识堆砌着心中的城市。

博采众长试勾城市经济圈的轮廓

白金对城市的经济发展情有独钟，对书爱如生命。生活中他也有广泛的兴趣爱好，集邮和围棋都让他几近痴迷，研究城市经济是自己的专业，热衷其他爱好，也同样有助于学术研究。

不好烟酒的白金，工作20多年来，购书和集邮用去了他大半的工资。他称自己算得上是本机关大院集邮协会的秘书长，邮票的鉴别、新品种的购进，大家都喜欢向他咨询，方寸邮票充实了他的业余生活，丰富了百科知识，也让同事和朋友更感觉离不开他这个公认的“老好人”。围棋让他结识了更多的朋友，开阔了视野，也给自己的科研工作带来不少帮助。

白金自己觉得20年的社会经历，洗不去的是一身浓浓的书卷气，学不会的是时下一些人所热衷的名利追逐。20年的工作和生活，自己信奉的有三个字：新、实、精。

求新，新观点、新立意、新知识、最新的学术成果，都是他追求的目标。为此，他不断地读书、收集资料、研习前端的学术成果，在自己的学术论文中雕琢新观点。

求实，无论做人做事，脚踏实地，实事求是。白金目前已发表了十几万字的作品。在写文章时，他注重联系本地的实际情况，体现鲜明的地域特色。为此，写作之前他总要找专家请教，深入各个单位查阅相关的数据和资料，向基层工作人员了解情况，在文章中注重以数据说话，力求尊重事实，以指导实践。

求精，是白金在日常的学习、工作中一直追求的。无论是研究还是写作，他总是想尽办法，向精品努力，避免粗制滥造的东西。因此，他的作品获奖率较高。《对榆次经济社会发展战略的思考》获得1995年全省“百部（篇）工程”优秀成果奖，并于1997年获晋中第三次社会科学优秀成果二等奖；1997年，《在实践中解放思想》获山西省党员“学理论、学党章”征文二等奖，又于1999年再次获晋中地区青年学理论优秀调研成果奖；《榆次市卫星城市定位浅谈》在1999年获得全市“三佳杯”建立社会主义市场经济体制征文三等奖；《关于榆次城市发展的思考》发表于2000年第5期的《前进》杂志；2000年发表于《光明日报》的《要以真情感人》获全国“小鸭杯”思想政治工作大家谈征文三等奖；《在〈辞海〉中遨游》获《晋中日报》2002年首届“新华杯”读书相伴人生征文一等奖，该文又于2003年入编上海辞书出版社出版的《我与辞海》一书……至今，他已积累了60多个各类获奖证书。

这些成果，凝聚了白金多年研习的心血，也一步步走向了他的“城市经济圈”理论。2003年，经有关单位批准，他独立承担了《以太原为中心的城市群经济圈中晋中的地位和作用初探》这个省哲学社会科学“十五”规划研究课题，写出了7000字的课题成果，并于2004年4月，经省、市专家鉴定通过，由省哲学社会科学规划办公室批准正式结项，圆满完成了课题研究。

战略前瞻用心揣摸城市发展脉搏

在论文中，白金解释道，最早提出城市群经济圈的，是1961年法国地理学家哥特曼的《大城市群》一书，意指由若干个大城市或超大城市为核心，与邻近一批卫星城市，连同这些城市所覆盖的范围，构成具有一定特色的城市群体，是人口和产业的密集区。它的形成与发展，是现代交通、通信条件下，人口、资金、物资、技术和信息高度集聚的必然结果，是经济全球化和区域经济一体化背景下城市化发展的大势所趋。

当前已成形的世界性经济圈有纽约都市圈、东京都市圈、伦敦都市圈和北美五大湖都市圈，其中大纽约都市圈等美国三大城市群的GDP总量占全美国的67%，大东京都市圈等日本三大城市群的GDP总量占全日本的69%。我国目前已发展起来的经济圈，主要有以上海为中心的苏杭、南京等城市构成的长三角城市群经济圈，以广州、深圳、珠海、佛山等城市构成的珠三角城市群经济圈，以京津、石家庄、沈阳、济南、青岛、太原等城市构成的环渤海城市群经济圈。这三大经济圈的GDP总量占全国的37%，是我国经济发展的脊梁。可见，城市群经济圈是今后区域经济发展的方向所在。未来城市之间的竞争将不再是城市单体的竞争，而是城市群落之间的竞争，区域与区域之间的竞争。

解决经济圈中各个城市的分工与协作课题，走出各自为政、画地为牢的“诸侯经济”，实现城市群落的统筹规划、资源整合、优势互补、协同发展，已成为城市发展的必然趋势。

因此，构建一个以太原为中心的城市群，形成一个相对独立的城市群经济圈也是可以展望的。在山西中部构建一个以太原为中心，包括晋中、阳泉、忻州和吕梁部分县市区在内的经济区和城市圈，已成为省委、省政府和广大群众的共识。在这一思路指导下，一些具体措施已产生了良好的社会效益和经济效益。有资料显示，到2000年底，这区域的人口有1413万，占全省的42.8%。其中城市人口619.5万，占全省的49.4%；常用耕地面积1424千公顷，占全省的42%；生产总值912亿元，占全省的45.2%；财政收入137.4亿元，占全省的46.9%。这些主要指标几乎占据了全省的半壁江山。以该区域的发展带动整个山西的经济发展，是物竞天择的历史取向，也是不以人的意志为转移的经济规律。

在这个经济圈中，晋中又占据着重要的地位，一个距省城仅26公里的地级市，这种地理优势在全国来说是不多见的。它是省内各县市相互联系的枢纽，也是阳泉、晋东南及晋南诸市通往省城的必由之路，这里是交通发达、信息便捷、独具优势的区域地理位置。且晋中撤地设市以来经济发展势头强劲，自身的资源禀赋又特色鲜明。近年来，农业产业化水平持续提升，旅游产业风起云涌，对促进该区域经济的可持续发展具有独特的作用。

在这个经济圈中，晋中的战略在于用科学的发展观统领区域发展，早日使本市成为全省最具活力的经济区，放下局部和暂时利益，主动融入京津唐环渤海经济圈。远处着眼，胸怀京津，放眼世界；近处着手，务实地推进晋太经济一体化的进程，搞好晋太经济的优势互补，树立依托太原、服务太原，在合作中发展的理念，抛却“宁当鸡头，不做凤尾”的迂腐观念，确定城市的定位和分工，从而推动这一大区域经济圈的形成和崛起，托起一个三晋经济巨人，迎来协同发展的美好前景。

晋中晚报记者宋小芳发表于《晋中日报》晚报版2004年6月11日

感恩我亲爱的母校

2005年的金秋九月，我们山西大学八一级经济系的老同学欢聚太原，纪念毕业二十周年这个特别有意义的日子。除了座谈、联欢、聚餐，还有一项重要活动就是重返母校，看一看百年母校的新面貌。

我是一个喜欢怀旧的人，当我来到昔日的宿舍楼推开曾朝夕相处的寝室门时，当年的床铺还是依旧，眼望曾经学习上课的教室，依然书声琅琅，此时此刻，心潮澎湃，眼眶不由得湿润起来。四年大学生活好似历历在目。老师的教诲，同学的手足之情，我怎能忘怀。站在宿舍楼旁边刻有“山西大学堂”的牌楼下，我驻足良久，仰视良久，母校作为中国最早创立的三所国立大学之一，已经走过了103年的风雨沧桑，如今有了中国科学院院士，2005年度中国大学排行榜上，在百强行列中跃升到64名，今年5月，山西省人民政府与教育部共同签署了重点建设山西大学的意见，迎来了新的发展机遇，可谓喜事连连。对此，作为一个山大学子也觉得非常自豪和骄傲。每每见到报刊上有关母校的文章，我都要剪贴到本子上，好好珍藏。母校传承百年的人文精神，是我人生最为宝贵的财富。

徜徉在母校芳草茵茵、鲜花盛开的小路上，思绪难以平静，对二十年前晨读暮诵的日子，对恩师益友的关怀，对母校的一草一木，还有一种难以舍弃的留恋，因为没有母校的培育，就没有我的今天。

母校给了我生命的营养。记得入学不久，我们经济系的同学有幸同标准比较高的体育系同学，在同一个食堂就餐，几乎每天中午是过油肉和大米饭，晚上是六味斋的熟肉加豆腐干的焖干肉和面条，一天开销伍角钱正好，每月16元的助学金也不用家里负担。每天吃得美滋滋的，与高中生活每天一把盐一瓢醋的红面抿蛇蚪汤加玉米窝窝头相比，在当时整个社会人们生活水平还没有明显提高的环境下，我感觉像进入了天堂一般。大学毕业时我的身高已由大一时的不到一米七长到了一米八。说句实在话，即使眼下我家的生活水平，在住房要改善、子女要教育的双重压力下，每月3000多元的收入也不可能天天达到大学时代的伙食标准。可以讲，今天我良好健康的身体素质，与大学四年的高营养基础是分不开的。

母校给了我生存的本领。竞争是市场经济的主题，实力是知识经济的主宰。毕业后在党的干部理论教育战线奋斗了二十年，对城市经济和区域经济有一定研究，著书写文近百篇，达数十万字，评上了副教授，成为中青年学术带头人，成为单位的中坚骨干。回想成长历程，还是百年母校“教授高深学术，养成硕学闳材，应国家之需要”之熏陶和培育的结果。四年的大学生活在人生之旅中虽然短暂，但却是最为重要最为难忘的阶段，有了这四年，我能在《资本论》和《当代西方经济学》的知识海洋中遨游，能和李嘉图、凯恩斯、萨缪尔逊等大师对话，能在政治经济学、新古典主义、制度经济学中寻找我生活中需要的矿石。古人云：“厚培其根，其味乃厚。”一盏青灯、半窗烟雨的陪伴，1460个日日夜夜的付出，奠定了厚实的知识底蕴和合理的知识结构。也为我成就一番事业打下了扎实的基础。

母校给了我生活的情趣。高雅的情趣是人前进的精神动力。在四年大学生活的读书之余，除了爱好体育外，就是集邮和下围棋，记得刚到学校，看到同寝室同学在红旗本上贴满了花花绿绿的邮票，就非常感兴趣，就也开始收集邮票，起初是向同学们索要，后来就经常到五一路上的集邮门市部购买，还以《中国女排腾飞》为专题参加了校团委和集邮协会举办的邮展。迈出校门之际，我还亲自设计了一枚毕业纪念封，请系里德高望重的著名学者、书法家刘子威教授亲笔题词：山西大学经济系八一级毕业纪念，并请班主任靳共元老师和同学们逐一签名留念。如今拿出来欣赏，美好的回忆就好像昨天的往事。从此一发不可收，二十多年如一日，收集研究邮票这种“国家的名片”，成为个人最大的乐趣。《报纸》、《传媒盛开集邮花》和《体操》等专题邮集多次在市级邮展上获奖。还是机关邮协的秘书长，为会员代买邮票的事情忙里忙外。总之，集邮给我带来了“怡情、益智、会友、储财”等众多益处。下围棋则是向当时一个宿舍楼的八〇级老大哥学会的。今天主要在网上联众世界不见面的围棋纹枰中厮杀，也算一名有中级水平的选手。围棋是一项陶冶性情、超脱尘俗的高尚娱乐，可以有五得：“得好友、得人和、得教训、得心悟、得天寿”真是棋理深蕴哲理。二十多年能够对集邮和下围棋如此情有独钟，可能与我性格内向喜欢平静有关吧。

母校给了我人生的真谛。四年的大学生活学了不少知识，有了许多爱好，更重要的是懂了做人的道理。我已人到中年，四十而不惑。由于能力和际遇的局限，我不可能做出惊天动地的大事，但是，凭良知做事，凭良心做人，永远是我为人处世的底线。把做人、做事、做学问三者的责任统一起来，在平凡的工作中，做好每一件事情。我曾经在毕业二十周年团圆座谈会上，对老同学谈到，什么是幸福，能做到早晨想上班，晚上想回家就足矣。正如一位学者所言:“其实，在人生的旅途上，应该是没有好与坏、成功与失败之分，关键在于每个人是否能够适性而为。如果你以自己的约束条件能够适得其所，就能够从中获得很多的快乐。”

来到母校百年文脉浮雕前面，上书这样文采飞扬的题记:“承百年，启新元。中西会通，求真至善，登崇俊良，自强报国。学府文脉绵延，沧桑易序灿然。逢盛世，续鸿猷。兼容并蓄，明德日新，巨擘春秋，与时偕行。名校激流竞进，兴国再立新功。”读着上面的题记，我看到了母校的未来，一定会前程似锦，辉煌无比。也想到了母校对每一位学子的殷切期望。我愿将此题记铭记在心，并与全体校友共勉。

发表于《山大校友》2005年第4期

千万别说我们幸运

人生就是一本书，有的就像一部图书馆的大词典，厚重而波澜壮阔，流传百世；有的就像街头散发的一本小册子，单薄而平平淡淡，流星一闪；有的就像书报亭的一本杂志，不厚不薄但图文并茂，值得一看。我想我们芸芸众生就像一本本杂志，期期有精彩，本本有看点。如果翻开我的人生杂志，可以说赶上了好时代，拥有了好亲人，遇上了好老师、好领导、好同事。46年的平凡人生走得比较顺利，上大学不花钱，找工作国家管，一结婚有公房。许多人说我们有福气有运气。但是，我想讲的是——千万别说我们幸运。幸运永远是和不懈的奋斗相伴而行的，“从来就没有什么救世主”，天上不会掉下馅儿饼。

我的童年是在家境贫寒中磨砺的。生于1964年寒冬的我，尽管没有遭受六零年可怕的饥饿，但家中兄弟姐妹6人，在记工分的年代，照样缺吃少穿，艰难度日。每天一放学，先出去割草挖野菜，捡柴火，背回一大筐劳动成果，满载而归才能吃饭。就是这样艰苦的童年生活，培养了我不怕吃苦、不怕挑战的顽强性格。

跳龙门金榜题名历经曲折。我上初中还未毕业，就赶上国家高考制度恢复，1978年，各科老师为迎接太谷中学招收第一批农村学生而拼命奋战。免费为我们加班加点补习课程。当年以30多名被太中录取的战绩而大获全胜。然而最终走出农村广阔天地的却仅有3人，我算一名。1980年首次参加高考，因只差几分而落榜。当收到太中的补习通知时，父亲考虑家庭的困难想让我参加劳动，我也深感父母的不易，想就此罢休。虽说当时太中只有每月10元5角的伙食费，可还有母亲心爱的儿子——我的哥哥也在乡中学苦读，对于当时的家庭状况，我一个女孩子，应该只有选择放弃。可一辈子吃尽了不识字苦头的母亲，坚决不同意，当时做出了一个今天在我看来是一个伟大的决定，硬是让大姐和姐夫用自行车把我送到40里以外的太谷中学。此时的我没有退路唯有一搏，才能对得起母亲的一片苦心。功夫不负有心人，来年终于圆了自己的大学梦。

错失发展机遇心存遗憾。毕业分配到工作之后，在一所大医院进修期间，表现良好，当时医院妇产科有意向接收自己。可在当时的环境下，自己只贪图生活的轻松自在，去了大医院怕吃苦，加上没有人引导。错过了一次难得的发展和提高的机会，现在想起来深感遗憾。当然，话得两头说，现在的工作20多年，收获也不少，取得了本科文凭，晋升了副主任医师，还收获了一个小小的副科长，住了两套新房子，比上不足比下有余吧。

挫折面前不低头，哪里摔倒从哪里站起来。人生之路很漫长，不如意事，十之八九。关键是你怎么对待。就拿我前几年副高职称的晋升来说，第一次评审被莫须有的理由刷下来，自己心情非常郁闷，经历了人生最低谷的时期。但是我没有气馁，来年再评顺利过关。只是我对复杂的社会和复杂的人有了更深刻的认识。

总之，人生的道路很漫长，但关键的仅有几步。上帝是公平的，只要你付出了，一定会有回报。

郭梅莲演讲稿2009年12月

白拴金求新求实求精

中等个头儿，瘦削的身材，厚厚的眼镜，浓浓的书卷气，举止谦谦，言语切切，他就是此次采访的对象——山西省宣传文化系统“四个一批”人才、晋中市委讲师团副团长白拴金。

白拴金1964年出身于榆次一个普通的工人家庭，从小就对城市的规划特别感兴趣。敏锐的形象思维，使很多城市建筑深深刻在他的心上；一条街、一座建筑都会给他留下深刻的印象。1981年，白拴金顺利地考取了山西大学经济系，从此他更加关注城市经济及其走向。1985年他毕业后被分配到晋中市委讲师团，单位浓厚的学习氛围和领导、同事的鼓励支持，更让他对城市发展研究情有独钟。他注重思考，重点对省内尤其是晋中经济社会发展中的重大战略课题，进行了前瞻性、战略性的思考探索。他运用学到的经济地理学知识，密切关注研究榆次与太原如何协调互补、扬长避短、共同发展的课题，撰写发表了大量的研究文章，包括《晋中经济社会发展战略思考》《把榆次建成太原“卫星城”的思考》《晋中推进特色城镇化的实践与思考》《大太原经济圈晋中地位和作用探析》《太原经济圈晋中城市群如何发展》《晋中太原同城化还有多远》等文章，为此人们称他是用心在揣摸城市的发展。

几十年的工作和生活他信奉三个字：新、实、精。求新，新观点、新立意、新知识、最新的学术成果，都是他追求的目标。他爱书如命，工资的一大半都用来买书，3000多册藏书放满家里五组高大的书柜。他不断地读书、收集资料、研析前端的学术成果，在自己的学术论文中雕琢新观点。求实，无论做人做事，脚踏实地，实事求是。白拴金目前已发表了30万字的作品，文章中注重以数据说话，力求尊重事实，以指导实践。求精，无论是研究还是写作，他总是想尽办法，向精品努力。作为一名党的宣传文化工作者，他紧跟时代发展脚步，围绕党的中心工作，勇于探索，积极开展文化繁荣发展的课题研究。他作为主要执笔者撰写的《晋中八大文化品牌系列调研报告》荣获山西省第九届精神文明建设“五个一工程”理论文章优秀作品奖，实现了多年来讲师团课题研究的重大突破。《挖掘红色资源打造红色晋中》和《构建具有特色的文化产业发展体系推动晋中文化旅游名市建设》两篇论文，分别荣获晋中市第四次社科成果一、二等奖。

参加工作28年来，他在《光明日报》《山西日报》《前进》《先锋队》等报刊，发表论文、调研报告共计60余篇，获得省市各类课题成果评选奖励26项。

他的生活和工作简单而充实，在讲师团这样一个清静和谐的干部理论教育部门，尽管文字性的事情揽得不少，几乎没有节假日，在忙碌的工作中，他依然充分享受着“清早想上班，晚上想回家，忙且快乐着”的幸福感。愿这种幸福感伴他到永远。

山西日报记者阎俊仙发表于2013年12月12日《山西日报》C2版“学与思”专栏

父亲的核桃情

韩文瑞，山西左权人。左权是核桃之乡。那年，他的父亲从阳泉煤矿退休回乡，从此，一心一意种核桃树，直到疾病缠身。父亲去世后，他对核桃种植也十分上心，但核桃的长势始终不如父亲在世时好。他说："父亲与核桃有着特殊情缘，是种树的喜悦之情让他一刻也舍不得休息。"

父亲去世后的第一年，正值开花的核桃花蕾因倒春寒全部冻死，无收成。

之后的第二年，我没有忘记父亲的嘱托，农忙时节专门请假回家，和母亲一起去核桃园里施肥劳作，虽然天旱少雨，核桃的果实比往年小了不少，但仍然喜获丰收，除了自家留着食用外，榨核桃油30多公斤。

说实话，在父亲去世后的3年时间里，在核桃树的管护上我投入了不少精力，秋末还特请技术员专门对所有的核桃树进行了剪枝护理，可枯死的棵数有增无减。好心的村民见到我总说的一句话就是，你家的核桃树可没有你父亲在世的时候长势好了……

2006年左权县建设核桃大县，从阳泉煤矿退休回家的父亲一门心思种起了核桃树。在核桃园里，从最初育苗到中期管护再到成熟期挂果，核桃树生长的每一个环节都倾注了父亲的大量心血。记得在育苗初期，由于水土不服，刚刚栽上的树苗就死了好几棵。看到枯死的树苗，父亲又着急又心痛，他急忙带着树苗坐上班车到县城，找到林业部门的核桃树专家给诊断病因，科学指导，对症下药。回家后，父亲仔细琢磨，寻找矮化核桃树本土化的栽培方法。父亲花钱购买了预防病虫害的书籍和治疗药物，还购买了剪枝工具。从此，一心一意种树、科学预防病虫害成了他退休生活的全部内容。

于是，人们在羊肠小道上经常能看见一位老人肩挑水桶往山坡核桃园浇灌树苗时溅起的尘土，在核桃园里经常会瞅见一位年近七旬、头戴草帽、脚踩高凳的老人剪枝打杈、嫁接新品种的勇敢之举，在核桃树下不时能发现一位老叟身背喷雾器给树冠喷药的背影。看到父亲整天忙碌的身影，村民们好心劝他，退休了就歇歇吧，好歹还领着国家工资哩，受那罪图个啥？还有村民提醒说核桃树生长慢、费心多，不知何时才能见到收成？我母亲也经常念叨，说父亲天天去核桃园里劳动，顾不上管家里的其他活，并且他还常常要求我母亲和他一块到核桃园里劳动。因此，大家不约而同地把他称作“核桃树种植迷”。

劳动之余，父亲总是戴着老花镜看书，其中由左权县乡土核桃专家韩世军主编的《丘陵山区核桃栽培技术》一书成为父亲种树管树的必备教材。父亲一辈子在煤矿当搬运工人，这个工种不需要有多深的文化，可是在栽培核桃树方面他却特别喜欢学习。尤其在预防病虫害方面，如我县境内矮化核桃树常见的核桃细菌性黑斑病、核桃炭疽病、核桃腐烂病、核桃枯枝病、核桃褐斑病、核桃白粉病6种疾病，他经过刻苦自学已初步掌握了这6种疾病的发病规律及综合防治方法。每当果园里的核桃树出现病虫害时，他都能够准确诊断出病的类型，从而有针对性地采取治疗方法。这样，经过父亲10多年的悉心照料，我家核桃园里60多棵核桃树枝繁叶茂、果实累累，让人看后喜上眉梢，村民们也投来了羡慕的眼光……

核桃是世界第一干果油料树种，历来被称为“铁杆庄稼”，是丘陵山区分布广泛的重要干果和经济树种。核桃在左权有着悠久的栽培历史，2001年左权被命名为“中国核桃之乡”。据了解，目前全县已形成以拐儿、麻田为主区域的核桃产业带，总面积37万亩，年产量1500万公斤，年产值3亿元。

我生长在核桃之乡，从小就知道核桃浑身是宝，如它的果实核桃仁是绝佳的营养品，香甜可口；它的树干是上等的木材，木质坚硬、纹理美观，20世纪90年代我结婚时做的组合柜就是用的核桃木，柜子已快满30年了还是那样厚重结实。至于小时候每逢核桃收获季节，母亲带着我去坡上给生产队捡核桃，那是我一生中最美好的回忆，其实小孩儿的任务除了帮助大人们捡核桃外主要是想吃点核桃，现在想起来那核桃仁的香甜味仍然在我口中留有余香。还有，农村百姓把核桃油当成一年做饭炒菜的主要油料，核桃油香味独特，是上等的油料。记得父亲在太原住院时，我在租住的房间里用核桃油炒菜给父亲做饭，核桃油的香味招来了周围邻居们异口同声的赞叹，都说“核桃是块宝”。

核桃确实是块宝。自从父亲栽种的核桃树挂果有收成之后，首先是家里所有人吃核桃不用再那么“吝啬”了，而是由着性子吃个够。其次是核桃油成为家里主要的油料消费品，而且用核桃油炒的菜非常好吃。最后，也是最主要的，就是每年的成品核桃销售收入够我父母在县城所住楼房的取暖费和物业费，收成好的年份还够支撑一年的日常开支。我想，父亲一辈子吃苦勤劳，从阳泉煤矿的搬运工人到村里种植核桃树的普通村民，劳动是他一辈子的主要任务。但他没有停留在“退休”二字上，而是劳动惯了，一辈子不知道休息，也不会休息。在退休的10余年间，父亲锲而不舍地栽树种树，往小里说，是父亲为了给家庭增加收入；往大里说，是父亲亲手栽下的那一棵棵生长在家乡山坡上的核桃树，为乡村增了色，为大自然添了绿，更为农村产业结构调整出了力。父亲与核桃树有着特殊的情缘，而种树带来的喜悦之情让父亲一刻也舍不得休息，直到疾病缠身……

思念“核桃树种植迷”父亲，更敬畏他亲手栽培的那些沉默不语的核桃树！

韩文瑞发表于《山西日报》2022年1月12日

以城市高水平治理为人民高品质生活奠基

——晋中市“六化一提升”工程的实践与思考

2021年10月，晋中市委、市政府立足于推进城市治理体系和治理能力现代化，着眼于城市更新，着眼于创建全国文明城市，着手重点在市城区实施了以香化、绿化、美化、净（静）化、文化、细化和提升群众幸福指数为主要内容的城市管理“六化一提升”集中整治工程，这是一项实现由城市管理向城市治理转变的基础性系统性工程。工程展开尽管时间不长，但成效显著，好评如潮。目前正在从示范街、特色路起步引领，向全城域、多层面拓展延伸。可以说，“六化一提升”集中整治工程正当其时，意义深远。

一、重要意义

——这是深入贯彻“以人民为中心”发展思想的落实落细。习近平总书记在甘肃考察时强调：“城市是人民的，城市建设要贯彻以人民为中心的发展思想，让人民群众生活更幸福。金杯银杯不如群众口碑，群众说好才是真的好。”所以，坚决贯彻以人民为中心的发展理念，提升市民的幸福感、获得感是新时代城市管理精细化的最终落脚点。只有以人民为根本，以人民为中心，在推进城市管理向城市治理转变时，才能更有温度，更有质感，才能更加提高人居环境质量。此次的“六化一提升”工程从启动之时，就把市民的需求、愿望和感受融入，通盘考虑，落脚点就是提升市民的幸福指数。包括推进垃圾分类、打造小游园、新建政府免费停车场、学校体育设施向社会开放等工作，最终都要达到提升群众幸福指数这一总体目标上来。

——这是主动顺应新时代城市治理要求的躬身践行。习近平总书记指出：“一流城市要有一流治理，要注重在科学化、精细化、智能化上下功夫。”从城市管理到城市治理，仅一字之差，却需要我们从理念、方式、手段的全方位提升。必须坚持新发展理念，推进城市管理向城市治理转变，提升城市治理内在品质。“六化一提升”就是走向城市治理的可喜进步。截至今年2月底，已在市城区新建61处免费便民停车场；完成14处约1.78万平方米街角绿地提质；综合整治29所中小学、幼儿园周边的市容环境；协调32所中小学校部分体育设施对外开放；取缔四环内废品收购站54个，消除脏乱差；等等。这些实实在在的民生成绩单，就是顺应城市治理的具体实践。

——这是贯彻落实省委、市委"全方位推动高质量发展"要求的主动担当。新征程新起点，围绕市委、市政府提出的加快建设全省全方位推动高质量发展先行区战略目标，从推动城市高质量发展而言，实施"六化一提升"就是发力点和主抓手。从"六化一提升"工作实践看，在市城市管理局的牵头协调下，市城区城管执法、市政、园林、环卫、交警等各部门协同发力，细化工作举措，按照时间节点倒排工期，争分夺秒推进工作，坚持把提高城市建设管理水平和治理能力，作为推动高质量发展、创造高品质生活的必然要求，做到高起点规划、高标准建设、高质量保障。用城市管理人的"辛苦指数"，换来了广大市民幸福指数的节节攀升。

——这是率先打造山西中部城市群城市核的不二选择。晋中市委五届四次全会提出，把晋中打造成为山西中部城市群一体化发展的核心区和增长极。"六化一提升"是对城市风貌的重塑，也是城市品牌的打造，在于增强城市吸引力、凝聚力、向心力，虹吸物流人流信息流，这是对建设山西中部城市群城市核的主动响应，也顺应了一个城市核应承载的定位与要求。从香化、绿化、美化、净（静）化、文化、细化，到提升市民幸福指数，最终目的都是持续优化人居环境，提升文明素养，让城市颜值、价值、品质，持续"升值"。

二、接续奋战

"十四五"规划纲要指出，要加快转变城市发展方式，统筹城市规划建设管理，实施城市更新行动，推动城市空间结构优化和品质提升。在2021年"六化一提升"工程取得初步成果的基础上，晋中将乘势而上，更上层楼。2022年晋中《政府工作报告》明确提出，将聚焦山西中部城市群高质量发展，全力把榆次、太谷打造成为城市群的城市核，大力提升城市品质，深化城市更新行动，继续实施"六化一提升"工程。

一是在香化上丰富观赏性，打造春季百花争妍、夏季繁花似锦、秋季景色宜人、冬季枝色盎然的"花香之城"；二是在绿化上提升绿地率，打造四季有绿、出门见绿、处处见景的"生态之城"；三是在美化上彰显品位度，打造风貌清爽、特色鲜明的"秀美之城"；四是在净（静）化上致力无害化，打造干净整洁、安静有序的"清新之城"；五是在文化上体现特色化，打造底蕴深厚、唤醒乡愁的"人文之城"；六是在细化上聚焦精准性，打造程序规范、管理有方、人民满意的“精致之城”。进而呈现多维立体的全新格局，让城市“颜值”更美，“气质”更佳，品质更高，不断提升市民的获得感、幸福感和安全感。

目前，由市城市管理局牵头，今年将继续实施“六化一提升”工程，包括新建小绿园100个，新建免费停车场100个，新增停车位3万个，设置文化墙、生态小品、城市书吧70个，等等。晋中将以“六化一提升”工程的新作为，以大力兴办民生实事的新成果，以美丽晋中的新风貌，喜迎党的二十大胜利召开。

三、有益启示

“六化一提升”的全新实践和崭新成果，表层观察是一次推进城市管理上档升级的具体抓手，深层解读则是一次提升城市治理现代化水平和高质量发展的整体创新，带给人们不少有益启示。

——必须提高政治站位，增强“六化一提升”的认识高度。提升城市建设和管理水平，是推进国家治理体系和治理能力现代化的重要一环，也是我们党领导人民统筹推进“五位一体”总体布局、协调推进“四个全面”战略布局的重要抓手。我们要提高站位、深化认识、主动作为，坚持以习近平新时代中国特色社会主义思想为指导，进一步加强党对城市管理、城市治理的领导，站在“人民城市人民建、人民城市为人民”的高度，不断提高城市治理的能力和水平，以城市建设管理的高质量发展，助力打造山西中部城市群城市核和加快建设全省全方位推动高质量发展先行区开新局，上台阶。

——必须突出精细管理，强化“六化一提升”的管理力度。城市管理重在精细。作为城市的“毛细血管”，城市管理部门的工作千头万绪，直接关系着广大市民的生活起居、出行购物等方方面面，城管执法、环卫、园林、市政工作量大面广，事关千家万户，这就需要我们深刻认识加强城市精细化管理的重要性和紧迫性，在新时代城市管理工作中苦练内功，在科学化、精细化、智能化上下功夫，织起一张精细紧密的城市管理大网，增强城市综合服务功能，推动城市高质量发展。

——必须凝聚多方合力，优化“六化一提升”的质量精度。“六化一提升”是一项综合性工程，诸如废品收购站出城、查处施工噪声、油烟污染鉴定、规范便民市场、挖掘停车资源、学校体育设施对外开放等工作，都不是一个部门单打独斗就能解决的，需要各部门齐抓共管，整合资源力量，才能事半功倍。此外，需要更好地发挥全体市民的主体作用，提升广大商户、摊贩和市民群众的文明意识，调动社会各界主动参与城市治理，凝心聚力，建好管好用好自己的城市家园。

——必须厚植为民情怀，暖化“六化一提升”的亲民温度。环境是最普惠的民生福祉，城市管理好不好，老百姓感受最直接，也最有发言权。在实际工作中，我们不仅要把“六化一提升”工程作为一项重要政治任务对待，更要将它作为一项民生工程把握，作为一场“环境革命”全力实施。要本着以人为本、惠民利民的原则，在市政设施、公用事业、园林绿化、市容环境、综合执法等方面齐发力，通过“刚性管理+柔性服务”，更加彰显城市管理、城市治理的质感和温度，切实解决人民群众最关心、最直接、最现实的问题，进一步提升广大市民的幸福指数，让广大市民对城市美好生活的新期待不断变成现实。

白帆发表于《晋中日报》2022年4月29日

第六篇　奋进新时代，求索致新

新时代新担当，新征程新作为。党的十八大以来，晋中市委讲师团坚持以习近平新时代中国特色社会主义思想为引领，高举思想旗帜，高扬理论先声，引领晋中高质量发展，在守正创新中奋力构建理论宣讲工作新格局。重大主题理论宣讲团队“百姓宣讲团”“文艺轻骑兵宣讲团”“古城足迹宣讲团”相继受到中宣部表彰。党委（党组）理论学习中心组制度化、规范化、常态化建设质效持续提升，“沉浸式宣讲学”“联组共学”“列席旁听”等创新举措走在全省前列。“学习强国”晋中学习平台成为全省首家由市级党委讲师团承办的学习平台，主责主业整体呈现持续向上向好的发展态势。加之，办公条件改善、人员编制增加、青年才俊加入和恢复参照公务员法管理等多重因素叠加发力，讲师团自身建设不断加强改进，知名度影响力不断提升拓展。

生逢盛世，何其有幸。作为新时代市委讲师团高质量发展的经历者、参与者，也是见证者、受益者，对此引以为豪。其间，力所能及做了些许事情，进行了一些调研探索，精诚合作形成了一些研究成果。在临近退休之际，将其汇编成册，是一次铭心回望，也是一次深情感怀，更是对讲师团团队与荣誉的一次真情致敬！

《为了梦想花开》序

这是一个追梦的时代，共筑中国梦的征程上，为了民族复兴，每一个中国人都是风雨兼程，一往无前。

这是一座青春的城市，谱写晋中梦的华章里，为了富民强市，每一个晋中人总是活力充沛，奋发有为。

这是一支奉献的队伍，宣讲中国梦的活动中，为了梦想花开，每一名宣讲队员只是默默耕耘，倾心浇灌。

2015年9月22日，市委张璞书记来市委讲师团进行工作调研，对刊登于《晋中论坛》一篇题为《我的宣讲我的团》的文章，颇感兴趣。对讲师团这几年人人能讲课、人人能带队的进步，给予充分肯定。其实，这也是全市宣传理论工作精彩纷呈的一个缩影。

如果说到党的十八大以来，晋中宣传理论工作取得的新成绩、新变化，包括各地、各单位数千场次的理论宣讲和培训辅导，说到理论教育工作累创佳绩的可喜变化，诸如晋中“百姓宣讲团”荣获中宣部授予的全国基层理论宣讲先进集体等荣誉。究其背景抑或根由，不能不提2013年至2014年市委宣传部组织开展的“中国梦”主题宣讲系列活动，正是这场前所未有的大宣讲大传播，培育了梦想花开、芬芳馥郁的理论普及百花园，打造了一支能讲善写的“梦之队”，奠定了全市宣传理论事业开创新局面的扎实根基。

习近平总书记强调：“中国梦是民族的梦，也是每个中国人的梦。”将中国梦这个伟大的春天般的梦想，春风化雨般传播于广袤的晋中大地，让广大干部群众知晓中国梦、理解中国梦、追逐中国梦和助推中国梦，成为全市理论工作者义不容辞的责任与担当。以2013年5月8日市委讲师团与榆次区委宣传部联合启动“传递正能量，共话中国梦”百场系列主题宣讲活动为标志，正式拉开了晋中中国梦宣讲活动的序幕，踏上了为了梦想花开的逐梦之路。

一路走来，我们怀揣一切为了梦想花开的追求，砥砺前行。从“传递正能量，共话中国梦”主题的基层宣讲到“中国梦，晋中梦，我的梦”校园大讲堂宣讲；从“崇尚劳动，成就梦想”劳模进校园巡回宣讲到“崇德向善，爱我中华”“中国好人”进校园主题宣讲；从骑单车冒着瓢泼大雨赶往社区的会议室，到顶着炎炎烈日深入乡村大柳树下；从两三个人的居民家里面，到两千多人的学校大操场。暑去寒来，数十名宣讲团成员不辞辛苦，来回奔波在宣讲第一线，曾记得一天最多安排宣讲9个场次。具有强大感召力和凝聚力的中国梦，始终是宣讲的主题与主线。

春华秋实。回眸“为了梦想花开”这段难忘的经历，不妨用一组“123456”的数字化梳理来清晰表达，也好似跃动着“123456”的美妙音符，奏响了一曲磅礴大气、慷慨激昂的交响乐，演绎了理论宣讲在政治性、人民性、创新性、市域性上的和谐相融与有机统一，也是一次面向基层开展对象化、分众化、互动化理论宣讲的有益探索。

音符“1”：就是突出一个主旋律，突出“中国梦”的宏大主题。

音符“2”：就是动员两种力量参与宣讲，一种是社会力量；另一种是专职教师。

音符“3”：就是讲好“三种话”，即讲透“普通话”，传递中央声音；说好“地方话”，阐述“晋中故事”；道明“百姓话”，联系“身边人身边事”。

音符“4”：就是首次组建了四支颇具地方特色的宣讲队伍，分别为“百姓宣讲团”“专家教授宣讲团”“劳模宣讲团”和“党员宣讲团”，其成员有党的十八大代表和市直综合部门主要领导，有全市理论战线的专家教授，有来自基层一线的工程师、环卫工、交警、护士和社区主任，有国家和省市劳动模范，等等，他们与各级党委宣传部、讲师团、党校等专职理论宣讲队伍，互补互促，构筑了理论宣讲的强大合力。

音符“5”：就是在理论宣讲的实效性上，形成了“五动”效应，即围绕中心及时跟进的主动；整合理论教学资源的联动；台上台下同频共振的互动；百姓登台讲身边人身边事的生动；促进课题研究精品纷呈的带动。

音符“6”：就是真正实现了理论宣讲“进机关、进企业、进农村、进社区、进校园、进军营”的“六进”全覆盖。

众人划桨开大船。晋中“中国梦”系列宣讲活动之所以能够形成如此声势浩大的规模和广泛影响。第一，离不开省委宣传部、省委讲师团和市委、市政府长期以来的正确领导和大力支持。第二，离不开市直机关和各县（区、市）党委宣传部门的积极合作和全力协调。第三，离不开基层广大干部群众的热情参与和广泛关注。第四，离不开每一位宣讲团成员的辛勤付出和无私奉献。尤其是“百姓宣讲团”的一批兼职宣讲员，克服工作及家庭困难，利用业余时间，尽心尽力参加理论宣讲公益活动，功不可没。

常言道，一人行，走得快；众人行，走得远。晋中中国梦系列宣讲活动的成功实践，深刻证明了这一点。懂得感恩才能不断成长。值此机会，我们由衷地感谢、感恩那些为中国梦宣讲系列活动及全市宣传理论事业发展壮大，提供倾心倾力支持帮助的人们，并致以崇高的敬意。

今天，我们比历史上任何时期都更接近实现中华民族伟大复兴中国梦的目标。为了梦想花开，就是为了梦想成真。我们编撰《为了梦想花开》这本书，旨在展示风貌，总结经验，留下记忆，并借此激励全市人民，将每个人梦想的种子播撒在这片发展的沃土之上，扎深根，发壮芽，开盛花，结硕果。在圆梦中国、富民强市的征途上，一路高歌前行。

是为序。

该文系作者参与编撰的2015年10月编辑发行的《为了梦想花开》一书的节选

■ 漫话“中国梦”

漫话“中国梦”，就是力求达到理论解读与生活色彩的有机统一。

一、如何理解“中国梦”的内涵

如果把“中国梦”比喻为一颗硕大的果实，或者就是一颗“开心果”。那么，我想从外表与核心两个层面理解“中国梦”。

1.从外在的层面观察。首先是生理学概念。梦是一个人在睡眠中出现的一种生理现象，是人区别于动物的重要标志。其次，是文学概念。梦是一个屡见不鲜的文学用词，文学名著有《红楼梦》；成语有梦寐以求、美梦成真、梦笔生花，等等。以我个人理解，所谓梦想，就是让你能够感受到坚持就是幸福的一种东西，大家可以细细品味，什么事情使你一直坚持，虽比较遥远，但是让你感到幸福，感到快乐，比如，为了孩子考上一个好大学，出人头地，你非常忙碌搞后勤，早送晚接，这种坚持，就是幸福，就是美好梦想。再次是政治概念。如今，“中国梦”的“梦”，又成了一个传遍世界的政治理想和政治理念，成了整个中华大地最响亮的主旋律，是所有中国人的共同追求。

2.从内层剖析，我们看一看“中国梦”的实质内涵。

“中国梦”最早于2012年11月29日，由习近平总书记在国家博物馆，参观大型展览《复兴之路》时首次提出。“中国梦”简简单单的三个字，口口相传，简洁明了，与以往一些比较生硬的意识形态政治口号相比，非常具有平民化、亲和力和感召力。为什么能够提出这样新鲜的重大战略思想，我想与中央新一届领导集体7个常委，就有5个下乡插过队当过知青的艰苦经历分不开。习近平16岁就在陕北山区插队长达近7年，正如习近平主席与美国总统奥巴马举行庄园会晤时，向他分享了自己青年时下乡插队的经历，认为这段经历让他更加了解了中国。这个了解，我想主要是了解了中国的国情，了解了中国农村广大群众的疾苦与呼声。了解了中国人的梦想是什么。

那么，到底什么是“中国梦”的内涵，就是“三组词、十二个字”，就是习近平当选国家主席后发表的重要讲话中提出的“国家富强、民族振兴、人民幸福”。简而言之，国家富强就是中国无论硬实力、软实力都要硬起来，用老百姓的语言，就是说话要算数。民族振兴就是一方面要“回复”到那时曾经有过在世界民族之林中的辉煌地位，另一方面要“回复”出与中华民族灿烂文明绵延5000多年地位相匹配的时代尊严和应有地位。人民幸福就是要实现大家幸福感幸福指数的进一步提升。把人民对美好生活的向往变为现实。

二、如何理解“中国梦”的特征

我认为,“中国梦”的主要特征包括国家梦、人民梦和世界梦三个层面。

1.国家梦。国和家命运攸关，成龙演唱的歌曲《国家》有“家是最小国国是千万家”，就诠释地非常形象。习近平总书记讲:“国家好，民族好，大家才会好。”几百年的中国历史已经证明，在兵荒马乱、硝烟四起的混乱年代，没有中国人的好日子过。其实，国家梦就是“两个百年梦”，即2021年中国共产党建党一百年时全面建成小康社会；2049年新中国成立一百年时建成富强民主文明和谐美丽的社会主义现代化国家。用一个形象的比喻，中国梦好像一场艰苦的马拉松比赛，马拉松全长42.195公里，2021年全面建成小康社会实际刚刚跑到4.2公里迷你马拉松的位置，2049年建成现代化国家只到21公里半程马拉松的位置，实现中华民族伟大复兴的路程，也许还有很长的距离。

2.人民梦。“中国梦”归根结底是人民的梦，大家的梦，你我他的梦想。今天的中国，是一个多元化的社会，无论是杨利伟、刘洋、刘旺的“九天揽月梦”，还是袁隆平坐在大米树下乘凉的“高产梦”，抑或平民百姓的健康梦、住房梦、社保梦，等等，都是中国每一个人的梦想，尤其是我们人民大众的最普通最简单的梦想，是最值得珍重、值得鼓励、值得保护的美好梦想。战争年代，我们党依靠人民打胜仗。望着淮海战役支前路上一望无际的独轮车，陈毅元帅讲了一句传世名言:“淮海战役的胜利是父老乡亲用独轮车推出来的。”1947年3月，毛泽东领着只有200多人的队伍与十几万的国民党胡宗南部队兜圈子，面对一面是黄河天险，三面是敌人的险恶处境，他说道:“哪里最安全？人民拥护我们的地方最安全，我看中央在陕北的安全有保证。”和平年代同样必须为了人民、依靠人民，只有多元的梦想，才能实现多彩的人生。今天的中国，流动社会让人有更多上升机会，法治社会让人有更多保障依靠，开放社会让人有更多成功路径，信息社会让人有更多表达渠道，宏大的国家梦正日益演绎为个人梦，并在每个人的努力奋斗中、在时代的不断进步中，慢慢生根、开花、结果。

3.世界梦。中国的富强离不开世界，也有益于世界。人类的梦想总是相通的，总是互补互利的。习近平总书记讲："中国梦与美国梦是相通的。"中国从"丝绸之路"到"晋商万里茶路"，从鉴真东渡日本到郑和"七下西洋"，播撒的是和平友谊的种子。中国梦的实现，根本要靠中国人民自己的艰苦奋斗，同时也需要世界各国人民的理解和支持。也为世界发展带来了机遇和空间。

三、"中国梦"的来龙去脉

我想用三个时间节点来简明扼要了解一下"中国梦"的历程。

（1）5000多年。就是中华民族上下五千多年的悠久历史，形成了伟大的中华文明，如人人皆知的"四大发明"，开创了开元盛世，康乾盛世等辉煌时代。康乾盛世，中国的经济总量或者说财富总量就占到了世界的三分之一，只可惜闭关锁国，导致中华民族落伍了，康乾盛世成了落日的辉煌。所以，我们一直强调实现中华民族伟大复兴，就是我们曾经辉煌过，现在就要复兴，再现中华民族的地位与尊严。

（2）109年。就是从1840年中国沦为殖民地半殖民地开始至新中国成立的109年的历史，是中国人民追求民族独立梦想的历史。从林则徐睁开眼睛看世界，到孙中山"振兴中华"，都没有完成国家独立的任务，只有1921年成立的中国共产党，在历史与人民的选择下，完成了这个历史任务。

（3）100年。就是1949年新中国成立到2049年建国100周年，中国要实现现代化国家梦想的100年。这里我想用法国具有远见卓识的政治家、军事家拿破仑的一句名言，说明中国人民不可战胜的道理，拿破仑说过，中国并不软弱，它只不过是一只睡眠中的狮子。那么，我认为承载5000多年灿烂文明的中国人，一直就是"东方雄狮"，1840年后变成"东亚病夫"那只是打了一个盹；1949年新中国成立，他终于醒过来站了起来，他要吃饱饭振奋精神；1978年改革开放，他已经强大起来，对那些小毛贼、大强盗发出怒吼的声音，收拾旧山河，我的地盘我做主，包括钓鱼岛、黄岩岛等等曾经的地盘，不容他人蚕食。否则就不配当"东方雄狮"的称号。

四、实现"中国梦"的路径

"中国梦"就好像珠穆朗玛峰的顶峰，有了目标，还必须选择一条可行的路径。就是"三个必须"，必须走中国特色社会主义道路。正如习近平总书记所说"鞋子合不合脚，自己穿了才知道。一个国家的发展道路合不合适，只有这个国家的人民才最有发言权。"必须弘扬中国精神，弘扬以爱国主义为核心的民族精神和以改革创新为核心的时代精神。弘扬"明礼诚信、开放包容、艰苦奋斗、唯实唯先"的晋中精神，实现建设全省"四化"率先发展区的"晋中梦"。必须凝聚中国力量，这个力量是全中国各个阶层各个群体的力量。在不同中寻找和呵护共同，在共同中尊重和保护差异，把13亿人的力量汇集于“中国梦”的旗帜之下。

五、如何实现自己的“中国梦”

天下没有免费的午餐。“中国梦”不会坐享其成。我们每个人如何实现我的“中国梦”，起码应该从以下三点做起：

1.从我做起。无论你是从事什么行当，即使离退休赋闲在家，也要办好自家事，关好自家门，保持良好平和的心态，保养好自己的身体，始终能保持“早晨想上班，晚上想回家”的状态。

2.从现在做起。早起的鸟儿有虫吃。途中急赶是小聪明，提前出门才是大智慧。今天的事情今天完，明天的事情今天想。

3.从小事做起。这里没有什么大道理讲。朱国萍是上海长宁区虹桥街道虹储居委会党总支书记、主任，近年来连续当选党的十六、十七大代表。第十一届、第十二届全国人大代表。之所以能够获得这么个荣耀，靠的是从1990至今，23年如一日，她坚持每天带领居委会一班人，打扫小区卫生，早晨扫、晚上扫，小区内扫，小区外也要扫。以把小区打扫得干干净净为己任。赢得了居民的信任，也赢得了社会认可。家是最小国，国是千万家。

发表于《晋中日报》晚报版2013年6月23日第3版

贫困山区追逐“生态梦”路在何方？

——从“右玉精神”与左权“生态庄园”的实践中探寻答案

自古以来，沟壑纵横的艰苦环境，磨砺了信义、坚忍的三晋儿女，总是创新图强人人奋进；总是俊杰精英时时涌现；总是精神典范代代孕育。今天，站在山西转型跨越的新起点，面对广大贫困山区生态脆弱、经济落后的严峻挑战，依然有众先行者拓路前行，伟大的“右玉精神”和叫响全国的左权“生态庄园经济”模式，就是其中两个杰出范例。建设美丽山西和美丽中国，建设富裕文明新农村，迫切需要这样的精神引领和经济支撑。通过实地参观调研，挖掘他们的主要做法与宝贵经验，对全省乃至全国贫困山区持续推进经济发展，持续推进生态建设，无疑具有非常重要的现实意义。

一、“右玉精神”与“左权模式”的探索与实践

伫立山西版图前，放眼打造绿化山西、推进生态文明的美丽画卷，可谓满目绿意，枝繁果盛。

北望茫茫塞北，有一个创造天下人工奇迹的地方，历经60年坚持不懈植树造林，将“不毛之地”变成了“塞上绿洲”，使森林覆盖率从0.3%增至52%、“根本不适合人类居住的地方”变为“联合国最佳宜居生态县”的神奇之地。而且，居功不自满，2013年春天，继续大力度投资3亿元，大手笔再度掀起植树造林新高潮。这就是“执政为民、尊重科学、百折不挠、艰苦奋斗”为核心的“右玉精神”的发源地右玉。

东临巍巍太行，有一个探索山区生态发展新型模式的创新之地。2005年，在县委、县政府的大力倡导和倾力推动下，特别是在时任县委书记孙光堂的精心培育下，引导社会能人和工商资本，依托城镇化移民搬迁旧址遗留下来的耕地、“四荒”等资源，以多元化方式筹集社会资本，以租赁、购买土地使用权等形式集中一定规模的土地，以市场为导向，以科技为支撑，以经济效益为中心，以建设生态文明为目标，探索出一种新型农业产业开发和农村生态经济发展模式，称之为“生态庄园

经济”。截至2012年底，累计投资3.8亿元，庄园总数达243处，经营土地规模35万亩，发展经济林3.5万亩，生态林6.5万亩，养殖畜禽10余万头（只），带动当地劳动力就业7290人，人均增收5926元。“农民下平川，‘老板’进深山，‘四荒’披新绿，旧村变庄园”是其生动写照。这就是被誉为“山区县份在推动城乡一体化过程中的伟大创造”的“生态庄园经济”的原创地左权。

左有右玉，右有左权。一个精神感天动地，一个模式全国首创。两个建设生态文明的典型，令人敬仰。探究右玉和左权所取得的骄人成绩，既有客观自然因素使然，更是人为努力必然。

1.是大自然逼出来的结果。客观上，从两地地处的恶劣自然环境看，“一年一场风，从春刮到冬。白天点油灯，晚上土堵门。风起黄沙扬，雨落洪成灾”的民谣，是半个世纪前右玉的真实写照。左权地处太行山巅，素有“八山一水一分田”之称。这里山大沟深，石多土少，人口分散，广种薄收。2000年底，还保留有379个行政村、336个自然村，平均每村人口不到200人，其中100人以下的村子就有200多个。在如此恶劣的生态挑战面前，两个都属于国定贫困县的人民，为了生存，更为了发展，没有退路，唯有砥砺前行！强力改善生态，全力脱贫致富，实现“生态梦”“富裕梦”，成为两县干部群众梦寐以求的奋斗理想。

2.是党员干部带出来的结果。主观上，无论是优秀的“右玉答卷”，还是出彩的“左权模式”，两县党员干部都充分发挥了模范带头作用，集中彰显了各级党员领导干部“功成不必在我任期”的为民情怀和精神境界。从右玉第一任县委书记张荣怀手中一把磨得足足短了一寸的铁锹算起，书记一任换了一任，不变的，是每一任书记的办公室都有一把植树的铁锹。如今这些再普通不过的铁锹，已成了标志性的记忆，乃至“右玉精神”的象征，更像“绿色”接力棒式的精神财富，一届一届地传承光大。第五任县委书记庞汉杰，回乡探亲仍不忘自己掏钱买树苗；第十一任县委书记常禄，将妻儿一起带到工地，一个春天就带领大家种树20万亩，因爱树如子，被称为“树书记”；第十四任县委书记师发，曾立下军令状：完不成植树任务，主动打报告要求降职。60多年，右玉县机关、企事业七大系统120多个单位，一个系统一座山头，一个单位一个林场，先后营造出十几个造林基地，总面积达30多万亩。

同样，自1942年始至今，革命老区左权共有31任县委书记，作为第30任县委书记（现任晋中市委常委、统战部部长）的孙光堂，成为开创从红色经济到黑色经济再到绿色经济发展道路的第一人，成为左权“生态庄园经济”引领人。他与百姓相处得是那样自然而和谐，“十载躬耕左权，万世永铭嘉惠”是左权百姓对他的一致褒奖。他身体力行推进庄园经济开发，亲任生态庄园经济开发领导组组长，积极引导鼓励企业主、离退休干部等社会各界人士投资开发庄园经济。他无数次深入全县各庄园经济点调研视察，亲自执笔撰写庄园经济的调研文章。创新的激情、务实的品格、亲民的情怀构成了他最明显的执政风格，2009年8月，被授予第七届“全国人民满意的公务员”荣誉称号。2010年，王兵履职左权第三十一任也是现任县委书记，他接过前任的火炬，继续为薪火传承布局谋篇，提出了生态发展新思路：准确理解2013年“中央一号文件”首提“家庭农场”概念的内涵，变“劳动力+土地”的农耕经济模式为“劳动力+土地+资本+管理”的现代农业发展模式，以原生态旅游度假为主，林果业种植为辅，继续大力发展完善“生态庄园经济”模式，让生态庄园之花如“桃花红杏花白”遍开左权大地。这些实实在在的政绩凸显一个执政理念：领导的思路，决定群众的出路；群众的出路，就是领导的出息。

3.是人民群众干出来的结果。“右玉精神”的塑造和左权“生态庄园经济”的打造，人民群众是最大的功臣和英雄。两地各有一个代表性人物不可不提，他们于20世纪90年代初同时起步，积极响应政府治理开发“四荒”号召，初衷只是想通过植树改变生存状况，提高生活水平，意外的是，十多年的艰辛耕耘，他们不仅染绿了荒山，改善了生活，更留下了造福自然、造福子孙的生态伟绩。

其一，是右玉县杨千河乡南崔家窑村农民、党的十八大代表余晓兰。在2012“感动山西”十大人物颁奖晚会上，有一段赞颂余晓兰的精彩颁奖词：“三八”绿色奖章，绽放成胸前金色的太阳。从彩云之南到塞上之北，万亩绿林渲染着蓬勃的希望。茂密的绿荫是你献给大地最美的容妆。这是对她20年如一日，治理绿化荒山荒坡面积1万多亩的真情写照和最好褒奖。

其二，是左权县粟城乡粟城村“和会生态庄园”的主人赵和会。在太行精神浸润的左权大地，赵和会、郝彩英夫妇坚守荒沟建庄园近20年，成为余晓兰式的“右玉精神”实践者。1994年，夫妻俩怀揣“绿化梦”和“富裕梦”，承包家乡粟城村关长沟1100亩“四荒”地，吃住山上，扎根荒沟、艰苦创业。有一年，辛辛苦苦栽植的树苗正长势喜人，突遭架在山上的高压线掉下着火，烧毁了数十亩山林，夫妻俩灾害面前没有气馁，继续补栽小树苗绿化荒山。历经千辛万苦，硬是把一条蒿草比人高的穷山沟，发展成为如今绿树满沟遍山的“桃花源”和“绿银行”。夫妻俩从仅有的52株病老核桃树开始，利用沟内野生酸枣树多的条件，酸枣嫁接大枣，成活枣树1.1万多株；新栽矮化核桃树500株，花椒树120株，柿子树150多株，板栗树150多株，杨树4000余株，完成治荒面积198亩。同时还发展林下养殖，饲养笨鸡200多只，羊、猪、兔等家畜若干。实现了沼气点灯做饭、沼渣沼液施肥、林果喂养猪羊的生态循环。目前，夫妻俩已滚动投资累计100多万元，年综合经济收入20万元以上。2013年3月27日，省委袁纯清书记与赵和会老两口，围坐在核桃树下的石凳边促膝而谈，给予了高度评价："你们通过辛勤劳动，绿化了山川，发展了农业，富裕了自己，带动了村民。"

二、坚持生态治理"五化一体"的发展战略

今天，在全面建成小康社会的历史进程中，"明礼诚信，开放包容，艰苦奋斗，唯实唯先"的晋中精神与"执政为民、尊重科学、百折不挠、艰苦奋斗"的"右玉精神"，内涵上有许多共同之处。尤其是在推进生态文明建设的漫漫征途上，如果说"右玉精神"为我们提供的是向上向前的正能量，是一种强大的精神动力。那么，发端于晋中的左权"生态庄园经济"则为我们提供了向好向富的经济模式，是一条可行的发展路径。由此，为了助推贫困山区"生态梦""富裕梦"早日梦想成真，需要深度挖掘"右玉精神"与左权"生态庄园经济"的本质和精华，坚持生态治理"持续化、科学化、市场化、多元化、制度化""五化一体"的发展战略。

1.坚持战略上的持续化思路。不谋长远者，不足谋一时。"右玉精神"之所以成为全省、全国学习的典范，核心的一点就是久久为功。右玉人60年间，换届不换方向，换人不换精神，坚忍淡泊，才成就了今天的辉煌。当下，贫困山区的种种困境，是长年累月慢慢积累叠加的结果，寄希望于一朝一夕就迅速摆脱，是一种短视浮躁的负能量。所以，不论是植树造林，还是开发利用，必须坚持长期奋战的准备。"前人栽树，后人乘凉"，不仅是一项利他行为，更是一种恩泽后世的政治智慧。左权"生态庄园经济"本身就是长远谋划，因地制宜的产物，在贫困山区生态治理的理念、做法上，与"右玉精神"的孕育，有异曲同工之妙，殊途同归之感。

2.坚持决策上的科学化操盘。正因为右玉人民因地制宜，尊重规律，科学决策，准确把握塞北高寒风沙地区植树造林的特点和规律，才构建了"绿树转生态、生态变资源、资源促发展"的绿色模式，走出了一条人与自然和谐发展之路。左权"生态庄园经济"之所以成功，关键是遵循了"生产关系要适应生产力发展需要"的科学规律，实现了农村经营体制、生产模式、农民身份转换、融资方式、资源开发利用等多方面的创新。为此，生态治理不能蛮干瞎干，更不能搞虚假政绩和形象工程，唯有尊重科学，脚踏实地，不做不切实际的事情，才能卓有成效。

3.坚持经营上的市场化运作。在社会主义市场经济体制下，离开市场化运作，贫困山区生态治理只是一句空话。左权茂丰生态庄园，由该县优秀企业家赵保明投入860万元巨资创建，承包4670亩荒山，栽植优种核桃树2.1万株，现年产核桃2.6万公斤。昔日无人烟的空壳村，已开发成了休闲度假旅游景区，年创产值200万元。同时，还为当地农民累计创收260多万元，成为左权发展生态庄园经济的典型。“右玉精神”的代表性人物余晓兰，与时俱进，提出了不仅山要绿起来，人也要富起来的发展思路，开展规模化生态养殖，实行加工产销配套一条龙，创办了“晓兰生态庄园”，开始了新的创业征程。当前，贫困山区大量“四荒”绿化治理工程浩大，任务艰巨，单靠政府之力短期内难以完成。且单纯发展生态林，短期内没有经济效益，也难以吸引社会投资。所以采取市场化的全新机制运作，以加快生态改善治理进程，是一条必由之路。

4.坚持产业上的多元化形态。左权“生态庄园经济”的多元化特征表现于：一是产业形态布局的多元化，坚持从实际出发，宜农则农、宜林则林、宜牧则牧。种植业、林果业、养殖业和农家乐休闲旅游业，一业为主、多业并举，最大限度地优化了庄园布局。二是开发类型的多元化。大致形成了以特色种植养殖为主的产业发展型；以餐饮娱乐、休闲观光为主的休闲度假型；以新品种试验示范为主的科技示范型；以农产品加工销售为主的市场开拓型；以集种、养、加、游、购、娱于一体的综合开发型。三是投融资渠道的多元化，支持引导了一批包括民营、国有、农村能人和城镇居民个人投资等大量社会资本的注入。因此，借鉴这些做法和经验，贫困山区生态治理开发方式可以多措并举，多元化培育经营主体，形成多种形式的规模经营，构建集约化、专业化、组织化、社会化相结合的新型经营体系。

5.坚持管理上的制度化保障。党的十八大特别强调要加强生态文明制度建设。贫困山区生态治理同样也必须有完善健全的制度作为保障。多年来，为保障生态庄园经济健康快速成长，左权县委、县政府、县人行、县信用联社、县人民法院共计出台了《关于推进集体林权制度改革规范生态庄园经济开发的实施意见》《关于生态庄园经济开发所涉土地发放农村土地使用产权证实施办法》《关于县域金融业支持生态庄园经济发展的指导意见》《生态庄园经济开发所涉及农村土地承包经营权流转实施办法》《关于为生态庄园经济发展提供司法保障和服务的意见》等11个配套文件，在每个环节都有制度保驾护航。可见，制度先行是搞好贫困山区生态治理的重要保障。

三、弘扬“右玉精神”，助推“生态梦”“富裕梦”早日圆梦

今年“中央一号文件”的聚焦主要是创新农业的经营体制，创新农业经营体制的重点，就是要培育新的经营主体和构建新的农业经营体制，如何准确理解中央的

这一思路，建设生态文明，实现绿色生态庄园在全市、全省贫困山区的推广推进，广泛覆盖，有序发展，铸就“生态梦”和“富裕梦”。需要继续在“右玉精神”的感召和鼓舞下，多方“给力”，坚持不懈，开辟新路径，推出新举措，书写新篇章。

1.科学规划备耐力。左权县的庄园经济是依托移民搬迁遗留下的耕地、“四荒”发展起来的新生事物，以林业开发为主的生态型经济，从这几年的发展实践来看，要保证其健康发展，科学地进行规划举足轻重。规划一定要有科学性、前瞻性、全局性和可行性。规划一定要立意高远，一定要站在发展现代农业的高度，一方面有利于庄园的可持续发展，不因领导的更替与注意力转移而半途而废。另一方面有效地回避、解决目前发展中存在的一些问题。诸如妥善解决农民利益与庄园主利益矛盾、产业开发与生态保护如何协调兼顾等现实问题。

2.用足政策成合力。发展农业一靠政策，二靠投入，三靠科技，增加投入和科技兴农都要靠政策。党的十八大明确提出城乡一体化是解决当前“三农”问题的根本途径，突出强调促进工业化、信息化、城镇化、农业现代化“四化同步”，更要坚持工业反哺农业、城市支持农村和多予少取放活方针。2013年“中央一号文件”支农方面的新政策有：以奖代补支持现代农业示范区建设，启动农产品现代流通综合示范区创建，补助农业排灌工程运行运管费，开展农业机械以旧换新试点，启动低毒、低残留农药和高效缓施肥料的补贴，支持社会资本参与设立新型农村金融机构，鼓励社会资本投向新农村建设，等等。省委、省政府出台的《创新生产经营体制机制意见》也有很多新政策、好政策。各地各部门一定要把这些政策吃准吃透，形成政策合力；还要注重操作创新，搞好衔接配套，把这些政策用足用活，真正让农业受益，让农民得实惠。

3.主体多元聚活力。创新农业经营体制，首要的是培育新型生产经营主体。中央一号文件明确提出，今后新增加的农业补贴要向专业大户、家庭农场、农民合作社等新型主体倾斜。在这样的背景下，农业将会成为众多工商资本的投资洼地。左权及各地生态庄园经济，可以抓住这一契机，提质上档，吸引具有较强实力的企业投资入股庄园经济，大视野地谋划，大手笔地运作，把触角伸向农业生产经营的各个环节，形成完整的产业链；形成规模化、专业化、标准化、具有市场竞争力的各类产品。鼓励这些新的主体引导农民共同赚钱，使庄园经济形成良性发展态势。

4.美丽山村增魅力。党的十八大提出了建设美丽中国的方针。2013年“中央一号文件”也提出了加强农村生态建设、环境保护和综合整治，努力建设美丽乡村的任务。左权发展生态庄园本身就是在发展生态文明，本身就是在建设美丽乡村。所以，在加快发展生态庄园经济的同时，还要不断提升山区农村的生态环境，还要营造良好氛围，日益繁荣农村的生态文化，再造美丽新山村，为做大做强生态庄园，营造良好的外围环境。

以课题组成员发表于《先锋队》2013年第12期

晋中网格化社会服务管理模式的现状、挑战与对策

不谋全局者，不足以谋一域。步入21世纪20年代，年轻的晋中市面对基层社会管理“主体缺位”和“管理真空”等日益复杂的困局，持之以恒加强创新社会管理，构建了一套富有市域特色的网格化社会服务管理机制，成效与影响日益提升，价值与品牌日益彰显，被称为“晋中模式”。

在党的十八大提出构建中国特色社会主义社会管理体系，实现“四个加快形成”的新形势新任务下，如何在更高的层面，总结经验，面向未来，继续创新完善晋中网格化社会管理机制和模式，为晋中全面建成小康社会，提供和谐稳定的社会环境。是一个需要认真对待加以破解的课题。

我们通过对榆次、灵石、左权、太谷、昔阳及市委政法委、市信访局等各地各部门的实地调研，试图回答这个全新的命题。

一、现状与成效

1.“晋中模式”的核心与特征。晋中网格化社会服务管理模式，脱胎于我市2010年8月已建立的安全生产网格化体系，并不断完善为以公共安全网、社会服务网、居民自治网和知责、履责、问责教育为核心的“三网一教育”基层社会管理模式。其具体格式为：全市网格划分为市、县(区、市)、街道(乡镇)、社区(村)、基础网格五级，在基础网格层面，城市以单个居民住户为小网格，以自然居住区域为单元网格，以自然街道为网线，依托庭院、楼栋、巷道，一般以200—300户设置一个网格；农村则以宗族、姓氏为血缘纽带，以邻里乡亲为感情基础，一般以150户左右设置一个网格。每格定人、每人定责，定时巡查，为群众提供无缝隙的公共管理服务。其基本特征有：“网格化”为运行载体；“服务与管理”为运行主题；“责任落实”为运行关键；“情况全掌握、责任全覆盖、管理无缝隙、服务无遗漏”为运行目标。

2.总体评价。三年来，晋中网格化社会服务管理模式在市委张璞书记的亲自操盘下，在各地各部门的通力协作下，形成了党委领导、政府负责、社会协同、公众参与、法治保障的崭新格局，取得了“三个一”的良好成效：“一网覆尽”，实现了全

市性的无缝隙全覆盖；"一网精彩"，呈现起点高、起步早、效果好、特色浓、影响大等诸多亮点；"一网情深"，彰显为民解忧，为民办事的执政情怀。当然，作为一个新生事物，"晋中模式"仍需继续完善创新，追求更高目标。

3.整体概况。①运转常态化。截至2013年4月，全市已建立市、县（区、市）、乡镇（街道）、农村（社区）、基础网格五个层级。市、县设社会服务管理指导中心，乡镇（街道）和农村（社区）设社会服务管理中心。全市累计投入资金约1.7亿元，建成市、县、乡、村四级社会服务管理网格化信息平台。配备市县两级网格办专职工作人员、基层网格长、网格服务团队、社会信息员四支工作队伍，开展工作。目前，全市共划分网格6960个，其中城区1617个，农村5343个，网格长覆盖率达100%，基础网格长普遍配备专用手机终端（见图表）。②认识统一化。全市的网格化基层社会服务管理体系，被基层干部和群众形象地誉为基层社会服务管理的"司令部"，加强平安建设的"集团军"，群众反映诉求和问题的"直通车"，排查矛盾隐患的"顺风耳"，破解热点难点问题的"专家团"和基层党组织、党员干部联系群众的"新平台"。成为"党委政府离不开、人民群众信得过"的社会建设有生力量，重视网格化、运用网格化、完善网格化成为全市上下的普遍共识和自觉行动。③影响品牌化。网格化社会服务管理"晋中模式"，自始至终得到了中央政法委和省委、省政府领导的高度关注和具体支持。全省基层社会服务管理工作现场会在晋中召开。《人民日报》《法治日报》、中央电视台、《山西日报》等新闻媒体都介绍了"晋中模式"的特色与经验。外地来晋中考察调研网格化服务管理模式的人员络绎不绝。"晋中模式"的品牌效应和社会影响力不断拓展和提升。

晋中市网格化社会服务管理情况统计

项目县（区、市）	网格数		网格长人数	配备手机数	县级中心	乡级中心	村级中心	社区中心
	社区	农村						
榆次区	580	663	1243	1243	1	19	272	64
太谷县	82	325	407	146	1	9	198	13
祁县	21	234	255		1	12	160	6
平遥县	93	703	796		1	17	273	16
介休市	272	910	1182	732	1	15	231	34
灵石县	122	571	693	693	1	15	291	23

续表

项目县（区、市）	网格数		网格长人数	配备手机数	县级中心	乡级中心	村级中心	社区中心
	社区	农村						
榆社县	123	349	472		1	10	275	6
左权县	113	275	388	388	1	11	204	8
和顺县	61	397	458	73	1	11	287	5
昔阳县	42	356	398	335	1	12	335	4
寿阳县	59	486	545	545	1	15	206	6
开发区	49	74	123	123	1	3	17	10
总计	1617	5343	6960	4278	12	149	2749	195

（截至2012年12月31日）

二、特色与经验

（一）主要特色。“晋中模式”的特色在于网格化的优势得到了充分利用和展示。集中体现于“纵向一条线，凸显网上提速；横像四张网，强化格中提效”，线线相结，结结相扣，纵横交错，规范运行。所谓“一条线”，就是建立了一张覆盖城乡、条块结合的由市、县（区、市）、乡镇（街道）和行政村（社区）、基础网格五级体系一条线构成的组织系统。所谓“四张网”，就是形成了“工作落实的责任网，为民办事的服务网，社会稳定的和谐网和干群沟通的连心网”。

（二）基本经验。“晋中模式”在创建运行中，创造积累了一些可行可贵的做法与经验，可以归纳为“五级建网联动、五大体系支撑、五项机制运行”的“三五”高效机制。所谓“五级建网”，就是全市建立市、县（区、市）、乡镇（街道）、农村（社区）、基础网格五个层级的组织系统，实现服务管理精细化；所谓“五大体系”，就是建立了组织、责任、信息、保障、制度五大支撑体系，实现服务管理责任化；所谓“五项机制”，就是实施党建引领、闭环运转、部门联动、组团服务、效能考核五项机制，实现服务管理高效化。

三、问题与疑虑

网格化社会服务管理的“晋中模式”，毕竟是一个新生事物，是一个庞大复杂的系统工程。具体操作中，存在或显现一些不足和问题确实无法回避，也是正常现象。具体体现在“五个不够”和“一点疑虑”。

1.机制不够顺。在网格化运行中，一是部分职能部门的领导没有参与进来或者参与度不够，缺乏强有力的执行力，对网格化管理中发现的问题，有推诿扯皮现象。二是部分地方网格化管理点与点之间连不起线，线与线之间形不成面，整体协调还不够密切，缺乏各种灵活运转的长效机制，制度体系建设有待于进一步健全，工作机制需进一步理顺。如榆次区网格化服务管理机制与市城区市直职能部门的沟通衔接，存在不能催，也不敢催等不顺畅问题。三是各地普遍存在着网格化平台因保密等原因与条管部门管理系统无法对接的情况。四是在处理较大问题时，存在着县级分管领导之间协调困难理不顺的畏难情绪。五是存在因领导变换而导致工作缺乏连续性的现象。

2.队伍不够强。一是各地网格化职能部门的人员普遍存在力量不足、经验不足、数量不足等问题。二是基层网格长普遍存在自身素质不高的问题，程度不同呈现“年龄老化、知识陈化、思想僵化、方法简化”的“四化”现象，同时，指导中心对网格长的业务培训不到位，监督不到位，加之不少网格长是由社区领导、农村支部书记和村委主任兼任，一人多职，导致少数网格长的责任心、注意力和执行力不到位。三是政府一些职能部门力量下沉得还不够。特别是服务性质的职能部门，应将主要力量下沉下去，政府服务团队与民间自治团队，一起配合，抱团行动。四是在一些地方，网格化服务管理指导中心的机构规格、人员编制还没有彻底解决和落实。五是存在着县城社区工作比较扎实，农村特别是偏远山区工作相对薄弱的不平衡现象。

3.投入不够足。随着网格化服务管理工作的深入推进，如此庞大的系统工程，迫切需要足够的资金投入。目前，除了市县两级数字化平台需要完善补充投入外，问题最大的还是乡镇（街道）、农村（社区）两级平台的投入严重不足，导致专职人员短缺、办公用房紧张，许多投资都是依靠自身筹款解决。在最下面的基础网格中，网格长工作待遇偏低，每月一二百元的补助，与劳动付出不成正比。而且存在着待遇不均衡现象，有的县社区网格长每月补助350元，通信费报销69元，有的县农村网格长仅补助100元，通信费报销46元。

4.硬件不够硬。主要是基层电脑通信设备老化且配备率较低，相关配套设备跟不上。如榆次区反映，本地网格长的专用联通手机在偏远山区信号较差等。在广大农村，即便配上了电脑设备，还存在集体办公条件安全无保障，放在个人家又闲话不少的两难现象。

5.宣传不够广。由于网格化服务管理起步时间不长，调研中，一些村民、居民对网格化认知度不高，对居住地网格长是何人并不熟知，说明我们的网格化宣传还是不到位，不深入。有的网格内，仅仅满足于挂一个网格长照片及联系方式牌子的简单方式，时间长了，宣传牌损坏严重，甚至不翼而飞。广大群众的热情还没有充分激发，力量还没有充分调动。我们曾就一些民生问题，拨打个别地方网格化社会服务指导中心的热线，却被告知需向某网格长反映相关情况。这样的做法势必会缩小热线的服务范围，拉大群众与网格化社会管理的关系，冷却人民群众对社会管理的参与热情。

6.一点疑虑。基层一些从事网格化服务管理的人员反映，当前的网格化服务管理的发展方向，存在一些偏离起初网格化设计初衷理念的苗头或倾向。主要表现于目前的网格化系统由政法部门接管之后，一方面是力不从心，受制于政法部门支配政府职能部门的能力有限和自有资源不足的制约，从“指挥中心”变为“指导中心”的一个侧面，就折射了这种担忧；另一方面是力不均衡，不经意间，容易造成政法部门管辖事务强化、非管辖事务弱化的倾向。对网格化服务管理功能的整体发挥，乃至良性发展，均有一定影响。比如在具体管理上，一个简单的部门牌匾，要求必须采取横式挂法，有的社区名称加上职能名称，字数就达十几个，挂起来很不方便，也不够美观。存在“一刀切”和形式主义的倾向。

四、建议与对策

我市的网格化服务管理已进入一个关键阶段，如逆水行舟，不进则退。建议借鉴外地成功经验，采取有针对性的得力举措，加以解决。

1.加强机制创新。制定出台《市县两级网格化服务管理办法》和《实施细则》，强化各部门责任落实与考核，进一步规范运行，确保网格化服务管理工作不因领导的调整而调整、不因领导注意力的转移而转移。落实网格化服务管理有关市县联席会议制度。建议重新整合网格化资源，适时开展网格化服务管理领导体制调整的可行性调研。

2.加强资金投入。在将网格化管理信息系统建设及其运行管理所需经费纳入县（区、市）两级政府年度财政预算的基础上，各县（区、市）政府应设立本级网格化服务管理应急处置专项资金，用于网格化管理中紧急情况下无法明确责任归属的部件、突发性事件等相关问题的处置。不断加强经费保障能力。

3.加强队伍建设。尽快落实解决县级网格化服务管理指导中心的人员编制问题。对现有专兼职队伍加强培训，提升素质，巩固现有力量的基础上，通过公开招聘一批高学历大学生充实管理队伍。逐步提高基层网格长队伍的工作补助。每年表彰

一批网格化服务管理先进单位和先进个人

4.加强精品打造。在基层网格，重点培育打造一批先进典型，形成亮点和特色，发挥引导示范作用。同时，对一些工作不主动、成效不明显的网格，要加强督促指导，不断改进落后状况。

5.加强舆论宣传。一是在市县电视台、报纸等主流媒体上，加强对网格化服务管理工作的宣传力度，形成浓厚氛围；二是突出在农村、社区的网格内，采取上门了解、座谈沟通等灵活形式，加强对相关事项的宣传推介，形成人人知晓网格化、人人支持网格化、人人参与网格化的良好态势。

以课题组成员发表于《前进》杂志2013年第7期

■ 强力实施科技创新驱动战略确保晋中如期建成小康社会

党的十八大首次在党代会报告提出要实施创新驱动发展战略。党的十八届三中全会对深化科技体制改革，建设国家创新体系作出了新部署。进入2014年，距省委提出到2016年建党95周年时“力争全面小康实现程度五年达到全国平均水平”，晋中市委提出2016年全面小康实现程度达到全省平均水平的期限，仅有3年时间。距党的十八大提出确保到2020年实现全面建成小康社会的宏伟目标，满打满算也就7年时间。客观审视我市小康建设的现状和趋势、如何发挥科技创新驱动战略在全市全面建成小康社会伟大实践中的核心驱动作用，是一个重大而紧迫的现实课题。

一、科技创新驱动是晋中全面建成小康社会的核心动力

创新是引领晋中转型跨越和实现小康的根本动力和根本出路。晋中作为中西部欠发达地区，要如期与全国、全省一道步入小康社会，时间非常紧迫，任务异常艰巨，是一个十分棘手的发展难题。破解这个全新课题，关键的一把金钥匙，就是必须实施科教创新驱动发展战略，主要依靠科技创新逐步拉长补齐小康指标“短板”，真正把其摆在全市发展大局与中心工作的核心位置，构建提高全市社会生产力和区域综合实力的战略支撑。

1.小康实现程度的现状。近年来，晋中在推进全面建成小康社会的实践中，以建设全省“四化”率先发展区为总目标，按照“速度快、效果好、特色浓、人民富”的战略构想，包括在实施一批科技项目，努力增强科技创新驱动发展的能力上，做了大量富有成效的工作，介休造出了直升机，榆次有了液压院士工作站、灵石打造云计算中心等。而且平川“108走廊”沿线太谷等6个县（区、市）及开发区，小康实现程度位列全省前列。但也应当清醒认识，比照发达省份和先进地区，晋中差距明显。在2010年全国、山西、晋中小康实现程度对照中，晋中小康总体实现程度达到76.1%，尽管高于全省74.9%的水平，但低于全国4个百分点，尤其是经济发展和资源环境两项分别为62.3%和64.4%，处于明显劣势。推进小康进程任重道远。

2.建成小康面临的机遇。贯彻党的十八大精神，特别是党的十八届三中全会《关于全面深化改革若干重大问题的决定》的落实。为晋中进一步提升小康实现程

度，提供了良好的时代机遇与政策机遇，与此同时，从全省观察，晋中还拥有转型综改试验区、太原晋中同城化、科技创新城和高校新校区建设独特的“四大机遇”。从科教创新驱动的视角考量，这几个重大机遇都蕴含着科技与创新的资源及力量，诸如转型综改的健全科技创新体制机制的政策导向与路径；太原晋中同城化的科技上合作共赢；科技创新城自身的“政策红利”与内涵式增长模式；高校新校区10所院校雄厚的人才技术优势等，无不是晋中科技创新驱动最为宝贵的智力资源，实现全面建成小康社会最强有力的关键支撑。

3.晋中科技创新的概况。改革开放以来，伴随晋中市域经济社会发展进程的持续加快，全市的科技事业也得到了迅猛发展。科技队伍日益庞大，科技投入大幅增加，科研实力与日俱增，科技创新体系初具雏形，科技创新能力不断提升，产业科技水平明显进步。目前，全市科技人才资源总量为13.5万人，专业技术人员5.71万人。2012年，全市专利申请量为949件，比上年增长25.0%，其中发明专利申请量为288件，比上年增长38.5%。全年全市专利授权量为476件，比上年增长41.2%。有高新技术企业15家，创造高技术产业总产值22.7亿元。科技人才和创新驱动成为晋中转型跨越、率先发展和全面小康的主力方面军。

4.晋中创新驱动的实践。去年以来，全市在实行一系列吸引高层次人才政策的基础上，实施了“551计划”，即从2012年开始，用5年时间，以全市八大产业和转型发展人才需求为重点，引进50名高层次人才来（回）晋中创新创业，建立10个高层次人才创新创业基地。目前，全市共引进硕士以上研究生150余人，有400多家企业单位与全国398所高等院校、科研院所，720名科技人员开展产品开发与项目合作，其中有12位院士，26位博导、博士，15位硕士，81位教授、高工参与全市重点项目建设。涌现出引进6名意、美、德等世界顶级专家，打造了“中国玻璃器皿之都”品牌的祁县大华、晶鹏玻璃器皿公司；引进国贴专家黄广莲博士，合作开发液晶电视用新型光学材料项目，填补我国在这一技术领域的空白的平遥煤化集团；创建山西省机械液压领域唯一企业院士工作站的山西方盛液压机电设备有限公司；组建省内首家现代生物制药院士工作站的山西中远威药业有限公司等优秀示范企业。此外，紧紧抓住山西高校新校区入驻晋中的难得契机，市政府与11所驻地高校签署了战略合作协议，支持各校重点实验室、工程技术研究中心、技术创新平台的建设、搭建市校企、产学研平台，共创市校培养各类人才的合作模式，借助驻地高校的科技优势，加快晋中全面建成小康社会的历史进程。

二、晋中实施科技创新驱动面临的挑战

在新的历史起点之上，面对全市整体发展不足、两翼发展不平衡、仍有36万贫困人口尚未脱贫的巨大压力，可以说，晋中实现小康程度的难度越来越大。纵然有丰富矿产资源、城镇化提速和深化改革带来的红利享用，但从长远看，我们决不能轻视淡化科技创新驱动的重要作用。晋中作为欠发达地区，从经济转型跨越发展的角度来看是一个后起者和追赶者，要在转型跨越发展中赢得主动、争得优势、胜在未来，核心在转型、根本在改革、动力源泉在创新。况且，实事求是看，我市就科技创新驱动这个问题而言，与省内外先进地区的差距仍十分明显，以一句常讲老话来表述，就是挑战与机遇并存，挑战大于机遇。

1.认识还需提高。在开采自然资源省劲见效快的驱使下，不少地方及企业，不少领导干部及企业经营者，注意力与精力往往注重眼前利益，而忽视具有战略利益的科技创新驱动，这也是当前解放思想、转变观念的一个重要问题。翻来覆去的能源原材料产业价格的不断下行，留给我们的教训已经太多太深刻了。强化全社会不断树立科技创新驱动的崭新理念，是一个长期不懈的任务。

2.投入仍需增加。据有关统计数据分析，2009年，晋中工业企业办研究开发机构37个。机构人员1103人，其中博士和硕士63人，占5.71%，比2000年2.06提高了3.65个百分点。全年机构经费14878.4万元，是2000年4598.6万元的3.24倍。机构拥有科研用仪器和设备的原价24009万元，是2000年1482.1万元的16.20倍。科研经费投入少，技术创新能力低。从整体上看，2009年晋中市全社会R&D经费支出为58701万元，占地区生产总值比重达到0.92%，在全省11个市中排名第二位，比第一位太原市的3.01%低2.09个百分点，比全省平均水平1.10%低0.18个百分点。远低于全国1.83%的水平，尚处于技术引进与应用层次，与全面小康2.5%的目标相比仍有相当差距；实现程度为35.9%，低于全省平均水平，比全国73.2%的实现程度低37.3个百分点。按来源分，2009年晋中市R&D经费支出中政府资金为14280万元，占比为24.33%，企业资金为44203万元，占比为75.30%。总之，科技创新经费的投入，与全市经济社会发展和全面建成小康社会的要求，尚有很大的距离。

3.队伍仍需壮大。人才资源特别是高层次人才是自主创新最宝贵的资源。尽管目前我市大概念上讲有近14万人的科技人才队伍，但站在全面建成小康社会的高度，在繁重的历史任务面前，用市委张璞书记的话讲，就是在当前晋中人才总量偏少、结构不优、贡献不大的现状面前，在人才后继乏人的危机面前，人才问题已成为晋中发展的“最大制约”和“短板”。特别是目前晋中市自主创新人才的规模、质

量、结构都有待于进一步优化，创新人才与区域产业发展不协调的矛盾日益显现。企业普遍反映随着科技投入的加大，企业创新人才不足，已逐渐成为自主创新中最突出的矛盾。制约着企业创新能力的进一步提升。尤其是从全面建成小康社会困难最大的广大农村来看，我市每千人农民配备农业科技人员2人，与发达地区相比，我市农业科技无论是在广度还是在深度方面都存在着不小的差距，原始创新和关键技术成果明显不足。究其原因，核心问题是缺乏人才，尤其缺少在一线推广、普及、转化农业科技成果的人才。由于编制少、条件差、晋升难等因素，当前基层农业科技推广人才队伍力量薄弱，面临着“进不来”“留不住”“招人难”等尴尬现实，成为制约农民增产增收的重要因素。必须引起各级党委、政府的高度重视。

4.机制仍需创新。虽然近年来我市抢抓综改试验区、太原晋中同城化、高校新校区和太榆科技创新城建设的难得机遇，在创新科技机制体制上推出了不少新举措，但从实际效果和时代改革创新的高度看，仍有许多问题需要改进，机制改革空间很大。从宏观层面看，在创新人才工作载体，提供制度保障，营造创新环境等环节上，受制于观念、文化、环境、财力等诸多因素困扰，在推进科技创新驱动的机制上，还有不尽如人意之处。从微观操作层面看，政府在规划引导、法制规范、政策制定、舆论营造等方面发挥作用不够，企业自主创新活动的硬件和软件环境上，仍不够宽松。如在转型综改布局主导产业的接续产业上，虽然确立了发展高端装备制造业、现代煤化工和高科技产业的思路，但对这些产业的科技和创新，在投入、政策、环境等的支持力度不足。因此，必须坚持以信息化、自动化和高技术推动新兴产业向高精尖延伸，提高产品的附加值，在技术链和利润链的高端化上做文章，从完善机制上给予充分保障。

三、新形势下推进科技创新驱动的思考与路径

改革永不停步，创新永无止境。科技创新驱动是一种以新机制、新模式、新要素为推动力的新的发展方式。党的十八届三中全会通过的《全面深化改革若干重大问题的决定》(以下简称《决定》)，对深化科技体制改革作出了周密部署。今年，国家将晋中界定为成熟型资源型城市，要求延伸产业链条，加快培育一批资源深加工龙头企业和产业集群。积极推进产业结构调整升级，尽快形成若干支柱型接续替代产业。这些都为我们更好更快实施科技创新驱动战略，构建创新驱动的可持续发展方式，完成全面建成小康社会历史任务，创造了极其宝贵的历史机遇和政策机遇。不言而喻，对晋中小康社会建设和科技创新驱动战略都是一次发展良机。与此同时，“怎么办”的课题也必须回答。

1.从改革的思路上要处理好“四种关系”。当前，应对科技创新驱动中出现的种种挑战，切实破解难题，以贯彻落实党十八届三中全会的《决定》精神为指南，无疑是不贰选择。按照《决定》的新思想新论断，在推进科技创新驱动的顶层设计上，起码要正确处理好如下四方面的关系。

一是处理好市场导向与政府支持的关系。政府和市场都是推动科技进步和创新的重要力量，都是配置科技资源的重要途径，但政府和市场发挥作用的侧重点不尽相同。确定市场在资源配置中起决定性作用，同时更好发挥政府作用，决定了科技体制改革中必须重新定位市场与政府的角色。在基础研究、前沿技术研究等上游环节，政府要发挥主导、引导作用，对事关国计民生、国家安全和社会公益的重大研究领域，政府要给予重点支持。在推广应用、产业化等下游环节，对产业属性较强、市场前景明确的开发性研究领域，就要以市场为主。《决定》明确提出，“健全技术创新市场导向机制，发挥市场对技术研发方向、路线选择、要素价格、各类创新要素配置的导向作用”“打破行政主导和部门分割，建立主要由市场决定技术创新项目和经费分配、评价成果的机制”。由此可见，在配置具有经济活动属性的“创新资源”方面，市场的作用将是“决定性”的。同时，当下更为重要的是，政府如何能使市场更好地发挥“技术创新导向作用”，转变管理为更加注重服务，意味着要管住“闲不住”的手，打破行业垄断，放宽市场准入，营造公平竞争的市场环境。同时要灵活运用各类创新政策工具，解决“市场失灵”问题。这些方面如果能够破题，将为新形势下科技创新驱动开辟新的发展空间。晋中市近期出台了《关于深化科技体制改革加快创新体系建设的实施意见（讨论稿）》。就是新的发展机遇面前，依托山西高校新校区、山西科技创新城，建设晋中人才特区的实质性举措。从当前讲，更为重要的是对这个《实施意见》的落实，要以党的十八届三中全会精神为统领，充分考虑区位优势和软硬条件，合力推进，突出晋中特色，注重创新体系和创新能力的培育，重视人才的吸引、培养和使用。

二是处理好企业主体与协同创新的关系。企业是经济活动的基本单元，直接参与市场竞争，能够敏锐把握市场对创新的需求，是“市场丛林”中的“主角”，是无可置疑的“技术创新主体”。然而，从晋中的实际看，企业创新能力普遍薄弱，已经成为困扰转型跨越发展的“木桶短板”，尽管有资源与区位优势，有低成本的竞争优势，但是像能够制造直升机的山西青云集团，这样的创新型企业还是太少太少。也缺乏有利于中小企业创新发展的土壤和环境。《决定》提出，“建立产学研协同创新机制，强化企业在技术创新中的主体地位，发挥大型企业创新骨干作用，激发中小企业创新活力，推进应用型技术研发机构市场化、企业化改革”。面对当前10所高等院校入驻的山西高校新校区，落户晋中，加上过去的山西农业大学等力量，晋中在产学研协同创新上，具备了得天独厚的优势。因此，建议发挥资源优势，依托太原理工大学、山西交通职业学院和晋中学院的机械制造类专业，发展晋中纺机设备、专用车改装、煤机设备、机械加工设备、工程机械、新型仪表及元器件、精密仪器设备、液压气动元件、精密模具制造、机电一体化产品。依托太原理工大学电气工程和矿业工程类专业进行太阳能、风能、煤层气、地热、生物质能等开发利用的相关研究，加快培育新能源汽车项目的应用示范和产业化进程，促进光伏电池等高性能高水平的研发成果转化，等等，都具有广阔的现实前景。而协同创新的机制设计将会加快企业成为创新主体的进程。

三是处理好研究开发与成果转化的关系。随着科技投入的不断增加，社会各界对科研产出的关注度越来越大，除了论文、专利之外，科技成果如何转化为现实生产力，是科技与经济有效结合的一个重要衡量指标。除了基础研究之外，现阶段很多的应用研究与现实需求缺乏联系，不少技术成果难以实现向现实的企业化转化，因此，除了技术本身要符合实际需要之外，科技成果的转化还需要很多政策环境支持。商业模式创新的重要性不亚于技术创新，风险投资与研究开发投入的作用同等重要。《决定》提出，“加强知识产权运用和保护，健全技术创新激励机制，探索建立知识产权法院”“发展技术市场，健全技术转移机制，改善科技型中小企业融资条件，完善风险投资机制，创新商业模式，促进科技成果资本化、产业化”。尽管政府在如何保证科技成果的利益上已有所突破，但距离科技人员的期盼还有距离。说到底，还是要进一步解放思想，大胆探索，唯有如此，才能让一切劳动、知识、技术、管理、资本的活力竞相迸发。

四是处理好整合资源与开放共享的关系。科技资源的分散封闭重复，始终是制约我国科技创新的一个痼疾。科研经费的分散投入、研究项目的重复支持、科研设施的相互封闭，对提高科研产出效率产生了“负面影响”。创新链条的条块分割，导致相关领域各自为政、缺乏统筹，虽有可能产生重大突破和创新，但如同一个个“孤岛”，影响了创新效能的整体提升。《决定》提出，“整合科技规划和资源，完善政府对基础性、战略性、前沿性科学研究和共性技术研究的支持机制。国家重大科研基础设施依照规定应该开放的一律对社会开放。建立创新调查制度和创新报告制度，构建公开透明的国家科研资源管理和项目评价机制”。资源整合要达到的效果，并不意味着某个部门、某个单位具有多大比例的资源配置能力，而是要构建一种开放式的平台来集聚各类创新资源，形成创新合力。例如，对于产业共性技术开发，完全可以采取技术创新联盟、技术服务平台等开放式架构，而不是仅仅依靠某个科研机构。

2.从路径上要坚持好“六个强化”。晋中全面建成小康社会，建设“四化”率先发展区，打造晋中经济升级版，说到底，有赖于科技创新驱动的力量，有赖于科技创新体制的改革，有赖于走出一条有晋中特色的驱动路径。应突出路径上的“六个强化”。

一要强化市场导向。科技创新驱动首要前提是适应市场。科技成果只有进入市场，进入人们的生产生活，转化为财富，才是现实生产力。无论是高校科研院所，还是企业的科研人员，都应切实增强市场意识，积极参与市场分工。在科技创新上，要切实转变观念，坚决打破唯书斋导向、实验室导向、论文导向，围绕晋中产业升级，包括发展现代农业等区域重大战略方向，大力推进科技成果市场化、产业化、规模化。政府科技管理部门要引导驻地高等院校、科研机构，有针对性布局符合晋中产业特点的科研项目。力争在纺机、液压机械、玻璃器皿制造、新能源汽车、现代农业等领域，实现新的技术突破。

二要强化应用导向。科技产生于实践，同时服务于实践，实践应用是科技活动的本质属性之一，背离了这一点，科技创新就毫无意义。科研人员完成科研成果只走了科研工作的第一步，还必须投入应用。智力活动要以“用”立业，特别是研发机构要突出以“用”立业。如为晋中东山方兴未艾的双孢菇设施产业，应当加强培育、保鲜、包装、销售等环节的科研攻关，形成实用性强的科研成果，确保这项富民产业持续健康发展，为农村奔小康作出更大贡献。

三要强化企业主体。党的十八届三中全会强调企业是科技创新的主体。晋中要走创新驱动的发展道路，首要问题是要真正确立以企业为主体的技术创新体系。坚持将宝贵的科技资源与要素配置到企业。科技要素只有配置到企业才能发挥生产力作用，只有企业才最懂得怎样将科技转化为现实生产力。并从产业导向、政府采购、项目安排等方面引导和鼓励企业开展自主创新，让晋中的各类企业创新得到丰厚的回报。

四要强化转化环节。科技创新工作环节很多，重点要在转化环节上下力气。转化环节的重点是机制建设。要依托太榆科技创新城的大规模建设，同步加快晋中科技创新园的建设，促进园区内企业之间、企业与高校和科研院所之间的知识流动和技术转让。政府可建立科技基金，充分运用相关金融工具撬动金融资本、创投资本和风险投资资本，向科技创新聚集。要搭建创新平台，大力发展科技企业孵化器，包括创建高校新校区大学生创新俱乐部，一旦发现拥有强大创新创业激情的人才和企业，要积极帮助，促进其成长壮大。

五要强化创业拉动。创业尤其是科技创业，是推动科技创新的有效途径。在继续培养科研人员，努力创造更多科技优势的同时，要更加注重创业型人才、科技企业家和大学生创业人员队伍建设。充分发挥高等院校的科研与智力优势，在创业型人才培养上实现突破。美国的“硅谷”在很大程度上是靠斯坦福大学的支撑，就是因为斯坦福大学有灵活机制，给予大学生创业自由，学校建立科技成果转化办公室，科研成果转化后，学校和专利所有者利益分成，这些都是培育创业人才的好机制，晋中要大胆借鉴。

六要强化重点地区。晋中全面建成小康社会的难点和关键，在于农村近30万人的贫困农民，能否如期脱贫致富奔小康，这已是全社会的共识。为此，促进科技创新驱动在“三农”工作，尤其在贫困山区脱贫致富上发挥力量，至关重要。习近平总书记在党的十八届三中全会刚刚闭幕后，到山东省农科院视察时，重点了解了依靠科技创新促进农业发展和农民增收的情况，并强调指出:“要给农业插上科技的翅膀，按照增产增效并重、良种良法配套、农机农艺结合、生产生态协调的原则，促进农业技术集成化、劳动过程机械化、生产经营信息化、安全环保法治化，加快构建适应高产、优质、高效、生态、安全农业发展要求的技术体系。”这为我们“科技兴农”指明了方向和路径。广大科技人员要沉下去，“接地气”，在为农民农业农村服务中，体现自身价值，在为全面建成小康社会中，体现人生追求。从政府层面讲，抓科技创新不能平均用力。要对科技创新在“三农”工作中的作用，给予更大的倾斜政策支持。坚持把创新驱动贯穿于农村小康建设的各个领域、各个环节。注重发挥“十家院校进晋中”的独特优势，在现代农业发展上，积极争取同步享受科技创新城政策“红利”，研究制定促进科技成果转化机制体制创新的政策措施。在扶贫攻坚上，同样要争取科技扶贫的项目、资金支持，形成农业科技企业示范、骨干企业引领、名牌产品带动的区域自主创新格局。同时，特别是在解决农村科技人员的待遇、地位上，建立切实可行的保障机制。为晋中早日全面建成小康社会提供强有力的科技创新支撑。

以课题组成员发表于《晋中日报》2014年8月16日头版头条

■ 感悟“中国梦”的人民性

——《解放战争》读后感

近期，学习、看书、备课、写文章都围绕一个主题，那就是“中国梦”。闲暇之余，读了一本人民文学出版社2009年8月出版，由著名军旅作家王树增创作的《解放战争》长篇巨著。本书是一部全面记录解放战争的纪实文学，她与其说是一幅军事战争的历史画卷，不如说是一篇记录着我们中国共产党精神之源的壮丽史诗。读罢此书，让我又有了一份新的感动和感悟。感动的不仅仅是书中对战争细节的揭秘或革命浪漫主义精神宣示，更多的是感悟到书中所揭示的一个人类历史发展永恒不变的规律——人民是决定历史前进的最终力量！也进一步深刻领悟了“中国梦”为什么是人民梦的道理。

“中国梦”归根结底是人民的梦，大家的梦，你我他的梦想。今天的中国，是一个多元化的社会，无论是杨利伟、刘洋、刘旺的“九天揽月梦”，还是袁隆平坐在大米树下乘凉的“高产梦”，抑或平民百姓的健康梦、住房梦、社保梦等，都是中国每一个人的梦想，尤其是人民大众的最普通最简单的梦想，是最值得珍重、值得鼓励、值得保护的美好梦想。

我们过去经常讲，中国共产党领导的战争是人民的战争。淮海战役时我们只有60万人，国民党有80万人，但共产党背后有500万老百姓的支持。望着淮海战役支前路上一望无际的独轮车，陈毅元帅讲了一句传世名言：“淮海战役的胜利是父老乡亲用独轮车推出来的。”1947年3月，毛泽东领着只有200多人的队伍与十几万的国民党胡宗南部队兜圈子，面对一面是黄河天险，三面是敌人的险恶处境，他说道：“哪里最安全？人民拥护我们的地方最安全，我看中央在陕北的安全有保证”。最危险的时候，毛泽东与寻找他的国民党追兵仅隔离一个山头，此时，毛泽东对身边的警卫员说：“隔了一个山，就像隔了一个世界哩。”

战争年代离不开人民，和平年代同样不能离开人民。人人都有追梦的权利，人人都是梦想的筑造者。如果说，“大河没水小河干”阐明的是命运共同体逻辑；“小河有水大河满”则揭示了发展进步的动力机制。

只有这些多元的梦想，才能实现多彩的人生。在实现人民梦的历史进程中，我们党在新中国成立以来的60多年中，实现了人民生活从温饱不足到温饱有余，再到基本小康的历史性跨越。农业税成为历史，义务教育全免费，日渐公开透明的民主政治，覆盖13亿人的社保体系……今天的中国，流动社会让人有更多上升机会，法治社会让人有更多保障依靠，开放社会让人有更多成功路径，信息社会让人有更多表达渠道，宏大的国家梦正日益演绎为个人梦，并在每个人的努力奋斗中、在时代的不断进步中，慢慢生根、开花、结果。我们应该为生活在这样一个美好的时代而自豪。

解放战争是人民力量的胜利。我想，伟大“中国梦”的实现何尝不是如此。

该文系山西“中国梦·我的梦”读一本好书征文活动入选文章。发表于《前进》2014 年第11 期

■ 核心价值观：领航文明城市创建勇攀高峰

——基于文明城市创建的晋中实践与探索

文明是城市的气质；城市是文明的窗口。

晋中是一个古老而年轻的城市，曾孕育了晋商精神、太行精神、大寨精神和晋中精神，成为三晋文明和中华文明宝库中的璀璨明珠。如今，站在新的历史节点上，晋中以核心价值观为引领，与时代同行，与文明共融，城市文明创建活动步入了一个全新阶段，带给人们不少有益的思考。

一、核心价值观是文明城市创建的时代指南针

党的十八大首次提出，要倡导富强、民主、文明、和谐，倡导自由、平等、公正、法治，倡导爱国、敬业、诚信、友善。这“三个倡导”24个字12个主题词，高度凝练概括了国家层面的价值目标、社会层面的价值取向和公民层面的价值准则，是社会主义核心价值观的基本内容。

“文明”一词是指符合人类精神追求、能被绝大多数人认可和接受的进步状态、人文精神、发明创造以及公序良俗的总和。恩格斯说过，文明是一个历史概念，是与愚昧、野蛮相对立的，是人类社会发展到一定阶段的进步状态。一般可分为物质文明、政治文明、生态文明、精神文明四个方面，前三个文明是文明的外部现实，精神文明则是对应人类的心灵世界。

文明城市，是指在全面建成小康社会、全面深化改革、全面依法治国、全面从严治党的战略布局下，坚持科学发展观，经济和社会各项事业全面进步，物质文明、政治文明、精神文明和生态文明协调发展，精神文明建设取得显著成就，达到环境优美、秩序优良、服务优质，市民素质和文明程度较高的城市。当前，创建文明城市，已成为培育和践行社会主义核心价值观，推进精神文明创建的重要抓手和主要平台。

在新的历史方位考量，培育践行核心价值观与文明城市创建是纲与目的关系，

纲举才能目张。也是相辅相成、相得益彰的共赢之举，通过创建，核心价值观必将彰显于城市建设、社会管理、个人生活的全过程，

二、晋中创建文明城市的实践探索

富强民主康庄路；文明和谐盛世图。

自由平等人间美；公正法治大地新。

爱国敬业事事顺；诚信友善人人亲。

这几副楹联是2015年春节前夕，由中共晋中市委宣传部、晋中市文明办组织力量专门创作编选的培育和弘扬践行社会主义核心价值观主题楹联，公开刊登于市级主流媒体，目的是请广大群众选用，共同书写，铭记核心价值观，欢乐祥和过大年。这项看似平常简单，却广受欢迎的文明城市“微创建”活动，仅仅是全市大量行之有效创建活动的缩影而已。

著名文化学者冯骥才曾赞叹：“在晋中，一砖一瓦甚至一粒沙子也包含着厚重的文化。”因为，晋中乃一片神奇之地，古老的黄河文明在此积淀传承，“八大文化品牌”和“六张文化名片”成为文明城市创建的文明基因与文化依托。

党的十八大以来，全市文明城市创建以培育和践行社会主义核心价值观为主线，顺应太原晋中同城化的新机遇新趋势，对标省会，对标一流，自加压力，以深入推进市民素质提升、环境综合整治、交通秩序整治、窗口创优服务、志愿服务推进、移风易俗工作等六项重点工程为抓手，重点制定下发了《晋中市培育践行社会主义核心价值观实施方案（2014年）》，抓好结合、抓实融入，注重将核心价值观贯穿于整个活动之中，取得了明显成效。

如果把培育践行核心价值观的过程，比作栽培一棵根深干壮、枝繁叶茂、花红果硕的过程，那么，晋中文明城市创建活动的领导者、参与者，就好似辛勤的园丁，锲而不舍、一以贯之，一直在浇灌培土，耕耘劳作。

1.立足于“教”，让核心价值观落地生根。文明城市创建重在道德构建、难在道德提升，核心价值观作为高度凝练的道德规范，抓好普及教育是最基础性的工作。全市开展“传递正能量共话中国梦”“六进”宣讲500余场次，市民素质提升培训20万人次，校园“培德健体”工程大中小学生受益3万人次。坚持办好“晋中市民大讲堂”，创办以来已连续举办35期，听课人数1.5万人次。通过大力度、广覆盖的宣讲培训，努力使核心价值观家喻户晓人人知、入耳入脑更入心。

2.立足于“引”，让核心价值观鲜花盛开。榜样的力量是无穷的，身边的榜样是最美的。近年来，组织国家、省市10余名劳模，深入中小学，开展“崇尚劳动成就梦想”主题宣讲活动35场。持续开展道德模范、晋中好人评选，常态化评选推荐我市的道德模范和身边好人。在昔阳好人广场启动了“学雷锋精神，做晋中好人”评选工作，昔阳好人评选经验在全省推广。2014年，晋中好人榜网站展示105人晋中好人候选人事迹，评选公布50名2014年度晋中好人。连续四届开展晋中市道德模范评选，累计评出感动晋中道德模范40名，提名奖48名。昔阳马怀兰荣膺2014年全国十大“最美村官”和2014年度“感动山西”十大人物。

3.立足于“规”，让核心价值观枝条粗壮。德润人心，法安天下。法律是底线的道德，也是道德之屏障。晋中把法治教育纳入文明城市创建内容，强化规则意识，弘扬公序良俗。编发《晋中市民文明常识读本》5万册，从市情、创建、道德、教育、法律、科普、行为、礼仪八个篇章向市民宣传文明常识和道德规范。重新修订公布了24条96字的《晋中市民文明公约》，使市民公约体现核心价值观，凸显针对性、引导性、规范性。将移风易俗和殡葬改革工作，与核心价值观的弘扬践行有效融合，出台了《晋中市人民政府关于推进移风易俗倡导文明新风的通告》，提出了“五个禁止、五个提倡、两项处理”十二条规定。下发《关于充分发挥党员干部带头作用大力推进移风易俗和殡葬改革工作的实施意见》，以此为突破口，发挥党员干部先锋模范作用，带头革旧习，树新风。

4.立足于“细”，让核心价值观绿叶常青。天下难事，必作于易；天下大事，必作于细。晋中从小事情做起，从细节性做起，核心价值观培育践行犹如润物细无声。街头、社区、公交候车亭、公交及出租车等公共场所资源平台，处处有24字的核心价值观宣传语。在《晋中日报》、晋中广播电视台连续性刊登播放“核心价值观”主题公益广告。以图说社会主义核心价值观为形式，充分利用城市建筑围挡、电子屏、新型废品回收箱等户外设施，大力宣传讲文明树新风、核心价值观公益广告。推行设立《党报阅报栏》，在城市主要出入口竖立10余块文明城市创建公益广告。面向全市组织“弘扬核心价值，践行晋中精神”微电影大赛。组织了“践行核心价值观、争做文明晋中人”电视和报纸答题知识竞赛。大力开展“文明行车引导”和争做“文明交通人”活动，等等。这些小微活动，营造了氛围，扩大了声势。

5.立足于“民”，让核心价值观果实累累。习近平总书记讲：“人民对美好生活的向往就是我们的奋斗目标。”晋中文明城市创建坚持利民惠民，虚功实做，紧紧围绕提升人民群众的幸福感、获得感来进行，让市民亲身感受践行核心价值观的力量。市委宣传部与组织部门发文要求，以签订承诺责任书方式，推进党员进社区开展志愿服务。2014年，晋中诞生了第一家义工协会——晋中义工协会，协会成立一年来组织各类慈善公益活动32次。2014年，市城区坚持“创新改革、提升功能、改善民生”理念，连续第4年实施“百亿市政重点工程”，铺开总投资595.6亿元的8大类85项147小项城建重点工程，投资规模为历年最大，是2013年的2.7倍。实施了锦纶路快速化改造，新建迎宾街、汇通路、新建路3座人行天桥，实施了汇通路、龙湖街、锦纶路、迎宾街、顺城街5条主干道10项综合整治工程。建成一批群众迫切需要、困难相对突出且多年未能实质启动的重大项目，城市面貌、功能、品位得到显著提升。

6.立足于“土”，让核心价值观深接地气。厚德方能载物。晋中是晋商故里，纵横商界500年，以“诚信”为价值内核的晋商精神源远流长，其蕴含的时代价值永不褪色。晋中深入挖掘、解读和弘扬传统文化，早在2012年就提出了“明礼诚信、开放包容、艰苦奋斗、唯实唯先”的晋中精神，推动核心价值观在文明创建中具体化、对象化。2015“平遥中国年”，第一个活动内容就是“德润古城传承文明”经典诵读暨平遥中国年启动仪式，普通群众从中华优秀经典名著中选取名句、名篇，唱响社会主义核心价值观主旋律，千年古城劲吹文明新风。借助晋中是柔力球发源地的优势，不仅在全市广泛推广柔力球运动，而且将开展柔力球活动列为全市校园“培德健体”工程重点项目，定期举办中小学生柔力球比赛，其亮点是“一带一”，一个学生带一个家长，一起比赛，寓教于动，形成了柔力球活动常态化。

三、核心价值观融入文明城市创建的挑战

真知困而得，峰高无坦途。

晋中文明城市创建历经十余年艰辛努力，仍在为达到光辉的顶点而不畏艰险矢志攀登。之所以没有登上领奖台，从表面看，是几度大考遇偶发事件未能过关。深层次解析，则是受诸多主客观因素制约困扰，自身的基本功不够扎实，功课没有做到完美所致。

一位哲人有经典结论：人生一世有两件最难之事，一是把自己的思想装进别人的脑袋，二是把别人的钱装进自己的口袋。而精神文明创建干的正是将先进价值理念和文明规范，灌输装进人脑袋的宏大工程，所以，文明城市创建就像攀登珠峰，须有勇气、底气、人气、“氧气”，才能一气呵成。

就晋中市城区而言，攀登之道上的障碍，主要表现在以下几个方面。

1.从“天”看，缺雨少水，先天不足。文明城市的外观形象，首要的是花红柳绿，较高的绿化覆盖率是基本指标，而绿化到位的前提，是水和热量的保障。处在黄土高原的晋中，土地干燥，气温差异大，常年缺水，不用与南方城市比，就从全省范围降雨量比较，全市年均降雨量477毫米，比全省年均降雨量低70毫米，不如晋东南、晋南地区水量充沛，且季节分布不均匀。客观上的气候弱势，无疑加大了创建难度和成本。

2.从“俗”看，陋习尚存，根深蒂固。中国数千年的文化传承，从民风民俗看，尤其是红白喜事的操办上，有向善向上的一面，也有落后于时代进步的陈规陋习，比如祭奠先人的上坟烧纸放炮等旧习惯，从创建的实践看，消除这些不合时宜的传统习惯，实非易事，尚需时日，其难度之大，阻力之大，大大超出了人们的预期。

3.从“城”看，基础薄弱，欠账较多。晋中撤地设市刚到15个年头，尽管近年来城市建设凭借超常规投入力度，城市面貌有所改观，但城市水、电、路、地下管网等基础设施落后，特别是博物馆、图书馆、科技馆、青少年宫等代表文化文明形象的标志性建筑，亟待填补空白。城市形象与城市地位的不相宜不般配，是不争的事实。旧城改造、新城提升的历史使命仍任重道远。

4.从“人”看，素养欠缺，参差不齐。常言道，江山易改，本性难移。这句话用到文明城市创建人的素质提升是再贴切不过了。可以说，千难万难没有改变人的习惯难。虽然政府抓了大量的文明宣传教育，但是不少市民的坏习惯、老毛病还未改掉，比如闯红灯、随意穿行马路、随手丢弃垃圾、乱踩绿地、摘损花草树木、机动车乱停乱放等不文明现象仍时有发生。刚刚摆上繁华街面的新型回收垃圾箱，没有几天就被人损坏。可见，市民的文明习惯养成问题，根源还是主流价值观的缺失，个人主义的膨胀，这是创建路上最大的拦路虎。

5.从“钱”看，杯水车薪，力不从心。晋中作为内陆欠发达地区，经济总量块头小，可用财力有限。面对文明城市创建的巨大投入，心有余而钱不足，市容环境、交通环境等硬环境的提升需要投入，市民素质提升、创建氛围营造等软环境建设，同样离不开资金保障。在经济新常态的形势下，捉襟见肘的压力将更为突出，确保每一分钱都花在创建活动的刀刃上，显得至关重要。

四、核心价值观融入文明创建的路径选择

山高人为峰。

面对文明创建道路上的重重险阻，晋中文明城市创建已经走到了一个重要关口。唯有迈步从头越，才能一览众山小。按照市委提出的充分发挥社会主义核心价值观的引领作用，增强文明创建广泛性的要求，我们要从工作的“最短板”处筑起，

从最细微处融入，梯次推进，精准施策，定向发力，力争早日冲顶成功。以核心价值观为创建活动领航，以创建活动成效彰显核心价值观功效。

城市社会学认为，城市文化可分为四个层次，分别是物质形态的表层、生活方式的浅层、制度规范的中层和心理观念的深层。其中，心理观念层的人文价值是核心，整个城市文化不过是由这一核心外化而构成的文化价值体系。

文明是文化的内在价值，文化是文明的外在形式。延而伸之，我们不妨把核心价值观对文明城市创建的引领效应，也划分为类似的四个层次，达到清晰路径，有的放矢，有序推进创建活动开展的目的。

1.表层：致力于核心价值观无所不在。所谓创建表层，其实就是城市界面上包括基础设施及道树、草坪、花卉等人工自然环境构成的所有城市物质文化的外壳层。为进一步扩展核心价值观传播的覆盖面，提高实效性。一是应在提高传播总量的同时，更加注重传播质量的提高，不断填补公共场所的宣传空白点，新建公共绿地、公园、广场要同步建设核心价值观主题雕塑、造型等宣传载体。二是加快建成博物馆、图书馆、科技馆、青少年宫、展览馆等大型文化设施。三是加快城市道路立交化、快速化改造，尽快解决城市道路交通拥堵的"城市病"。

2.浅层：致力于核心价值观无微不至。所谓创建浅层，是城市市民的日常生活和行为方式的综合体。如何让核心价值观融入大众生活，"日用而不知"，我们已做了大量实践性的探索。今后要重点在运用现代技术手段，在"微"字与"智慧城市"建设上下功夫。一方面充分运用微博、微信、微视、微电影等方式，增强针对性和互动性，扩大核心价值观网上宣传的覆盖面与影响力。另一方面，要主动适应大数据时代"互联网+"和"智慧城市"建设新趋势，将"智慧晋中"建设列入全市"十三五"规划，建立数字晋中地理信息公共服务平台。在2014年市城区"智慧交通"建设正式启动的基础上，逐步布局实施城市智慧城管、智慧国土、智慧环保、智慧气象、智慧商城等应用型项目，促进公共服务智慧高效、城市管理精细智能。以科技驱动增强核心价值观的穿透力，以智慧方便服务市民生活，以智慧约束规范市民行为，促进文明创建跃上新台阶。

3.中层：致力于核心价值观无所不融。所谓中层，是包括家庭规范、经济制度和政治制度等在内的制度集成。这些制度规范实际上起到了在隐性领域惩恶扬善的文化导向功能。当前，现实生活中为什么时不时发生交通违章、占道经营、购物插队、胡乱涂鸦等各种违背文明道德的行为。究其根源，既有教育力度不够的原因，也有素养参差不齐的原因，更多的则是缺乏刚性制度的约束。因此，必须把核心价值观的要求体现到各方面政策制度、法律法规之中，包括城市地方性法规、具体规定之中，可考虑将对不文明行为进行经济处罚、在媒体公开曝光等形成强制性制度。形成有利于培育践行核心价值观的政策支持和法律保障环境，使文明行为得到鼓励，不道德行为受到制约，强化人们践行核心价值观的行动自觉。

4.深层：致力于核心价值观无人不明。所谓深层，就是城市每个居民思想深处的价值观念和道德境界。人造城市，城市造人，人与城市相依造就了城市文明。文明之“明”，本身就是一个蕴含真善美、充满正能量的“高大上”的字。人只有把核心价值观真正融化在心灵里，展示在行为中，才是一个明白人和明净人。在文明城市创建中，首要的就是不遗余力培养提高市民素质，持之以恒形成常态化，重点在志愿精神、孝敬品质、诚信意识和节俭品德等方面，增强居民的价值判断力和道德责任感。从现状看，志愿精神与志愿者队伍的培养，差距明显，与晋中城市的地位很不相配。要以市城区注册志愿者人数占常住人口总数的比例≥8%为目标，推进党员干部、学生、职工、青年等各类志愿服务队伍建设，特别是以山西高校新校区落户晋中为契机，发挥大学生的积极性和示范性，建立一支规模成建制、服务制度化、活动常态化的志愿者队伍，最终形成长效工作机制和活动运行机制。

该文系晋中市2014年度软科学项目成果。以课题组成员合写发表于《晋中论坛》2015年第2期

■ 以“革命兴煤”之剑　降服“煤炭魔咒”

谈到“重塑晋中形象，促进富民强市”的现实话题，就晋中而言，首要的一条，就是支柱性产业与大块头企业的支撑在哪里？更绕不开煤炭的前世今生。

值得关注的是，中国煤炭工业协会在通报2014年煤炭行业发展情况时透露，预计全国煤炭全年产量同比下降2.5%左右。自2000年始，一路走高的煤炭产量曲线终于在2014年画上了休止符。这给我们传递一种什么信号呢？

一、功与过

每每说起晋中乃至山西的煤炭，总是给人太多的感慨。

煤炭是晋中储量最大的物产，全市66种矿产资源中，它是当之无愧的“资源老大”。区域含煤面积达1.25万平方公里，占全市总面积的74.2%，占全省含煤面积的20.5%。探明储量230亿吨，占全省探明储量的8.68%。

自唐代始，晋中已有煤窑五六处。民国初年，山西商办全省保晋矿务有限公司寿阳分公司在陈家河矿井开始正式意义上的工业化煤炭开采，至今达百余年之久。

从1949年原煤34万吨的总产量，到2014年生产原煤8800万吨。在259倍的巨额增量面前，即使发光发热、熊熊燃烧，最高可达7200大卡的无烟煤，与人的能量与科技的力量相比，显得实在太渺小了。

说良心话，我们不能不感谢苍天的恩赐，送给我们这样一个巨大的聚宝盆，供我们享用谋生。滚滚乌金，带来了滚滚财源，可以说，没有煤炭，就没有晋中的今天。

一个硬币有两面。如今，我们身躺“煤海”，却总是愁眉不展。因为，煤炭生产污染了生态、浪费了资源、重创了经济结构等，其对经济与生态的危害不一而足。甚至危害到政治、文化、社会和党的建设等诸多领域、不客气地讲，“一煤独大”之危害，呈现全方位、系统性、整体性的态势。

一花独放不是春，“一煤独大”不是大。

在经济新常态下，煤炭价格“跌跌”不休，企盼“十年河东、十年河西”，熬一熬就能顶过去，已是一去不复返。我们一直赖以发展，抑或赖以发财的煤炭，陷入了几乎难以扭转的困境。通常的定性，称其为资源型经济陷入了难以为继的泥潭。用经济学常识比喻，则似乎应验了一个叫“资源魔咒”的经济术语。用非洲人的话说，就是“上帝在赐给一个地方丰富的资源的同时也附带了一个咒语，诅咒这个地方的人得不到好运”。所以，破解这个“资源魔咒”，是一个世界性难题。

二、困与局

2014年9月23日的《山西日报》及《前进》2014年第10期，先后发表了尹天五倾心撰写的《在深刻的忧患中破解资源型经济魔咒》文章，一针见血直击山西发展软肋。

文中写道：近30年来山西经济结构的调整，总是在有利于调整的时候我们重视不够，不利于调整的时候我们特别重视，反复走着这样的轮回和怪圈，因而错过了一次又一次的历史性机遇，难以走出资源型经济的魔咒，我们必须对这一沉痛的教训进行深刻反思。

该文是一篇集胆略、战略、方略、策略于一体的鸿篇大作。它犹如一颗思维上的重磅炸弹，给山西人以警醒与猛醒。其远见卓识的高论，完全可以列为山西改革开放以来，具有里程碑式的重要理论文献之一。只是山西能像作者一样胸怀大忧大患的先知者太少了。对此笔者毫无恭维之意，因为这篇文章给了我们太多的感悟与启迪。

所以，是靠山吃山，山穷水尽。还是回头转型，“柳暗花明又一村”，是该抉择的时候了。

从大数据看，今天的煤炭可谓是天不照顾，人不帮忙，运不顺畅。

——全球变暖已成大趋势，科学家测算，在过去100年里，全球地面平均温度已升高了0.3℃—0.6℃，到2030年估计将再升高1℃—3℃。而其中的重要原因，一方面，由于包括煤炭在内矿物燃料的燃烧和大量森林的砍伐，致使地球大气中的二氧化碳浓度增加所致。另一方面，全球变暖势必减少对煤炭等能源的需求。

——由于环境压力，国内许多地方开始减少煤炭的使用量。国家《能源发展战略行动计划（2014—2020年）》要求到2020年，全国煤炭消费比重降至62%以内。其中，雾霾笼罩的京津冀鲁四省市煤炭消费比2012年净削减1亿吨。2020年北京市煤炭消费总量将从2010年的2635万吨，减少控制在1000万吨。

——近期，受石油价格雪崩式下跌的连带影响，煤炭价格下降趋势将继续存在。美国投行对原来布兰特原油价格的预估进行了调整：2015年从72.25美元调降至50.25美元，2016年从83美元下调至67.59美元。2017年从90美元下调至77.25

美元。价格持续走低的原油，对煤炭价格的冲击不可低估。

三、思与策

在这样的态势下，敢问煤炭路在何方？

顺乎天而应乎人。习近平总书记强调："面对能源供需格局新变化、国际能源发展新趋势，保障国家能源安全必须推动能源生产和消费革命。"确实如此，煤炭产业是该采取重大变革的时候了。

去年以来，山西省委、省政府高度重视煤炭工业可持续发展，制定实施了煤炭20条、17条政策措施，率先清理规范涉煤收费项目，大力推进煤炭资源税从价计征改革，一举打破了延续30多年的煤焦公路运销管理旧体制，为煤炭工业健康发展奠定了坚实基础。

但面对当前全省煤炭管理体制仍不适应煤炭工业可持续发展需要的挑战，省委、省政府果断提出要走出一条"革命兴煤"之路，实质性推进煤炭产业升级换代。使用"革命"一词，足见决心与力度是空前的。其创新之举、革命之举包括：

——2020年前，全省原则上不再新配置煤炭资源；

——除关小上大、减量置换外，不再审批建设新的煤矿项目；

——严格控制煤炭产能；

——停止审批年产500万吨以下井工改露天开采项目；

——全面推进煤炭资源一级市场招拍挂；

——2017年前基本解决现有采煤沉陷区受灾群众的安居问题；

——突出抓好市场化配置资源、生态修复治理、公路运销管理等重点改革，积极研究煤炭资源供需平衡、战略储备、期货交易、价格形成机制等重大事项，不断推动煤炭管理体制改革取得新突破，等等。

这就是煤炭产业的新政策，也是煤炭革命的新机遇。

晋中有弥足珍贵的晋商精神，"汇通天下"、勇闯天下，开辟"万里茶道"的壮举，为晋中后来者注入了敢于担当的基因。

为此，我们有理由相信，在"革命兴煤"的崎岖之路上，晋中应该有所作为，应该有所突破。

基于坚决彻底摒弃"吃资源饭、环境饭、断子孙路"发展方式的思路，以贯彻落实省委王儒林书记提出的"廉洁发展、转型发展、创新发展、绿色发展、安全发展、统筹发展"的"六大发展"为出发点和落脚点，敢于拍板先闯先试，壮士断腕，蹚出一条"革命兴煤"血路和新路的决断，多用减法，少用加法。建议采取如下非常规策略。

——实施原煤产量零增长，倒逼产业转型。尽管煤炭产业体系庞大，发展惯性很难在短时间内刹车。但可以在发挥市场配置资源的决定性作用之外，至少在政府“这一只手”上，可从战略决策与微观举措上，以抛弃GDP挂帅为统领，严控煤炭产能，建议从2015年开始，实施原煤产量零增长，层层压缩生产指标，将全市总产量控制在2014年的8800万吨。特别是在“十三五”规划中，停建新煤矿，制定产能逐年下降的刚性约束。这样做可以一举多得，近期能达到减少环境污染，减轻安全生产压力等良性发展；长远看能为子孙后代留下生存发展的资本。更为重要的是，可以倒逼政府、企业在产业转型上，投入更多的精力，壮大新型产业，从根本上解决发展的路径难题。

——实施煤炭产业上政府投入零增长，压缩煤炭增长空间。除了在安全监管、环境治理等关乎国计民生的重大事项上，可保持政府投入的正常增长。其他一切生产性、扶持性投入，全部实行零增长，并逐年递减。这样，可以形成明确的政策导向，遏制煤矿企业的无上限盲目发展，逼迫企业走上煤炭清洁高效利用的可持续发展之路。

——在全社会广泛开展“煤炭不行了，晋中怎么办”主题大讨论与专项研究。经济转型的前提，首先是思想转型。当前，树立降服“煤炭魔咒”的信心与决心，显得尤为紧迫。可以通过深入开展“煤炭不行了，晋中怎么办”主题大讨论，在上下逐步认识新常态、适应新常态和引领新常态的基础上，形成全社会共同推动“六大发展”的良好氛围，逐渐消除煤炭依赖的弊病，形成离开煤炭，产业照样能够转型的强大能量，打造“革命兴煤”的晋中模式。

时代潮流浩浩荡荡，顺之者昌，逆之者亡。这个世上，没有谁没有哪个地方能够随随便便成功。

我们选择了对“煤炭依赖”的告别，就选择了寻求“替代产业”艰难的开始。历史与现实一再证明，消除“煤炭魔咒”从来就是言不易，行更难，这个“告别”大多时候是非常痛苦的。“革命兴煤”之路任重道远，希望早日到达成功彼岸。

发表于《晋中论坛》2015年第2期

略话“获得感”

不知细叶谁裁出，二月春风似剪刀。2015年春节刚过的2月27日，习近平总书记主持中央全面深化改革领导小组第十次会议时首提“获得感”一词，让人眼前一亮，并引发共鸣和广泛关注。作为一名参加工作整整30年的理论工作者，对“获得感”有着切身体会。个人认为，其呈现出“三化”。

一是平民化的表述。2013年12月12日，人民网有一篇《领略习近平语言风格的八大特点》的文章提到，“平易近人，娓娓道来”是其八大特点之一。为什么习近平总书记常常能提出诸如“中国梦”“鞋子合不合脚，自己穿了才知道”“牛栏关猫”等近乎大白话的接地气词汇，包括这个“获得感”。我个人认为，习近平总书记的讲话之所以总是充满着亲和、温和、随和以及平等、平易、平实的平民化风格，其一是来自他不到16岁就到陕北延安市梁家河村下乡插队将近7年，与农民打成一片，结下了深厚感情密切相关，他明白老百姓需要什么，不需要什么。其二是来自他从小酷爱读书的“腹有诗书气自华”，当年在陕北下乡插队时就带了一箱子书下乡，因为想看《浮士德》，不惜跑了30里山路借来，读完看，再跑30里给人送回去。他大力倡导，“把读书学习当成一种生活态度、一种工作责任、一种精神追求，自觉做到爱读书读好书善读书，积极推动学习型政党、学习型社会建设”。因为他就是这样做的。对广大党员干部而言，喜欢读书、自觉读书是提升自身“获得感”的必经途径。

二是时代化的特征。不难看出，“获得感”是习近平总书记站在协调推进“四个全面”战略布局的大背景提出来的，这个“获得感”立足于中国经济进入新常态的发展大势，特别是在深化改革进入关键期、深水区而提出来，我想，这个“获得感”首先考虑的是，改革必须从人民的期盼出发，改革必须为了人民的幸福。换而言之，就是人民收获的多少与优劣，人民收获的感受强不强，是衡量改革成效的砝码与天平。增强“获得感”，言外之意，就是改革不能让老百姓吃亏，新常态也不能让老百姓吃亏。因为，增强“获得感”也是对我们党一直强调“全心全意为人民服务”“利为民所谋”的执政理念的深化与延伸，是顺应时代潮流、人民期盼的真情表白，彰显了人文关怀的时代光芒。

三是实践化的内涵。习近平总书记在其所著《摆脱贫困》一书的跋中强调，我是崇尚行动的。他在该书《从政杂谈》一文的“为官四要”中指出：“为官之本在于为官一场，造福一方。造福一方就是造福人民，这与我们党的全心全意为人民服务的宗旨同一个意思。”今天，这个“获得感”，就是造福一方的“福”。2015年，中央到地方都在制定“权力清单”“责任清单”等一系列的简政放权和惠民举措，其实就是为“获得感”加油助力。晋中实施经济发展和项目建设“提质增效”举措，前两个月，晋中固定资产投资同比增长23.4%，增幅全省第一，分别高于全国9.5个、全省15.3个百分点。市城区21座人行天桥、5000辆公共自行车安装和三处道路快速化改造即将启动。这些实事、好事都是全市人民增强“获得感”的力量所在。

发表于《晋中理论动态》2015年第5期

■ 英雄精神：不能丢弃的民族魂魄

一个没有英雄精神的人，是心灵患有软骨病的人；一个不能崇尚英雄精神的民族，是前程暗淡的民族。在今天物欲至上的当下，在纪念抗战胜利70周年的特殊日子里，我们历经数千年的英雄文化熏陶与传承，仍需呼吁敬仰英雄，本应不是个什么大问题，但现实生活中诋毁英雄的种种逆流，逼迫我们不得不大声疾呼英雄精神的回归与重塑。

一、英雄精神光泽千秋

人民创造了历史，历史造就了英雄。英雄者，杰出人物也。英雄之所以成为支配人类社会精神信仰和心灵的精英一族，英雄总是在关键时刻，主动为完成具有重大意义的任务而表现出一种英勇顽强和自我牺牲的大无畏气概。

（一）英雄是民族的脊梁

沧海横流，方显英雄本色。追溯中华民族五千多年灿烂文明长河，正是无数仁人志士、豪杰英雄点亮了历史前进的指路明灯。特别是1921年中国共产党的诞生，迎来了英雄辈出的时代，一代代共产党人为民族解放、国家富强、人民幸福付出了巨大牺牲。举世罕见的两万五千里长征，就是一部波澜壮阔的英雄史诗，一部由英雄精神铸就的不朽丰碑。美国当代著名政治理论家布热津斯基说过，“对崭露头角的新中国而言，长征的意义绝不只是一部无可匹敌的英雄主义史诗，它的意义要深刻得多。它是国家统一精神的提示，它也是克服落后东西的必要因素”。十四年抗战的胜利，是中华民族同仇敌忾的胜利，也是民族英雄精神的胜利。应该说，没有英雄精神的支撑，中国革命的胜利是不可能的。同理，英雄精神必将超越时代，历久而弥珍，成为我们奋力前行的不竭精神动力。

（二）英雄花开红遍晋中

晋中有左权麻田八路军总部纪念馆和曾经的全国农业战线旗帜——中国大寨两张红色文化名片。革命战争年代，无数晋中儿女前赴后继，埋骨青山，从巍巍太行山巅对滔滔汾河谷地，遍地都是英雄的故事，仅抗战牺牲的战士就有14241人，还有许多无名烈士为国捐躯，长眠晋中大地。涌现出了左权、马定夫、梁奔前、尹灵芝等许多杰出的英烈模范，这些英雄的英名与忠魂，为晋中红色文化铸就了一座座光耀千秋的历史丰碑。正是这些知名和无名的英雄人物彰显出的豪迈气概，构建了晋中红色文化的精神高地。无论什么时候，我们都不能忘记这些英雄，不能忘却这段历史。

二、英雄精神意义非凡

在新的历史条件下，在培育践行社会主义核心价值观的时代背景下，英雄精神的内涵注入了更多的时代特质，主要表现为：忠贞报国、勇赴国难乃英雄魂魄；视死如归、宁死不屈乃英雄气节；无畏无惧、勇于担当乃英雄气概；任劳任怨、从不计较乃英雄境界；为民清廉、鞠躬尽瘁的乃英雄情怀；持之以恒、一往无前乃英雄大志。

一个顶天立地的英雄，首先是一个具有爱国情怀、敬业操守、友善美德和公正品格的凡人。中华民族孕育的英雄精神，其实与新时代的核心价值观是一脉相承。深刻挖掘英雄精神的内涵和价值，我们不难发现，英雄精神融入的核心理念，实际上都是核心价值观的应有之义。

当前，面对多元多样价值观念的客观存在，凭借英雄精神特有的强大感召力和吸引力，引领核心社会价值更好更易融入大众心灵，促进社会持续形成向上向善正能量，无疑具有十分重要的现实意义。

1.能够强化理想信念的坚定性。当前，在改革开放和市场经济条件下，在相当多的普通群众中，特别是党员领导干部中，为什么会出现思想动摇、信念缺失、精神滑坡的种种问题；庸俗、低俗、媚俗的文艺作品，为何盛行一时。根源就在于精神的骨子里“缺了钙”，人生的方向迷了眼。当年茫茫长征路上，红军将士虽不知长征落脚点在哪里，漫漫征程何时到头，但他们坚信，跟着共产党，跟着毛泽东、周恩来、朱德这样的人，就一定胜利。可以说，长征的胜利就是革命理想和坚定信念的胜利，就是英雄精神的胜利。今天，在追逐“中国梦”新的长征路上，如何克服精神“软骨病”，如何成为一名有信仰、有担当、有情怀、有气节的好党员、好干部、好公民，注入英雄精神的“高钙片”是最见效的灵丹妙药。

2.能够感化核心价值观的亲和性。实事求是讲，核心价值观培育践行，不能靠强迫，所谓润物细无声，必须依靠高于非核心价值的魅力，依靠符合时代潮流的社会共识，依靠体现人文关怀的亲和力。人类的历史表面，无论是古今中外，还是男女老少，对英雄的崇尚和认可，都是一致的。英雄的事迹，英雄的精神，总是感人至深，催人奋进。所以，无论是烽火岁月的战斗英雄，还是和平年代的道德英雄，都是这个时代的旗帜和标杆。我们要更多地挖掘出一些具有英雄模范精神的各类典型，提供信仰和价值示范，让更多的人感受到英雄的丰功伟绩和崇高境界，从而鼓励和引导人们以英雄模范为榜样，投身到实现中国梦的伟大实践中去。

3.能够深化红色文化的认同性。红色文化是无数先烈用鲜血染红用生命换来的宝贵精神遗产。面对社会上一些质疑英雄、淡化英雄，甚至否定英雄的错误思潮，我们不能无动于衷，必须敢于发声，予以回击。要通过积极的对话、沟通、交流、碰撞、研讨、辩论等形式，在全社会形成对英雄精神的价值共识，带动增强红色文化的认同感，特别是引导教育青少年抵制各种歪曲英雄的恶搞戏说，不忘历史，不忘英雄，继承英雄精神，坚定理想信念，练就过硬本领，锤炼高尚品格，在实现中国梦的生动实践中放飞青春梦想，在为人民利益的不懈奋斗中书写人生华章。

三、英雄精神岂容亵渎

郁达夫在纪念鲁迅先生时说过一句掷地有声的话："一个没有英雄的民族是可悲的民族，而一个拥有英雄而不知道爱戴他拥护他的民族则更为可悲。"联想到近期网上关于央视著名主持人毕福剑对毛泽东同志的不当言论，引发社会极大关注，作为一个家喻户晓的公众人物，对近代以来中国最伟大的民族英雄毛泽东发表不当言论，已逾越了应有底线，可以说是当前社会上诋毁英雄错误思潮的典型代表，尤需警觉的是，"毕姓名嘴"绝对不是最后一个敢对英雄不敬的人。果不其然，就在笔者刚刚写完此稿时，2015年4月18日，国内知名企业加多宝公开道歉：对作业本"烧烤"事件毫不知情，望还烈士安宁。近年来，网上流传的"某某英雄是假的""某某英雄要重新评价"等论调甚嚣尘上，倒是一些臭名昭彰的汉奸卖国贼成了所谓救世主，这种英雄不英、汉奸不奸的黑白颠倒现象，不得不引起我们的高度警惕和焦虑。英雄精神决不容亵渎，敬重英雄应成为时代强音和社会共识。

（一）英雄的价值受到了无端质疑。当今时代人们的价值取向多元、多样、多变，呈现社会大变革、文化大交融、观念大碰撞的趋势。这也让历史虚无主义、文化虚无主义的言论乘虚而入，一些人打着"重写历史""重大发现"等学术研究的幌子，说什么岳飞是假的，王二小、刘胡兰、邱少云、黄继光、雷锋等英雄也是假的，表象好似是以所谓爆料抓人眼球，实质上是无中生有，借机矮化英雄，丑化英雄，达到抹杀英雄过去，贬低英雄价值，削弱英雄影响的目的。

（二）英雄的导向受到了无端扭曲。综观时下的大众媒体，从书籍、电影、电视等传统媒体，到微信、微博、网站等新媒体，时不时总有所谓的专家学者跳出来，以肆意妄为颠倒事实为能事，热衷于美化、拔高像慈禧、琦善、汪精卫等历史人物，而对林则徐、谭嗣同、孙中山等民族英雄则加以贬低和非难。形成英雄精神过时了无用了的误导效应。还有备受观众诟病的抗日科幻剧的神人神器，无视历史真相，是另一个极端的“去历史化”。这些雷人演绎对社会公众中一些不了解历史的人来说，极具迷惑作用，更给社会价值取向造成了一种不良导向，冲击了核心价值观的地位与影响。这从小处看，是个人职业道德的问题；往大处讲，则是关乎国家存亡的政治问题。20世纪苏联解体中，乱史灭国的前车之鉴近在眼前。

（三）英雄的形象受到了无端伤害。英雄之所以称之为英雄，并不在于我们颂赞的语言，而在于他们始终以高度的事业心、自尊心，不求升官发财，不惜献出生命，责无旁贷对国家和社会的付出。这几年，出现了一种所谓解构英雄的恶搞式言论，比如质疑邱少云在战斗前被烧死，违背生理学常识和战场常理等。一些别有用心的人总是煞费苦心，挖掘所谓不符合常识常理等由头来说事，借机左右人们的判断，诋毁英雄形象，特别是对广大青少年产生了不可低估的误导作用。当然，英雄从来不因诋毁而渺小，不因夸大而崇高。面对质疑，总会有良知的人站出来辟谣，以正视听。可见，学习英雄事迹，信任英雄品行，传承英雄精神，是一项丝毫不能放松的重要任务。

四、英雄精神贵在养成

数英雄人物，还看今朝。以千百万英烈鲜血和传奇铸就的英雄精神，将随岁月的风云彪炳史册，随人类的进步走向永恒。新的时代呼唤英雄精神，新的事业需要英雄辈出。我们应当在自觉践行社会主义核心价值观的过程中，把弘扬英雄精神作为开展爱国主义教育活动的切入点，不断提升全民的国家意识和社会责任意识，形成全社会崇尚英雄模范、践行英雄精神的浓厚氛围。站在晋中的角度，需要做好以下几件事情：

（一）发挥健在英雄的教育作用。当前，晋中正在深入开展文明城市创建，当然，不能忽视英雄模范在提升道德境界、凝聚党心民心上的引导作用。在挖掘宣传晋中大地上英雄烈士事迹的同时，要注重发挥“活英雄”“活道德英雄”的现身说法效应。目前，全市现有健在老红军4人，健在抗日老战士262人，市红军荣军休养院供养有抗战以来的老英雄21人，新时期的道德英雄模范有40余人，等等。尽管他们的个人经历各异，但相同的是身上都有英雄精神的闪光点。这些都是传承红色文化，弘扬英雄精神最为生动的宝贵资源。需要趁他们健在，及时整理英雄的事迹，宣传英雄的精神，关心照顾好他们的生活。正如市委常委、宣传部部长黄耀春所说：“希望全社会都来关注老革命、老前辈、老英雄，深入挖掘他们身上所蕴含的精神力量，进一步传承红色文化，引领时代风尚，深入推动社会主义核心价值观的弘扬和践行。”

（二）保护利用好英雄文化资源。晋中作为一方红色热土，现存革命遗址为536处，其他爱国主义遗址69处，共计605处。建有晋中革命烈士陵园、麻田八路军总部纪念馆、左权将军纪念馆、寿阳尹灵芝烈士纪念馆、祁县晋中战役纪念馆、昔阳县大寨展览馆等纪念场馆。我们要以高度的历史责任感，守护好这些精神遗产，要认真研究整理晋中英雄模范文化资源，不断赋予其新的时代内涵。利用电影、电视、图书、戏剧、歌曲、诗词等多种形式，推出更多记录展示晋中英雄谱的精品力作，以晋中英雄讲好晋中故事，下大力气创作一批像花戏歌舞剧《太行奶娘》这样的优秀作品。2014年，昔阳在县城新建了以江姐、雷锋等21位英雄人物的PVC红色剪影式雕塑画像及事迹语录为内容的“英雄一条街”，这种大手笔成规模的宣传方式，值得推广。总之，要让英雄之花的芬芳，渗透到每一个人的心灵深处，让英雄之光的阳气，充满生活的每一个角落，让英雄精神在培育践行核心价值观的过程中，彰显独特的引领作用。

（三）注重英雄精神的习惯养成。将英雄基因，一代一代传承下去，需要全社会广泛的认知认同。当然，传承不是简单的模仿，关键是形成入心化行的自觉实践和日常习惯。发挥党员干部示范作用，要像重视参观廉政警示教育基地一样，重点安排党员干部和公职人员利用清明节、国庆节等重要节假日，到革命烈士陵园、烈士纪念馆等纪念场馆接受教育，让每一次向英烈的鞠躬，成为与历史的对话，对英雄的缅怀。同时，积极开展“英雄模范精神进校园”活动，把张贴英雄人物宣传画，举办英雄故事会等活动常态化。建议在各地重点中小学示范校设立以英雄名字命名的班集体，如“左权班”“梁奔前班”“尹灵芝班”等，让英雄的名字时时处处叫响，让同学们充分感受英雄精神的伟大力量，不断激发心中的英雄情结。总之，要让崇尚英雄、学习英雄的爱国主义教育，在晋中大地蔚然成风。

发表于《先锋队》2015年第16期

■ 关于做大做强晋中红色文化品牌的思考与对策

新的历史时期，山西高扬光耀千秋的红色文化主旋律，以期形成“净化政治生态、促进富民强省”的强大精神力量。值此纪念抗战胜利七十周年之际，如何讲好“晋中红色故事”，做大做强晋中红色文化品牌，形成促进富民强市的重要支撑，意义非凡。

一、时代背景

红色，物理学上属于可见光谱中波长大约为630至750纳米的长波末端的颜色，鲜艳夺目。从文化语镜上讲，红色也是我国文化中的基本崇尚色，视觉冲击力强。由于相近于人体新鲜血液的颜色，所以人们往往赋予它以希望、热烈、勇敢、进步、奋斗、牺牲等象征意味。而其特定的颜色及其象征意味，恰好与中国共产党和人民群众的理想信念、品格情操、价值追求、精神气质等特质，形成了完美和谐的“同构”关系。所以，日常生活中，红歌、红军、五星红旗、红色电影、红色旅游等词汇，经常听得见，看得到。因而，顺其自然也就有了“红色文化”的称谓和概念。

红色是根，红色是魂。中国共产党在发展壮大中，不断成就了中国独特的红色文化：即中国共产党领导全国各族人民在长期革命、建设、改革进程中创造的以中国化马克思主义为核心的先进文化。包括各种物质和非物质的文化表现形式，而“红色”则是对这类文化的一种形象化的称谓。其显著特征是彰显政党性质；体现时代要求；反映民族精神；符合科学理性。

当前，如果站在实现中国梦的历史方位，继续解读红色文化的新内涵，红色文化也是我们党带领各族人民在追逐中国梦进程中创造的先进文化的总和。弘扬红色文化就是为实现中华民族伟大复兴的中国梦，提供理想信念和精神动力。

就晋中红色文化而言，狭义的理解是指在新民主主义革命时期，晋中人民在中国共产党的领导下，由中国共产党人、一切先进分子和晋中人民群众共同创造的、具有晋中区域特点的先进文化。广义的理解是指自从晋中有了中国共产党以来，晋中人民在长期的革命和建设实践中形成的、具有晋中特征的先进文化。

由表及里，由浅入深，深刻挖掘红色文化的内涵和层次，可以分为物质文化层面与精神价值层面两个层面。从晋中红色文化的形成与发展的实践分析，有如下构成：

从物质文化层面看：包括若干重要革命遗址、遗迹，纪念场馆等。抗战时期，晋中是华北地区游击抗日战争的策源地，是八路军发动百团大战的主战场，也是抗战时期华北地区大生产运动搞的最好的地区，还是中共中央北方局、八路军总部（前方总部）、八路军第一二九师师部、晋冀鲁豫边区政府等高级党政军机关活动时间较长的地区，留下了一批重要的革命遗址。据有关普查数据，全市现存革命遗址为536处，其他爱国主义遗址69处，共计605处。在全省11个市中数量最多，占全省已知遗址3490处的17.3%，仅与一二九师活动有关的即达200余处。其中，有的被列入全国重点文物保护单位。近年新建了麻田八路军总部纪念馆、八路军“石拐会议”纪念馆、晋中烈士陵园等纪念场馆。

从精神价值层面看：从巍巍太行山巅对滔滔汾河谷地，晋中遍地都有英雄的故事，抗日战争和解放战争中，涌现出了左权、马定夫、梁奔前、尹灵芝等英烈；在社会主义建设和改革开放时期，涌现出了宋立英、赵丽琴、高俊德、李天福等模范典型。这些红色名人，为晋中红色文化铸就了一座座光耀千秋的历史丰碑和时代坐标。晋中人民不但书写了无数可歌可泣的壮丽诗篇，还孕育形成了卓然而立的太行精神和新时期晋中精神等红色之魂。广大人民群众发扬革命传统，践行红色精神，涌现出祁县权勇文化大院、左权侯乃田文化大院等一批传播红色电影、红色书籍的知名农村文化大院。

二、现实意义

所谓晋中红色文化品牌，是一个由红色文化事业及红色文化产业集合而成的区域性文化产品品牌。当前，我们之所以仍在不断强调做大做强晋中红色文化品牌的重大意义，是因为我们对打造红色文化品牌有了一定认识，但还没有达到应有的高度，社会共识还远未形成，或者说还面临不少挑战。

从宏观层面看：在多元化背景下，当下中国文化生态涌动着一股历史虚无主义和文化虚无主义的暗流，总有人怀着不可告人的目的，利用网络和各种机会，抹杀英雄精神，质疑英雄事迹，诋毁英雄形象，丑化英雄人物。黄继光、邱少云、刘胡兰等伟大英雄，时不时受到种种所谓科学论证的质疑。众所周知，英雄精神、英雄主义是红色文化的核心理念和主要根基。因此，我们必须始终坚定这样一种定力，抹黑英雄就是抹黑红色文化，抹黑红色文化就是抹杀民族精神。高扬红色文化大旗，时刻不能放松和忘记。

从微观层面看：从晋中文化发展的大格局而言，就晋中打造红色文化品牌的现状而言，实事求是讲，由于地理地势、交通区位、关注程度、投入力度等主客观因素的局限和影响，晋中文化发展存在“西强东弱”的不平衡现象，西部平川的晋商文化及晋商旅游如日中天，而集聚于东部太行山上的红色文化资源开发，才刚刚起步。所以，强力开发晋中红色文化资源，强势打造晋中红色文化品牌，刻不容缓。

第一，做大做强晋中红色文化品牌，有利于弘扬践行社会主义核心价值观。红色文化作为社会主义核心价值观的一个源头和基点，渗透着对中国特色社会主义共同理想的向往、对民族精神的传承、对时代精神的创造和践行，是社会主义核心价值观的内在组成部分。晋中红色文化就是晋中革命和建设荣耀历史的见证，历经长期的革命和建设实践，晋中人民培育了“不怕牺牲、不畏艰险、敢于胜利、无私奉献”的太行精神，并成为晋中红色文化的主旋律。包括太行精神在内的本土红色文化资源，内容富集、感染力强，具有广泛的适应性和针对性。对核心价值观教育和养成，有着极好的说服力。已成为全市广泛开展弘扬和践行社会主义核心价值观的文化基础、文化资源和文化素材。挖掘其内在价值，做大做强晋中红色文化品牌，对培育社会主义核心价值观具有重要的现实意义。

第二，做大做强晋中红色文化品牌，有利于净化晋中政治生态。毛泽东同志有一句精辟定论：“文化思想阵地我们不去占领敌人就会占领。”如今，对于出现系统性塌方式腐败危局的山西来说，追根溯源，这个“敌人”就是政治生态圈子里的腐败文化。痛定思痛，政治生态不良固然离不开法治精神不彰和制度设计滞后，离不开各级党委的主体责任和纪委的监督责任缺位等因素，但可以肯定的是，腐败文化的渗透弥漫绝对是一个重要方面，诸如世界观变异、价值观扭曲、人生观变质、道德失衡，宗旨意识淡漠、“潜规则”风靡、权钱交易等，不一而足。对于这些问题的严重程度，晋中同样不可低估。因此，全市上下正在深入开展包括“红色文化”在内的弘扬“三个文化”活动，目的就是要在人的心灵深处扫灰尘、治心病、立规矩。就是要让“三个文化”成为净化政治生态的“灭害灵”，就是使各级党员领导干部形成“不想腐”的价值理念，使全市人民形成高尚、健康、向上的价值追求和生活方式。这是晋中净化政治生态、实现弊革风清的治本之策。

第三，做大做强晋中红色文化品牌，有利于促进晋中文明城市创建活动。文明是文化的内在价值，文化是文明的外在形式，红色文化就是社会文明进步的具体表现。晋中的历史已雄辩地证明，晋中红色文化是晋中文明进步中不可缺少、不可替代的重要组成部分。做大做强晋中红色文化品牌，就是在传承晋中文明的基因，她所承载的爱国主义、艰苦奋斗和无私奉献精神，是激励人们提升市民素质、创建文明城市的强大动力。应当看到，在不少人追求享乐，浮躁烦躁的现实中，在不少人心目中，红色文化正在淡忘，想不起这个给他们带来幸福生活的革命精神及文化，甚至有些诋毁红色文化的歪理邪说，累见于网络。这给我们一个警醒，全社会对红色文化的宣传还远远不够，社会公众对红色文化的认知还远远不够，对红色文化能够促进文明城市创建的认识还远远没有到位。因此，需要引起决策部门的高度重视。

第四，做大做强晋中红色文化品牌，有利于促进晋中富民强市取得新成就。晋中红色文化资源，绝大部分位于贫困的太行山区。开发利用好这个宝贵资源，把现有的资源优势转化为经济优势和产业优势，既是弘扬践行社会主义核心价值观、实现中国梦的需要，也是策应中央发展红色旅游促进老区人民脱贫致富政策的需要，更是发展太行山区域经济、确保全面建成小康社会的需要。因此，因地制宜，充分发挥红色资源的道德教育和人文旅游功能，需要做的文章很多很大。比如，依托左权麻田及周边抗日战争遗址遗迹和昔阳大寨等红色资源，可以建立东山文化产业带，形成山西重要的红色旅游品牌，成为华北地区红色旅游区的重要节点。力争通过这一产业板块的发展壮大，帮助老区人民脱贫致富，带动晋中经济发展模式的转型，形成实现晋中富民强市目标的新的支撑体系。

三、路径选择

在即将过去的“十二五”时期，晋中在做大做强晋中红色文化品牌上，做了不懈努力，建成了麻田八路军总部纪念馆、八路军“石拐会议”纪念馆等纪念场馆，推出了红色经典剧目左权花戏歌舞剧《太行奶娘》等优秀剧目。同时，也应当承认，这仅仅是处于开发利用、做大做强的初级阶段。如何在“十三五”期间，让晋中红色文化品牌与晋商文化品牌，比翼双飞，更上层楼，形成新的亮点，依然是一个需要寻求胜机良策的“战役性”现实课题。

1.强化品牌意识。晋中历史文化资源具有丰富性和多样性，就拿得到广泛认可的“六张文化名片”和“八大文化品牌”来说，也只是晋中文化百花园里的几朵奇葩。由此，对一些好东西包括红色文化的一部分资源，我们自觉不自觉地没有摆到应有位置。如有观点认为，重点打好晋商文化这张“垄断性”的王牌就可以了，红色文化比晋中搞得好的地方多的是，晋中再下功夫也没有太大前途，特别是政府、企业对投入红色文化产业的经济效益、投资回报、整体运作难度等诸问题，都存有顾虑和畏难情绪。所以，解决好认识的问题，消除能不能做大做强和能不能打造成为品牌等疑虑，是最为紧迫、最为关键的问题。所以，必须不断增强做大做强红色文化品牌的自信心，提高投身于实践的自觉性，努力让红色晋中真正“红”起来。

2.构建联动机制。一个区域文化品牌的形成，离不开各种要素的集聚与合力，单打独斗没有前途。晋中应培育形成以抗日战争孕育的太行精神为核心的“重点红色旅游区”文化品牌，使其成为主题鲜明、交通便利、服务配套、吸引力强，在国内外有口碑有影响的人文旅游目的地。围绕左权麻田八路军前方总部旧址、左权将军殉难处纪念亭、左权烈士陵园、尹灵芝烈士陵园等红色旅游经典景点，形成具有晋中特色的“红色旅游精品线路”。力争成为延安、西柏坡、太行山全国红色文化旅游大格局中的重要节点。

3.挖掘文化内涵。晋中红色文化蕴含着丰富的革命精神和厚重的历史文化内涵，提炼和凝聚了中国共产党人的革命精神，并在近代以来晋中革命、建设和改革开放的实践中得以传承。每一处革命遗迹、每一件珍贵文物、每一个英雄人物都是鲜活的教材，都折射着革命先辈崇高理想、坚定信念、爱国情操的光芒。随着时代的发展,红色文化的具体内涵也在不断地深化和升华,我们要不断地挖掘丰富,架构支撑重点红色旅游区的骨干文化框架,结合丰富的自然生态旅游、历史文化旅游等,形成一个凸显核心价值观和彰显鲜明文化品位的文化品牌。

4.注重顶层谋划。加强对做大做强晋中红色文化品牌工作的领导和组织协调。建议“十三五”期间，将做大做强红色文化品牌列入全市经济社会发展规划大盘子，统筹谋划，加快发展。出台《晋中红色文化事业及产业发展实施意见》，在项目安排、资金投入、政策配套等方面，比“十二五”时期有一个明显的加强和提升。各级宣传、发改、规划、财政、旅游、民政等相关部门要加强沟通、密切合作、明确分工、各司其职，动员社会力量，着力形成做大做强红色文化品牌一盘棋大气候，把工作切实落到实处。

5.打造红色产业。红色旅游是晋中建设红色文化产业的主要载体，要积极贯彻实施《全国红色旅游发展规划纲要》，紧紧抓住国家发展红色旅游的“天时”，依托阳黎高速、汾邢高速、阳泉北至大寨铁路等新建交通项目穿越老区的“地利”以及老区百姓齐心调整产业结构的“人和”，大力推进太行山红色旅游区的发展。特别是要积极利用“清明节”“‘七一’建党纪念日”“抗战胜利纪念日”“国庆节”等重大节庆纪念活动，适时推出一批反映这些主题、具有较大社会影响的红色文化产品。同时，切实抓好革命遗址遗迹和史实的保护工作，把其建设成为爱国主义教育的重要阵地和具有较大影响的旅游目的地；建设和保护一批红色旅游重要景点，造就一批红色旅游经典景区，整合优化若干红色旅游精品线路，形成景点景区和线路联动发展的红色旅游整体架构；完善有利于保护开发和发展红色文化旅游的政策法规和体制机制。促进做大做强晋中文化文化品牌工作，步入良性可持续发展轨道。

作为课题组成员完成于2015年7月

■ 探究复兴历史文化名城“介休样式”的意义

2015年12月召开的中央城市工作会议强调，要保护弘扬中华优秀传统文化，延续城市历史文脉，保护好前人留下的文化遗产。同年同月通过的《中共晋中市委关于制定“十三五”规划建议》也明确提出，要努力把晋中建设成为经济转型隆起带、创新创业先导区、晋商文化复兴地、生态宜居智慧城。其实，2011年以来，介休市作为晋商文化的重要代表地，就率先一步，在延续城市历史文脉，实现历史文化名城复兴的生动实践中，成绩斐然，打造了具有区域特色的“介休范本”，对推进晋中乃至全省城市建设和发展具有较强的示范效应。

一、不失时机，提出历史文化名城复兴战略

1.深厚的人文底蕴，已为名城复兴奠基。有历史才有现在，唯遗产方知兴衰。实现中华民族伟大复兴的中国梦，文化的复兴既是其中的重要内容、目标及应有之义，也是其中的必要条件。介休是一个有着2500余年历史的文化名城。春秋时期割股奉君食不言禄的介子推、东汉时期博通经籍的郭宗林、北宋时期出将入相五十载的文彦博均出于此地，并称“三贤”，介休由此有了“三贤故里”之美称。介休被誉为“清明寒食文化发源地”，是全国文化先进市，是山西省第二批历史文化名城。全市有11处国家级重点文物保护单位。悠久的历史渊源，厚重的人文积淀，留给当代的是非常丰富的历史文化遗存，而这些文化遗产既是介休城市的一张名片，更是创造与建设现代特色城市的重要基础。

2.高远的顶层设计，吹响名城复兴号角。“十二五”初期，晋中提出建设“晋商文化复兴地”重大战略。2011年，介休市审时度势，及时跟进，迅速谋划出台了历史文化名城复兴的重大战略决策。历经五年，全市上下砥砺攻坚，历尽沧桑、洗尽铅华的介休古城，正在凤凰涅槃、浴火重生。一个富有市域特色、具有示范效应的城市文化建设的“介休范本”，业已成形。我们把关注的目光投向介休，探究历史文化名城复兴的“介休范本”，不仅是因为它大手笔掀起十项重点工程改变城市风貌，更是因为它在旧城改造中注入了文化灵魂，让文化、文保、城建、民生、环境整治、旧城改造充分融合，把“让居民生活更舒适”理念，融入老城保护的每一个项目细节

中，用老城保护的高水平促进城市建设的高水准。

3.蒙尘的文化生态，呼唤名城复兴修复。作为一个正在崛起的资源型工矿城市，介休坚持绿色发展，积极探寻经济转型和经济增长方式转变的新模式和新途径，全力推动从工矿城市向工矿与旅游并举的城市转型。曾几何时，称为“焦都”的介休城市周边有百余家焦化厂，烟囱林立，乌烟滚滚。2009年之前的城内，众多文保单位周围垃圾满地、污水横流，房屋杂陈、私搭乱建。享有“三晋琉璃艺术博物馆”美称的古建遗存，成为党校学习地；部分璀璨夺目的古建筑，成为职工居住用房；国家级文物保护单位祆神楼和省、市级文物保护单位城隍庙、文庙等，周围布满随手丢弃的垃圾和民众自行搭建的房屋。“一地碎片，触目惊心”，这是当时介休市市长王怀民对于该市文化遗产保护情况的形象表达。

4.果断地科学决策，形成名城复兴战略。面对这种令人揪心痛心忧心的复杂局面，2011年初，介休市迎难而上，一手着力自然生态复原，实施以最强手段治理环境污染；另一手部署文化生态复兴，响亮提出了“实施大文化旅游战略，复兴历史文化名城”的战略目标。下定决心，坚定信心，计划在5年甚至更短时间内，走出一条有介休特色的城市化转型之路，一条兼顾介休历史文化底蕴与时代特色的发展之路。亲自担任历史文化名城复兴工程历史文化街区建设指挥部总指挥的王怀民说：“这首先是对文化遗产、对祖先的尊敬，再就是用一种如履薄冰的态度行事。几百年、上千年的文化遗存，不保护就是破坏。而我们要用心保护，稍有不慎，可能就是另一种更大的破坏。”

二、创新发展，历史文化名城复兴盛景初显

一直关注支持晋中民间文化保护和发展的著名民间文化保护宣传专家、中国民间文艺家协会主席冯骥才讲道：“城市文脉就是城市的一部文明史，是形成和积淀城市性格的文化基因。”介休以远见卓识的眼光看到，自身城市历史遗存是碎片式的，不能照搬平遥古城“整体保护，新旧分治”的模式，而应该“碎片重构，新旧交融”，将历史碎片通过规划融入现代城市空间中，与绿化、广场、市民健身、文化休闲、现代交通等融合在一起，形成一个历史内涵与时代活力交融的有介休特色的城市环境——这是从介休实际出发探索出的介休模式，这种模式更具有生命力和活力。

综观介休古城新貌，令人震撼。一个以关帝庙为旧城地理中心和市民社会文化活动中心，东西轴线为博物馆到祆神楼经顺城街至后土庙，东西副轴线为现今城市东西大街，南北轴线由段家巷经关帝庙连接琉璃艺术街至顺城街的新框架，构建了“干”字形城市骨架，连接城市主要历史文化街区，最终将散落在城市巷陌间的文化碎片，拾掇点缀，串联成线，绵延成面，塑造成体，现已形成了“一街、一馆、三广场、五个文物单位”的历史文化复兴新格局。

作为山西省第一批历史文化街区，顺城街以其特殊的胡同肌理、独特的建筑风貌和丰富的历史信息被列入历史文化保护区，集中展示了介休市的城市特色，是介休历史文化名城保护的起点。介休市博物馆成为介休市珍贵文物资料的“新家”。同时，博物馆还将成为介休市重要的青少年思想道德、科学文化和爱国主义教育基地。三贤广场、后土庙广场和城隍庙广场将传统介休文化与现代健身、休闲、文艺演出结合在一起，成为市民休闲娱乐的重要场所。介休老城焕然一新，内外兼修，众口皆碑。

保护修复的五个文物单位，分别为祆神楼、后土庙、城隍庙、文庙和龙泉观。国家级重点文物保护单位祆神楼，是目前国内唯一的祆教建筑遗迹；国家级重点文物保护单位后土庙是一座保存完整的全真派道教古建筑群，被誉为“三晋琉璃艺术博物馆”；城隍庙、文庙是晋中市重点文物保护单位；龙泉观是介休市重点文物保护单位。

三、统筹兼顾，名城复兴需要合力推进

老城保护意在名城复兴。五年砥砺，名城复兴工程总投资达到6.1亿元，完成了历史文化名城复兴十大工程，形成历史文化街区1平方公里。如今，祆神楼依然神秘古朴、明清街恢复古色古香、古城墙重现雄浑姿态、后土庙的琉璃瓦再次熠熠生辉，介休历史文化名城魅力初现。2013年，介休市市长王怀民因“主动承担起介休‘历史文化名城’复兴的重任”，成为第五届“薪火相传中国文化遗产保护年度杰出人物”，也成为此次入选名单中唯一的山西人。

介休实施历史文化名城复兴战略的成功实践，是一个全方位、多层次的城市建设探索，之所以取得明显成效，与实施进程中，对文物保护、城市建设、文化发展、民生改善等事宜，做到了统筹兼顾，相互兼融，合力推进，整体见效是分不开的。特别是实施的“四个有机结合”，让名城复兴充满活力。

所谓“四个有机结合”，即始终将复兴工程与旧城改造有机结合起来、与文物维修有机结合起来、与文化事业发展有机结合起来、与改善民生有机结合起来，从而使各项工程建设扎实稳妥、顺利高效推进。

1.名城复兴，让文化遗产再显光芒。介休老城区内有后土庙、祆神楼、五岳庙、城隍庙、文庙、关帝庙、马王庙七大建筑群，这是介休老城内仅存的文化遗产精华。为了保护这些文物遗存，恢复老城区的历史风貌，介休市将复兴工程与旧城改造有机结合起来，开展了后土庙、祆神楼、城隍庙、文庙等的维修，周围环境的整治，以及顺城街恢复修缮工程。其工程的进展速度、工作力度和投资额度，在介休历史上前所未有。

2.名城复兴，让民生改善落到实处。通过对文物建筑整体保护和环境整治，形成了一项新的民生工程——将居住在低矮平房、危房，生活用水、电、气不畅，偏僻小巷出行不便的居民，迁到位于新城核心区的宽敞明亮的高层楼房，987户居民全部迁往新城保障房。享受到政府“以人为本”民生工程的福祉，居民们欢欣鼓舞，文化觉悟、文化意识大大提高，积极主动配合政府的行动决策，也使历史文化在整体创造中找到了保护与发展的最佳平衡点。

3.名城复兴，让城市街区彰显魅力。过去的五年，成为介休文化发展承前启后的重要时期。介休市双管齐下，在挖掘和保护地方传统文化遗产的同时，创建新的文化生活设施，促进文化的大发展大繁荣。将老城区内的学校、党校、公共机关、大型公司、商铺和大片居民迁到新区安置，先后建起一批具有一流设施的学校、幼儿园、医院，重建了党校和其他公共机关，使悠久的历史文化名城增添了新的文化园区，新的时代风貌。

4.名城复兴，让文化发展欣欣向荣。通过历史文化名城复兴的实质推进与氛围营造，有力带动了文化事业和文化产业的大繁荣大发展，每年设立1000万元文化产业发展专项资金，支持文化产业重点项目。一是丰富和活跃了群众文化生活，基本形成了以“博物馆”“新建的文化艺术中心”为主，乡镇、社区文化站为辅，农村文化室及农家书屋、文化大院为基础的三位一体的公共文化服务体系，且全部实现了对广大群众全天候免费开放。除了每年由市文体广新局和市文化馆、市广播电视台为主导组织开展的“世纪广场消夏晚会”“文化大剧场”“春节街头文艺表演”“少儿才艺大赛”等各种大型系列文化活动外，群众文化活动的“自发性、全民性、普及性”特点也日益凸显，陆续涌现出了以介休市中老年艺术团、介休市爱乐乐团、介休市戏迷协会、火车站广场健身舞蹈队等为代表的一大批民间自发文艺表演团体。二是一批文化基础设施建设工程陆续完工，博物馆及明清一条街、张兰新古玩城、绵山清明寒食博物馆项目均已竣工投入使用。介休汾河生态湿地公园、新城公园、绵山公园、新建烈士陵园、城隍庙广场、祆神楼文化广场六处公园广场已陆续完工并向全市人民免费开放。三是在旅游文化产业龙头绵山旅游景区的带动下，介休文化产业逐步培育，方兴未艾。经过连续举办十四届秋季全国收藏品交流会的锤炼，张兰古玩业正成为介休市最具发展潜力的新型文化产业之一。

5.名城复兴，让“介休范本”可资可鉴。2015年10月，在后土庙广场群众文化活动暨老城十大工程竣工仪式上，介休市市长王怀民与当地百姓聊起了政府攻坚克难修复老城的四点意义：一是抢救了一座老城。在老城岌岌可危、濒临消失的关键时刻，以“碎片重构、新旧共融”的保护方法使其焕发新姿，展示了不朽之城、历史之城。二是找到了城市个性记忆。历史文化是城市的灵魂，介休老城散落着众多“国保”，这些文物古迹和历史建筑见证了古人先贤营造介休的梦想和现代人文化的追求，展示了文化之城、特色之城。三是提升了城市品质，破旧脏乱是老城昔日写照，没有上下水、没有供暖供气、没有厕所……这些落后破败的生活方式正在随着老城保护而逐步消失。四是老城居民增加收入有了希望。老城保护的目的是建设国家历史文化名城，进而建设国家旅游名城，旅游立城之时，即百姓吃旅游饭之日。文化旅游资源是个取之不尽用之不竭的宝藏，越深耕细挖，越丰富多彩，收获就越多。

四、延续文脉，城市发展的必由之路

中央城市工作会议强调指出：要加强对城市的空间立体性、平面协调性、风貌整体性、文脉延续性等方面的规划和管控，留住城市特有的地域环境、文化特色、建筑风格等“基因”。回顾介休推进历史文化名城复兴的发展进程，有许多经验值得总结。其一，国家层面的顶层设计是方向。近年来，党中央、国务院对繁荣发展我国文化作出重大战略部署，特别是时隔37年再次召开的中央城市工作会议，把延续城市历史文脉，摆放在相当重要的位置，文化复兴早已成为一种文化自觉和行动自觉。其二，城市决策者的高瞻远瞩是关键。正是介休市委、市政府决策层做出了实事求是、符合介休实际的历史文化名城复兴战略性意见，确保了介休城市改造与建设的有序有效实施。其三，人文资源的丰富厚重是基础。历史悠久的玄神楼、后土庙、城隍庙、文庙、龙泉观等历史遗存，为介休历史名城文化复兴工程提供了深厚文化支撑。其四，经济实力的提高是保障。五年名城文化复兴工程总投资达6亿多元，那都是真金白银。介休是山西民营经济的发源地。连续多年经济实力名列山西十强。2011年山西省统计局对全省96个县的经济大排名中名列第四。至2015年，其经济总量和一般公共预算收入等主要经济指标，一直位居晋中前三名乃至全省前列。较强的经济基础成为推进历史文化名城复兴的重要前提。其五，人民群众的热切期望是动力。一个国家，一个民族，一个城市，发展向前都离不开文化引领。当今中国，由于社会环境的多元、开放，迫切需要文化复兴提供精神支柱。培育和践行社会主义核心价值观也需要传统历史文化和民族精神提供精神支持和文化滋养。每个城市都应该结合自己的历史传承、区域文化、时代要求，打造自己的城市精神，对外树立形象，对内凝聚人心。

站在新的历史起点，又一个五年精彩开启。介休市将不忘初心，更加积极稳妥地推进历史文化名城复兴，留住历史记忆，保护城市根脉，守护精神家园，为转型跨越发展和富民强市，提供强大的文化支撑和不竭的精神动力。

与张志丽合写发表于《前进》2016年第5期，《晋中工作》2016年第2期

唯有不忘初心　方能“赶考”精彩

一个人从小到大，需要经历各式各样的考试，人生其实就是一路的“赶考”。一个政党、一个国家、一个民族也不外乎如此，重要的是，一个政党包括国家和民族的“赶考”，是一场关乎前途、关乎命运、关乎未来的历史性考试，也是一场只有开头没有尽头的大考。

回望67前的1949年3月23日，毛泽东离开西柏坡动身前往北京的时候，深情而语重心长地说：“今天是‘进京赶考’的日子，我们决不当李自成，我们都希望考个好成绩。”从此，伟大的中国共产党有了一个始终萦绕心头的“赶考情结”，铸造了一种从来不敢懈怠的“赶考精神”，也形成了一个不可回避的“赶考”历史性命题。

今年7月1日，习近平总书记在庆祝中国共产党成立95周年大会上的重要讲话，再一次谆谆告诫全党同志：“60多年的实践证明，我们党在这场历史性考试中取得了优异成绩。同时，这场考试还没有结束，还在继续。今天，我们党团结带领人民所做的一切工作，就是这场考试的继续。”

说起考试，人人都有切身体会。考场如战场，成败荣辱系于一考，人生命运系于一考。如果说高考中考之成败，决定着一个学生的前途；那么，一个执政党“赶考”的成败，将决定一个政党一个国家一个民族的前途，真可谓“征途路漫漫，考试无止境”。党的十八大以来，习近平总书记一再提到“赶考”这个历史命题，参观西柏坡时他强调“党面临的‘赶考’远未结束”。包括这次“七一”讲话，习近平总书记关于“赶考”命题的深刻阐述，都饱含深厚的历史责任感和强烈的时代紧迫感，为我们敲响了警钟、指明了方向。

历史是最好的教科书，历史也总是在经历了一次又一次艰难的“考试”之后曲折地发展。中国共产党的95年奋斗历程告诉世人，我们每个党员都是一名考生，那考官就是人民群众，考试的主题就是如何不忘初心，永远保持对人民的赤子之心。

这一点习近平总书记给我们做了很好地回答。据《人民网》消息，2007年初，有记者向时任浙江省委书记的习近平提问：“习近平同志，你给自己在浙江的五年打几分？是一百分还是九十分？”面对提问，习近平微微一笑道：“我怎么可以给自己打分？”习近平认为，这个分数应该由老百姓来打。对一个领导干部来说，关键是为民做事。至于评价，百姓心中自有一杆秤。据新华社消息，2013年11月3日，习近平总书记到湘西州花垣县排碧乡十八洞村苗族贫困村民施齐文家中看望时，施齐文64岁的老伴石爬专问起习近平怎么称呼您，习近平总书记听了后，笑了。他向大妈介绍自己说，“我是人民的勤务员。”

知微见著。“我怎么可以给自己打分？”和“我是人民的勤务员。”这两句普普通通却掷地有声的话，不仅仅是说给媒体记者和苗族老大妈听，更是说给处在“赶考”路上的广大党员干部听的。所以，群众在我们心里的分量有多重，我们在群众心里的分量就有多重。这场“赶考”正确的答案只有一个，这就是看人民群众满意不满意，拥护不拥护，高兴不高兴，答应不答应。共产党人只有寒窗苦读苦干百年千年，一代一代地考下去干下去，才能立于不败之地。

那么，如何在这场历史性的“赶考”征程上，不断向人民交出新的合格答卷，不断考出优异成绩。习近平总书记“七一”讲话为我们指明了前进方向和具体路径，那就是“全党同志一定要不忘初心、继续前进，永远保持谦虚、谨慎、不骄、不躁的作风，永远保持艰苦奋斗的作风，勇于变革、勇于创新，永不僵化、永不停滞，继续在这场历史性考试中经受考验，努力向历史、向人民交出新的更加优异的答卷！”

今天，实现中华民族伟大复兴的中国梦，就是我们的“赶考”课题；从现实走向未来，就是我们要走的“赶考”之路；复杂多变的国内外环境，则是我们无法选择的“赶考”考场。答好“赶考”课题，走好“赶考”之路，适应“赶考”考场，将“赶考”精神融入实现中国梦的伟大实践，必须有高度的思想自觉和行动自觉。

现在我们开展“两学一做”学习教育和学习贯彻习近平总书记“七一”重要讲话精神，就是新形势下推动各级党员干部树立“赶考”意识的一次重要实践，也是为了保障“赶考”一路顺畅的必要之举。“赶考”意识就是一种责任意识，就是一种紧迫意识，就是一种荣辱意识，就是一种吃苦意识。

每一件平凡的小事，都是一次严峻的考试；每一次考试的经历，都检验着考生的水平。孔繁森、杨善洲、李保国、李培斌等优秀共产党员已经向人民交出了一份优异的答卷。我们要崇德向善，见贤思齐，自觉做共产主义远大理想和中国特色社会主义共同理想的坚定信仰者、忠实实践者，在“赶考”征途上充分发挥先锋模范作用，始终做到“两个务必”，自警自励，初心不忘，高质量完成自己的功课，高标准解答好每一道考题，高分数交一份精彩答卷。

“赶考”行程万里，更须不忘初心。对我来讲，作为一名党员领导干部，应该在为党为人民干事创业的“考试”中，从现在做起，从自己做起，不忘出发时的承诺，一步一个脚印地走好“赶考”路。

第一，常怀“赶考”之心。“赶考”“赶考”，一个“赶”字，彰显一种只争朝夕的精神状态，无论是个人工作，还是单位业绩，都要有不甘人后、力争上游的上进心和赶超步。

第二，常学“赶考”之题。毛泽东号召全党要先做学生，后做先生。习近平总书记要求各级党员领导干部要加快知识更新、加强实践锻炼，使专业素养和工作能力跟上时代节拍，避免少知而迷、无知而乱，努力成为做好工作的行家里手。做好做到这些要求，破解“本领恐慌”，还是学习学习再学习，把学习作为一种追求、一种爱好、一种健康的生活方式。特别要把学习贯彻习近平总书记系列重要讲话精神作为长期的政治任务，落到实处，成为解决实际问题的“金钥匙”。

第三，常念“赶考”之律。“赶考”路上，有无数坎坷，也有太多的诱惑。“忧劳可以兴国，逸豫可以亡身。”能否经得住形形色色的考验，是能否考出好成绩的关键所在。只要坚守“三严三实”，拧紧世界观、人生观、价值观这个“总开关”，始终把纪律和规矩挺在前面，做到心中有党、心中有民、心中有责、心中有戒，把为党和人民事业无私奉献作为人生的最高追求，就一定能够交出优异答卷。

第四，常行“赶考”之事。走好赶考路，不仅要有一种赶考的劲头、赶考的心态，还需要一种沉下心来审题、答题的务实状态。自身必须认真抓好职责范围内的每一项工作，全身心抓好“不忘初心”主题进基层宣讲、以创新驱动推进晋中精准扶贫课题等具体本职工作，承担宣传理论工作者的重任，为实现全市决胜全面小康、建设经济强市和全省重塑美好形象、实现振兴崛起的奋斗目标，聚精会神答好每一道考题，答好每一张卷，考出一份好成绩。

发表于《先锋队》2016年第25期

■ 集聚天下英才　决胜全面小康

——晋中实施人才扶贫战略的实践与探索

习近平总书记希望广大知识分子和各类人才“要把论文写在祖国的大地上”。这是党中央的期待，也是人民的期待，更是贫困地区父老乡亲的期待。

跨入“十三五”，晋中打响了“全面挺进全省第一方阵，全面建成小康社会”“两个全面”新的“晋中战役”，而攻城拔寨的脱贫攻坚战，无疑是这场战役必须打赢的“主战场”，战役的最终胜利，取决于相关政策、资金、技术、人力等诸多要素的投入，能否到位，能否合力。精准考量，相对而言，当下最欠缺的“短板”当数扶贫人才的短缺。为此，我们带着如何充分发挥人才优势，推进人才扶贫战略，确保如期打赢脱贫攻坚战这个课题，深入和顺、左权两个国定贫困县走访调研，形成了一些浅显思考。

一、实践与探索

晋中的左权、和顺两个国定贫困县及榆社、昔阳两个省定贫困县均属于太行山连片贫困区。截至2016年底，尚有占全市总人口5.9%的19.59万贫困人口需要脱贫。各类人才作为扶贫攻坚主战场的重要方面军，不提急需的“高精尖缺”人才，仅就现有在职在岗专业技术人员的数量看，左权为2478人，和顺为2459人，分别只占两县总人口的1.5%和1.7%，折射出人才总量严重不足这个“短板”。唯其短缺，更该用足用好用活。这样的县情市情，对各级党政决策者的智慧和魄力，对本土人才、外来人才投入人才扶贫的参与度和贡献率，都提出了更高更实的要求。

1.学思践悟提升站位

古往今来，人才乃富国之本，兴邦大计。党的十八大以来，习近平总书记提出了治国理政的一系列新理念、新思想、新战略，特别是将脱贫攻坚提升到最大政治任务和最大民生工程高度，坚持精准扶贫、精准脱贫方略，用绣花的功夫实施精准扶贫。同时，习近平总书记对广大知识分子和各类人才提出了“要把论文写在祖国的大地上”的殷切希望。这些精辟论述成为广大知识分子和各类人才投身扶贫攻坚的理论指导和实践指南。从人力资源的意义上讲，人才参与精准扶贫的“绣花”功底，更为扎实，更具创造性，只要扎根基层，就一定能够绣出更美更好的脱贫画卷。所以，各类人才参与脱贫攻坚，决胜全面小康，使命光荣，责任重大。

人才资源是第一资源，是最活跃的先进生产力。晋中认真贯彻落实习近平总书记人才工作新理念新思想，努力以“人才强市”战略助力打赢脱贫攻坚。2016年，晋中市第四次党代会将完成脱贫攻坚硬任务列为晋中全面挺进全省第一方阵四大目标之一，要求到2019年，4个贫困县全部如期摘帽；到2020年，全市19.59万贫困人口全部脱贫，贫困群众与全市人民同步进入全面小康社会。特别是在今后五年全市工作的指导思想中，明确将加强人才队伍建设确立为“四大保障”之一，将“人才强市”战略摆在了更加重要的位置，以确保“两个全面”如期实现。正如市委胡玉亭书记所强调，全面挺进全省第一方阵，人才要率先挺进。

2.顶层设计创新引领

2017年4月21日，晋中召开第六届市委联系高级专家暨第二批“551计划”引进高层次创新创业人才命名大会。包括专业技术人才71人、企业经营管理人才20人、高技能人才7人、农村实用人才10人、社会工作人才5人及创新人才14人、创业人才4人。他们中的绝大多数直接或间接参与了扶贫攻坚，不少人才就是在人才扶贫中涌现出的优秀代表，特别是扎根农村、带领群众致富的农村实用人才，成绩卓越，实至名归。这次对优秀人才的命名表彰，也是全市大力实施人才强市战略，构建人才工作新格局，推进“两个全面”进程的生动缩影与历史见证。

近年来，晋中坚持以习近平总书记系列重要讲话精神为指引，围绕实现“两个全面”战略目标，紧紧抓住建设太原都市区核心区、山西转型综改示范区、山西“农谷”、108廊带示范区、山西高校新校区、山西科技创新城、山西新能源汽车城等多重性战略机遇，正确认识和把握人才发展规律，坚定不移实施人才强市战略，推动全市经济社会发展，特别是在助推脱贫攻坚战中，更为注重发挥人才优势，将智力与公权力、财力、物力相融互促，持续形成攻坚合力。市委、市政府出台了《晋中市中长期人才发展规划纲要（2010—2020）》《晋中市引进高层次人才实施办法》及三个配套附件，组织实施了“551计划”；组建了66名农业科技人员组成的市农业科技扶贫团；近期拟出台《晋中市鼓励农业科技人员创新引领现代农业产业发展的实施办法》；左权县出台了《脱贫攻坚一户一人才工程实施意见》，和顺县制定了《选拔优秀人才“三推三评”实施办法》等新制度新办法。这些具有创新性的人才机制体制顶层设计，充分调动了人才投入扶贫攻坚主战场的积极性、创造性和可用性，成为不断开创人才扶贫工作新局面的制度安排和政策支撑。

3.人才扶贫成效彰显

得益于全市上下正在形成的识才、爱才、敬才、用才、引才的社会共识；得益于各级党委政府创造的人才良性发展的软硬环境；得益于各类人才积极参与扶贫攻坚的为民情怀和敬业操守。晋中各类人才带着感情、带着责任、带着智慧，将课题聚焦扶贫攻坚第一线，将论文写在贫困山区最基层，涌现出了一批深得老百姓点赞的优秀代表，形成了不少具有可复制推广的好做法好经验。

人才发展理论告诉我们，人才队伍由党政人才、企业经营管理人才、专业技术人才、高技能人才、农村实用人才、社会工作人才等群体组成。在扶贫攻坚的主战场上，到处都能见到他们的身影，一批佼佼者更是形成了引领者、示范者的“传帮带”效应。

常海明，和顺县水利局退休干部、高级工程师，被缺水山区群众誉为“水神仙”，是电影《老井》中孙旺泉的原型，是市委联系高级专家的典型代表。40多年间，常海明先后为3个省24个县、800多个山村寻找到了1000多股清泉，300多万农民受惠，给贫困山村勘察井位，多是分文不取，群众有口皆碑“吃水不忘常海明”。

在革命老区左权县，有位响当当的农村实用人才，名叫张国忠，现任左权县龙鑫种植农民专业合作社理事长。位于连壁村的合作社自2006年成立以来，共开发有机小米等十多种新产品，现已形成小杂粮种植、加工、销售一条龙产业链条，连续六年通过有机产品认证。2015年3月，被国家环保部命名为“全国有机杂粮生产基地”。还荣获国家农业部等九部委命名的“国家级农民合作社示范社”称号。入社社员已经从最初的5户，发展到现在的200余户，并辐射到榆社、武乡等地。

郝左亮，左权县鸿兴鲜森食品有限公司董事长，他创办了左权鲜森葡萄庄园，其冰葡萄酒项目被列为省科技扶贫项目。庄园采取“公司+基地+农户”的模式，辐射带动周边300余农户种植冰葡萄500亩，同时吸纳农村贫困劳动力100余人，年人均增收1.2万元。

人才是事业之基，也是兴农之本。培养一支有文化、懂技术、会经营的新型农村实用人才队伍，是脱贫致富奔小康的长久发展之计。白巧英，是和顺县牵绣工匠第八代传人，和顺县首届优秀人才、市委连续两届联系高级专家和农村实用人才，她免费对家乡贫困妇女进行牵绣技艺培训，让和顺妇女足不出户就能学到技术，身不离乡就能赚到票子，已累计培训出了1万多名妇女，妇女职工人均收入增加5000

元到8000元。

大力引进和用好高端人才，包括本籍在外优秀人才，是贫困山区实现精准扶贫精准脱贫的不二选择。这方面和顺县进行了有益探索，取得了明显成效。从政府层面积极引荐项目，引进人才，投资创业，造福乡里，回报家乡。山西大友农牧业有限公司从山西农大引进的技术总监崔保维高级畜牧师，今年被评为市委“551计划”创新人才，是晋中东山五县唯一的一位。他在肉牛育肥、母牛养殖、双孢菇种植、文冠果产业链培育、太行黑山羊培育等产业培育上，发挥了极其重要的作用。在引进和顺籍在外优秀人才回乡创业方面，先后有青城镇崔卫平和阳光占乡曹彦军回乡创业。崔卫平在土岭村创建的和顺县禾家伟业新能源开发有限公司玉米秸秆回收利用项目和曹彦军在阳光占村创办的山河醋业有限公司，不仅解决了两地贫困户100余人的就业，还通过秸秆回收和高粱、玉米订单种植，帮助周边农民户年均增收300—500元。

二、困难与不足

贫困地区的贫困，归根结底是人才的贫乏。在这几年的扶贫实践中，既要看到人才扶贫的可喜成绩，也要清醒分析存在的不足和问题，看到与脱贫攻坚诸多不适应不到位的现状。

1.宏观层面存不足。用市委胡玉亭书记的分析，就是晋中的人才工作还存在人才总量不够多，给人才搭建的舞台不够大、引进的人才作用发挥不够大，环境不够优，“一把手”对人才工作抓得不够紧等问题。而对于贫困地区而言，由于主客观条件与全市平川地区的差异性和不平衡，人才匮乏问题的严重程度，有过之而无不及。如左权县各乡镇直接服务于农牧业的专业技术人员加起来不达20名。和顺县2017年度涉农扶贫项目255个，而县农委系统实际在一线工作的专业技术人员仅有29人，力不从心是共同呼声。

2.内外培训标准低。基层同志普遍反映，各类人才想“走出去”参加培训，比较困难。比如，和顺县外出培训费用最高标准为300元/人/天，一些高层次的培训不能够参加。即使本地培训，也有不少困难，比如农村技能人才培训，存在上级下达相关培训资金计划迟缓，耽误了适宜的培训季节；有关城乡富余劳动力中超过50周岁女性不能享受技能培训补贴的规定，影响妇女提升致富本领。由于深造培训力度不够，人才思想得不到更大解放，本领得不到更高提升。另和顺县级给予优秀人才的津贴每月80元，左权为60元，大家呼吁应适当提高。

3.引进难留下更难。表现为：一是由于受招聘及编制政策限制，单位不能自主招聘人才，上级的一些人才发展体制机制改革举措难以落地落细，使急需人才难以引进。二是由于贫困地区吸引人才缺少应有的“沃土”，包括政策待遇、交通、医疗、教育、住房等各项硬件还相对落后，引进人才的相关政策制度活力不足，吸引力不强，很难形成“洼地效应”。三是贫困地区在人才待遇上，大多数单位缺乏与专业技术人员贡献业绩挂钩的激励机制，职称评聘还普遍存在靠学历、熬资历的潜规则和明规则。四是回乡未就业大学毕业生作为储备人才，因技能不足，在扶贫攻坚中作用难以发挥。五是人才管理部门与用人单位缺少沟通、协调，不能形成对人才的充分利用和保护政策，影响人才的工作状态。即使人才来了，时间久了，受限于不太好的生产生活条件，“孔雀东南飞”现象并未扭转。

4.涉农人才太紧缺。左权、和顺两地人才结构有着共同特征，一是结构严重失衡。县域内专业技术人员分布极为不均衡，如和顺县87.2%的中高级专业技术人员，集中在教育和卫生部门，涉农方面的仅占6.9%。二是地域分布不平衡。绝大多数人才集中于县城，而且呈现乡镇农村人才队伍愈来愈弱化的倾向。三是农业实用人才结构不合理。相对于核桃管护、肉牛养殖尚有一定力量的技能人才而言，当下应用于农业产业结构调整的蔬菜、中药材等实用型人才，几乎为零。四是帮扶单位选点缺乏针对性，如种植蔬菜大棚的贫困村，派驻的是通信网络公司的技术员，而无手机信号无网络的偏远小山村选派的却是机关人员，显得不对口不对路。

5.领军人才是“短板”。就和顺来看，农村实用人才主要集中在基础的种植养殖方面，而农畜产品深加工及销售、产业化经营管理、农民专业合作组织带头人等领军人才严重不足。如和顺肉牛、“太行白”双孢菇、阳光陈醋、寒湖月饼、马坊杂粮等口碑都很不错，但市场空间非常有限，有的迟迟没有形成生产、加工、销售一条龙服务，没有形成利益最大化，领军者还是太少太缺，带领群众致富还有相当的距离。

三、思路与对策

人才之于扶贫正如砖瓦之于高楼，其重要意义不言而喻。面对脱贫攻坚战“最后一公里”的严峻形势和繁重任务，人才扶贫工作首先要牢固树立强烈的政治意识、大局意识、核心意识、看齐意识，引导全市广大知识分子服务社会报效人民，积极投身于扶贫攻坚大业，把论文写在脱贫攻坚的大地上，为实现晋中“两个全面”宏伟目标和中华民族伟大复兴的中国梦贡献才华。

同时，进一步加大人才资源的投放力度，继续探索人才扶贫发展规律，创新人才扶贫机制体制，用好用活扶贫人才，为人才在扶贫领域的涌现、集聚、发展和成功，营造更好的社会氛围，为全面挺进全省第一方阵和人才强市提供强有力的智力支撑和人才保障。

1.破解“不会用”，致力于价值认可。当前，从扶贫攻坚的实践考量，基层普遍存在看重资金、项目投入，忽视专业技术人才的作用发挥，存在“重钱重物不重人”的短视观念。从长远考虑，能否打赢脱贫攻坚战，关键还是看农村的带头人、能人的引领作用发挥如何，关键看群众是否有一技之长，所谓“授人以鱼，不如授人以渔”。正如一位基层村干部感慨，几十年脱不了贫，归根结底是缺乏人才，没有人才，扔进多少钱都没有用。所以从制度安排工作部署上，一定要确立以用为本的理念，把人才使用摆在更加突出的位置。建议在总结经验的基础上，推广左权县开展的“一户一人才培养工程”的精准培养脱贫人才的做法及模式。让各类人才在扶贫攻坚中人尽其才，在实践中增长才干，体现价值，努力在全社会形成人才资源是脱贫攻坚战略性投入的共识。

2.破解“不够用”，致力于用当其位。人才不够用是中西部欠发达地区的同一块“短板”，其严重程度完全可以用“匮乏”二字表达。所以，培育人才、引进人才是脱贫攻坚的当务之急。一方面，要坚持培训与实践锻炼相结合、“请进来”与“走出去”相结合，着力培养一批素质高、业务精、经验丰、实用强的优秀人才队伍，重点实施好区域内高层次就业与未就业大学毕业生、农村“两委”干部和劳动力素质的培养和锻炼；另一方面，还要打破常规，在扶贫攻坚上引进最需要最适宜最可用的专家学者，为我所用，注重引进使用政府、高校、科研院所等指派的专业技术型、复合管理型和投资经营型人才。探索建立政府聘用专家补助办法，让人才大胆放手工作，且劳有所得，受到应有尊重。

3.破解“不适用”，致力于用当其长。古人云：明主之官物色，任其所长，不任其所短，故事无不成，成功无不立。人之所以成为人才，就是因为自身素质和长处得到发挥。在脱贫攻坚的舞台上，每增加一点收入，每前进一步都非常不易。所以在人才的配备使用上，更需要通盘考虑，用其所长，避免随心所欲，浪费人才资源，比如在摆布使用包村单位、驻村工作队、驻村第一书记和大学生“村官”队伍“四支力量”的工作中，要尽量考虑所包乡镇、村庄的产业发展、基础设施等现实需求，对口安排，让“四支力量”团队和人才都能够用其所能，实现双赢。

4.破解“不及用”，致力于用当其时。得一可用之才比找百万银子，难度更大概率更低。所以，一个人才，即使才华满腹，如果长期闲置不用，也会“贬值”，甚至“过时”。脱贫攻坚时间紧，任务重，要求及时发现、大胆起用各类优秀人才，让人才在黄金时期充分施展才干，实现人尽其才。当前，要下功夫培养一批农村致富带头人和生力军。建议抓住今年下半年第十一届村委换届的良好契机，积极鼓励那些能干事、会干事、想干事的党员、群众、能人通过竞选进入村“两委”班子。多措并举建强组织，提升干部和实用人才的创业本领，带领群众脱贫致富。

破解“不上心”，致力于得心应手。所谓“不上心”，就是一些人才由于主客观因素制约，存在工作责任感不够强，热情不够高，信心不够足等问题，在扶贫工作上“身在曹营心在汉”，注意力和精力没有全部放在工作上。对此，一是要构建驱动扶贫工作可持续发展的人才激励保障机制。认真贯彻落实中央《关于深化人才发展体制机制改革的意见》以及省市一系列相关改革创新举措，制定实施细则，落实到基层，应用到人才。二是对扶贫人才遇到的资金、技术、设备等硬件制约，要尽力给予充分保障。三是对于扶贫人才遇到的怀才不遇、用人失当、潜在流失等软性障碍，要给予信仰精神引导、工作方法培训、心理疏导沟通、荣誉表彰激励等正向激励，确保各类人才心情愉快参与脱贫攻坚。四是加强对人才扶贫工作的考核评估管理，建立符合贫困地区特殊情况的人才评价机制，做到奖罚分明，及时兑现。包括对人才管理机关和人才群体两个层次，都要定期考核，推进工作。

以课题组成员发表于《晋中组织工作》2017年第5期

走向法治信仰、城乡一体和社会文明的必然抉择

——晋中“拆违治乱提质”攻坚行动的理性思考

这是一场宣战，对违法乱象的坚决宣战；

这是一次重塑，对法治信仰的坚定重塑；

这是一种再造，对生态文明的坚毅再造。

始于2017年5月、为期半年的“拆违治乱提质”城乡环境大整治攻坚行动，正在晋中大地阔步推进，成为晋中“苦干三年全面挺进全省第一方阵”的首年大战。面对23598处、317万平方米的违建，难以计数的各类环境乱象，唯有全力出击，才能赢得必胜。在攻坚初战告捷、即将过半之际，我们深入调研，了解攻坚成效，总结攻坚经验，展望后续效应，深度探索“拆治提”攻坚行动背后的现实意义和未来价值，希冀为这场攻坚战的全面决胜提供思想上的廓清，进一步使全市上下思想上有更强的共识，行动上有更大的合力。

环境整治的历史性启示——美好环境的构建，源起于经济社会发展的要求，又有赖于政府的制度设计

广义的社会文明是指人类社会的开化状态和进步程度，是人类改造客观世界和主观世界所获得的积极成果的总和，是物质文明、政治文明、精神文明、生态文明及社会文明等文明的统一。跳出晋中看山西，跳出山西看全国，跳出中国看世界，不难发现一个普遍规律，那就是：人类生存有赖于适宜环境，人类文明有赖于美好环境，而构建美好环境，达到社会文明，更需要每个人的文明养成来维系。

环境整治是社会文明的必然过程。综观世界城市发展，概莫能外。美国著名经济学家爱德华·格莱泽在其《城市的胜利》一书中记载，1895年，纽约城市环境卫生管理者坚持对闲置在城市街道上的汽车予以没收，由此导致了一场“莫特大街上的骚乱”。冲突的一方是“奉命没收卡车”的街道清洁工人，另一方是一群“试图阻挠卡车被没收的意大利人”，最终以城市清洁工的胜利而告终。在20世纪60年代，新

加坡还是一片贫困的棚户区，甚至连室内卫生间都极为少见，而如今新加坡摇身成为光彩照人的现代大都市，其间同样有对城市环境的超常规整治。“文明震撼”的背后是“随地吐痰将处以高额罚款”“不得销售、进口和持有口香糖”“街道、公共场所乱扔垃圾、吸烟将被进行公务劳动、媒体曝光及处以高额罚款”等似乎不近人情的独有的法律法规。

回到城市化、现代化高速推进的中国，由于城乡二元结构、土地管理利用混乱、小农意识浓重等等历史和现实因素困扰，环境“脏乱差”问题始终难以根治，政府对城市环境的整治“一直在路上”。近处有今年全省范围内投入各类资金52亿元，对119个县1198个乡镇28203个行政村实施的农村环境集中整治，远处有大都市上海从2015年至今仍在进行的以“五违”必治、“四必”先行为主题的区域环境综合整治，重点整治违法用地、违法排污、违法居住、违法经营、违法建筑等行为；坚持安全隐患必须消除、违法无证建筑必须拆除、脏乱现象必须整治、违法经营必须取缔等先行。

大量列举这些事例，意在启示人们，晋中“拆违治乱提质”城乡环境大整治攻坚行动，是一场环境革命，也是一次文明养成的思想革新运动，更是一条走向法治信仰与社会文明的必经之路。

攻坚行动的战略性意义——发展环境的改变，起始于科学的决策部署，又决定于全社会的积极作为

按照市委安排，正在推进的“拆治提”攻坚行动，实质上就是一场具有颠覆性、革命性、彻底性、全局性的环境革命。探寻其现实价值和延伸效应，不能脱离晋中所处的时代环境、发展方位、省情市情等大背景大环境，更不能忽视晋中决策者强烈的政治责任担当、富有远见的发展决断和真诚炽烈的民生情怀。

——这是贯彻落实习近平总书记治国理政新理念新思想新战略的躬身实践

党的十八大以来，习近平总书记发表了一系列重要讲话，提出了许多富有创见的治国理政新理念新思想新战略，“走向生态文明新时代，建设美丽中国，是实现中华民族伟大复兴的中国梦的重要内容”“环境就是民生”“民生就是指南针”。在“7·26”省部级主要领导干部专题研讨班重要讲话中他又强调，人民群众对美好生活的向往更加强烈，人民群众的需要呈现多样化多层次多方面的特点，其中“更优美的环境”成为“八个更”中的不可或缺。这些重要论述为我们指明了发展的方向和目标。晋中拆违建、治乱象、提品质，打造最优最靓最美环境，就是在思想上政治上行动上与以习近平同志为核心的党中央保持高度一致的现实体现，就是贯彻落实习

近平总书记“五大发展”治国理政新理念的躬身实践，就是贯彻落实总书记视察山西重要讲话精神的政治担当，就是回应晋中人民对优美环境和美好生活向往愿景的重要行动。

——这是重构生态文明乃至社会文明的必然阵痛

恩格斯说:“文明是实践的事情，是一种社会品质。”生态文明理念的提出和全面践行，彰显了以习近平同志为核心的党中央对人类文明发展规律、自然规律、经济社会发展规律的最新认识和崭新境界。在视察山西时，习近平总书记进一步强调，坚持绿色发展是发展观的一场深刻革命。要从转变经济发展方式、环境污染综合治理、自然生态保护修复、资源节约集约利用、完善生态文明制度体系等方面采取超常举措，全方位、全地域、全过程开展生态环境保护。天蓝、地绿、水净是生态文明的特征，城亮、村美、路顺也是其中的应有之义，同时它们还是社会文明的“窗口”和“脸面”，是统筹推进整个社会文明进步的重要内容。开展整治地面违建和乱物，是建设生态文明、打造绿色晋中、争创全国文明城市的必然选择和具体行动，是营造晋中发展新环境、重塑城市新形象、挺进晋中生态文明、社会文明新时代的重要步骤和关键之举。这是此次“拆治提”攻坚行动必须统一且应牢固树立的思想共识。不能回避的是，既然提到整治攻坚，说明此项工作难度很大，一部分违建乱搭的既得利益者，必定要承担违法违规的代价，这个阵痛迟早要经受要过关，因为这些行为与社会文明和法治社会背道而驰。

——这是构建城乡一体发展格局的前哨之战

形成以城带乡、城乡相融、城乡共享的良性互动，加快推进城乡发展一体化，是中国城市化、现代化的必经阶段，也是落实“四个全面”战略布局的必然要求。城乡一体化既包括基本权益、公共服务、居民收入、要素配置的均衡共享，也包括生产环境、居住环境的均衡共享。此次“拆治提”攻坚行动与以往实施的市容市貌环境整治不是一个概念，其内涵更深，范围更广，标准更高。更为突出的是，之所以称之为攻坚战，就是相比城市而言，当下广大乡村的违建乱象存量更多，情况更为复杂。所以，凡是晋中市域的违建乱象，凡违必拆，逢乱必治，无一例外。坚持城乡全覆盖，无死角，无遗漏，无论是城中村城郊村还是偏僻村，无论是富裕村还是贫困村，无论是大集镇还是小山村，一视同仁，一把尺子，体现了城乡一体的基本要求，是回应乡村居民提升幸福感获得感新期望的必要之举。

——这是重塑法治信仰法治精神的难得良机

伴随中国城市化与社会发展进程的加速推进，在一些国人法治信仰与文明素养相对缺失滑坡，而个人利益至上日益膨胀的推波助澜下，城乡违建和环境乱象大有愈演愈烈之势。拆违治乱是一个必经的阵痛过程，也是一个带有普遍性、长期性、同类性的世界难题。新加坡的城市发展也曾经历由乱到治、由乱到美的过程。这次攻坚行动摸排出触目惊心的违建数万处，乱搭乱挂乱涂乱扔乱摆遍地开花，追根溯源，原因无外乎两条：一方面，部分法制观念淡薄的个人和单位，将国家土地、城市规划、农村建设等法律法规抛到了九霄云外，有点钱得点势就不可一世，为所欲为。另一方面，长期以来一些干部不作为、不敢为、不会为造成的城乡环境管理缺位错位、积重难返，导致违建乱建及环境乱象呈蔓延之势，已经挑战了外来投资者的满意度和人民群众的容忍度。经历这次强有力全覆盖的攻坚整治，可以彰显法治的威严，强化公众对法律法规的敬畏感，让拆违治乱行动成为一次见人见事真刀真枪的普法教育过程，违法必究，没有什么人什么单位可以逍遥法外，由此重塑法治信仰和法治精神。

——这是全面挺进全省第一方阵的前奏乐章

晋中市第四次党代会发出“全面挺进全省第一方阵”的号令，明确提出不但经济发展硬指标要走在全省前列，而且发展环境、区域形象等软实力也要走在全省前列。城乡环境面貌作为软实力的重要组成部分，代表着城市的形象，折射着城市的文明程度和发展水平，是一个地区政治、经济和发展能力的综合体现，是一种看得见、摸得着的软实力。挺进首战之年，环视晋中，城乡环境“脏乱差”、城乡建设管理“宽松软”问题是明显短板，正如市委胡玉亭书记所强调：“挺进全省第一方阵，作为软实力重要组成部分的城乡环境的短板亟须补齐。”如果这块短板补不齐补不美，挺进第一方阵就会拉下步子，留下隐患，留下遗憾。在挺进之始，从整治改变城乡环境这个突出点有力切入，实施“拆治提”攻坚行动，必将极大提振全市上下挺进全省第一方阵的信心和决心，以不打胜仗决不收兵的勇气，奏响挺进路上前奏曲，吹响环境革命冲锋号。

攻坚行动的战役性成果——城乡形象的塑造，表现于总体环境的极大改观，又显现于细微处的用心打造

在紧紧围绕市委提出的“凡违必拆、违建清零；逢乱必治、不留死角；建管并重、提升品质”的总要求下，全市“拆违治乱提质”城乡环境整治工作经过近四个月的披荆斩棘、攻坚克难，取得了阶段性的胜利。据全市“拆违治乱提质”指挥部统计数据显示，截至8月20日，全市拆除违建23743处，面积322.49万平方米，完成进度90.22%；腾退土地570.37万平方米，完成进度95.84%；清理生活建筑垃圾166328

堆、占道经营15838处、无序广告61219处等，解决了许多长期想解决而没有解决的难题，人民群众有口皆碑。可以说，改变的是市容村貌，收获的却是看得见和看不见的“双料”成果。

看得见的成果

——城乡面貌焕然一新。经过四个月的大力整治，全市城乡环境面貌发生了翻天覆地的变化。一大批“老大难”违建及乱象得以清理整治，如市城区桥东街十几年久治不愈的占道经营一朝见效。重要路段的路面全部实现了硬化，沿路两侧绿化、亮化和美化工程正在如火如荼地进行。其中，由各地宣传部门组建的千人“拆违治乱提质”攻坚行动志愿者服务队伍，功不可没。他们深入基层行动第一线，既当“宣传员”，又做“行动者”，广泛开展宣传动员和思想教育工作，积极参与环境卫生大清理、大整治等活动。发挥自身优势，策划主题，引导各级组织创新性地让文化上墙，把忠孝、廉洁、家风家训、社会主义核心价值观等正能量的文化内容以图画、美文、板画等形式展现在一堵堵墙上。总之，经过上上下下、方方面面的共同攻坚，在这场环境革命中，违建乱物得到彻底解决，脏乱差的现象得到根本改观，街亮、村美、路顺已然实现，行动开展时间不长，却实实在在地改变着晋中的样貌。

——内在品质显著提升。一个城市的品位，最直观的体现就是环境是否优美，城乡是否宜居。各县乡纷纷借“拆违治乱提质”城乡环境整治工作的契机，结合自身实际，想点子、细谋划、加投资，大力提升城乡品质。例如，昔阳县投资3000余万元实施了12大类134项市政工程。其中，提质改造新建高标准公厕32所，栽种各类树木30余万株，绿化面积6万平方米，维护市政设施100余处，粉刷墙面6万平方米，打造特色文化墙1万平方米，安装LED灯景520组，等等，县城品位进一步彰显，对外形象进一步提升，为创建国家级卫生城市、国家级园林城市奠定了良好的基础。又如，和顺县阳光占乡制定了“一村一主题、一村一特色”的工作思路，如阳光占村的“酒醋文化”、寒湖村的“月饼文化”、西沟村的“孝文化”等，并通过统一沿线商铺广告牌、制作LED广告宣传灯以及对墙体进行粉刷、绘画等，有效提升乡村文化品质，凸显乡村特色。

——百姓生活得到实惠。现在，各县（区、市）乱搭乱建、乱停乱放的违法违规行为近乎绝迹，乱涂乱画、乱丢乱倒等陋习乱象也在锐减。街面宽了，环境好了，交通更加方便了。在寿阳县羊头崖乡下庄村，三个月的时间里，清理村内生活垃圾2273立方米，新建垃圾池4个，新建花墙1400米、绿化带1800米，砖铺活动广场400平方米，对全村的粮堆进行了统一安置。村民生活得更舒适了，他们非常珍惜这来之不易的整治成果，家家户户行动起来，把自家的环境搞得更好，发现不良行为和陋习也能及时阻止或举报。老百姓真真切切地感受到了“拆违治乱提质”带来的变化，而这些变化，又在潜移默化地改变着群众的日常行为、生活方式，同时，规则意识、法治信仰和法治精神也在逐步得到重塑。

看不见的成效

——拆出了公平正义。此次城乡环境整治工作，由于坚持动真格、敢碰硬，攻难点、拔钉子，解决了许多群众反映大却始终无果的老大难问题，让群众看到了党和政府拆违治乱的坚决态度。如灵石县集中力量对群众关注度高的西城美食城、原石油公司老旧建筑、宇春焦化公司、醉琼林大酒店等七处典型违建予以强力拆除，并对其中三处予以立案，严肃追责。由此带动，一些抱有侥幸心理的违建户认识到拆违是大势所趋，晚拆不如早拆，强拆不如自拆，由最初的质疑、反对、对抗，逐步转变为理解、配合、支持。目前，该县没有因拆违引发新的矛盾和问题。在攻坚工作中，各级干部切实把责任担了起来，对待问题一视同仁，公平、公正、公开地快速推进工作，拆出了公平与正义，治出了清风与正气。

——赢得了群众信赖。“拆治提”攻坚行动的最终目的就是提高广大群众的获得感。在这一目标的引领下，干部群众的心真正地连在了一起，干群关系日益拉近，党心民心有效共振。寿阳县平头镇潘沟村的一个老大爷说，他生活在这里80多年了，没见过这样的活动。原来好多老百姓都不知道党在哪儿，通过此次行动找到党了。因为在一起的劳动中形成了合作，有了交流，增加了信任。可以说，现在基层干部和老百姓变得亲密无间了。这亲密无间关系的建立，是源自“真正为老百姓谋事”“急老百姓所急，想老百姓所想”的思想法宝。基层干部不怕老百姓了，学会入户做群众工作了；老百姓也不怕干部了，有什么想法和困难会直接找干部了。

——激发了干部劲头。在“拆治提”攻坚行动中，基层党支部的凝聚力、战斗力得到了显著增强。好多基层干部以“白加黑”“工作日加休息日”的工作方式、“努力到无能为力”的工作态度和“老百姓的期待和信任”的工作动力，积极投身于攻坚战中，并在具体实践中总结出许多卓有成效的工作方法。例如：寿阳县委主要领导在多次亲力亲为、立见立行的行动中，总结出了精细治乱的“六字诀”；寿阳南燕竹镇干部发明了“大耙子”清理宽行林带的陈年枯枝；平头镇干部改良了“软耙子”清理细小枯草；西洛镇改良了钩铲，解决了半崖悬空垃圾难清理问题；等等，这些创新极大地提升了行动效能，还激发了干部的工作劲头。现在，正值我市“全面挺进全省第一方阵”首战之年，党心民心的空前凝聚，必将提振全市上下的信心和决心。

攻坚行动的瓶颈性难题——法治信仰的确立，成形于问题的不断解决，践行于之后的精巧施策

在肯定“拆治提”攻坚行动取得阶段性重大战绩的同时，我们必须保持清醒头脑，深刻分析那些“百分之几”的难啃骨头和“最后一公里”攻坚瓶颈的成因，及时制定有效对策。否则，会使前期治理成果打了折扣，直接影响攻坚战的最终成效。

——该拆拆不了怎么办？截至8月下旬，全市仍有不到10%的违章建筑没有彻底整治处理，尽管数量不多，占比不高，但却是难度极大，甚至束手无策的硬骨头，比如体量较大涉及面复杂的违建，正在办理手续的违建，有人居住的违建；还有整治行为中的法律困境，如根据《中华人民共和国行政强制法》规定的程序，对一起违建拆除案件的处理，至少需要半年，这大大地制约了整治进度和效果；诸如此类问题，需要市级层面，统一决策，出台具备针对性、可行性、操作性强的应对之策。

——该治治不好怎么办？对于城乡及公路、铁路、街道、河道沿线乱堆乱倒、乱搭乱建、乱停乱放、乱排乱采等乱象的整治，目前还没有形成根本性的成效。偏远地方、结合地带仍有摸排入账的一些问题没有处理。包括涉及重要部门、产权不明晰等棘手难题；改头换面、前脚刚治后脚照样乱来的屡治不改；一些地方细节处理不到位等问题，亟须对症下药根治。

——欲提提不高怎么办？拆违治乱之后的提质，加快城乡环境的洁化、绿化、亮化、美化，是攻坚战所要达到的成果。总的来看，受规划设计滞后、资金到位不够等因素影响，提质环节的进展还差强人意。从区域位置看，存在城市好于乡村、公路好于铁路、大街好于小巷、“窗口”好于“后院”等不平衡现状；从操作层面看，存在规划跟不上、投入不到位、工作形式主义、交差应付等困难和问题，需要精准施策，及时跟进。

——思想深处的“违”“乱”怎么办？区域环境面貌可以短时间整治迅速见效，而人们思想上根深蒂固的轻视环境破坏环境的差意识坏习惯，却不是一朝一夕就能彻底解决的。剖析这次“拆治提”攻坚行动，一个基本认同是，从长期性和顽固性考量，拆地上违建易，拆内心藐视法治的动机和冲动难；治表面乱象易，治内心随心所欲、无动于衷难；提环境品质易，提内心爱护环境维护生态的文明素养难。形成这“三难”的根源，无非两条，一是平常教育跟不上；二是法治手段跟不上。

攻坚行动的前瞻性思考——社会文明的推进，潜行于环境的整洁有序，更着力于人的心灵塑造

物理意义上的“拆违治乱提质”不易，思想层面的“拆违治乱提质”更难。习近平总书记在“7·26”重要讲话中强调，抓住重点带动面上工作，是唯物辩证法的要求，也是我们党在革命、建设、改革进程中一贯倡导和坚持的方法。思考“拆治提”攻坚行动如何深入推进，也需要遵循唯物辩证法的基本规律，不断实现由“拆”至“建”、由“治”至“立”、由“量”至“质”的转变，长远谋划，长期奋斗，最终实现由“物”至“人”的根本性变革。

——实现由“拆”至“建”的转变。拆掉违法违规建筑，只是过程，结果是要旧貌换新颜，不仅仅是城乡环境的吐故纳新，更为重要的是思想与机制的吐故纳新。一要强化整体协调的调度。“拆违治乱提质”是一项系统工程，随着行动的深入，攻坚克难的任务也会愈加繁重，统筹不好、协调不顺，就难以顺利推进。提质进入深水区，腾出的空地该怎样利用？如何有效巩固前期治乱成果？等等，需要一个市级层面的协调推进的良性运作机制。二要提升规划引领的高度。要加强科学指导，要站高看远，规划先行，通盘谋划“拆治提”后的发展蓝图。既要有力推进整体工作，还要引导各地因地制宜谋划整改后的建设方案。三要增强亲民利民的温度。一切以提升人民群众的生活品质为出发点。四要加大文明养成的力度。在广大城乡深入开展法治信仰和社会文明意识的重建活动，积极开展城乡环境有关法律法规宣传教育、正反两方面典型案例教育等环境主题教育，包括从城乡中小学生开始做起抓起。尤其要加强制度执行力，制定出台环境整治实施细则，对违法违规行为，必要时加大经济处罚力度。总之，形成强大合力，为“拆治提”攻坚行动提供持续动力，也为逐步走向法治信仰、城乡一体和社会文明营造氛围和创造条件。

——实现由“治”至“立”的转变。“拆治提”攻坚行动逐步进入深水区，要由量变达到质变，从治理表面乱象到实现城乡环境新气象常态化的根本转变，需要多管齐下，共同发力。一是宣传要立起来。数月的“拆治提”行动中，《晋中日报》、晋中广播电视台、晋中发布等各类传媒对行动动态、群众举报、办理进展等拉开了力度空前的宣传攻势，基层乡村、社区的墙面、版面的全新亮相，构建了“拆治提”行动宣传的“立体声”，也是“拆治提”取得阶段性良好成效的一个重要因素。今后，需要深化宣传，凝聚共识，加大相关理论政策、法律法规、典型案例、新的规划等内容的宣传分量，形成全市上下维护巩固“拆治提”行动成果的浓厚氛围。二是各类投入要立起来。“拆治提”攻坚行动推进到提质阶段，遇到很多困难、问题、瓶颈、阻力，核心的一条还是投入不足的困难。各级政府，包括企业、乡村及个人，应当树立我的环境我维护的理念，都要想方设法增加投入力度，有钱出钱，有力出力，共同打造美好环境，努力以法治信仰和文明素养根植于每个人心中的思想自觉和行动自觉，实现晋中大地上的违章建筑与环境乱象逐步匿迹，成为挺进路上最亮丽的风景线。

——实现由“物”至“人”的转变。任何文明，其根本都是对美丽心灵和美好人格的塑造。从某种意义上讲，验证“拆治提”成效的标准，最终要看人们心中的“违”“乱”是否整治到位。“人民对美好生活的向往，就是我们的奋斗目标。”这种美好生活理所当然包括美好的环境。优良适宜的城乡环境不但可以保证人们的身体健康，保持愉悦舒畅的精神状态，且可以激发人们的积极性和创造性，甚至还可以改变人们的世界观，自觉不自觉地养成社会文明的意识和习惯。其一，对干部而言要提高政治站位。“拆治提”攻坚行动是建设生态文明、走向社会文明的一项强力举措，是贯彻落实习近平总书记治国理政新理念新思想新战略的具体行动，各级党委政府要坚决扛起生态文明建设的政治责任。按照市委的统一安排，正确处理经济发展和生态环境保护的关系，把“拆违治乱提质”工作作为维护核心、见诸行动的实际践行，检验“两学一做”实际成效和是否具有“四个意识”的重要标尺。其二，对公民而言要重塑法治精神。人们熟知的“破窗效应”在城乡环境表现得更为凸显。反过来看，一个高素质富涵养的公民，心中就没有什么“违”“乱”意识的公民，更能有效爱护维护自己的生存生活环境。反之，“破窗效应”会愈演愈烈，愈放愈大。当然，文明素养需要教化培育，但最终需要法治和制度的固化与约束。一些国人在新加坡公差或观光，在公共场合从来不敢随地吐一口痰，扔一片纸屑，因为都知道带来的严重后果是什么。而一回到国内，就任性妄为无所顾忌，随地吐痰及乱扔垃圾成了家常便饭，因为吐就吐了，扔就扔了，对个人没有任何实质性影响。可见，仅仅倡导是不够的。过去习以为常的闯红灯、酒驾等违章行为，现在为什么越来越少了，因为罚款、扣分、判刑的严格执行，对违法违章者形成了高压态势。所以，环境整治的“违”“乱”根子上的解决，从长远看，还得从造成这些“违”“乱”的人与单位的思想深处改造抓起，还得从建立完善和严格执行相应的法律法规等制度约束抓起。只有文明素养和法治信仰的“双重到位”，人思想深处的“违”“乱”意识才能得到根本性扭转。

总结过去是为了展望未来，若干年后，当人们回望曾经，经历环境革命的公元2017注定要成为让人铭记的年份。我们更有理由相信，“拆违治乱提质”必将成为晋中发展史上走向社会进步、走向社会文明的一座里程碑。

以课题组成员之一发表于《晋中日报》2017年9月8日头版，《晋中论坛》2017年第6期

实施创新驱动　推进精准扶贫

——山西省晋中市精准扶贫的实践与思考

站在决战决胜全面小康的政治高度，顺应创新驱动成为时代潮流的历史趋势，立足党中央“创新、协调、绿色、开放、共享”发展新理念的落实落地，着眼全面挺进第一方阵、实现晋中振兴崛起的重大部署，切实把创新驱动作为精准扶贫主基调，作为精准扶贫的主引擎，是摆在我们面前一项非常急迫并马上就办的现实课题，也是一个需要深度探索的理论课题。近期，深入和顺、左权和榆社扶贫攻坚主战场，就如何实施创新驱动，推进精准扶贫开展了广泛调研和思考，形成了一些思路和对策。

一、精准扶贫在晋中的实践成果

晋中作为内陆欠发达地区，市情的重要特征就是还存在左权及和顺2个国定、榆社及昔阳2个省定和部分插花贫困县，尚有占全市总人口8.1%的19.59万贫困人口。这样的现状，决定了在全面挺进第一方阵的大背景下，全面小康必然是全市工作的重中之重，扶贫攻坚依然是全面小康的重中之重，精准扶贫精准脱贫必将是扶贫攻坚的重中之重。

1.决策层高度重视，顶层设计科学可行。近年来，晋中市委、市政府深入学习贯彻落实习近平总书记新时期扶贫开发的重要战略思想，坚持创新驱动，强力实施精准扶贫和精准脱贫战略，始终把扶贫攻坚作为首要政治任务，牢牢放在心上、抓在手上、扛在肩上。“十三五”启动之初，迅速召开了全市脱贫攻坚大会，制定了《关于坚决打赢全市脱贫攻坚战的实施方案》，承担党委、政府脱贫攻坚的主体责任，逐级签订责任书、立下军令状，市级领导干部有28人蹲点包扶28个贫困村。制定了确保到2020年，全市贫困人口和贫困地区稳定实现“两不愁”“三保障”“一高于”“一接近”，即不愁吃、不愁穿，义务教育、基本医疗和住房安全有保障，实现贫困地区农民人均可支配收入增幅高于全国平均水平，基本公共服务主要领域指标接近全国平均水平，确保全市贫困人口全部脱贫、贫困县全部脱贫摘帽的总体目标。围绕这样一个具体可行的脱贫攻坚总目标，全市上下齐心协力，创新工作方式，着力精准扶贫，从2015年至2016年，全市实现4.97万+4万贫困人口全部脱贫和20+20个贫困村整体脱贫的可喜成绩，初步形成了符合晋中实际、具有晋中特色的扶贫攻坚新格局。

2.管理层躬身一线，创新工作扎实推进。市直机关承担扶贫攻坚职责的组织、宣传、扶贫办、下乡办、发改委、财政、民政、科技、农业、林业、水利、教育、国土、交通等职能部门，积极发挥自身作用，将扶贫攻坚列入部门重点工作计划，着力抓好十大重点工程，即特色产业扶贫、土地扶贫、易地扶贫搬迁、教育扶贫、整村推进、企业产业扶贫、千村万人就业培训、金融扶贫、旅游和光伏扶贫、机关定点扶贫和领导干部包村增收工程，集中推动人才、资金、技术等要素向贫困地区流动，不断增加贫困人口收入，形成了扶贫攻坚强大合力。全市共组织1502个工作队，4193名工作队员，帮扶1820个贫困村和有贫困人口的非贫困村，实现派驻帮扶力量全覆盖。其中，市级向四个贫困县派出163个帮扶单位、1221名工作队员（其中驻村第一书记407名）入驻407个贫困村，1.45万名机关干部与3.46万户贫困户结对帮扶。110个企业与529个贫困村建立共建关系，实施项目111个，投入资金62.26亿元。打造了“两级机关下乡、千人百企进村”促脱贫的晋中经验。

3.执行层敢于担当，勇于创新精准发力。和顺、左权和榆社三县作为全市扶贫攻坚的主战场，各级党委、政府在这场“啃硬骨头”的攻城拔寨战役中，充分发挥统领协调作用至关重要。在回答精准扶贫、精准脱贫如何落地的大考中，应该说他们交上的答卷是合格的。左权县创造性地推出了精准扶贫“三三五”工作法，即以精准为基本理念，清底数，明目标，精准识别，做到以建立作战体系为框架的“三个到位”：即精准识贫，建立台账，保证贫困人口精准到位；理清思路，完善规划，保证干部思想精准到位；抽调精兵，组建强军，保证扶贫队伍精准到位。以精准为推进方法，建机制，搭载体，精准管理，健全以贫困人口得实惠为核心的“三项机制”：即以“挂图作战”为主的目标管理机制；以“八普及一创建”为主的工作引领机制；以“扶贫利益联结”为主的脱贫带动机制。以精准为工作路径，聚合力，强基础，精准施策，推进以构建大扶贫格局为主线的“五个统筹”：即统筹产业扶贫与县域经济发展；统筹易地扶贫搬迁与城镇化发展；统筹职业培训与扩大劳动就业；统筹生态脱贫与庄园经济发展；统筹改善人居环境与改造群众生产生活方式。通过“三个到位”“三项机制”“五个统筹”的工作做法，形成了多方支撑的大扶贫格局，为打赢脱贫攻坚注入了强劲动力。

4.操作层多措并举，精准脱贫成效显著。精准扶贫方略的全面实施，为广大贫困乡镇、村庄提供了精准化、精细化的脱贫路径，广大农村基层干部群众的脱贫奔小康的信心和决心进一步坚定。调研中左权县桐峪镇扶贫工作室和挂图作战室、龙泉乡连壁村林药间作基地及挂图作战室的工作机制和成效，给我们留下了深刻印象。桐峪镇挂图作战按照产业分布类型，把全镇分为上片、中片和东片三个战区，并有具体项目为作战措施，实施精准作战。通过这种带有军事化部署的精准策略，解决了困扰多年的“谁来扶”“扶持谁”“扶什么”“怎么扶”等难题。

二、精准扶贫中面临的现实挑战

近年来，我们紧紧围绕实现扶贫对象“两不愁、三保障”总目标，以精准实施脱贫攻坚六大工程二十个专项行动为抓手，在精准谋划、精准识别、精准施策上做了大量积极有效的努力，取得了阶段性实效。但我们必须清醒地判断，由于精准扶贫实施时间不长，经验不足，加之各地情况复杂，在推进精准扶贫过程中，还面临着不容忽视的困难和问题。

1.农户层面：激发内生脱贫动能难。精准扶贫归根结底面对的是一个个农户。目前，除了因农民收入渠道多且难以核算、农民不愿意如实申报等因素干扰，造成贫困对象识别比较难等问题外，精准扶贫遇到的第一个头疼难题是占相当大比例的贫困户，身健体不弱，却人穷志不坚，长期养成了“等、靠、要”思想，只想要低保，懒字当头，整天背靠墙头晒太阳。面对这种推着也不往前走，缺乏自身追求富裕内生动力的困境，再精准扶持，再对口帮扶，达效确实不易。所以，欲富口袋，须先富脑袋，思想解放上的精准“解放”，任重道远。

2.农村层面：培育扶贫增收产业难。晋中现在留下来走不出贫穷的村庄，大多位于农业基础条件差、自然环境恶劣、交通闭塞、信息不畅、资源缺乏的太行山区，加上一无人才，二无技术，产业立地条件非常差。可以说，变“输血”为“造血”，发展特色优势产业是精准扶贫中最大的挑战。比如，发展种养殖业产业化，生产周期长，市场行情难以预料，价格经常“过山车”式摇摆，农民包括投资商都存在畏难情绪。这几年和顺县发展双孢菇产业本身是一个很有前途的致富产业，但由于价格不稳定，加之产品不易保鲜，导致农民培植双孢菇积极性受到挫伤，阳光占乡一个国家扶持建设的双孢菇大棚，没有人经营，近一年闲置不能正常生产，就是一个典型的例子。当然，其中重要原因还包括贫困户自我发展能力差和观念落后，扶也扶不起来。

3.乡镇层面：适应新的政策机制难。抓好精准扶贫工作，基层是基础。贫困地区的乡镇党委政府是最基层的行政单位，承担着精准扶贫工作中扶贫政策宣传发动、精准识别的调查摸底、项目资金的管理监督和扶贫举措的贯彻落实等重要职责，是精准扶贫的“前线指挥部”。在肯定乡镇在精准扶贫上做了大量工作的同时，也应当看到存在的问题，一是少数不负责任的乡镇干部履职不力，运用“一进二看三算四比五议”不到位，建档立卡资料不完善，录入数据的真实性、精准性、规范性上差距较大，存在“走过场”的形式主义。二是个别乡镇对扶贫资金监管不严，造成一些乡村弄虚作假、挤占挪用、优亲厚友、挥霍浪费和吃回扣等问题。三是一些镇政府未将精准扶贫工作列入本镇工作的重要议事日程，认为精准扶贫工作，县上派的有工作队，自然由工作队负责，政府只催催进度，过问过问就行了，考核追责首先是追工作队之责。

4.县域层面：统筹各类扶贫资金难。当前，之所以统筹各类财政扶贫资金难，原因之一是存在着资源分散、体制分割、管理分治的“九龙治水”的碎片化现象；二是各个部门出于自身特点制定的项目管理和资金使用制度，本无可厚非，但实际操作的使用效率和效果，不尽如人意；三是贫困县本身经济总量小，可用财力少，在扶贫资金的安排上更是捉襟见肘。所以，解决扶贫资金统筹难，更好更多用在精准扶贫的刀刃上，还需要配套完善的制度设计。

5.社会层面：形成持续攻坚合力难。从整个社会层面看，知晓精准扶贫，响应精准扶贫，参与精准扶贫的氛围和力度还是比较浓厚的。但不可否认，一些帮扶部门和人员的扶贫成效离“真扶贫，扶真贫”的要求还有距离。比如少数驻村帮扶干部存在脱不了产、住不下来，住下来办法措施不多、帮扶成效群众不认可不满意等问题；基础工作中存在的数据信息还有错误、错评漏评依然存在、脱贫手册填写不规范不精准等问题；易地扶贫搬迁存在把握政策尺度不严、拆迁复垦突破不大、后续发展不到位等问题；产业扶贫存在到村到户不精准、贫困户与新型经营主体利益联结紧密度不高等问题；专项扶贫行动存在一些部门牵头作用发挥不够，从全市大局角度组织推动成效不明显。包括县级扶贫开发主管部门也存在扶贫开发项目任务重、人员少、协调力量薄弱等问题，一些领导每天忙于疲于应付各种审计、检查和会议，无时间，无精力，无法全身心投入扶贫开发工作中。

三、以创新推进精准扶贫的策略路径

创新是永恒的时代主题。晋中精准扶贫的实践得出一条结论，精准扶贫的核心要义是精准化，涵盖了扶贫实践的全过程精准和策略精准。推进精准扶贫，依靠传统粗放式扶贫无法解决。面对时间紧、任务重、困难多的严峻挑战，唯有敢于突破思维定式，必须针对突出矛盾和问题，围绕“扶持谁、谁来扶、怎么扶、如何退”一系列扶贫开发中的本质问题，坚持创新思维，推动扶贫理论创新，切实转变扶贫方式，下足绣花功夫，做到因地因村因户因人施策、因贫困原因施策、因贫困类型施策，形成一整套破解难题的方案。有效推进精准扶贫。这样才能持续推进精准扶贫战略，助力全面挺进全省第一方阵，迎来建成全面小康晋中的美好明天。

1.强化思维创新，构建精准扶贫大格局。精准扶贫是全党全社会的大事情。宏观指导思想层面，要真正把创新驱动，摆在推进精准扶贫整体工作的核心位置。充分发挥市域内高校新校区、科技创新城、新能源汽车城的独特优势，利用晋中列入全国创新驱动示范市等良好机遇，在产业扶贫创新、科技扶贫创新、新型业态创新、扶贫模式创新、扶贫管理创新和扶贫体制创新工作上，谋划出台新的办法与举措，实现与精准扶贫的有效衔接，有效推进。让创新驱动成为推进晋中精准扶贫的最强动力。微观聚集合力上，要在巩固提升全市现有“干部双联”“千企帮千村”“小康村贫困村结对共建”等扶贫方式的基础上。立足于晋中愈来愈强的科教优势，重点在高校、科研院所投入精准扶贫主战场上寻求突破，建议政府主导，市场配置，充分利用驻地17所高校和大学城、科创城的教育、人才、技术优势，特别是山西农业大学、晋中职业技术学院、省高粱研究所、果树研究所等与“三农”关系密切的特色优势，通过建立分校、实训基地、技能培训等方式，就地取材，为精准扶贫提供人才、信息、技术和管理等实用资源，以科技扶贫引领精准扶贫，促进科技人员进村入户，让贫困农民掌握一技之长的致富本领。推动院校所与县乡村的联动发展，让精准扶贫插上科技的翅膀，飞得更快更高，进而形成以科技为支撑的新型大格局。

2.强化理念创新，谋划精准扶贫新思路。明者因时而变，知者随事而制。对贫困户个人而言，首先要瞄准安于现状这个思想问题的“靶心”，加强宣传引导，采取教育培训、经济奖罚、规矩约束等有效手段，处理好国家支持、社会帮扶和自身努力的关系，最大限度激发贫困地区干部群众内生动力，大力弘扬践行太行精神、大寨精神、右玉精神和晋中精神，变“要我脱贫”为“我要脱贫”，迎难而上，久久为功，走出艰苦奋斗、脱贫致富的新路子。对贫困村而言，晋中贫困村绝大多数处于太行山区，一些不宜人类生活生存的村庄，精准扶贫的思路只能移民易地搬迁，并与新型城镇化、产业开发、旧村开发利用和村庄撤并结合实施和协调推进。其实，早在十多年前，晋中左权就诞生了一种与易地搬迁类似的开发模式，那就是呈现“农民下平川，‘老板’进深山，‘四荒’披新绿，旧村变庄园”的“生态庄园经济”，这个被誉为“山区县份在推动城乡一体化过程中的伟大创造”的发展模式，其实放在精准扶贫的易地搬迁中，同样大有可为。不能墙里开花墙外香，舍近求远，“生态庄园经济”的做法与经验早已成熟可复制，关键是与精准扶贫政策与机制的配套。建议每个贫困县可选择几个条件具备的贫困乡村，持续推进“生态庄园经济”的再创新和“二次创业”。同时，市级层面需着手组建扶贫开发投资公司，承接易地扶贫搬迁项目资本金，争取金融机构提供长期低息贷款，为“庄园经济”发展和移民搬迁提供融资平台和资金保障。

3.强化方法创新，厘清精准识别糊涂账。对贫困户包括精准扶贫过程及成效的识别和评估，是做实做好精准扶贫的基础性工作。针对当前各地普遍存在的识别模糊等底数不清状况，建议委托具备相关资质的科研机构和社会组织，开展科学公正的第三方评估，采取抽样调查。采取专项调查、抽样调查和实地核查等方式，对贫困户、退出户等相关认定指标，包括对驻村工作队和帮扶责任人帮扶工作的满意度，都可进行评估检验。同时，重视将评估数据的运用到考核考察中，强化问责，切实形成压力，进一步靠实扶贫工作责任的层层落实。

4.强化路径创新，厚植产业扶贫深根基。晋中存在的平川与东山发展不平衡现象，根本的原因是产业发展的不平衡。抓住晋中建设国家现代农业示范园的大好机遇，从晋中的实际出发，产业扶贫有多向选择，其中平川与东山两者优势互补、资源共享的产业扶贫路径，就是捷径之一。比如，太谷中医药优势产业与榆左和三县中药材资源的结合、平遥牛肉深加工及祁县育肥牛与和顺县养牛业的强强联合、榆次酿醋产业与和顺高粱种植的协作等，在“订单农业”“种植养殖基地”等方面，目前尚处于初级阶段，甚至空白。这种市域内的产业扶贫，共赢发展，大有文章可做。还有在东山旅游扶贫开发的思路上，利用与河北山水相连的条件，多开发一些如和顺县太行鹊桥生态文化园的晋冀共建项目，互惠互利，吸引河北等省外投资，加快东山旅游扶贫工程进程。

5.强化金融创新，补齐精准扶贫最短板。金融扶贫可有效促进贫困地区产业发展，是精准扶贫的关键支撑。长期以来，晋中贫困山区的金融服务远远滞后于实际需求，农民贷款难是最大的短板。一方面，4个贫困县要统筹整合使用财政资金，以精准扶贫规划为引领，以重点扶贫项目为平台，把3大类89项涉农资金和县安排的财政性扶贫资金捆绑使用，提高资金使用效率，解决突出问题。市级财政像扶持文化产业项目一样，建立每年不少于5000万元的市级扶贫产业引导资金，制定对贫困县扶贫产业项目、种养大户、庄园经济等专项奖励扶持办法，加大资金支持力度，推动4个贫困县培育壮大扶贫产业项目。同时，要筑牢扶贫资金管理使用的“高压线”，斩断伸向扶贫资金的“黑手”，治理扶贫资金“跑冒滴漏”问题。另一方面，精准扶贫应该发挥信贷市场融资主渠道作用，积极争取国家对全市扩大信贷投放和资金配置，争取更多长期的低成本扶贫再贷款配额，支持贫困地区发展特色产业和贫困人口就业创业。增加对贫困地区的信贷投放。全面推进农村“金融综合服务站”的网点建设，鼓励金融机构在符合建站条件的每个行政村建立1个服务站，实现农村金融服务全覆盖。深入推进金融富民扶贫工程，支持各类金融机构在4个贫困县为贫困户提供免担保、免抵押的扶贫小额信贷1亿元以上，有效解决贫困地区农民发展致富产业资金不足的问题。

6.探索机制创新，力求精准扶贫新突破。一是进一步加强政府扶贫机构建设，选好配强领导班子。有脱贫任务的乡镇要配备专职副乡镇长，设立扶贫工作站，落实人员编制，理顺管理职能，创新工作机制，切实增强扶贫开发机构的资源协调能力。二是创新精准扶贫在政策选择上的保障机制，不断强化财政扶贫投入增长机制，确保年度财政扶贫资金投入总量和增幅保持“双增长”，即使是财政收入负增长的县，也要确保财政扶贫投入总量增长。积极探索国家资产收益扶贫机制，在合法合规不改变用途情况下，财政专项扶贫资金和其他涉农资金投入设施农业、养殖、光伏发电、乡村旅游、资源开发等项目形成的资产，具备条件的可折股量化给贫困村和贫困户，尤其是丧失劳动能力的贫困户，按股分红，让贫困人口分享扶贫项目收益，形成增收致富的稳定机制。

该文系全省宣传文化系统“四个一批”人才专项课题成果。与王英合写发表于《中共山西省委党校学报》2017年第4期

■ 胸怀“一盘棋”融入大格局

——赴深圳市委讲师团调研启示录

四月的三晋，柳叶刚吐新绿，而南国的鹏城，早已姹紫嫣红。在全市宣传思想战线深入开展“提高标准、提升能力、争创一流”大讨论活动的重要节点，晋中市委讲师团抱着对标一流、学习先进的初衷，远赴改革开放前沿、全国理论宣讲、理论宣传的标杆——深圳市委讲师团进行了为期两天的调研学习，时间虽短，收获颇丰，对如何创新思路，服务大局，开创“理论立团”崭新局面有了新的思考与感悟。

一、善谋敢担当，彰显创新大气魄

在全国党委讲师团系统的标杆榜上，素有“北有北京，南有深圳”之说。2014年，我们曾到北京市委讲师团参观取经，学得不少好的经验和做法，有效提升了讲师团各方面的工作，特别是在“百姓宣讲团”品牌的创立和培育上，取得了斐然成效。

此次，借“两提一创”大讨论活动契机，举全团之力，一路向南，来到深圳市委讲师团学习交流，意在开阔眼界，树立新的标准，谋求新的发展。

深圳市委讲师团于1984年伴随深圳特区的设立而组建。1997年由副局级变为处级事业单位，编制人员由18名核减为8名。1999年成为深圳市委宣传部直属部门，参照公务员管理。现正式在编人员7名，聘用人员5人，副高以上职称4人。

在两天的时间里，我们通过座谈交流、实地参观、翻阅资料、个别专访等有效方式，详细了解了他们近年来在理论宣讲，服务市委及基层党委中心组学习，主动融入市委中心工作、融入全市宣传文化大格局的具体做法及显著成效。特别是就打造全国宣传文化品牌《文化深圳》刊物及全国基层理论宣讲品牌“百课下基层”情况进行了深入探讨。深圳市委讲师团的业绩突出表现在三个方面：组织好全市阶段性主题式理论政策宣讲；服务好全市130个区局级及市属企业的党委中心组学习；办好几个宣传文化刊物及专栏。他们在理论宣讲模式上的创新特色，在编刊办刊中凸显的“大宣传”思维，充分展现了深圳理论工作者的敬业精神、创新能力和创意思维。对比之下，反思自身，差距明显，在提升能力、提升标准、争创一流业绩上需要补齐的“短板”还有很多。

全国各级党委讲师团的职能主要包括理论宣讲、理论研究和理论宣传三大板块，是讲师团工作的主体。基层理论宣讲同样是深圳市委讲师团的工作重点之一。

深圳作为特区，是一座年轻的移民城市，汇集了五湖四海的有为之士和各色人群。在这样一个思想多元、创新包容、市场经济活跃的区域开展党的理论宣传工作，可谓任务繁重，挑战巨大。“迷雾中最易见曙光，困难中最易显成效”，深圳市委讲师团站高望远，着眼于推进党的理论宣传大众化、常态化，立足于理论普惠“三贴近”，创新性打造了“百课下基层”宣讲平台，建立了符合“三贴近”的宣讲队伍、宣讲专题和宣讲形式。实现了宣讲从被动到主动、从虚到实、从管理到服务的“三转变”。形成了经费保障、机制保障和机制保障的宣讲“三保障”。使“百课下基层”成为全国知名的理论宣讲品牌，也成为各地讲师团学习的楷模。

二、创《文化深圳》，成就业内大品牌

在全国讲师团系统，北京市委讲师团因“宣讲家”网站而扬名，深圳市委讲师团以《文化深圳》杂志而立名。两相对比，宣讲乃讲师团的本业，“宣讲家”网站理所应当;《文化深圳》作为一本综合性思想文化刊物，可谓独树一帜。

深圳市委讲师团早期曾创办《中心组理论学习》《深圳宣传》等刊物。2005年，正式更名《文化深圳》，完成了由理论到宣传到文化的大跨越。在深圳市委讲师团的荣誉榜上，除因“百课下基层”而获中宣部颁发的“基层理论宣讲先进集体”外，绝大多数皆因《文化深圳》而获得。

《文化深圳》是目前深圳市唯一的综合性思想文化刊物，也是深圳市委宣传部部办刊物，内部出版，月刊，年经费80万元，由市财政拨付。限于讲师团人员较少，具体编务主要由外聘人员承担。《文化深圳》及其衍生品，合计三刊:《文化深圳》《文化福田》《文化宝安》，一报:《人民日报》海外版的《文化深圳周刊》，一书:《文化深圳》，这些精神产品在深圳由“文化沙漠”向“文化绿洲”的巨变中发挥了重要作用，成为世人了解深圳尤其是深圳文化的主要窗口。

探究《文化深圳》的成功之路，主要有以下两点：

1.心怀顾大局、观大势、干大事的责任意识。

短短30多年，深圳蜕变为一座世界瞩目的国际大都市，创造了世界工业化、城市化和现代化的奇迹。但在文化领域，由于缺少历史积淀，曾被称为“文化沙漠”。

以前人们在谈论深圳时，往往将它看成一个“经济动物”，只有经济没有文化。2003年，深圳在全国率先提出“文化立市”战略，随后又确立“文化强市”目标，制定出台了一系列促进文化创新发展的法规政策文件，政府财政对于文化建设的投入逐年加大。显然，对于宣传思想文化战线来说，响应市委、市政府的号召，贯彻落实市委、市政府的决策，将目光和精力倾注于文化责无旁贷、义不容辞。文化便是深圳宣传部门的中心、大局、大势、大事。不围绕中心没有根基，不服务大局没有出路，不把握大势难有作为。深圳市委讲师团因势而谋、应势而动、顺势而为，将刊物主题由理论而宣传而文化也就顺理成章。

《文化深圳》之文化，是“大文化”，涵盖了物质文明、制度文明和精神文明。因此刊物的内涵由“窄”变“宽”了，由“苗条”变“丰满”了。但是巩固马克思主义在意识形态领域的指导地位，运用马克思主义的立场、观点、方法观察问题、解决问题的理论底色没有丝毫弱化、淡化。

以《文化深圳》的巨大影响力，由内部刊物转为公开发行是水到渠成的事，但也许是担心、忌惮超强的市场力量可能会使中心、重心产生偏离，十多年来他们一直未在这方面寻求改变，体现了强烈的使命自觉和担当精神。

2.拥有地利、天时、人和的成功要素。

毗邻香港，地处改革开放前沿，得风气之先，而一直又有“凡工商发达之地，必文化兴盛之邦”之说；来自全国甚至世界各地的移民为它带来了丰富的、五彩斑斓的、充满活力的文化因子，交织、融合、创新，生根、开花、结果，是为地利。恰逢经济社会发展绿色化亟须文化支撑、文化匹配的阶段，“以文化论输赢、以文明比高低、以精神定成败”的“拼文化”理念渐成共识，“文化立市”上升为市级战略，“文化强市”凝结为全市目标，是为天时。市委尤其是市委宣传部对《文化深圳》的高度重视、得力指导，兄弟单位对刊物的大力支持帮助，是为人和。

从2003年至2015年，执掌深圳宣传文化工作12年之久的上任市委常委、宣传部部长王京生，抱定深圳要为中华文化复兴探路的宗旨，在繁重的政务之余，醉心于文化研究，出版了大量专著，在政界和学界产生了广泛影响，被国际组织两次授予奖项。对《文化深圳》及其系列报刊，从出生到成长到壮大，他付出了大量的心血和智慧，从方向到编务到经费支持、后勤保障，他都给予了具体的指导和倾心的关注。他的许多重要论述，都首发在《文化深圳》上。

在主要领导和领导机关的关心支持下，《文化深圳》形成品牌效应，各区各单位皆以文章能上《文化深圳》为荣，使刊物的发展走上了良性轨道。

三、跳出“小天地”，融入宣传大格局

形成“两提一创”常态化，就是要不断对表对标寻找差距。要对照中央和省委要求、对照先进地区和先进典型的好做法好经验、对照人民群众期盼，找准薄弱环节，努力缩小差距，提高工作能力。把比学赶超的标杆选树出来，把新的工作标准确定下来，深圳市委讲师团的思路、经验和模式带给我们诸多启示。

1.有为有位，积极纳入中心工作。

深圳市委讲师团因“百课下基层”而成为全国党委讲师团的标杆，得益于市委、市政府的强有力支持。

理念上要更新。“百课下基层”持续开展十多年，取得良好的社会反响，根本原因在于这样的理论宣讲活动帮助基层和群众解决了实实在在的思想认识问题，使他们树立了积极的发展观、文化观、生活观，进而促进了城市的稳定发展，这一事实，无可辩驳地表明宣讲本身就是中心工作的有机构成。反思我们，还停留在传统的观念中，一提到宣讲就是要围绕大局，要服务于中心工作，殊不知，这样的提法本身就会使宣讲剥离于中心工作，说起来重要，做起来不重要，不自然地把宣讲工作边缘化。对此，作为理论宣讲者，我们不仅要把自己摆进中心工作中，还应该通过自身工作的价值，引导传统观念的改变，营造必须为、可以为的积极主动的工作氛围。

政策上要支持。“百课下基层”是纯公益性的理论宣讲，政府强有力地支持关键表现在经费保障方面。“零成本”地提供高水平高质量的宣讲，有效提升了理论宣讲的满意度和参与度。包括每年对全市入党积极分子的培训，以及编刊办刊，都有充裕的经费保障，使讲师团的人员可以全身心地投入提升做事的效率和效果上，形成良性运转机制。反思我们每年的宣讲，常常掣肘于经费，只能是提供一些临时性的、难以形成规模的宣讲，也就难以形成较好、持续性的宣讲效果，做的工作也不少，却事倍功半。特别是我们晋中的“百姓宣讲团”，也是中宣部表彰的先进典型，但与深圳的良性运作机制、雄厚宣讲力量、充足经费保障等相比，需要借鉴提升的地方还真是不少。真正让理论普惠于民，需要财政给予足够的保障。

2.合心合力，建立一盘棋格局。

深圳市委讲师团承办的《文化深圳》及其系列出版物，受到业界高度肯定、舆论广泛关注，可以归结为是宣传文化一盘棋思想的成功实践。

立意高，搭建大平台。仅从刊名的变换即可看出，《中心组理论学习》《深圳宣传》《文化深圳》，“宣传”强调的是一种教化，“文化”则把市民当作了主人，“文化”较之“宣传”更具亲和力、内涵也更丰富；综合性思想文化刊物，更强调其在内容上的综合性;《文化深圳》还是对“文化深圳”的一个回应，凸显刊物在“建设文化强市、打造文化深圳”进程中发挥重要作用。由此可见，刊物立意之高，就是要引领深圳文化发展、体现深圳文化理念、展示深圳文化成果、感知深圳人文关怀。反思我们，由于市委及政府的很多部门办有各种带有“晋中”名称的期刊，在选题、内容等方面难免重复，不能形成有效的宣传效果。而我们所办的《晋中理论动态》，为保持自办刊物的理论性与实践性相结合的特色，在选题、视野、内容等方面受到很大局限。近几年，晋中市的文化发展逆势上扬，暖意融融，文化不仅成为晋中经济领域的“新亮点”，更成为晋中经济转型发展中的一支重要力量，“文化晋中”的内外形象不断地得到认可和强化，但是在晋中文化的宣传上，却罕见一个强有力的平台。全市宣传文化工作一盘棋，需要拓宽视野，形成合力，挖掘更多更好的项目，我们认为，搭建这样的平台，很有必要，很有价值。

聚合力，整合宣传力量。《文化深圳》在办刊过程中，有效整合了文化宣传单位的资源。稿件来源大多由广播电视传媒集团、报业集团、出版集团等各单位和有识之士提供，每期的“卷首语”由宣传部各处室的负责人亲自撰写，不仅极大提升了刊物的品质，更有效带动了大家关心刊物，凝心聚力办好刊物、做好宣传工作的主动性和创造性。反观我们，对于宣传资源了解不够，和兄弟单位协作不够，更谈不上运用和整合，影响了理论宣讲及编刊办刊的质量和效果。

集优势，提升宣传品质。《文化深圳》之所以在国内外产生了较大的社会反响，在于其与其他媒体的差异化发展。刊物确定了新闻性、文化性和理论性相结合的组稿风格和特点，对媒体上相同的新闻事件进行文化性、理论性的解读，拓宽报道的广度和深度，提高了报道的社会影响。这次在全省宣传系统开展的大讨论活动，确立了“两论立部”的指导思想，市委宣传部也由此制定出一系列的具体实施举措，如新闻评论员、理论评论员等，作为理论工作者，我们更应关注晋中社会热点，在重大事件及市民关注的问题上，主动发声，“普通话”要讲标准、“地方话”要讲透彻、“百姓话”要讲生动，用入心入情的解读发挥确保意识形态平稳有序和舆论引导健康向上的作用。

3.做细做实，软工作下硬功夫。

近年来，我们在基层理论宣讲、编刊办刊、课题撰写等方面取得了一定的成绩，在全省来说，也产生了一定的影响，但对照深圳市委讲师团，我们感到还存在较大差距，还应该把讲师团的这些工作做得再细致、扎实，更加有效地提升工作业绩。

建机制，强队伍。同为获得中宣部表彰的“全国基层理论宣讲集体”，在宣讲工作中各有优势，通过调研，我们感到深圳市委讲师团在宣讲机制上更胜一筹。首先在宣讲专题的确定上，他们主要通过四个途径：基层单位上报、调研座谈征集、专家分析论证、组织机构整合，这一过程充分地调动了宣讲工作的参与度，相比较，我们的方式还显封闭和被动；其次是在过程管理中，从基层报送计划、确定宣讲人选、落实宣讲活动、最后反馈情况，基层单位对每一环节可以进行监督，并最终通过信息反馈机制确保宣讲活动取得成效，这也是值得我们学习的。

转方式，强效果。通过调研，我们感受到深圳浓烈的文化氛围。人文的力量虽化指柔，却是百炼钢，是人文让城市有了灵魂、有了性格、有了品位，也有了魅力和影响力。它不是屹立在视野中的大厦，它是屹立在印象中屹立在心中的雕塑。我们的各项工作，总体上都承担着成风化人的职责，但是在过去的工作中，视野还不够开阔，人文关怀还显欠缺，见说教较多，见暖心不足，导致效果欠佳。增强文化软实力，不是一句空洞的口号，要真抓实干，要建现代化的文化设施，也要渗透温暖的人文服务。软实力要肯花硬功夫，这样才能有底气，让文化“硬”起来。讲师团在增强晋中文化软实力的实践中理应有所担当。

党的理论传播与惠民，晋中文化软实力的提升，需要入耳入脑入心见诸行动的见证，更需要广大理论宣传工作者点点滴滴的艰辛付出。愿通过“两提一创”活动，能使讲师团“理论立团”新的目标，融入大格局，实现大作为，成为晋中挺进路上一道亮丽的风景线。

发表于《晋中论坛》2017年第4期

行得春风化秋雨

——市委讲师团砥砺奋进讲好晋中故事写好晋中文章

党的十八大以来的五年，是马克思主义中国化实践成果和理论成果不断创新不断收获的五年，也是各级党委讲师团充分发挥职能作用奋发有为的五年。

五年来，市委讲师团牢记职责使命，始终坚持以学习贯彻宣讲习近平总书记系列重要讲话精神和党中央治国理政新理念新思想新战略为主线，在市委和市委宣传部的坚强领导下，胸怀“一盘棋”，融入大格局，锐意创新，主动担当，砥砺奋进，紧跟晋中挺进步伐，开创了讲好晋中故事，写好晋中文章的崭新局面。

一、这五年，多项工作累累获奖，是对我们脚踏实地、艰辛付出的认可和肯定。

五年来，荣获的主要奖项包括：2015年10月，被中宣部授予“全国基层理论宣讲先进集体”荣誉称号，是近五年来山西唯一获此殊荣的单位，也是晋中有史以来第一次获得此类奖项；从2013年至2016年，在省委讲师团对各市党委讲师团年度考核中，连续四年排名第一；在全市2013年度目标责任考核中，首次名列优秀等次。2017年5月，被晋中市委、市政府授予“晋中市模范集体”荣誉称号；2013年，被市委宣传部评为晋中市理论宣传先进单位；从2013年至2016年连续两届被市直工委评为市直机关文明和谐单位。

二、这五年，理论宣讲呈现出“轰动、主动、生动、互动、联动、带动”的“六动”效应，成功打造全市“百姓宣讲团”，形成了理论宣讲大众化、分众化的“晋中模式”。

1.连续五年承办组建全市党的十八大精神及十八届三中、四中、五中、六中全会精神宣讲团，具体负责组织协调、培训督导等工作，宣讲场次共计70余场次，受众1万余人次。

2.坚持以习近平总书记系列重要讲话精神为引领，兼顾讲好“中央精神的普通话、省市委工作部署的地方话、群众爱听愿听的百姓话”三种声音，既要讲好“过去的晋中故事”，让群众有亲近感；又要讲好“现在晋中的故事”，让群众有认同感；

还要讲好自己的故事，身边人的故事，让群众有代入感，努力让中央、省市委的声音真正入耳入脑入心。五年重点开展了“传递正能量，共话中国梦”；习近平总书记系列重要讲话精神；习近平总书记“7·26”重要讲话精神及视察山西重要讲话精神“六学六知六进”主题学习宣讲；党的十八届三中、四中、五中、六中全会精神；“中国梦、晋中梦、我的梦”校园大讲堂；“文明创建，素质提升”市民大培训；“我为人民服务”共产党员主题宣讲；“践行核心价值观，争做文明晋中人”；“崇尚劳动、成就梦想”劳模进校园巡回宣讲；“我们的价值观”主题宣讲；党的群众路线教育实践、“三严三实”“两学一做”“维护核心见诸行动”等多项主题宣讲活动。据统计，截至2017年9月底，市委讲师团教师及市“百姓宣讲团”宣讲员共计参与上述主题宣讲1800余场次，直接受众达30万人次，规模之大，覆盖之广，效果之好，影响之远，创晋中理论宣传事业历史之最，得到了社会各界的普遍好评。

3.创办全省首个“百姓宣讲团”。2013年，市委宣传部、市委讲师团开展了“传递正能量，共话中国梦”百场主题宣讲活动，得益于宣讲的热烈互动，基层涌现出一批思想上进、既有故事又有良好表达能力的“追梦人”，我们顺势而为，将这些人组织起来，组建了晋中第一支“百姓宣讲团”。成员有党的十八大代表、农村党支部书记、环卫工人、交通民警、小学老师、大学生“村官”、社区干部、电视台主持人、企业工程师、武警战士等社会各界代表，遍及晋中城乡，这些人经市委讲师团专职教师辅导培训后，成为活跃在基层一线，广受群众欢迎的理论宣讲员。之后，在各种理论宣讲、演讲比赛等活动中，发现人才，充实力量，不断壮大，目前已有五十余人的规模。

三、这五年，理论研究站立时代之潮头、思考晋中之课题、谋划未来之对策，积极为晋中“两个全面”宏图大业建言献策，大做文章，一篇篇具有前瞻性、针对性、可行性的科研成果脱颖而出。

1.完成重点课题。我们深入调研，潜心探索，年年成立重点选题课题组，人人肩上有课题，先后承担完成了省委宣传部哲学社会科学规划重点课题《晋商家风家训研究》，全省宣传文化“四个一批人才”重点课题《实施创新战略推进晋中精准扶贫》，承担结项全市年度软科学课题《强力实施创新驱动战略确保晋中全面建成小康社会如期实现》等3项。连续4年完成市委宣传部年度重点调研课题《用社会主义核心价值观引领大学生成长成才——驻晋中大学生思想状况调查报告》等6项。承担市委组织部党建研究会《对照镜子、正衣冠、洗洗澡、治治病的深层次思考》和市委统战部《党外干部廉政监督机制研究》等年度重点课题9项。五年间在《前进》

《先锋队》《山西日报》《晋中日报》《晋中晚报》《晋中论坛》《晋中工作》《晋中政讯》等省市报刊发表论文调研报告120余篇。

2.主要获奖荣誉。2013年,《挖掘红色资源打造红色晋中》调研报告荣获山西省第十届精神文明建设“五个一工程”优秀理论文章奖和全市第四次社科研究优秀成果大评奖一等奖。《用社会主义核心价值观引领大学生成长成才——驻晋中大学生思想状况调查报告》分别荣获省委宣传部2015年度优秀调研成果二等奖、省党建研究会2015年度党建研究课题优秀成果三等奖和晋中市第五次社会科学优秀成果大评奖一等奖。《对做大做强晋中红色文化品牌的再思考》等6项研究成果先后多次荣获山西省思想政治工作年度优秀研究成果一等奖、二等奖。《多管齐下疏通干部下不来之“常梗阻”》等6篇论文和调研报告先后荣获山西省党建研究会2015年度自选课题优秀成果二等奖、三等奖。

3.专题论文板块。从2013年至2017年，连续五年与市级主流媒体《晋中晚报》合作开展理论宣传，相继在《晋中晚报》开辟了《中国梦、晋中梦、圆梦大讲堂》《群众路线论坛》《全面挺进全省第一方阵》等理论专栏，组织发表文章200余篇。

四、这五年，理论宣传站位大格局，高扬主旋律、传递正能量，从平面媒介到电视媒体，从基层舞台到网络平台，大手笔操作，多层面推进，一项项全市性大型理论宣传活动成功举办，执行力影响力日益提升。

1.承办大型宣传活动。五年来，我们以宣传党的科学理论和培育践行社会主义核心价值观为重点，创新思路，打造平台，营造声势，开展丰富多彩、生动活泼的理论宣传活动。先后组织承办全市十八大精神和十八届三中全会精神暨“文明创建素质提升”知识竞赛、全市“践行核心价值观，争做文明晋中人”知识竞赛、全市“践行社会主义核心价值观”主题宣讲比赛。承办了全市宣传系统“两提一创”主题演讲比赛和“两学一做”系列“学理论诵经典当先锋”诵读比赛及展演活动。

2.积极编撰晋中理论及文化类图书。组织力量编撰了图文并茂的《中国梦晋中故事》《晋中历史文化丛书系列之一〈名品荟萃〉》。与兄弟单位联合完成了《习近平总书记视察山西重要讲话精神要点摘录》《治国理政新理念新思想新战略应知应会》和《习近平总书记关于宣传思想文化和意识形态工作重要讲话汇编》等编写任务。

3.努力办好“一刊一网”理论宣传阵地。重点打造自办的《晋中理论动态》刊物和《晋中思想在线》网站两个理论宣传平台。《晋中理论动态》围绕宣传工作重点及市委中心工作，以专题形式从理论层面予以解读贯彻，每个专题既传达高层声音，省市委的决策，又反映基层实践，有原创作品，逐步形成鲜明的办刊特色，受到相关部门的关注和肯定。如“中央一号文件专辑”“精准扶贫专辑”“强市富民论坛专辑”“大学生思想状况调研报告专辑”等热点话题专辑均有较好反响，五年编辑印发50册。《晋中思想在线》开设《市县动态》《高层声音》《宣讲文库》《国情沙龙》等特色专栏14个，选编内容要求既有较强的理论性，又有较强的可读性，保证每天都有更新，做到了理论传播工作的日常化。五年间推送信息5千余条，浏览量2万余人。

五、这五年，积极工作，主动配合，为市委中心组理论学习搞好各项服务取得新的成效。

五年来，全市性的集中学习教育广泛深入推进，市委中心组学习形式多样，扎实有效，充分发挥了示范带头作用。市委中心组共集中学习92场次，各县（区、市）党委中心组共集中学习900余场次。各级党委中心组采取多种形式进行学习，有专题辅导、专题交流、集中观看视频等，学习内容也是方方面面，促使各成员做到了真学真懂，真信真抓，真改真用，并能联系实际，学以致用，为实现“两个全面”奋斗目标提供了理论支撑和精神动力。我们作为市委中心组的服务单位之一，积极主动配合市委办公厅、市委宣传部，认真做好资料提供、老师聘请、会议服务等工作。同时，加大调研督查力度，加强对基层各级党组织的理论学习中心组的督促指导。

六、这五年，提升政治站位，立足防微杜渐，严格党内政治生活锤炼，廉政建设“两个责任”落实落细，用忠诚干净担当谱写理论宣传事业新篇章。

面对宣传理论工作的新形势新任务新常态，面对“苦干三年全面挺进全省第一方阵”和全市文化软实力站前列的艰巨任务，我们分析团情现状，采取得力措施，提振精气神，守住底线，不越红线，不碰高压线，不断加强自身作风建设，努力以新状态投入“两个全面”宏图大业之中，以奋发有为，勇攀高峰的新业绩，为全市实现“两个全面”再创辉煌，再立新功。

一是认真学习执行中央新出台的《中国共产党廉洁自律准则》《中国共产党纪律处分条例》《关于新形势下党内政治生活的若干准则》和《中国共产党党内监督条例》等党内法规，领导干部率先垂范，全体党员干部始终将廉洁自律记在心上，扛在肩上，落实在行动上。二是持续强化“两个责任”落实。结合年度重点工作计划，制定了《市委讲师团党风廉政建设工作要点及责任分解》《市委讲师团理论宣讲流程及防控图》《市委讲师团理论研究流程及防控图》《市委讲师团权力运行责任清单》等新规矩新机制。明确党组班子、主要领导、分管领导和直接负责人的职责，层层签字背书，形成一级抓一级的无缝衔接。三是自觉接受市纪检监察委派驻市委宣传部纪检监察组的监督，主动邀请纪检监察组领导参加研究重大事宜的团长办公会，按照纪检监察组要求，进一步细化规范内部规章制度，关紧制度的笼子。四是积极推进“六权治本”，坚持不失职、不失位、不失管、不失效的“四不”原则，把政治纪律、讲台纪律、选题规矩挺在前面。明确了具体工作中的三个廉政风险点，包括宣讲过程中有可能出现违反政治纪律、宣传纪律的错误言论，加强课前、课中、课后的指导和监督；培训过程中可能出现违反政治纪律、宣传纪律的错误言论，加强培训期间的指导、管理和监督；在考试考核中担任评审、评委和出题的人员，可能出现违反组织纪律、廉洁纪律的错误行为，加强对评委的管理和监督。五是加强廉洁教育，多次参观全市警示教育基地，集中观看《坍塌》等多部警示教育片，教育大家警钟长鸣，时刻绷紧廉洁自律这根弦。

七、这五年，“夯实理论基础年”“两提一创”等特色性活动持续推进，骨干教师快马加鞭，年轻老师小荷才露，讲师团整体素质不断提升。

一是坚持星期一下午集中学习雷打不动，形成制度化常态化学习机制。二是坚持备课集中研讨制度，每次主题宣讲或辅导，前期都要对教师个人备课初稿统一进行内部试讲，人人提意见建议，不断优化充实讲稿。三是自2014以来连续四年开展“夯实理论基础年”内部学习研讨活动。创新方式方法，一方面，每周由一名骨干教师和主要领导讲授马列主义、中特理论、经济学等基础理论课程；另一方面，每半个月由年轻教师开始为大家阅读主流平面纸媒谈体会话感悟。这种人人有压力、人人都参与、新老齐进步的理论学习和素质提升方式，在全市及全省讲师团系统都是独树一帜。四是召开了全市宣讲总结暨讲师团成立30周年座谈会，总结经验，明确新目标，开创新局面。五是加强调研和培训工作，强化素质提升，每年坚持派出若干教师外出培训深造。先后赴北京市委讲师团、深圳市委讲师团这两个全国标杆单位进行考察调研。六是队伍实力日益壮大。现有研究生学历4人、本科7人。副教授资格5人，讲师资格2人。有全省宣传文化系统“四个一批人才”2人，市委联系高级专家1人。

八、这五年，发挥优势，迎难而上，全身心投入，全要素参与，秉承小单位要做大贡献的担当精神，从整村脱贫到转移阵地，下乡定点扶贫工作成效突出。

1.和顺县阳社村实现整村脱贫。从2013年至2016年，讲师团全员参与和顺县阳光占乡阳社村的定点扶贫工作，通过看真贫，真扶贫，扶真贫，坚持产业支撑，项目带动，完成了全村74户210人的精准扶贫任务。完成的主要实事好事包括：先后建成了规模化标准化养牛园区、文化健身小广场、双孢菇种植大棚基地和村日间照料中心等生产生活项目，完成了村内街道硬化亮化工程、引泉入户人畜吃水工程和护村拦河坝工程等基础设施建设，投资总额达到350万元。每年春节、“六一”儿童节都要慰问贫困户和少年儿童。讲师团“爱心妈妈团”个人捐款800元资助了两名品学兼优的贫困家庭女孩。2016年，该村农民人均纯收入达到3200元。年底经第三方机构评估，该村实现了整村脱贫。

2.转移到和顺县西坡村继续开展定点帮扶。2016年底，单位定点帮扶调整到和顺县西坡村，全团11人对接38户贫困户101人。我们确立了党建引领、产业支撑，确保2018年底实现整村脱贫的扶贫思路。一方面，加强村“两委”班子建设，加强理论和政策学习，组织党员干部外出考察学习、开展义务劳动，不断增强党员干部的带动性和示范性，不断激发村民脱贫的内生动力。另一方面，实施210亩万寿菊规模化种植调产、人畜饮水打深井及配套、党支部村委会大院改造、村容村貌硬化绿化提质工程、土地流转等生产生活重点项目，开展精准入户结对子帮扶，成效显著。上述扶贫工作做法及经验材料《“学”有帮手“做”有抓手》在《先锋队》杂志2017年9期刊发。

展望下一个五年，我们豪情满怀，信心百倍。面对党的十九大精神等一系列新的宣讲研究任务，我们将不辱使命，忠诚担当，不忘初心，继续前进，在挺进全省第一方阵和决胜全面小康的征途上，再立新功，再创辉煌。

发表于《晋中论坛》2017年第6期

“牛郎织女传说”的时代价值

在脱贫攻坚的决胜阶段，我与几位同事有幸来到“牛郎织女文化之乡”和顺松烟开展扶贫帮扶工作，每天能在松涛阵阵、烟云浩渺的生态氧吧中忙碌，自然忙中有怡，忙中有绿。松烟南天池一带是中华“牛郎织女传说”的发祥地，每天微信工作群、朋友圈里，参加会议的人群中，与村里村民的闲谈中，包括入村途经路过的村庄宣传画中，诸如南天池、牛郎峪、南天门等与牛郎织女传说相关联的文字、影像、话语等信息，铺天盖地，已成生活之日常。进入如火七月，松烟却是凉爽宜人，恰逢和顺“我们的节日·七夕——第八届中国和顺牛郎织女爱情文化节暨全民休闲避暑旅游月”正有声有色展开。大家闲暇之余，不约而同就聚焦到一个话题上，享有中国“四大民间爱情传说”之一和晋中“八大文化品牌”之一荣誉的“牛郎织女文化”，在坚定文化自信的新时代，其时代价值如何，如何传承光大，很值得思考。

“牛郎织女传说”是一个妇孺皆知、家喻户晓的神话故事。传说很久很久以前，牛郎是牛郎峪的一个孤儿，依哥嫂过活。嫂子马氏为人刻薄，经常虐待他，他被迫分家出来，靠一头老牛自耕自食。这头老牛很通灵性，有一天，织女和诸仙女下凡游戏，在沐浴池洗澡，老牛劝牛郎去取织女的衣服，织女便做了牛郎的妻子。婚后，他们男耕女织，生了一儿一女，生活十分美满幸福。不料天帝查知此事，派王母娘娘押解织女回天庭受审。老牛不忍他们妻离子散，于是触断头上的角，变成一艘小船，让牛郎挑着儿女乘船追赶。眼看就要追上织女了，王母娘娘忽然拔下头上的金钗，在天空划出了一条波涛滚滚的天河。牛郎无法过河，只能在河边与织女遥望对泣。他们坚贞的爱情感动了喜鹊，无数喜鹊飞来，用身体搭成一道跨越天河的彩桥，让牛郎织女在天河上相会。王母娘娘无奈，只好允许牛郎织女每年农历七月初七在鹊桥上相会一次。在秋夜天空的繁星当中，我们至今还可以看见银河两边有两颗较大的星星，晶莹地闪烁着，那便是织女星和牵牛星。和牵牛星在一起的还有两颗小星星，那便是牛郎织女的一儿一女。这就是“牛郎织女鹊桥相会”传说的渊源。

传说，说穿了就是一种数千年来民间人们口口相传下来的故事而已。神话传说更是超越了现实存在，寄托了人们的一种信仰、愿景和追求。由于农历的七月初七正当雨季，所以这一天常常下雨，人们便说这是牛郎织女的眼泪。农村中的一些少男少女还会趴在葡萄架的下面，据说可以听到牛郎织女的悄悄话。因为牛郎织女的故事美妙动人，所以直到今天，人们还常常以“牛郎织女”来彰显夫妻的恩爱。

一段历史故事，一种地域风俗，一点人伦温情，乃是传统节日的无限魅力。翻开中华文明史，早在东汉时期已有关于七夕的故事，如后来之乞巧节、女儿节或少女节等。七夕正值夏季，夏夜纳凉让人们将眼光投向了头顶的两颗亮星——牵牛与织女，并将人间的男耕女织附会其上。早在先秦，就有许多有关牵牛星、织女星的记载，而且织女星已被人格化，成为女性祈福的对象，希望上天能给自己带来灵巧的双手和聪慧的心灵。汉代彩女在七夕这天“穿七孔针于开襟楼”（《西京杂记》），后来的月下穿针乞巧正是滥觞于此。秦汉以后，祈福的内容又有了进一步的发展。人们渴望美好的爱情。因此，牛郎织女七夕相见的故事，开始注入了节日的内容。由于人们对牛郎织女相爱而又被阻隔的同情，就越发关注他们一年一度的相会，七夕之夜纷纷出门“坐看牵牛织女星”，并用五色线结“相连爱”，以表示把七夕看成爱情节。“牛郎织女传说”这个既有诸如仙女下凡等放飞想象的翅膀，也有牛郎劳苦农作的田园现实场景，由此逐渐演变成了中国多个传统节日里，最为浪漫、最引人遐想的“七夕节”。而如今，古老的“鹊桥相会”在神奇的太行山又创造出新的神话。

溯源中华文明发祥地的晋中时空，文化厚重，星空璀璨，源远流长。经过专家学者翔实考证，千古流传的民间美丽传说“牛郎织女”爱情故事就源于和顺县境，即以太行山中段天河梁为中心，方圆二十公里范围内的晋冀交界处。和顺县境内松烟镇牛郎峪、南天池一带，山峰奇俊，林木茂盛。南天池村东一公里处海拔1800余米的天河梁，横亘南北，犹如一壁屏障，将南天池村与外界隔绝，形成相对封闭的世外桃源，这里常年云雾缭绕，恰似人间天上，天上人间，同牛郎织女爱情故事的背景十分相似；其诸如牛郎峪、牛郎沟、天河池、南天门、簪峪、喜鹊山等近20个地名和景点，形成了一条完整而系统的情节链，具有完整而系统的原生态面貌；其经济方式和遗存的古风古俗，最接近古代农业社会的原型，同牛郎织女故事所表现的“男耕女织”的理想观念十分和谐融洽。2006年12月，“中国牛郎织女文化之乡”金字招牌落地和顺，为中国“情人节”找到了具有说服力的起源地，使“七夕节”这个象征美好爱情的节日，使这一传颂千年的佳话，中华民族“金风玉露一相逢，便胜却人间无数”“在天愿作比翼鸟，在地愿为连理枝”的爱情理念有了最完美的诠释。

按照学习践行习近平新时代中国特色社会主义思想，坚定文化自信，努力实现中华优秀传统文化创造性转化、创新性发展的新要求，摘其精华精要，连接时代人事，参考和顺牛郎织女文化研究会樊宝锁等学者的研究成果，至少有五点启迪。

有利于教化忠贞不渝的爱情观。爱情是社会性重于自然性的一种精神生活现象。“两情若在久长时，又岂在朝朝暮暮”，这两句因描写牛郎织女情意而长久地脍炙人口、传诵不衰的千古绝唱，掷地有声。更是对牛郎织女传说蕴含的人世间爱情真谛的深刻揭示。牛郎在王母娘娘的威严和神力面前，不畏艰险，追随织女到天上，强求与织女相会，正是中华民族忠贞不渝爱情理想的寄托和愿望，也是“七夕节”变成爱情节的渊源所在。

有利于培育文明和谐的家庭观。习近平总书记讲，家庭和睦则社会安宁，家庭幸福则社会祥和，家庭文明则社会文明。牛郎织女传说彰显千百年来人们对美好生活的向往和对美满家庭的渴望。在农耕时代，这种向往与渴望表现得尤为强烈。牛郎织女一双儿女的降临为生命添加了欢乐，儿女成双，男耕女织，家庭美满，延续着劳动人民的希望。现在国家提倡一对夫妻生育两个子女的两孩生育新政策的全面实施，顺应了人民群众期盼儿女成双的共同心声，也似乎与牛郎织女传说中的一儿一女成双的场景不谋而合。千家万户幸福，国家才能富强，民族才能复兴。可见，牛郎织女相亲相爱一家人的形象，似乎将永远活在民间百姓心中。

有利于形成青山绿水的生态观。习近平总书记强调，要树立“绿水青山就是金山银山”的强烈意识，努力走向社会主义生态文明新时代。牛郎织女传说“人神相恋”的特征，体现了人与自然对话的期盼。人类的这种期盼由来已久，于是传说中大量出现了人与神仙的对话，人与动物、植物的对话，人与自然山水的对话，呈现了人因自然而生，人与自然乃是一种共生关系的自然规律，彰显了人与自然和谐相处的强烈愿望和心理特征。可以说，牛郎织女传说的绿色生活方式，对于今天我们开展生态文明建设，仍具有启示意义。

有利于塑造追求幸福的奋斗观。“河汉清且浅，相去复几许。盈盈一水间，脉脉不得语。”牛郎织女千里迢迢一年一度相会，蕴藏着不折不挠、不畏不惧、困难当头奋发有为的精神力量。蕴含着不畏艰险、为追求幸福奋斗不止的人生哲理。在漫长的农耕社会里，自给自足的小农经济，难以摆脱上天的约束，耕作者不折不挠，依靠不懈奋斗，与命运抗争，追求幸福生活，是几千年来激励人们冲破传统观念的精神力量和文化源泉。在今天国泰民安的新时代，牛郎织女传说中蕴含的是幸福美好生活、奋斗不止的精神内涵，应该好好传承。

有利于传承天人和谐的“中和观”。“中和”是古代先哲先贤的生命信仰和思维基础，“和谐”是中华民族文化的主流价值观。牛郎织女文化正是顺应了人伦和谐、天人协调的中华民族数千年来追求的美好愿望，诠释了中华民族追求爱情和满、家庭和谐的文化理念，才在中华文明史上占有一席之地。政通人和是人们理想的政治生态和社会生态，王母娘娘拔下金钗划出一条天河，将牛郎织女阻隔于天河两岸，只许他们一年相会一次，既是封建统治阶级对农民残酷统治的反映，也是人们对打破天堂与人间的界限，实现政通人和的一种心理追求的写照。当前，我市正在深度挖掘、广泛宣传区域内独特的晋中“中和”文化，继续利用各种媒体资源，广泛深入宣传推介牛郎织女文化发源地在晋中，牛郎织女文化也属“和”文化范畴等主题，应是广大宣传文化人的时代担当。

发表于《晋中论坛》2018年第5期

从匾额楹联中领略晋中“和文化”之底蕴

习近平总书记多次强调要深入挖掘和阐发包括尚和合、求大同等中华优秀传统文化的时代价值，并从注重小家庭和睦，到倡导构建大地球人类命运共同体，光大躬行，堪称典范。

晋中是一个血脉里流淌着黄河文明基因的文化宝地，历代先贤为后人留下了众多历久弥珍的精神财富。而作为这条文化“珍珠项链”上的“和文化”明珠，亟待我们擦洗抛光，展示风采。大之不言，单从晋中遗存散布于不同场合的匾额楹联中，也可探寻到“和文化”的丰厚底蕴和内涵。

先抬头仰视匾额。匾额大多悬挂于建筑物高处的显要位置，是展示家族名望、地位和明志寓意的重要载体。匾额集诗文与哲理于一体，融书法和雕刻于一炉，体量不大，分量不轻。晋中蕴含“和文化”的匾额，主要遗存于晋商大院、票号遗址和百姓老宅之中。乔家大院有一处地标性文化遗存，在中堂大门对面的“百寿图”照壁的匾额，书有苍劲有力、飘逸洒脱的“履和”一词，乃由“端祥步履由中道，怡然胸襟养太和”之句意化而来。再有悬挂于在中堂大门阁楼上的“履中蹈和”匾额等。这些寓意深刻的字句，集中反映了大院主人乔致庸中庸尚和、以和为贵、诚信经商为正道的人生境界。其实，乔家给第四代掌家人乔致庸取这个名字的意愿，就是希望乔家后人致力于不偏不倚、折中调和。在王家大院悬挂着“理和”“义和”“和宁”“和恒居”等许多蕴含“和文化”的匾额。常家庄园的堂名更是以“和”为核，形成了“业和堂”“清和堂”“纯和堂”“体和堂”“锦和堂”“节和堂”“人和堂”“慎和堂”“雍和堂”“谦和堂”“养和堂”“广和堂”“贵和堂”“元和堂”的“和文化”主题系列匾额，独树一帜，别开生面。“汇通天下”的票号作为晋商最伟大最骄傲的创造，其票号拟名十分注重文化品位，包括“日昇昌”在内的41家票号，家家名称无不凸显优秀传统文化之内核，就具有“和文化”色彩而言，有平遥开设的“协和信”和“祥和贞”，有太谷开设的“三和源”。从普通人家的匾额中寻找“和文化”，哪儿也不用去，太谷三多堂博物馆收藏的千余幅木质匾额，就是其集大成者。诸如“凝和室”“和为贵”“贵和”“饮和”“和靄”“和顺”“养天和”，等等，不一而足，都彰显了晋中这片文化沃土上劳动人民对“以和邦国”“和而不同”“和衷共济”“以和为贵”等“和文化”精髓的崇尚与追求。

再左右品味楹联。楹联是长久固定于门厅两侧屋柱上的对联，是房屋主人明心述志、咏物抒情的独特载体。晋中楹联文化源远流长，主题众多，其中“和文化”理念比较突出，占有重要的一席之地，相关楹联主要遗存于古建筑及风景地。在乔家大院在中堂大门上，悬挂一副“子孙贤族将大；兄弟睦家之肥”的铜板楹联。其为晚清重臣李鸿章撰写赠予，意思是子孙贤能，家族将繁盛壮大；兄弟和睦，家庭能富贵利达。该联蕴含着中国传统的和睦、和谐、包容、大度等“家和万事兴”“和为贵”治家理念。还有“华北第一笔”赵铁山书写的“敏而好学无常师；和而不流有定守”。中堂楹联，教化人们为人要和顺和善，善于协调自己与他人的关系，但又不能丧失原则而随波逐流。在灵石王家大院，蕴含“和文化”的楹联就更多了，择其数副佳联如下：

忍而和，齐家善策；勤与俭，创业良图。

穷不失义，礼之用和为贵；富而无骄，德不孤必有邻。

风格谦和归子慕；胸襟高旷晋渊明。

金石其心，交以道，接以礼；仁义为友，聚者舒，遇者和。

崇仁崇礼，坦荡耕读，放眼四海阔；宁静宁和，坚贞励志，开怀三光明。

法祖德，温良恭俭让；顺天理，孝义礼仁和。

崇宁崇安古今同此心，黎庶唯盼和谐共乐；敬世敬业贫富有其念，我您俱当励志辛劳。

绵子姓于继继绳绳蔓延邈矣周京兆；溯宗支之源源本本儒雅依然晋永和。

在大力倡导“和民心，顺民意”理念，晋中“和文化”颜值与名分最高的和顺，史载清代乾隆年间和顺知县朱汝玑，曾为和顺县衙题写一副40字的藏头楹联：“和辑之风，生于礼仪，诵其诗，读其书，学校原为表率；顺成之道，在乎勤劳，耕尔田，织尔帛，农桑实是根源。”联首“和辑”，寓意和睦团结，出自《管子·五辅》:“举措得，则民和辑；民和辑，则功名立矣。”可惜这副珍贵楹联不幸毁于战火。

以上匾额楹联，只是晋中“和文化”百花园之一隅，肯定挂一漏万，期待有识之士挖掘更多更美的佳匾佳联，同时创作创意具有时代气息的“和文化”主题匾额楹联，为新时代晋中文化软实力提升，锦上添花。

发表于《晋中日报》2018年6月21日

高扬理论先声　引领文明重塑

——谨以此庆祝改革开放40周年

2012年12月11日，习近平总书记在广东考察工作时强调，改革开放是我们党的历史上一次伟大觉醒。40年壮阔历程，记载着物质的丰富、社会的变革和实践的深入，刻录着思想的升华、理论的创新、文明的进步。从推进文明进步的角度立意，40年变迁带给中华文明复兴的一个基本启示，就是“文明”这个综括人们人文精神、发明创造以及公序良俗的词汇，始终在传统与外来的交流、冲突、融汇、转化中不断扬弃、不断超越，汇聚成日新又新、生生不息奔涌的潮流。改革开放40年，引领中华文明潮流奔腾向前的是伟大的中国特色社会主义理论，特别是作为马克思主义中国化最新成果的习近平新时代中国特色社会主义思想，始终是时代精神的精华，始终弹奏着思想领域的主旋律和时代的最强音。

40年波澜壮阔的实践为理论提供了足够丰富的素材，也为文明的演进理清了更明晰的方向。在进入新时代的历史关口，把握未来文明发展方向，必须深入走进其中，理解其发生发展的逻辑，探索未来发展的新命题。

一、晋中阐发理论先声引领文明重塑40年回溯

回溯过往，党的十一届三中全会后，党中央就及时提出了建设社会主义精神文明的任务。晋中同全国一样，党委宣传部门、党校、讲师团等理论宣传部门，就开始为精神文明创建提供理论引导，担负起开展形势政策任务教育，组织实施党的理论创新成果和中央重大方针政策、决策部署的宣讲宣传研究工作，为统一思想、凝聚力量、实现党和国家的奋斗目标做好理论武装、思想引导、精神鼓舞工作。特别是党的十八大以来，各级党委宣传理论部门在市委的正确领导下，在党员干部思想理论武装、基层群众文明素质提升等方面，做了大量卓有成效的工作。着眼于激发人的活力与动力，着力于塑造人的精神与风貌，通过理论宣讲、理论培训、理论研究，创办理论刊物和理论网站等方式，对广大党员干部群众进行经常性的理论教育和素

质养成培训，在文明重塑工作中发挥了重要作用。

1.正规化的干部理论教育，提升了领导干部的政治信念和实践本领。1980—1982年，重点组织干部学习社会主义商品经济理论。1983年，开始对全区干部进行正规化理论教育，主要学习《马克思主义哲学》《政治经济学》《科学社会主义》《中国革命史》和《邓小平理论文选》等课程。1988年底，晋中地区被评为全省5年正规化理论教育先进地区。1990—1991年，主要组织干部学习《马克思主义哲学学习纲要》《关于社会主义若干问题学习纲要》。从1992年开始，集中学习中共党史和马克思主义党的建设理论。1998年12月，成立晋中邓小平理论学院。在此过程中，干部理论教育制度化、规范化、常态化水平不断提升，显著有效地提升了领导干部的党性修养和做人境界，提高了领导干部的知识水平和实践本领，为晋中的改革发展发挥了突出作用。

2.常态化的重大精神宣讲，增强了党员群众的政治认同和法规意识。全市宣传理论战线连续多年承办组建全市党的全国代表大会及全会精神宣讲团，在常态化的宣讲中，除“规定动作”外，不断丰富“自选动作”，努力让中央、省市委的声音真正入耳入脑入心。仅在过去的几年即重点开展了“传递正能量，共话中国梦”，习近平总书记系列重要讲话精神，习近平总书记“7·26”重要讲话精神及视察山西重要讲话精神“六学六知六进”主题学习宣讲，党的十八届三中、四中、五中、六中全会精神宣讲。特别是在习近平新时代中国特色社会主义思想和党的十九大精神的宣讲中，不同行业部门全面动员、全面铺开、全员覆盖，半月时间覆盖40万人次。这些有深度有广度有温度的大力度宣讲，强化了基层干部群众对党的重大方针政策的认识，提高了政治站位，切实把思想和行动统一到党的决策上来，把力量凝聚到党确定的各项任务上来，也为精神文明创建活动提供了行动指南与科学遵循。

3.大规模的市民素质培训，打造了具有现代形象和进取意识的合格公民。提高市民文明素养，是精神文明建设的重中之重。近几年，全市组织社会各种宣讲资源，集中地广泛地开展了“文明创建，素质提升”市民大培训。培训活动以文明的核心是“尊重”为主线，从日常的衣食住行入手，以市文明办倡导的十大文明行为养成为重点，在机关社区学校企业等进行了高密度的培训。仅2014年七八两个月，参与培训的市民就达到30万。市委讲师团与《晋中日报》合作，发起“学习贯彻党的十八届三中全会精神暨‘文明创建、素质提升’知识竞赛”报纸答题活动。市委宣传部、市文明办在市广播电视台举办了晋中市“践行核心价值观，争做文明晋中人”活动启动仪式暨知识竞赛活动。通过这些活动，使全市的文明创建工作做到了家喻户晓，广大市民以高昂的热情和积极的姿态对这些活动作出了回应。

4.广覆盖的主题宣讲活动，营造了践行社会主义核心价值观的浓烈氛围。2016年4月，晋中市“践行社会主义核心价值观”主题宣讲比赛八场复赛同时开打，两天时间，参赛现场超千人。别具一格的以赛促宣的形式，俯拾即是却令人动容的内容，有效诠释着社会主义核心价值观在基层的落地生根。这场声势浩大、影响广泛的主题宣讲，在晋中持续进行了半年。整个活动覆盖乡镇、机关、学校、企业、医院等各类单位，参与者达上万人（次），直接宣讲人员近千人。宣讲者以真挚的情感，朴实的语言，讲述身边的好人好事好风尚，生动展示全市人民群众践行社会主义核心价值观的具体行动。以宣传党的科学理论和培育践行社会主义核心价值观为重点，打造平台，营造声势，举办了形式多样的活动和仪式，如全市十八大精神和十八届三中全会精神暨“文明创建素质提升”知识竞赛、全市“践行核心价值观，争做文明晋中人”知识竞赛、全市“践行社会主义核心价值观”主题宣讲比赛，全市宣传系统“两提一创”主题演讲比赛和“两学一做”系列“学理论诵经典当先锋”诵读比赛及展演活动，等等。

5.分众化的道德模范宣讲，倡导了人皆可为、人皆可学的奉献与善举。“中国梦、晋中梦、我的梦”“崇尚劳动、成就梦想”劳模进校园巡回宣讲；“我们的价值观”等主题宣讲，直接以身边的劳动模范和好人榜样作为宣讲者，以小故事、小话题切入，坚持一分钟抓住人、三分钟感染人、五分钟征服人、七分钟启发人，这样的形式让听众产生代入感。一段段真实的故事，一个个闪光的形象，宣讲者以真情投入，用敬业践行，讲述身边的好人、好事，许多感人肺腑的真人真事被挖掘、被展示，让每一位听众感到好人就在身边，好人就是你我他，凸显了广大普通百姓价值追求和精神理念的闪光点。

6.有分量的理论研究成果，助推了城市乡村文明进化的风气与习俗。在城市发展及文明养成中，离不开对自身地域文化的挖掘和传承。40年来，全市宣传思想和社科战线，形成了数以千计的理论科研成果。就精神文明建设主题来看，近十年间就有《中国梦晋中故事》《晋中城市文化品牌论丛》《晋中文明风采》《文明创建在路上》《晋中市民文明读本》《晋中精神》《晋中历史文化丛书》等论著出版，包括《晋中“八大文化品牌”系列调研报告》《挖掘红色资源，打造红色晋中》《核心价值观：领航文明城市创建勇攀高峰——基于文明城市创建的晋中实践与探索》等省市重点课题，其中几项研究成果还荣获全省精神文明建设“五个一工程”奖。这些课题在国家、省、市不同层级的媒体发表并获得上级部门充分认可的同时，也为积极推进全市文明创建工作，加强新形势下晋中软实力建设，在全社会营造培育践行社会主义核心价值观的浓厚氛围，为全市“两个全面”和转型发展，奠定了坚实的思想理论基础，提供了强大的精神动力。

二、理论先声引领文明重塑的启示

沐浴改革开放40年的风雨洗礼，特别是历经党的十八大以来数年的砥砺奋进，中华文明的重建进程和实现高度，之所以能够达到比历史上任何时期都接近文明复兴的目标，关键是从宏观社会思想到微观生活细节，从顶层谋划设计到基层落实落小，都有中国化、时代化、大众化的马克思主义创新成果的指导。

1.必须有一个中国化创新理论的引领。恩格斯说过：“一个民族要想站在科学的最高峰，就一刻也不能没有理论思维。”中华民族要实现伟大复兴，要推进文明社会的实现进程，同样一刻也不能没有理论思维。改革开放的40年，是中国社会经济、政治、社会、生态和党的建设全面发展进步的40年，也是中国从自然、社会和人三位一体持续提升文明程度的40年，更是马克思主义中国化、时代化不断创新的40年，以习近平新时代中国特色社会主义思想的形成为标志，达到了一个全新的前所未有的高度。由此，告诉我们一个真理性的结论：无论是生态文明的重塑，还是政治文明的构建，抑或人的文明素质的培育，都需要一个科学化、中国化的伟大思想的引领，都需要一个解释性、实证性、实践性相统一的经典体系的支撑，唯此，全社会的文明创建才能确保沿着正确方向前进。

2.必须有一个系统化主题教育的灌输。回溯改革开放40年的非凡之路，不难发现，我们党之所以能够历经风雨而不断发展壮大，我们的民族之所以能够以巨人姿态屹立于世界民族之林，我们的国家之所以能够迎来站起来、富起来到强起来的伟大飞跃，我们的人民之所以文化更加自信、文明更为彰显，很重要的一个原因就是我们始终重视对党员干部群众的教育教化。从党员干部层面看，一直强调思想建党、理论强党，从真理标准问题大讨论到“三讲”党性党风教育，从党的群众路线教育实践活动到“三严三实”专题教育，从推进“两学一做”学习教育常态化、制度化到即将开展的“不忘初心、牢记使命”主题教育，使全党始终保持统一的思想、坚定的意志、协调的行动、强大的战斗力。从社会公众层面看，从理论宣讲“七进”全覆盖到文明创建“五级联创”的纵贯线；从各地城市“市民大讲堂”到乡村“农民夜校”雨后春笋般地设立；从弘扬优良家风家训到接地气的村规民约治理；从“道德模范”“中国好人”到“最美家庭”“五好家庭”的评选表彰，从“少年先锋岗”“青年文明号”到“五老报告团”的广泛活动；等等，无不贯串着一条主线：文明素质的养成，必须依靠科学理论的指导，先进思想的引领，躬身践行的路径，唯此，文明涵养方可从小事情悟得大道理，从润物无声到见微知著。

3.必须有一个经典化价值信念的固化。站在世界文明史的视野下思考中华文明重建的历史使命，我们清醒地认识到，社会在发展进步，不少人的思想道德境界却发生滑坡，特别是在市场经济大潮的冲击下，包括一些党员干部在内的“精神软骨”“价值虚无”“教化缺失”等严重问题，成为制约整个社会向善向上向美的思想障碍。人类思想史证明，科学理论与价值信念需要通过无时不在无所不在的教化，特别是需要一定的仪式来灌输展示，才能达到内化于心、外化于行的成效。党的十八大以来，中央提出三个层面24字的社会主义核心价值观，并注重党和国家的“礼乐”重建工程，仅在2014年，就确定设立“中国人民抗日战争胜利纪念日”“国家烈士纪念日”“国家宪法日”“南京大屠杀死难者国家公祭日”4个法定纪念日。通过开展各种层级的纪念活动，强化了科学理论与价值信念的塑造功能，使文明理念和价值体系日益融入党员群众的日常生活。

4.必须有一个区域化精神标识的光大。一个国家的复兴需要伟大的民族精神，一个城市的崛起同样需要自己的精神标识。从国家层面看，习近平总书记强调：实现中国梦必须弘扬中国精神。这就是以爱国主义为核心的民族精神和以改革创新为核心的时代精神。这种精神是兴国之魂、强国之魂。从地方层面看，改革开放以来，各地在地域文化和精神遗产的挖掘整理上，一个突出成绩就是“区域精神”“城市精神”的提出。习近平总书记视察山西时，高度评价晋商精神：“山西自古就有重商文化传统，形成了诚实守信，开拓进取、和衷共济、务实经营、经世济民的晋商精神。”古老而年轻的晋中总结提炼出“明礼诚信、开放包容、艰苦奋斗、唯实唯先”的新时代晋中精神。近期，对富有区域特色的晋中“中和”文化的深度挖掘和大力宣介，也是晋中精神文明建设上的一次里程碑式举措。这些精辟精准的“城市精神”，作为城市软实力的重要标识，城市文明的“代表作”，推进了人们的文化认同，涵养了人们的文明意识，成为一个地方一个城市奋力前行的精神支撑。

5.必须有一个具象化日常运作的平台。从改革开放之初的“五讲四美三热爱”群众性精神文明建设活动的广泛开展，到新时代“最美家庭”“五好家庭”的全国性评选表彰；从二十世纪九十年代初开启五级文明单位创建，到2007年7月开展“全国道德模范”“中国好人”等典型标杆的表彰学习宣传；从薪火相传的学雷锋活动，到遍地开花的志愿者群体，不一而足，这些有思想引领、有特定群体、有具体目标、有运作平台的创建活动，共同谱写了精神文明创建活动的精彩篇章。成功的实践告诉我们，文明素养的熏陶、培育和养成，必须搭建寓教于情、寓教于乐、寓教于行的载体和平台，以讲好身边人故事，来讲清文明人道理，达到教化于人的实效。

三、以新时代新思想为引领，谱写文明晋中华美篇章

文明是一座城市的风骨，根植于历史，立足于当下，焕发于未来。改革开放40年来，经过各级党委政府和人民群众的共同努力，晋中在市民文明素质、城市文明程度、城市文化品位等方面有了显著提升。但由于西方文化的冲击、价值多元、利益多样等条件的变化，仍然存在诸多与文明社会相悖，不合乎社会主义核心价值观要求的观念及现象。在新时代续写文明晋中华美篇章，必须把理论武装作为引领事业前进的先导，进一步提升整个社会的文明程度和民众的文明意识，努力建设崇德向善、文化厚重、和谐宜居的文明城市。

1.做好顶层设计，把握导向提升引领性。新的历史起点上，要深刻认识理论武装的重要性，以思想的先进性和纯洁性，激励全体党员干部不忘初心、牢记使命、永远奋斗，汇聚起同心共筑中国梦的磅礴力量。要用党的创新理论占据舆论主战场，引导干部群众抵制各种错误思想，使全体人民在理想信念、价值理念、道德观念上达成高度认同，保障改革开放和社会主义现代化建设顺利推进。这就需要党委宣传部门做好理论武装的顶层设计，真正把科学理论的真理道义优势转化为领航引向的话语优势，让新思想激荡出更加鼓舞人心的前进力量。

2.整合有效资源，扩大格局提升联动性。遵循专业性和群众性、引领性和广泛性相结合的原则，充分发挥专业队伍的骨干作用和广大群众的主体作用，让理论宣讲由原来的灌输式宣讲转变为体验式、参与式宣传，由过去的注重干部教育转变为向基层普通百姓聚焦，由宣传思想部门唱“独角戏”转变为多方联动的“大合唱”，将理论宣讲的一次传播转变为借助现代媒体的多次传播，实现全域性的资源整合、跨领域的融合、跨部门的结合和跨区域的联合，构建起理论宣传的大格局。

3.细化分众需求，有所侧重提升针对性。实践证明，做好理论分众化宣传可以有效提升理论武装的针对性。可根据不同群体差异性、选择性、多样性的需求，对宣讲对象进行细化；根据受众关注问题的侧重点、兴奋点和盲点，对宣讲内容进行细化；根据宣讲内容的专业性、权威性、说服力，对宣讲主体进行细化，通过多样化、多种类、富有特色的宣讲宣传，提升宣讲针对性，不断提升全社会文明素养的升级上档。

4.激发群众活力，创新形式提升有效性。在党的十九大精神宣讲中，晋中市用“地方戏”和“百姓歌”创新理论宣讲形式成为理论宣讲的一大亮点，这样的宣讲，

把“讲道理”和“讲故事”结合起来，把“大政策”和“小实际”结合起来，把“官方话”和“地方话”结合起来，把“我来讲”和“大家演”结合起来，有效地提升了宣讲的实效性。群众中蕴藏着创新的无穷潜力，由此广泛发动群众，会使理论的表达形式更合乎群众的需要，更易被群众接受，由以前的“讲理论”变为“种理论”，让群众从理论的旁观者变成参与创造的主人公，引导群众创新理论的表达方式，让理论的种子深深扎根在基层。

5.着眼活动举办，制度跟进形成常态性。近年来，各种形式的文明创建活动，有效提升了晋中的文明程度提高和市民文明素养的提升。迈入新时代，更需要通过各种评选表彰、重大节庆活动大力宣传文明创建的典型榜样，营造氛围，带动全市上下形成良好社会风尚。另外，还需进一步加强制度跟进。如完善意识形态工作方面的责任制度，强化各级党委的政治责任和领导责任；完善各项提升理论素养、文明素养等的学习教育培训制度，以水滴石穿的坚持把这些正能量融入市民日常生活；制定出台城乡文明行为规范；等等，形成诚信文明创建的长效机制。

发表于《前进》2018年11期，《晋中日报》2019年3月1日第3版理论版

■ 赶上“头班车”　人生路好走

——谨以此感恩改革开放

回望改革开放40年的壮阔征程，也是我们每个人风雨兼程的奋斗过程。正是赶上了国家重新重视教育，特别是恢复高考制度的历史性机遇，自己才有幸以应届生考入省内最高学府山西大学就读，毕业分配到晋中市委讲师团工作至今，能为全市宣传理论事业做一点力所能及的事情，并小有成就感。由此，总是由衷地感恩改革开放这个伟大的时代，这个带来无数奇迹的时代。

人生在世，中国人都好谈论人的命运。对此，著名哲学家、历史学家、国学大师、原国家图书馆馆长任继愈有过精辟的解释。他认为，“命”就是机会、机遇；而“运”就是大机会、大机遇。比如说国运，一个国家、一个民族、一个时代的机会是运，它不是命。命是小机遇，个人的遭遇是命。总的大命运决定小命运，在总的大命运下，小的命运不可改变。发端于1978年的改革开放大潮，就是大命运，决定了中国的未来，也注定了每个中国人的小命运，也框定了自己一个普通工人子弟的人生命运。

中国人常说，属龙的人命好。我是1964年冬天出生，属龙。当1978年冬天改革开放拉开大幕之际，正是自己人生14岁的关键节点，14岁是人生告别无忧无虑的童年，走向芳华正茂青春的人生黄金分割线。所以，与其说是属龙的人命好，不如说是我们这批属龙的年轻人，幸运地赶上了一个百年不遇的好机遇好时代，见证了40年改革开放无疑是中华民族发展史上最壮丽篇章的巨变。如今的自己，事业有成，家庭幸福，貌似小有所成。追根溯源，除了自己幼时家贫，无依无靠，只有靠自己孜孜不倦勤奋读书，奋斗改变命运，别无他途之外，关键还是得益于改革开放的大环境好际遇。有许多值得铭记的节点与经历，至今仍然历历在目。

原点的缘分。我出身于一个普普通通的工人家庭，童年时期曾一直在榆次鸣谦生活上小学。记得那是1978年夏天，刚刚14岁的自己，利用放暑假机会，想去看望在榆次修文村东晋中砖厂食堂当厨师的父亲，就单独一人步行从鸣谦走到榆次城里面的羊毫街，在当时的晋中地委大门口，准备搭乘厂里通勤车去修文。由于当时人生地不熟，对通勤车及街道详细情况不了解，从下午4点一直等到7点天快黑了，仍未见通勤车的影子，后来问路人才知晓通勤车在砖窑街与羊毫街的交叉口接人，早就出城回厂了。茫茫夜色中，无奈无助的我，只好选择乘坐次日的火车去修文，漫游到当时的榆次西站，在候车室长条椅上睡了一觉，天明后乘坐火车到修文站下车，去了修文砖厂。这里还要真心感谢当年让我在候车室过夜的那位不知姓名的好心人铁路警察。而七年后的1985年，大学毕业恰好分配到了当时等车误了车的晋中地委大院上班。现在回想起来，冥冥之中缘分注定，虽然误了一趟普通的通勤班车，却有幸赶上了改革开放富民强国的“头班车”，等车的原点变成了就业的起点，所谓幸运源自缘分，际遇绝非偶然。

0.5分的缘分。从上小学到参加工作后，交过无数次答卷，成绩有高有低，大多如过眼云烟。正如人的一生脚步很多，但关键脚步只有几步一样，唯独考高中与考大学两次最紧要答卷中的两个0.5分，终生难忘。一个是1979年从榆次修文三厂子弟学校报考高中学校，很想上当年口碑上佳的榆次北田中学，不巧成绩与录取分数线只差0.5分，多亏学校领导和班主任常老师多方说情通融，最终照顾进入了北田中学。到北田中学后，在诸多教导有方好老师的教诲下，埋头苦学，于1981年顺利通过文科高考预考，经过集中总复习，参加当年高考，取得了高考总分355.5分的成绩，有惊无险，刚好超出本科录取分数线0.5分，似乎这条分数线就是从自己开始收底，好像本科线底线就是为自己划的。当时学校捎来好消息时，着实既兴奋，又后怕。现在想一想，在当年大学录取率千分之几的背景下，这宝贵的0.5分，也算是对考高中成绩的一次补偿吧。两次半分的经历，分数尽管微不足道，却彰显出奋斗的细节，人生的命运，际遇的必然。

读书的缘分。耕读传家久；诗书济世长。儿时，就特别爱书、读书、藏书、用书，为读一张报，要从每天上下学路过的鸣谦公社大门外面的垃圾堆中，翻找又脏又破的废报纸。为看一本书，要向父亲要上几角钱舍不得买零食，积攒几个月，从供销社商店里购买喜欢的小人书和介绍英雄烈士的小册子。而如今自己的工作岗位市委讲师团，作为一个宣传理论单位，主要职能是开展理论教学、理论研究和理论宣传，这里最不缺的就是各类书籍和最新的报纸杂志。职业的必需，自幼的爱好，相融相促，人生事业有了最适合的平台，自身价值有了可以发挥的舞台，所谓男要入对行，这是最好的验证与见证。家里面三组直通屋顶的大型书柜加上地下室，放满了数以千计堆积如山的书报，这是书中自有颜如玉的文化宝库，更是呵护事业前程、安身立命的精神财富。

自己从事党的宣传理论工作已整整33年，在党的教育培养下，评上了副教授职称，先后被授予晋中市首批中青年学术技术带头人、山西省宣传文化系统首批“四个一批”理论人才、晋中市第六届市委联系高级专家等荣誉。在中央、省市报刊发表论文、调研报告80余篇。与同事合作完成的研究成果曾连续两届荣获山西省精神文明建设“五个一工程”优秀作品奖，多篇论文获省市社会科学研究成果评审一、二等奖。

风雨多经志弥坚；关山初度路犹长。写下这些，深深感恩改革开放带给了老百姓巨大的获得感幸福感；写下这些，深深感恩改革开放带给了广大知识分子“科学的春天”；写下这些，常常激励自己在回顾往事的历史中不忘初心、勇于担当、再立新功；写下这些，殷殷期望再过十年、再过二十年，新时代的中国将改革进行到底，将国门更加开放，一项项干好自己的事情，一步步走向光明的未来。

该文系“我与改革开放40年”征文活动入选文章，发表于《晋中日报》2018年11月7日。《榆次时报》2018年11月16日

■ 山西：国家级新区落地还需做哪些功课?

2019年1月，省十三届人大二次会议上，一份由晋中吉利新能源汽车工业有限公司总经理刘玉东首先提出，并以晋中市代表团集体提交的重磅级建议，一经亮相，便引起了与会代表和社会各界广泛关注。即建议山西尽快启动“设立太原——晋中国家级新区”申报工作，推进山西转型综改示范区建设真正上升为更高层级国家战略，实现质的飞跃。

所谓国家级新区，是由国务院批准设立、承担国家重大发展和改革开放战略任务的综合功能区和新兴城市区。从1992年10月起，第一个国家级新区“浦东新区”落户上海浦东后，25年来，中国已设立19个国家级新区。这些国家级新区，80%位于中东部发达地区，已成为所设地区域发展及经济增长的重要路径。

如果山西能够设立国家级新区，无论从哪个角度讲，在经济最发达、条件最具备的省会太原周边设立，都无可争议。新区范围至少应该包括山西转型综改示范区全域，包括太原市小店区、晋源区和晋中市榆次区、太谷县。2018年，全省地区生产总值达到1.68万亿。其中，省会太原市实现3884.48亿元，晋中市实现1447.6亿，两市GDP合计占到全省GDP总量的31.7%，三分天下有其一。值得一提的是，位于两市区域内的山西综改示范区，作为全省转型综改主战场，集聚辐射引领效应凸显——太原方面，对全市规模以上工业增加值的贡献率为50.7%，拉动规模以上工业增加值增长5.5个百分点；晋中开发区对全市规模以上工业增加值的贡献率为14.5%，拉动全市工业经济增长1.2个百分点。工业投资增长速度为246.5%，高新技术企业增长速度为43.1%。

基于未来这个国家级新区的发展空间和发展方向，其主要位于太原主城区龙城大街之南，参照其他城市命名原则，个人认为，山西国家级新区命名为“龙城新区”比较适宜。这样命名，既切合原有地名，也富有独特的文化内涵。当然，也有人大代表提出，将其命名为“太晋新区”。这种提法，在现有区域背景下，也自有其道理。

这份具有战略性全局性前瞻性的建议，提出时机恰当，内容鼓舞人心，既顺应了新时代山西改革开放再出发的历史趋势，也是山西努力推动全省经济由“疲”转

“兴”基础上全面拓展转型发展新局的必然抉择。同时，放眼全国，我们也须冷静思考，看清位置。当下，全国各地包括南宁五象新区、武汉长江新区、郑州郑东新区、合肥滨湖新区等地都在积极申报设立国家级新区。在如此激烈的竞争中，山西的优势何在？胜算几何？可以说任重道远。

梦想巨轮抵达彼岸，最需要的是定力和恒心。我们既然有设立这个国家级新区的雄心壮志，就必须对标对表，从头做起。在山西致力于转型综改、振兴崛起的新起点上，急需从以下几方面着眼、着手。

一是注重顶层设计。山西设立国家级新区，不仅是太原人、晋中人的大事，更是全山西人的大事。所以，谋划这件战略性举措，关乎山西发展大局，关乎未来山西在全国发展大格局中的地位及影响。我们要明确自身发展的定位、方位、站位，举全省之力，集众人之智，在省委、省政府的领导下，专题性专注研究这一战略设想，及早调研、及早规划，把设立“龙城新区”列入全省“十四五”规划的大盘子，统筹推进，早日落地。

二是统一战略概念。自二十世纪九十年代至今，太原晋中两地区域发展如何实现“双城”协调共融，合作共赢，就一直是两地决策层、学术界包括两市市民十分关注的热点议题。就双方区域性合作的提法和概念，目前，各种称谓很多，比如有“太原晋中同城化”“太原晋中一体化”“太原都市圈”“太原城市群”“山西中部城市群”，等等，这些概念都有道理，都没有错。由于没有形成一个规范性、权威性的固定概念，导致在各级政府文件、宣传媒体、对外交流中，各吹各的号，各唱各的调，尚未形成如“粤港澳大湾区”“长株潭城市群”等恒定不变的标准化称谓。这个规范化概念的缺位，不仅是一个经济地理上的简单概念问题，而是关系到山西近期与长远发展战略思路与重大决策的问题，也直接关系到太原与晋中两市区域发展包括设立国家级新区的问题。建议由省委、省政府出面，组织调研论证，提出一个最合适最权威的概念，包括这个概念的内涵与外延，以统一宣介口径，形成强势声音。

三是共建产业支撑。设立国家级新区，需要多方面的软硬件支持和支撑，其中最关键的还是产业的质量与数量。目前，在设想的“新区”范围内，太原晋中应当取长补短，相融共进，优势互补，按照龙头带动、链式布局、研发支撑、园区承载、集群发展的思路，推动产业规模化、集群化发展，努力打造一批新兴产业集群，包括高端装备、轨道交通、新能源汽车、生物医药、现代煤化工、新材料等支柱性产业集群。太原要进一步优化城市空间布局，拉大城市框架，推动产城融合，促进生产空间集约高效、生活空间宜居适度、生态空间山清水秀。晋中要充分发挥龙头企业吉利汽车的带动作用，加快形成年产整车30万台、核心零部件2000万台（套）、动力电池40GWh的千亿新能源汽车产业集群。在建设太谷县山西农谷上，要紧紧抓住兴建国家级农高区契机，利用太原在资金、技术、人才等方面的资源优势，围绕科技创新和深化改革，在平台打造、项目建设、辐射带动等方面取得新突破。2019年晋中市政府工作报告中提出，要积极对接太原都市区，推动市城区向北、向西扩张，多方面承接太原产业、人口转移，城市框架由100平方公里扩大到150多平方公里。北部，启动龙城大街区域开发，以龙城大街为轴，以美好生活为主题，布局冰雪运动、体育产业、旅游集散、房地产开发等业态，打造“一轴一环三带多组团”，与太原龙城大街形成40华里经济长廊，成为三年总投资过千亿迈万亿的投资热区、晋中城市转型升级的特色新区。如此看来，在龙城大街区域开发上，双方合作的机遇和空间更大更广。

四是办好自己事情。砥砺奋进新时代，追逐梦想定可期。在山西成立国家级新区，将是一个比较漫长的过程，最快也得需要四五年的时间。只要我们把产业做大做强了，城市繁荣发展了，生态青山绿水了，各方面的功课做足做优了，那么，国家级新区在三晋大地瓜熟蒂落，自然水到渠成。所以，只要全省上下以习近平新时代中国特色社会主义思想为指导，遵循新时代党中央对山西在全国发展格局中的战略定位，勇于担当起新时代赋予的全新使命，高质量实现全省建设资源型经济转型发展示范区、打造能源革命排头兵、构建内陆地区对外开放新高地的“三大战略目标”，以“功成不必在我”的精神境界和“功成必定有我”的历史担当，一张蓝图绘到底，一任接着一任干，山西国家资源型经济转型综合配套改革试验区一定能够升级为山西“龙城新区”，成为山西振兴崛起的标志性成果与里程碑起点。

与刘够安合作发表于《晋中论坛》2019年第2期

山西能源革命的路径选择

一、山西能源革命迎来重要战略机遇期

能源，始终是山西经济社会发展绕不过的话题；转型，始终是山西经济体制改革转不好的难题。当下，“一带一路”建设势头正旺，新一轮能源转型方兴未艾，新世纪能源革命蓄势待发，为山西新时代高质量发展带来了良好机遇和光明前景，迎来了大有可为的重要战略机遇期。之所以得出这个判断，基于以下思考：

1.以能源革命为契机，实现山西产业转型。山西历史上就是能源重要产出地，新中国建立后又被定位为国内能源基地，为新中国的经济、社会、民生等各方面的建设发展作出了重大贡献。尤其是改革开放以来，山西源源不断地能源输出和机械设备、特种钢材等高载能产品为我国很多重要领域的发展作出了不可磨灭的贡献。但山西在近几年的国内经济转型中发展速度放缓，在能源领域新技术、新模式发展的新一代科技创新大环境下，山西的能源产业体系显现出一定的滞后性。

2017年6月，习近平总书记视察山西时强调，山西要“以更加开放的心态奋起直追，主动对接‘一带一路’建设，打造内陆地区对外开放新高地”。在经济新常态大环境下，新一轮对外开放拉开序幕，绿色发展和清洁能源成为全球发展主基调的大背景下，中央为山西改革开放的顶层设计以及能源行业转型发展，出台了一系列战略性部署和实质性政策。包括国家“一带一路”倡议、国务院《关于支持山西省进一步深化改革促进资源型经济转型发展的意见》和国家发展改革委《能源技术革命创新行动计划（2016—2030）》《能源生产和消费革命战略（2016—2030）》，特别是2019年5月29日，中央第八次深改委会议通过的《关于在山西开展能源革命综合改革试点的意见》，强调在推动能源生产消费革命保障能源安全、构建清洁低碳用能模式、推进能源科技创新等方面加快改革。山西全省上下也正在为实质性推进能源革命综合试点落地细则，制定一系列具备含“金”量、含“新”量、含“绿”量的配套政策和任务清单。

2.以“一带一路”为机会，构架对外合作桥梁。山西省拥有大量的煤炭储备，并由此使山西省建设成以煤炭利用为主的能源产业结构。在全球倡导绿色低碳发展理

念下，中国政府提出了符合我国国情的以“清洁低碳、安全高效”为要求的“四个革命，一个合作”的能源战略，并提出山西省的任务就是作为“推进能源科技创新、深化能源体制改革”的试点省。山西省要站在能源革命的高度，以能源生产消费革命为方向，构建清洁低碳用能模式，推进能源科技创新，深化能源体制改革，扩大能源对外合作等方面取得突破，争当全国能源革命排头兵。山西省通过积极参与“一带一路”建设能源合作，借力国际能源转型发展，增强山西省在能源领域的技术进步与技术合作。

3.以技术创新为路径，建设绿色能源新时代。国家《能源生产和消费革命战略（2016—2030）》就实施“一带一路”能源合作行动，明确指出陆上依托国际大通道，以沿线中心城市为支撑，以重点经贸产业园区为合作平台，推动能源投资和贸易；联合开发水能、光伏、风能、生物质能、地热能、海洋能等资源，打造清洁能源合作样板；实施低碳示范区、减缓和适应气候变化及人员培训合作项目。山西作为内陆能源富集区，搭乘“一带一路”能源合作快车，脚踏“走出去”“引进来”两条路径不动摇，咬定绿色低碳、清洁能源两个目标不松劲，加快能源革命进程。

4.以政策支持为机遇，实现山西能源革命排头兵。作为“一煤独大”的山西省，在经济新常态环境下，尤其是在全球绿色低碳发展的大背景下，经济逆行压力非常大。中央深改委第八次会议通过的《关于在山西开展能源革命综合改革试点的意见》为山西经济发展提供了新的机遇，为山西省在能源，乃至能源科技及相关领域提供了极大的利好政策，并为山西重振经济提供了重要战略机遇。山西要把握好、利用好这个重要战略机遇期，抢占先机，化危为机，利用政策助力弯道超车，实至名归，以能源革命试点省的殊荣，推进能源科技创新、深化能源体制改革等的实质性突破。

二、对接“一带一路”促进山西能源革命

谋定而后动，厚积而薄发。党的十八大以来，习近平总书记围绕能源改革发展，提出一系列新理念新思想新战略，集中体现为“四个革命、一个合作”，即“推动能源消费革命，抑制不合理能源消费；推动能源供给革命，建立多元供应体系；推动能源技术革命，带动产业升级；推动能源体制革命，打通能源发展快车道；全方位加强国际合作，实现开放条件下能源安全”。开辟了中国特色能源发展理论的新境界，为做好新时代能源工作提供了战略指引、根本遵循和行动指南。山西发挥优势，审时度势，谋篇布局，主动对接“一带一路”能源合作，就是贯彻落实“四个革命，一个合作”新战略的具体实践，通过探索新技术，积累新经验，创建新模式，必将有力推

进山西能源革命综合试点工作向纵深拓展，向实处发力。

1.有利于从根本上推进山西能源革命。通过与“一带一路”沿线国家开展能源合作，特别是引进欧盟发达经济体在清洁能源利用上的先进理念和技术，转变能源生产方式和技术模式，探索建立健全山西能源低碳化、清洁化生产理念。“一带一路”沿线国家地区的经济发展差异很大，有经济相对落后、依靠传统产能、能源极度短缺的发展中国家，也有经济发达、新能源利用程度非常高的发达国家，借助“一带一路”沿线国家的多元化特点，山西可以多方借力，即：一方面，向发展中国家转移过剩产能，改造提升现有能源产业结构；另一方面，参与全球能源布局，收购优质的能源资源；再一方面，向低碳绿色能源利用率高的国家学习，引进先进新能源技术和理念，促进国内能源革命。

2.有利于推进山西能源革命弯道超车。由于历史原因造成山西的经济结构单一，在当前中国经济处于结构性调整时期，山西的经济处于一种比较尴尬的地位。如果能搭载“一带一路”顺风车，再借力“能源革命”创新动力，短期内以化石能源的清洁高效利用，结合新能源与可再生能源并重，多能互补与融合发展同步。未来逐步实现低碳能源与无碳能源的划时代能源革命。为此，积极开展与“一带一路”上北欧国家的技术合作，学习引进先进的绿色低碳新能源技术与理念，推进山西能源革命实现弯道超车。

3.有利于促进山西能源智慧化管理。在“一带一路”能源合作“走出去”“引进来”的双向互动中，可利用山西70年能源基地的管理经验，紧跟国际能源技术创新趋势，以“清洁低碳、安全高效”为要求，借助5G应用，以“互联网+”为驱动，推动能源技术创新、产业创新和管理模式创新，结合相关领域高新技术，把能源技术及关联产业培育成带动全省产业升级的新增长点，促进能源多领域智慧化管理。

4.有利于实现山西能源体制改革。坚持市场主导、准入标准、能源安全和惠民利民的四项基本原则，开展“一带一路”能源合作，利用多方合作机会，推进山西能源机制体制创新，引进国外大企业、战略投资者、央企和民间资本，加快消除化解山西“一煤独大”“一股独大”单一结构，进而推进煤炭资源配置市场化改革实质性提速，全面推进煤炭资源一级市场招拍挂，继续深化涉煤涉电等能源产业行政审批事项“放管服”改革，完善煤炭现货交易，推进能源商品场外衍生品交易，构建煤炭现代市场体系。

5.有利于打造山西能源国际创新应用产业基地。能源合作是“一带一路”建设的主要方向之一，也是山西融入“一带一路”建设的核心要素，更是山西实现能源革命任务的主要路径之一。山西通过全方位对外合作，扩大合作规模，拓展合作渠道，利用国际国内各种资源，打造能源合作共同体，构建“一带一路”下山西能源国际创新应用产业基地。

三、山西能源革命的可行路径

路径之一：优化顶层设计。中央深改委第八次会议明确提出，“能源革命：山西试点要在推进能源科技创新、深化能源体制改革等方面取得突破”。在山西70年能源产业的发展历史上，历次接到国家层面上关于能源产业革命性的发展政策指导，山西历次都高质量地完成任务。这次恰逢全球性能源转型期，山西上下一定会不辱使命，科学决策，勇于担当，深入探索，攻坚克难，完成能源科技创新新使命。

路径之二：形成广泛共识。为完成中央深改委能源革命的任务，落实中央深改委第八次会议通过的《关于在山西开展能源革命综合改革试点的意见》为山西经济发展提供了新的机遇，为山西在能源，乃至能源科技及相关领域都是极大的利好政策，并成为山西重振经济的重要战略机遇。全省要形成共识。省内各地级市，各重点企业领导，要积极参与山西能源革命，包括参与“一带一路”建设的发展规划制定中，积极履行自己在这个关乎国计民生、关乎中国未来能源暨科技创新发展的重大使命中的责任与任务，要使责任与任务落实到制度，并与相关负责人的履职责任挂钩。

路径之三：搭建合作平台。在新技术变革之际，积极参与推进国际国内行业交流非常重要。山西作为内陆省份，参与国际交流的机会不多，历史原因造就的单一经济模式格局，也使山西由于相对闭环的经济模式而缺乏积极主动的开放心态，积极参与国内外新的技术发展与应用。借能源革命重大任务之机，山西主动出手，设计组织每年一届的年度论坛、会展，目的旨在搭建一个具有长效性的交流平台，使山西主动对接海外，对接其他能源领域较为发达的省份，也使海外近距离接触山西，了解山西资源禀赋特点，从而助力山西实现能源革命，产业转型升级。并以此契机建立山西内陆地域国际能源大都市。

路径之四：力争政策支持。山西尽管是中国能源产业重要大省之一，也有着悠久而优秀的发展历史，但面对能源革命这样一个特殊历史机遇与重大的历史任务，仅仅依靠山西自身力量还是有很多困难的。面对难点，山西一方面通过自己的设计努力解决推进，但另一方面也需要借助国家的力量，给予政策支持和帮助。考虑到能源革命和能源模式创新对中国的能源安全和可持续发展至关重要，山西可以明确提出需要中央政策支持的要求，但要求一定要明确对接能源革命的具体的重大使命。比如，申请建立能源经济自贸区、争取税收优惠，等等。

路径之五：争取金融支持。产业转型升级，不仅是一项经济任务，更是科技创新，同时更重要的是需要推进科技开发成果商业化的天使投资、创业投资和股权投资环境。根本点是需要大量资金投入。山西省可以借助具体的项目策划，争取国家相关财政补贴，同时还可以申请国际金融机构、各国发展基金的低息、无息贷款等为山西能源革命提供资金保障。此外，省政府及地级市政府也应建立产业转型升级、走出去专项基金。为企业“走出去”“引进来”，技术创新、技术引进、产业转型等提供资金支持与保障。金融支持是任何时代技术转型不可或缺的，充分的资金保障是创新发展的基础。

路径之六：引进龙头企业。山西能源革命要实现跨越性转型发展，对国内外优质能源技术研发与应用的企业要进行认真评估与调研，从而确定确实有带动作用，有超前发展机制的企业，并确定引进方式、路径。同时制定特殊的引进优惠政策、落户政策等，吸引优质企业进山西。引进的目的是实现跨越式发展，加强产业技术研发和创新领域的国际合作，更好利用国际上最优秀的研发资源，形成更具激励性的产业技术创新和研发环境，建立能源革命创新型的产业集群。当然，在国际能源转型大变革的时代，能源模式技术创新的速度非常快，新业态随时出现，龙头企业的确定尚需客观地评估。

发表于《晋中论坛》2019年第5期

■ 坚守沃土勤耕耘 笃学笃行践初心

——感恩讲师团予我的所有

人民共和国70年风雨兼程，迎来了从站起来、富起来到强起来的伟大飞跃，创造了世界当代史上的伟大奇迹。也为每一个中国人创造了充分实现人生价值的机会与舞台。

公元1985年的夏天，改革开放的热潮在神州大地涌动，祖国的大江南北处处昂扬着蓬勃的生机。风华正茂的我从山西大学经济系毕业，来到榆次羊毫街晋中地委大院办公西楼的晋中地委讲师团报到，这一次的报到，于今已是整整34个春秋的坚守。

34年中，也不是没有变轨的机会，但是静心回望，感到自己入对了行，内心沉静而充实。讲师团是最适合自己的舞台，在这里，可以静下心来学习，沉下心来思考，安下心来追梦。

讲师团是一方勤学习勤思考的阵地，是一方讲政治讲正气的圣地，是一方求奋进求奉献的高地。作为一名共产党员，作为一名具有副教授职称的知识分子，深深感到宣传理论事业是值得为其奋斗一生的事业，能在党委讲师团这个党的宣传理论战线安身立命和干事创业，实乃人生之幸，是个人之福。

34年一路走来，回眸在讲师团的件件往事，历历在目。最难忘的是那些人生经历中的第一步、第一次、第一场，对于旁人也许平平常常微不足道，而对于自己，却是追梦路上的起点，也是人生的里程碑，更是未来的领航灯。以点成线，以线成面，开启了自己走向美好未来的漫漫征程。择其要，选其精，归纳为“N个第一”。

第一次基层调研：入职不到两月，就到昔阳大寨开展农村思想政治工作调研，与宋立英等老劳模座谈交流。

第一场理论宣讲：1987年，在晋中化工厂宣讲《科学社会主义》之《建设高度的社会主义民主》专题。

第一次报纸发表文章：1986年在《晋中报》发表《加快你的生活节奏吧》小杂谈。

第一次记功受奖：1987年5月，因工作成绩突出，被晋中行署授予记功奖励。

第一次杂志发表文章：1988年在《经济问题》发表《承包企业的劳动管理》论文。

第一次驻村扶贫：1989年，在榆社县西马乡南山圪村下乡扶贫。该村将于2019年底实现整村脱贫摘帽。

第一次走出娘子关培训：1992年在中央党校参加学习贯彻党的十四大精神专题研修班培训，当年自己设计的培训纪念封上还有吴敬琏、厉以宁、王梦奎等经济学家的签名，此次培训也成为迄今为止自己参加的最高端的一次培训。

第一次成果获奖：1997年6月，论文《在实践中解放思想》被中共山西省委“双学”领导组评为山西省党员“学理论、学党章”征文二等奖。

第一次获得荣誉：1998年10月，被中共晋中地委知识分子工作领导组授予“晋中地区首批中青年学术技术带头人”。

第一次在国家级报纸发表文章：2000年8月1日在《光明日报》发表《思想政治工作要一把钥匙开一把锁》论文，并荣获该报“小天鹅杯”思想政治工作大家谈征文活动三等奖。

第一次课题立项：2004年4月，完成山西省“九五”哲学社会科学规划课题《大太原经济圈晋中的地位与作用探析》。

第一次参加研讨会：2008年11月，参加山西省纪念党的十一届三中全会三十周年学术研讨会并提交《晋中推进特色城镇化的实践与思考》论文参与研讨。

第一次编著出书：2016年承担了《晋中历史文化丛书》之特产卷《名品荟萃》的编写工作。

不积跬步，无以至千里。正是在讲师团这样一块学思践悟氛围浓、风清气正天地广的理论大学堂，历经一步步地铺垫，一层层的积累，让讲师团人厚积薄发，功到自成。

讲师团，为每一个愿意为党的宣传理论事业做事情作贡献的知识分子，提供了良好际遇和广阔天地，成为实践人生抱负，实现个人理想，体现自身价值，展露处世荣光的归宿之地。作为新时代的宣传理论工作者，能够拥有成长平台，展示学术才华，彰显人生价值，首先必须感恩伟大的党，感激伟大的时代，感谢各级领导的厚爱，感念各位同事同人的帮助。

在这里，政治信仰信念信心“三信”愈加坚定。讲师团是党委的讲师团，是从事理论宣讲研究宣传的专职机构，这个鲜明的政治定位，决定了讲师团这个团队的成员，必须“姓党”“信马”“为民”，始终在党言党、在党为党、在党兴党。在这个宣讲理论的阵地上，我们对马克思主义的信仰更加牢固、对中国特色社会主义的信念更加坚定、对实现中华民族伟大复兴中国梦的信心更加强大。由此，我们理论学习的“学思践悟”更加自觉更加有效。从“学”看，讲师团是名副其实的书香机关，讲师团人是爱书之人，读书学习业已成为一种精神追求、生活态度和职业习惯。在理论学习上尤其是习近平新时代中国特色社会主义思想等党的创新理论学习上，做到了先学一步、深学一层，所谓要想给别人一碗水，首先自己须备一桶水，而且是“含金量”“含新量”十足的纯净水。从“思”看，“学而不思则罔，思而不学则殆”。多年来，讲师团形成了在理论宣讲中发现问题思考问题，理论宣讲与理论研究相融相促。近年来，每年都会推出一批有价值的科研成果，为各级党委、政府决策提供参考。本人参与合作完成的《晋中八大文化品牌系列调研报告》《挖掘红色资源打造红色晋中》两项研究成果连续两届荣获山西省精神文明建设“五个一工程”优秀作品奖。从“践”看，讲师团工作缺不了书籍，离不开书斋，但如果不能走向田野接地气，终究难成大器。所以，讲师团广大干部教师利用宣讲、调研及扶贫等机会，扑下身子，深入基层知民情；迈出步子，走向实践找答案，已成为工作常态。从“悟”看，讲师团同志在知行合一中深深感悟到，只有牢记共产党员的初心使命，忠诚于党的宣传理论事业，讲好每一堂课，写好每一篇文章，才能配得上新时代一名合格的宣传理论工作者。

在这里，做人品德品位品牌“三品”得以塑形。尽管在外人的印象中，讲师团这种单位无权无钱无资源，是个货真价实的“清水衙门”。但在我看来，这种清新环境正适合个人需要，所谓早上想上班，晚上想回家。

三十多年的从业经历，有个切身感悟，讲师团在机关大院是个闹中取静的雅地，她能让你静下心来思索人生，潜下心来思考问题，安下心来思谋良策，真真切切感悟“事能知足心常惬，人到无求品自高”的真谛。一是涵养了品德。众所周知，讲师团人员既有副教授职称，又属参公管理，既是干部中的教师，也属教师中的干部，这种兼具双重身份的角色，决定了讲师团人员既必须锤炼忠诚干净担当的政治品格，也要传承传道授业解惑的职业师道，才能对得起党和人民，对得起职业，对得起自己。所以，这种特殊的环境，造就了讲师团人淡泊名利、甘于奉献的美好品德。二是锤炼了品格。好的品德滋润好的人格，好的人格致力好的品格。几年前，自己曾为纪念讲师团恢复设立30周年写过一副楹联“讲台三平尺不见围墙，科学理论播进千家万户；奉献三十年最是真情，忠诚事业誉享四面八方”，真实描摹了讲师团同人一身正气、为人师表的品格品位。讲师团人对法纪乃至自然心存敬畏，打心眼里明白红线、底线、高压线不能逾越，唯有如此，才能行稳致远。也懂得在平凡的人生境遇里，不怨天尤人，不盲目焦虑，接受平凡，享受平凡，就是最好的选择。三是塑造了品牌。讲师团可以平凡，但拒绝平庸。多年来，晋中市委讲师团以有为换有位，奋发进取，勇创一流，多次受到中央省市表彰，其中，在宣讲“中国梦”中创建的晋中市“百姓宣讲团”被中宣部授予全国基层理论宣讲先进集体荣誉称号。本人被评为全省宣传文化系统首批“四个一批”人才。2017年，被晋中市委评为第六届市委联系高级专家。

在这里，学识、见识、知识更加丰厚。一是学识有见长。学识来自理论。讲师团这样一个理论教育单位，人才济济，过去要求教师至少具备本科学历，现在都是硕士研究生。而且并不满足于吃学历老本，一直坚持广纳博收，坚持终身学习。在向书本寻觅、向实践取经、向群众请教的过程中，个人学养、学问有了明显提升。当然，要成为一个真正的能讲、能写、能干的复合型理论工作者，前面的路还很长。二是见识有升华。常言道，见多识广。见识出自实践。近年来，通过开展提高标准、提升能力、争创一流的“两提一创”大讨论活动和增强“脚力、眼力、脑力、笔力”教育实践活动，坚持“走下去对接、走出去对标、走上去对表”，讲师团人员的眼界得以开阔，见识得以增长，本领得以提升，服从服务于党委政府中心工作的自觉性进一步增强。三是知识有储备。职业的需要，职责的要求，对讲师团同志的知识储备提出了更高标准，广博深精成为职业标配。正是讲师团教师知识储备的不断更新，宣讲方式的不断创新，锻造了一支推进科学理论“七进”活动的骨干力量。

习近平总书记强调，要加强传播手段和话语方式创新，让党的创新理论“飞入寻常百姓家”。新时代党委讲师团任重而道远。我们广大理论工作者，只有把个人的理想追求与国家前途、民族命运紧紧结合在一起，才能真正承担起培根铸魂、以文化人的历史使命。我们有理由相信，在推进学习宣讲贯彻习近平新时代中国特色社会主义思想不断走深走心走实的伟大事业中，党委讲师团必将创造新的辉煌。

发表于《晋中日报》2019年9月11日3版“潮头”副刊

新时代公共文化服务供给侧改革的晋中样板

——山西晋中图书馆换道领跑的探索与实践

唯改革者进，唯创新者强。改革创新是推进包括公共图书馆在内的公共文化服务供给侧改革的制胜法宝。党的十九届四中全会《决定》明确提出："完善城乡公共文化服务体系，优化城乡文化资源配置，推动基层文化惠民工程扩大覆盖面、增强实效性，健全支持开展群众性文化活动机制，鼓励社会力量参与公共文化服务体系建设。"对于新时代中西部深化公共文化服务供给侧改革，不断完善公共文化服务体系和提升公共文化服务治理能力，提供了顶层设计和制度保障。

近年来，晋中市图书馆坚持以人民为中心的发展理念，坚定文化自信，致力文化创新，善于结构治理，在引领全民阅读的时代大潮中，创新性推进公共文化服务供给侧改革，形成了一整套可操作、可复制、可推广的管理运行模式，实现换道领跑，赢得了各级领导和社会公众的充分认可和广泛赞誉，为公共图书馆高质量发展蹚出了一条新路，特别是对中西部公共图书馆探索高质量转型发展，具有典型示范效应。

一、总体概况与运作模式

晋中市图书馆是晋中市"十三五"建成的重大标志性文化项目，伴随传承晋商精神、建设文化强市的伟大实践应运而生。该馆是一座集文献信息收藏中心、知识服务中心、社会学习中心、文化交流中心、休闲体验中心、全民阅读推广中心和地方文献研发中心于一体的服务于社会公众的现代化公共图书馆。2018年12月正式开馆运行，现已成为这个新兴城市璀璨夺目的文化地标。

晋中市图书馆坐落于市城区北部新城晋商公园，总建筑面积19800平方米，规划藏书量100万册，报纸100种，中文期刊800种，视听资料1500种，设读者座席1607个，学术报告及培训座席788个，最大日接待读者量5000人次。基础设施、功能布局和运行模式等软硬件配套水平，居山西领先地位。

截至2020年10月，馆藏总计354708册，其中普通图书349598册（含盲文书503册，地方文献3905册），期刊合订本2089册，电子阅读本60个，声像资料2961张，可使用数字资源量已达40T以上。现有馆员66名，本科以上学历45名，专业顾问3名，初步形成了一支思想性专业性创新性较强的高素质图书馆馆员队伍。

开馆以来，累计接待读者近100万人次，办理读者证8218张，图书流通310736册次，单日最大接待读者量为4604人次，举办各类活动场次1230场，接待来自上级检查、同行交流、来访等共计80场4000多人次。

在晋中市委、市政府的高度重视和大力支持下，晋中市图书馆在开馆之始，就立足打造“山西领先、全国一流”公共图书馆的战略定位，坚持高起点谋划、高标准开局、高质量运行的办馆思路，按照“政府主导、社会参与、改革创新、共建共享”的发展理念，顺应新时代公共文化服务事业改革发展大势，依法行政，主动作为，勇于创新，率先探索实行了以理事会为核心的法人治理结构改革，实施政府向社会力量购买公共文化服务的管理创新，实行理事会领导下的馆长负责制，形成了理事会决策、图书馆管理、运营商服务的三权分立又相互促进的现代新型管理体制及运行机制。总体目标是致力于创建全省公共文化服务示范区，创建全国首家购买全面专业化标准化服务的市级图书馆，争当全国地市一级公共图书馆发展排头兵。

——理事会负责图书馆重大事项的决策。由9名来自政府、社会、图书馆等各个层面的代表人士组成，负责审议图书馆理事会章程，研究确定图书馆的发展规划及年度计划，行使财务预决算等重大事项的决策权和议事权，同时对管理层履行职责的成效进行评估，对图书馆运营进行效能考核，等等。

——图书馆管理层负责执行理事会各项决议决策。依据市委编办《三定方案》，组建晋中市图书馆事业法人单位，设馆长1名，副馆长1名，负责图书馆事业单位的全面管理，对专业服务单位进行管理监督及年度目标完成情况的考核，等等。

——运营服务商作为执行层，具体负责业务运营的服务工作，实行在市图书馆领导下的服务目标考核制。2017年底，山西华信图书馆管理服务有限公司这家业界知名的文化服务机构，通过公开招标，正式入住“接管”晋中市图书馆。晋中实质性推进公共文化服务供给侧改革，出台政府购买社会力量资源，发展公共文化服务事业具体政策，由此迈出了坚实而可贵的改革第一步。

自开馆以来，理事会、管理层和服务商，共同发力，对标一流，倾心倾力构建晋中全民阅读及文化供给新格局。相比省内同类型公共图书馆，运行费用平均每平方米减少开支163元，节约率达34.2%。人员数量相比应配备标准，节省达50%，真正实现了政府公共文化事业由传统的“养人”向“养事”的全面转型，公共文化服务供给水平和效率明显提升，实现了政府满意、公众认可、员工拥护的多赢效果。图书馆先后荣获国家级奖项荣誉9个，省级奖励和荣誉15个，市级奖励和荣誉13个。

尽管运营时间不长，但一组组亮眼的数据，一份份骄人的荣誉，与日俱增的品牌度与影响力，雄辩地证明了这项改革之举是成功范例，这条创新之路是光明大道。

二、特色亮点与主要经验

毛泽东当年有句名言：“一张白纸，没有负担，好写最新最美的文字，好画最新最美图画。”晋中市图书馆作为一个建立仅两年多的中西部市级公共图书馆，审时度势，锐意改革，成绩不菲，令人刮目相看，在推进公共文化服务供给侧改革上，尤其是对中西部地区如何破解现代公共文化服务体系面临的困局，有诸多好做法好经验值得总结推广。

——强化守正意识，致力铸魂日常化。公共图书馆是传播文化的知识宝库，也是教化育人的精神高地，更是意识形态工作的重要阵地。晋中市图书馆坚守意识形态主阵地，高扬主旋律，传递正能量，始终把用习近平新时代中国特色社会主义思想铸魂育人，贯穿于各项工作的全过程。优先采购订阅党的理论创新方面的政治类书籍报刊；全省首家创建了以“不忘初心，红色晋中”为主题的新时代理论书院，突出对广大市民开展理论普及理论宣传，已成为广大党员干部群众坚定理想信念、传承红色文化的教育基地；对包括讲座、电影、视频、展览等各方面内容，在各个环节都须经过严格的层层审核把关，确保不发生政治性差错。2020年9月，在接受省委落实意识形态专项检查组检查时，意识形态责任制落实成效得到肯定。

——勇立时代潮头，致力治理科学化。长期以来，公共图书馆作为公共文化服务机构，受制于种种因素困扰，存在着供给不足、保障无力、人浮于事、不能满足读者多样化、个性化阅读需求等弊端。基于破解这些难题，晋中市图书馆坚持“摸着石头过河”与顶层设计相结合，率先在全省引入社会力量对图书馆进行全面运营管理，实施以理事会为核心的法人治理结构改革，实行理事会领导下的馆长负责制；在运营管理上依据市委编办文件规定，通过整合现有人员和招聘新人，组建图书馆管理机构；通过公开招标确定专业管理团队即执行主体，让专业的人做专业的事，让专业的图书馆运营团队管理图书馆具体事务。进而构建“理事会+管理层+服务商”相互制约相互促进的现代新型管理模式，为推进公共文化服务供给侧改革，尤其是对中西部欠发达地区公共图书馆改革发展，进行了有益探索，积累了经验，提供了模板。

——坚守人文关怀，致力服务人性化。一个现代化文明城市，首先是一个有温度有情怀的城市。城市图书馆就是其不可或缺的人文风景地。读者进馆无忧是读书开卷有益的前提。晋中市图书馆树立“以人为本，读者至上”的理念，视读者为上帝，时时处处为读者着想，不断增强市民的文化获得感、幸福感。自开馆之日起，每周开放达70小时，比国家评估一级标准56小时超出14小时。同时，图书报刊阅览服务、读者证办理服务、24小时图书馆服务、数字资源查阅服务、全国文化信息资源共享工程数字资源查阅服务等33个服务项目全部免费向市民开放。创新性开展“你阅读，我买单”读书活动，受到广泛好评。根据未成年人、老年人、残障人等特点，举办了丰富多彩的个性化服务活动。如针对未成年人广泛开展“我和老外学口语”、艺术早教、欢乐拼搭、国学课堂等“晋小图”系列活动；针对老年人群体推出“E时代·共分享”公开课，指导老年人使用微信等现代软件；开办“文化助盲·光明前行”盲人读书沙龙，在图书馆视障阅览区，教导盲人朋友使用馆内的助盲电子设备。

——拓展阅读空间，致力共享多元化。对于城市市民而言，图书馆不仅是汲取知识、培育智慧的场所，也是追求“诗意地栖居”的精神家园。晋中市图书馆坚持自身公益性定位不动摇，为推进全民阅读，建设书香晋中，扎实开展形式多样的读者活动和全民阅读推广活动，“凤鸣讲坛”“晋小图”“晋韵美展”已成为享誉省内外的“三大品牌”活动，持续开展图书阅读“进社区”“进机关”“进学校”“进军营”“进工地”的“五进”活动、流动车服务延伸到晋中市各县（区、市）的村庄、学校，努力推动基层文化惠民工程扩大覆盖面。在此基础上新增“阅读在路上”“凤鸣读书节”“非遗听我说”“品读经典·感悟人生”等特色活动，不断打造新的阅读推广品牌。今年抗疫期间，推出一系列线上活动，包括《抗击疫·情请听我说》有声栏目共计54期；“《晋中图情》·与你同在”在线阅读电子内刊；《童言童语》线上公益语言课堂；“人心齐·泰山移·聚集防‘疫’微力量”——抗疫文艺作品系列展等数百次活动，以实际行动助力武汉、助力祖国早日打赢疫情防控阻击战。同时，借鉴国内外图书馆同行的先进做法，积极尝试建立公共图书馆总分馆机制。在市城区布局建立多个公共图书馆分馆，构建能够普遍提供均等服务的“公共图书馆群”，形成比较完整的公共服务体系。目前，已建成晋中市纪委监委分馆、市财政局分馆、吉利公司分馆、晋中市拘留所分馆、中北大学信息商务学院分馆等15个分馆。2020年6月，晋中市图书馆向和顺县岩庄村捐赠图书287册，公共文化服务惠及贫困地区。

——构筑科技支撑，致力管理智能化。当今时代，随着人类知识爆炸、文化传承和文明积淀的无限性，与读者对信息获取便捷性的永恒追求，对现代科技在图书馆的应用，提出了更高需求，提供了广阔空间。随着信息技术的进步，特别是移动互联技术的高速发展和广泛渗透，极大地改变了人们的阅读方式和阅读习惯。移动图书馆渐渐成为人们的文化必需品。晋中市移动图书馆拥有包含2万多种EPUB格式热门图书，以及100万种以上原貌图书，并提供相关搜索服务；同时提供300种以上报纸资源，不少于2万集适合手机使用的学术视频，不低于3000款的智能终端阅读的特色专题，提供名师讲坛900集、1000本绘本及100本听书，且做到每日更新。形成了覆盖全市11个县（区、市）并联通省图的公共图书馆网络体系，馆际之间实现了通借通还和资源共享。与驻地多所高校图书馆广结合作关系，建立服务联盟。进一步拓展和丰富了晋中读者的公共阅读空间。

——整合区域资源，致力文献特色化。全心全意为市域经济与社会发展提供高质量服务，是晋中市图书馆的使命担当与职责所在。建馆之初，图书馆就确立了“读享晋中，阅遍天下”的发展理念，把收集晋中区域文献，列入年度重点计划。通过不懈努力，先后设立了晋中地方文献阅览室、晋商书院和赵铁山书院等地域特色鲜明的阅读研究场所，重点收藏有反映晋中历史及区情的出版物、内部资料和古籍共计6000余册。在着力传播地方文献知识和弘扬地域特色文化上。作出了突出贡献。同时，注重发挥信息情报优势，定期编发《晋中市图书馆决策参考》，有针对性地为地方党委、政府提供专项决策信息服务，为驻地企事业单位编撰专题性资料汇编，为促进晋中经济社会高质量转型发展，贡献晋图人的智慧和力量。

——勇于争先进位，致力形象品牌化。有位世界哲人曾说：“城市是一本打开的书，我们从中能看出它的抱负。”我们则可从一座城市图书馆的琅琅书声与纷纷点赞中，观察这个城市公共文化服务体系的内在价值，探寻属于这座城市的文化精神和城市形象。晋中市图书馆高瞻远瞩，上下齐心，把品牌塑造作为立馆之基，兴馆之本。短短两年，就依托活动创新和品牌打造而声名远扬。先后荣获国家、省市奖励荣誉37个。全馆精心打造的阅读推广服务品牌——《阅读在路上》活动案例，荣获全国第二届公共图书馆创新创意案例征集推广活动一等奖，被国家图书馆出版社和上海市图书馆学会评为“阅读推广及服务创新案例”一等奖；每年“4·23世界读书日”推出的“寻找书香家庭”活动，荣获中国图书馆学会“家庭阅读推广优秀案例”三等奖；“晋小图”公益系列活动被山西省图书馆学会评为优秀案例三等奖；2020年3月，晋中市图书馆被中国图书馆学会评为2019阅读推广星级单位；同年4月，被全国妇联命名为第二批全国家庭亲子阅读体验基地。

三、换道领跑带来的可贵启示

习近平总书记在全国宣传思想工作会议上强调:“推动公共文化服务标准化、均等化，坚持政府主导、社会参与、重心下移、共建共享，完善公共文化服务体系，提高基本公共文化服务的覆盖面和适用性。”为推进新时代公共文化服务供给侧改革，不断向人民群众提供高质量文化供给，进一步完善公共文化服务体系和提升公共文化服务治理能力，指明了前进方向，提供了根本遵循。

公共图书馆是我国现代公共文化服务体系的主要载体，也是新时代推进公共文化服务供给侧改革，完善公共文化服务体系和提升公共文化服务治理能力的重要着力点。晋中市图书馆领先业界的改革成效和发展成就，对于新时代中西部深化公共文化服务供给侧改革，不断完善公共文化服务体系和提升公共文化服务治理能力，无疑带来诸多可贵启示。

——必须坚持党的全面领导这个“关键密钥”。党政军民学，东西南北中，党是领导一切的。在深化公共文化服务供给侧改革，完善公共文化服务体系和提升公共文化服务治理能力的历史进程中，必须加强党对公共文化服务工作的全面领导，要把坚持党管宣传、党管意识形态的要求，贯穿到公共文化服务的全部工作之中，切实落实党中央对公共文化服务工作的部署要求。晋中市图书馆的改革进程和创新发展，自始至终是在市委、市政府的坚强领导下有序有力推进，是在市文旅局党组的管理指导下有效实施。如果偏离这个方向，晋中公共文化服务供给侧改革，就难以取得今天这样的改革成果。

——必须坚持以人民为中心这个发展理念。新时代大力发展公共文化服务事业，提供高质量文化供给，就是坚持以人民为中心，满足人民对美好生活的向往的具体表现。公共图书馆的公益性定位，决定了公共图书馆必须确立以读者为中心、以读者为上帝的核心理念。晋中市图书馆的成功，离不开治理模式的改革，离不开管理手段的创新，更为重要的一点，就是把服务读者放在了心上，做到了手上，所谓皮之不存，毛将焉附。

——必须坚持依法办文化事业这个法治保障。坚持依法行政，是全面依法治国的必然要求和应有之义。晋中创新公共图书馆治理模式，推进公共文化服务供给侧改革，取得良好成效，其重要前提就是做到了始终依法办事，依照法律规定推进公共文化服务供给侧改革。在市图书馆改革创新的各个环节，都能够认真贯彻落实《中华人民共和国公共文化服务保障法》《中华人民共和国公共图书馆法》和中央、省委出台的各项政策文件，并结合晋中实际，配套出台了《晋中市关于做好政府向社会力量购买公共文化服务工作的意见》，切实让公共文化服务供给侧改革举措落地落细，开花结果。

——必须坚持改革创新这个制胜法宝。习近平总书记强调，要迎难而上、攻坚克难，着力补短板、强弱项、激活力、抓落实，坚定不移破除利益固化的藩篱、破除妨碍发展的体制机制弊端。毋庸置疑，当下公共文化服务无论是体系建造，还是能力建设，都普遍存在质量不高、供给不足、效率低下等短板及弱项，尤其在中西部欠发达地区更为凸显。解决这些问题，引入社会力量参与公共文化服务治理，弥补政府财力欠账，提高运行效率，应当是最有效的手段。晋中市图书馆的生动实践表明，理念观念创新和制度机制创新，依然是根治公共文化服务所有顽疾的根本出路。

——必须坚持服务区域发展这个重要方向。有为才有位。一个城市公共文化服务体系的存在与完善，首先要立足当地，服务地方，才能走向全国，放眼世界，包括书店、公共图书馆、文化馆、博物馆、剧院、电影院、音乐厅，等等，概莫能外。晋中市图书馆之所以能在很短的时间内，异军突起，领先全省，与真心诚意把工作重心放在服务地方经济社会发展大局之中，密不可分。2020年9月，全国人大常委会执法检查组赴山西检查公共文化服务保障法实施情况时，深入晋中市图书馆检查调研，对晋中充分调动社会力量参与，形成合力共同推进现代公共文化服务体系建设，包括服务地方发展的做法经验及工作成绩，给予高度评价。我们有理由相信，一路高歌猛进的晋中图书馆人，必将在新的征途上，奋力书写公共文化服务事业的崭新篇章。

发表于《晋中论坛》2020年第5期

■ 新时代提升乡村治理能力的生动实践与可贵探索

——基于晋中实施《提升乡村治理能力二十五条（试行）》的思考

从古至今，乡村治理历来是中国社会治理及国家治理的“神经末梢”，也是一个老大难课题。党的十九届四中全会提出要构建基层社会治理新格局，努力推动社会治理和服务重心不断向基层下移，切实把更多资源下沉到基层，全方位多层次提供精准化、精细化服务。特别是新冠疫情暴发以来，习近平总书记多次就加强治理能力建设作出重要指示，为推进城乡基层治理制度创新和能力建设指明了方向，提供了遵循。地处三晋腹地的晋中决策者，面对基层乡村治理中的重重难题与挑战，审时度势，勇于破题，创新性推出了《晋中市提升乡村治理能力二十五条（试行）》的制度安排，并全力推动落地、落实、落细，取得了有序有力有效的突出成效和社会反响。我们经过实地调研，广泛走访，对其操作模式、初步成果、宝贵经验及未来深化，进行了深入分析和思考。希冀从理论与实践结合的层面，助力乡村治理构建新格局，取得新成效。

一、生动实践

2019年6月，晋中市委正式出台《晋中市提升乡村治理能力二十五条（试行）》文件（以下简称《二十五条》），吹响了推进乡村治理机制创新的冲锋号，为晋中市提升乡村治理能力提供了制度支撑。

（一）出台意义

1.《二十五条》的出台牵住乡村振兴的“牛鼻子”，是坚决贯彻落实党的十九大精神的“晋中答卷”

党的十九大提出实施乡村振兴新战略，以及“产业兴旺、生态宜居、乡风文明、治理有效、生活富裕”的总要求，加快农业农村现代化进程。“乡村振兴战略”成为美丽乡村的升级版，其实也是新时代农业全面转型、农村全面发展、农民全面进步的一次华丽转型。

乡村治，百姓安，国家稳。广大乡村处于整个国家治理体系的最末端，是综合治理、源头治理的重要组成部分，更是国家治理的基层基础。乡村治理能力关乎党的执政根基是否稳固，关乎改革发展稳定的大量任务能否有效推进，关乎党和国家各项政策能否推进落地。对于坚持和加强党对农村工作的全面领导，巩固党在农村的执政基础，努力促进党的农村基层组织建设高标准高质量，推动全面从严治党向基层延伸，具有十分重要的意义。

实施乡村振兴战略，前提是要摸清底数，需因地制宜，因时而异，因势而动；核心是系统谋划，需以先进的治理理念为导向、以良好的乡村社会秩序为基础、以乡村经济发展为引领、以乡村治理能力提升为引擎；关键是乡村干部，需培养造就一支真正懂农业、爱农村、爱农民的“三农”工作队伍扎根乡村、建设乡村、服务乡村、振兴乡村。

晋中市《二十五条》的出台正是以党的十九大及党的十九届四中全会精神为根本遵循，贯彻落实省委“四为四高两同步”总体思路和要求，基于晋中发展实际做出的实现晋中高质量转型发展使命任务的“晋中答卷”。

2.《二十五条》的出台坚持以问题为导向促改革，是提升乡村治理的“破题之举”

治国安邦，重在基层。基层是整个国家治理的“神经末梢”，也是服务群众的“前沿阵地”。习近平总书记强调：“乡村振兴要夯实乡村治理这个根基。”

然而长期以来，乡村社会面临着治理问题复杂、治理人才匮乏、治理风险叠加等严峻形势，既是我国治理体系中最为薄弱的环节，也是阻碍我国治理能力现代化的最大羁绊。同时，乡村建设出现的发展滞后、产业衰败、人才凋零、环境恶化等问题亟待解决。特别是在乡村治理实践中，作为乡村各类工作的基石和主体的乡村干部，普遍存在或面临着治理理念转变滞后、治理权力泛化异化、治理素质和能力较低、队伍递进机制不健全、考核与奖惩缺位错位等短板弱项。

针对乡村干部难选难留难当、乡村人才外流和乡村基层党组织弱化等现实问题，晋中市《二十五条》，提出了“加强乡村两级班子建设、提高乡镇财力和乡村干部待遇、优化乡村管理职能、强化乡村干部管理考核激励、建立乡村干部减负容错机制”五方面25条举措，通过给出路、提待遇、优职能、强激励、能容错，真正把组织关爱变成制度安排，以此激励乡村广大党员干部担当作为，推动乡村振兴向纵深发展，全面提升乡村治理能力。

（二）主要内容

1.注重加强乡村两级班子建设

具体办法包括不断优化乡镇干部年龄结构，拓宽乡镇党政正职干部选用渠道，加大乡镇党政正职干部提拔重用力度，强化农村基层党组织在各类组织中的领导核心作用，鼓励科级以上干部（包括乡镇在职的实职干部及退休干部除外）回自己出生所在村担任党支部书记等6条内容。

专门要求：各县（区、市）至少要配备一名35周岁以下的乡镇党委书记及两名35周岁以下的乡镇长；年龄55周岁以上或在乡镇工作20年以上的男性乡镇干部，以及在乡镇工作15年以上的女性乡镇干部，可以调整调任县城工作；每年提拔重用有乡镇党委书记工作经历的干部应不少于10%。

这一规定拓展了乡镇干部的晋升空间，建立了乡镇干部与县（区、市）、市级干部的双向交流通道，致力于打通"中梗阻"实现干部能上能下，以激发乡村发展动力和活力"换血进新"，激发增强广大基层干部奉献农村、干事创业的热情度和积极性。

2.切实提高乡镇财力和乡村干部待遇

《二十五条》规定：要增设民生事务保障经费，在保证乡镇原来经费到位的基础上，2万人以下乡镇每年预算落实50万元，2万人以上乡镇每年预算落实100万元。按照10%的增幅，提高在乡镇连续工作20年以上或累计工作25年以上乡镇在职干部职工基本医疗保险报销比例。农村"两委"主干工资在严格落实中组部要求，确保达到当地农民人均可支配收入2.5倍的基础上，按照现行工资标准的20%予以增加。对连续任职20年以上或累计任职25年以上在职农村"两委"主干，其城乡居民基本养老保险、城乡居民基本医疗保险由县级财政代缴。在乡镇严格执行干部带薪年休假制度。

通过强财力、提待遇，一方面有利于解决乡村干部的后顾之忧，通过经济手段激发乡村干部的积极性、主动性、创造性，另一方面有利于吸引人才、留住人才。

3.不断优化乡村管理职能

通过优化整合乡镇事业机构，规范村级项目资金管理，强化村级资金项目监管，整合全市所有行政村村级社会化管理人员等途径，将乡镇"七站八所"整合到便民服务中心，统一管理、统筹调配，提升了工作效率，方便了百姓办事。建立"县级行业部门业务指导、乡镇政府监管考核、农村'两委'日常管理"的运行机制，有效实现乡镇机构编制优化组合，村级资金项目监管到位、使用合法合规，进一步提高乡村管理效能，提升乡村治理能力，促进农村发展、农业增效、农民增收。

4.强化乡村干部管理激励及考核

具体包括加强农村党员管理，严格乡村干部管理，进一步改进乡镇考核方式，强化考核结果运用，开通市、县（区、市）委书记和乡镇党委书记对话联系“直通车”等5条内容。通过分项考核（如规定按交办任务、自选任务、日常任务3方面完成情况，对乡镇工作实施考核）、日常严格管理〔如规定包村（片）乡镇干部每月到所包村（片）时间不少于三分之一，驻地距县城15公里以外的乡镇干部每周驻乡镇时间不少于五天三夜〕、褒奖重用、赏罚分明、上级关怀等方式对乡村干部实行管理考核激励，有头有尾、有始有终、有情有义，形成了融科学管理与情感关怀为一体的乡村治理闭环，为乡村干部干什么、怎么干画出了“路线图”“标准杆”。

5.建立乡村干部减负容错机制

明确规定各县（区、市）年初依据乡镇权责拉出清单，乡镇按照清单推进年度工作，严禁上级部门任务和责任随意转嫁乡镇等切实减轻基层负担；各县（区、市）负责所辖乡镇本级债务清底审核，对借贷关系清晰、债务手续完善，且由乡镇形成的债务，县级财政按照每年还款不低于10%的标准承担债务偿还，加大乡镇债务清理力度；建立乡村干部容错免责机制。减负担、清债务、容错免责，为基层干部松绑减负，撑腰鼓劲，力戒形式主义、官僚主义，将大大有利于广大乡村干部从繁杂的事务中解脱出来，心无旁骛服务基层、专心致志谋求发展、急难险重敢于担当。

（三）实施效果

乡村振兴，关键在人。基层干部是乡村振兴的具体组织者、实施者、见证者；他们是与群众接触最多，最知道群众生活所需，最知道农村发展优势的“主心骨”和“贴心人”。但是，在实际运转中，胡乱作为，贴心人贴心又贴钱、顾村抛了家，实心人干不了实心事，不干事、不担责等情况时有发生。《二十五条》积极回应了乡村治理的此类难题，坚持严管与厚爱相结合，捆住了胡乱作为的手脚，激发了干事创业的激情，农村干部在获得感、责任感、信赖感方面，效果明显。

1.建立竞争机制加强政治激励

政治激励给能干事、想干事、敢干事、会干事、能干成事的农村干部以高度的信任。如榆社县完善《年度综合考核办法》，加大脱贫攻坚、《二十五条》落实、村容村貌整治等重点工作任务的考核权重，在考核过程中具体问题具体分析；昔阳县在深入研究基础上制订了《关于从优秀农村“两委”主干中推选乡镇党委兼职委员实施方案》；介休市在细化考核基础上，先后提拔重用了15名乡镇党政正职，1名农村支部书记进入乡镇班子。让乡村干部能安心扎根基层，安心干事创业，也向社会传递了晋中市致力于稳定乡村干部队伍，吸引优秀人才返乡创业、为民服务，不断改善乡村干部队伍结构过程中发挥重要作用的积极信号。

2.健全干部待遇激励保障制度体系

《二十五条》从农村干部工资待遇到基本医疗保险报销、健康体检、带薪休假、养老保险、基本医疗保险等，均以完善的制度保证基层干部待遇充分保障、身心深受关怀、未来充满期待，消除了基层干部、农村干部的后顾之忧，进而把重心放在干事创业上。如和顺县全县240余名在岗乡镇干部执行了带薪休假制度，340余名干部按照《二十五条》进行了体检，落实体检费用27.52万元。《二十五条》实实在在的政策全部落到实处，干部在生活无忧的基础上，干事的积极性明显提高。

3.资源下沉并给予乡镇一定支配权

党的十九届四中全会通过的《决定》提出要健全党组织领导的自治、法治、德治的城乡基层治理体系。2020年“中央一号文件”也提出要开展自治、法治、德治相结合的乡村治理体系建设。二者均强调基层治理首先要加强自治，而加强自治必须以资金、服务、管理等资源向基层倾斜为前提。《二十五条》明文规定增加乡镇可用财力，如增设民生事务保障经费；市级每年评选100个标杆村，予以项目奖励和政策扶持；在有条件的村或者贫困村，组建由农村“两委”主干牵头负责，本村村民加入的集体所有制性质的便民服务工程队，集中承揽不超过50万元、且能够自主建设的村级一般性工程项目。在落实的过程中，晋中各县均鼓励乡村级干部带资回自己出生村担任党支部书记。榆社县创造性提出“村委会全资”“村委会控股”“村委会委托”三种模式，经过试行，大大提升农村干部和村民参与家乡建设的主动性。

这些思路是中央坚持严格管理和关心信任相统一，政治上激励、工作上支持、待遇上保障、心理上关怀，增强干部的荣誉感、归属感、获得感理念的具体实践。

（四）社会评价

《二十五条》是晋中市集含金量、含情量、含责量于一体的生动实践和可贵探索。

1.释放了晋中市委、市政府响应中央号召，关注乡村振兴，注重提升乡村治理能力的强烈信号。《二十五条》与党的十九届四中全会精神、2020年“中央一号文件”精神和习近平总书记在决战决胜脱贫攻坚座谈会上的重要讲话精神一致，是在精准脱贫基础上实现乡村振兴的一次有益尝试，是脱贫摘帽目标之后迈向新生活迎接新奋斗的逻辑起点。该《二十五条》已在农业农村部官方网站上全文登录，成为其他省份和地市学习的范本，社会关注较高。

2.找准了乡村治理“缺人、缺资金、缺产业”的症结所在。着眼于乡村治理的突出问题，弥补了乡村治理的短板弱项，增加了基层治理岗位的吸引力，提振了乡村振兴的信心士气，提高了乡村群众的获得感、幸福感和对国家治理能力的信任感、安全感。如介休市小褚屯村现代化农业种植道地中药材初具规模，并成立两个种植专业合作社，成为全国农村村民生活幸福，集体经济壮大，农村富强宜居的标杆。

3.调动了乡村干部干事创业的积极性。通过给政策、给项目、给资金、给待遇、给环境，并提出基层减负方案，让心无旁骛之人能脱颖而出，切实给想干事并能干成事的干部施展才华的锻炼机会。在《二十五条》推动下，晋中市的干部外出考察、深入基层，学习技能、加强沟通，学用结合，热情高涨，为晋中乡村振兴注入了强劲活力。

二、经验总结

《二十五条》在实践探索中，形成了许多值得总结推广的做法和经验。

（一）强化队伍建设，确保担当干事，坚定提升乡村治理政治定力

习近平总书记多次强调，党管农村工作是我们的传统。在群众当中也流传着一句话，“给钱给物，不如给个好支部”。党的基层组织是乡村振兴的“主心骨”，扮演着思想引领者、发展带头者、组织协调者、权力监督者等重要角色，是新时代加强和改进乡村治理的核心领导力量。而高质量的乡村干部队伍则是提升乡村治理能力，实现乡村振兴发展的“主力军”。加快推进现代农业化进程，实现乡村治理能力和治理体系现代化，首先要将政治素质高、协调能力强、积极带领群众致富、务实担当的优秀人才选进乡村领导班子，发挥引领作用，为乡村发展出力献策。

《二十五条》树立鲜明导向，紧紧抓住了“人”这个关键。一是拓展了乡村两级干部晋升、任职的渠道，既大力提拔重用乡镇党政正职、给优秀农村“两委”主干担任乡镇党委兼职委员、按事业副科工资标准给予工作补助的待遇，使在职的乡村干部有干头、有盼头、有奔头，又注重从市直和县直部门中选派一定比例的年轻干部到乡镇挂职、鼓励科级以上干部回村担任党支部书记，为乡村发展注入活力、动力。2019年晋中市提拔具有乡镇党委书记工作经历的干部24名，占全年提拔干部总数的34%。11个县（区、市）党政班子中具备乡镇党政正职工作经历的干部共计有71名，占比达到43.8%。今年集中开展机关事业单位干部返乡进村任职行动，预计将完成全市292个村的村党组织书记选派工作。二是通过理论学习培训不断提高乡村干部政治素质和专业水准，不断提升其履职尽责能力。全年全市共组织农村“两委”主干学习培训1190次，平均每个乡镇10次。三是提高农村“两委”主干待遇，激发干事热情，激励担当作为。以和顺县松烟镇某村“两委”主干及会计工资收入为例，

党支部书记和村委主任2018年工资9000元，2019年达18900元，增长110%；村委会计2018年工资5000元，2019年达14500元，增长190%。

《二十五条》通过政策激励导向，既充分考虑了解决乡村党员干部工作上的后顾之忧，也适当兼顾了帮助他们解决生活中的实际困难，进一步激发乡村干部拿出应有的实干和担当，充分调动、盘活、整合乡村社会各类资源和力量，切实做到事业留人、感情留人、待遇留人并重，从大处着眼、小处着手，扮演好乡村社会治理能力现代化和乡村振兴的推动者，扎实推动各项治理工作有效落实落地。

（二）强化规范管理，确保高效运转，增强提升乡村治理发展活力

科学规范的管理决定着乡村治理的成效。管理的科学化、规范化能否实现取决于乡村治理的制度化水平。随着城镇化发展步伐的不断加快，在乡村治理的众多内容之中，农村项目资金的规范管理尤为迫切。农村财务资金管理事关农村发展和社会稳定，涉及广大农民切身利益，是进一步加强农村党风廉政建设、规范村民自治、完善村务公开的重要内容。

《二十五条》一方面明确规定，村级20万元以上项目严格加强过程监管，按照村级申报实施、乡镇审批监管的机制实施，确保项目取得实效。未经批准，严禁实施项目，对随意实施特别是造成"烂尾工程"的，将严格追究乡镇及相关人员责任。村级实施100万元以上大型项目，由县（区、市）严格把关审核，乡镇全流程跟踪监管，防止产生"半拉子工程"。通过县、乡两级政府齐抓共管，双管齐下，形成合力，成为规范村级项目资金管理的顶层设计。

另一方面将县级农经中心更名为农村事务管理中心，赋予其更大职权，既监管使用项目资金，又监督落实村级事务。将乡镇农经站（乡镇会计服务中心）合并后，组建成为农村事务管理站，属县（区、市）农村事务管理中心的派出机构。通过科学整合机构资源、优化管理职能、加强审计监督，形成了规范乡村财务、资金、项目管理的一套行之有效的制度体系，为确保乡村高效健康发展，增强提升乡村治理发展活力提供了制度保障。

（三）强化资金保障，确保制度落地，激发提升乡村治理内生动力

资金是乡村治理、乡村振兴的启动引擎。乡村振兴需要真金白银的投入，但是资金投入既不能给群众增加负担，也不能给基层政府增加负担，更不能让投入的资金变成"一潭死水"。根据实际情况选对乡镇的发展方向，选对项目、产业，并让项目、产业成为"造血干细胞"，源源不断为乡村振兴注入活力，是《二十五条》的一项重要内容。

《二十五条》紧抓政策落实。如和顺县强化财政保障，加大资金的扶持力度，追加并落实财政预算1551万元专门用于保障《二十五条》落实；介休市乡镇每年的平均运转经费达到90万元，村级每年的平均运转经费达到11.5万元，2019年又投入1亿元用于实施一乡一实事和15个美丽乡村示范村建设。除财政保障外，《二十五条》还注重基层干部的工资待遇保障和福利保障，其目的在于提振基层干部干事的热情和工作的动能，让他们能心无旁骛地施展才华。同时，注重加强对资金申报、审批、使用和验收的全流程监管，确保让资金能真正发挥应有效能。

（四）强化创新驱动，确保步调一致，凝聚提升乡村治理共进合力

1.《二十五条》是理念的创新。如打破科级干部与一般干部的限制，打通回本村任职与到其他村任职的渠道，打破惯有思维，将退休干部纳入回村任职干部库，兼备发挥余热和建设家乡的双重感情；坚持严管与厚爱相结合，激励与约束相并行，将资源、服务和管理下沉到基层，让基层真正能迸发出活力。

2.《二十五条》是制度的创新。以制度保障基层实现减负，将中央关于基层减负精神具体化，严禁部门随意将任务转嫁给乡镇，并全面清理乡镇债务，保证基层干部有一个轻松和干净的干事环境；容错减责机制保障干部大胆干、创新干，对于重点领域发现的一些问题隐患，如难以处理或者不属于乡镇职责职权范围的，可予以免责。如上报不及时或者知情不报、故意隐瞒的，要严肃处理。通过制度上的创新，破解基层工作中的共性难点堵点。

3.《二十五条》是机制的创新。考虑到基层在实践中存在的问题，《二十五条》在机构设置方面，对村级社会化管理人员进行整合，推行由行业部门业务指导、乡镇政府监管考核、农村“两委”日常管理等；在乡镇设置副科级综合便民服务中心和退役军人服务保障工作站，统筹整合县直各单位派驻乡镇以及乡镇自有的站所事业人员；在资金管理方面，按照相关资金数目分别实行申报实施、审批监管和审核把关、跟踪监管等多个流程相互制约。对合并后的农村事务管理站要进行每年一次或者两年一次的财务审计。

三、有益启示

习近平总书记指出，要坚持严管和厚爱结合、激励和约束并重，完善干部考核评价机制，建立激励机制和容错纠错机制，旗帜鲜明为那些敢于担当、踏实做事、不谋私利的干部撑腰鼓劲。各级党组织要关心爱护基层干部，主动为他们排忧解难。要把提高治理能力作为新时代干部队伍建设的重大任务，引导广大干部提高运用制度干事创业能力，严格按照制度履行职责、行使权力、开展工作。晋中勇于“制度先行”，

善于“制度出招”，出台实施《二十五条》，从近处看是为身处乡村一线的干部群体减负加油，从远处看则是为推进乡村治理体系和治理能力现代化，在制度创新上蹚水开路，其实践效果及影响已充分彰显这一点，给我们带来了诸多有益启示。

（一）坚持党的全面领导，是实现乡村治理能力现代化的“压舱石”

习近平总书记强调，我们要善于把党的领导和我国社会主义制度优势转化为社会治理效能，完善党委领导、政府负责、社会协同、公众参与、法治保障的社会治理体制，打造共建、共治、共享的社会治理格局。乡村治理体系和治理能力现代化是国家治理体系和治理能力现代化的重大基础性工程，也是党中央提出的“产业兴旺、生态宜居、乡风文明、治理有效、生活富裕”乡村振兴战略总要求的应有之义。当前，在推进乡村治理体系和治理能力的历史进程中，我们必须迎接挑战，补足短板，打通包括治理制度的滞后及缺位、干部队伍的稳定性不够及本领恐慌等诸多难点堵点，这一切都离不开党的全面领导。2019年6月，中办、国办印发《关于加强和改进乡村治理的指导意见》强调“要坚持和加强党对乡村治理的集中统一领导。党的基层组织作为乡村治理的‘主心骨’，扮演着思想引领者、发展带头者、组织协调者、权力监督者等重要角色，是新时代加强和改进乡村治理最重要、最核心的领导力量。”晋中推出的《二十五条》，其出发点和最明显的特征，就是坚持了党的全面领导这个根本，突出了乡村两级党组织发挥政治功能的具体化，进而全面增强政治领导力和组织力。同时注重抓乡促村，紧紧抓住乡镇党委这个乡村治理的“龙头”，提升了乡镇党建水平，推动了农村党建引领不断上台阶。

（二）勇于体制机制创新，是推进乡村治理能力现代化的“主引擎”

创新位处新发展理念之首，是引领新时代发展的第一动力，也是推进乡村治理体系和治理能力现代化的第一动力。就乡村治理而言，因其多元的复杂性，很强的实践性，决定了一项政策规定好不好使，往往不靠概念演绎、理论阐述、逻辑论证有多么严密，关键是看这个政策是否契合乡村实情，是否有助于乡村治理和民生问题解决。2019年以来，晋中审时度势，持续加大制度创新力度，激励乡村干部担当作为，除出台提升乡村治理能力的《二十五条》之外，还相继在党的建设上创新性出台了《关于进一步落实全面从严治党“两个责任”的二十五条措施（试行）》《关于加强政治监督二十五条（试行）》《晋中市干部政治素质考察办法（试行）》，总体简称四个《二十五条》，并构建了党建工作的“晋中模式”，而且在基层贯彻落实中，又创造了一些具有首创性的做法经验，打开了党建和乡村治理新局。这些来自基层一线的实践与探索启示我们，创新乡村治理，一是需要顶层设计和基层实践形成良性互动。顶层设计要为基层改革创新框定方向与边界，提供总体思路。基层则要因地制宜，勇于探索新办法新路径。比如，20世纪60年代形成的“枫桥经验”，已成为中国乡村治理基层创新实践的光辉典范。今天，晋中推出硬邦邦的《二十五条》干货，也是新时代提升乡村治理能力实践操作的一次可贵探索，值得充分肯定。二是要切实像晋中一样，做到人财物相匹配，所谓要让马儿跑得快，也要让马儿吃上草。真正以实打实举措为乡村干部撑腰鼓劲，促进乡村干部权力、责任和资源的相互匹配，凝聚合力，推进乡村治理能力不断提升。

（三）强化制度落地落细，是推进乡村治理能力现代化的“度量衡”

一分部署，九分落实，制度的生命力在于执行。当下，我们的许多制度包括乡村治理层面的制度，一个最大的短板就是落地落细难。而晋中实施的《二十五条》，坚持问题导向和目标导向，条条内容件件事项，瞄准的就是如何更方便更有效落地落细。其最鲜明的主题就是将提高治理能力的目标要求具体化，围绕提高治理能力分别对各级党组织担负的责任和广大党员干部的能力、素质等提出具体要求，绝大多数指标都是以量化数据呈现；最鲜明的品格就是坚持改革创新，既全面贯彻了中央精神和省委要求，又着眼于推动上级有关精神落细落小，紧密结合晋中实际，提出了一系列创新性的思路，举措、办法；最鲜明的特色就是务实管用，积极回应广大群众关注、社会各界关切，针对性地破解难题，既捆住了一些党员干部乱作为的手脚，也有效激发了广大党员干部担当作为、干事创业的激情。在实施推进中，市委组织部制定了贯彻落实《二十五条》的《行动方案》，建立了此项工作“每月双报告”制度，着力夯实基层组织，建强干部队伍，吸引人才回归，努力为全市乡村振兴战略提供坚强组织保证。晋中市委专门组建6个督导调研组，深入11个县（区、市）和开发区、部分市直部门和单位，就包括提升乡村治理能力等四个《二十五条》贯彻落实情况，开展全面督导调研，确保各项政策落到实处，努力把制度优势更好地转化为治理效能，开创晋中乡村治理新局面。可见，好政策好办法只有沉下去见实效，才是真正管用实用的善谋良策。

（四）突出严管厚爱相促，是推进乡村治理能力现代化的“调压阀”

关于基层干部的工作状态，这是一个常挂嘴边的话题，似乎也是一个无奈的话题。过去是“上面千条线、下面一根针”，现在变成了“上面千把锤，下面一根钉”。根源就在于不少人工作忙、压力大、任务重、问责多，苦累叠加，心神疲惫，也成为不少基层干部工作状态的真实写照。近年来，这种现象已引起各方面的高度重视。晋中《二十五条》从制度政策层面，既坚持全面从严治党不松劲，又理直气壮地为担当作为的干部加油助力，让广大基层干部心无旁骛干事业。从基层干部工资待遇、年轻干部提拔使用、村级组织运转经费、干部休假体检等多方面，制定可操作的管用办法，集中体现了严格管理与关心厚爱相结合的意图与理念，大力营造了政治上更加信任、工作上更多支持、生活上更足保障、心理上更好调节的良好氛围。在执行中也受到了基层干部的充分肯定。

（五）淬炼过硬干部队伍，是推进乡村治理能力现代化的“主心骨”

习近平总书记指出，办好农村的事情，实现乡村振兴，基层党组织必须坚强，党员队伍必须过硬。要夯实乡村治理这个根基。采取切实有效措施，强化农村基层党组织领导作用，选好配强农村党组织书记，整顿软弱涣散村党组织，深化村民自治实践，加强村级权力有效监督。晋中《二十五条》的落实，归根结底就是为打造一支过硬干部队伍，为提升乡村治理能力提供强有力的组织保障，极大地调动了广大基层干部参与推进乡村治理的积极性、主动性和创造性。正如晋中市委赵建平书记所讲:“在乡村基层，‘组织力’就是‘说话群众听、办事大家跟’。围绕这一目标，《二十五条》旨在加强乡村党组织基础保障、提升服务群众能力等方面拿出硬措施、提出硬要求，进一步增强社会号召力。”在基层社会治理中，晋中《二十五条》的效应越来越凸显，一大批党员干部在脱贫攻坚、全面小康、抗击疫情等基层一线发挥模范带头作用，涌现出在战“疫”一线连续奋战30余天，因劳累过度，突发心脏衰竭晕倒，经抢救无效与世长辞的平遥县宁固镇净化村治保主任李光峰等众多先进典型，成为推进乡村治理体系和治理能力现代化的中坚力量。

（六）确保基层高效运转，是推进乡村治理能力现代化的“稳定器”

实现乡村治理体系和治理能力现代化，是一项任重道远的系统工程。尤其是镇村组织体系经费能否保障、人员能否安心，工作能否正常运转，关乎整个乡村治理的成败。今年，中央针对疫情带来的形势变化，在“六稳”要求的基础上，又及时提出了包括“保基层运转”的“六保”新任务，说明基层运转上还是程度不同存在短板弱项，需要引起各级党委政府的高度重视。晋中《二十五条》不仅关心关爱乡村干部的成长，而且关注紧盯基层组织运转，特别是贫困地区的村级组织，出台了财政投入保障、成立便民服务工程队统一承揽不超过50万元的村级一般性工程项目等具体办法，以增加集体收入，确保村级各类组织正常运转、稳定运转的基础上，努力向高效运转提级进档，为推进乡村治理体系和治理能力现代化，提供坚强的组织保障。

发表于《三晋基层治理》2020年第1期（创刊号）

■ 赋能百姓小康梦

——左权县推动脱贫攻坚与乡村振兴有机衔接的实践与思考

习近平总书记指出，脱贫摘帽不是终点，而是新生活、新奋斗的起点。要针对主要矛盾的变化，理清工作思路，推动减贫战略和工作体系平稳转型，统筹纳入乡村振兴战略，建立长短结合、标本兼治的体制机制，推动脱贫攻坚和乡村振兴有机衔接。

左权县作为2018年底摘帽的国定贫困县，认真贯彻落实习近平总书记扶贫工作重要论述、视察山西重要讲话重要指示和党中央精准扶贫精准脱贫方略，践行领袖殷殷嘱托，慎终如始抓巩固，从严从实稳收官，蹄疾步稳开新局，超前谋划统筹脱贫攻坚与乡村振兴，率先踏上了一条方向明、机制顺、办法实、效果好的有机衔接之路，形成了精彩纷呈、富有特色的左权实践。

攻坚克难摘穷帽，捷报频传奔小康

左权，一个以英雄名字命名的县份，手握革命老区、文化大县和绿色太行三张熠熠生辉的国家级名片。但这里也是国定扶贫开发工作重点县。现辖10个乡镇1个省级开发区，203个行政村，16万人。“确保打赢脱贫攻坚战，是必须兑现的承诺，也是必将完成的伟业。”市委常委、左权县委书记王兵说。近年来，全县上下以“一万年太久，只争朝夕”的精神，与时间赛跑、与速度赛跑，慎终如始啃下了脱贫这个“硬骨头”。2018年12月，全县顺利接受第三方验收评估，贫困发生率下降到0.12%。2019年4月，经山西省人民政府批准正式退出国定贫困县。2019年，农村居民人均可支配收入7182元，增幅18.6%，居山西省首位。

在精准脱贫的伟大实践中，左权县实施了一整套行之有效的攻坚战术，即党建引领，脱贫开良方；以户为基，路径靶向准；包保责任，体系构筑严；产业为本，合力拔穷根；生态扶贫，致富闯新路；政策保障，托底保民生。左权县探索走出了一条“靶向精准、以户为基、一人一策、本质脱贫”的特色精准脱贫之路。

“四化联动”连纽带，“四大体系”筑根基

脱贫之后，如何确保乡亲们经济收入稳提升、生活品质不断档、精神面貌换新颜，这是脱贫攻坚与乡村振兴有机衔接必须做好的大文章。

近年来，左权县委、县政府抢抓省委、省政府“锻造黄河、长城、太行三大旅游板块”和市委、市政府实施“四个百里”“东山脱贫攻坚与乡村振兴有机衔接示范圈”等重大机遇，将巩固脱贫成效与乡村振兴通盘考虑、同步谋划，创造性提出以推进产业结构调整制度化、基础设施建设标准化、乡村治理堡垒化、农村资源激活市场化为内涵的“四化联动”，持续构建现代农业产业发展、宜居乡村建设、现代乡村社会治理、农村资源市场化“四大体系”，切实提高小康成色，抢占乡村振兴战略发展先机，赢得乡村振兴战略主动权。

左权县立足产业振兴，瞄准已形成的核桃、杂粮、蔬菜、养殖、中药材五大特色传统产业和光伏、电子商务、文化旅游三大新兴产业，出台连续性、规范化的扶持政策，确保每年把财政支出的50%投向农业特色产业。

——你看，他们“敢教荒山变金山”。夏日的太行山，一眼望不到边的翠绿，满目葱茏。沿着蜿蜒曲折的盘山公路一路向山顶行进，在海拔1300米处坐落着的便是龙泉乡连壁村。

该村地处穷乡僻壤，有160户394口人，土地1.38万亩，曾是左权县最贫穷的村之一。2011年以来，村党支部书记郭应林带领全体村民，弘扬情系群众、甘于奉献、艰苦奋斗、求实创新的“连壁精神”，从一笔34万元的土地流转款投入核桃树种植艰难起步，通过引进能人、引进企业、引进资金、引进项目、引进技术的“五引进”，实现了敢教荒山变金山、资源变资本、农民变工人、“穷家”变“富家”、议价变定价的“五大变”。

能人张国忠回村创办了龙鑫种植农民专业合作社，并将其发展成为国家级农民合作社示范社，吸纳社员760余户，本村在村居住农户全部入社，成为带动村民增收的龙头。引进嘉耀光伏发电有限公司，直接带动贫困户户年均增收3000元。

通过接续奋斗，该村逐渐形成了核桃、药材、杂粮、光伏发电四大支柱产业。2019年，村集体经营性资产达1369.49万元，全村人均纯收入9600元。

郭应林自豪地说：“全村1.38万亩土地，能利用的几乎全部利用起来了。昔日的荒草山、石头山，如今真的成了金山银山。看着漫山遍野绿油油的核桃树、黄灿灿的板蓝花、蓝莹莹的光伏板，满眼青山绿水，心情非常激动。这就是我们践行习近平总书记‘两山’理念的生动体现和辉煌成就。”

——你看，他们“晒着太阳把钱赚”。发展产业涉及方方面面，必须因地制宜，全力推进，久久为功。

在左权大地，光伏项目发挥着扶贫“造血”功能。这项绿色产业为贫困群众，特别是无劳动能力的老弱病残贫困户带来长期稳定效益，让他们“晒着太阳就能赚钱”。2016年以来，全县实施了35座村级光伏扶贫电站、46.4MW村级（联村）光伏扶贫电站、30MW集中式光伏扶贫电站和1995座农户屋顶光伏扶贫电站四大工程。截至今年6月，累计发电量1.25亿度，收益9770.46万元，到村收益8281.47万元，受益村170个，惠及贫困人口25571人。

远眺寒王乡段峪村，一片片蓝色的光伏发电板映入眼帘，在太阳的照耀下熠熠生辉。这些蓝色的光伏发电板成了山区农村一道道独特的风景线。

“政府对咱老百姓真好，自从给我家屋顶装上了光伏发电板，坐在家里每年也有7000元的收入，我的养老问题不用发愁啦！”71岁的雷海林拄着拐杖，指着电表上跳动的数字，激动地与我们分享着他的喜悦。

据段峪村党支部书记高亚军介绍，段峪村946口人，共有贫困户202户，为了帮助老百姓早日脱贫致富奔小康，村里大力发展光伏产业，为贫困户安装光伏发电板，实现“阳光下脱贫”。“一户光伏工程成本3万余元，农户自己出资5000元，政府补贴8000元，帮扶单位出资3000元，农户再贷款2万元，政府贴息。装上的光伏板使用寿命可长达25年，10年内免费维修。”高亚军说。

除了为农户住宅屋顶安装光伏，左权县还利用贫困村闲置土地建设村级电站，用荒山荒坡建设企业地面集中电站，在养殖园区和设施蔬菜大棚等建设农光互补电站。

站在连壁村核桃杂粮种植基地制高点，对面荒山上一块块光伏发电板排列整齐。2018年，嘉耀光伏发电有限公司和村里签订协议，租赁村里2400亩荒山建设了28.8MW集中光伏扶贫电站，助力100个贫困村脱贫致富，每年可为各贫困村集体增收20万元左右，直接带动贫困户户均增收3000元。连壁村实现租赁收入30万元和光伏电站收益分红30万元。

“‘蓝板板’晒着太阳把钱赚。”群众高兴地说，“光伏电站给我们带来好‘光’景。”

——你看，他们“太行山村绽新颜”。左权县立足生态振兴和生活提质，紧密结合太行“百里画廊”建设，坚持一体化布局、项目化打造，围绕补齐影响群众生活品质的短板，从环境整治、林木绿化、道路建设、河道治理等诸方面入手，高标准谋划、高标准实施，统筹推进乡村基础设施建设标准化工作，不断提升群众幸福感、满意度，生活富裕跃升新水平，生态宜居彰显新气象。

目前，在9个乡镇所在地、24个千人以上村、67个500人以上村，实施普及农村老年人日间照料中心、太阳能公共浴室、红白理事厅、群众健身场地、文化活动场所、垃圾治理、污水管网、改厕等为主要内容的“八普及”工程，分类分层推开美丽宜居乡村建设，有效破解农村公共基础设施建设无标准的深层次问题。全县已建成省级宜居示范村4个、市级宜居示范村16个、县级宜居示范村32个。

麻田镇泽城村是推进农村公共基础设施标准化的一个示范村。近年来，泽城村在省、市、县自上而下精准发力、精准接力的脱贫行动中，特别是在省政府办公厅定点驻村的帮扶下，打了一场漂亮的基础设施改造提升攻坚战。村里以创建美丽宜居乡村为抓手，累计投资2544万元，实施了硬化主街道，新建标准化公厕，维修村中心广场，新建休闲小广场，村民饮水、下水、污水管网改造，安装路灯和“煤改电”等多项惠民工程。

乡村面貌大变化，带来百姓生活便利的同时，更带来了发展的新机遇、未来生活的新希望和精神面貌的新改观。赵霞是泽城村移动营业网点的代理员，同时承揽着全村的快递代收代寄业务。今年，按照村里的整体规划，她还办起了家庭旅馆，干起了民宿。“现在党的政策越来越好，村子变整洁漂亮了，交通更加便利，山里空气好、环境好，越来越多的人选择来我们这里度假。我一个人在家就可以有好几份收入，现在的日子真是越过越红火、越过越有劲。”赵霞高兴地告诉我们。正聊着，泽城村村民郭贵廷来找赵霞办理手机业务，原来孩子们给她买了智能手机。从老年机更换成智能机，老人笑得合不拢嘴：“现在的生活真是好啊，以前吃饭是吃饱就行，现在讲究要吃好；以前一遇下雨村里到处是泥，现在家门口就是柏油路；以前想孩子们了就抬头看看山，现在通过手机就能见面。我觉得很知足、很幸福。”

位于泽城村中心的颇具现代感时尚感、具备多功能实用价值的泽城村新时代文明实践中心，即将投入使用。村党支部书记赵富生自豪地给我们介绍着村里的新变化：“从去年到今年，我们筹办了35户民宿，其中有19户已正常运作，还有两个标准的农家乐饭店正常开张。我们本身就是革命老区，每一个村都有抗日红色遗存，与身边的青山绿水、美丽风光结合起来搞旅游，很有‘钱’景。从2020年开始，我们规划村里的乡村振兴战略，就是要重点打造文化旅游这个主导产业，带领全体村民走向富裕幸福的美好生活。”

——你看，他们把“绿水青山”转化“金山银山”。刀削斧劈的悬崖、千奇百态的山石、甘甜可口的清泉、如练似银的瀑布、碧波荡漾的深潭、引人入胜的溶洞、遍布群山的林海，尽在峰峦涧壑之中，这里是百里画廊，太行奇观。“左权县红色太行百里画廊旅游区项目”是山西省文旅产业“三大板块”中太行板块的重点项目，是市委、市政府着力推进的“四个百里”项目之一，也是左权县履行生态文旅融合发展排头兵责任、促进县域经济转型发展、实现精准扶贫的重要抓手。

左权县上下紧紧抓住省政府批准设立左权生态文化旅游示范区和划定左权县为省级限制开发重点生态功能区的契机，兼顾生态与生计，并重增绿与增收，在“‘一个战场’同时打赢生态治理与脱贫攻坚‘两个战役’”，走出了一条依托核桃产业增收一批、木本药材拉动一批、生态庄园带动一批、荒山造林脱贫一批、退耕还林补助一批和生态管护保障一批的“六个一批”生态脱贫新路，真正把生态优势转变为“发展福利”和“民生福祉”，有“颜”又有“值”，实现“绿起来”与“富起来”的和谐统一。

麻田镇结合红色小镇、旅游名镇的特色优势，在有限的土地上动脑筋做文章，在武警总部出资330万元的倾力帮扶下，与山西省五月红生态旅游开发公司共同投资810万元，在麻田村建成了165亩国内一流的高标准樱桃生态园。山西果树所研究员、挂职副县长王勇用自己的专业知识和农科资源，从选址、种植、管理等技术层面，为樱桃园提供“保姆式”服务，对樱桃园建设倾注了巨大精力。在园区务工的麻田村建档立卡贫困户魏雪兰笑着说：“一天到晚作务这些‘开心果’，感觉自己也阳光开朗了，务工的同时，还不误家务，一个月还有1500多元的工资，真是钱粮不缺，小康路上不掉队。”今年，樱桃园共接待省内外游客近2万人次，采摘樱桃1万公斤，采摘收入达100万元。预计3年后达到盛果期，产值可达2000万元。

2020年，以市委、市政府推进的“五地一产”入市改革为抓手，典型开路、创新引领，全面激活农村沉睡资源，促使乡村资源最大化利用，确保农民财产性收益不断提高，支撑乡村振兴纵深推进。

左权县重点实施太行“百里画廊”“黄金谷”千亩苗木培育项目，全长48公里，占地1040亩。这条集“山水林田湖草、林道亭廊台池”于一体的金色生态景观带，已成为左权县快进漫游的太行旅游新走廊。育苗项目采取“政府引导、企业实施、市场运作”的模式，由县政府统一流转土地，脱贫攻坚造林专业合作社育苗，并吸纳60%以上建档立卡贫困户务工，每年可带动村集体增收8万元。育苗3年期满后，苗木可轮换出售，优先由合作社自行消化，剩余苗木由县财政保底回收。左权县龙泉乡党委书记巨晓华介绍：“整个工程建成后，这里不仅成为一条生态走廊，也是一条旅游通道，更是拓宽农民增收致富的一个新通道、乡村振兴的一个新走廊，可以说是实现了经济、生态、社会的三效合一。”目前，项目已全部完成，正申报省级特色花海基地，将成为全省面积最大、里程最长的彩化片区和花海基地。

——你看，他们“文化搭台合奏全面小康和乡村振兴新乐章”。左权县是全国民间艺术之乡，素有“万首民歌千出戏”的美誉。左权民歌和小花戏以其特有的魅力，唱响海内外。开花调、小花戏分别被国务院列为“国家级非物质文化遗产”，是左权县最亮丽的两张文化名片、最珍贵的文化旅游资源。

2019左权民歌汇的成功举办，更是有效提高了左权的知名度和影响力，为左权走向世界、让世界了解左权打通了渠道，为宣传左权传统文化搭建了平台，为游客听着民歌游左权和百姓唱着民歌奔小康找到了光明大道。

2019年7月9日，时任省委副书记、省长楼阳生在左权县调研时指出，要切实将红色文化、绿色生态、民歌艺术等独特的资源优势转化为产业优势、发展优势，打响左权民歌汇品牌，促进文旅融合，把文化旅游产业培育成转型支柱产业、增收富民产业。

去年，首届左权民歌汇一炮打响，吸引众多民歌专业歌手和爱好者参与，在国内外引起广泛关注。左权县更是全民火热参与，培育起脱贫产业“硬支撑”。2020年，第二届左权民歌汇如约而至，通过各类渠道报名的选手达到3266名（组）。目前，直接参与人数已突破4万人次。

去年第一届左权民歌汇落幕后，左权县组织起了左权民歌汇·太行民星擂台赛。来自左权县的百强选手刘晓凯目前是一名音乐表演专业大三的学生。他说：“去年的活动，让我们这里本来就浓的民歌氛围更浓了。后来的‘擂台赛’场场爆满，我身边很多人都走上舞台一展歌喉。这一年来，家乡的文化活动多了，游客也多了起来。”正如刘晓凯所说，左权民歌汇不仅满足了当地民众的精神文化需求，更成功带动了当地旅游业的发展，拓宽了百姓收入渠道。

左权民歌汇激发和点燃了左权人坚定文化自信、发展社会主义文化的热情与奔小康的激情。2020年左权民歌汇，围绕“国际标准、国家品牌、国内一流”的发展目标，全程安排赛事、产业、学术、宣推四大板块15个重点活动，包括太行民星擂台赛、民歌广场舞大赛、国际民歌擂台赛、“每周一歌一景”展播、民歌汇丛书编辑等。目前，已成为我市继平遥国际摄影大展和平遥国际电影展之后又一张国际名片。相信具有光荣革命传统的左权人民，一定能够将左权民歌汇打造成民族的、世界的文化品牌和脱贫致富的支柱产业。

"五个衔接"促振兴，革命老区开新局

革命战争年代，左权人民为抗击外来侵略和取得中国革命胜利作出了巨大贡献。进入新时代，左权在脱贫攻坚战中，同样不甘落后，在实践中走出了一条"靶向精准、以户为基、一人一策、本质脱贫"的左权精准脱贫之路。特别是在推动脱贫攻坚和乡村振兴有机衔接上，先走一步，躬身实践，乡村振兴制度框架和政策体系渐成雏形，相关工作取得明显进展，形成了一些可总结、可复制、可推广的基本经验。今年7月，左权县被选为全省脱贫攻坚与乡村振兴有机衔接试点。

——着力思路衔接，贯穿精准方略破难局。脱贫之后，乡村向何处发展，党中央擘画了乡村振兴战略的宏伟蓝图，指明了"三农"工作的前进方向。乡村建设有其内在发展规律，全面脱贫与乡村振兴是一种相辅相成的关系，全面而稳定脱贫是乡村振兴的前提和基础，脱贫攻坚中形成的一整套科学思路也是乡村振兴如何开局的重要参考。比如党建引领、"精准"方略、产业支撑等，与扶贫对路，于振兴有效。左权在脱贫之后，不失时机地谋划出脱贫与乡村振兴的有机衔接之方。首先从思路上有机衔接，按照中央和省市委部署主动作为，紧密联系县域实情，既保持连贯性精准性，又饱含创造性区域性，以此来确立脱贫攻坚与乡村振兴有机衔接的总体思路，出台了《左权县巩固脱贫成效提升脱贫质量加快小康社会建设进程行动计划》《左权县脱贫奔小康实施方案》等一系列顶层设计及配套办法，与脱贫形成无缝对接之势。今年，在应对新冠疫情、经济下行等众多挑战面前，脱贫全面收官稳扎稳打，乡村振兴开局有序有力，交出了一份合格答卷。这些成绩的取得，关键得益于工作整体思路的有机衔接，也佐证了"思路决定出路"这句现代格言的真理性。

——着力规划衔接，延续目标同向再布局。凡事预则立，不预则废。习近平总书记强调，推动乡村振兴健康有序进行，要规划先行、精准施策。左权县之所以赢得脱贫攻坚战的全面胜利，与贯彻落实党中央和省市委决策部署密不可分，与全县党政一班人的坚强领导密不可分，与全县16万人民的共同奋斗密不可分，也与对精准扶贫的科学规划密不可分。如出台实施的《左权县"十三五"脱贫攻坚规划》《全面打赢全县脱贫攻坚实施方案》《关于坚决打赢精准脱贫攻坚战三年行动的实施方案》等规划方案，成为左权县打赢脱贫攻坚战的战役决战路线图。左权县在推进脱贫攻坚与乡村振兴有机衔接的进程中，依然坚持规划先行、同步谋划、同步推进、融会贯通，先后出台了《左权县巩固脱贫成效提升脱贫质量加快小康社会建设进程行动计划》《左权县脱贫奔小康实施方案》《左权县"十四五"规划思路设想》等规划文件，成为左权县实施乡村振兴战略的施工图和任务书，提升了推进脱贫攻坚与乡村振兴有机衔接的科学性、预见性、创造性，形成了战略、战役和战术的有机衔接和协调一致。

——着力机制衔接，构建乡村振兴新格局。无论是脱贫攻坚，还是乡村振兴，都是一项复杂的系统工程，没有一套科学规范的运行机制是难以顺利推进的。左权县在建立运行及衔接联通机制这方面，确实下足了功夫。比如，在乡村振兴上，一以贯之以“县乡村三级书记一起抓脱贫”的工作机制，推进“县乡村三级书记一起抓振兴”。及时出台了《左权县推进脱贫攻坚与乡村振兴有机衔接实施意见》及配套办法，加快推动脱贫政策机制与乡村五大振兴无缝衔接，进一步推进脱贫攻坚工作体系向乡村振兴平稳过渡、平稳转型，努力为解决相对贫困、实现乡村全面振兴提供了左权经验。

——着力政策衔接，强化民生保障保大局。政策是党的生命线，是增进人民福祉的根本保证，也是助推脱贫攻坚与乡村振兴有机衔接的强大杠杆和推进器。左权县有机衔接的生动实践告诉我们，好政策就要用好用足，就应该因地制宜将脱贫攻坚特惠政策转变为乡村振兴普惠政策，继续加大倾斜支持力度，健全社会保障制度与精准脱贫政策的有效衔接机制，不断完善相应动态调整机制，堵住影响政策稳定性和连贯性方面的制度漏洞，防止失去外部助力后可能出现的滑坡、跑偏和走样，进而建立起能够解决相对贫困的长效机制。特别是对关乎群众切身利益的养老、医疗、教育、生态、医保、低保、失业保险等惠民政策，更要相对稳定，并根据社会发展水平适时提升政策标准，进一步增强脱贫农户对实施乡村振兴战略的美好预期，调动广大农民群众参与乡村振兴的积极性、主动性和创造性，切实发挥农民在乡村振兴中的主体作用，构建人人参与乡村振兴的新格局。

——着力发展衔接，推进产业兴旺开新局。加快乡村振兴进程，做好产业发展的衔接，是我们党人民至上执政理念的必然要求，是广大乡村老百姓期盼过上美好生活的必然要求，是实施乡村振兴战略的必然要求。左权县立足于拉长革命老区、民歌故里、生态良好等优势长板，致力于补足发展不充分不均衡短板，创造性出台实施了《左权县“四化联动”推进乡村振兴指导意见》，着力解决产业结构调整无序、基础设施建设无标、乡村治理软弱、农村资源激活市场发育不足等带有普遍性的现实难题，贫困与非贫困的悬崖效应得到有效防范。同时，精心打造了太行“百里画廊”、左权民歌汇、生态文化旅游、光伏发电、电商平台、特色农产品等多个在省内外有影响的知名品牌。

“左权将产业发展置于脱贫攻坚与乡村振兴有机衔接的龙头位置，为乡村振兴和全面小康注入了强劲动能。我们将力争早日走出一条有左权特色、脱贫攻坚与乡村振兴有机衔接的可行之路，为我省率先蹚出一条转型发展新路，作出革命老区的新贡献。”左权县委副书记、县长赵宏钟对脱贫攻坚与乡村振兴有机衔接的“左权实践”充满信心。

作为课题组执笔人之一发表于《晋中日报》2020年9月7日头版

深刻认识新时代基层理论宣讲的地位和作用

党的十九届五中全会《建议》提出，要深入总结和学习运用中国共产党一百年的宝贵经验，教育引导广大党员、干部坚持共产主义远大理想和中国特色社会主义共同理想，不忘初心、牢记使命，为党和人民事业不懈奋斗。进入新时代，踏上新征程。全面回顾系统总结我们党百年来开展思想建党、理论强党的伟大历程和宝贵经验，探寻党的理论传播的发展规律，包括向广大人民群众宣传宣讲党的理论、路线、方针、政策的经验与做法，意义深远，责任重大。深刻认识作为党的理论传播重要手段的基层理论宣讲工作的地位和作用，深化基层理论宣讲工作，如何适应新阶段新要求，如何更好地自觉承担起习近平总书记提出的“举旗帜、聚民心、育新人、兴文化、展形象”的使命任务，是我们学习宣传贯彻十九届五中全会精神的应有之义，也是每一名宣传思想理论工作者的使命所在。

一、基层理论宣讲在理论传播中的重要地位与作用

一百年来，中华民族实现了从站起来、富起来到强起来的伟大飞跃，是中国共产党英明领导的结晶和必然，也与我们党强有力的理论传播息息相关。基层理论宣讲作为理论传播的重要方法和有效手段，无论是在战争年代，还是在和平建设时期，都在唤醒群众，教育群众，引领群众，服务群众的工作中，在听党话、感党恩、跟党走的教育上，发挥了不可替代的先导作用。

一是对应党的宣传工作职责的有效手段。宣传工作是党的一项极端重要的工作，是中国共产党领导人民不断夺取革命、建设、改革伟大胜利的优良传统和政治优势。新颁布的《中国共产党宣传工作条例》，将“指导协调理论研究、学习、宣传工作”列为党委宣传部的16项工作职责之一。宣传按形式划分，有口头宣传、文字宣传、形象化宣传等，基层理论宣讲就是口头宣传的主要载体。早在红军时期，古田会议决议就明确规定了宣传队在红军建设中的地位作用、组织构成和工作方式方法。一支支红军宣传小分队成为红军宣传动员群众不可或缺的重要力量。1956年，各地设立了专门从事理论宣讲的党委讲师团，“文革”期间撤销。1982年，中央专门下发文件，要求各省、自治区、直辖市重新恢复建立党委讲师团，成为组织实施党

员干部群众马克思主义理论和形势政策教育的宣讲、研究和宣传机构。2019年，中办下发《关于加强和改进新时代党委讲师团工作的意见》，进一步明确了各级党委讲师团实施重大主题宣讲活动，指导和组织开展基层理论宣讲活动等工作职责，明确了全面提升新时代理论宣讲工作能力水平的努力方向。可见，开展广覆盖、常态化基层理论宣讲，是我们党推进理论传播的有效载体和重要手段。

二是顺应以人民为中心发展思想的具体路径。站在新阶段的新起点，我们党基于以人民为中心的发展思想和价值取向，遵循尊重人民、依靠人民、为了人民的原则，积极回应人民群众诉求、满足人民群众需求，不断实现人民对美好生活的向往。基层是理论创新与实践创新的源头，基层干部群众是党的理论和路线方针政策的实践主体。广泛开展基层理论宣讲，回应群众关切，解答群众疑惑，破解实际难题，是基层理论宣讲工作的出发点和落脚点，也是宣传思想工作践行以人民为中心发展思想的具体路径。

三是呼应基层群众理论渴求的必然选择。基层理论宣讲工作其实就是群众工作。面对当下基层群众的思想状况和精神需求，迫切需要我们走进基层，贴近群众，把“天下事”讲成“身边事”，让普通百姓能“坐得住、听得懂、记得牢、用得上”，用群众听得懂、愿意听的话把习近平新时代中国特色社会主义思想在基层讲明白讲清楚。需要我们讲好身边的故事，讲好自己的故事，讲好中国的故事，用生动的语言诠释清楚党的创新理论和政策部署。广大基层理论宣讲工作者任重道远。

四是适应理论传播新变化的有力举措。众所周知，在移动互联网时代，社会转型、利益关系调整和各种文化思潮碰撞激荡；多元化思想多样化文化交流交融交锋；互联网时代碎片化、情绪化、简单化的阐释解读。都给基层群众带来诸多负面影响，也是包括基层理论宣讲在内的理论传播主渠道主阵地，遇到的新课题新挑战。适应时代变化，增强科学应变能力，需要基层理论宣讲工作开辟新渠道，主动向网上线上进军。以微宣讲、微动漫、微故事等鲜活方式，引导社会公众特别是青少年群体提高明辨是非能力，自觉抵制错误思潮，实现“两个巩固”的根本任务。

二、充分发挥基层理论宣讲在理论传播中的先导作用

基层理论宣讲工作是一项春风化雨、成风化人的崇高事业。在新时代党的理论传播进程中，其不可替代的先导作用愈来愈显得突出和重要。习近平总书记强调：“要加强传播手段和话语方式创新，让党的创新理论‘飞入寻常百姓家’。”习近平总书记用生动形象的比喻表达了对包括基层理论宣讲在内的宣传思想工作的新要求。党的十八大以来，习近平总书记多次为中央宣讲团作出重要批示，指出宣讲的关键

是要联系实际、研机析理、解疑释惑，努力讲全、讲透、讲实，帮助广大党员、干部、群众全面准确领会全会精神，全面准确领会全会提出的新思想、新论断、新举措。这也为基层理论宣讲工作指明了努力方向，确立了标准和基调。

那么，如何遵循理论宣讲规律，让基层理论宣讲工作更接地气更受欢迎？结合工作实践，个人认为需要从以下几个方面着力和拓展。

一是发挥基层理论宣讲的“播种机”作用，让党的创新理论生根发芽、开花结果。想当年，毛泽东对长征进行过一段精辟的论述：“长征是历史纪录上的第一次，长征是宣言书，长征是宣传队，长征是播种机。”形象概括了红军长征的伟大意义，高度评价了长征在宣传革命真理、撒播革命火种、鼓动革命精神的伟大功绩。看如今，党的理论传播事业兴旺繁荣，基层理论宣讲工作队伍不断壮大，活力更加迸发。基层宣讲员的每一次宣讲，犹如在播种一粒粒科学思想的种子，扎根大地，枝繁叶茂，助力思想建党、理论强党建设，攀登一个又一个高峰。就拿近年来晋中理论宣讲工作来看，不断在守正创新中开创新局面，成绩斐然。全市组建宣讲“大队伍”，构建宣讲大格局。田间车间处处是讲台，创新理论播进千家万户；社区营区人人有话筒，中国故事滋润四面八方。就是真实写照。我们统筹打造了一支专业理论骨干队伍加“百姓宣讲团”“最美宣讲团”“文艺轻骑兵”“两代表一委员宣讲团（党代表、人大代表和政协委员）”“五老宣讲团（老干部、老战士、老专家、老教师、老模范）”“市委宣讲团”共六支社会力量宣讲队伍，这些构成广泛、遍布基层的专兼职宣讲员共有近2000人，形成了具有晋中特色的“1+6”宣讲队伍体系。进而构建起了队伍联训、市县联动、部门联合的基层理论宣讲大格局。

二是发挥基层理论宣讲的“传声筒”作用，让党的创新理论入耳入脑入心、教育引领人民。宣讲宣讲，顾名思义，关键是要走出去、讲出来和讲明白。宣讲是个人或团体借助于各种媒介表达自己的观念或主张，以影响受众的态度和思想的一项社会活动，由宣讲者、宣讲内容、宣讲渠道、宣讲对象等诸因素构成。宣讲规律要求宣讲者要敢于发声，善于发声。我们的基层理论宣讲，必须走出办公室、走出书斋，深入田间地头、车间工棚、居民小区和军营哨所，走进网络空间，广泛开展“进企业、进农村、进机关、进社区、进学校、进军营、进网络”为主题的“七进”活动，形成广覆盖、多维度、全方位、立体化的宣讲态势。近年来，晋中深入开展“大宣讲”，形成“大合唱”。基层理论宣讲红红火火，有声有色。晋中市“百姓宣讲团”和“文艺轻骑兵”宣讲团，先后被中宣部授予全国基层理论宣讲先进集体荣誉称号。2020年，在疫情防控常态化背景下，全市开展了学习贯彻党的十九届四中、五中全会精神、习近平总书记“三篇光辉文献”“习近平总书记视察山西重要讲话重要指示”《习近平谈治国理政》(第三卷)、“听党话、感党恩、跟党走”、“抗疫”英雄先进事迹、“最美宣讲”等八大主题宣讲活动，共计10500余场次，受众70万余人次。特别是党的十九届五中全会精神宣讲，已宣讲1000余场，受众近30万人次。同时，统筹线下、线上同时发声，同步推进基层理论宣讲走心走深走实。精心组织示范宣讲。从全市宣讲队伍中精选了政治素质好、理论水平高、宣讲口才佳、实践经验多的宣讲骨干，组成市级示范宣讲队伍，深入基层开展了习近平总书记视察山西重要讲话重要指示和《习近平谈治国理政》(第三卷)等示范宣讲。市委讲师团年轻骨干教师李爱娟，在全市学习贯彻习近平总书记视察山西重要讲话重要指示的示范宣讲中，同步进行的线上直播，点击量突破22万。平遥县直工委书记张敬华在全市党的十九届五中全会精神网络直播示范宣讲中，网上点击量超过5万。市委讲师团微信公众号“晋中宣讲”，致力于推动基层理论宣讲的全面、全员覆盖，2020年推送六大主题宣讲视频资源50余种，总时长近200小时。2020年“中央一号文件应知应会百问解答”被三十余家公众号、官方网站等转载，总转载量达10万+。2020年10月，“晋中宣讲”被山西省委宣传部评为全省2020年度“优秀理论宣讲微信公众号”。

三是发挥基层理论宣讲的“疏通器”作用，让党的理论政策普惠万众，打通“最后一公里”。广大基层理论宣讲工作者，一方面潜心研究用心传播党的创新理论。另一方面，大力宣传阐释党中央大政方针和惠民利民便民好政策，重点讲解与群众利益密切相关的政策法规。面对基层群众在实际生活中最关切的社会救济、生态环保、社保医保等热点问题及经常遇到的民事纠纷案件，扑下身子进行详细讲解。如结合当前疫情防控工作，举办小讲座，拍摄微视频，教育倡导基层群众，增强防控意识，密切关注最新疫情动态，保持健康的生活习惯。基层理论宣讲工作者胸怀大局，发挥优势，服务群众，不仅是理论宣讲的主力军，还是政策解读的生力军。

四是发挥基层理论宣讲的“连心桥”作用，引导人民群众时刻听党话，永远跟党走。基层理论宣讲工作肩负双重历史使命，一方面，要承担党的理论党的主张的传播者；另一方面，要承担党和政府联系群众服务群众的连接者。在基层理论宣讲工作实践中，宣讲者是代表党和政府发声，在具备理论有高度，思想有深度的同时，仍需努力增进与宣讲对象沟通互动的温度，用心用情构筑党与人民群众血肉联系的“连心桥”。只有不断探索“高度”“深度”与“温度”的融合之道，将理论力量与实践力量有机结合，躬身于基层一线，自觉拜人民为师，向能者求教，向智者问策，依靠人民创造历史伟业。以真心的姿态，暖心的言辞，基层理论宣讲工作才能体现“连心桥”的时代价值，才能彰显坚持以人民为中心的发展思想。

五是发挥基层理论宣讲的“助推器”作用，在新的历史起点上推进文化强国建设，推动党的十九届五中全会精神深入人心落到实处。蓝图已绘就，奋进正当时。今天，我们依靠学习走向未来，也要依靠宣讲凝聚人心走向未来。党的十九届五中全会通过的《建议》对基层理论宣讲工作提出了新的任务和目标，要久久为功，持之以恒推动形成适应新时代要求的思想观念、精神面貌、文明风尚、行为规范。首要的任务，就是深入开展习近平新时代中国特色社会主义思想学习教育，坚持不懈用这一思想武装全党，教育人民，推进马克思主义理论研究和建设工程。其次，要推动理想信念教育常态化制度化，加强党史、新中国史、改革开放史、社会主义发展史教育，加强爱国主义、集体主义、社会主义教育，弘扬党和人民在各个历史时期奋斗中形成的伟大精神，推进公民道德建设，实施文明创建工程，拓展新时代文明实践中心建设。最后，要大力提倡艰苦奋斗、勤俭节约，开展以劳动创造幸福为主题的宣传教育。加强家庭、家教、家风建设，促进形成社会主义家庭文明新风尚。同时，要全力做好每年中央全会及“两会”精神等重大主题宣讲，包括2021年庆祝中国共产党成立100周年等主题宣传宣讲。以卓越的基层理论宣讲工作实绩，谱写中国共产党理论传播的崭新篇章。

发表于《前进》2021年第2期

■ 弘扬长征精神　走好必由之路

百年党史，好似一本常读常新的历史教科书，给人启迪；犹如一座无穷无尽的能量储备库，赋人动能。百年奋斗征程，我们党创造了人类社会发展史一件件前所未有的人间奇迹，也锻造了人类精神家园一座座彪炳史册的精神谱系，其中伟大而不朽的长征精神，更值得今天生活在幸福日子的人们铭记与传承。在深入开展党史学习教育的当下，更值得广大党员干部和青少年在奋进新时代、踏上新长征的伟大实践中，从中感悟初心使命，领略真理光芒，汲取前行动力。

学习领袖论述，领会长征精髓。长征是永远不能忘却的历史，也是认识中国共产党和现代中国及其未来不能绕过的门槛。自1986年10月至今，中共中央已连续四次在红军长征胜利逢十整数周年之时，隆重召开纪念大会，足见党和国家对红军长征纪念活动的高度重视，对长征精神的历史意义及时代价值更加珍视。何为长征精神的内涵，党的领袖在不同历史时期都作过精辟的阐述，正如习近平总书记在2016年10月举行的纪念红军长征胜利80周年大会上再次强调的；就是把全国人民和中华民族的根本利益看得高于一切，坚定革命的理想和信念，坚信正义事业必然胜利的精神；就是为了救国救民，不怕任何艰难险阻，不惜付出一切牺牲的精神；就是坚持独立自主、实事求是，一切从实际出发的精神；就是顾全大局、严守纪律、紧密团结的精神；就是紧紧依靠人民群众，同人民群众生死相依、患难与共、艰苦奋斗的精神。伟大长征精神，是中国共产党人及其领导的人民军队革命风范的生动反映，是中华民族自强不息的民族品格的集中展示，是以爱国主义为核心的民族精神的最高体现。习近平总书记今年在贵州考察调研时强调，要结合即将开展的党史学习教育，从长征精神和遵义会议精神中深刻感悟共产党人的初心和使命，走好新时代的长征路。这为广大党员干部如何以读懂长征，启迪读懂信念、读懂忠诚、读懂奉献、读懂担当，指明了方向和路径。

传播长征故事，坚定信仰初心。自幼读着红军“爬雪山，过草地”“飞夺泸定桥”的故事长大，在“苦不苦，想想红军二万五”的教诲下成长。深知一个普通人家的平凡人，唯有依靠“本分”“本色”“本事”吃饭，坚守做人“不怕吃亏”、做事“不怕吃苦”、生活“不怕受累”信条，人生就不会没有出路。上班工作之后，看红军书读长征故事更多更深了，明白了只要拥有长征精神这样的精神力量，就没有什么克服不了的困难。更明白了红军胜利，首先是坚定信念理想的胜利。1938年，张闻天在陕北公学面对学生“红军为什么能在如此艰难的情况下，依然创造了长征这样的人间奇迹呢”的提问时，自信满满地回答道：“原因就在于中国共产党在这次长征中充分地表现了它为了自己的理想而牺牲奋斗与坚持到底的精神。没有这种精神，就是一千里的长征也是不可能的。”习近平总书记曾讲过一个长征途中的故事，当年，红军过草地的时候，伙夫同志一起床，不问今天有没有米煮饭，却先问向南走还是向北走。可见，在红军队伍里，即便是一名炊事员，也懂得方向问题比吃什么更重要。正是靠着这种万里追随，红心向党的信念支撑，才创造了光照千秋的长征精神，至今历久而弥新。在理论宣传宣讲中，自己也经常以红军故事长征精神阐释理论讲解道理。2006年，我曾在晋中日报社举办的纪念红军长征胜利70周年“长征在我心中”主题征文比赛中，以一篇《读长征之书寻民族之魂》获得一等奖。由于对伟大长征发自内心的敬仰与关注，手机“今日头条”对长征相关专题的推送，源源不断。

收藏长征图书，传承长征精神。新中国成立以来，图书是表现长征故事长征精神的重要载体。据有关专家学者不完全统计，国内外至今研究长征历史的各类图书已超过4000余册，在中共党史专题领域研究成果上，遥遥领先。由于本人喜欢看书、藏书、用书，长征专题图书自然成了收藏重点，只要在书店、网上及收藏品市场看到长征相关图书资料，不分贵贱，只要不重样，都要想办法买下来。家里书柜收藏长征图书300余册，其中有几本新中国刚刚成立之后出版发行的长征图书，包括1950年12月武汉通俗出版社出版的李震一编著的《二万五千里长征记》，1951年4月青年出版社出版的应力编著的《二万五千里长征》等珍罕图书。有由中央党史研究室历十年之功编纂完成的权威文献资料集《红军长征纪实丛书》，包括《红一方面军卷》等共十卷42册，总计1600余万字，实属国内研究红军长征历史的集大成者。当然，今后要向收集500册的目标努力。2020年，在我家参与晋中市年度“书香家庭”申报评选时，这些穿越时空界限，传承长征精神、闪耀真理光芒的长征专题图书，成为值得自豪的一个特色和亮点。

弘扬长征精神，担当远征使命。一代人有一代人的长征，长征永远在路上。今天，我们这一代人的长征，就是要实现“两个一百年”奋斗目标，开启全面建设社会主义现代化国家新征程，实现中华民族伟大复兴的中国梦。面对新长征路上的风险挑战，我们还有许多“雪山”“草地”需要跨越，还有许多“娄山关”“腊子口”需要征服。漫漫远征之路，需要我们立足“两个全局”，心怀“国之大者”，向红军老前辈看齐，弘扬长征精神，不懈求索奋斗，立志抵达远征目标。

——筑牢信仰之基。坚定理想信念，怀揣必胜信心，像当年红军将士坚信中国革命必定胜利一样，矢志不渝推进中国特色社会主义事业向前发展，用理想之光照亮奋斗之路，用信仰之力开创美好未来。进一步把握历史发展规律和大势，始终掌握党和国家事业发展的历史主动。

——践行科学之理。认识真理，掌握真理，信仰真理，捍卫真理，是我们党在长征路上逐渐形成的科学共识，长征时期我们党形成了实事求是思想路线，从政治方向上确保了长征胜利。在今天新的长征路上，这个政治方向就是增强“四个意识”，坚定“四个自信”，做到“两个维护”，学习践行党的创新理论和习近平新时代中国特色社会主义思想，进一步感悟思想伟力，增强用党的创新理论武装全党的政治自觉。

——锻造过硬铁军。“红军不怕远征难，革命理想高于天。”长征之所以最终胜利，靠的是党领导下的红军将士压倒一切敌人而不被任何敌人所压倒、征服一切困难而不被任何困难所征服的英雄气概和革命精神。在建设社会主义现代化国家的新征程上，我们要不断总结党的历史经验，全面提高应对风险挑战的能力和水平，迫切需要锻造一支对党忠诚、为党分忧、为党担责、为党尽责、为民造福的党员干部队伍，争当新长征路上的“孺子牛”“拓荒牛”“老黄牛”。

——走好必由之路。长征路上，以毛泽东同志为代表的中国共产党人，对战略方向的正确判断和抉择，确保了长征的伟大胜利，也印证了道路决定前途命运的科学论断。今天，我们百年大党团结带领中国人民创造无数人间奇迹的宏大实践，雄辩地证明，中国特色社会主义道路是实现社会主义现代化，创造人民美好生活的必由之路。走好这条必由之路，办好自己的事情，是新时代新长征的必然抉择，是开创新局的又一次伟大远征。也是对当年长征英雄最好的怀念，更是对长征精神最好的世代传承。就晋中而言，需要高质量抓好党史学习教育，讲好晋中红色故事，讲好长征故事，讲好中国共产党故事，教育和引领广大党员干部群众不断用党的光荣传统和优良作风坚定信念、凝聚力量，在“十四五”开局之年开新局起好步，扛起“转型蹚新路”重大使命，锚定“转型出雏形”奋斗目标，奋力谱写新时代晋中高质量发展新篇章。

发表于《晋中日报》2021年3月11日第3版，《晋中论坛》2021年第3期

敬读英烈碑文　赓续奋进伟力

——谨以此文缅怀长眠于此的革命先烈

为有牺牲多壮志，敢教日月换新天。

站在庆祝建党百年的历史节点，在开展党史学习教育的重要阶段，回望党的百年奋斗征程，我们更加深切追怀和敬仰那些为民族解放和国家富强而光荣献身的千万英烈。今天，在新时代新征程上，继承英烈遗志，弘扬英烈精神，铸就时代丰碑，共创复兴大业，就是对革命先烈的最好纪念。

晋中是一个英雄辈出的沃土。自建党那时起，便留下了无数优秀共产党员的足迹和英名，孕育形成了世代传承的红色故事红色基因。今天，让我们走进晋中大地为革命英烈树起的一座座丰碑，以敬读碑文的仪式，致敬英雄，告慰英烈，铭记英名，寻找中华民族虽历经磨难，仍上下求索，披荆斩棘的精神答案，凝聚前行力量，完成无数英烈未竟的伟大事业。

一、敬寻碑刻，感念英烈丰功伟绩

晋中是具有光荣传统的革命老区，是山西建立党组织较早的地区。抗战时期，晋中是连接晋冀鲁豫、晋察冀、晋绥三大抗日根据地的战略枢纽，八路军总部、中共中央北方局、晋冀鲁豫边区政府等长期在晋中活动。无数中国共产党优秀儿女英勇地倒在了这片土地，为中华民族站起来作出了重大贡献和巨大牺牲，为中华民族富起来、强起来铺平了道路。

据2015年8月落成的晋中烈士陵园纪念碑记考证，在新民主主义革命和社会主义建设的历史进程中，全市牺牲和伤亡人数多达20余万，其中有名可记英烈12576名，无名英雄不计其数。由晋中市史志研究院编撰的《中共晋中党史人物传》，记载了晋中党史上355位杰出人物。全市现有革命遗址536处，其中烈士墓地36处，烈士纪念碑（亭）70座。左权将军殉难处、尹灵芝烈士纪念馆等9处革命遗址被命名为“山西党史教育基地”。八路军前方总部旧址等84处文物入选全省首批革命文物名录，其中国家级文保单位3处。这些颇具纪念、教育和历史价值的红色遗迹，成为开展党史学习教育和爱国主义教育的生动教材和宝贵资源。

二、敬读碑文，感悟英烈精神价值

古人云："英雄者，国之干。"让我们踏着先烈的足迹，走近晋中不同历史时期的几位著名革命英烈纪念碑，以敬读碑文的仪式，感怀英烈的家国情怀和崇高风范，感念英烈的信仰力量和牺牲精神。

——新民主主义革命时期，敬读左权将军烈士、马定夫烈士和尹灵芝烈士碑文。

左权将军纪念亭，位于山西省左权县麻田镇北艾埔村十字岭。亭内中心位置矗立着一块4米高的正方形汉白玉纪念碑，碑的正面上书"左权同志永垂不朽"八个金色大字。碑的左侧书写着朱德题写的："名将以身殉国家，愿拼热血卫吾华。太行浩气传千古，留得清漳吐血花。"碑的右侧为邓小平题写的"怀念左权同志。"碑背面是彭德怀1942年10月10日撰写和手书的《左权同志碑志》。碑志如下：

左权同志湖南醴陵人，幼聪敏，性沉静。稍长读书，既务实用，向往真理尤切。一九二四年参加中国共产党，献身革命，生死以之。始学于黄埔军校，继攻于苏联陆大。业成归国，戮力军事，埋头苦干，虚怀若谷。虽临百险，乐然不疲，以孱弱领军长征，倍见积极果决之精神。中国红军之艰难缔造，实与有力焉。迨乎七七事变，倭寇侵凌，我军奋起抗敌，作战几过中原。同志膺我军副参谋长之重责，五年一日，建树实多。不幸一九四二年五月二十五日清漳河战役，率偏师与十倍之倭贼斗，遽以英勇殉国，闻得年仅三十有六。壮志未成，遗恨太行，露冷风凄，恸失全民优秀之指挥。隆塚丰碑，永昭坚贞不拔之毅魄。德怀相与也深，相知更切，用书梗概，勒石以铭，是为志。

马定夫等十二位烈士纪念碑，位于太谷县侯城乡马定夫村马定夫烈士陵园。石碑上镌刻着1964年7月15日中共太谷县委员会和太谷县人民委员会撰写的碑文。全文如下：

伟大的抗日战争时期，太行二分区三十团与我县人民同呼吸，共命运，并肩打击日寇，在人民群众的支持配合下，转战中北岭、黄卦、侯城、惠安等地，痛击敌人，屡建奇功，作出了卓越的贡献。

1943年7月23日（阴历六月二十二），我根据地人民为答谢劳苦功高的英雄们，千余名干部和群众集会于枫子岭，庆祝胜利。正当军民联欢时候，突遭敌人偷袭。在此千钧一发之际，为了人民生命财产安全，团政委马定夫同志当机立断，亲自带队迎击敌人，血战三小时，在英雄们的刺刀手榴弹痛击下，阻击了进犯的敌寇，群众安全转移。在激战中，团政委马定夫、连政治指导员于春喜和排长郗凤先等十二位同志壮烈牺牲，为党为人民献出了宝贵的生命。

为继承和发扬马定夫等革命先烈的精神，值此殉难二十一年之际，全县人民以悲恸与崇敬的心情，集会纪念并立此碑，悼念为民捐躯的马定夫等先烈。他们的丰功伟绩名扬千古，永垂不朽！

左权入选“100位为新中国成立作出突出贡献的英雄模范人物”名录。马定夫列入“100位为新中国成立作出突出贡献的英雄模范人物”候选人。敬读左权和马定夫两位英烈纪念碑碑文，那段战火纷飞的历史仿佛就在眼前。短短几百字，概述了在晋中这片热土上发生的抗战历史和左权、马定夫等烈士的生平事迹，他们对党忠诚、信念坚定，为民族独立和人民解放不怕牺牲、不畏艰难、舍身卫国、大义凛然的革命精神永远值得晋中儿女继承和发扬。

尹灵芝烈士纪念碑，位于寿阳县尹灵芝烈士陵园内。碑身正面镌刻着“尹灵芝烈士永垂不朽”九个大字，背面是尹灵芝烈士的生平及英雄事迹。

尹灵芝，1931年3月12日出身于寿阳县赵家垴村一个雇农家庭。她从小参加革命活动，1944年任儿童团长，1945年8月任村妇救会主任，1947年6月加入中国共产党。这期间，她带领妇女、儿童送情报，做军鞋，站岗放哨，火线送饭，受到党组织表彰。

1946年冬，反奸清算刚开始，敌人疯狂反扑，尹灵芝的父亲、村农会主席尹尔恭以及村长等党员骨干被敌杀害，村公安员投敌叛变。在白色恐怖中，尹灵芝率领群众，清算汉奸富农，镇压恶霸地主，斗争中重建了赵家垴村党支部。

1947年10月19日，地富纠集“复仇队”，勾引阎匪军袭击赵家垴，尹灵芝为保护9000公斤公粮，掩护乡亲们转移，不幸被捕。在监禁中，敌人用尽酷刑，整整折磨了她十五个昼夜，她始终坚贞不屈。

1947年11月3日，尹灵芝在宗艾镇瑞祥寺，昂立刑场，当众斥敌，面对铡刀高呼:“中国共产党万岁！”“毛主席万岁！”英勇就义，年仅十六岁。

1966年3月，山西省人民委员会追认尹灵芝为刘胡兰式的革命烈士。

生为人民功高迹显；死为国家名垂千秋。毛主席为刘胡兰烈士题词“生的伟大，死的光荣”。尹灵芝和刘胡兰作为生活在同一时代的人，她的一生和刘胡兰一样伟大光荣。

“信仰至上、对党忠诚、敢于担当、舍生为民”的灵芝精神，必将代代相传，鼓舞着我们不忘初心，为了理想矢志奋斗。

——社会主义革命和建设时期，敬读王玉莲烈士碑文。

王玉莲烈士墓位于介休市义安镇孟王堡村东北。1991年，孟王堡大队为纪念这位为保护集体财产而英勇牺牲的烈士特建小型陵园。现陵园内存六边形墓冢1座，边长1米，高0.6米，墓前筑平台、花栏。1995年被介休市人民政府公布为介休市第二批重点文物保护单位。

王玉莲，1913年生于介休市孟王堡村，自幼生活非常艰苦。新中国成立后，在党和政府的关怀照顾下，生活有了保障，坚定了她热爱集体、坚决跟党走的决心。1963年4月30日晚，王玉莲忽然听到有铁棍、斧头的撬门声，意识到是有贼要偷生产队的粮食，于是不顾一切地大声喊：“捉贼呀，有人偷队里的粮食啦，快来人啊……”盗窃犯杨文寿听到喊声，又惊又怕，破窗跳入屋中，朝王玉莲连劈三斧，企图灭口，王玉莲倒在了血泊之中，罪犯扛粮而去。一个时辰过去了，王玉莲苏醒过来，首先想到了集体的粮食，连滚带爬来到院中喊“抓贼，抓……贼”，不料罪犯二次返回，又扬起斧头向王玉莲连砍了四斧，就这样，王玉莲为集体财产流尽了最后一滴血，牺牲时年仅50岁。王玉莲喊声唤醒了民兵，捉住了盗窃犯杨文寿。

为表彰王玉莲的爱社爱集体精神，中共介休县委号召全县人民向她学习。1963年5月4日，山西省人民委员会授予王玉莲“革命烈士”的光荣称号。1963年5月8日，中共介休县委追认王玉莲为中国共产党正式党员。

王玉莲烈士为保护集体财产奋不顾身、舍生忘死的精神和感念党恩、一心向党、忠诚于党的情怀，在已经开启的社会主义现代化国家建设新征程中更显得弥足珍贵，值得我们每个人去学习和追思。

——改革开放和社会主义现代化建设新时期，敬读孟军烈士碑文。

孟军纪念亭位于潇河湿地公园二期郭村桥西北侧公园入口处。石亭背后是1986年榆次市2500余名中学生栽植的“孟军林”。一侧“模范少年孟军林”石碑上刻有2015年9月晋中市教育局、共青团晋中市委题写的碑文，全文如下：

孟军，祖籍介休县韩屯村，一九七二年出生于榆次，一九八四年升入榆次三中，品学俱佳，一九八五年八月十一日十五时许，孟军与四位同学到榆次市郭村桥附近的潇河滩采挖生物标本。一同学不慎落水，孟军毫不犹豫奋力跃入水中，抓住落水同学拼命推向岸边，而自己却被滔滔河水卷走，献出了年仅13岁的宝贵生命。

“少年强则中国强。”孟军以短暂而闪光的生命，践行了“人生最大的幸福就是助人为乐”的诺言，谱写了一曲舍己救人的人间大爱乐章！一九八五年十一月，榆次三中校团委追认他为共青团员，原共青团榆次市委发出《关于向孟军学习的决定》，追认孟军为“优秀共青团员”；一九八六年四月，原中共榆次市委、榆次市人民政府决定，由原共青团榆次市委、榆次市教育局组织八所中学两千五百余名学生在孟军牺牲处植造了“模范少年孟军林”；一九八六年，山西省教育厅追认孟军为“模范少年”，号召全省青少年向孟军学习；同年国家民政部授予孟军“革命烈士”称号。

乙未金秋，惠兰飘香，潇河湿地，孟军林旁，勒石镌文，以告英灵，愿孟军之精神如莽莽太行屹然永存，孟军之英名偕滔滔黄河万世流芳！是为之记。

以革命烈士生平事迹为碑文的这种特殊纪念方式，既是敬仰之情的真实表达，更是以史明志的充分彰显。

习近平总书记郑重告诫全党同志，不能忘记红色政权是怎么来的、新中国是怎么来的、今天的幸福生活是怎么来的，就是要宣示中国共产党将始终高举红色的旗帜，坚定走中国特色社会主义道路，把先辈们开创的事业不断推向前进。社会越是向前发展，人们就越是需要精神的滋养。助人为乐是我国传统文化的闪光点，亦是做人的道德。人生的意义和价值在于奉献。中华民族自古就有乐善好施、助人为乐、扶贫济困的传统美德，同情弱者、帮助他人已经成为深埋在中国人内心的传统文化基因。人民有信仰、国家有力量、民族有希望。中国特色社会主义进入新时代，我们要继续弘扬良好道德风尚、自觉奉献社会的强大力量，为实现民族复兴不懈奋斗。

三、敬爱故土，感慨英烈家乡巨变

饮水思源，勿忘赢得今天岁月静好的英烈，勿忘尚属欠发达的老区人民，勿忘英雄的故乡。让生于斯长于斯的家乡发展得更美更富，是英烈们的理想夙愿，也是后来者的责任担当，更是我们党和政府的庄严承诺。

——左权将军牺牲地左权县脱贫摘帽奔小康。左权县，一个以英雄名字命名的光荣县份，也是晋中乃至山西红色资源最为富集的革命老区。近年来，全县上下继承左权将军“我将全力贡献革命”的遗志，发扬太行精神，传承红色基因，攻城拔寨摘穷帽，2019年4月正式退出国定贫困县。2020年7月，被确定为山西脱贫攻坚与乡村振兴有效衔接试点县。2020年农村居民人均可支配收入7771元，增长8.2%。从2019年至2020年，连续两届成功举办影响广泛的“左权民歌汇”。今年，将结合开展党史学习教育，以“太行忆征程，民歌颂党恩”为主题，隆重举办建党100周年·左权民歌汇主题活动，突出“党的盛典、人民节日、英雄太行、传统民歌”，集中展示建党百年以来，太行儿女波澜壮阔的奋斗历程，抒写可歌可泣的战斗史诗，突出英雄太行的红色风骨，弘扬伟大的太行精神，歌颂共产党，歌颂新时代，歌颂老区人民脱贫后的幸福生活。积极组织“用党史、践初心、兴老区”实践活动，深入开展我为群众送宣讲、送服务、送温暖、送真情、送帮扶、送爱心、送关怀、送平安、送文化、送健康“十送”办实事活动，多形式、多层次地解决老区群众急难愁盼问题，进一步提升老区民生福祉。“十四五”期间，将着力建设“清凉夏都、红色左权、转型高地、太行强县”，蹚出左权高质量转型发展的新路子。

——马定夫烈士家乡榆社县东汇村及殉难地太谷县马定夫村继承先烈志，旧貌换新颜。榆社县东汇村是马定夫烈士故乡，毗邻榆社县城，交通便利。近年来，得益于党的精准帮扶政策，大力发展知母、油葵种植及生猪、笨鸡养殖，在努力增加集体经济收入的同时，带动全体村民增加收入。2019年全村实现整体脱贫。2020年，在原有的年出栏800头生猪的基础上，新发展生猪养殖700头。东汇村建有马定夫烈士故居纪念馆，先后被评为“乡村振兴示范村”“脱贫攻坚示范村”“传承红色文化旅游示范村”“日间照料中心示范村”“国防教育基地示范村”“诗词文学创作基地”等。今后，将抢抓开发“榆社县东部新城”新机遇，把烈士家乡建设得更加美丽富裕。太谷县马定夫村，为纪念马定夫英雄而改名，该村地处山区，林草资源丰富，在驻村帮扶工作队的大力支持下，大力发展养牛业，成为远近闻名的致富村。2019年7月，位于村边的马定夫烈士纪念馆和烈士陵园正式对外开放，并被授予“晋中市首批国防教育基地”，年接待社会各界瞻仰参观人员逾万人次，已成为晋中重要的爱国主义教育和国防教育基地。

——尹灵芝烈士家乡寿阳县尹灵芝村传承灵芝精神、发展红色旅游。尹灵芝烈士故居位于寿阳县尹灵芝镇尹灵芝村。该村位于寿阳县城东部，有机农业、红色文化、生态旅游是发展的主要支撑。“翡翠黑豆”等产品在省市特色农产品展销会参展并获奖。近年来，在各级党委和政府的大力支持下，尹灵芝村积极改善村容村貌，硬化公路15公里，建设绿化通道20公里，新建接待室、党员活动室和革命传统教育教室近200平方米。成为寿阳县开展革命传统和国防教育的重要场所。

——王玉莲烈士所在村介休市孟王堡村加快改革步伐，壮大集体经济。孟王堡村紧邻108国道，背靠介休经济技术开发区，人口2200多人，驻村企业多达12个。2020年，晋中市“五地一产”入市改革号角吹响，孟王堡村迅速响应，积极支持改革、扎实推动改革，认真对过往村级集体经济合同“过筛子”，查遗补漏，企业与村集体重新签订、完善协议，稳定了村企关系。从2021年起，5年内每年可增加集体收入约35万元。目前，全村村民享受免费浇地、吃水，发放老年补助金、春节福利等优惠“红利”。

——孟军烈士所在校榆次第三中学弘扬英雄精神，培育时代新人。榆次三中创办于1976年。2014年，学校顺应榆次区教育总体布局，正式对外加挂榆次区职业技术学校牌子。自2020年7月起，学校完全转制成为职业高中。学校现有南、北两个校区和一个租赁校区，占地面积达4.6万平方米，全日制在校生2000余人，教职员工211人。形成了综合部、机电部、信息部、航空部和社会文化艺术部五大专业部群，开设了国防特色班和计算机应用等特色专业。学校拥有全国国防教育特色示范学校、教育部1+X证书制度试点院校、山西省全民国防教育先进单位、山西省国防教育示范学校、山西省文明校园创建先进学校等多个特色品牌。榆次三中有着国防教育的优良传统和深厚土壤，学校深刻挖掘学校国防教育的自身特色，高度重视学校国防教育的持续发展，特别是学校转型发展以来，依托国防教育，在全校推行“准军事化”管理，走出了一条国防教育的特色教育之路。

四、敬颂英烈，感怀英烈精神永存

传承精神是最好的纪念，开创新局是真正的永存。习近平总书记一再强调：一切向前走，都不能忘记走过的路；走得再远、走到再光辉的未来，也不能忘记走过的过去，不能忘记为什么出发。站在建党百年的新起点，在今天的幸福生活中，重新敬读英烈碑文，传承红色基因，感悟初心使命，对开展好党史学习教育具有重要的教育意义，对开创社会主义现代化建设新局面，具有重大的现实意义。

——仪式化瞻仰纪念碑应成为传承英烈精神的重要形式。习近平总书记指出：“革命博物馆、纪念馆、党史馆、烈士陵园等是党和国家红色基因库。要讲好党的故事、革命的故事、根据地的故事、英雄和烈士的故事，加强革命传统教育、爱国主义教育、青少年思想道德教育，把红色基因传承好，确保红色江山永不变色。”为革命英烈树碑立传，是中华优秀传统文化的重要表达形式，也是后来者对先烈的永恒纪念和无限尊崇，更是对先贤的深情缅怀，对使命的庄严宣誓。我们应当在“烈士纪念日”“清明节”“六一儿童节”“七一建党节”“八一”建军节等重大时间节点，组织社会各界走进烈士陵园、纪念馆，瞻仰烈士，读碑文，悟碑意，品碑铭，并以很强仪式感的规定流程，固化为广大党员干部特别是青少年开展“四史”教育的重要载体和手段，让子孙后代都能记住英烈故事，传承英烈精神，大力营造崇尚英雄、学习英雄、关爱英雄的社会风尚。

——法治化保护烈士纪念设施及声誉应是后人应尽的历史责任。习近平总书记指出：“崇尚英雄才会产生英雄，争做英雄才能英雄辈出。”无数英烈为民求索，为国捐躯，载入史册，成为民族和国家永远不能忘记的功臣。毋庸讳言，现实生活中，仍然存在着一些烈士墓地、纪念设施管理不善，保护不力的问题，甚至时不时出现诋毁贬损英烈的违法言行。面对这些于情于理于法皆不能容忍的恶劣现象，在采取得力行政手段解决的同时，从根子上考量，还需依法治理，坚持法治化思维，制定出台针对性强的法律法规，落实落细各方责任和义务，对烈士纪念设施加大投入力度；对污蔑英烈言行加大惩罚力度，为维护英烈尊严和形象，为加强英烈纪念设施保护，提供法制保障。切实依照《中华人民共和国英雄烈士保护法》《山西省红色文化遗址保护利用条例》等法律法规处理相关事宜，特别是坚决执行最高人民法院关于修改《最高人民法院关于人民法院民事调解工作若干问题的规定》中侵害英雄烈士等的姓名、肖像、名誉、荣誉等损害社会公共利益的犯罪行为等十九件民事诉讼类司法解释的决定，切实维护和保障革命先烈及家属后代的合法权益。

——常态化重温英烈碑文及讲好英雄故事应列入党史学习教育的重要内容。习近平总书记要求全党同志要做到学史明理、学史增信、学史崇德、学史力行，学党史、悟思想、办实事、开新局，大力发扬红色传统，传承红色基因，赓续共产党人精神血脉，始终保持革命者大无畏奋斗精神，鼓起迈进新征程，奋进新时代的精气神。为英烈立碑，让精神永存。我们党和政府历来注重建立修缮烈士陵园等纪念设施，并积极发挥这些纪念设施的功能和作用。一座座顶天立地的英烈纪念碑，就是百年党史风雨兼程中最震撼人心的“教科书”，更是耸立在人们心中的精神丰碑。敬仰英烈纪念碑：初衷有为英雄群体而立，有为杰出英烈而设；碑体有大有小，有高有低；位处有的耸立于城市中心，有的屹立于山巅岸边；碑文有党委、政府所撰，有开国将帅所题；有生平简历，有英雄事迹，有崇高评价；字体有刚劲的魏碑，有厚重的楷书，有庄重的隶书；容量有雄文几百字的，也有精辟数十字的。但相同的是，每一块令人景仰的纪念碑都是一位英烈、一群英烈的化身，每一段感人至深的碑文，都是英烈精神的体现，都是中国共产党人艰苦奋斗、牺牲奉献、百折不挠伟大品格的彰显。所以，经常走进敬读英烈纪念碑这本厚重的“教科书”，瞻仰英烈，敬读碑文，回顾过往，感悟精神，应当成为广大党员干部和青少年开展党史学习教育的必修课。

——务实化办实事解难题就是对无数英烈的最好纪念。饮水思源不忘老区，心怀感恩不忘英烈。习近平总书记一再强调，老区人民为党和人民事业作出了重大牺牲和重要贡献，我们要把老区建设好，把英烈后代照顾好，让他们过上更加幸福的生活。当前，我国脱贫攻坚战取得了全面胜利，是对老区人民的最大回报，也是对革命先辈和英烈的最好告慰。脱贫摘帽不是终点，而是新生活、新奋斗的起点。做好巩固拓展脱贫攻坚成果同乡村振兴有效衔接的新任务，在革命老区依然艰巨。所以，党中央部署在党史学习教育中，开展好“我为群众办实事”实践活动，也包含了为老区人民和英烈后代办实事解难题的现实要求。晋中市大力开展“用党史、践初心、兴老区”行动，深入开展服务好乡村振兴，服务好老区建设，服务好老区困难群众、英烈后代的“三服务”活动。强调革命老区党组织特别是老区所在地的县委要切实解决老区人民、英烈后代、困难群众的实际困难，增强老区发展活力，增进老区人民福祉，打赢新时代的“晋中战役”。专门制定了《晋中市关于开展“我为群众办实事”实践活动的工作方案》，将晋中东山5县等革命老区列入重点范围。特别是配套出台了《晋中市市委常委“我为群众办实事”实践活动方案》，确定了“牵头五个一批”的具体目标和任务，即牵头落实一批重点任务；牵头推动一批重点项目；牵头办理一批民生实事；牵头解决一批信访问题；牵头建强一批基层组织。切实把解决包括老区及英烈后代在内的基层实际问题，作为“我为群众办实事”实践活动的一把标尺，引领带动实践活动见实见效。

以课题组成员发表于《晋中论坛》2021年第2期，《山西党校报》2021年4月5日，《晋中日报》2021年4月22日和4月23日“奋斗百年路，启航新征程”专栏

枝繁巢暖金凤舞

——晋中市高质量实施名师名医名家工作室建设工程

人才是强市之本、创新之源、发展之基。

近年来，晋中市委、市政府牢固树立人才引领发展的理念，大力实施人才强市战略，不断健全和完善人才工作体制机制，优化引才环境、拓宽用才渠道、加强人才培养，全力打造最优人才生态，优化人才整体布局，推动教育、卫生、宣传文化领域人才集聚发展，为晋中高质量发展点燃“智力引擎”。

2019年至今，晋中名师名医名家工作室建设工程，从筹划、启动到挂牌、运转，构建了以高层次人才为引领，以学科为纽带，厚植人才成长沃土，让人才根系更加发达的人才强市新格局，人才队伍一茬接一茬茁壮成长，汇聚起晋中大地蓬勃发展的智慧和力量。

倾情倾力培沃土

得人之要，必广其途以储之。2019年6月，根据晋中市委《关于深化人才发展体制机制改革的实施意见》，市委人才工作领导小组、市委组织部、市委宣传部、市教育局、市卫生健康委联合印发《关于开展名师名医名家工作室建设的实施意见》，决定在教育、卫生、宣传文化领域建立50家左右以高层次人才姓名及其专业特色命名的名师、名医、名家工作室，在取得科研成果、加强学科建设的同时，注重培养优秀青年人才。

精心组织，广泛发动。名师名医名家工作室建设在市委人才工作领导小组领导下有序高效进行；市委组织部充分发挥党管人才的制度优势，履行好牵头抓总和统筹协调职能，精心制订建设方案和评选办法，召开新闻发布会广泛动员各类人才申报；市委宣传部、市教育局、市卫健委全力做好各自行业领域工作室的申报评选、专家评审、业务指导、管理考核等工作，制定具体评选和专家评审办法；各县（区、市）行业主管部门和市直有关单位通过下发文件、网络公告、直接联系等形式，加强宣传发动，让符合条件的单位和人才充分了解政策，积极申报……

严格标准，优中选优。“要掌握标准，宁缺毋滥”“制定标准，发挥作用，强化考核，支持人才发展”市委书记赵建平，市委副书记、市长常书铭分别就名师名医名家工作室建设工程作出批示。“三名”工作室是市级人才工程，代表晋中各领域学科建设、人才培养、教学科研创作的一流水平，其领衔人都是各行业领域的优秀代表。在申报条件上，要求领衔人政治立场坚定，一般在57周岁以下、身体健康；在教学、科研、医疗、创作、管理一线工作；有丰富、独到的学术经验和技术专长；在业界有较高的知名度，在本专业领域取得显著成绩；有较强的组织、管理、指导和创新能力；热心青年人才培养，热爱事业、乐于奉献。

经过申报推荐、资格审查、专家评审和主管部门研究、网络投票、实地考察、市委人才工作领导小组成员投票、市委常委会会议研究、社会公示八个步骤，最终梁建国高中数学工作室、张新华口腔颌面外科工作室、白榕柔力球工作室等20家工作室脱颖而出，成为首批支持对象。

海纳百川聚英才

发展的晋中，求贤若渴，海纳百川。“非常荣幸入选晋中市第一批名家工作室，我深感责任重大，使命光荣。市委、市政府为我们搭建了一个艺术创新、创作、研究的好平台。我将坚持正确的政治方向，认真研究晋中地域舞蹈文化，创作更多优秀作品，为晋中文艺事业繁荣发展作出贡献。”晋中民间舞工作室领衔人辛跃清说。

首批20家名师名医名家工作室的领衔人来自晋中教育、卫生、文化、体育四个领域，分布在不同的工作战线上。其中，有享受国务院政府特殊津贴专家、山西省首批中小学正高级教师、坚守三尺讲台近40年的梁建国，有国家级非遗项目龟龄集和定坤丹代表性传承人、让传统中药焕发时代光彩的柳惠武，有中国工艺美术大师、“山西三宝”之一平遥推光漆新生代艺人代表薛晓东，有发明柔力球并将该项运动推广到世界30余个国家、荣获“晋中市人民体育功臣”的白榕……

国以才立，政以才治，业以才兴。名师名医名家工作室评审中，坚持以品德、能力和近五年的业绩贡献为导向，克服唯学历、唯资历、唯论文、唯奖项的“四唯”倾向；坚持面向基层和工作一线，明确一般不评选处级领导干部和不再直接从事专业技术工作的领导干部；注重行业和社会认可，市委宣传部、市教育局、市卫健委聘请省市专家组织开展了“第三方”评审，市委宣传部还吸收了文旅、体育等部门的意见；市级统战、科技、文联、科协、财政等20个单位参与了人才领导组成员投票；组织了为期七天的网络投票活动，社会参与人数达74.54万人次。

不拘一格，唯才是举。为了拓宽人才选拔培养视野，设置了三个申报推荐渠道，即组织推荐、个人自荐和社会举荐。有工作单位的人才可以通过所在单位申报；没有工作单位的民间艺人、民间名医等民间人才可以直接通过县级宣传、卫健部门申报；对于特别优秀的人才，还可以由省委联系专家、市委联系专家以及相当层次的专家直接举荐，或者由市委宣传部、市教育局、市卫生健康委直接提名。同时，进一步加强了对民间人才的关注和重视，把省内外知名度较高、社会公认度高的民间人才，市级以上非遗项目代表性传承人列入推荐范围。首批20名领衔人选中，来自基层县（区、市）的有11名，45岁以下的有3名，民间非遗传承人有2名。

晋中最高决策层以识才的慧眼、爱才的诚意、用才的胆识、容才的雅量、聚才的良方，广开进贤之路，把各方面优秀人才凝聚起来，聚天下英才而用之，营造了尊重知识、尊重人才、尊重创新、尊重创造的浓厚氛围。

百花齐放俏争春

晋中市首批名师名医名家工作室，以领衔人为引领、以学科专业为纽带，吸引同一领域优秀人才加入共建，成为领衔人及其团队合作开展课题研究的“攻关站”、建设优势学科的“主阵地”、推广创新成果的“孵化器”和培养后备人才的“蓄水池”，他们心系晋中强责任，奋发进取勇担当，对标一流攀高峰，知行合一树形象，必将有力示范引领和辐射带动晋中教科文卫体事业繁荣发展，推进晋中高质量转型发展，起到“点亮一盏灯、照亮一大片”的效果。

——这是落实人才强市战略聚合力的一项新举措。面对“十四五”期间晋中“转型蹚新路”的重大使命和“转型出雏形”的美好蓝图，面对新征程上推进人才强市战略的新要求，市委推出对“三名”工作室挂牌扶持的实质性举措，是市委贯彻落实习近平总书记人才强国重要论述的重大举措；是市委把坚持党管人才优势转化为发展优势的具体实践；是市委践行“人才资源是第一资源”理念、实施人才强市战略的制度安排；市委书记赵建平亲自审定方案，确定人选，提出具体要求，成为坚持“第一把手”抓“第一资源”人才战略的示范表率。

——这是集聚晋中英才创新激活力的一个新平台。此次首批命名挂牌的20个名师名家名医工作室，各位“领头羊”都是市域乃至省内知名的高精尖专业人才，经过层层筛选，实至名归。重要的是经过刚性的制度规定，每个工作室麾下均聚集了相当数量的在业内有潜质有追求有情怀的后起之秀或可塑之才。以师带徒的“传帮带”效应，让名师名家名医工作室成为一大批后备人才茁壮成长、锤炼成才、走向成功的适宜沃土，成为激活人才队伍创新创业“一池春水”的“锦囊”妙招。为晋中高质量转型发展提供了坚实的人才支撑。

——这是精准滴灌拔尖人才鼓动力的一次新突破。常言道，好钢要用在刀刃上。在财力并不宽裕的背景下，晋中这次给予群体性高层次人才达六位数的大额度经费支持，实属不易，应是开先河之举。既体现了市委、市政府对高端人才倾心倾力地厚爱支持，也凸显了市委决策层在人才强市战略上的智慧和用心，就是克服人才培养上“撒胡椒面”的弊端，力争用精准高投入赢取精彩高回报，有力促进精英人才对自身能力再提升的主动性，有效发挥其对人才培育的引领、示范和辐射效应。

——这是撬动人才培养改革强内力的一股新动能。众所周知，作为晋中这样的内陆地区，破解人才瓶颈和体制障碍是当下十分重大且尤为紧迫的现实课题。这次20个名师名家名医工作室的挂牌，是人才强市战略向纵深推进的一次创新性制度安排，更可视作人才体制机制改革破题的一项突破性顶层设计。喷泉之所以漂亮是因为她有了压力；瀑布之所以壮观是因为她没有了退路。“三名”工作室模式的成功推出，既是对拔尖儿人才施展才华的向上动力，其实也是对其出成果、出人才、出品牌的一种倒逼压力。假如来年空手而归，领衔者何以对得住组织的信任、徒弟的期许和个人的脸面。相信历经几年的建设和奋斗，晋中人才机制体制改革一定能收到丰厚的回报。

——这是彰显本土人才荣光展实力的一扇新窗口。金光闪闪的名家牌匾，挂在门上，包括参与活动的近75万张评选选票，本身都是对名家当家人成果与品牌的一次肯定，一种褒奖，一份荣光。当然，更是一份沉甸甸的责任。过去，一些知识分子和成名成家的行家里手，有的藏在深闺无人识，有的墙里开花墙外香，缺乏成就感，更无荣誉感。这次命名挂牌，既给美誉度颇高的名家“帽子”，又给含金量十足的“金子”，确实是对他们多年来为晋中发展增光添彩贡献智慧的充分肯定，也为全社会树立了可学可敬的示范标杆，营造了尊重人才、爱惜人才、支持人才的浓厚氛围，更是晋中人才强市成果的一次大检阅大展示。

首批工作室挂牌运转以来，凭借高尚的医德、精湛的医术、丰富的临床经验，刘伟基中医工作室脱颖而出。刘伟基中医工作室，在治病救人的同时，充分发挥传帮带作用，将多年的学习成果、临床经验、诊疗技术分享给年轻医生，尤其是将我省非物质文化遗产九针疗法传承、发扬下去，培养更多的好中医、名中医，让更多人享受到优质医疗，感受中医文化的魅力，全面促进中医行业高质量发展。

百花齐放，争相斗艳。董健高中历史工作室坚持以立德树人根本任务为引领，带动工作室成员共同研修，实现优质资源共育共享，推动青年教师健康成长，实现学科教学均衡优质发展。谈及未来发展规划，董健说："我们将通过思想引领与文化浸润，提高工作室成员的师德水平和专业水平；通过人文阅读与讨论研修，提高工作室成员的理论认知和核心素养；通过课堂观察和实操训练，提高工作室成员的实践能力和创新品质；通过团队合作和集体攻坚，提高工作室成员的组织能力和传播能力，使工作室成为一个具有强大影响力的学习和研究共同体，为晋中基础教育优质发展奠定坚实基础。"

"应该怎样把老辈人留下的好东西传承下来，使其发扬光大，是我常常想的问题。传承是一份沉甸甸的责任。作为传承人，就是要把传统的精髓的东西传下去，带出更多的新人，在此基础上创作出具有时代感、符合现代人审美理念的新作品来，让这份技艺世代相传。"薛晓东漆艺工作室领衔人薛晓东以高标准、严要求，引领平遥漆器行业的年轻一代，在继承中创新，在创新中发展，让平遥漆器走上更大的舞台。

"开展名师名医名家工作室建设，对于晋中加快建设人才强市、打造一流创新生态、促进各项社会事业发展具有积极意义。要加强管理，明确工作任务，开展绩效考核，督促入选的名师名医名家更充分发挥示范引领和带动作用。要强化宣传，广泛宣传工作室取得的科研创作成果以及团队的先进事迹，形成舆论效应，在全社会营造见贤思齐、比学赶超、敬业奉献的浓厚氛围。"在市委常委会会议上，市委书记赵建平听取晋中市首批名师名医名家工作室建设情况，并就下一步工作作出安排部署。

厚植沃土，未来可期。重才、引才、聚才、爱才……在人才强市战略的推动下，晋中正成为群英荟萃之地和干事创业热土，"智力引擎"动能澎湃。

2021年2月26日，与晋中日报记者李晓雯合写发布于"学习强国"山西学习平台

弘扬伟大建党精神　燃亮民族复兴征程

百年征程蒸蒸日上，百年精神代代相传。习近平总书记在庆祝中国共产党成立一百周年重要讲话中首次提炼“坚持真理、坚守理想，践行初心、担当使命，不怕牺牲、英勇斗争，对党忠诚、不负人民”伟大建党精神，强调这是中国共产党的精神之源。短短32字，蕴含着深厚的政治分量、理论含量、精神能量、实践力量。深刻理解其坚实根基与厚重底蕴，深入挖掘其鲜明特质与时代意蕴，传承基因，汲取智慧，必将汇聚起勇往直前实现民族复兴的磅礴力量。

一、精神之源

人无精神不立，国无精神不强。系统凝练、高度概括中国共产党人精神谱系的32字伟大建党精神，丰富和发展了马克思主义党建理论，开辟了推进党的建设新的伟大工程的新境界，对于指引和激励共产党人改造主观世界、客观世界，确保我们党永葆旺盛生命力、强大战斗力，如期实现第二个百年奋斗目标、中华民族伟大复兴的中国梦具有重大意义和深远影响。

——伟大建党精神是共产党人精神谱系的活水源头。树高千丈总有根，河流万里必有源。一代代中国共产党人在百年艰苦奋斗中形成了具有鲜明政治品格的革命精神。在新民主主义革命时期，锻造了红船精神、井冈山精神、苏区精神、长征精神、抗战精神、延安精神、红岩精神、吕梁精神、刘胡兰精神等；在社会主义革命和建设时期，打造了抗美援朝精神、大庆精神、红旗渠精神、雷锋精神、右玉精神等；在改革开放和社会主义现代化建设新时期，塑造了女排精神、特区精神、载人航天精神、抗洪精神等；在新时代创造了劳模精神、工匠精神、载人深潜精神、抗疫精神、脱贫攻坚精神、北斗精神等。以上诸多红色精神构筑起的中国共产党人精神谱系，像一把把熊熊燃烧的精神火炬，照亮了中国共产党百年筚路蓝缕的奋斗征程；更像是一条条川流不息的长江大河，奔腾在中华960多万平方公里的广袤大地上。点燃且确保这把火炬始终不灭的火种，确保这条长河永不断流的活水源头，就是一百年前中国共产党的先驱们创建中国共产党时形成的伟大建党精神。忠诚、坚定、担当、公正、诚信、民主的鲜明政治品格，担当性、创造性、人民性的精神特征，使其在形成的那一刻，便成为中国共产党立党兴党强党的精神原点、思想基点，成为中国共产党人的安身之魂、立命之本。其正确性、科学性、引领性的实践价值，也在百年来中国共产党带领中国人民攻坚克难，实现站起来、富起来到强起来的伟大飞跃中得以一一验证。百年，对千秋伟业而言不长，但对一种精神品质的检验，已是够久。经过百年风雨洗礼、百年实践检验的这一拥有强大旺盛生命力的精神之源，也必将照亮迈进新征程、奋进新时代的前进之路，也必定会为全面建设社会主义现代化强国、实现中华民族伟大复兴的中国梦持续提供源源不竭的强大精神动力。

——伟大建党精神是共产党人精神谱系的内核因子。基因决定着一个生命体的性状与健康。一个政党的基因就是这个政党的信仰，信仰关乎成败，关乎存亡。伟大建党精神在中国共产党百年奋斗的不同历史时期，虽然表现不同，表述不同，但其相同的思想内核，连贯的基因信仰却始终如一，即灵魂支柱——“坚持真理、坚守理想”，红色基因——“践行初心、担当使命”，历史品性——“不怕牺牲、英勇斗争”，宗旨情怀——“对党忠诚、不负人民”。这一思想内核是中国共产党人精神谱系的根与魂，是我们党一路走来，无论是处于顺境还是逆境，始终对马克思主义坚定信仰，对共产主义和社会主义执着追求；始终用行动践初心、以生命赴使命，团结带领人民战胜一个又一个风险挑战，创造一个又一个人间奇迹；都是我们党经历生死考验，付出惨烈牺牲，锤炼出的不畏强敌、不惧风险、敢于斗争、勇于胜利的风骨和品质；都是我们党根基在人民、血脉在人民、力量在人民，矢志奉行“人民至上”的赤子之心。现在乃至未来，继续坚守这一思想内核，对在全面建设社会主义现代化国家、实现中华民族伟大复兴的新征程上攻坚克难、行稳致远具有深刻的内在价值。

——伟大建党精神是共产党人精神谱系的至高坐标。伟大精神往往是至高目标与崇高境界的统一。中国共产党人精神谱系里的所有精神，都是中国共产党人将科学理论与崇高理想相结合，通过人格力量加以立体表达的文化自信。而这些表达的内在精髓就是建党精神。这一精神占据着道义的制高点，从政治、思想、品性、行为等方面为共产党人确定了方向，树立了标杆，为中国共产党人精神谱系的所有精神构建了至高坐标。这一坐标崇高而纯洁，蕴含着中国共产党人为美好未来不惜奋斗和牺牲，选择和坚守远大理想信念的执着；饱含着中国共产党人为了完成党和人民赋予的使命不怕苦、不怕累，顽强拼搏、甘于奉献；蕴藏着中国共产党人自力更生、艰苦奋斗、锲而不舍，不断开创党和人民事业的新局；厚植着中国共产党人爱中华民族、爱中国、爱社会主义的情怀。百年来，这一坐标经历了血雨腥风的洗礼，却历久弥新，愈加牢固。在未来，这一坐标必是奋斗征程中的至高精神丰碑，引领新时代中国共产党人奋勇前进，再创辉煌。

——伟大建党精神是共产党人精神谱系的精神密码。一种精神的价值，取决于其蕴含的密码。回望百年，中国共产党从石库门走到天安门，从兴业路走上复兴路，把“小小红船”建设成“巍巍巨轮”，完成了近代以来各种政治力量不可能完成的艰巨任务，也从最初的五十余人小党成长为今天拥有9500余万名成员的世界大党强党，靠的是什么？靠的就是建党精神所蕴含的伟大真理思想、崇高使命担当、鲜明民族特征、厚重实践属性的精神密码。这一密码具有科学的真理性。马克思主义的中国化时代化大众化，不断开辟着马克思主义在中国的新境界，产生了毛泽东思想、邓小平理论、“三个代表”重要思想、科学发展观，产生了习近平新时代中国特色社会主义思想，为百年来党和人民事业发展提供了科学理论指导。这一密码具有鲜明的时代性。在百年风雨兼程的发展实践中，中国共产党紧随时代主题发展变化，展现出了应有的主动和活力，形成了表现不同、表达不同的诸多精神，指导了众多彪炳史册的伟大实践，丰富了中国共产党人的精神谱系。这一密码具有生动的实践性。在不同的历史时期与当时的目标任务、工作方略紧密相结合，引领、指导、成就诸多伟大实践。设定解密这一密码，已经向人民、向历史交出了一份优异的答卷；善于运用这一密码，必将在新的赶考路上，答好每一场考卷；牢牢守护这一密码，定在实现中华民族伟大复兴的历史使命中，奋力续写新时代中国共产党人的精神华章。

二、精神之魂

32字的伟大建党精神，基于百年风雨兼程的艰辛探索和宏大实践，凝结着百年奋斗的伟大品格，砥砺着百年奋斗的初心使命，昭示着中国共产党人矢志奋斗的无限前景。

——坚持真理、坚守理想是共产党人精神高地的政治标准

坚持真理、坚守理想，是对中国共产党百年峥嵘岁月的生动刻画，是中国共产党人鲜明的政党属性和活的灵魂，集中体现的是矢志不移，以坚定信仰信念信心的“定盘星”，定制了共产党人构筑精神高地的政治标准。

这个用马克思主义科学理论武装起来的党一经诞生，就超越了历史上各种政治力量的局限和狭隘，以崇高的共产主义理想境界，领导和推动着中国的革命、建设、改革。一百年来，无论是处于顺境还是逆境，在马克思主义真理引领下所激发出的

信仰、理想，历久弥坚，坚定不移。

“敌人只能砍下我们的头颅，决不能动摇我们的信仰！因为我们信仰的主义，乃是宇宙的真理！”全面抗战时期，无数晋中儿女以强烈的爱国主义精神投身革命，捍卫信仰。榆次一区区长高国杰能文善武，爱憎分明，因工作出色，于1943年由一区调到环境恶劣的四区任副区长。同年5月，他在北赵村征粮时不幸被俘，被关押在日军长凝据点地下室。起初，他以绝食明志，后得乡亲规劝，始进食。对敌人玩弄的美色引诱、亲情感化等伎俩，他抱定至死不从的决心，不为所动。6月18日，高国杰被日军押至东长凝村的一棵大槐树下。面对被驱赶来的群众，他高声大喊：“北赵村的村长、村副是汉奸，转告抗日干部要提防着！”狡猾的日军小队长用刀对着他，示意翻译再次劝降。高国杰坚定地说：“我高国杰至死不做亡国奴！”

理想信念之火一经点燃就会产生巨大的精神力量，百年来，中国共产党为何能带领人民取得举世瞩目的伟大成就？

归根结底在于心中的远大理想和革命信念始终坚定执着，始终闪耀着火热的光芒。

——践行初心、担当使命是共产党人精神高地的实践标杆

践行初心、担当使命，是对中国共产党百年奋斗主题的生动诠释，是中国共产党人清晰的政党定位和真挚情怀，集中体现的是久久为功，以实干苦干加油干的“里程碑”，树立了共产党人构筑精神高地的实践标杆。

一言一行耀初心，山河明月鉴初心。这个用马克思主义科学理论武装起来的党一经诞生，就努力把马克思主义真理运用于改造中国与世界的伟大实践中，把为中国人民谋幸福、为中华民族谋复兴确立为自己的初心使命，一百年来，团结带领人民进行的一切奋斗、一切牺牲、一切创造，归结起来就是一个主题：实现中华民族伟大复兴。

回顾百年党史，正是由于始终坚守初心和使命，中国共产党才能在极端困境中发展壮大，才能在濒临绝境时突出重围，才能在面对逆境的关口毅然奋起。为了践行党的初心使命，为了实现中华民族伟大复兴，中国共产党团结带领中国人民浴血奋战、百折不挠，自力更生、发愤图强，解放思想、锐意进取，自信自强、守正创新，以“为有牺牲多壮志，敢教日月换新天”的气概，书写了中华民族几千年历史上最恢宏的史诗，使中华民族迎来了从站起来、富起来到强起来的伟大飞跃，使中华民族伟大复兴进入了不可逆转的历史进程。

——不怕牺牲、英勇斗争是共产党人精神高地的党性标尺

不怕牺牲、英勇斗争，是对中国共产党百年奋斗历程的生动概括，是中国共产党人独有的政治品格和精神特质，集中体现的是充沛顽强，以热火、热泪、热血的“大无畏”，铸就了共产党人构筑精神高地的党性标尺。

这个用马克思主义科学理论武装起来的党一经诞生，就是在斗争中求得生存、获得发展、赢得胜利。白色恐怖的革命环境，日寇侵略的严峻形势，一穷二白的薄弱基础，多种多样的自然灾害，风云变幻的国际环境……世界上没有哪个党像我们党这样，遭遇过如此多的艰难险阻，经历过如此多的生死考验，付出过如此多的惨烈牺牲。

抗战、抗美、抗洪、抗震、抗疫等，一个个“抗”字，彰显中国共产党人从来敢于在危难之处显身手，无论对手多么凶狠、遭遇多么恶劣、情况多么凶险，一大批仁人志士、革命烈士、英雄模范，抛头颅、洒热血、挥汗水，关键时刻站得出来、危急关头豁得出去，做出了无愧于党、无愧于人民、无愧于时代的伟大贡献和牺牲，铸就了我们党不畏强敌、不惧风险、敢于斗争、勇于胜利的风骨和品质，成为我们党最鲜明的特质和底色。

一百年来，这正是中国人民奋发前进的强大精神动力，是红色基因伟力的自然迸发。正是因为镌刻着不怕牺牲的烙印、流淌着英勇斗争的血脉，一路走来乘风破浪、披荆斩棘，在敢于牺牲和勇于斗争中求生存谋发展赢胜利。

——对党忠诚、不负人民是共产党人精神高地的品质标志

对党忠诚、不负人民，是中国共产党人坚定的政治立场和价值追求，是对中国共产党人百年奋斗画卷的生动写照，集中体现的是大公无私，以爱党爱国爱人民的“大情怀”，凝结了共产党人构筑精神高地的品质标识。

这个用马克思主义科学理论武装起来的党一经诞生，就把“人民”二字深深镌刻在了自己的旗帜上，并一以贯之、持之以恒。无论是在战火纷飞的革命战争年代，还是在励精图治的社会主义革命和建设时期；无论是在波澜壮阔的改革开放和社会主义现代化建设征程中，还是在阔步前行的新时代，党全心全意为人民服务的宗旨从未有过丝毫的改变，人民至上始终是我们党坚定不移的价值追求。

将人民放在心中，人民自然也会真心拥护，并用最朴素的行动表达对党的感情。抗战时期，在晋中大地上，兵民一家，兵即民，民也是兵。在中国共产党的组织下，全区各县的自卫队、青救会、妇救会、儿童团纷纷成立，千万民众汇成一股强大的抗日洪流，他们挖公路、炸桥梁、端碉堡、割电线、送情报，有力地支援了八路军主力部队的作战。他们边生产、边作战，开展反“扫荡”、反“蚕食”、反“维持”斗争，

使日军在晋中陷入一场“不分昼夜、不分地点、旷日持久、如坠云雾”的消耗战之中。人民用民心为历史作出了选择，中国共产党站在了历史舞台的中央。

一切为了人民，一切依靠人民，同人民风雨同舟、血脉相通、生死与共，是中国共产党战胜一切困难和风险的根本保证。我们党的百年历史，就是一部践行党的初心使命的历史，就是一部党与人民心连心、同呼吸、共命运的历史。

三、精神之炬

伟大建党精神如一把熊熊火炬，照亮前程、永放光芒。作为中国共产党所创造的独特精神财富，伟大建党精神具有深邃的时代洞穿力，其永恒的时代价值必将随着社会的发展不断凸显。

站在“两个一百年”的历史交汇点上，中华民族伟大复兴曙光在前、前途光明。我们面临着难得机遇，同时也面临着严峻挑战。越是接近奋斗目标、越是面对风险挑战，就越需要伟大精神的引领和支撑。我们要永远高举伟大建党精神这把精神之炬，一代一代传递下去，赓续共产党人精神血脉，不断筑牢信仰之基、补足精神之钙、把稳思想之舵，办好晋中的事情，以昂扬姿态奋力书写全面建设社会主义现代化的崭新晋中篇章。

——以讲政治的高度，发扬光大伟大建党精神。旗帜鲜明讲政治，是我们党一以贯之的政治优势。在新的征程上，发扬光大伟大建党精神，最重要的就是坚持正确政治方向，始终保持我们党的政治本色，始终沿着中国特色社会主义道路前进。要坚持用党中央精神分析形势、推动工作，始终同党中央保持高度一致。要经常同党中央精神对表对标，及时校准偏差，切实做到党中央提倡的坚决响应，党中央决定的坚决执行，党中央禁止的坚决不做。要把贯彻党中央精神体现到谋划重大战略、制定重大政策、部署重大任务、推进重大工作的实践中去，要体现在不折不扣、坚决贯彻党中央决策部署的行动上，体现在履职尽责、做好本职工作的实效上，体现在执行党的各项规章制度、规范日常的言行举止上，始终做到站位高、视野宽、品行正、律己严、形象好。

晋中市委在建党100周年庆祝仪式结束后的第一时间召开市委常委会（扩大）会议暨中心组学习会，强调认真学习好、深入贯彻好、全面落实好习近平总书记“七一”重要讲话精神，是当前首要政治任务和长期战略任务，是每名党员干部的必修课。全市各级党组织和广大党员干部要胸怀“两个大局”、心怀“国之大者”，始终保持赶考的清醒和坚定，进一步增强“四个意识”、坚定“四个自信”、做到“两个维护”，把习近平总书记“七一”重要讲话作为政治宣言书、时代动员令、前行冲锋号，记于脑、融于心、付诸行，推动晋中各项工作沿着正确方向不断前进。要从讲政治的高度站位，认真贯彻落实习近平总书记视察山西重要讲话重要指示，贯彻落实省委书记林武调研晋中讲话和指示精神，发挥“九大优势”，抢抓“九大机遇”，奋力率先蹚出一条转型发展新路，实现全方位高质量发展，进而彰显弘扬伟大建党精神的实践成效。

——以学党史的厚度，发扬光大伟大建党精神。在斗争中求得生存、获得发展、赢得胜利，是我们党一以贯之的精神状态。在新的征程上，发扬光大伟大建党精神，需要我们学好党史，学懂党史，知晓伟大建党精神的来龙去脉。一方面，要善于从党的百年征程中汲取道德规范和精神力量。要从百年党史中深刻认识红色政权来之不易、新中国来之不易、中国特色社会主义来之不易，把牢正确方向，甘做薪柴，点燃圣火，在风险挑战面前砥砺胆识，在为民服务中练就过硬本领，逢山开道、遇水架桥，不断取得中国特色社会主义新的胜利。另一方面，要从党的百年奋斗中感悟真理的光芒、信仰的力量，时时处处以党的创新理论滋养初心、引领使命，从党的非凡历史中感悟初心、激励使命，在严肃党内政治生活中锤炼初心、砥砺使命，把初心和使命变成锐意进取、开拓创新的精气神和埋头苦干、真抓实干的原动力。

在党史学习教育中，晋中紧扣重大革命历史事件和英雄人物，深挖晋中红色资源“富矿”。利用“资源+”内容讲好讲活晋中故事，形成“基地+”方式做实做优宣讲阵地，创新“宣讲+”模式传承发扬红色文化，特别是打造了“永远跟党走——百业百人讲百年”主题宣讲品牌，包括将伟大建党精神融入宣讲内容，161人的宣讲员已宣讲1568场次，直接和间接受众达215万余人次。这些都有效引导了全市党员干部从党的非凡历史中找寻初心、激励使命，同党中央要求“对标”，拿党章党规“扫描”，同先辈先烈、先进典型“对照”，用人民群众新期待“透视”，交出新的赶考之路的优异答卷。从丰厚的党史“教科书”中，更加深刻感悟伟大建党精神，在生动的转型发展中自觉弘扬践行伟大建党精神。

——以悟原理的深度，发扬光大伟大建党精神。不断感悟思想伟力，强化理论武装是我们党一以贯之的显著优势。在新的征程上，发扬光大伟大建党精神，就是要坚持用马克思主义观察时代、解读时代、引领时代，就是要深刻领悟马克思主义及其中国化创新理论的真理性，增强自觉贯彻落实党的创新理论的坚定性。要把读马克思主义经典、悟马克思主义原理当作一种生活习惯、当作一种精神追求，用经典涵养正气、淬炼思想、升华境界、指导实践。

自党史学习教育启动，晋中市强调要突出的第一个重点就是“进一步感悟思想伟力，增强用党的创新理论武装全党的政治自觉”。立足实际、守正创新，广泛运用自己学、集中学、研讨学、讲座学、现场学、培训学、宣讲学、观影学和线上学“九学”联动形式，做到学深、学精、学透，在学史明理和学以立心中追寻“真理的味道”。坚持深学精学“4+4+2”学教重点内容，以“学”字打头，将学习作为鲜明主线，推动形成主动学习、善于学习、有效学习浓厚氛围。以“效”字落脚，突出问题导向，克服不思、不精、不悟、不广等短板与欠缺。持续强化学思践悟融会贯通，自觉把理论的力量转化为行动的力量，有效提升了广大党员干部加快转型推动高质量发展的主动性和积极性，鼓起了奋进新时代的精气神，焕发出奋力书写全面建设社会主义现代化晋中篇章的昂扬姿态。

——以办实事的温度，发扬光大伟大建党精神。与人民心连心、同呼吸、共命运，是我们党一以贯之的宗旨情怀。

在新的征程上，发扬光大伟大建党精神，要自觉在思想上政治上行动上同党中央保持高度一致，以为民造福的实际行动诠释共产党人“我将无我、不负人民”的崇高情怀，用心用情用力解决好群众急难愁盼问题，推动共同富裕取得更为明显的实质性进展，凝聚起推进中华民族伟大复兴的磅礴力量。

7月21日，市委书记吴俊清在党史学习教育专题党课上强调，全市广大党员干部要增强宗旨意识，牢记初心使命，始终保持全心全意为人民服务的鲜明本色。要筑牢为民初心，把群众的小事当作自己的大事来干，让党和国家的“大政策”与人民群众的“小日子”无缝衔接；要着力纾解民忧，常问群众“心中事”、着力解决“实际难”，把解决人民群众急难愁盼作为工作的出发点和落脚点；要兜住民生底线，扎实做好巩固拓展脱贫攻坚成果同乡村振兴有效衔接各项工作，加强易返贫致贫人口常态化监测，持续加大就业和产业扶持力度，坚决守住不发生规模性返贫的底线；要织密保障网络，进一步健全退役军人、残疾人、妇幼等社会保障和服务体系，守护好人民群众的每一分“养老钱”“保命钱”和每一笔“救助款”“慈善款”，努力建设健康晋中、平安晋中、幸福晋中。

——以开新局的锐度，发扬光大伟大建党精神。革命加拼命，是我们党一以贯之的强大动力。在新的征程上，发扬光大伟大建党精神，必须做好应对各种艰难困苦局面的准备，努力在攻坚克难中赢得主动，关键时刻挺身而出、敢于豁出去，坚决顶起自己该顶的那片天。必须增强志气、骨气、底气，坚定信心和信念，心往一处想、劲往一处使，拧成一股绳，齐心协力将具有许多新的历史特点的伟大斗争进行到底。必须厚植不怕牺牲、英勇斗争的品格，做到敢闯敢试、真干真为、善作善成，真正把各种复杂局面转变为开启新未来的机遇。

习近平总书记两次视察山西，勉励山西在转型发展上率先蹚出一条新路。晋中市委沿着习近平总书记指引的“金光大道”，认真落实省委林武书记调研晋中讲话和指示精神，顺应大势、把握全局，立足当前、着眼长远，审时度势提出了“一谷驱动、两区牵引、两翼腾飞、率先转型”的“1221”战略布局和举措（“一谷”是智创谷，“两区”分别是转型综改示范区、晋中国家农高区，“两翼”是平川转型崛起、东山转型振兴，“率先转型”是在全省率先蹚出一条转型发展新路），以此统一思想、凝聚共识、激发干劲，乘势而上奋力谱写全方位推进高质量发展的晋中篇章。

“精神是一个民族赖以长久生存的灵魂，唯有精神上达到一定的高度，这个民族才能在历史的洪流中屹立不倒、奋勇向前。”让我们以最崇高的信仰、最坚定的信念、最强大的信心、最深厚的信任，将磅礴的智慧和力量汇聚在伟大建党精神的共同旗帜之下，击楫中流、再创伟业。

以课题组成员发表于《晋中论坛》2021年第4期，《晋中日报》2021年8月2日第3版理论版

用思想伟力凝聚新时代奋进合力

——晋中市对基层理论宣讲“三化”的有益探索

近年来，晋中理论宣讲响应习近平总书记提出的“广泛组织面向基层的对象化、分众化、互动化宣讲活动”要求，通过主体多元、层次清晰、覆盖广泛的宣讲，及时有效地把党的创新理论传达到基层。从一支专业队伍到1+N，到“百业百人讲百年”；从单纯的理论到主题多样、内容多元；从固定的课堂到田间地头、立体式矩阵化，理论宣讲在基层定性定量、虚功实做，实现着从大写意到工笔画的转变。对照党中央要求，晋中在基层理论宣讲“三化”方面进行了积极的有益探索。

一、突出“三化”引领，推动宣讲广覆盖

紧紧跟随党的理论创新与时俱进，改革发展实践日益深化，人民群众的理论需求紧迫多样，围绕习近平新时代中国特色社会主义思想主线，结合年度重大宣传主题，以及省市重大决策部署，晋中理论宣讲始终坚持“对象化、分众化、互动化”方向，持续实现宣讲的全员全程全域突破：不断挖掘整合各类宣讲资源，充分运用各种平台媒介，创新完善宣讲体制机制，营造了受众时时处处可以置身于宣讲，只要是在有人聚集的公众场所，都有可能感受到宣讲现场的生动氛围。

突破主体局限，构建分众化宣讲格局。由“谁来讲”直接决定着宣讲的全程全效。经过几年大规模多主题的宣讲，晋中已经逐渐形成了稳定的“1+14”队伍，从其构成看，基本实现了横向全覆盖。在去年的党史学习教育暨庆祝建党100周年宣讲启动时，开创性地提出以“全域覆盖、结构合理、百业争鸣”原则组建“百业百人讲百年”宣讲团，由行业切入，细分领域，实现宣讲队伍重心下移、触角纵向延伸。在“百业百人讲百年”架构的带动下，宣讲的视角更加开阔，也对全市的宣讲队伍进行了一次充分整合，由此构建起了分领域各有侧重、分类别相对齐全、分行业指向明确，老中青相结合、梯次明显、内容相互呼应又可集零为整的社会化宣讲队伍。

突破内容局限，形成对象化宣讲模式。有了这样稳定的政治强、作风正、懂理论、有专长的宣讲队伍，时机需要，即可整装待发，“到什么山上唱什么歌”开展精准宣讲。围绕受众关心关注关切的热点难点焦点，生产生活中的疑虑困惑，讲党带领人民取得的伟大成就和发生的巨大变化，讲党中央大政方针和惠民利民便民好政策，讲地方文化的传承转化、创新性发展，赓续红色基因、弘扬红色精神。这些活跃于晋中大地的数千名基层宣讲工作者，不仅担当起理论宣讲的政治责任，同时还是政策解读、形势教育、文化繁荣、法治宣传、文明创建等多样化主题宣讲的生力军。“聚是一团火，散作满天星”，生动唱响了“共产党好、改革开放好、社会主义好”的主旋律，真正实现了“送宣讲到基层”“宣讲就在基层”的宣讲初衷。

突破形式局限，打造互动化宣讲生态。基于宣讲者的精心选择，受众的代入感和参与感被充分调动，各种宣讲的互动性、现场反馈强化了宣讲成效。宣讲场所可以在室内，但更多的是在田间地头、厂矿车间、社区广场、校园课堂、公交站口、公园景区等；宣讲的方式，可以是围坐式，还可以是场景式、体验式、沉浸式等，不一而足。在生活化的情境中，无论是受众还是宣讲者都“放下了身段”，敞开心扉进行沟通探讨，往往是听者豁然开朗，讲者如沐春风。现场之外，与各类新媒体形成联动之势，综合运用“报、台、网、微、端、屏”等资源，充分利用动漫、微视频、网络座谈等各种新工具，推出主题鲜明、现代感强、形式活泼的宣讲产品。仅在“学习强国”平台就推送了学习贯彻习近平总书记“七一”重要讲话精神及各类庆祝建党100周年活动的稿件、图文、视频2000余件。这样全方位、多层次、多声部的传播矩阵，实现了线上线下互动，打通了党的创新理论在基层落地生根“最后一米”。

二、强调“三达”理念，保障宣讲高品质

随着基层宣讲实践的推进，晋中关于宣讲的认识也在不断深化。为实现宣讲品质的稳步提升，在前期提出“三个统筹”（统筹规划，做好顶层设计；统筹创作，把握正确方向；统筹实施，集中进行安排）的基础上，近两年在对宣讲员的培训中突出强调“三转三讲”：把理论逻辑转化为实践逻辑，把政治视角转化为生活视角，把书面话语转化为大众话语；把深道理讲准，把新形势讲清，把好故事讲活。在对宣讲受众的引导上，突出强调“三得三共”：在讲的准备阶段要确保听得懂，能共享；讲的过程中要进得去，能共鸣；讲的效果上要记得住，能共情。这样的理念，有效呈现了“三化”的具体路径。

强化培训，确保对创新理论要有深度抵达。为使宣讲员深刻理解主题，不走偏，不走样，每次重大宣讲开展之前，市委宣传部都会派出理论骨干参加高层次培训，把关、定调全市宣讲。外请国家级、省级理论权威，引导宣讲员读原著、学原文、悟

原理；内联市级领导介绍发展成就、未来规划，参训人员进行充分沟通交流。通过骨干登台示范、集体备课、共同评讲等方式，统一把握宣讲基调。着眼受众的主体性分众化，落脚其关注点和感兴趣的内容，采用从容平实的方式，从司空见惯的事物、习以为常的现象中揭示其中蕴含的主题，以自然的风格、朴素的语言解读妙言真谛，使得理论不再抽象、政策不再深奥，促使受众能够共享真理的味道。

规范转化，确保对宣讲内容要有准确表达。抽象的理论只有被群众形象地接受、消化并吸收，才能拥有持久的生命力。在不同的主题中，需要宣讲者结合时代元素、地域特色、地方实际和群众需要等，有针对性地阐释理论，设计宣讲内容。党的十九大后，晋中市委宣传部制作了24集理论动漫《一起学习吧》，成立了“文艺轻骑兵”，把党的精神转化为富含地方风情的“情景剧”“开花调”“干调秧歌”。这些通俗易懂、长短相济、动静相宜的表现形式，使高深抽象的理论变得生动鲜活，也让受众觉得有滋有味。去年以来，已录制不同主题的宣讲视频80余个，用小情境实舞台讲大主题，通过生动活泼、接地气的形式让习近平新时代中国特色社会主义思想变得可感可见可行，拉近了与受众的距离。

清晰定位，确保对宣讲内容要有精准送达。在全市“一盘棋”理念的指导下，基层宣讲的开展有侧重、有层次、有节奏。着眼于不同群体，坚持问题导向，题材体裁的选择因地制宜。在“百业百人讲百年”宣讲中，按照全员开放、纵到底横到边的原则，创新性地构建起讲党史感念党恩，讲地方史激发家国情怀，讲英模英烈赓续红色血脉，讲行业变迁传承工匠精神，讲家族发展史发扬优良家风等内容丰富的宣讲“中央厨房”。受众根据自己的关注度和接受力，从各具特色的宣讲员中下单点讲。在这种“点单式”“派单式”宣讲机制框架内，每天都有订单，有时一天同时开讲10余场。

三、实现“三力”合聚，促进宣讲见实效

晋中市大规模强声势的基层宣讲，犹如一台台理论“播种机”，深耕细作勤耕耘，上接天线，传播中央声音；下接地气，满足群众需求，营造了宣讲者和受众凝心聚力、同心同向同讲美好生活，提振了工作信心，有效形成晋中共建全省全方位推进高质量发展先行区的强大合力。

政治定力更加牢固。晋中基层宣讲始终把学习贯彻落实习近平新时代中国特色社会主义思想作为贯穿全域全程的主题主线，通过持之以恒春风化雨的播撒灌输，通过潜移默化成风化人的精神滋养，持续引领广大党员群众将习近平新时代中国特色社会主义思想这一“定海神针”和“定位航标”，入心入脑，见行见效。特别是去年通过开展“百业百人讲百年”主题宣讲，161人的宣讲员队伍，万余场次的高频次宣讲，超500万人次的现场和网络受众，使受众进一步感悟到了思想伟力，坚定不移听党话，矢志不渝跟党走。

奋进动力更加强劲。晋中基层宣讲上联中央、省委精神，下接市域工作实际，一年一个或多个重大主题，特色活动连续不断，多个宣讲品牌成效斐然。坚持以小切口折射大主题，以小故事彰显大道理，既强调讲清楚讲明白党的创新理论的中国故事，阐释解读好习近平总书记五年时间三次考察调研山西时的重要讲话重要指示精神，也注重讲好讲活全方位、多层次的晋中故事，充分激发全市干部群众攻坚克难干事创业的精气神，以理论的力量、精神的培塑、宣讲的教化等诸多软实力，支撑推进晋中区域全方位高质量转型发展，取得一个又一个亮眼成就。聚焦“十四五”开新局起好步，着力把党史学习教育特别是习近平总书记“七一”重要讲话及党的十九届六中全会精神学习成效，转化为晋中建设全方位推动高质量发展先行区的精神动力和发展动能。紧扣战略目标，大手笔谋划山西“智创谷”，大力度推进开发区工作和“承诺制+标准地+全代办”改革，高标准建设晋中国家农高区，高质量推进招商引资、项目建设、服务业提质增效等重点工作，坚定地担当起时代赋予的重任。

区域活力更加充沛。晋中基层宣讲在让党的创新理论“飞入寻常百姓家”，植根开花结果的同时，同步挖掘区域独特的文化资源，以丰厚的底蕴，激发向上向善的正能量，撬动社会公益，激发社会活力，新时代新风貌新气象日益彰显。

众多主题不同的宣讲，涵养着人们的精神世界，给人以鼓舞和力量。思想的光芒在一场场的宣讲中洒向每个角落，孕育着晋中高质量发展的无限生机和希望。

与田文杰、侯冬英合写发表于《支部建设》“党的生活”2022年第7期

■ 晋中“三百”主题宣讲：对深化基层宣讲对象化、分众化、互动化的探索与启示

在庆祝中国共产党成立一百周年之际，晋中创造性开展了“永远跟党走——百业百人讲百年”主题宣讲活动（以下简称“三百”宣讲），以其“百业”的最广覆盖度、“百人”的最多参与度、“百年”的最深厚重度，成为全省庆祝中国共产党成立一百周年众多活动的重头戏和闪光点，成为全市推进党史学习教育的有效抓手，成为广大党员干部群众开展政治理论学思践悟的日常习惯，成为推进理论传播走深走心走实的具体实践，成为深化基层宣讲对象化、分众化、互动化的有益探索（以下简称宣讲“三化”）。

近期，调研组深入晋中寿阳、祁县、左权、榆次等地走访调研，真切感受“三百”宣讲给基层群众带来的满满收获，深刻体会习近平总书记关于广泛组织面向基层的对象化、分众化、互动化宣讲活动的实践伟力。

一、“三百”宣讲的主要特色

晋中“三百”宣讲始终在党委的政治引领和统筹谋划下有序展开，是顺应以人民为中心的发展思想的生动实践，是对应党的宣传思想工作主责主业的必要手段，是呼应基层党员干部群众理论渴求的可行之举，是适应理论传播新变化新趋势的创新尝试。

——全业选人，全方位挖掘培养宣讲队伍。“三百”宣讲团161名宣讲员涉及116种职业，有专门从事党史研究的专家、地方史学者、革命纪念馆红色讲解员，也有老英雄、老模范、老党员；有来自“三农”一线的农民企业家、致富带头人、返乡创业大学生、扶贫干部和村党支部书记等；有煤焦传统产业、新兴产业等百强企业、国有企业职工代表，也有招商引资企业代表、优秀民营企业家；有中学及驻地高校思政教师、国防教育教师、高科技人才，也有医护工作者、非遗传承人、作家、记者、导游；有检察官、法官、律师、警察，也有民主党派人士、非公经济代表、归国华侨、社会新阶层人士；有基层妇女干部、家庭教育讲师、全民阅读倡导者，还有

社区工作者、环卫工作者、公交车司机；等等；161人中，有20余名宣讲员涉及20个红色教育场馆阵地，有红色教育基地、革命遗址、烈士陵园，有晋中历史文化和城市规划展示场馆，有中华优秀传统文化、革命文化和社会主义先进文化的集中展示馆。161人中，有来自市残联、市儿童福利院、市老年养护院、市救助管理站和市殡仪馆共5名宣讲员，作为民政兜底保障工作者，将面向全社会展示党的关怀，展示在党的政策帮助下，群众的获得感、幸福感和归属感。

——各业竞讲，多层次营造浓厚宣讲氛围。全市百余个行业从素材提供到讲稿完善，从讲台形象到效果评估，全程介入、全面发力，充分展示自身特点，挖掘行业先进典型，扩大社会影响及示范作用。市委政研室宣讲员薛砚之确定红色家族史的宣讲内容后，在单位先行试讲，由全体人员提出意见建议，最后由领导亲自把关。市水投公司通过内部赛讲，最终选送7名市级宣讲员。以行业为线，宣讲员在同一个平台竞讲，行业荣誉感、职业使命感、个人责任感显著增强，始终能够保持饱满的宣讲热情和学习积极性；各行业对宣讲过程、成果、成效持续关注和重视，“送出去”与“请进来”比学赶超，“送宣讲”与“送服务”有效结合，助力全市党史学习教育强度不减、热度不降，不断向纵深推进。同时，宣讲活动主办方结合各单位活动需求，进行定向推送，特别关注走进大中小学校重点人群，让更多人感受生于兹长于兹的这片红色家园，在传承红色基因中坚定信仰信念，汲取奋进力量。

——多业互动，立体化拓展延伸宣讲效应。全市按照全员开放、纵横到底的原则，成系统构建起讲党史感念党恩，讲地方史激发家国情怀，讲英模英烈赓续红色血脉、讲行业变迁追求工匠精神，讲家族发展史传承优良家风等丰富内容的宣讲“中央厨房”。4月30日起，在《晋中日报》、晋中新闻网等媒体，连续公布全市161名宣讲员名单及其宣讲侧重点，引发受众“点单”热度。5月8日，市委办公室等九个常委部门带头精准点单选择相匹配的宣讲员，示范引领全市上下掀起“宣讲学”新高潮。受众根据自己的关注度和接受力，从各具特色的宣讲员中下单点讲，逐步探索点单宣讲向常态化制度化党史学习课堂转变，如许多宣讲员受邀承担晋中市广播电视台“每周讲”，市交通运输局“每月讲”，左权学习大讲堂“定期讲”等宣讲员，实现宣讲效果最大化。

从“两新”+“五进”宣讲活动的高起点启动，到基层党支部+党员干部“两个全覆盖”，市委党史学教办和市委宣传部、市委讲师团协同外延辐射多点发力，建立红色基地、重点景区对接讲，协同车站商场、公园广场短快讲，推出精彩视频“云端”移动讲，打造“对内对外”双路径，扩大宣讲宣传辐射圈。5月13日，8名“百业百人讲百年”宣讲团成员走进祁县乔家大院、平遥古城、介休张壁古堡、灵石王家大院四大景区，将党史学习与传统旅游结合起来。5月底，与“学习强国”山西平台合作策划，开设“百业百人讲百年”专栏，持续推出、滚动播放精选宣讲视频，进一步拓展“百业百人讲百年”宣讲的辐射面和影响力。目前，宣讲视频除在“学习强国”山西平台和各地媒体、微信公众号推出外，同步实现景区、广场、公园、车站、商场等公共场所的循环播放，让游客和居民时时处处沉浸于听党话、感党恩、跟党走的浓厚氛围和学习环境之中。

二、“三百”宣讲的选人精细化、选题专业化、选讲点单式，进一步深化基层宣讲对象化

“三百”宣讲活动启动之初，即通过从市县两级划分产业、细分行业、优选职业，精心挑选出业内权威、经验丰富、表达流畅的宣讲员。

——致力选人精细化。从3月初开始面向全社会招募宣讲员到4月初名单确定，历时一个月，宣讲员名单几上几下，目的是保证选人环节的精细化。

一是把握重点选用一批。在党史学习教育动员大会上，习近平总书记指出：“要抓好青少年学习教育，着力讲好党的故事、革命的故事、英雄的故事，厚植爱党、爱国、爱社会主义的情感，让红色基因、革命薪火代代传承。”如何充分利用红色资源，抓好青少年党史学习教育是“三百”宣讲选择宣讲员时的两大重点考虑。红色资源是百年党史的亲历者、见证者，党史学习教育必须让红色资源活起来，成为百年党史的讲述者。除从各行各业选人外，组织者充分谋划利用本土红色资源，从全市红色纪念馆、革命遗址、红色教育基地优选15名讲解员，组建“红色记忆”小分队，打造“流动的纪念馆”。从史志地方史研究人员中推出李新文、曹成斌作党的历史概述，李波透彻解读石拐会议，解读“晋中的价值”；整理提升97岁上甘岭“特等功勋”高晋文老英雄感人事迹，见证“活着的历史”。广泛发动革命后代朱嘉欣（朱银马烈士曾孙）等进入宣讲员队伍，讲前辈、讲家族、讲感悟，传承不朽精神。针对青少年群体，从全市幼儿教育、小学教育、中学教育、高等教育、职业教育、国防教育全教育战线精选宣讲员，并根据青少年身心发展需求，配合以朗读、文学、艺术、体育、科普等类别的宣讲员帮助青少年增长知识才能，提升身体素质，开阔视野眼界，坚定文化自信，变枯燥学为喜欢学，变“给你讲”为“我要听”。

二是着眼长远储备一批。宣讲员是志愿服务者。随着社会文明程度的提升，志愿服务已经越来越被当作一项高尚的事业和幸福的生活方式。“三百”宣讲作为贯穿全年的主题宣讲，首先必须要求宣讲员有站位、有态度，有情怀，热爱宣讲事业。

这一要求在《“永远跟党走——百业百人讲百年”主题宣讲活动实施方案》中予以明确。宣讲员报名后，工作人员组织专人对宣讲员报名提交的个人简历进行审核，其中，宣讲经历和对宣讲工作的认识，成为考察宣讲员是否有站位、有情怀、有态度的标准之一。9月3日，在寿阳县尹灵芝烈士纪念馆组织了“三百”示范宣讲观摩课。观摩课的互动环节，寿阳籍示范宣讲员安然深情讲道：“为了讲好寿阳革命烈士尹灵芝的故事，我多次到尹灵芝的村子，向村里老人了解她的故事；翻阅史志书籍，从书籍中寻找一个个信息点，并真实还原这位刘胡兰式的女英雄的故事。”也是这次示范宣讲观摩课上，有几位特殊的宣讲员，左权籍80余岁的张基祥和介休市身患残疾的郝锦荣，他们不辞辛苦赶到寿阳县学习观摩；灵石籍宣讲员乔晓燕为了本次宣讲，针对农民、青少年和其他人群准备了三份内容迥然不同的宣讲稿，其中一份为自创的文艺作品；还有一位年轻的宣讲员，她在聆听安然、刘佩佩宣讲后，连夜写了一份心得体会。他们不计报酬、无私奉献的精神是所有“三百”宣讲员的精神彰显。这些宣讲员确实是晋中着眼长远储备的一批优秀宣讲人才。

三是面向社会带动一批。宣讲要做到讲全讲准讲透彻，进而达到入心入脑见行动的效果，这就要求宣讲员的思想品德和专业素养做到“双过硬”。“三百”宣讲员选拔过程中，明确要求宣讲员要成为“业内权威”。一个行业权威讲中国共产党领导下自身行业的发展更令听众信服。宣讲员程劲光是晋中市第一人民医院呼吸与危重症医学科副主任，主任医师，是晋中市学术技术带头人，在2020年抗击新冠疫情战役中，担任晋中市医疗救治专家组组长、晋中市定点医院医疗救助组组长；宣讲员杨凤喜是晋中市文联党组成员、副主席，《乡土文学》杂志主编，作品曾被《新华文摘》等转载……这些宣讲员都是业内的精英，有着深厚的群众基础。宣讲员张萍是山西合一文化园创始人，多年致力于弘扬中华优秀传统文化、革命文化和社会主义先进文化，她的背后是山西合一文化园这一文化阵地，是面向全市乃至全省的文化传播窗口。这些宣讲员以独特的个人魅力，必将面向社会带动一大批人关注宣讲、参与宣讲，他们所引发的社会效应是无限的。

——致力选题专业化。“三百”宣讲涉及选题基本分为五大类：百年党史、红色晋中史、行业发展史、企业发展变迁、红色家庭及个人成长历程。种类多，整体专业性较强，具体体现为：

一是选题站位高。晋中的发展、全社会各行各业的发展、企业的发展、家族的变迁、个人的成长都离不开党的英明领导。所有宣讲稿均以“永远跟党走”立题。市体育局宣讲员王黛卿主要讲述了中国体育发展，借用1908年《天津青年》杂志关于奥运提出的三个命题与听众互动：中国什么时候能够派运动员去参加奥运会？我们的运动员什么时候能够得到一块奥运金牌？我们的国家什么时候能够举办奥运会？从奥运三问到2021年东京奥运会中国运动员的精彩展示，展示中国从“东亚病夫”变成了世界体育强国以及孕育而出的体育精神、女排精神。这些都是在党中央高度关怀下取得了举世瞩目的伟大成就；市儿童福利院宣讲员冯玮的《努力为孤弃儿童撑起一片蔚蓝的天空》宣讲，以亲眼所见亲身经历，讲述了一群有着特殊姓氏的中国儿童的幸福生活，他们失去了小家，但是他们有了一个更大的家，他们在党的关怀下茁壮成长，在阳光下过着幸福生活。永远跟党走的高站位是所有宣讲稿的普遍特征和共性内涵。

二是选题深挖掘。“三百”宣讲每个选题都要求纵向深挖。首先是要有打破砂锅问到底的精神，宣讲员为了讲好在党的领导下取得的某项成就，积极向单位老前辈学习，从档案馆寻找资料研究行业发展。宣讲员李波作为晋中和顺人，他一直在探索脚下的红色热土曾经绽放过怎样的灿烂荣光，承载过怎样的深重苦难，一直在复盘和顺发生过的重大历史事件，寻找中国大历史深处的晋中声音。在资料中翻阅到“石拐会议”的时候，他说：“我突然被点亮了，我不再孤独，我为信仰的光芒所感召，被为国为民的担当所激励，我要把这个重大历史事件呈现出来，告诉今天的和顺人，晋中人。”经过十余年的专项研究，他撰写了《石拐会议》《铁血太行和顺魂》等党史题材作品，并在与党史专家探讨基础上，撰写并多次修改宣讲稿，最终，以《石拐会议》为题，向青年学生、党员干部、老区人民生动讲述了石拐会议的时代意义和历史价值，深刻阐释了石拐会议带给人们的伟大启示和精神财富，在社会上引起强烈反响。“感谢李波老师的讲授，让我们了解了晋中在抗战过程中做出的卓越贡献。”“作为新时代的青年，我要努力学习，听党话、跟党走，做新时代的奋斗青年。”许多青年学生在聆听宣讲后深有感触。其次是宣讲要有引导性启发性。宣讲员李爱娟在晋中市中小学综合性示范基地为8—12岁少年儿童宣讲之前，多次与即将要读一年级的儿子，深入交流少年儿童感兴趣的问题。最终受到深刻启发，讲稿分为“梦想、践行、新程”三部分，围绕“你的梦想是什么”展开宣讲，引导青少年去观察、思考一百年前少年儿童的梦想，进而引申出实现中华民族伟大复兴这个共同梦想。从梦想导入，重点讲述了一百年来，中国共产党团结和带领中国人民为了实现中华民族伟大复兴的梦想所进行的艰辛探索、不懈奋斗和伟大成就。“鸡毛信、小兵张嘎、刘胡兰……每一个故事，我首先讲给自己的孩子听，根据他的反应调整宣讲节奏。而且，宣讲不能仅仅停留在讲故事的浅层理解，不能为了讲故事而讲故事，一定要浅入深出，重点和落脚点在‘深’字，要带有启发性，要有引导性，帮助孩子们从小树立正确的世界观、人生观、价值观，帮助他们扣好人生的第一粒扣子。”李爱娟在与宣讲员交流时如是说。

三是选讲点单式。“三百”宣讲坚持“派单+点单”相结合的方式，在有倾向性、针对性地定期安排宣讲、了解宣讲情况基础之上，面向全社会开展“点单”宣讲。4月30日，在《晋中日报》、晋中新闻网等媒体公布全市161名宣讲员名单及其宣讲内容概述，引发受众“点单”热度。4月底，市委办公室等九个常委部门带头精准点单选择相匹配的宣讲员，示范引领全市上下掀起“宣讲学”新高潮。受众根据自己的关注度和接受力，从各具特色的宣讲员中下单点讲，逐步探索点单宣讲向常态化制度化党史学习课堂转变。省委党刊社和各级媒体在对“三百”宣讲进行深度调研后，对“点单式”宣讲多次宣传报道。截至9月底，宣讲员李波、张萍被“点单”宣讲30余次，谢芳、白世斌被“点单”宣讲20余次。其中，谢芳被“点单”在省级单位进行宣讲。9月6日，继时任市委副书记、宣传部部长、政法委书记任秀红在大唐现代双语学校讲授“开学第一课”后，晋中市“百业百人讲百年”宣讲团15名成员被点单邀请进小学部、初中部、高中部共计15个班级开展宣讲。15名宣讲员分别从“百年党史”“红色故事”“文化自信”“党的关怀”四个角度，创新采用“朗读式”“文艺式”“情景式”等丰富多样、新颖灵动的形式开展宣讲，在晋中市乃至全省引发轰动。为进一步学习贯彻习近平总书记“七一”重要讲话精神，进一步丰富授课内容，加强青少年思想政治引领，让青少年近距离感知思政课的魅力，在全社会传播意识形态正能量，规模化复制宣讲团在大唐现代双语学校宣讲的成功经验，又完成了全市“百业百人讲百课”的后续点单宣讲工作。共计60余名宣讲员被晋中市各中小学点单。

三、“三百”宣讲的宣讲者行业化、受众群体的多样化、宣讲内容的定制化，进一步深化基层宣讲分众化

“三百”宣讲紧扣习近平总书记关于“宣传思想工作要树立以人民为中心的工作导向，要适应分众化、差异化传播趋势，加快构建舆论引导新格局”的要求，从百业选人配强队伍到因人制宜精准滴灌，根据不同的受众群体选择不同的宣讲员和宣讲内容，让基层宣讲真正能够做到答疑解惑、回应关切、解决问题。在开展党史学习教育的过程中，坚持分众化理念，有效推动百年党史入脑入心、走深走实。

——百业精选全员联动，以宣讲队伍多元化为基础推动基层宣讲分众化。“三百”宣讲把打造一支高质量、有影响的宣讲队伍作为首要任务。以条线为单位，

经各单位推荐和自主报名、11个县(市、区)、市直四大工委、相关责任单位进行资格审查后组织赛讲初选、市委讲师团严格审核宣讲稿件并对宣讲员进行优选指导，最终选拔出161名代表性强、政治素质高、热爱宣讲事业、事迹典型、经验丰富、表达流畅的宣讲员组建“百业百人讲百年”宣讲团，为开展基层分众化宣讲奠定了坚实的组织基础。他们中有专门从事党史研究的专家、地方史学者、革命纪念馆红色讲解员，也有老英雄、老模范、老党员；有农业农村的农民企业家、致富带头人、返乡创业大学生，也有一线扶贫干部、村党支部书记；有煤焦传统产业、新兴产业等百强企业、国有企业职工代表，也有招商引资企业代表、优秀民营企业家；有中学及驻地高校思政教师、国防教育教师、高科技人才，也有医护工作者、非遗传承人、文艺工作者、记者、导游；有检察官、法官、律师、警察，也有民主党派人士、非公经济代表、归国华侨、社会新阶层人士；有基层妇女干部、家庭教育讲师、全民阅读倡导者，还有快递小哥、社区工作者、环卫工作者、公交车司机等。

或深厚的理论积淀或丰富的个人成长经历或宝贵的实践经验与党的百年历程交融碰撞，必然会催生出听党话、感党恩的朴素情怀、真挚情感，更易引人共鸣、发人深省。山西地厚建安集团有限公司董事长兼总经理白世斌是“三百”宣讲团中的一员，他从自己的入党梦、创业梦、家国梦、公益梦4个梦讲起，讲出了一名企业家不忘党恩回馈社会的情怀，讲出了一名共产党员初心不改壮志不移的担当。宣讲员灵石县医疗集团人民医院普外科护士长毛小花在灵石县举办的“永远跟党走——百业百人讲百年”主题宣讲活动中分享的抗疫故事，令在场听众动容泪下。她说，宣讲的稿件中不仅有她的亲身经历，还融入了她内心的感动：“这一段经历是我的人生，也是职业生涯中刻骨铭心的记忆。在这次抗疫中，我感受到了祖国的强大、人民的伟大。现在，只要听到《我和我的祖国》歌曲中那句‘我和我的祖国一刻也不能分割’时，我总是心潮澎湃。”融入真情实感的宣讲更能让人感同身受、凝聚共识。只有当宣讲员从不同的视角把深刻的道理、高深的理论用大家能听得懂的语言、大家爱听的语言、听了以后大家能记住的语言讲出来时，理论才具有了生命力。

——各展所长量身定制，以宣讲方式多样化为载体推动基层宣讲分众化。在宣讲方式上因人施策、灵活多样，既“高得上去”，以全局站位把握精髓要义，又“深接地气”，通过介入鲜活事例、嵌入文艺演出等方式，让听众听得懂记得住。针对机关党员干部平时学用基础较好、学习动力足，对党的创新理论及百年党史感受体会深的特点，“三百”宣讲选派地方党史专家、党校专职教师等宣讲员侧重用报告辅导式、互动座谈式宣讲，力求全面系统、透彻深入。针对基层群众理论功底较弱的实际，侧重借助视频、歌曲、图片、文艺演出等基层群众喜闻乐见、易于接受的方式开展宣讲，让群众在可视、可感的学习中产生共鸣。灵石县两渡镇文化站站长乔晓燕是“三百”宣讲团中的一员，爽朗的笑声、风趣的谈吐、麻利的干劲，身上投射出来的亲和力总能让人瞬间感受到热情、活力与真诚。她在乡镇文化站的岗位上一干就是20年，对农村和农民也有着一份特殊的情感。为了使自己的宣讲让老百姓听得懂、听得进，她认真钻研、狠下苦功，硬是把生涩的理论变成了一个个紧跟新时代弘扬正能量的评说作品。用灵石评说讲党史、话发展、展未来，讲者动情，听者入神。每次宣讲结束，听众都意犹未尽，“这样的宣讲既充满着‘土味’，又激扬着‘新气’，语言精练、诙谐幽默、真情流露，这种清爽又有意义的宣讲应该多来几场！”与传统宣讲不同，“集报大咖”苗世明的宣讲则别具一格。他依托苗世明藏报博物馆中6万余种、110万余份馆藏资源来宣讲百年党史，信手拈来，让人们从报纸的信息演进中更加直观、深切地感受百年中国共产党的光辉历程，一起感悟党史中蕴含的智慧和力量。

——因人制宜精准滴灌，以宣讲内容定制化为根本推动基层宣讲分众化。坚持“内容为王”，打造高契合、高质效的宣讲内容。针对机关干部，重点结合习近平总书记在党史学习教育动员大会上的讲话、习近平总书记在庆祝中国共产党成立一百周年大会上的重要讲话、百年党史的内在逻辑等课题，系统阐述“中国共产党为什么‘能’，马克思主义为什么‘行’，中国特色社会主义为什么‘好’”，既全面准确，又系统深入，帮助机关干部树立大历史观和正确的党史观。曹海军是晋中市统计局党组成员、二级调研员，也是宣讲团成员之一，为了接受心灵的洗礼，不使精神滑坡，他曾数次前往上海中共一大会址、韶山毛泽东故居、飞夺泸定桥遗址、红军四渡赤水纪念园、遵义会议会址等多个红色教育基地参观学习，心怀敬仰，感悟过往，汲取力量。在党史宣讲中，他以《不朽的史诗与日月同辉》为题，结合自身经历，从“中国共产党为什么能？”“马克思主义为什么行？”“中国特色社会主义为什么好？”“信仰的味道为什么甜？”等六个方面生动讲述了中国共产党发展壮大的思想脉络，在为党员干部解疑释惑的同时，进一步聚合力、强担当。市委党校教师范锐丽则从18部《中国共产党章程》修订变化的视角，解读百年大党何以风华正茂这一主题，紧紧围绕深刻理解百年党章的总纲、凝聚共识和认真学习百年党章的条文、携手实干两个方面，讲述了党的光辉历史，与党员干部一起重温了党的初心使命。针对基层群众，重点围绕党带领人民群众的百年奋斗史如脱贫攻坚、乡村振兴、教育就业、医疗养老等方面的百年变迁等进行阐述，既联系社会热点回应关切，又联系时代变化提振精神，确保听得进、聚共识。宣讲员榆次区张胡村党支部书记张爱茂、寿阳县南燕竹村党支部书记贾永珍、2020年度“山西省干部驻村帮扶模范第一书记”获得者雷珍珍等都是长期扎根一线的工作者，他们亲身参与了基层社会建设，也见证了农村翻天覆地的变化，他们带着对这片土地诚挚的情感讲述乡村变化、奋斗过往、幸福生活、美好未来，更能激发基层群众听党话、感党恩、跟党走的决心和信心。正如雷珍珍在平遥县卜宜乡梁家滩村所讲的那样：“千年梦想今朝圆。建党百年之际，恰是脱贫攻坚交卷之时。实践证明，只有在中国共产党的领导下，才能让梦想成为现实；只有坚定不移走社会主义道路，中华民族伟大复兴的夙愿才能实现！”针对青少年群体，重点立足于明道理、开智慧，讲清讲透中国为什么选择了马克思主义并走上社会主义道路，为什么“只有社会主义才能救中国，只有社会主义才能发展中国”，为什么“改革开放是决定当代中国命运的关键一招”，为什么中国共产党一直得到人民的拥护，等等，用讲故事、做对比代替生硬说教，让青少年在生动可感的党史故事中共情体验、明白道理，厚植爱党爱国爱人民爱社会主义的情感。2021年秋季学期开学伊始，市党史学习教育领导小组精心设计，从“三百”宣讲团中精选适合青少年学习的内容在全市中小学开展晋中市“百业百人讲百课”思政教育进课堂专题宣讲。晋中市家风家训馆和山西合一传统文化创始人张萍一直致力于弘扬先进文化，深度挖掘传播优秀传统文化和红色文化。她以《红色家风百年传承》为题，讲述了老一辈革命家和先进模范的好家风好作风，引导青少年从百年党史中传承优良家风，继承和赓续共产党人的理想信念，为创建全国文明城市添砖加瓦。

四、“三百”宣讲的台上台下互动、场内场外配合、线上线下融合，进一步深化基层宣讲互动化

新时代基层宣讲的一个鲜明特点，就是一改过去我讲你听的单向灌输，形成你可问我必答双向沟通的互动场景。实践一再证明，只有面对面倾听和沟通，才能实现让受众的心里话有人听、心中惑有人解、前行路有人领，宣讲就能真正接地气冒热气。重要的是，宣讲主客体的双向互动，可以产出更多更有用的附加值和溢出效应。晋中“三百”主题宣讲在互动化的探索上，形成了具有鲜明特色的生动实践。

本课题组成员，分别承担着全市党史学习教育办公室宣传宣讲组和资料组的工作职责，尤其是宣传宣讲组的人员，作为一线“操盘手”，直接从事“三百”主题宣讲的组织协调工作，亲自参与了众多宣讲活动的现场组织事宜，对宣讲互动化，有着更为直接的现场体验和贴切感受。

——台上台下形成良性契合。在建党百年这样一个重大的历史节点，晋中开展“三百”主题宣讲，本身就是全市上下听党话、感党恩、跟党走的一次具体行动。无论是宣讲者，还是受众群体，都是发自内心对党的表白和赞颂。所以每一次宣讲，台上台下、场内场外、线上线下，心相连，语相通，来回互动十分踊跃。归纳梳理各地“三百”主题宣讲现场互动的做法经验，有如下几点。

一是主办者精于策划。凡事预则立。市委党史学习教育办在《“永远跟党走——百业百人讲百年”主题宣讲活动实施方案》中，对宣讲员安排互动环节提出具体要求，方便受众提问交流。对宣讲员培训也强调展开互动的必要性重要性，邀请专家进行互动示范演示。

二是宣讲者善于设置。参与“三百”主题宣讲的许多宣讲员，灵活把握宣讲节奏，留出互动时间，营造氛围，引导提问。有的还自发自带图书报刊、农技资料、邮票明信片等有意义纪念品，向参与互动的受众发放。如“三百”主题宣讲团成员、市集邮协会副会长王战友在经纬中学宣讲时，将党史专题邮集摆到了宣讲会场，同时向主动提问和回答正确的同学，赠送精美的党史专题首日封明信片，让同学们更加了解喜欢邮票，也充分激发了青少年爱党爱国爱社会主义的情感，更加坚定了青少年时刻听党话，永远跟党走的信念。

三是听讲者敢于发声。宣讲员只要用心用情感染启发引导受众，听讲者一定会踊跃发声，提升互动效果。榆次一中高1916班同学们在现场聆听抗美援朝上甘岭老英雄高晋文的故事后，不仅在现场与今年97岁高龄、73年党龄的一级革命伤残军人高老英雄亲切交流，还在宣讲活动结束后，专门赶到老英雄家里面，向他递上了一封有全班67名同学共同签名的致敬信，信中深情表达了新一代对老前辈的崇敬之情：“我们看过一些战争电影，也读过一些战争著作，却远比不上今天能与英雄面对面。只要您坐在那儿，就足够我们久久仰望。17岁的我们与97岁的您有这么一次相见，我们深感意义重大。这是一代人对一代人的守望与回眸，而我们被寄予厚望。身处和平年代，努力掌握科学文化知识就是我们的青春战场。接过你们手中的接力棒，无论在何种情况，我们都能用行动而不是口号落实‘我行’‘我能’‘我干’‘我上’的信条，冲在前列，挺拔坚强！”正如《人民日报》记者评述所称道，这封落款有67人共同签名的书信，代表着一个班级、一代青年崇尚英雄、热学党史的滚烫热情。

——场内场外形成密切配合。“三百”宣讲的现场，可以是一场回望百年征程，感悟思想伟力，汲取奋进力量的精神盛宴，还可以是一个听取群众期盼，回应百姓关切，兴办实事好事的实践平台。全市致力于将宣讲成效不断转化为“我为群众办实事”的工作动能，定期不定期在组织较大规模的“三百”宣讲活动时，尤其是在深入边远乡村和街道社区时，都要进行针对性强的前期谋划，不仅安排理论宣讲，还有文艺演出、巡回义诊、农技咨询等群众需要的活动，深受基层群众的欢迎和点赞。如“三百”宣讲团成员、晋中市第一人民医院呼吸科副主任、主任医师程劲光，多次利用轮休时间走进社区、乡村等基层一线，既结合亲身抗疫经历，以《弘扬伟大抗疫精神，忠实护佑人民健康》为题作深情宣讲，走下讲台又与医院同事，立即为群众问诊看病。在老区和顺石拐村宣讲会场之外，程劲光等10余名专家为附近十里八村百余名患者进行了义诊服务。在市城区北关街道建东社区和锦东社区，有200余名居民享受了程劲光等25名医护人员送上门的“宣讲+义诊”暖心服务。“理论宣讲接地气，义诊服务暖人心。今天来的专家这么多，不用坐车去医院，不用排队挂号，这个便民服务太暖心了，希望以后多多组织。”这是太行社区68岁李建国听到有宣讲和义诊的消息，远远赶来后说出的真切感受。截至目前，这样有理论高度有亲民温度的宣讲活动，全市已举办20余场次。

——线下线上形成有益融合。进入新时代，社会诸多业态基于线下线上的融合互联，已成为不可阻挡的时代潮流。即使是高端前沿、政治性极强的理论宣讲，也概莫能外。特别是在疫情防控常态化的背景下，线上“屏对屏”优势更为突出。为此，晋中“三百”宣讲在着力抓好抓实现场宣讲的同时，线上线下互动，长视频短视频结合，不失时机加强对线上的推送力度，充分利用各类融媒体、公众号等线上平台，特别是注重在“学习强国”山西学习平台、山西干部在线学院、“三晋先锋”App、乡村大喇叭等影响力较大的平台，大量推送“三百”宣讲视频，仅在“学习强国”山西学习平台，就已推送《石拐会议的影响和意义》《丰功伟绩忆当年不忘初心信念坚》等20余个“三百”宣讲专题视频。同时，坚持定期推荐宣讲视频进机关、进校园、进企业、进农村、进社区、进景区、进老区、进军营“九进”，覆盖会议室、演播厅，广场、公交车、景区、网络云端全领域，实现多维送讲，确保处处有人讲、随时随地听。如祁县拍摄的多个“三百”宣讲视频，每天定时在县城人流量最大的玻璃公园的大屏幕滚动播出，效果明显，反响良好。目前，全市已制作“三百”宣讲专题视频80余个下发并推送。“面对面”与“屏对屏”宣讲的相融互促，让晋中“永远跟党走——百业百人讲百年”主题宣讲活动，更加沁人心扉，走深走实。

以课题组成员发表于《晋中论坛》2021年第5期

对深化晋商文化创新发展的几点思考

习近平总书记指出："中华优秀传统文化是我们最深厚的文化软实力，也是中国特色社会主义根植的文化沃土。"习近平总书记五年内三次莅晋考察指导，都高度重视保护历史文化遗产，弘扬中华优秀传统文化。2017年6月视察调研山西时高度评价晋商精神："山西自古就有重商文化传统，形成了诚实守信、开拓进取、和衷共济、务实经营、经世济民的'晋商精神'。"2020年5月视察调研山西时强调："要继承晋商精神，融入共建'一带一路'，健全对外开放体制机制，构建内陆地区对外开放新高地。"2022年1月27日，习近平总书记在山西考察调研，走进平遥日昇昌票号博物馆，了解晋商文化和晋商精神的孕育、发展等情况，进一步强调："要坚定文化自信，深入挖掘晋商文化内涵，更好弘扬中华优秀传统文化，更好服务经济社会发展和人民高品质生活。"习近平总书记这些一系列重要论述重要指示，是新时代传承弘扬和创新发展晋商文化、晋商精神的根本遵循和行动指南。当前及今后很长一段时期，牢记领袖嘱托，深入挖掘晋商文化及晋商精神内涵，更好服务经济社会发展和人民高品质生活，必将成为一个必须回答好完成好的重大课题。

一、深刻理解晋商文化创造性转化、创新性发展的时代价值

文化是一个国家、一个民族的灵魂。晋商文化作为中华优秀传统文化的重要组成部分，新的时代环境、新的历史使命对如何挖掘好、弘扬好、利用好晋商文化和晋商精神的价值内涵，进一步激发其生机与活力，更好地服务经济社会发展和人民高品质生活，提出了全新要求。迫切需要晋商文化和晋商精神回答好创造性转化、创新性发展这篇大文章，推动晋商文化、晋商精神传承弘扬和创新发展，取得新的成效。

一方面，我们要准确理解晋商文化创新发展的价值内涵。晋商文化历经半个多世纪传承积淀，又在不断推陈出新中赓续绵延，是晋中和山西独特的精神标识，是三晋儿女共有的丰厚滋养和精神家园。努力将传承弘扬与创新发展相融互促，相得益彰，是推动晋商文化创新发展的必由之路，也是需要我们与时俱进的时代课题。我们一定要动员各种力量和资源，把晋商文化的内涵加以补充、拓展和完善，增强

其现实影响力和时代感召力，为加快建设全省全方位推动高质量发展先行区和新时代文化强市，提供精神动力。

另一方面，我们要正确把握晋商文化创新发展的实践要求。始终牢记领袖嘱托，把深厚晋商文化跨越时空凝结的思想理念、价值标准、家国情怀、创业守则等人文精神，有效转化为干事创业的精神追求和行为习惯。同时，还要注重对晋商文化进行生动阐释和广泛普及，高度重视网络传播等多样化现代表达方式，综合运用图书报刊、影视戏剧、电视电台和新媒体等各类载体和手段，更加注重把晋商文化的经典性元素和标志性符号应用于城市雕塑、广场园林等公共空间，充分彰显晋商文化的独特魅力。在企业管理经营中，要大力弘扬利用晋商独有的“劳资共创”“激励兼容”的制度文化成果，促进现代企业做大做强。

总之，着眼于深入挖掘晋商文化、晋商精神这座动能持久、蕴藏深厚的精神富矿，我们要进一步营造人人知晓、弘扬、保护晋商文化的浓厚氛围，推动晋商文化在建设“先行区”的具体实践中、在建设新时代文化强市的历史进程中，“活”起来、火起来。

二、晋商文化、晋商精神创新发展现状与挑战

进入新世纪，晋中在晋商文化、晋商精神的挖掘利用上做了不少工作，包括晋商文化的品牌打造、宣传推介、文旅融合等，产生了广泛影响并取得重大效应，持续推动了晋中旅游文化产业的发展。文化旅游业作为晋中第三产业乃至晋中经济社会发展的支撑产业、全市转型发展的重要支柱产业，在晋中加快建设全省全方位推动高质量发展先行区中的作用无可替代。

做好晋商文化、晋商精神研究，使之“润物细无声”地融入经济、政治、社会之中，真正成为经济发展的“助推器”、政治文明的“导航灯”、社会和谐的“黏合剂”，无疑有着巨大的促进作用。但就目前看，晋中在做好晋商文化及晋商精神的深度挖掘、有效传承、实践利用等方面，存在顶层设计不够完善、挖掘研究不够深入、专注度不够集中、实际利用率不高等诸多短板和差距，具体表现在以下方面：

一是组织松散。从整体看，全市开展晋商文化研究的组织，呈现官弱民强状态。如2000年在晋中市史志研究院挂牌的晋中市晋商文化研究院，2012年机构改革后撤销。平川一些县（区）的晋商文化研究所、研究会，由于种种因素困扰，官方举办的大多数处于名存实亡状态。民间不少喜好晋商文化研究的专家学者，则呈现“碎片化”的各自为政，远没有形成有组织有合作的“拳头”和团队。

二是人员断层。当前，晋中晋商文化研究力量非常薄弱，人才梯队建设青黄不

接，后继乏人，喜欢涉猎晋商文化研究的中青年寥寥无几，即使有几个爱好者，也是兼职捎带。目前，支撑晋中晋商文化研究领域的主要还是一批有家国情怀的老学者，如范浩里、常忠武、赵永平等老前辈，他们尽管年老体弱，但仍竭尽全力，推动晋商文化研究，成就斐然，可敬可佩。但这种全市性晋商文化研究后继乏人、传承乏力的现状与困扰，确实需要引起市委、市政府的高度重视。

三是成果缺乏。当前，晋商文化研究领域的各类成果，主要还是由省内山西大学、山西财经大学、太原师范学院等高等院校的一些专家教授推出和贡献。就晋中而言，一是专业性的展示平台几乎看不到，没有专门的研究刊物；二是近年来，晋商文化研究动静不大，存在表层化倾向，在全国有影响力的高质量研究成果不多；三是即使有几项成果，也在实践应用上存在推介不力、操作缺位、向生产力转化非常困难等问题。

四是经费不足。晋商文化研究成果的正式出版，十分困难。近年来，许多研究成果的出版基本上是由作者自筹经费完成的，这种单纯依赖晋商研究专家的热情激情，来推动晋商文化研究的局面，不是长久做事。应该引起有关部门重视，尽快改观。

五是融入有限。就晋中而言，从做好晋商前辈经营理念、人文精神的传承利用这个角度观察，我们的晋商文化研究利用，仍然停留在与经济社会发展、文明城市创建、企业经营发展平行的“两张皮”状态，没有将晋商文化和晋商精神的精髓理念与晋中社会经济发展紧密结合、深度嵌入，没有真正形成社会共识及自觉行动。反而形成“墙里开花墙外香”的现象，如晋商股权激励的身股制，被华为有效运用，华为全球15万员工中，有三分之二近10万员工持有股权，这种来自晋商老祖宗的经营机制，有力增强了华为的凝聚力与执行力。

三、推动晋商文化、晋商精神创新发展的建议

站在新征程新起点，全面贯彻落实习近平总书记考察调研山西重要指示精神，聚焦高站位目标和“先行区”要求，聚力于落实落细落地，生根开花结果。立足于尽快解决我们在晋商文化及晋商精神研究、传承、利用上面临的各种问题，提出“五个一”实质性举措建议。

1.筹建成立一个市级晋商文化研究中心或研究院。组织和聘请省内外高校、科研院所的专家学者，包括民间有重要成果、重要影响的土专家，深入开展晋商文化专门研究探索。

2.创办一本《晋中晋商文化研究》杂志。可确定相关部门或委托社会力量承办，

定期出版发行，集中展示晋商文化研究与实践应用成果。同时，建议以市级层面编辑出版《晋商文化系列丛书》及《晋商精神解读》等图书资料。

3.设立举办一个中国平遥古城收藏文化周活动。利用平遥古城影响力，建议在2022年七八月，利用平遥国际摄影大展既有场地，由平遥县政府和市县文旅部门主办引导，组织省市收藏家协会等社会力量承办一个以展示、交流文物收藏品的全国性收藏文化周活动。如效果良好，可连续每年举办。

4.申报发行一套《平遥古城》特种邮票。截至目前，平遥古城是国内为数极少仍未发行邮票的世界文化遗产。建议以2023年纪念中国银行业的“开山鼻祖”日昇昌票号创办200周年为契机，开展纪念日昇昌票号创办200周年系列活动。重点之一是在2023年日昇昌票号创办200周年之际，向国家邮政局申报发行《平遥古城》特种邮票。以登上“国家名片”的精彩亮相，来持续提升平遥古城的影响力和知名度。

5.开展一项永久性取消平遥古城旅游门票可行性研究。建议市县有关部门借鉴杭州西湖取消旅游门票经验模式，联合开展永久性取消平遥古城旅游门票可行性研究，提升平遥古城美誉度和影响力，不断巩固平遥古城在山西文旅融合发展上的龙头地位，实现平遥乃至晋中文旅融合高质量发展和可持续发展。

以课题组成员发表于《晋中日报》2022年5月27日第3版理论版

新征程必须加快推进农业农村现代化

——以晋中实践为例

党的二十大报告科学谋划了未来5年乃至更长时期党和国家事业发展的大政方针、目标任务，清晰擘画了以中国式现代化全面推进中华民族伟大复兴的宏伟蓝图；明确提出全面推进乡村振兴，加快建设农业强国，建设宜居宜业和美乡村。到2035年，农村基本具备现代生活条件，基本实现农业现代化。可以说，加快推进农业农村现代化就是中国式现代化的题中应有之义，也是中国式现代化的重要基础。新时代新征程上，晋中将沿着党的二十大报告指明的前进方向，加快建设农业强市，加快推进农业农村现代化，全面推进乡村振兴。

一、新时代十年伟大变革为加快推进农业农村现代化奠定了坚实基础

回望新时代非凡十年，我们创造了经济快速发展和社会长期稳定两大奇迹，推进中国式现代化具备了更为坚实的物质基础、更为完善的制度保证。我们打赢了人类历史上规模最大的脱贫攻坚战，历史性地解决了绝对贫困问题，为加快建设农业强国、加快推进农业农村现代化、全面推进乡村振兴奠定了雄厚的物质基础、实践基础、制度基础和社会基础，增强了中国奋力推进农业农村现代化的志气、骨气、底气。

思想上有旗帜指引、领袖掌舵。“从中华民族伟大复兴战略全局看，民族要复兴，乡村必振兴。”“要坚持农业现代化和农村现代化一体设计、一并推进，实现农业大国向农业强国跨越。”习近平总书记的这些精辟论述，是新时代党的农村工作基本经验的集大成，特别是习近平总书记五年三次考察调研山西重要讲话重要指示精神，为晋中及山西全面做好新时代“三农”工作、加快推进农业农村现代化提供了根本遵循。晋中全面推进乡村振兴，着力用好“国家农高区”这一“金字招牌”，强化示范引领，以有机旱作农业为主题，以“特”“优”农业产业为主导，全力巩固拓展脱贫攻坚成果，全面推进乡村振兴，坚定不移加快建设农业强市。

物质上有丰饶物产、厚实家底。党的二十大报告指出，“十年来，我国经济实力实现历史性跃升”“谷物总产量稳居世界首位，十四亿多人的粮食安全、能源安全得到有效保障。”体现在晋中农业上，粮食年产量稳定在15亿公斤以上，蔬菜、水果、肉蛋奶总产稳居全省前列，确保了晋中人的口粮绝对安全和稳产保供。体现在晋中农村上，聚焦农村集体经济经营性收入、支部领办合作社“两个破零”目标，兴产业、上项目、壮实体，全面筑牢集体经济产业基础，全市1942个行政村全部成立集体经济组织，1218个村党组织率先成立合作社或公司，带动村级集体增收1.5亿元，村年均增收18.5万元，65%的行政村经营性收入达10万元，1774个村完成“清化收”，化解债务15.7亿元。体现在晋中农民上，全市农民可支配收入由2012年的8032元增加到2022年的18308元，增长率达到128%。

精神上更加自信自强、活力迸发。经过各种风浪的挑战与考验，奋战在“三农”战线的基层党员干部政治品质和团结精神、斗争本领得到不断锤炼，干事创业的能力得到显著提升。例如，十年来晋中市广大基层群众持续创造性开展农村精神文明建设，深入推进农村移风易俗，有效发挥村规民约、家教家风作用，厚植良好家风、文明乡风、淳朴民风，精神面貌更加积极向上，勤劳致富的内生发展动力进一步激发。

二、加快推进农业农村现代化面临的困难与挑战

党的十八大以来，习近平总书记在各种场合多次强调，世界百年未有之大变局加速演进，世界之变、时代之变、历史之变正以前所未有的方式展开，这是改革开放以来从未遇到过的，给我国的现代化建设，包括农业农村现代化建设提出了一系列新课题新挑战，直接考验我们的斗争勇气、战略能力、应对水平。党的二十大报告指出，全面建设社会主义现代化国家，最艰巨最繁重的任务仍然在农村。这个判断和定位非常客观和准确。考量“三农”领域，我们需要清醒地认识到，与新型工业化、信息化、城镇化相比，农业农村现代化还存在明显短板与弱项，还面临诸多困难与挑战，亟待针对性地加以解决。

1.“地”的挑战。耕地是粮食之母，“粮食安全是‘国之大者’”。耕地安全是粮食安全的基本前提。随着城市建设用地需求越来越大，我们守住十八亿亩耕地红线的压力也越来越大。加之，当前我国耕地后备资源严重匮乏，人均水资源占有量少、空间分布不均匀，人均耕地面积仅有1.43亩，高质量耕地、高标准农田较少，人增地减水紧的趋势难以根本扭转。而且，随着农村“50后”“60后”种地人的老化和退出，社会上有“50后”“60后”种不动、“70后”不愿种、“80后”不会种、“90后”根本

不谈种的说法，很有道理。将来“谁来种地、地怎么种”，新农人如何接班，也是一个非常紧迫的现实难题。

2.“种”的挑战。一粒种子的优劣决定粮食安全与否，种子和耕地始终是农业生产的两个要害问题。目前，种业安全已成为粮食安全的重要保障。中国是个种业大国，但不是种业强国。核心种源、优种培育、育种产业化等领域，与世界先进水平差距不小。比如，我们的大豆和玉米的单产与国际先进水平相比仍有较大差距。同时，部分畜禽种源仍然依赖进口。

3.“技”的挑战。我国属于农业大国，而非农业强国，最明显的短板，就是生产技术、生产装备的滞后落后。农业机械化、设施化、智能化还没有全覆盖。许多山区乡村还是传统耕种和传统管收，没有完全摆脱“人拉肩扛”和“凭经验种管”的老旧生产方式。

4.“收”的挑战。农民增收是党中央和全社会最关注的问题，特别是在世纪疫情复杂多变的背景下，如何巩固拓展脱贫攻坚成果，确保不发生规模性返贫；如何促进近3亿农民工稳定就业、稳定增收，都遇到了不少急难愁盼问题，需要我们下更大功夫加以破解。

5.“村”的挑战。党的十八大以来，我们全面推进脱贫攻坚，全面建成小康社会，农业农村面貌为之焕然一新，然而，我们也应清醒地看到，在农村道路、供水、清洁能源、数字乡村等基础设施的改善更新、人居环境的绿化美化亮化、城乡基本公共服务均等化、基本具备现代生活条件等新老课题上，投入欠账及薄弱环节依然很多。

三、以党的二十大精神为引领加快建设农业强市进程

蓝图已绘就，奋进正当时。深入学习贯彻党的二十大精神，要加强党对农业农村现代化建设的全面领导，科学把握农业农村现代化的基本规律和基本要求，坚定历史自信、增强历史主动、勇担历史使命。晋中将准确把握并坚决贯彻党的二十大报告提出的“建设农业强国”的重大使命和“中国人的饭碗牢牢端在自己手中”的实践要求，围绕加快建设全省全方位推动高质量发展先行区目标任务和“1221”战略部署，坚持农业农村优先发展，加快建设农业强市，着力强化晋中国家农高区示范引领，在推进农业农村现代化中打造晋中样板，努力绘就农业高质高效、乡村宜居宜业、农民富裕富足的壮美画卷，不断引深加快建设农业强市和加快推进农业农村现代化的晋中实践，为加快建设全省高质量发展先行区提供有力支撑。

一是牢牢守住耕地红线，确保供给安全。耕地是粮食生产的“命根子”，是中华

民族永续发展的根基，必须站在政治、全局、战略的高度，全方位夯实粮食安全根基。晋中将一以贯之地把稳产保供作为“三农”工作的头等大事和底线任务，加大高标准农田及水浇地建设力度，全面稳定粮食面积和产量，全面稳定耕地数量和质量，确保藏粮于地、藏粮于技，打好粮食丰收硬仗，确保粮食稳产增产；优化调整蔬菜种植、畜牧养殖结构，推动增产增量、扩规提质，稳定“菜篮子”供给；严格储备购销监管；等等，为国家粮食安全贡献晋中力量。

二是实施种业振兴行动，提升科技含量。实现农业现代化，种子是基础。习近平总书记强调，只有攥紧中国种子，才能端稳中国饭碗。晋中将把推进种业振兴作为稳产保供的重要前提，扎实推进种质资源保护利用、种业创新攻关、种业企业扶优、种业基地提升、种业市场净化五大行动，加强规划布局，繁育推广，加快科技创新及成果转化，加大良种推广力度，加强企业支撑，争当全省打好种业翻身仗、建设特色种业强省的排头兵。

三是拓宽农民增收渠道，激发内生动力。增加农民收入事关农业农村现代化进程，一定程度上决定着农业农村现代化的成色与成败。晋中将通过发展乡村特色产业，延伸农业产业链、价值链，促进一、二、三产业有机融合，拓宽农民增收致富渠道。比如，我们帮扶的和顺县松烟镇大发沟村位于晋冀交界东岭山南段山脚下，将设想利用该村毗邻邢台爱情山文化4A景区和松烟镇走马槽、夫子岭景区的区位优势，植被丰厚、森林覆盖率高的绿色优势，深度挖掘曾属抗战时期八路军一二九师毛织厂驻地的红色资源，争取上级支持，积极寻求与邢台景区合作开发，把大发沟列入和顺鹊桥文化旅游区规划范围，发展文旅康养产业，推动南天池至夫子岭旅游专用公路或旅游步道等早日立项。继续通过农业生产规模化、现代化，带动一批科技含量高的农业龙头企业、农民合作社、专业大户、农创客、家庭农场等新型农业经营主体落地见效，有效提高农民收入。完善基础设施和公共服务，增强脱贫地区和脱贫群众内生发展动力，进一步激发其投身推进农业农村现代化伟大实践的主动性和创造性。

四是强化农科两个支撑，发挥示范引领。强化农业科技和装备支撑，是党的二十大对加快建设农业强国的重要部署。晋中市委、市政府提出构建现代农业产业发展矩阵，核心是以园区承载、企业立柱、项目支撑、产品压舱，做强农业现代化产业园区引擎，做大农业产业发展集群，做亮农业特优品牌。把晋中国家农高区作为示范标杆，加快引育农业高端企业，加速推进重点项目建设，加紧开展农业科技攻关，着力建设智慧农业、智慧农场，积极推动物联网、5G等数字化转型在农业农村的应用推广，努力打造全国健康食品和功能农业综合示范区、科技产业孵化示范区、特色农产品优势区、农产品加工物流集散区。

五是建设宜居宜业和美乡村，实现美丽愿景。党的二十大报告提出统筹乡村基础设施和公共服务布局，建设宜居宜业和美乡村的新要求，彰显了我们党对乡村建设和农业农村现代化发展规律的深刻把握，反映了亿万农民对建设美丽家园、过上美好生活、向往现代生活的愿景与期盼。晋中将全力落实乡村振兴为农民而兴、乡村建设为农民而建的要求，坚持自下而上、村民自治、农民参与，因地制宜、有力有序推进乡村建设。以乡村规划引领乡村建设，突出人居环境整治提升、基础设施改造升级、灾后恢复重建工程。把基层治理网格化作为大文章，推动基层服务群众精准化、社会治理精细化；把文化立村塑魂作为重头戏，推动实现农民精神生活共同富裕，既要物质富足，更要精神富有；把维护农村稳定作为硬保障，健全完善体系，高效能做好乡村治理，让美丽乡村有“里”更有“面”，充分展示新时代新征程加快推进农业农村现代化的质量与成色。

与刘够安、侯冬英合写发表于《晋中理论动态》2022 年第 6 期，2022 年 12 月 4 日发布于“学习强国”山西学习平台“中心组学习体悟”专栏

■ 关于加快和顺松烟“太行山断裂带”文旅融合发展的调研报告

按照市委讲师团主题教育总体安排，现将调研组承领课题调研成果汇报如下。

一、背景

历史背景：忆往昔，苍天造宝地。晋中太行山断裂带从昔阳刀把口经和顺松烟至左权麻田一带，绵延起伏100公里。其中和顺段称之为东岭山，悬崖峭壁，山势险峻，森林茂密，为河北邢台市与本县界山，经青城、松烟两镇延向左权，全长37公里，海拔1786—1971米。这一段自古为晋冀关隘，设黄榆岭关、夫子岭关等4个关口，号称山西“东大门”。尤其是当地年均气温6.3℃，形成了独特的夏季凉爽气候。清代一位和顺县令曾生动地描述了和顺的气候特点是：“春寒如冬，夏无盛暑，初秋陨霜，将冬霏雪”，确属天然的消夏避暑胜地。如今，在受厄尔尼诺影响全球气温变暖的大背景下，面对华北平原和中原地带人们对纳凉避暑需求日益旺盛的新商机，晋中东山太行山断裂带沿线的凉爽气候，加之远久的牛郎织女传说和七夕文化、独特的山间草甸风光、优美的生态环境，成为养生休闲的理想境地，这也使得和顺太行山断裂带的含金量、含绿量显得弥足珍贵。

立题背景：看今朝，避暑找和顺。2023年夏季，我国气温达到历史次高。华北平原酷热难耐，位于太行山断裂带核心地段的和顺松烟镇走马槽景区人流如织，车流似龙，游客在太行怀抱的山间草甸与自然相叙，同身心对谈，深刻感受独特的生态康养之旅。短短时间，景区游客创纪录超过2万余人次。临近的牛郎织女传说发源地南天池村70天暑期靠民宿加烧烤，村民净收入20余万元。同处这条太行山断裂带沿线的夫子岭村及大发沟村，八方游客也是络绎不绝。火热的旅游盛景，尽管比较短暂，带给我们的启示却是深刻而长远的：和顺松烟康养特色镇集聚区，尤其是区域核心太行山断裂带这条黄金旅游带，作为“夏养山西东山区”的一个品牌，养在深闺已被识，亟待驰名天下知。

政策背景：望未来，康养招财源。当前，晋中市委五届六次全会借机发势，精心谋划，在旅游业发生生态体系性改变，处于高质量发展的战略转折点，由“康养+旅游”催生的一系列新业态，成为新时期经济突破发展的新风口，致力将晋中得天独厚的历史文化资源和风光山色转化成高质量发展的产业优势和发展盛事，谋划“打造康养山西平川带和夏养山西东山区”文旅融合发展美好蓝图。和顺县委十七届八次全会也明确提出，要围绕在国际知名文化旅游目的地建设中发挥更大作用走在前，加快文旅康养产业融合发展。要充分发挥和顺生态和“牛郎织女文化之乡”品牌优势，着力打造以太行山断裂带风光为主的东线旅游。要着力开发一批特色旅游产品、打造一批生态旅游民宿、培育一批露营基地。开发更多特色文旅产品，促进文旅深度融合、相得益彰，不断提升“清凉和顺”“康养和顺”知名度、美誉度。市县这些重大决策，无疑都是顺应时代潮流、呼应游客期盼的科学判断和明智之举，也必将塑造有特质有影响的和顺文旅康养品牌新优势，为建设“幸福和顺”宏伟目标，在加快转型发展中干在实处走在前列，奋力谱写中国式现代化和顺篇章增光添彩。

二、现状

本课题重点围绕和顺县松烟镇太行山断裂带沿线南天池、走马槽（现属北岭头村自然村）、大发沟和夫子岭四村文旅融合发展情况展开实地调研及深入思考。

共同特征：同处太行山断裂带上的四村，一是地缘相连。四个村庄均属太行山和华北平原的断层地带、晋冀的分水岭，都坐落于一个经度的太行山断裂带断崖之上，年均气温均为7℃左右，无霜期均为120天左右，夏季都凉爽宜人，特殊的地理位置决定了四村是发展夏季文旅康养的首选之地。二是人文相通。四村均属根脉悠久的古村落，仅读读每一个富含个性和典故的村名背后，就蕴含着一个个美丽传说与历史故事，且民风淳朴，村容村貌整洁，来往较多。三是发展相近。四村产业均以种植玉米和养殖牛羊为主，结构传统又单一，且同步实现脱贫奔小康，同步进入巩固拓展脱贫攻坚成果衔接乡村振兴五年过渡期，全面推进乡村产业、人才、文化、生态、组织“五个振兴”迫在眉睫。四是愿景相似。都有依托优势，加快发展文旅康养产业的强烈愿望。

差异之处：一是知名度有差异。南天池村是国家级非物质文化遗产“牛郎织女传说”发源地，拥有响当当的国字号“金字招牌”，还是山西省3A级乡村旅游示范村；夫子岭村因传闻孔夫子周游列国，井台问路且小驻而得名，其独特的夫子岭弦腔为山西省非物质文化遗产；走马槽相传是因唐朝末年黄巢发动起义曾在这一带安营扎寨、操练兵马而得名；大发沟在抗战时期曾是八路军一二九师毛织厂所在地，刘伯承、邓小平、徐向前等将领曾驻扎该村，红色底蕴深厚，但挖掘不够，宣介不力，文旅知名度相对不高。二是人数有差异。夫子岭村有590人，走马槽村仅有103人，其余两村均为240人左右。三是实力有差异。2022年，夫子岭、南天池、大发沟村集体经济总收入分别为30万元、30.4万元、31.04万元，走马槽村则为13.8万元。2022年，脱贫户人均收入最高的是南天池村，达到15331元，最少的大发沟村是13002元。值得引起关注的是，除南天池有少量旅游收入和夫子岭与邢台景区合作有少量租金上缴集体外，各村的集体收入几乎百分之百为上级补助和光伏收益分配。切实破解发展壮大集体经济难题，成为发展文旅康养产业的基本条件。

三、短板

结合调研主题，就这四个村文旅康养融合产业发展而言，尽管具备独特的资源优势，但其短板和不足也显而易见。

一是关注不够。长期以来，由于高山阻隔，交通不畅，投入有限，加之旅游捆绑煤炭开发路径的选择失当，以及对文旅康养重要性的认知不足等多重因素困扰，整体上并没有达到呈规模化发展，形成崛起之势。例如，在高铁飞速发展的当下，和顺还在为何日开通普铁客运而奔走呼吁。穿越太行山断裂带的和顺至邢台铁路，看似早已完工，不知何故却历经数载仍未投运。相比较享誉海内外的平川晋商大院，太行山断裂带文旅康养产业，尽管从政府到民间，经常性有所动作，投入了一些资金和项目，策划了一些诸如牛郎织女文化节、许村国际艺术节等活动，但总显底气不足，始终徘徊在起步状态，大规模高品位开发尚待时日。

二是规划不明。实事求是讲，在太行山断裂带的开发规划蓝图上，不少有为部门有识之士，从宏观上思路上是做了一定努力和尝试的，但更为详尽清晰可操作的“路线图”“施工表”，并未出炉和付诸行动。虽有南天池招商引资4050万兴建云端之上森林康养基地综合设施，还实施投资907.8万元的省级乡村振兴旅游示范村建设项目，但仅是一花独放，影响不大，其余村并没有跟进。偶有零星投入，仍处于自生自发的初级状态，尚没有形成以点连线、以线扩面的理想格局。

三是实力不足。断裂带下面的河北邢台与和顺山水相连，打得太行牌，用的和顺水，望的山上景，把文旅康养产业做得风生水起，蒸蒸日上。而和顺之所以处于目前状况，关键一条，就是自身艰巨的脱贫攻坚刚刚完成，从上至下，无论精力、财力、注意力都难以做到全力以赴。

四是要素不全。在实地调研中，以下现象随处可见：由于住宿床位、餐饮服务、停车场位和公共卫生间等硬件的缺位，导致接待能力十分有限，吃喝拉撒难以满足需求，游客汽车在路边随意停放、垃圾废物随处乱丢，配套设施与文旅资源不成正比，硬件不硬已成共性难题。同样，从不少游客口中得知，客源绝大多数来自山下河北，且多是口口相传，慕名而来。而来自更远一些的京津和中原一带游客则寥寥无几。说明太行山断裂带文旅康养的宣介力度，还不高不广不强，软件尚软亦是客观存在。调研中发现的问题还包括：

1.和顺县松烟镇“太行山断裂带”南天池村至夫子岭村这条黄金旅游带，旅游康养基础设施非常欠缺，突出问题和明显短板是旅游道路无法打通，其关键症结就在于修路需经过河北邢台市白岸乡地界，受到各种因素制约。当前，市县层面无法沟通协调，亟须省级层面牵头与河北省协商解决！

2.目前，和顺松烟镇“太行山断裂带”只有南天池村有省市县文旅康养产业项目在实施，而其他走马槽村、大发沟村和夫子岭村，没有任何项目，需市县统筹谋划，多点布局旅游公路、旅游步道、农家乐、康养设施等项目，尽快形成晋中东部文旅康养产业新品牌和新的旅游目的地。

3.和顺县松烟镇“太行山断裂带”文旅康养产业宣传推介力度不大，需省市县共同发力，全方位多层次开展营销活动，吸引更多京津冀和中原地区游客，走进和顺，享受清凉胜境和感受民俗文化滋润。

四、对策

通过对和顺县松烟镇南天池等村庄文旅康养产业的专程调研，我们认为晋中和顺太行山断裂带文旅康养融合发展的总体思路可定位为：以太行精神为魂，以打造康养和顺、夏养和顺品牌为战略，以展示太行山断裂带特景为抓手，以和顺沿线断裂带为支撑，以和顺松烟断裂带为龙头，突出“山”的开发利用，山顶山麓共协调齐发力，持续开创和顺文旅康养产业融合发展新境界。

1.坚持顶层一体设计，多方同步联动。

文旅融合与康养产业配置，是一项全新的系统工程，涉及文旅康养资源、区域、客源、服务等多重要素和环节。从文旅康养高质量发展的高标准考虑，必须以市级层面开展规划设计，甚至需要省级层面协调推进。就开发太行山断裂带文旅康养资源而言，谋划景区、道路等设施新建，水资源开发利用，不仅涉及区域内各县各层级的统筹布局，而且必然涉及与邻省邻市的协调合作。建议从市级层面确立开发太行山断裂带文旅康养资源的政策引导、规划编制、协调机制、领导机构、实施方案，全力创建文旅康养产业融合集聚区，在可预见的时间内，实现明显突破，用心深耕“康养和顺·夏养和顺”特色品牌，加快把文旅康养产业打造成和顺乃至晋中全市的战略性支柱产业和民生幸福产业。

2.开门借鉴先进经验，敢于先行先试。

回头看近年来晋中文旅融合发展历程，限于种种因素制约，蓝图挂在墙上多，转化、实化还显不够。如今，我们必须以走在前列的雄心，干在实处的笃心，向文旅康养产业大融合的目标奋进。要树牢“领先率先争先”意识，增强“勇争一流、不甘示弱”的志气决心，在全国全省文旅康养产业体系的坐标系中找准标杆，论证确定几项对标赶超的重点工作，制定可量化可执行可评估的具体方案，切实办成一些看得见落到地的实事大事，有所作为有所成就。确保每年都能实现新突破，形成以点带面、连点成线、以面带全的良好态势。一是“走出去”取真经。转型发展征程上，成功的捷径是向成功者看齐学习。要借鉴晋城市构建覆盖全季节、全龄化、全康养需求产业供给体系的发展理念，以及河北邢台市以全面推进医养结合为手段，以健康养老、旅游休闲、中医药、生态农业与健康食品、体育健康为发展重点领域，构建智慧康养产业体系和“一核统领、三带隆起、多点支撑”的康养产业空间格局的做法经验。要积极引进吸收先进做法和典型经验，结合晋中实际进行再探索再创新，拉高标杆，确保每年打造2—3项在全国全省有影响力的亮点工作，切实以文旅康养产业“干在实处”为全市转型发展“走在前列”助力赋能。二是“请进来”引真金。文旅康养产业注定是一项投资大、周期长、见效慢的浩大工程，仅靠自身投入如杯水车薪，有心无力。我们要加大对外招商引资力度，充分用足用好省市专业镇政策红利，尤其是聚力抓好特色康养文旅专业镇建设，重点打造和顺松烟康养特色镇集聚区文旅品牌，创新“文旅+”“康养+”开发经营模式，大力培育太行断裂带周边乡村康养机构、旅游服务、精品民宿等市场主体，致力开发集“避暑、中医药、乡村、森林、研学、运动”于一体的康养新品牌。同时，要注重把康养产业与产业转型、乡村振兴等统筹起来，推进牛郎织女爱情文化节、太行文旅康养体验季、许村国际艺术节等特色节庆活动提档升级，强化政策支持和工作联动，以文旅发展持续促进产业兴旺、带动群众增收、助力乡村振兴，以松烟康养特色镇建设，带动牵引文旅康养产业打造为和顺战略性支柱产业，持续擦亮打响“康养和顺·夏养和顺”品牌。近期，山顶四个村庄应统筹谋划，道路共通，设施共建，信息共享，特别是加快打通和顺境内太行山断裂带沿线旅游公路或旅游步道。加强协调，力促和邢铁路早日通车运行。远期规划沿晋冀省界修建昔阳长城岭至左权麻田太行旅游公路，将松烟镇乃至青城旅游交通项目列入全省太行一号公路规划大盘子，以“交通+文旅”支撑晋中东部太行山断裂带文旅康养产业跨越式发展。及早谋划联手创建太行山国家公园，共同构建文旅康养产业大格局。山下应主动寻求与邢台爱情山文化旅游景区联合开发，实现晋冀、和邢的文旅融合共进双赢。真正让晋中市域文旅康养产业实现高标准开发和高质量发展。

3.注重媒体宣传推介，打造知名品牌。

今年入夏以来太行断裂带网红打卡地火爆异常的重要推手，应归功于微信、快手、抖音、头条等网络媒介的密集宣介。文旅康养产业的形成发展，宣传推广尤为重要。在流量为王的新媒体时代，在巩固主流媒体主渠道宣传效果的同时，更要注重新媒体精准营销、精准推介，塑优和顺文旅康养融合品牌新形象。建议统一征集制作和顺松烟文旅康养宣传语和卡通形象，拍摄专题片，依托各类节庆、会展等活动，深度挖掘“太行山断裂带”上的精彩故事，生动讲好和顺故事，加快和顺特色文化走出去步伐，让省内外更好地了解和顺、读懂和顺。要扩大文旅康养宣传的整体效应和放大效应，强化营销策略，形成全方位、多层次、立体化、系统性的宣传推介矩阵，塑造有特质有影响的和顺文旅康养品牌新优势，为晋中加快转型发展和谱写中国式现代化晋中篇章助力赋能。

此文系2023年学习贯彻习近平新时代中国特色社会主义思想主题教育调研成果，与侯冬英、赵爱红合作完成发表于《晋中论坛》2023年第5期

附录一　历年来文章主要获奖情况

[1] 1996年3月，《对榆次市经济社会发展战略的思考》文章获山西省社科联1995年度全省“百部（篇）工程”优秀成果奖。

[2] 1997年6月，《在实践中解放思想》文章获山西省党员“学理论、学党章”征文二等奖。

[3] 2000年8月1日，《要以真情感人》文章在《光明日报》发表。同年10月，该文荣获全国“小鸭杯”思想政治工作大家谈征文三等奖。

[4] 2002年3月，《加快城镇化建设是全面建设小康社会的现实选择》文章获山西省社科联2001年度全省“百部（篇）工程”优秀成果二等奖。2003年12月，荣获晋中市第一届社会科学研究优秀成果一等奖。

[5] 2002年4月，《在〈辞海〉中遨游》文章获《晋中日报》首届新华杯“读书相伴人生”主题征文一等奖。2003年8月，该文编入上海辞书出版社出版《我与辞海》一书。

[6] 2002年5月，《加快小城镇建设步伐是全面建设小康社会的现实选择》文章获山西省社科联2001年度“百部（篇）工程”二等奖。并编入山西人民出版社出版《全面建设小康社会的理论与实践研究》一书。

[7] 2003年9月，独立承担山西省哲学社会科学“十五”规划2003年度课题《“大太原”经济圈中晋中的地位和作用探析》研究项目，2004年12月结项。

[8] 2006年5月，《加快晋中崛起的战略选择》文章，在重庆举办的全国党建刊物评选会上被评为全国党建刊物优秀文章二等奖。

[9] 2007年1月，《读长征之书，寻民族之魂》文章，获《晋中日报》和晋中公路

分局联合举办的《长征在我心中》主题征文一等奖。

[10] 2007年5月，《大太原经济圈中晋中的地位和作用探讨》文章荣获晋中市第二次社会科学研究优秀成果一等奖。

[11] 2008年2月，《是谁撬动了今日榆社的文化崛起》文章获山西省社科联2007年度“百部（篇）工程”三等奖。

[12] 2008年12月，《晋中推进特色城镇化的实践与思考》文章入选山西省纪念改革开放30周年理论研讨会交流，并被评为优秀论文。

[13] 2011年1月，以课题组成员参与撰写的《晋中八大文化品牌系列调研报告（4篇）》文章，荣获山西省第九届精神文明建设“五个一工程”优秀理论文章。2010年12月，该文曾获晋中市第三次社会科学研究优秀成果特等奖。山西省2009年度宣传调研优秀成果一等奖。

[14] 2013年12月，以课题组成员参与撰写的《挖掘红色资源 打造红色晋中》文章，荣获山西省第十届精神文明建设“五个一工程”优秀理论文章。2011年12月，该文曾获山西省委宣传部2011年度全省宣传思想文化优秀调研成果二等奖。

[15] 2017年3月，《实施创新驱动，推进精准扶贫——晋中市精准扶贫的实践与思考》文章，获山西省思想政治工作2016年度优秀研究成果一等奖。

[16] 2018年11月，以课题组成员撰写的《走向法治信仰、城乡一体和社会文明的必然抉择》调研报告，获山西省社科联2017年度“百部（篇）工程”三等奖。并获晋中市委宣传部2017年度优秀调研报告一等奖。

[17] 2019年1月，《赶上“头班车”，人生路好走》文章获晋中日报社“我与改革开放四十年”主题征文一等奖。

[18] 2023年11月，《深刻认识新时代基层理论宣讲的地位和作用》文章获晋中市第七次社会科学研究优秀成果优秀奖。

附 录 二　工作生活留影

第一篇：同窗之幸

1981年4月，榆次北田中学81届文科班毕业集体合影

1985年6月，山西大学经济系八一级毕业集体合影

2000年2月，榆次鸣谦小学同学同当年老师在鸣谦聚会集体合影

2000年9月，参加晋中市中青年学科带头人政治理论培训班结业集体合影

第二篇：一路同行

1988年10月，晋中地委讲师团部分人员集体合影

2001年9月，晋中市委讲师团全体人员欢送同事马学英考入山西省委宣传部集体合影

2009年9月24日，市委讲师团全体人员在晋中市体育馆参加唱响晋中——庆祝新中国成立60周年大型合唱比赛交响音乐会集体合影

2013年12月，市委讲师团全体人员庆祝建团30周年集体合影

2022年1月，市委讲师团在榆次老城北门瑞隆裕·同心书屋开展“学习强国”晋中学习平台线下推广活动

2022年2月17日，在市委南区会议中心参加“学习强国”晋中学习平台正式上线仪式嘉宾集体合影

2022年3月，市委讲师团在晋中百草坡森林植物园开展主题党日活动

2024年10月12日，市委讲师团在晋中百草坡森林植物园开展主题党日活动

第三篇：笔耕剪影

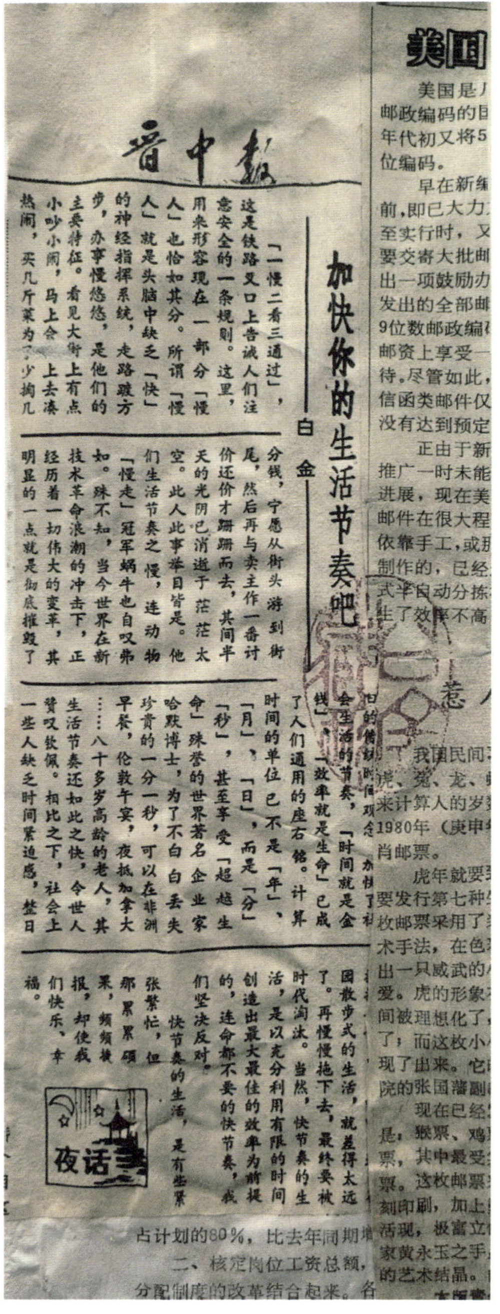

晋中报

加快你的生活节奏吧

白金

「一慢二看三通过」，这是铁路叉口上告诫人们注意安全的一条规则。这里，用来形容现在一部分「慢人」也恰如其分。所谓「慢人」就是头脑中缺乏「快」的神经指挥系统，走路踱方步，办事慢悠悠，是他们的主要特征。看见大街上有点小吵小闹，马上会上去凑热闹，买几斤菜为了少掏几分钱，宁愿从街头游到街尾，然后再与卖主作一番讨价还价才蹒跚而去，其间半天的光阴已消逝于茫茫太空。此人此事举目皆是。他们生活节奏之慢，连动物「慢走」冠军蜗牛也自叹弗如。殊不知，当今世界在新技术革命浪潮的冲击下，正经历着一切伟大的变革，其明显的一点就是彻底摧毁了旧的传统的时间观念，加快了社会生活的节奏，「时间就是金钱」，「效率就是生命」已成了人们通用的座右铭。计算时间的单位已不是「年」、「月」、「日」，而是「分」「秒」，甚至享受「超越生命」殊誉的世界著名企业家哈默博士，为了不白白丢失珍贵的一分一秒，可以在非洲早餐，伦敦午宴，夜抵加拿大……八十多岁高龄的老人，其生活节奏还如此之快，令世人赞叹钦佩。相比之下，社会上一些人缺乏时间紧迫感，整日国散步式的生活，就差得太远了。再慢慢拖下去，最终要被时代淘汰。当然，快节奏的生活，是以充分利用有限的时间创造出最大最佳的效率为前提的，连命都不要的快节奏，我们坚决反对。快节奏的生活，是有些紧张繁忙，但那累累硕果，频频捷报，却使我们快乐、幸福。

夜话

美国

美国是
邮政编码的
年代初又将5
位编码。
早在新编
前，即已大力
至实行时，又
要交寄大批邮
出一项鼓励办
发出的全部邮
9位数邮政编
邮资上享受一
待。尽管如此，
信函类邮件仅
没有达到预定
正由于新
推广一时未能
进展，现在美
邮件在很大程
依靠手工，或
制作的，已经
式半自动分拣
生了效率不高

惹人

我国民间
虎、兔、龙、
来计算人的岁
1980年（庚申
肖邮票。
虎年就要
要发行第七种
枚邮票采用了
术手法，在色
出一只威武的
爱。虎的形象
间被理想化了
了；而这枚小
现了出来。它
院的张国藩副
现在已经
是：猴票、鸡
票，其中最受
票。这枚邮票
刻印刷，加上
活现，极富立
家黄永玉之手
的艺术结晶。

占计划的80%，比去年同期增
二、核定岗位工资总额，
分配制度的改革结合起来。各

1986年，在《晋中报》发表的短文

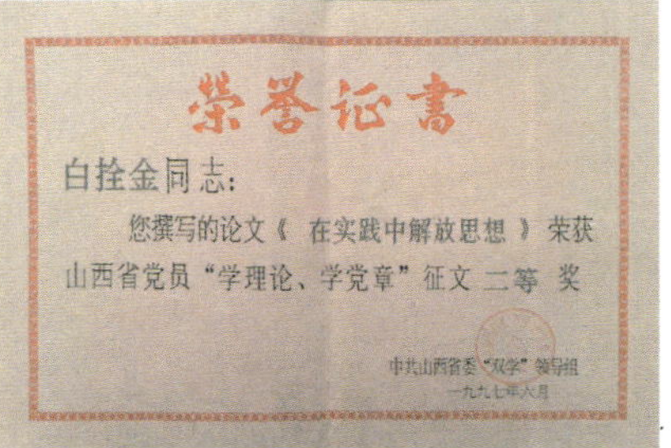

荣誉证书

白拴金同志：

您撰写的论文《 在实践中解放思想 》荣获山西省党员“学理论、学党章”征文 二等 奖

中共山西省委“双学”领导组

一九九七年六月

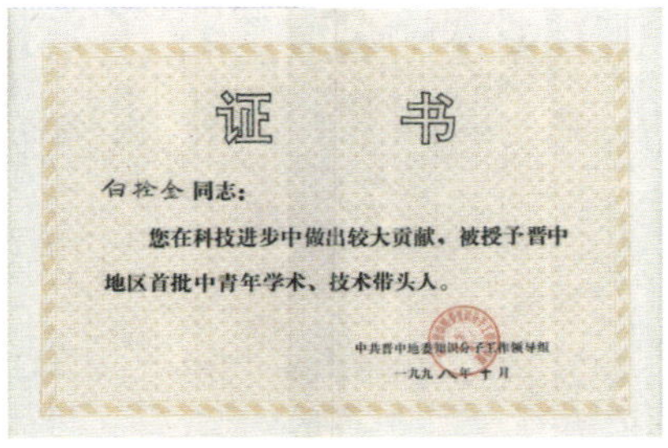

证 书

白拴金同志：

您在科技进步中做出较大贡献，被授予晋中地区首批中青年学术、技术带头人。

中共晋中地委知识分子工作领导组

一九九八年十月

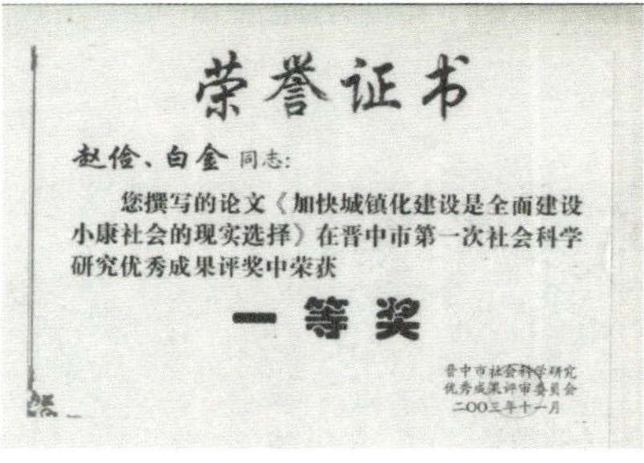

荣誉证书

赵俭、白金同志：

您撰写的论文《加快城镇化建设是全面建设小康社会的现实选择》在晋中市第一次社会科学研究优秀成果评奖中荣获

一等奖

晋中市社会科学研究优秀成果评审委员会

二〇〇三年十一月

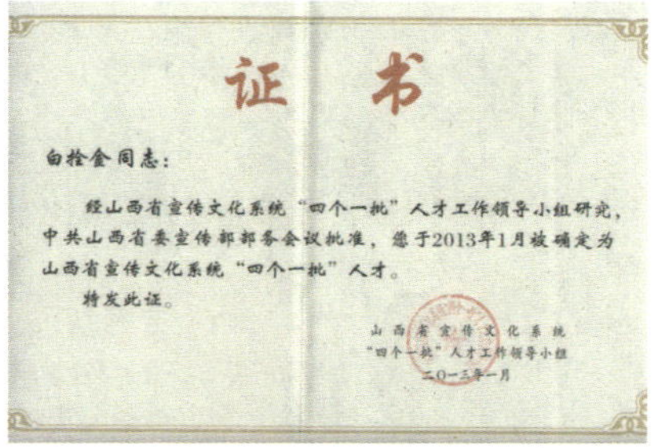

证 书

白拴金同志：

经山西省宣传文化系统“四个一批”人才工作领导小组研究，中共山西省委宣传部部务会议批准，您于2013年1月被确定为山西省宣传文化系统“四个一批”人才。

特发此证。

山西省宣传文化系统“四个一批”人才工作领导小组

二〇一三年一月

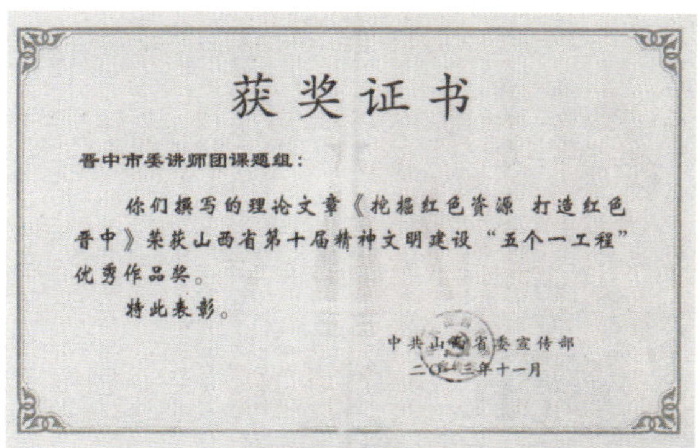

获奖证书

晋中市委讲师团课题组：

你们撰写的理论文章《挖掘红色资源　打造红色晋中》荣获山西省第十届精神文明建设“五个一工程”优秀作品奖。

特此表彰。

中共山西省委宣传部

二〇一三年十一月

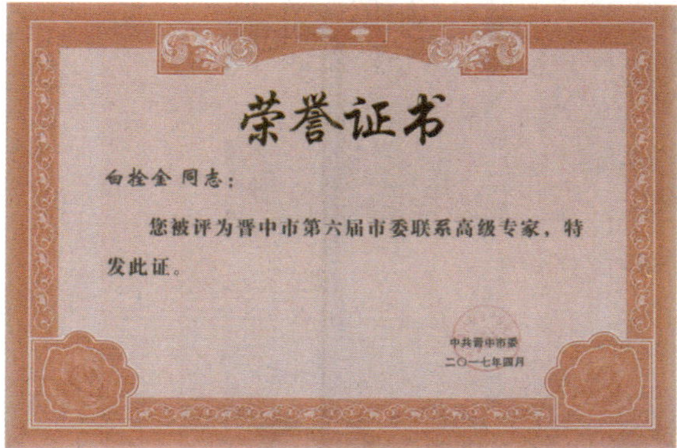

荣誉证书

白栓金同志：

您被评为晋中市第六届市委联系高级专家，特发此证。

中共晋中市委

二〇一七年四月

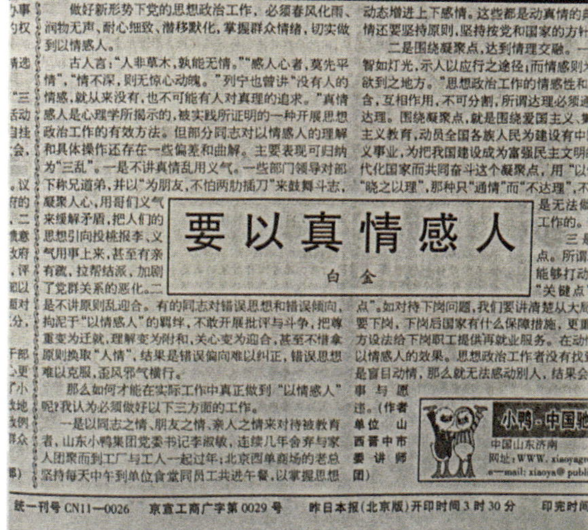

做好新形势下党的思想政治工作，必须春风化雨、润物无声，耐心细致、潜移默化，掌握群众情绪，切实做到以情感人。

古人言：“人非草木，孰能无情。”“感人心者，莫先乎情”，“情不深，则无惊心动魄。”列宁也曾讲“没有人的情感，就从来没有，也不可能有人对真理的追求。”真情感人是心理学所揭示的，被实践所证明的一种开展思想政治工作的有效方法。但部分同志对以情感人的理解和具体操作还存在一些偏差和曲解。主要表现可归纳为“三乱”。一是不讲真情乱用义气。一些部门领导对部下称兄道弟，并以“为朋友，不怕两肋插刀”来鼓舞斗志，凝聚人心，用哥们义气来缓解矛盾，把人们的思想引向投桃报李、义气用事上来，甚至有亲有疏，拉帮结派，加剧了党群关系的恶化。二是不讲原则乱迎合。有的同志对错误思想和错误倾向，拘泥于“以情感人”的羁绊，不敢开展批评与斗争，把尊重变为迁就，理解变为附和，关心变为迎合，甚至不惜拿原则换取“人情”，结果是错误偏向难以纠正，错误思想难以克服，歪风邪气横行。

那么如何才能在实际工作中真正做到“以情感人”呢？我认为必须做好以下三方面的工作。

一是以同志之情、朋友之情、亲人之情来对待被教育者，山东小鸭集团党委书记李淑敏，连续几年舍弃与家人团聚而到工厂与工人一起过年；北京西单商场的老总坚持每天中午到单位食堂同员工共进午餐，以掌握思想动态增进上下感情。这些都是动真情的典……情还要坚持原则，坚持按党和国家的方针……

二是围绕凝聚点，达到情理交融。……智如灯光，示人以应行之途径；而情感则……欲到之地方。”思想政治工作的情感性和……合，互相作用，不可分割，所谓达理必须通……达理。围绕凝聚点，就是围绕爱国主义、集……主义教育，动员全国各族人民为建设有中国……义事业，为把我国建设成为富强民主文明的……代化国家而共同奋斗这个凝聚点，用“以情……“晓之以理”，那种只“通情”而“不达理”，不……是无法做……工作的。

三是……点。所谓……能够打动……“关键点”……点”。如对待下岗问题，我们要讲清楚从大局……要下岗，下岗后国家有什么保障措施，更重……方设法给下岗职工提供再就业服务。在动情……以情感人的效果。思想政治工作者没有找到……是盲目动情，那么就无法感动别人，结果会……事与愿违。（作者单位　山西晋中市委讲师团）

要以真情感人

白金

统一刊号 CN11—0026　京宣工商广字第 0029 号　昨日本报（北京版）开印时间 3 时 30 分　印完时间……

文章《要以真情感人》发表于2000年8月1日《光明日报》第4版

第四篇：登台掠影

2012年11月30日，在和顺县阳光占乡宣讲党的十八大精神

2013年6月21日，在榆次区晋华街道办晋华社区“传递正能量，共话中国梦”教育活动上宣讲《漫话中国梦》

2013年7月，在榆次区新建街道办晋商社区开展“中国梦”主题宣讲

第五篇：调研取经

2015年11月，赴杭州阿里巴巴总部参观留念

2008年3月，市委讲师团人员在和顺县横岭镇石拐村参观八路军“石拐会议”纪念馆集体合影

2013年4月，市委讲师团人员与昔阳县大寨老劳模宋立英及昔阳大寨史征集研究办公室人员集体合影

2011年6月，在湖北省襄阳市参加晋中市“重走晋商万里茶路”大型商业文明传播活动集体合影

2013年11月，赴北京市委讲师团考察调研

2014年4月，在榆次乌金山国家森林公园“清正园”廉政建设教育基地参观

2017年4月，市委讲师团全体人员赴深圳市委讲师团考察调研

2017年4月，市委讲师团全体人员赴深圳市委讲师团考察调研

2017年6月，随晋中市委统战部副部长田跃峰赴湖南省益阳市考察调研

2023年10月，参加晋中市直机关工委、市委讲师团、和顺县人大机关、大发沟村党支部联合主题党日活动

2023年10月，与市委讲师团田根宝团长、刘丽红副团长在左权县桐峪1941小镇参观“清廉晋中”廉政文化展

2023年10月，与市直机关工委李军荣书记、市委讲师团田根宝团长、县人大四级调研员潘立新等考察帮扶村和顺县松烟镇大发沟村洪水受灾情况

2024年4月29日，赴平遥县与市委宣传部副部长孙军军、市委统战部副部长张德胜等参加晋中市“同心直通车·平遥站”宣讲团“牢记领袖殷殷嘱托，信心百倍走向未来”主题宣讲活动

2024年6月26日，随中共山西省委讲师团在中国人民大学举办的全省党的创新理论传播工程专题培训班赴北京市昌平区中国国家版本馆中央总馆参观

第六篇：驻村留印

1989年12月，在榆社县西马乡南山晕村驻村帮扶，与驻村工作队员及村“两委”干部集体合影

1997年7月，在和顺县联坪乡官斗村驻村帮扶，新建卫星电视接收器一座，并与村“两委”干部集体合影

2011年7月，与帮扶单位市委讲师团常晓空团长、市社科联王都平主席、田晋平副主席，市文联田五先副主席、郝汝春副主席等领导在和顺县阳光占乡阳社村开展帮扶工作调研

2019年6月，在和顺县松烟镇西坡村驻村帮扶与两委党员干部开展集体学习

2024年4月，与同事王鹏返回单位与驻村帮扶新队员交接。与帮扶单位市直机关工委李军荣书记、市委讲师团田根宝团长、县人大驻村第一书记兼队长吕玉新、大发沟村党支部书记兼村委会主任王会升及新队员等集体合影

2024年3月，与和顺县人大袁瑞军主任及大发沟村“两委”干部集体合影

第七篇：书香润心

荣誉证书

HONORARY CREDENTIAL

向拴全家庭：

在晋中市第二届“寻找书香家庭”活动中荣获“书香家庭”荣誉称号。

特发此证，以资鼓励。

晋中市妇女联合会　晋中市图书馆

2020年12月3日

2020年12月，晋中市妇联、晋中市图书馆颁发的“书香家庭”证书

作者客厅书柜

作者全家人读书图片

作者红军长征专题书籍

作者上网浏览

第八篇：邮趣撷英

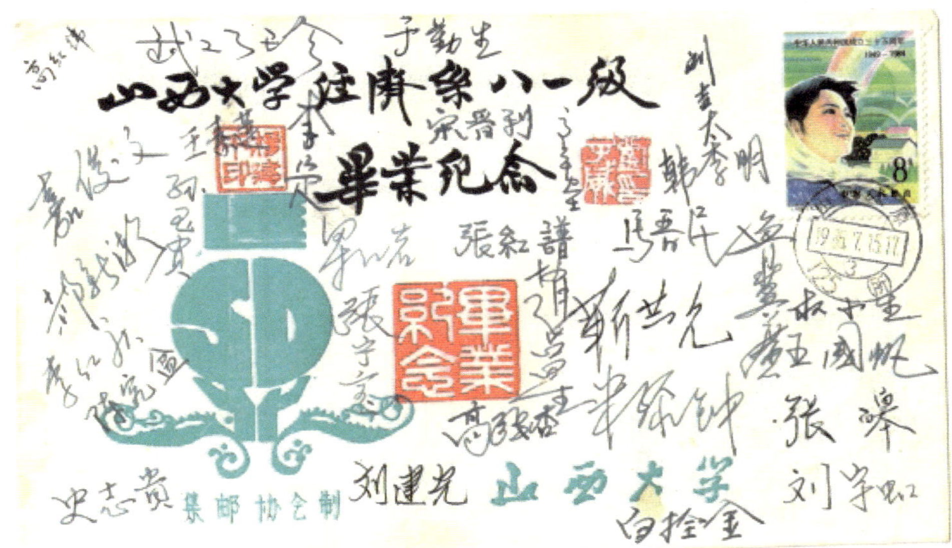

1981年7月，山西大学经济系八一级毕业签名纪念封，纪念封题字由时任山西大学经济系主任、著名书法家刘子威用其最具代表性的“馆阁体”小楷书写”。“毕业纪念”篆刻印章由高中同学、历史系八一级杨成祥制作

1992年11月，赴北京国防大学参加学习贯彻党的十四大精神研修班学习时，吴敬琏、王梦奎等知名授课专家学者签名纪念封”

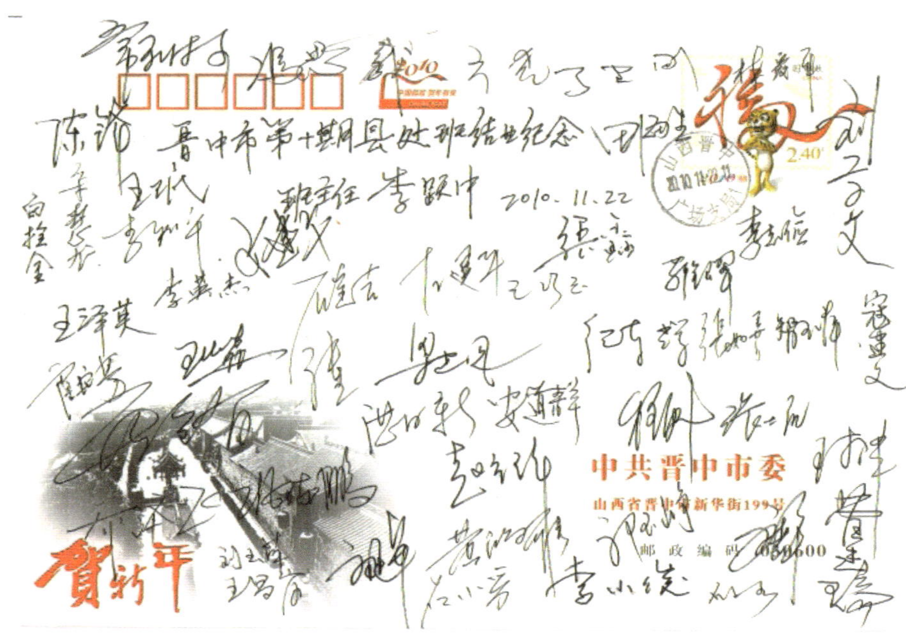

2011年11月11日，参加晋中市第十期县处级干部培训班学习结业签名纪念封

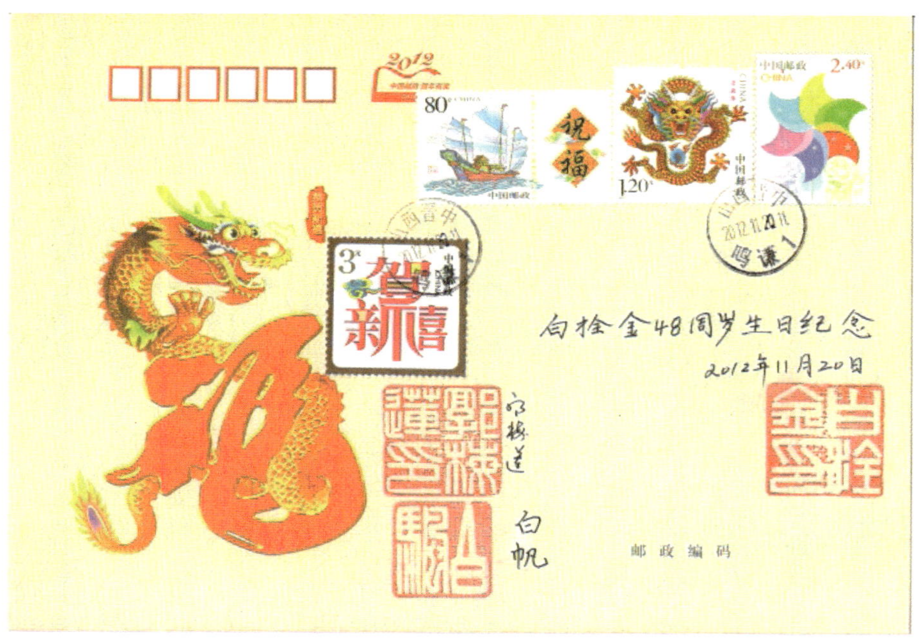

2012年11月20日，作者在老家榆次区鸣谦邮政所制作的48周岁生日纪念封

2013年9月，赴湖北恩施参加全国城市讲师团工作会议签名纪念封

2003年8月，全国抗击非典斗争英雄模范晋中巡回报告会报告团英模签名纪念封

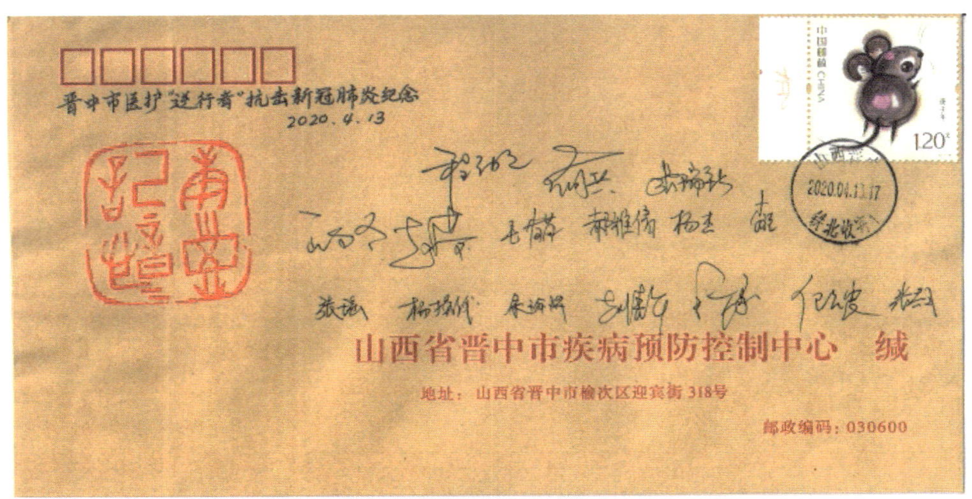

2020年4月，晋中参与晋中市传染病医院抗击新冠肺炎疫情医护人员签名封，“庚子记忆”篆刻印章由山西著名书法家张健民制作

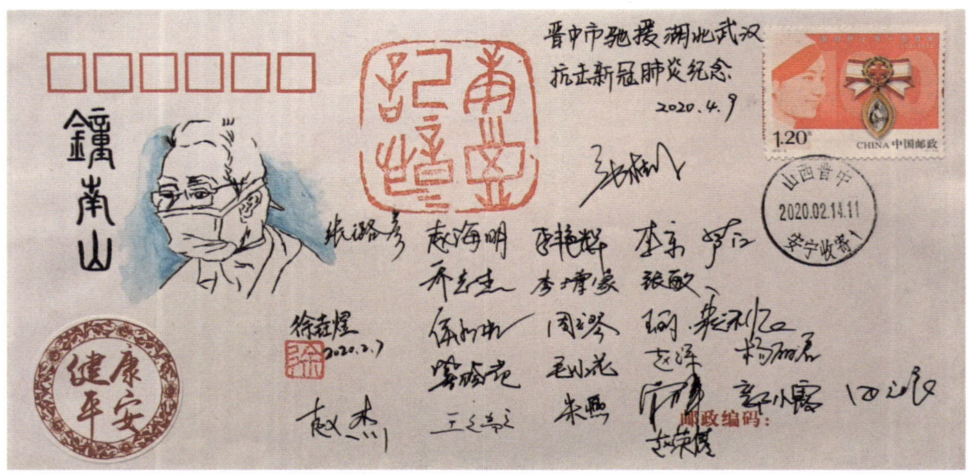

2020年4月9日，晋中市驰援湖北武汉抗击新冠肺炎医护人员签名纪念封。封图钟南山院士肖像画由榆次一中初一年级徐垚煜同学绘制。“庚子记忆”篆刻印章由山西著名书法家张健民制作

2021年4月30日，大孙子白皓谦出生签名纪念封，爷爷奶奶、姥爷姥姥、爸爸妈妈在纪念明信片上签名留念

2023年1月19日，小孙子白皓鸣出生时，晋中市妇幼保健院医护人员签名纪念封

第九篇：挚友真情

1983年6月，山西大学榆次同乡校友合影留念

1984年，大学“马路四兄弟”同学合影

2008年9月，大学“马路四兄弟”赴大同市云冈石窟参观，与大学同学东道主宋晋利合影留念

2016年10月，鸣谦小学同学在颐景国际大酒店聚会集体合影

2016年11月，与北京邮友杨建武参观北京圆明园

2020年10月，晋中“收发室老友”一行到榆次小西沟文旅康养小镇游览

2023年4月22日，参加由晋中图书馆、晋中市集邮协会主办的“奋起开新篇——新时代的山西集邮”集邮沙龙活动

2024年5月，与好友晋中高等师范专科学校党委委员、宣传部部长刘够安在晋中高等师范专科学校校园合影

第十篇：亲情温馨

1990年12月，儿子白帆一周岁生日全家合影

2008年8月，榆次修文家庭全家福，前排正中间为时年75岁父亲

2011年2月春节，太谷县任村爱人郭梅莲家庭全家福

2019年8月11日，儿子白帆儿媳韩笑结婚典礼亲友合影

2024年2月，亲家韩文瑞全家人参观左权桐峪1941小镇合影

2024年2月，孙子白皓谦、白皓鸣兄弟俩合影

2024年1月，小孙子白皓鸣一周岁生日全家福，前排正中间为89岁岳母

代后记　龙年忆

每逢龙年，相关话题、语境较之其他生肖年份，之所以更为隆重而热烈，仪式感亦更为高昂而浓烈，是因为龙乃是中华儿女独特的民族图腾与文化标志，其外显接天入地之气势，内蕴奋斗不止之精神，彰显吉祥、好运、昌盛、力量和睿智，龙文化历久弥新，我们都是龙的传人。而且每当龙年，似乎总有一些关乎命运、具有转折意义的大事、要事发生。回望走过的每一个本命年，总是好事相伴，大事相随，好似一座座里程碑，历历在目，令人难忘。

1964年，农历甲辰龙年，是新中国第二个龙年，关键词是出生落地。

1964年10月16日，中国第一颗原子弹在新疆罗布泊爆炸成功。一声巨响，奠定了中国龙在世界舞台的话语权和威慑力，成为中华龙威虎振的硬核底气。11月20日我出生于榆次罕山山麓的鸣谦村，老家春秋战国时期首称“甲子村”，元代更名为“鸣谦”，并一直相沿至今。鸣谦，自古属榆次四大名镇之一，历来为省内交通要道。村名取《易·谦》中“鸣谦、贞吉”之语，此语意谓:“鸣谦者，声名也。处正得中，行谦广远。”生于斯，长于斯，自然能得到诸多优秀传统浸润和感染。谦和谨慎，低调内敛，甘于吃亏，勇于吃苦，始终是我的品性与追求。家里两个孙子，老大取名白皓谦，老二取名白皓鸣，先“谦”后“鸣”，也蕴含和寄托了对家乡故土历史根脉与文化浸润的尊崇与传承。

1976年，农历丙辰龙年，关键词是搬家迁址。

这一年，中国经历了种种大事件，人民经受了政治动荡和大地震自然灾害的严峻考验，最终以粉碎“四人帮”为转折点，结束了延续10年之久的“文化大革命”。深秋，全家5口人从鸣谦村迁移到位于榆次城南重镇修文的晋中砖瓦厂宿舍区居住，并在晋中三厂子弟学校上初中，从乡村入住国企，也意味着生活从乡村逐渐融入城市。十年后正式由农村户口转为城市户口。

1988年，农历戊辰龙年，关键词是结婚分房。

2月22日，正月初六，是一个良辰吉日，这天偕毕业于晋东南医学专科学校（今长治医学院）的爱人郭梅莲在晋华纺织厂职工食堂举办结婚仪式。重要的是，住上了爱人单位分配的新房作为婚房，这在当年的条件下，一结婚就有崭新的60平方米新房，用“凤毛麟角”形容，一点儿也不过分。2月25日，国务院印发《关于在全国城镇分期分批推行住房制度改革的实施方案》，决定从1988年起，用三五年的时间，在全国城镇分期分批推行住房制度改革，很短时间，我家所住的公房转换成了私房。

2000年，农历庚辰龙年，千年一遇之千禧年，关键词是发文得奖。

中国龙腾四海遨游于世界舞台中央，处于即将融入经济全球化大潮的前夜。我们普通人也随着国家奋进脚步，美好生活如芝麻开花节节高。这年3月18日，作者经山西省党校系列高级专业技术职务评审委员会评审通过具有副教授职务任职资格，并于5月始聘任。这年8月1日，我在《光明日报》“小鸭杯”——思想政治工作大家谈征文专栏发表《要以真情感人》征文，并荣获评比三等奖。也是迄今为止发表百余篇文章中的最高档次。

2012年，农历壬辰龙年，关键词是省级证书。

这年11月8日至15日，具有里程碑重大意义的党的十八大胜利召开，中国特色社会主义新时代的大幕徐徐拉开。11月29日，习近平总书记在国家博物馆参观《复兴之路》展览时首次提出并阐述实现中华民族伟大复兴的中国梦。标志着中国开启新时代，踏上新征程，中国发展正处于新的历史方位。我有幸成为新时代的奋斗者、亲历者、见证者，感到无上荣光。年底12月31日，被山西省委宣传部评为山西省宣传文化系统首批“四个一批”理论类人才，也标志着组织对自己事业发展的一个认可和肯定，更是一次激励和鞭策。这一年还十分幸运的是，属“小龙”的儿子毕业即就业，了却了全家人最大的一件烦心事。

2024年，是农历又一个甲辰龙年，关键词是退休编书。

国与春天双向赴；福携龙运一同来。时光荏苒，甲子轮回，转眼间又迎来了一个极不平凡又意义非凡的龙年，恰逢具有划时代的里程碑意义的党的二十届三中全会胜利召开及新中国成立75周年盛典等盛事。这个龙年，对于我而言，是本命年，也是退休年，更是幸运年。这一年，有收获，4月中旬与同事王鹏顺利完成为期两年的赴和顺县松烟镇大发沟村乡村振兴帮扶任务，带着个人荣获优秀驻村干部、工作队荣获先进驻村工作队称号的成绩单返回单位；这一年，有进步，承蒙组织培养、信任和厚爱，4月底有幸晋升为二级调研员；这一年，享天伦，两个孙孩绕膝承欢、茁壮成长，4月底，老二开始蹒跚学步；9月，老大上了晋中市第二幼儿园小二班。

2024年是个人职业生涯到站的一年。尽管只是一个普普通通的人，做了些平平凡凡的事。近年来一直就有个想法，应该把自己近年来从事宣传理论工作的一些笔耕拙作归纳为小册子，初衷有三：其一，为了自勉，总结过往，留个纪念，汇成一卷，随手翻翻，何其之幸；其二，为了共勉，人生一世，和善做人，读书崇文，方能向上，才能向前；其三，为了后代，希冀儿孙，面对当下短频泛滥、翻频流行、碎片化阅读之迷惑诱惑，须安下静心，恒存定力，书香为伴，阅见美好。以读书为基，浸润爱书、读书、购书、藏书、用书、写书之情怀与习惯。以立学为本，涵养植于内心的修养，无须提醒的自觉，遵规守矩的自律，替人着想的善良，报效国家的忠诚。

如今，在龙年行大运之际，好梦成真，实乃人生一大幸事与福报！特别说明的是，其中部分文章是以课题组或共同署名完成的，浸透了各位作者的心血汗水和聪明智慧。在此，一并对所有合作者表示诚挚的感谢！

本书收录作者及相关人员1985年至2024年文稿共计105篇，借此书付梓之际，表达几个意思。

第一，忠诚感恩伟大的党和强大的祖国，正是这个伟大而辉煌的时代，为我们成长成才提供了际遇，搭建了平台。有人曾研判1962年至1972年出生的人，是中国近100年迄今为止最幸运的一代人，对此判断对否不敢妄下结论。但我相信，这个阶段1964年属龙人的际遇，冥冥之中有龙之幸运相伴，只要你龙马精神，必定顺风顺水。当然，更为可以确定的一条是，这个幸运抑或幸福的源泉，就是我们有幸出生于一个伟大的国家，更重要的是我们有幸身处一个伟大的时代，有伟大光荣正确的中国共产党的英明领导和领航把舵。没有闯不过的难关，没有涉不过的险滩，没有干不成的事情。

第二，真诚感谢我职业生涯遇到的每一位前辈和领导。感谢在晋中市委讲师团相处共事的每一位同事，真心感谢直接把我从大学校园选配到机关大院的首任团长裴增寿，以及张彬、赵俭、张荣生、常晓空、陈丽生、田文杰等历任团领导；特别要感谢市委宣传部副部长孙军军和新一届领导班子田根宝团长、刘丽红副团长对我的鞭策鼓励和悉心指导，每一点进步都离不开历任领导的支持与帮助，每一点成绩的取得都来自同事们的共同奋斗，近40个春秋的难忘经历必将让我受益终身。包括收录在书中的各类文稿，都倾注着各位领导的心血和智慧。以及不同时期课题组成员的精诚合作，我将铭记在心。

第三，至诚感受讲师团这样一个最适合自己的工作环境。机缘巧合入对行；春华秋实久为功。39载的始终如一，百余份的奖状证书，都足以证明，讲师团实是个人应对人生诸多不确定性的最大确定性。39载的坚信与坚守，感受颇深，感慨良多：能将谋生职业与兴趣爱好完全重合并完美融合，当属人生之大幸。“早上想上班，晚上想回家。”当属感知幸福的最佳状态。“做事不怕吃苦，做人不怕吃亏。”当属为人处世的宝典要诀。“世间数百年旧家无非积德，天下第一等好事还是读书。”当属成就自我的不二之选。“一人能办的事，决不两人去办；两人该办的事，决不一人去办。”当属干净做事的浅显之道。

第四，竭诚感怀近六十年生活、学习、工作一路走来经过的报刊收发室的朋友。包括晋中建材总厂，北田中学，山西大学，晋中市委、市政府收发室和市委南区收发室的分报拣信人，他们或许是普普通通的劳动者，却是我非常敬重的好朋友，且没有性别年龄之分，比如晋中市委交换站收发室的韩安富、杜千虎、王模兵等。尽管因年代久远，当年收发室的大爷、大姐的姓甚名谁大都记不清了，但他们长得什么样，对我如何提供方便，记忆还是犹在眼前。对我而言，门房即“书房”，收发室就是随时随地免费阅读新报新杂志的“阅览室”，也是赏邮集邮的“陈列室”。

第五，热诚感激家人和同学朋友的暖心理解与鼓励帮助。儿子白帆工作繁忙，照料两个小孩更是忙里忙外，即便如此，仍挤出时间帮我编排校对书稿。山西科技工程职业大学经济学院负责人、副教授李定百忙之中，积极协调联系出版事宜。晋中师范高等专科学校党委委员、宣传部部长刘够安不辞辛苦，倾心倾力为本书作序。《解放军报》政治工作部原主编、著名出版家凌翔，线装书局编辑崔巍等同志更是付出了大量心血。诸位同事好友提供了相关文稿图片，谨向他们表示衷心的感谢！

由于年代跨度较远，一些资料难以查实，书中疏漏之处在所难免，恳望广大读者批评指正。

作者

2024年8月